2015

CHINA LABOUR STATISTICAL YEARBOOK

中国劳动统计年鉴

Compiled by
Department of Population and Employment Statistics
National Bureau of Statistics
Department of Planning and Finance,
Ministry of Human Resources and Social Security

国家统计局人口和就业统计司
人力资源和社会保障部规划财务司 编

图书在版编目（CIP）数据

中国劳动统计年鉴. 2015：汉英对照 / 国家统计局人口和就业统计司，人力资源和社会保障部规划财务司编 . -- 北京 ：中国统计出版社, 2016.1
ISBN 978-7-5037-7718-9

Ⅰ. ①中… Ⅱ. ①国… ②人… Ⅲ. ①劳动经济－统计资料－中国－2015－年鉴－汉、英 Ⅳ. ①F249.2-54

中国版本图书馆 CIP 数据核字（2015）第 296410 号

中国劳动统计年鉴—2015

作　　者 / 国家统计局人口和就业统计司，人力资源和社会保障部规划财务司编
责任编辑 / 徐　涛
封面设计 / 李雪燕
出版发行 / 中国统计出版社
通信地址 / 北京市丰台区西三环南路甲 6 号　邮政编码/100073
电　　话 / 邮购（010）63376909　书店（010）68783171
网　　址 / http://www.zgtjcbs.com/
印　　刷 / 河北天普润印刷厂
经　　销 / 新华书店
开　　本 / 880×1230 毫米　1/16
字　　数 / 936 千字
印　　张 / 29.25
版　　别 / 2016 年 1 月第 1 版
版　　次 / 2016 年 1 月第 1 次印刷
定　　价 / 260.00 元

本书附同版本 CD-ROM 一张，光盘内容以书面文字为准。
中国统计版图书，如有印装错误，本社发行部负责调换。

《中国劳动统计年鉴-2015》
编委会和编辑部工作人员

CHINA LABOUR STATISTICAL YEARBOOK-2015

Editorial Board and Staff

编 辑 说 明

《中国劳动统计年鉴—2015》是一部全面反映中华人民共和国劳动经济情况的资料性年刊。本刊收集了2014年全国和各省、自治区、直辖市的有关劳动统计数据。主要指标还编有历年统计数据。

全书共分为13个部分：1.综合；2.就业与失业；3.城镇单位就业人员和工资总额；4.国有单位就业人员和工资总额；5.城镇集体单位就业人员和工资总额；6.其他单位就业人员和工资总额；7.职业培训与技能鉴定；8.劳动关系；9.社会保障；10.工会工作；11.香港资料；12.澳门资料；13.台湾资料。书末还附有国外有关资料和主要统计指标解释。

参与本书编辑或提供资料的单位除国家统计局、人力资源和社会保障部外，还有全国总工会。

本书资料的取得形式主要有国家和部门的报表统计、行政记录和抽样调查。全国劳动力、就业人员等资料是运用有关资料推算的，有的资料分项相加不等于总计。望读者使用时予以注意。

恳请广大读者对本书提出宝贵意见。

《中国劳动统计年鉴》编辑部

二〇一五年十月

PREFACE

China Labour Statistical Yearbook 2015 is an annual statistics publication, which is comprehensively reported the labour economic situation for 2014 and some main indicators series for historically years at nation and provinces, autonomous regions and municipalities levels and parts of cities.

The book is organized into 14 parts, which are:1.General Survey; 2.Employment and Unemployment; 3.Employment and Tatal Wages in Urban Units; 4.Employment and Tatal Wages in State-owned Units; 5.Employment and Tatal Wages in Urban Collective-owned Units; 6.Employment and Tatal Wages in Other Ownership Units; 7. Vocational Training and Skill Appraisal; 8.Labour Relation; 9.Social Security; 10.Trade Union Works; 11.Main Indicators of Hong Kong; 12.Main Indicators of Macao; 13.Main Indicators of Taiwan. In addition, Main Indicators of Other Countries and Explanatory Notes on Main Statistical Indicators are provided in the end of the book.

Besides National Bureau of Statistical and Ministry of Human Resources and Social Security, All-China Federation of Trade Unions also participate in the compiling work of this book.

Data resources of this book mainly come from state and departments reporting system, administration records and sampling surveys. Since the information of labor resources and employment for the whole country are calculated according to relevant data, they are not equal to the add-results of all sub-items.

China Labour Statistical Yearbook—2015 Editorial Staff

October 2015

图1　人口及就业情况

POPULATION AND EMPLOYMENT

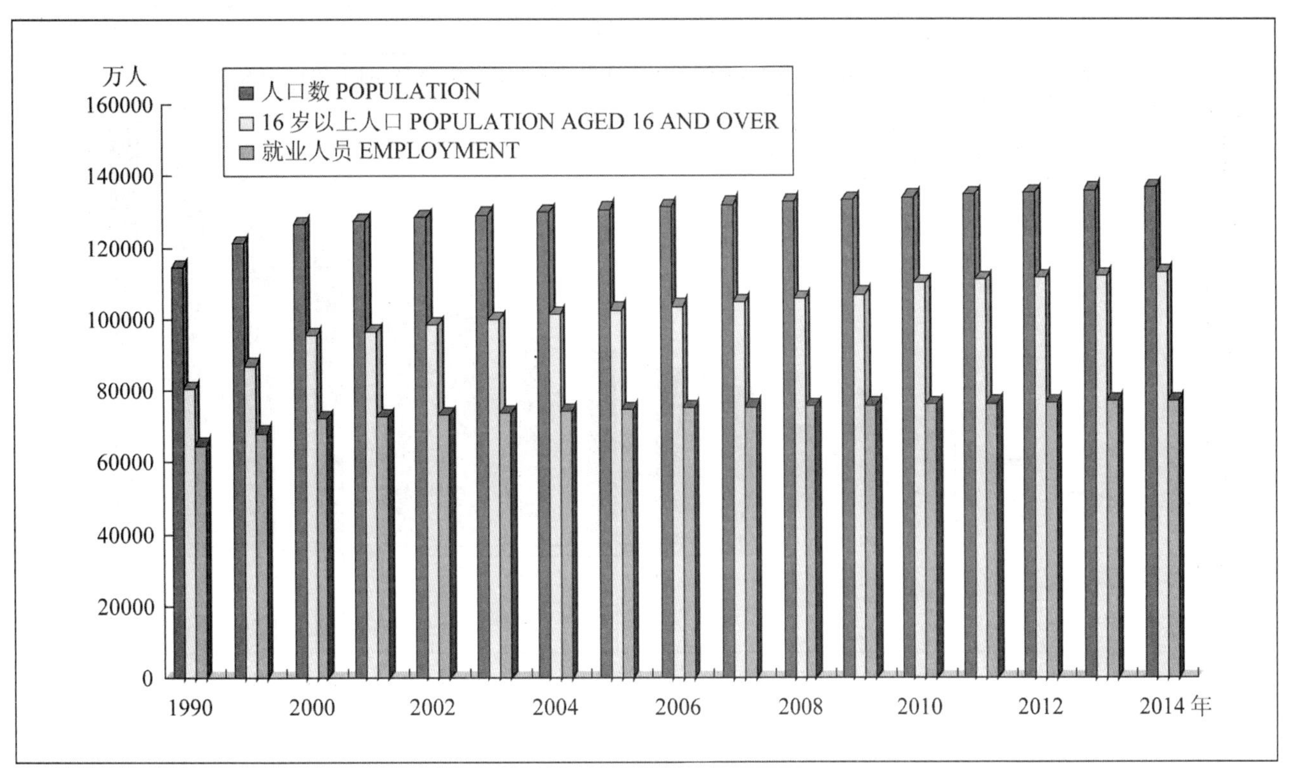

图2　就业人员产业构成

COMPOSITION OF EMPLOYMENT BY INDUSTRY

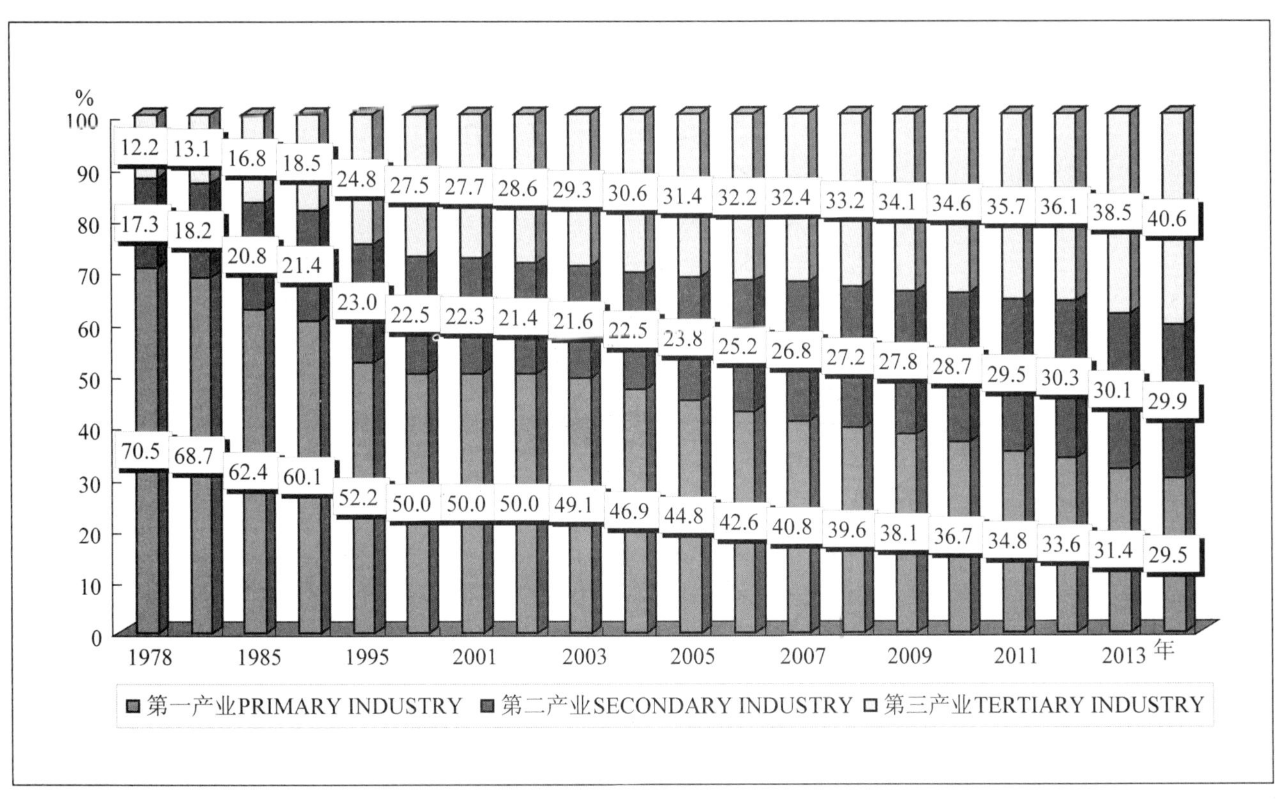

图3　城镇就业人员登记注册类型构成

COMPOSITION OF URBAN EMPLOYMENT BY OWNERSHIP

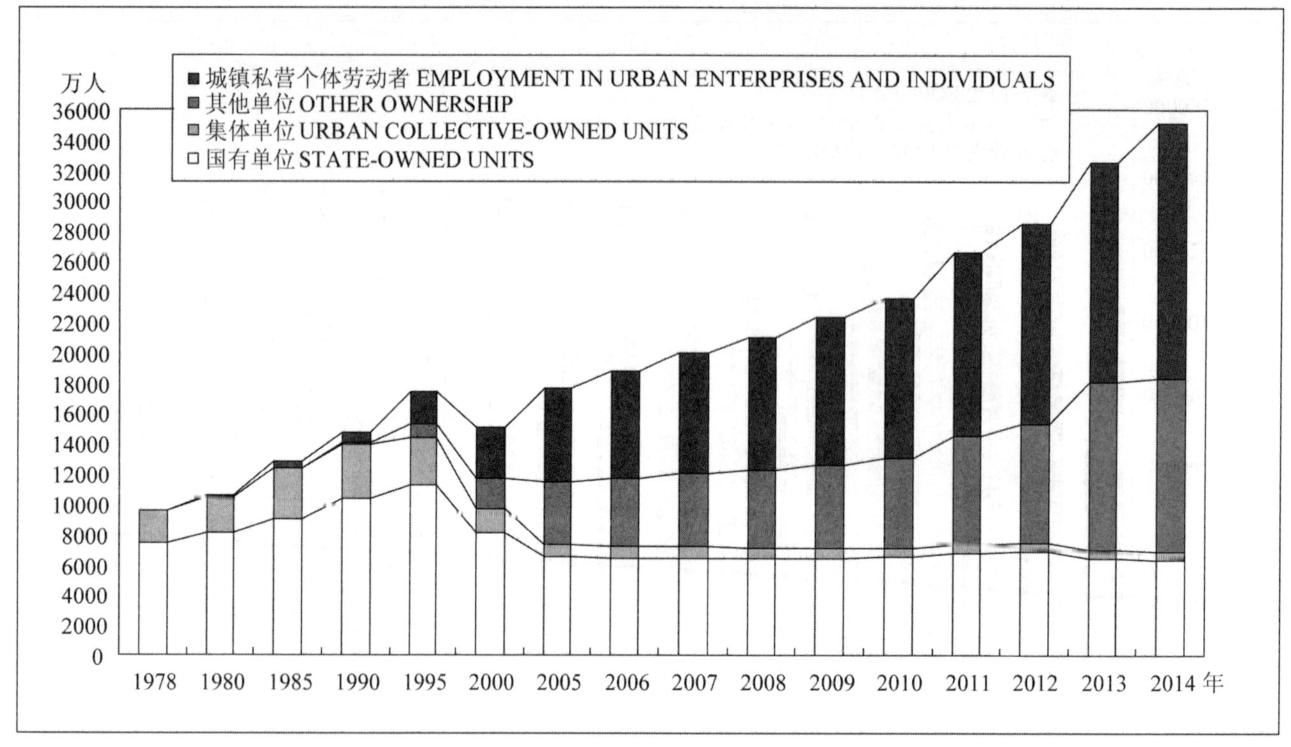

图4　2014年城镇单位就业人员行业构成

COMPOSITION OF EMPLOYMENT IN URBAN UNITS (2014)

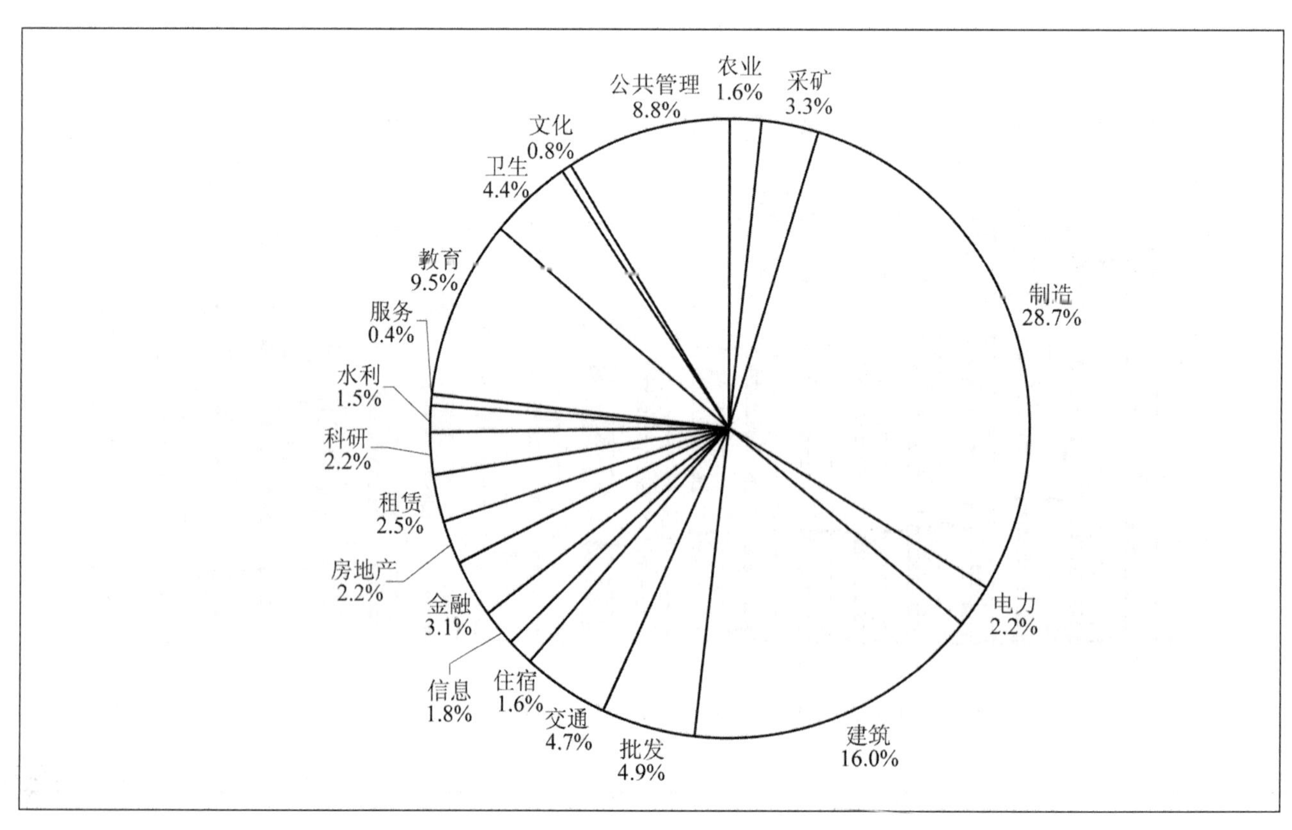

图5 2014年城镇单位女性就业人员占就业人员比重
PROPORTION OF FEMALE EMPLOYMENT IN URBAN UNITS BY SECTOR (2014)

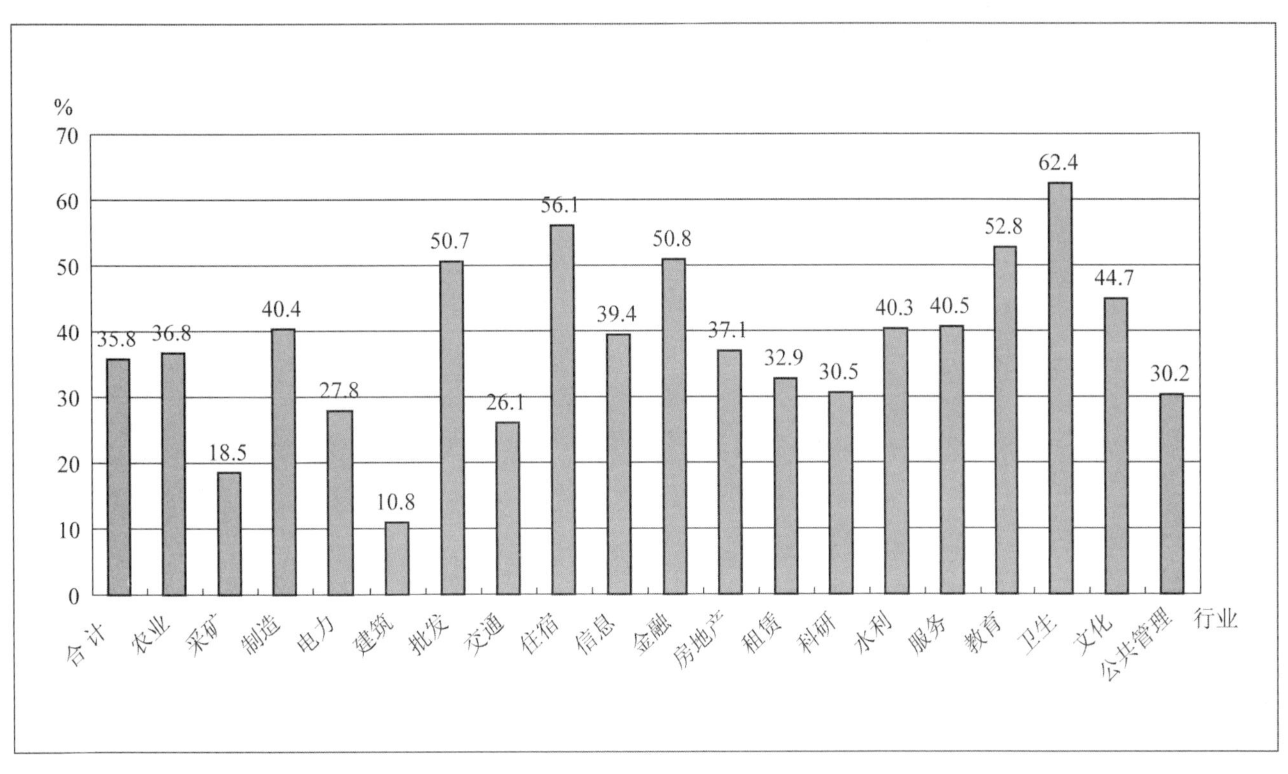

目　　录
CONTENTS

一、综　合
GENERAL SURVEY

二、就业与失业

EMPLOYMENT AND UNEMPLOYMENT

三、城镇单位就业人员和工资总额

EMPLOYMENT AND TOTAL WAGES IN URBAN UNITS

四、国有单位就业人员和工资总额

EMPLOYMENT AND TOTAL WAGES IN STATE-OWNED UNITS

五、城镇集体单位就业人员和工资总额
EMPLOYMENT AND TOTAL WAGES IN URBAN COLLECTIVE-OWNED UNITS

六、其他单位就业人员和工资总额
EMPLOYMENT AND TOTAL WAGES IN OTHER OWNERSHIP UNITS

七、职业培训与技能鉴定
VOCATIONAL TRAINING AND SKILL APPRAISAL

八、劳动关系
LABOUR RELATION

九、社会保障
SOCIAL SECURITY

十、工会工作
TRADE UNION WORKS

十一、香港资料
MAIN INDICATORS OF HONG KONG

十二、澳门资料
MAIN INDICATORS OF MACAO

十三、台湾资料
MAIN INDICATORS OF TAIWAN

附录一、国外有关资料
MAIN INDICATORS OF OTHER COUNTRIES

一、综　合

GENERAL SURVEY

1-1 全国劳动统计主要指标

MAIN INDICATORS OF NATIONAL LABOUR STATISTICS

指　　标	Item	2013	2014	2014年比上年增长 % Increase Rate (2013=100)
总人口(万人)	**Total Population (10 000 persons)**	**136072**	**136782**	**0.5**
16岁以上人口数(万人)	**Population Above 16(10 000 persons)**	**112196**	**112825**	**0.6**
经济活动人口(万人)	**Economically Active Population(10 000 persons)**	**79300**	**79690**	**0.5**
全国就业人员年末人数(万人)	**Employment (end of year, 10 000 persons)**	**76977**	**77253**	**0.4**
城镇就业人员	Urban Employment	38240	39310	**2.8**
城镇单位就业人员	Urban Unit Employment	18108.4	18277.8	**0.9**
#国有单位	State-owned Units	6365.1	6312.3	**-0.8**
城镇集体单位	Urban Collective-owned Units	566.2	536.7	**-5.2**
其他单位	Other Ownership Units	11177.2	11428.8	**2.3**
城镇私营和个体就业人员	Employment in Urban Private Enterprises and Individuals	14385	16866	**17.3**
乡村就业人员	Rural Employment	38737	37943	**-2.0**
城镇单位就业人员工资总额(亿元)	**Total Wages of the Urban Units Employment (100 million yuan)**	**93064.3**	**102817.2**	**10.5**
#国有单位	State-owned Units	33359.6	36106.6	**8.2**
城镇集体单位	Urban Collective-owned Units	2195.8	2302.7	**4.9**
其他单位	Other Ownership Units	57508.9	64408.0	**12.0**
城镇单位就业人员平均工资(元)	**Average Wage of the Urban Units Employment (yuan)**	**51483**	**56360**	**9.5**
#国有单位	State-owned Units	52657	57296	**8.8**
城镇集体单位	Urban Collective-owned Units	38905	42742	**9.9**
其他单位	Other Ownership Units	51453	56485	**9.8**
在岗职工平均工资(元)	**Average wage of staff and workers**	**52388**	**57361**	**9.5**
#国有单位	State-owned Units	54225	58992	**8.8**
城镇集体单位	Urban Collective-owned Units	39669	43631	**10.0**
其他单位	Other Ownership Units	51972	57092	**9.9**
城镇登记失业人员年末人数(万人)	**Urban Registered Unemployment (10 000 persons)**	**926**	**952**	**2.8**
非经济活动人口(万人)	**Noneconomically Active Population (10 000 persons)**	**32896**	**33135**	**0.7**

注:1)自2009年始，“城镇单位就业人员工资总额”和“城镇单位就业人员平均工资”即为2008年及以前的“城镇单位就业人员劳动报酬”和“城镇单位就业人员平均劳动报酬”。往年本年鉴及相关资料中1994-2008年城镇单位就业人员劳动报酬和平均劳动报酬指标与此指标统计口径相同。

2)2013年部分经济类型单位、部分行业就业人员数、工资总额变动较大，系将原属于乡镇企业的规模以上法人单位纳入劳动工资统计范围所致(以下相关表同)。

a)Since 2009, “Total wages of the urban units employment” and “Average wage of the urban units employment” refer to “Earnings of the urban units employment” and “Average earning of the urban units employment” before 2008. Statistical coverage of “Earnings of the urban units employment” and “Average earning of the urban units employment” in this previous yearbook and relevant books from 1994 to 2008 are the same with the indicators above.

b)In 2013, some units by status of registration, some employment by industry, total wages bill changed greatly, because legal persons above designated size originally belonged to township enterprises were taken into statistics of labour wages. The same applies to the relevant tables following.

1-2　人口数及构成(年末数)
POPULATION AND COMPOSITION (End of Year)

单位：万人，%　　(10 000 persons,%)

年　份 Year	总人口 Total Population	按性别分 Grouped by Sex				按城乡分 Grouped by Residence			
		男 Male		女 Female		城镇 Urban		乡村 Rural	
		人口数 Population	比重 Proportion	人口数 Population	比重 Proportion	人口数 Population	比重 Proportion	人口数 Population	比重 Proportion
1952	57482	29833	51.9	27649	48.1	7163	12.5	50319	87.5
1957	64653	33469	51.8	31184	48.2	9949	15.4	54704	84.6
1962	67295	34517	51.3	32778	48.7	11659	17.3	55636	82.7
1965	72538	37128	51.2	35410	48.8	13045	18.0	59493	82.0
1970	82992	42686	51.4	40306	48.6	14424	17.4	68568	82.6
1971	85229	43819	51.4	41410	48.6	14711	17.3	70518	82.7
1972	87177	44813	51.4	42364	48.6	14935	17.1	72242	82.9
1973	89211	45876	51.4	43335	48.6	15345	17.2	73866	82.8
1974	90859	46727	51.4	44132	48.6	15595	17.2	75264	82.8
1975	92420	47564	51.5	44856	48.5	16030	17.3	76390	82.7
1976	93717	48257	51.5	45460	48.5	16341	17.4	77376	82.6
1977	94974	48908	51.5	46066	48.5	16669	17.6	78305	82.4
1978	96259	49567	51.5	46692	48.5	17245	17.9	79014	82.1
1979	97542	50192	51.5	47350	48.5	18495	19.0	79047	81.0
1980	98705	50785	51.5	47920	48.6	19140	19.4	79565	80.6
1981	100072	51519	51.5	48553	48.5	20171	20.2	79901	79.8
1982	101654	52352	51.5	49302	48.5	21480	21.1	80174	78.9
1983	103008	53152	51.6	49856	48.4	22274	21.6	80734	78.4
1984	104357	53848	51.6	50509	48.4	24017	23.0	80340	77.0
1985	105851	54725	51.7	51126	48.3	25094	23.7	80757	76.3
1986	107507	55581	51.7	51926	48.3	26366	24.5	81141	75.5
1987	109300	56290	51.5	53010	48.5	27674	25.3	81626	74.7
1988	111026	57201	51.5	53825	48.5	28661	25.8	82365	74.2
1989	112704	58099	51.6	54605	48.5	29540	26.2	83164	73.8
1990	114333	58904	51.5	55429	48.5	30195	26.4	84138	73.6
1991	115823	59466	51.3	56357	48.7	31203	26.9	84620	73.1
1992	117171	59811	51.0	57360	49.0	32175	27.5	84996	72.5
1993	118517	60472	51.0	58045	49.0	33173	28.0	85344	72.0
1994	119850	61246	51.1	58604	48.9	34169	28.5	85681	71.5
1995	121121	61808	51.0	59313	49.0	35174	29.0	85947	71.0
1996	122389	62200	50.8	60189	49.2	37304	30.5	85085	69.5
1997	123626	63131	51.1	60495	48.9	39449	31.9	84177	68.1
1998	124761	63604	51.0	61157	49.0	41608	33.4	83153	66.6
1999	125786	64126	51.0	61660	49.0	43748	34.8	82038	65.2
2000	126743	65437	51.6	61306	48.4	45906	36.2	80837	63.8
2001	127627	65672	51.5	61955	48.5	48064	37.7	79563	62.3
2002	128453	66115	51.5	62338	48.5	50212	39.1	78241	60.9
2003	129227	66556	51.5	62671	48.5	52376	40.5	76851	59.5
2004	129988	66976	51.5	63012	48.5	54283	41.8	75705	58.2
2005	130756	67375	51.5	63381	48.5	56212	43.0	74544	57.0
2006	131448	67728	51.5	63720	48.5	58288	44.3	73160	55.7
2007	132129	68048	51.5	64081	48.5	60633	45.9	71496	54.1
2008	132802	68357	51.5	64445	48.5	62403	47.0	70399	53.0
2009	133450	68647	51.4	64803	48.6	64512	48.3	68938	51.7
2010	134091	68748	51.3	65343	48.7	66978	49.9	67113	50.1
2011	134735	69068	51.3	65667	48.7	69079	51.3	65656	48.7
2012	135404	69395	51.3	66009	48.7	71182	52.6	64222	47.4
2013	136072	69728	51.2	66344	48.8	73111	53.7	62961	46.3
2014	136782	70079	51.2	66703	48.8	74916	54.8	61866	45.2

1-3 国内生产总值及构成
GROSS DOMESTIC PRODUCT AND COMPOSITION

年 份 Year	国内生产总值 Gross Domestic Product	第一产业 Primary Industry	第二产业 Secondary Industry	第三产业 Tertiary Industry
一、绝对数(亿元) Value (100 million yuan)				
1978	3650.2	1018.4	1736.0	895.8
1980	4551.6	1359.4	2180.5	1011.6
1985	9039.9	2541.6	3846.8	2651.6
1986	10308.8	2763.9	4469.9	3074.9
1987	12102.2	3204.3	5225.3	3672.6
1988	15101.1	3831.0	6554.0	4716.0
1989	17090.3	4228.0	7240.8	5621.6
1990	18774.3	5017.0	7678.0	6079.3
1991	21895.5	5288.6	9055.8	7551.2
1992	27068.3	5800.0	11640.4	9627.9
1993	35524.3	6887.3	16373.0	12264.1
1994	48459.6	9471.4	22333.5	16654.7
1995	61129.8	12020.0	28536.2	20573.6
1996	71572.3	13877.8	33665.8	24028.7
1997	79429.5	14264.6	37353.9	27810.9
1998	84883.7	14618.0	38808.8	31456.8
1999	90187.7	14548.1	40827.6	34812.0
2000	99776.3	14716.2	45326.0	39734.1
2001	110270.4	15501.2	49262.0	45507.2
2002	121002.0	16188.6	53624.4	51189.0
2003	136564.6	16968.3	62120.8	57475.6
2004	160714.4	20901.8	73529.8	66282.8
2005	185895.8	21803.5	87127.3	76964.9
2006	217656.6	23313.0	103163.5	91180.1
2007	268019.4	27783.0	125145.4	115090.9
2008	316751.7	32747.0	148097.9	135906.9
2009	345629.2	34154.0	157850.1	153625.1
2010	408903.0	39354.6	188804.9	180743.4
2011	484123.5	46153.3	223390.3	214579.9
2012	534123.0	50892.7	240200.4	243030.0
2013	588018.8	55321.7	256810.0	275887.0
2014	636138.7	58336.1	271764.5	306038.2
二、构成(%) Composition (%)				
1978	100.0	27.9	47.6	24.5
1980	100.0	29.9	47.9	22.2
1985	100.0	28.1	42.6	29.3
1986	100.0	26.8	43.4	29.8
1987	100.0	26.5	43.2	30.3
1988	100.0	25.4	43.4	31.2
1989	100.0	24.7	42.4	32.9
1990	100.0	26.7	40.9	32.4
1991	100.0	24.2	41.4	34.5
1992	100.0	21.4	43.0	35.6
1993	100.0	19.4	46.1	34.5
1994	100.0	19.5	46.1	34.4
1995	100.0	19.7	46.7	33.7
1996	100.0	19.4	47.0	33.6
1997	100.0	18.0	47.0	35.0
1998	100.0	17.2	45.7	37.1
1999	100.0	16.1	45.3	38.6
2000	100.0	14.7	45.4	39.8
2001	100.0	14.1	44.7	41.3
2002	100.0	13.4	44.3	42.3
2003	100.0	12.4	45.5	42.1
2004	100.0	13.0	45.8	41.2
2005	100.0	11.7	46.9	41.4
2006	100.0	10.7	47.4	41.9
2007	100.0	10.4	46.7	42.9
2008	100.0	10.3	46.8	42.9
2009	100.0	9.9	45.7	44.4
2010	100.0	9.6	46.2	44.2
2011	100.0	9.5	46.1	44.3
2012	100.0	9.5	45.0	45.5
2013	100.0	9.4	43.7	46.9
2014	100.0	9.2	42.7	48.1

1-4　国内生产总值指数、城镇单位就业人员平均工资和城镇居民消费价格指数

INDICES OF GROSS DOMESTIC PRODUCT, AVERAGE WAGE IN URBAN UNITS AND URBAN CONSUMER PRICE INDEX

(上年=100)　　(preceding year=100)

年　份 Year	国内生产总值指数 Indices of Gross Domestic Product	城镇单位就业人员平均工资指数 Index of Average Wage of the Urban Units Employment		城市居民消费价格指数 Urban Consumer Price Index
		货币工资 Money Wage	实际工资 Real Wage	
1979	107.6	108.6	106.7	101.9
1980	107.9	114.1	106.1	107.5
1981	105.1	101.3	98.9	102.5
1982	109.2	103.4	101.5	102.0
1983	111.0	103.5	101.4	102.0
1984	115.4	117.9	114.7	102.7
1985	113.3	117.9	105.3	111.9
1986	108.6	115.8	108.3	107.0
1987	111.7	109.8	101.0	108.8
1988	111.3	119.7	99.2	120.7
1989	104.3	110.8	95.2	116.3
1990	104.1	110.6	109.2	101.3
1991	109.2	109.3	104.0	105.1
1992	114.1	115.9	106.7	108.6
1993	113.6	124.3	107.1	116.1
1994	113.1	134.6	107.7	125.0
1995	109.4	118.9	101.8	116.8
1996	110.1	111.8	102.8	108.8
1997	109.6	107.8	104.5	103.1
1998	107.3	115.5	116.2	99.4
1999	107.9	111.7	113.2	98.7
2000	108.6	112.2	111.3	100.8
2001	108.1	116.1	115.3	100.7
2002	109.5	114.2	115.4	99.0
2003	110.5	112.9	111.9	100.9
2004	110.5	114.0	109.7	103.3
2005	110.9	114.3	112.5	101.6
2006	113.3	114.6	112.9	101.5
2007	114.7	118.5	113.4	104.5
2008	110.1	116.9	110.7	105.6
2009	108.4	111.6	112.6	99.1
2010	110.3	113.3	109.8	103.2
2011	108.9	114.4	108.6	105.3
2012	108.5	111.9	109.0	102.7
2013	107.1	110.1	107.3	102.6
2014	107.8	109.5	107.2	102.1

注：1994年及以前为城镇单位职工平均工资数(以下各表同)。

a)Data before 1994 are staff and workers figures(The same as in the following tables).

1-5 全国就业人员年末人数

NUMBER OF EMPLOYMENT AT THE YEAR-END

单位：万人，% (10 000 persons,%)

年 份 Year	就业人员 Employment		城 镇 就业人员 Urban Employment	乡 村 就业人员 Rural Employment	按三次产业分 Group by Industry			构成(以合计为100) Percentage(total=100)		
	合 计 Total	占人口比重 Percentage of Total Population			第一产业 Primary Industry	第二产业 Secondary Industry	第三产业 Tertiary Industry	第一产业 Primary Industry	第二产业 Secondary Industry	第三产业 Tertiary Industry
1952	20729	36.1	2486	18243	17317	1531	1881	83.5	7.4	9.1
1953	21364	36.3	2754	18610	17747	1715	1902	83.1	8.0	8.9
1954	21832	36.2	2744	19088	18151	1882	1799	83.1	8.6	8.3
1955	22328	36.3	2802	19526	18592	1913	1823	83.3	8.6	8.1
1956	23018	36.6	2993	20025	18544	2468	2006	80.6	10.7	8.7
1957	23771	36.8	3205	20566	19309	2142	2320	81.2	9.0	9.8
1958	26600	40.3	5300	21300	15490	7076	4034	58.2	26.6	15.2
1959	26173	38.9	5389	20784	16271	5402	4500	62.2	20.6	17.2
1960	25880	39.1	6119	19761	17016	4112	4752	65.7	15.9	18.4
1961	25590	38.9	5336	20254	19747	2856	2987	77.2	11.2	11.6
1962	25910	38.5	4537	21373	21276	2059	2575	82.1	8.0	9.9
1963	26640	38.5	4603	22037	21966	2038	2636	82.5	7.6	9.9
1964	27736	39.3	4828	22908	22801	2183	2752	82.2	7.9	9.9
1965	28670	39.5	5136	23534	23396	2408	2866	81.6	8.4	10.0
1966	29805	40.0	5354	24451	24297	2600	2908	81.5	8.7	9.8
1967	30814	40.3	5446	25368	25165	2661	2988	81.7	8.6	9.7
1968	31915	40.6	5630	26285	26063	2743	3109	81.7	8.6	9.7
1969	33225	41.2	5825	27400	27117	3030	3078	81.6	9.1	9.3
1970	34432	41.5	6312	28120	27811	3518	3103	80.8	10.2	9.0
1971	35620	41.8	6868	28752	28397	3990	3233	79.7	11.2	9.1
1972	35854	41.1	7200	28654	28283	4276	3295	78.9	11.9	9.2
1973	36652	41.1	7388	29264	28857	4492	3303	78.7	12.3	9.0
1974	37369	41.1	7687	29682	29218	4712	3439	78.2	12.6	9.2
1975	38168	41.3	8222	29946	29456	5152	3560	77.2	13.5	9.3
1976	38834	41.4	8692	30142	29443	5611	3780	75.8	14.5	9.7
1977	39377	41.5	9127	30250	29340	5831	4206	74.5	14.8	10.7
1978	40152	41.7	9514	30638	28318	6945	4890	70.5	17.3	12.2
1979	41024	42.1	9999	31025	28634	7214	5177	69.8	17.6	12.6
1980	42361	42.9	10525	31836	29122	7707	5532	68.7	18.2	13.1
1981	43725	43.7	11053	32672	29777	8003	5945	68.1	18.3	13.6
1982	45295	44.6	11428	33867	30859	8346	6090	68.1	18.4	13.5
1983	46436	45.1	11746	34690	31151	8679	6606	67.1	18.7	14.2
1984	48197	46.2	12229	35968	30868	9590	7739	64.0	19.9	16.1
1985	49873	47.1	12808	37065	31130	10384	8359	62.4	20.8	16.8

1-5　续表　continued

单位：万人，%　　　　(10 000 persons,%)

年份 Year	就业人员 Employment		城镇就业人员 Urban Employment	乡村就业人员 Rural Employment	按三次产业分 Group by Industry			构成(以合计为100) Percentage(total=100)		
	合计 Total	占人口比重 Percentage of Total Population			第一产业 Primary Industry	第二产业 Secondary Industry	第三产业 Tertiary Industry	第一产业 Primary Industry	第二产业 Secondary Industry	第三产业 Tertiary Industry
1986	51282	47.7	13292	37990	31254	11216	8811	60.9	21.9	17.2
1987	52783	48.3	13783	39000	31663	11726	9395	60.0	22.2	17.8
1988	54334	48.9	14267	40067	32249	12152	9933	59.3	22.4	18.3
1989	55329	49.1	14390	40939	33225	11976	10129	60.1	21.6	18.3
1990	64749	56.6	17041	47708	38914	13856	11979	60.1	21.4	18.5
1991	65491	56.5	17465	48026	39098	14015	12378	59.7	21.4	18.9
1992	66152	56.5	17861	48291	38699	14355	13098	58.5	21.7	19.8
1993	66808	56.4	18262	48546	37680	14965	14163	56.4	22.4	21.2
1994	67455	56.3	18653	48802	36628	15312	15515	54.3	22.7	23.0
1995	68065	56.2	19040	49025	35530	15655	16880	52.2	23.0	24.8
1996	68950	56.3	19922	49028	34820	16203	17927	50.5	23.5	26.0
1997	69820	56.5	20781	49039	34840	16547	18432	49.9	23.7	26.4
1998	70637	56.6	21616	49021	35177	16600	18860	49.8	23.5	26.7
1999	71394	56.8	22412	48982	35768	16421	19205	50.1	23.0	26.9
2000	72085	56.9	23151	48934	36043	16219	19823	50.0	22.5	27.5
2001	72797	57.0	24123	48674	36399	16234	20165	50.0	22.3	27.7
2002	73280	57.0	25159	48121	36640	15682	20958	50.0	21.4	28.6
2003	73736	57.1	26230	47506	36204	15927	21605	49.1	21.6	29.3
2004	74264	57.1	27293	46971	34830	16709	22725	46.9	22.5	30.6
2005	74647	57.1	28389	46258	33442	17766	23439	44.8	23.8	31.4
2006	74978	57.0	29630	45348	31941	18894	24143	42.6	25.2	32.2
2007	75321	57.0	30953	44368	30731	20186	24404	40.8	26.8	32.4
2008	75564	56.9	32103	43461	29923	20553	25087	39.6	27.2	33.2
2009	75828	56.8	33322	42506	28890	21080	25857	38.1	27.8	34.1
2010	76105	56.8	34687	41418	27931	21842	26332	36.7	28.7	34.6
2011	76420	56.7	35914	40506	26594	22544	27282	34.8	29.5	35.7
2012	76704	56.6	37102	39602	25773	23241	27690	33.6	30.3	36.1
2013	76977	56.6	38240	38737	24171	23170	29636	31.4	30.1	38.5
2014	77253	56.5	39310	37943	22790	23099	31364	29.5	29.9	40.6

注：全国就业人员1990年及以后的数据根据劳动力调查、人口普查推算，2001年及以后数据根据第六次人口普查数据重新修订(下表同)。

a) From 1990 to 2000, the total number of employed persons were estimated according to Labour Force Survey and Population Census, since 2001, were revised according to the 6th National Population Census. The same applies to the following tables.

1-6 分行业就业人员年末人数

EMPLOYMENT AT THE YEAR-END BY SECTOR

单位：万人 (10 000 persons)

年 份 Year	合 计 Total	农、林、牧、渔业 Farming, Forestry, Animal Husbandry and Fishery	采掘业 Mining and Quarrying	制造业 Manufacturing	电力、煤气及水的生产和供应业 Production and Supply of Electricity, Gas and Water	建筑业 Construction	地质勘查业、水利管理业 Geological Prospecting & Water Conservancy	交通运输、仓储及邮电通信业 Transport, Storage, Post and Telecommunications	批发和零售贸易、餐饮业 Wholesale and Retail Trade & Catering Services
1978	40152	28318	652	5332	107	854	178	750	1140
1980	42361	29122	697	5899	118	993	188	805	1363
1985	49873	31130	795	7412	142	2035	197	1279	2306
1986	51282	31254	809	8019	152	2236	197	1376	2413
1987	52783	31663	819	8359	164	2384	200	1453	2576
1988	54334	32249	832	8652	177	2491	204	1521	2743
1989	55329	33225	842	8547	180	2407	199	1522	2770
1990	64749	34117	882	8624	192	2424	197	1566	2839
1991	65491	34956	905	8839	203	2482	199	1617	2998
1992	66152	34795	898	9106	215	2660	202	1674	3209
1993	66808	33966	932	9295	240	3050	144	1688	3459
1994	67455	33386	915	9613	246	3188	139	1864	3921
1995	68065	33018	932	9803	258	3322	135	1942	4292
1996	68950	32909	902	9763	273	3408	129	2013	4511
1997	69820	33095	868	9612	283	3449	129	2062	4795
1998	70637	33232	721	8319	283	3327	116	2000	4645
1999	71394	33493	667	8109	285	3412	111	2022	4751
2000	72085	33355	597	8043	284	3552	110	2029	4686
2001	73025	32974	561	8083	288	3669	105	2037	4737
2002	73740	32487	558	8307	290	3893	98	2084	4969

1-6 续表 continued

单位：万人 (10 000 persons)

年 份 Year	金融、保险业 Finance and Insurance	房地产业 Real Estate Trade	社 会 服务业 Social Services	卫生、体育和社会福 利 业 Health Care, Sporting and Social Welfare	教育、文化艺术和广播电影电视业 Education, Culture and Arts, Radio, Film and Television	科学研究和综合技术服务业 Scientific Research and Polytechnical Services	国家机关政党机关和社会团体 Government Agencies, Party Agencies and Social Organizations	其 他 Others
1978	76	31	179	363	1093	92	467	521
1980	99	37	276	389	1147	113	527	588
1985	138	36	401	467	1273	144	799	1319
1986	152	38	466	482	1324	152	873	1338
1987	170	39	501	496	1375	158	925	1502
1988	194	42	534	508	1403	161	971	1655
1989	205	43	550	518	1426	165	1022	1709
1990	218	44	594	536	1457	173	1079	1798
1991	234	48	604	553	1497	179	1136	1910
1992	248	54	643	565	1520	183	1148	2313
1993	270	66	543	416	1210	173	1030	3740
1994	264	74	626	434	1436	178	1033	4155
1995	276	80	703	444	1476	182	1042	4484
1996	292	84	747	458	1513	183	1093	4563
1997	308	87	810	471	1557	186	1093	4862
1998	314	94	868	478	1573	178	1097	5118
1999	328	96	923	482	1568	173	1102	4969
2000	327	100	921	488	1565	174	1104	5643
2001	336	107	976	493	1568	165	1101	5852
2002	340	118	1094	493	1565	163	1075	6245

1-7　分地区分登记注册类型城镇就业人员年末人数及构成(2014年)

URBAN EMPLOYMENT AND COMPOSITION AT THE YEAR-END BY REGISTRATION STATUS AND REGION(2014)

单位：万人　　(10 000 persons)

地区	Region	合计 Total	国有单位 State-owned Units	城镇集体单位 Urban Collective-owned Units	其他单位 Other Ownership Units	私营企业 个体 Private Enterprises, Individuals	构成（以合计为100） Composition(Total=100) 国有单位 State-owned Units	城镇集体单位 Urban Collective-owned Units	其他单位 Other Ownership Units	私营企业 个体 Private Enterprises Individuals
全国总计	**National**	**39310.0**	**6312.3**	**536.7**	**11428.8**	**16866.7**	**18.0**	**1.5**	**32.5**	**48.0**
北京	Beijing	1309.2	188.6	18.8	548.4	553.3	14.4	1.4	41.9	42.3
天津	Tianjin	437.4	75.1	7.6	212.8	141.8	17.2	1.7	48.6	32.4
河北	Hebei	1029.8	293.5	15.6	347.1	373.7	28.5	1.5	33.7	36.3
山西	Shanxi	702.5	206.0	19.6	226.5	250.5	29.3	2.8	32.2	35.6
内蒙古	Inner Mongolia	738.8	168.1	6.3	127.0	437.3	22.8	0.9	17.2	59.2
辽宁	Liaoning	1340.2	292.5	33.5	339.2	675.1	21.8	2.5	25.3	50.4
吉林	Jilin	726.4	169.0	6.6	158.7	392.0	23.3	0.9	21.9	54.0
黑龙江	Heilongjiang	804.4	277.1	14.7	159.1	353.5	34.4	1.8	19.8	43.9
上海	Shanghai	1149.2	106.3	13.7	528.9	500.3	9.2	1.2	46.0	43.5
江苏	Jiangsu	3379.2	299.2	39.5	1263.7	1776.8	8.9	1.2	37.4	52.6
浙江	Zhejiang	2311.1	215.3	20.3	867.1	1208.4	9.3	0.9	37.5	52.3
安徽	Anhui	1177.1	198.8	15.6	307.3	655.4	16.9	1.3	26.1	55.7
福建	Fujian	1217.5	159.5	13.0	482.2	562.9	13.1	1.1	39.6	46.2
江西	Jiangxi	915.8	189.7	15.8	259.8	450.5	20.7	1.7	28.4	49.2
山东	Shandong	2127.7	401.1	51.7	813.6	861.3	18.8	2.4	38.2	40.5
河南	Henan	1713.2	367.9	43.4	697.6	604.3	21.5	2.5	40.7	35.3
湖北	Hubei	1516.4	269.0	14.9	422.9	809.6	17.7	1.0	27.9	53.4
湖南	Hunan	1408.1	261.5	22.1	314.3	810.2	18.6	1.6	22.3	57.5
广东	Guangdong	4079.8	396.2	56.7	1520.4	2106.5	9.7	1.4	37.3	51.6
广西	Guangxi	744.4	206.5	15.1	179.9	343.0	27.7	2.0	24.2	46.1
海南	Hainan	235.2	42.9	2.2	56.4	133.7	18.2	0.9	24.0	56.8
重庆	Chongqing	1028.8	118.2	9.1	287.2	614.3	11.5	0.9	27.9	59.7
四川	Sichuan	1496.3	351.1	29.0	428.6	687.5	23.5	1.9	28.6	45.9
贵州	Guizhou	490.2	169.2	6.1	129.4	185.5	34.5	1.2	26.4	37.8
云南	Yunnan	858.0	188.8	11.9	218.9	438.4	22.0	1.4	25.5	51.1
西藏	Tibet	79.9	26.9	0.3	5.3	47.4	33.7	0.4	6.6	59.3
陕西	Shaanxi	871.9	244.4	18.6	253.5	355.4	28.0	2.1	29.1	40.8
甘肃	Gansu	454.7	153.7	10.3	100.8	189.9	33.8	2.3	22.2	41.8
青海	Qinghai	117.3	34.4	1.2	27.5	54.1	29.4	1.0	23.5	46.1
宁夏	Ningxia	148.3	36.7	0.7	35.9	75.1	24.7	0.5	24.2	50.6
新疆	Xinjiang	535.4	204.9	3.0	108.8	218.8	38.3	0.6	20.3	40.9

注：全国城镇就业人员根据年度劳动力抽样调查推算，故不等于分登记注册类型城镇就业人员总计。

a) The total number of urban employed persons was estimated according to Labour Force Survey and was not equal to the sum of urban employed persons by registration status.

1-8　分登记注册类型城镇单位就业人员年末人数及构成
EMPLOYMENT AND COMPOSITION IN URBAN UNITS BY REGISTRATION STATUS(End of Year)

单位：万人　　(10 000 persons)

年　份 Yesr	合　计 Total	国有单位 State-owned Units	城镇集体单位 Urban Collective-owned Units	其他单位 Other Owner-ship Units	构成(以合计为100) Composition(Total=100)		
					国有单位 State-owned Units	城镇集体单位 Urban Collective-owned Units	其他单位 Other Owner-ship Units
1971	6787	5318	1469		78.4	21.6	
1975	8198	6426	1772		78.4	21.6	
1980	10444	8019	2425		76.8	23.2	
1981	10940	8372	2568		76.5	23.5	
1982	11281	8630	2651		76.5	23.5	
1983	11515	8771	2744		76.2	23.8	
1984	11890	8637	3216	37	72.6	27.0	0.3
1985	12358	8990	3324	44	72.7	26.9	0.4
1986	12809	9333	3421	55	72.9	26.7	0.4
1987	13214	9654	3488	72	73.1	26.4	0.5
1988	13608	9984	3527	97	73.4	25.9	0.7
1989	13742	10108	3502	132	73.5	25.5	1.0
1990	14059	10346	3549	164	73.6	25.2	1.2
1991	14508	10664	3628	216	73.5	25.0	1.5
1992	14792	10889	3621	282	73.6	24.5	1.9
1993	14849	10920	3393	536	73.5	22.9	3.6
1994	14849	10890	3211	747	73.3	21.6	5.0
1995	15301	11261	3147	894	73.6	20.6	5.8
1996	15221	11244	3016	962	73.9	19.8	6.3
1997	15036	11044	2883	1109	73.5	19.2	7.4
1998	12696	9058	1963	1675	71.3	15.5	13.2
1999	12130	8572	1712	1846	70.7	14.1	15.2
2000	11612	8102	1499	2011	69.8	12.9	17.3
2001	11166	7640	1291	2235	68.4	11.6	20.0
2002	10985	7163	1122	2700	65.2	10.2	24.6
2003	10970	6876	1000	3094	62.7	9.1	28.2
2004	11099	6710	897	3492	60.5	8.1	31.5
2005	11404	6488	810	4106	56.9	7.1	36.0
2006	11713	6430	764	4519	54.9	6.5	38.6
2007	12024	6424	718	4882	53.4	6.0	40.6
2008	12193	6447	662	5084	52.9	5.4	41.7
2009	12573	6420	618	5535	51.1	4.9	44.0
2010	13052	6516	597	5938	49.9	4.6	45.5
2011	14413	6704	603	7106	46.5	4.2	49.3
2012	15236	6839	590	7808	44.9	3.9	51.2
2013	18108	6365	566	11177	35.1	3.1	61.7
2014	18278	6312	537	11429	34.5	2.9	62.5

注:1994年及以前为职工数(以下各表同)。
a)Data before 1994 are staff and workers figures(The same as in the following tables).

1-9 分行业城镇单位就业人员年末人数
EMPLOYMENT IN URBAN UNITS BY SECTOR(End of Year)

单位：万人 (10 000 persons)

年 份 Year	合 计 Total	农、林、牧、渔业 Farming, Forestry, Animal Husbandry and Fishery	采掘业 Mining and Quarrying	制造业 Manufacturing	电力、煤气及水的生产和供应业 Production and Supply of Electricity, Gas and Water	建筑业 Construction	地质勘查业、水利管理业 Geological Prospecting and Water Conservancy	交通运输、仓储及邮电通信业 Transport, Storage,Post and Tele-communications
1994	14848.7	679.7	904.2	5433.6	244.5	1072.4	137.5	835.1
1995	15300.8	669.4	921.4	5493.1	257.9	1090.1	134.6	848.5
1996	15221.1	631.3	891.8	5344.0	272.8	1069.7	128.9	853.2
1997	15036.2	629.2	856.8	5129.9	283.3	1037.4	129.0	850.5
1998	12695.7	562.5	707.3	3826.1	282.9	878.1	116.2	721.5
1999	12130.2	536.5	655.2	3554.3	285.0	814.8	111.4	704.2
2000	11612.5	516.4	585.2	3300.7	283.8	780.1	110.2	680.4
2001	11165.8	483.2	548.2	3070.1	287.8	774.0	104.9	651.6
2002	10985.2	455.2	542.7	2980.7	289.6	803.2	97.7	639.5

1-9 续表 continued

单位：万人 (10 000 persons)

年 份 Year	批发和零售贸易、餐饮业 Wholesale and Retail Trade & Catering Services	金融、保险业 Finance and Insurance	房地产业 Real Estate Trade	社会服务业 Social Services	卫生、体育和社会福利业 Health Care, Sporting and Social Welfare	教育、文化艺术和广播电影电视业 Education, Culture and Arts, Radio, Film and Television	科学研究和综合技术服务业 Scientific Research and Polytechnical Services	国家机关政党机关和社会团体 Government Agencies, Party Agencies and Social Organizations	其 他 Others
1994	1832.7	260.8	72.1	446.6	427.5	1248.8	174.0	1016.5	62.6
1995	1855.9	276.3	79.6	461.4	444.3	1476.1	181.9	1041.7	68.8
1996	1830.0	291.9	84.3	472.1	457.5	1512.6	182.7	1092.6	105.8
1997	1796.1	308.2	86.9	494.3	471.1	1556.7	185.8	1093.1	127.8
1998	1286.6	313.5	93.7	470.4	477.7	1573.3	177.5	1096.5	111.9
1999	1141.5	328.5	96.6	476.0	482.0	1567.8	173.6	1102.1	100.9
2000	1009.5	326.8	100.4	483.5	488.1	1565.8	174.5	1103.8	103.1
2001	874.2	335.9	107.5	491.4	493.0	1567.9	165.0	1100.9	110.1
2002	774.5	339.8	118.4	521.0	493.2	1565.1	162.7	1074.7	127.0

1-10　分行业城镇单位就业人员(国有单位)

EMPLOYMENT IN URBAN UNITS BY SECTOR(State-owned Units,End of Year)

单位：万人　(10 000 persons)

年　份 Year	合　计 Total	农、林、牧、渔业 Farming, Forestry, Animal Husbandry and Fishery	采掘业 Mining and Quarrying	制造业 Manufacturing	电力、煤气及水的生产和供应业 Production and Supply of Electricity, Gas and Water	建筑业 Construction	地质勘查业、水利管理业 Geological Prospecting and Water Conservancy	交通运输、仓储及邮电通信业 Transport, Storage,Post and Tele-communications
1994	10890.1	653.2	820.1	3320.9	229.6	629.2	135.4	677.4
1995	11260.5	642.6	839.0	3347.9	238.3	627.9	132.5	699.1
1996	11243.6	605.5	813.6	3238.6	251.2	616.1	126.7	705.6
1997	11044.2	605.1	776.8	3028.2	258.0	598.0	125.9	706.1
1998	9058.1	541.1	600.7	1900.7	243.2	462.8	114.0	601.5
1999	8572.1	517.2	529.0	1665.2	240.1	419.0	109.2	585.8
2000	8101.9	496.2	451.3	1432.1	234.1	391.7	108.0	566.5
2001	7639.9	464.5	404.6	1210.0	231.9	357.6	102.8	536.2
2002	7162.9	433.4	350.4	994.9	223.5	320.6	95.6	518.2

1-10　续表　continued

单位：万人　(10 000 persons)

年　份 Year	批发和零售贸易、餐饮业 Wholesale and Retail Trade & Catering Services	金融、保险业 Finance and Insurance	房地产业 Real Estate Trade	社会服务业 Social Services	卫生、体育和社会福利业 Health Care, Sporting and Social Welfare	教育、文化艺术和广播电影电视业 Education, Culture and Arts, Radio, Film and Television	科学研究和综合技术服务业 Scientific Research and Polytechnical Services	国家机关政党机关和社会团体 Government Agencies, Party Agencies and Social Organizations	其　他 Others
1994	1053.7	196.3	58.6	307.6	367.9	1227.4	165.2	1007.4	40.2
1995	1072.2	204.8	62.9	321.0	383.2	1443.0	170.0	1033.1	43.1
1996	1064.7	210.7	64.6	335.4	394.8	1486.2	168.7	1084.3	76.9
1997	1045.7	217.6	65.3	352.6	407.6	1502.7	170.2	1087.2	97.2
1998	706.0	217.5	65.1	331.7	417.0	1519.7	159.5	1091.1	86.4
1999	620.3	226.5	64.0	330.7	422.6	1512.9	157.0	1097.2	75.4
2000	544.0	223.4	63.3	326.7	427.3	1508.4	151.2	1098.9	78.7
2001	460.6	221.7	63.4	322.6	433.4	1507.7	141.9	1097.0	83.9
2002	380.4	216.2	61.3	327.4	437.8	1497.2	139.1	1071.0	96.0

1-11 分行业城镇单位就业人员(城镇集体单位)

EMPLOYMENT IN URBAN UNITS BY SECTOR (Urban Collective-owned Units,End of Year)

单位：万人 (10 000 persons)

年 份 Year	合 计 Total	农、林、牧、渔业 Farming, Forestry, Animal Husbandry and Fishery	采掘业 Mining and Quarrying	制造业 Manufacturing	电力、煤气及水的生产和供应业 Production and Supply of Electricity, Gas and Water	建筑业 Construction	地质勘查业、水利管理业 Geological Prospecting and Water Conservancy	交通运输、仓储及邮电通信业 Transport, Storage,Post and Tele-communications
1994	3211.3	23.9	80.9	1514.6	8.9	426.9	2.0	148.8
1995	3146.7	23.7	78.3	1438.3	9.2	440.3	2.0	139.5
1996	3015.8	21.8	73.8	1364.8	10.8	424.0	2.1	135.7
1997	2882.7	19.9	73.1	1261.3	11.3	404.1	3.0	127.0
1998	1963.2	16.2	49.3	758.4	10.8	321.4	2.1	81.3
1999	1711.8	14.6	42.5	636.8	9.7	291.2	2.0	69.1
2000	1499.3	13.9	35.1	531.7	9.4	272.5	1.9	58.4
2001	1291.0	11.8	30.9	437.1	8.4	255.2	1.6	49.1
2002	1122.0	10.9	30.7	357.1	7.1	231.3	1.4	41.4

1-11 续表 continued

单位：万人 (10 000 persons)

年 份 Year	批发和零售贸易、餐饮业 Wholesale and Retail Trade & Catering Services	金融、保险业 Finance and Insurance	房地产业 Real Estate Trade	社会服务业 Social Services	卫生、体育和社会福利业 Health Care, Sporting and Social Welfare	教育、文化艺术和广播电影电视业 Education, Culture and Arts, Radio, Film and Television	科学研究和综合技术服务业 Scientific Research and Polytechnical Services	国家机关政党机关和社会团体 Government Agencies, Party Agencies and Social Organizations	其 他 Others
1994	716.1	62.2	6.3	102.3	59.2	20.8	7.4	9.1	21.7
1995	707.3	67.5	6.7	99.3	60.7	32.1	8.7	8.7	24.3
1996	678.5	73.2	7.7	90.3	62.1	25.0	10.4	8.4	27.5
1997	647.6	77.4	7.9	90.4	62.8	52.6	10.5	5.9	27.8
1998	424.5	72.1	7.2	72.4	59.6	51.7	9.7	5.3	21.2
1999	355.0	71.8	7.5	68.9	58.2	52.2	8.3	4.8	19.2
2000	292.5	70.4	6.8	64.2	59.4	53.3	7.9	4.9	17.0
2001	223.2	69.1	6.9	59.1	57.7	55.2	5.3	3.9	16.6
2002	174.7	66.9	8.0	52.9	52.5	58.3	4.8	3.4	20.5

1-12　分行业城镇单位就业人员(其他单位)
EMPLOYMENT IN URBAN UNITS BY SECTOR
(Other Ownership Units,End of Year)

单位：万人　　(10 000 persons)

年　份 Year	合　计 Total	农、林、牧、渔业 Farming, Forestry, Animal Husbandry and Fishery	采掘业 Mining and Quarrying	制造业 Manufacturing	电力、煤气及水的生产和供应业 Production and Supply of Electricity, Gas and Water	建筑业 Construction	地质勘查业、水利管理业 Geological Prospecting and Water Conservancy	交通运输、仓储及邮电通信业 Transport, Storage,Post and Tele-communications
1994	747.4	2.6	3.2	598.1	6.0	16.3	0.1	9.0
1995	893.6	3.2	4.0	706.8	10.3	22.0		9.8
1996	961.7	4.0	4.4	740.5	10.8	29.5		12.0
1997	1109.4	4.2	6.9	840.4	14.1	35.3		17.4
1998	1674.5	5.2	57.3	1167.1	28.9	93.8	0.1	38.7
1999	1846.3	4.8	83.7	1252.2	35.2	104.6	0.2	49.2
2000	2011.3	6.4	98.8	1336.9	40.4	115.9	0.3	55.6
2001	2234.9	6.9	112.7	1423.0	47.5	161.2	0.5	66.2
2002	2700.3	10.9	161.6	1628.7	58.9	251.3	0.7	79.8

1-12　续表　continued

单位：万人　　(10 000 persons)

年　份 Year	批发和零售贸易、餐饮业 Wholesale and Retail Trade & Catering Services	金融、保险业 Finance and Insurance	房地产业 Real Estate Trade	社　会服务业 Social Services	卫生、体育和社会福利业 Health Care, Sporting and Social Welfare	教育、文化艺术和广播电影电视业 Education, Culture and Arts, Radio, Film and Television	科学研究和综合技术服务业 Scientific Research and Polytechnical Services	国家机关政党机关和社会团体 Government Agencies, Party Agencies and Social Organizations	其　他 Others
1994	62.9	2.3	7.2	36.6	0.4	0.7	1.4		0.8
1995	76.3	3.9	9.9	41.2	0.4	0.9	3.1		1.4
1996	86.8	8.0	12.0	46.4	0.5	1.4	3.6		1.5
1997	102.8	13.3	13.7	51.3	0.6	1.5	5.1		2.7
1998	156.1	23.9	21.3	66.3	1.1	1.9	8.3		4.4
1999	166.3	30.2	25.1	76.4	1.2	2.7	8.3		6.3
2000	173.0	33.0	30.3	92.6	1.4	4.1	15.3		7.4
2001	190.4	45.1	37.2	109.7	1.9	5.0	17.8		9.7
2002	219.4	56.8	49.0	140.7	3.0	9.6	18.8		11.0

1-13 分行业城镇单位就业人员年末人数(2003-2011年)
URBAN UNITS EMPLOYMENT BY SECTOR(2003-2011)

单位：万人 (10 000 persons)

登记注册类型 Registration Status 年 份 Year	合 计 Total	农、林、牧、渔业 Agriculture, Forestry, Farming of Animals and Fishery	采矿业 Mining	制造业 Manufacturing	电力、燃气及水的生产和供应业 Production and Distribution of Electricity, Gas and Water	建筑业 Construction
全 国 National						
2003	10969.7	484.5	488.3	2980.5	297.6	833.7
2004	11098.9	466.1	500.7	3050.8	300.6	841.0
2005	11404.0	446.3	509.2	3210.9	299.9	926.6
2006	11713.2	435.2	529.7	3351.6	302.5	988.7
2007	12024.4	426.3	535.0	3465.4	303.4	1050.8
2008	12192.5	410.1	540.4	3434.3	306.5	1072.6
2009	12573.0	373.7	553.7	3491.9	307.7	1177.5
2010	13051.5	375.7	562.0	3637.2	310.5	1267.5
2011	14413.3	359.5	611.6	4088.3	334.7	1724.8
国有单位 State-owned Units						
2003	6875.6	457.7	264.3	870.7	224.1	299.3
2004	6709.9	439.4	268.8	746.3	219.3	281.2
2005	6488.2	423.5	241.3	614.0	209.5	272.5
2006	6430.5	414.2	241.7	554.0	208.8	262.8
2007	6423.5	406.3	232.8	518.1	202.4	271.3
2008	6447.0	392.1	242.9	485.5	203.1	267.7
2009	6420.2	356.1	243.7	437.8	198.6	262.7
2010	6516.4	357.4	234.1	416.5	203.9	278.7
2011	6704.2	340.9	250.3	397.8	215.0	333.2
城镇集体单位 Urban Collective-owned units						
2003	999.9	14.1	27.7	296.6	7.0	217.3
2004	897.2	12.5	27.1	259.6	6.6	198.1
2005	809.9	9.1	24.8	221.9	6.1	186.9
2006	763.6	7.1	25.1	203.9	6.0	184.9
2007	718.4	6.0	23.2	182.1	5.6	181.5
2008	661.8	4.9	22.2	165.2	5.1	169.2
2009	618.1	4.9	17.6	148.5	5.1	163.7
2010	597.5	4.4	18.8	134.4	5.2	161.7
2011	603.1	4.0	20.4	124.1	5.5	187.4
其他单位 Other Ownership units						
2003	3094.3	12.7	196.3	1813.2	66.5	317.1
2004	3491.8	14.1	204.8	2044.9	74.7	361.7
2005	4105.9	13.7	243.1	2374.9	84.4	467.2
2006	4519.1	13.9	262.9	2593.7	87.8	540.9
2007	4882.4	14.1	279.0	2765.2	95.4	598.0
2008	5083.7	13.1	275.3	2783.6	98.4	635.6
2009	5534.7	12.6	292.4	2905.6	103.9	751.2
2010	5937.6	14.0	309.1	3086.2	101.4	827.1
2011	7106.0	14.6	340.9	3566.4	114.2	1204.2

1-13 续表 1 continued

单位：万人 (10 000 persons)

登记注册类型 Registration Status / 年份 Year	交通运输、仓储和邮政业 Traffic, Transport, Storage and post	信息传输、计算机服务和软件业 Information Transfer, Computer and Software	批发和零售业 Wholesale and Retail Trade	住宿和餐饮业 Accommodation and Restaurants	金融业 Finance	房地产业 Real Estate	租赁和商务服务业 Tenancy and Business Services
全 国 National							
2003	636.5	116.8	628.1	172.1	353.3	120.2	183.5
2004	631.8	123.7	586.7	177.1	356.0	133.4	194.4
2005	613.9	130.1	544.0	181.2	359.3	146.5	218.5
2006	612.7	138.2	515.7	183.9	367.4	153.9	236.7
2007	623.1	150.2	506.9	185.8	389.7	166.5	247.2
2008	627.3	159.5	514.4	193.2	417.6	172.7	274.7
2009	634.4	173.8	520.8	202.1	449.0	190.9	290.5
2010	631.1	185.8	535.1	209.2	470.1	211.6	310.1
2011	662.8	212.8	647.5	242.7	505.3	248.6	286.6
国有单位 State-owned Units							
2003	492.8	72.0	301.0	73.4	208.1	52.2	106.0
2004	473.4	74.1	259.6	70.5	196.4	50.9	107.9
2005	443.3	65.8	214.7	67.5	177.5	47.5	114.6
2006	433.0	65.6	186.7	63.8	165.1	45.0	121.0
2007	432.0	62.5	174.1	58.6	161.4	45.2	120.5
2008	424.5	63.0	160.7	56.6	155.4	43.5	125.9
2009	413.9	64.6	144.2	55.2	146.0	43.5	125.4
2010	403.3	62.5	137.3	54.6	144.3	45.4	131.5
2011	415.9	67.0	145.7	56.3	146.3	47.6	127.9
城镇集体单位 Urban Collective-owned units							
2003	38.7	1.8	128.6	16.2	67.0	7.4	30.2
2004	34.1	1.3	108.9	15.0	66.6	7.8	30.7
2005	30.6	1.4	89.9	13.7	63.8	8.2	35.2
2006	27.2	1.1	77.4	12.7	62.1	8.0	34.1
2007	24.6	0.9	69.0	11.6	61.3	7.7	34.4
2008	22.2	0.8	58.6	11.0	60.1	7.4	33.1
2009	20.6	1.1	52.5	10.4	53.1	8.7	36.7
2010	19.8	1.0	48.0	9.6	52.1	9.2	37.6
2011	17.5	1.3	46.8	10.0	50.2	8.6	31.8
其他单位 Other Ownership units							
2003	105.0	43.0	198.6	82.5	78.3	60.6	47.3
2004	124.4	48.3	218.3	91.6	93.1	74.7	55.8
2005	140.0	62.8	239.4	100.1	117.9	90.9	68.7
2006	152.6	71.5	251.6	107.3	140.2	101.0	81.6
2007	166.4	86.8	263.8	115.7	167.0	113.6	92.3
2008	180.6	95.7	295.0	125.6	202.0	121.8	115.7
2009	199.9	108.1	324.2	136.5	249.9	138.7	128.4
2010	208.0	122.3	349.9	145.1	273.7	157.1	140.9
2011	229.4	144.5	455.0	176.5	308.9	192.4	126.9

1-13 续表 2 continued

单位：万人 (10 000 persons)

登记注册类型 Registration Status 年份 Year	科学研究、技术服务和地质勘查业 Scientific Research, Technical Service and Geologic Perambulation	水利、环境和公共设施管理业 Management of Water Conservancy, Environment and Public Establishment	居民服务和其他服务业 Resident Services and Other Services	教育 Education	卫生、社会保障和社会福利业 Sanitation, Social Security and Social Welfare	文化体育和娱乐业 Culture, Sports and Entertainment	公共管理和社会组织 Public Management and Social Organization
全国 National							
2003	221.9	172.5	52.8	1442.8	485.8	127.8	1171.0
2004	222.1	176.1	54.2	1466.8	494.7	123.4	1199.0
2005	227.7	180.4	53.9	1483.2	508.9	122.5	1240.8
2006	235.5	187.0	56.6	1504.4	525.4	122.4	1265.6
2007	243.4	193.5	57.4	1520.9	542.8	125.0	1291.2
2008	257.0	197.3	56.5	1534.0	563.6	126.0	1335.0
2009	272.6	205.7	58.8	1550.4	595.8	129.5	1394.3
2010	292.3	218.9	60.2	1581.8	632.5	131.4	1428.5
2011	298.5	230.3	59.9	1617.8	679.1	135.0	1467.6
国有单位 State-owned Units							
2003	185.1	155.3	22.1	1378.3	430.9	117.0	1165.1
2004	188.6	158.0	24.2	1409.7	437.9	111.9	1191.8
2005	188.5	161.0	24.9	1424.9	452.4	110.5	1234.3
2006	193.0	165.4	27.7	1448.0	466.8	110.1	1257.5
2007	197.5	169.8	28.7	1462.9	483.2	111.3	1285.0
2008	201.6	172.8	28.8	1481.9	501.2	110.9	1328.8
2009	209.4	178.3	28.3	1490.6	529.9	111.9	1380.0
2010	219.6	189.9	28.9	1517.4	562.6	113.1	1415.6
2011	218.2	198.0	30.7	1540.9	606.0	113.8	1452.7
城镇集体单位 Urban Collective-owned units							
2003	4.8	10.7	15.2	57.1	51.2	3.2	5.0
2004	4.5	10.2	13.5	43.1	50.0	2.8	4.8
2005	3.8	9.6	10.3	40.2	48.3	2.5	3.5
2006	3.5	10.0	9.8	36.0	48.8	2.3	3.6
2007	3.4	10.2	8.9	34.3	48.7	2.3	2.9
2008	3.4	10.8	8.8	24.6	49.8	2.3	2.4
2009	4.2	10.5	8.2	17.4	49.9	2.2	2.7
2010	4.2	10.5	7.8	17.5	51.4	2.2	2.2
2011	3.7	10.8	6.0	19.1	51.5	2.0	2.4
其他单位 Other Ownership units							
2003	32.0	6.5	15.6	7.4	3.6	7.5	0.8
2004	29.0	7.9	16.5	14.0	6.8	8.7	2.5
2005	35.5	9.8	18.7	18.1	8.2	9.6	3.0
2006	38.9	11.6	19.0	20.4	9.8	10.0	4.4
2007	42.5	13.5	19.8	23.7	11.0	11.5	3.3
2008	52.0	13.7	19.0	27.5	12.6	12.7	3.8
2009	59.0	16.8	22.3	42.3	16.0	15.4	11.6
2010	68.6	18.5	23.5	46.8	18.6	16.2	10.7
2011	76.5	21.5	23.1	57.7	21.6	19.2	12.5

1-14 分行业城镇单位就业人员年末人数(2012-2014年)
URBAN UNITS EMPLOYMENT BY SECTOR(2012-2014)

单位：万人 (10 000 persons)

登记注册类型 Registration Status 年 份 Year	合 计 Total	农、林、牧、渔业 Agriculture, Forestry, Animal Husbandry and Fishery	采矿业 Mining	制造业 Manufacturing	电力、热力、燃气及水生产和供应业 Production and Supply of Electricity,Heat, Gas and Water	建筑业 Construction
全 国						
National						
2012	15236.4	338.9	631.0	4262.2	344.6	2010.3
2013	18108.4	294.8	636.5	5257.9	404.5	2921.9
2014	18277.8	284.6	596.5	5243.1	403.7	2921.2
国有单位						
State-owned Units						
2012	6839.0	320.5	256.2	369.5	218.3	345.8
2013	6365.1	280.3	97.2	232.6	199.0	267.5
2014	6312.3	262.9	71.6	207.8	192.9	237.1
城镇集体单位						
Urban Collective-owned units						
2012	589.7	5.0	20.6	113.7	5.1	185.0
2013	566.2	2.5	15.8	97.4	4.2	181.6
2014	536.7	2.6	13.3	87.9	4.0	173.7
其他单位						
Other Ownership units						
2012	7807.7	13.4	354.2	3779.0	121.1	1479.4
2013	11177.2	12.1	523.4	4927.9	201.4	2472.8
2014	11428.8	19.1	511.7	4947.4	206.8	2510.3

1-14 续表 1 continued

单位：万人 (10 000 persons)

登记注册类型 Registration Status 年 份 Year	批发和零售业 Wholesale and Retail Trades	交通运输、仓储和邮政业 Transport, Storage and Post	住宿和餐饮业 Hotels and Catering Services	信息传输、软件和信息技术服务业 Information Software and Information Technology	金融业 Financial Inter-mediation	房地产业 Real Estate	租赁和商务服务业 Leasing and Business Services
全 国 National							
2012	711.8	667.5	265.1	222.8	527.8	273.7	292.3
2013	890.8	846.2	304.4	327.3	537.9	373.7	421.9
2014	888.6	861.4	289.3	336.3	566.3	402.2	449.4
国有单位 State-owned Units							
2012	148.5	419.5	57.6	65.8	151.9	46.7	116.7
2013	110.1	410.3	45.7	49.5	147.9	37.1	123.6
2014	99.9	395.2	41.8	37.5	146.1	36.5	126.0
城镇集体单位 Urban Collective-owned units							
2012	40.9	17.7	9.3	1.3	50.1	8.7	33.7
2013	38.3	19.0	10.0	0.9	48.7	8.3	38.1
2014	35.0	17.4	6.7	0.8	47.0	8.9	36.0
其他单位 Other Ownership units							
2012	522.4	230.3	198.1	155.7	325.7	218.3	141.8
2013	742.4	417.0	248.7	276.9	341.3	328.3	260.2
2014	753.6	448.9	240.8	298.0	373.3	356.8	287.4

1-14 续表 2 continued

单位：万人 (10 000 persons)

登记注册类型 Registration Status 年 份 Year	科学研究和技术服务业 Scientific Research, and Technical Services	水利、环境和公共设施管理业 Management of Water Conservancy, Environment and Public Facilities	居民服务、修理和其他服务业 Service to Households, Repair and Other Services	教 育 Education	卫生和社会工作 Health and Social Service	文化、体育和娱乐业 Culture, Sports and Enter-tainment	公共管理、社会保障和社会组织 Public Management, Social Security and social Organization
全 国 National							
2012	330.7	243.8	62.1	1653.4	719.3	137.7	1541.5
2013	387.8	259.2	72.3	1687.2	770.0	147.0	1567.0
2014	408.0	269.1	75.4	1727.3	810.4	145.5	1599.3
国有单位 State-owned Units							
2012	232.5	208.9	30.4	1567.2	639.5	115.0	1528.6
2013	223.7	207.7	22.9	1573.8	672.7	109.9	1553.6
2014	224.8	211.9	22.5	1602.7	703.9	106.3	1585.1
城镇集体单位 Urban Collective-owned units							
2012	5.4	10.6	6.1	19.0	52.6	2.5	2.3
2013	5.5	10.7	5.4	21.8	54.0	2.0	2.1
2014	5.4	11.2	5.7	22.2	54.9	1.9	2.1
其他单位 Other Ownership units							
2012	92.8	24.3	25.7	67.2	27.3	20.2	10.6
2013	158.5	40.8	44.1	91.6	43.3	35.0	11.3
2014	177.8	46.1	47.3	102.4	51.6	37.3	12.1

1-15　各地区分登记注册类型城镇单位女性就业人员年末人数

FEMALE EMPLOYMENT IN URBAN UNITS BY REGISTRATION STATUS AND REGION(End of Year)

单位：万人　　　　(10 000 persons)

年　份 Year	地　区 Region	合　计 Total	国有单位 State-owned Units	城镇集体单　位 Urban Collective-owned Units	其他单位 Other Ownership Units
2011		5227.7	2522.4	195.9	2509.4
2012		5458.9	2590.1	188.4	2680.4
2013		6338.3	2472.3	179.1	3686.9
2014		6546.2	2509.0	173.1	3864.1
北　京	Beijing	303.3	82.0	7.5	213.8
天　津	Tianjin	104.1	28.3	2.0	73.8
河　北	Hebei	236.8	128.8	5.9	102.1
山　西	Shanxi	152.7	86.1	8.2	58.4
内蒙古	Inner Mongolia	109.3	67.9	2.7	38.6
辽　宁	Liaoning	216.3	107.0	9.8	99.4
吉　林	Jilin	118.8	65.0	2.8	51.0
黑龙江	Heilongjiang	160.3	106.4	5.0	48.9
上　海	Shanghai	260.5	47.4	5.0	208.1
江　苏	Jiangsu	525.1	117.4	15.2	392.5
浙　江	Zhejiang	360.6	94.0	7.0	259.6
安　徽	Anhui	170.1	70.0	5.5	94.6
福　建	Fujian	245.2	62.9	4.6	177.7
江　西	Jiangxi	163.8	67.6	3.5	92.7
山　东	Shandong	443.4	154.6	15.0	273.8
河　南	Henan	400.6	153.7	16.2	230.7
湖　北	Hubei	242.1	100.5	5.0	136.6
湖　南	Hunan	205.6	100.3	5.4	99.8
广　东	Guangdong	818.6	160.6	18.5	639.5
广　西	Guangxi	150.8	87.2	3.9	59.7
海　南	Hainan	39.7	17.1	0.6	22.0
重　庆	Chongqing	135.1	46.8	2.5	85.8
四　川	Sichuan	280.8	136.5	7.8	136.5
贵　州	Guizhou	101.7	63.3	1.7	36.8
云　南	Yunnan	149.5	77.1	3.4	69.1
西　藏	Tibet	11.6	9.7	0.1	1.8
陕　西	Shaanxi	177.7	93.0	4.6	80.1
甘　肃	Gansu	86.0	56.2	2.2	27.5
青　海	Qinghai	23.1	14.1	0.4	8.6
宁　夏	Ningxia	27.1	15.8	0.2	11.1
新　疆	Xinjiang	126.2	91.7	1.1	33.3

1-16 各地区分行业城镇单位女性就业人员年末人数(2014年)
FEMALE EMPLOYMENT IN URBAN UNITS BY SECTOR AND REGION(2014)

单位：万人 (10 000 persons)

地区	Region	合计 Total	农、林、牧、渔业 Agriculture, Forestry, Animal Husbandry and Fishery	采矿业 Mining	制造业 Manufacturing	电力、热力、燃气及水生产和供应业 Production and Supply of Electricity, Heat,Gas and Water	建筑业 Construction	批发和零售业 Wholesale and Retail Trades
全国	**National**	**6546.2**	**104.7**	**110.2**	**2119.3**	**112.4**	**316.3**	**450.2**
北京	Beijing	303.3	1.3	1.0	35.4	2.2	8.7	34.4
天津	Tianjin	104.1	0.1	2.1	43.4	1.2	3.9	7.6
河北	Hebei	236.8	1.8	4.4	47.5	5.1	9.6	15.4
山西	Shanxi	152.7	0.6	16.9	22.2	3.6	5.2	7.6
内蒙古	Inner Mongolia	109.3	7.9	3.4	14.2	3.9	3.3	5.2
辽宁	Liaoning	216.3	9.4	6.4	48.5	3.8	13.3	14.3
吉林	Jilin	118.8	4.4	3.0	27.2	3.0	4.2	6.3
黑龙江	Heilongjiang	160.3	25.6	7.7	20.0	4.9	5.8	8.5
上海	Shanghai	260.5	0.6		80.6	1.1	4.5	44.0
江苏	Jiangsu	525.1	2.5	2.6	266.7	4.6	31.2	31.9
浙江	Zhejiang	360.6	0.1	0.1	151.1	3.2	22.1	21.7
安徽	Anhui	170.1	1.6	3.3	47.9	2.6	11.1	12.6
福建	Fujian	245.2	1.3	0.5	117.2	2.5	21.3	13.0
江西	Jiangxi	163.8	1.4	1.4	62.4	4.2	11.8	8.4
山东	Shandong	443.4	0.5	15.9	163.1	6.5	18.7	33.3
河南	Henan	400.6	1.6	9.6	141.6	8.4	22.7	25.1
湖北	Hubei	242.1	3.8	1.8	75.8	5.1	16.0	22.0
湖南	Hunan	205.6	0.7	1.5	48.6	4.8	11.8	10.2
广东	Guangdong	818.6	1.9	0.6	467.7	7.3	17.4	47.0
广西	Guangxi	150.8	2.7	0.9	33.0	3.8	5.8	6.5
海南	Hainan	39.7	4.1	0.2	3.6	0.7	0.9	2.8
重庆	Chongqing	135.1	0.3	1.1	34.1	2.2	13.0	12.2
四川	Sichuan	280.8	1.0	5.2	64.4	8.2	19.7	16.2
贵州	Guizhou	101.7	0.4	2.1	14.6	3.4	5.3	6.0
云南	Yunnan	149.5	2.3	2.7	24.5	3.1	9.6	12.9
西藏	Tibet	11.6	0.1	0.1	0.5	0.3	0.4	0.4
陕西	Shaanxi	177.7	0.7	6.5	33.6	3.9	8.7	14.0
甘肃	Gansu	86.0	1.6	2.1	11.5	4.1	5.2	4.3
青海	Qinghai	23.1	0.5	1.2	3.5	0.6	1.0	1.2
宁夏	Ningxia	27.1	0.5	1.1	3.8	1.1	0.7	1.6
新疆	Xinjiang	126.2	23.3	5.0	11.0	2.9	3.7	3.5

1-16 续表 1 continued

单位：万人 (10 000 persons)

地区	Region	交通运输、仓储和邮政业 Transport, Storage and Post	住宿和餐饮业 Hotels and Catering Services	信息传输、软件和信息技术服务业 Information Transmission, Software and Information Technology	金融业 Finance Intermediation	房地产业 Real Estate	租赁和商务服务业 Leasing and Business Services
全国	**National**	**224.6**	**162.2**	**132.6**	**287.8**	**149.3**	**147.7**
北京	Beijing	15.5	15.9	22.3	23.1	15.6	27.3
天津	Tianjin	3.2	3.2	1.7	5.0	2.5	2.2
河北	Hebei	7.7	3.7	3.6	13.9	4.3	3.7
山西	Shanxi	5.9	2.8	2.6	8.3	1.3	2.2
内蒙古	Inner Mongolia	5.6	2.5	2.6	6.0	2.1	1.4
辽宁	Liaoning	8.5	4.0	6.1	12.8	5.3	3.2
吉林	Jilin	3.5	1.8	2.7	5.9	2.8	2.0
黑龙江	Heilongjiang	6.3	2.3	3.1	7.7	2.1	2.1
上海	Shanghai	12.0	12.4	8.8	15.1	8.7	17.8
江苏	Jiangsu	12.5	11.7	11.6	17.1	8.7	10.2
浙江	Zhejiang	8.7	7.6	6.6	21.0	7.3	8.0
安徽	Anhui	5.9	3.7	2.9	8.9	4.0	1.9
福建	Fujian	6.3	5.5	2.7	8.7	5.1	3.4
江西	Jiangxi	5.4	2.6	2.5	6.2	2.1	1.4
山东	Shandong	13.1	8.6	7.1	18.6	9.0	7.7
河南	Henan	12.2	6.4	4.5	11.6	6.5	5.0
湖北	Hubei	9.4	6.5	4.1	9.0	4.6	2.9
湖南	Hunan	7.3	5.3	3.0	11.5	4.4	2.8
广东	Guangdong	22.8	18.7	12.4	22.0	19.1	19.4
广西	Guangxi	5.5	2.9	1.8	5.9	2.9	3.8
海南	Hainan	1.4	3.3	0.6	1.7	2.8	0.9
重庆	Chongqing	5.7	4.3	1.7	6.5	5.1	2.9
四川	Sichuan	12.8	6.9	6.4	12.0	6.8	3.7
贵州	Guizhou	3.1	2.3	1.3	4.0	2.9	1.4
云南	Yunnan	5.2	5.4	2.1	5.0	4.3	2.6
西藏	Tibet	0.3	0.3	0.2	0.4		0.2
陕西	Shaanxi	8.3	7.2	4.3	8.1	4.0	3.0
甘肃	Gansu	3.6	2.1	1.3	3.6	1.6	1.0
青海	Qinghai	1.4	0.4	0.4	1.1	0.3	0.2
宁夏	Ningxia	1.3	0.4	0.4	1.8	0.6	0.6
新疆	Xinjiang	4.4	1.4	1.3	5.1	2.0	2.8

1-16 续表 2 continued

单位：万人 (10 000 persons)

地　区	Region	科学研究和技术服务业 Scientific Research and Technical Services	水利、环境和公共设施管理业 Management of Water Conservancy, Environment and Public Establishment	居民服务、修理和其他服务业 Services to Household, Repair and Other Services	教　育 Education	卫生和社会工作 Health and Social Service	文化、体育和娱乐业 Culture, Sports and Entertainment	公共管理、社会保障和社会组织 Public Management, Social Security and Social Organization
全　国	**National**	**124.4**	**108.5**	**30.5**	**911.9**	**505.5**	**65.1**	**483.3**
北　京	Beijing	21.1	3.5	4.3	27.5	18.0	8.6	17.6
天　津	Tianjin	2.8	1.2	2.4	10.1	6.0	0.9	4.5
河　北	Hebei	3.9	4.5	0.6	55.5	22.4	2.3	26.9
山　西	Shanxi	2.4	4.2	0.7	32.7	12.5	2.2	18.7
内蒙古	Inner Mongolia	2.0	3.6	0.4	19.9	9.1	1.7	14.6
辽　宁	Liaoning	4.8	6.0	1.1	31.8	19.0	2.3	15.9
吉　林	Jilin	2.4	3.3	0.7	21.3	11.5	1.5	11.4
黑龙江	Heilongjiang	3.2	3.6	2.0	25.5	14.1	1.8	13.9
上　海	Shanghai	7.4	3.0	3.0	18.9	13.1	2.5	6.9
江　苏	Jiangsu	6.4	6.2	1.1	49.2	29.3	3.5	18.2
浙　江	Zhejiang	4.7	4.6	1.3	42.5	27.4	3.3	19.1
安　徽	Anhui	2.5	3.1	0.3	27.4	16.8	1.4	12.3
福　建	Fujian	2.6	2.1	0.7	27.1	13.6	1.7	10.0
江　西	Jiangxi	1.4	2.8	0.2	22.5	12.9	1.2	12.8
山　东	Shandong	5.3	6.1	1.1	58.2	35.3	3.0	32.4
河　南	Henan	5.1	5.0	1.0	64.8	31.0	3.2	35.4
湖　北	Hubei	4.2	4.1	0.8	30.7	22.7	2.3	16.4
湖　南	Hunan	3.5	4.0	0.8	36.4	23.9	2.3	22.6
广　东	Guangdong	10.1	7.4	3.3	68.5	37.7	5.3	29.9
广　西	Guangxi	3.1	4.8	0.4	32.8	19.2	1.5	13.7
海　南	Hainan	0.7	1.2	0.3	6.6	3.7	0.6	3.8
重　庆	Chongqing	2.3	2.4	0.8	20.5	10.8	1.0	8.2
四　川	Sichuan	6.4	6.0	0.8	46.3	27.5	2.9	27.4
贵　州	Guizhou	2.1	2.6	0.6	23.6	10.8	0.8	14.6
云　南	Yunnan	2.9	3.3	0.7	29.4	16.4	1.6	15.5
西　藏	Tibet	0.3	0.1	0.1	2.3	1.0	0.3	4.2
陕　西	Shaanxi	5.3	3.7	0.8	30.6	15.4	2.0	17.5
甘　肃	Gansu	2.0	2.3	0.1	17.0	7.8	1.1	13.8
青　海	Qinghai	0.7	0.5		3.9	2.3	0.4	3.5
宁　夏	Ningxia	0.4	0.9		5.0	2.8	0.4	3.5
新　疆	Xinjiang	2.2	2.4	0.4	23.6	11.9	1.4	18.0

1-17 分登记注册类型城镇单位就业人员工资总额及指数

TOTAL WAGES AND INDEX OF EMPLOYED PERSONS BY REGISTRATION STATUS

年 份 Year	工资总额(亿元) Total Wages (100 million yuan)				指数(以上年为100) Index (preceding year=100)			
	合 计 Total	国有单位 State-owned Units	城镇集体单位 Urban Collective-owned Units	其他单位 Other Owner-ship Units	合 计 Total	国有单位 State-owned Units	城镇集体单位 Urban Collective-owned Units	其他单位 Other Owner-ship Units
1965	282.3	235.3	47.0		107.1	105.0	118.4	
1970	334.3	277.5	56.8		103.6	105.5	95.3	
1975	463.5	386.1	77.4		104.9	104.1	109.0	
1980	772.4	627.9	144.5		119.4	118.6	123.3	
1981	820.0	660.4	159.6		106.2	105.2	110.4	
1982	882.0	708.9	173.1		107.6	107.3	108.5	
1983	934.6	748.1	186.5		106.0	105.5	107.7	
1984	1133.4	875.8	254.0	3.6	121.3	117.1	136.2	
1985	1383.0	1064.8	312.3	5.9	122.0	121.6	123.0	163.9
1986	1659.7	1288.5	362.8	8.4	120.0	121.0	116.2	142.4
1987	1881.1	1459.3	409.1	12.7	113.3	113.3	112.8	151.2
1988	2316.2	1807.1	487.6	21.5	123.1	123.8	119.2	169.3
1989	2618.5	2050.2	534.4	33.9	113.1	113.5	109.6	157.7
1990	2951.1	2324.1	581.0	46.0	112.7	113.4	108.7	135.7
1991	3323.9	2594.9	658.6	70.4	112.6	111.7	113.4	153.0
1992	3939.2	3090.4	743.2	105.6	118.5	119.1	112.8	150.0
1993	4916.2	3812.7	849.9	253.6	124.8	123.4	114.4	240.2
1994	6656.4	5177.4	1023.3	455.6	135.4	135.8	120.4	179.7
1995	8055.8	6172.6	1210.6	672.6	119.0	117.4	115.6	142.2
1996	8964.4	6893.3	1269.4	801.7	111.3	111.7	104.9	119.2
1997	9602.4	7323.9	1283.9	994.5	107.1	106.2	101.1	124.0
1998	9540.2	6934.6	1054.9	1550.7	99.4	94.7	82.2	155.9
1999	10155.9	7289.9	995.8	1870.1	106.5	105.1	94.4	120.6
2000	10954.7	7744.9	950.7	2259.1	107.9	106.2	95.5	120.8
2001	12205.4	8515.2	898.5	2791.7	111.4	109.9	94.5	123.6
2002	13638.1	9138.0	863.9	3636.2	111.7	107.3	96.1	130.3
2003	15329.6	9911.9	867.1	4550.6	112.4	108.5	100.4	125.1
2004	17615.0	11038.2	876.2	5700.6	114.9	111.4	101.0	125.3
2005	20627.1	12291.7	906.4	7429.0	117.1	111.4	103.4	130.3
2006	24262.3	13920.6	983.8	9357.9	117.6	113.3	108.5	126.0
2007	29471.5	16689.1	1108.1	11674.3	121.5	119.9	112.6	124.8
2008	35289.5	19487.9	1203.2	14598.4	119.7	116.8	108.6	125.0
2009	40288.2	21862.7	1273.3	17152.1	114.2	112.2	105.8	117.5
2010	47269.9	24886.4	1433.7	20949.7	117.3	113.8	112.6	122.1
2011	59954.7	28954.8	1737.4	29262.4	126.8	116.3	121.2	139.7
2012	70914.2	32950.0	1990.4	35973.8	118.3	113.8	114.6	122.9
2013	93064.3	33359.6	2195.8	57508.9	131.2	101.2	110.3	159.9
2014	102817.2	36106.6	2302.7	64408.0	110.5	108.2	104.9	112.0

1-18 分行业城镇单位就业人员工资总额（1995-2002年）
TOTAL WAGES OF EMPLOYED PERSONS IN URBAN UNITS BY SECTOR (1995-2002)

单位：亿元　　　　(100 million yuan)

登记注册类型 Registration Status / 年份 Year	合计 Total	农、林、牧、渔业 Farming, Forestry, Animal Husbandry and Fishery	采掘业 Mining and Quarrying	制造业 Manufacturing	电力、煤气及水的生产和供应业 Production and Supply of Electricity, Gas and Water	建筑业 Construction	地质勘查业、水利管理业 Geological Prospecting and Water Conservancy	交通运输、仓储及邮电通信业 Transport, Storage, Post and Telecommunications
全 国 National								
1995	8055.8	234.1	519.0	2804.2	197.5	629.2	80.2	577.7
1996	8964.4	251.3	568.8	2984.0	235.6	668.3	84.4	659.8
1997	9602.4	269.7	577.9	3044.6	269.8	696.9	92.0	719.1
1998	9540.2	257.8	517.6	2792.1	294.8	659.6	92.7	708.5
1999	10155.9	260.4	498.6	2836.4	325.6	662.2	98.0	768.5
2000	10954.7	268.9	498.4	2966.7	363.3	699.1	108.4	837.7
2001	12205.4	278.5	531.1	3088.5	416.7	750.9	115.4	918.9
2002	13638.1	289.9	597.6	3343.9	470.8	838.0	118.6	1016.7
国有单位 State-owned Units								
1995	6172.6	225.2	489.6	1764.3	180.0	412.0	79.3	518.4
1996	6893.3	240.4	538.2	1855.7	214.1	436.0	83.4	593.4
1997	7323.9	258.9	544.5	1813.7	243.0	451.5	90.1	644.3
1998	6934.6	247.9	457.1	1368.3	249.6	388.4	91.1	619.8
1999	7289.9	250.1	415.6	1293.4	267.5	377.5	96.4	659.0
2000	7744.9	255.7	382.5	1260.0	291.0	389.0	106.6	711.9
2001	8515.2	265.7	387.7	1190.5	325.2	378.9	113.6	762.7
2002	9138.0	272.7	372.5	1098.9	349.0	365.1	115.9	821.9
城镇集体单位 Urban Collective-owned units								
1995	1210.6	6.8	27.4	523.7	6.7	202.5	0.8	49.0
1996	1269.4	8.0	28.3	534.1	8.9	212.1	1.0	52.1
1997	1283.9	7.7	29.8	513.5	9.9	218.8	1.9	51.0
1998	1054.9	7.0	22.3	389.3	10.1	188.7	1.5	42.0
1999	995.8	7.0	19.3	343.6	9.5	183.9	1.5	39.6
2000	950.7	7.7	17.5	309.3	9.9	188.7	1.4	34.5
2001	898.5	6.8	17.5	270.6	10.5	188.0	1.2	31.4
2002	863.9	7.0	18.6	244.8	9.1	179.0	1.4	28.8
其他单位 Other Ownership units								
1995	672.6	2.2	2.0	516.1	10.7	14.7		10.3
1996	801.7	2.8	2.3	594.3	12.6	20.2		14.3
1997	994.5	3.0	3.7	717.4	16.9	26.6		23.8
1998	1550.7	3.0	38.2	1034.5	35.0	82.5		46.7
1999	1870.1	3.4	63.7	1199.5	48.5	100.9	0.2	69.9
2000	2259.1	5.5	98.4	1397.3	62.4	121.4	0.4	91.3
2001	2791.7	6.1	125.8	1627.4	81.0	184.0	0.6	124.8
2002	3636.2	10.2	206.6	2000.2	112.7	293.9	1.4	166.1

1-18　续表　continued

单位：亿元　　(100 million yuan)

登记注册类型 Registration Status 年　份 Year	批发和零售贸易、餐饮业 Wholesale and Retail Trade & Catering Services	金融、保险业 Finance and Insurance	房地产业 Real Estate Trade	社　会服务业 Social Services	卫生、体育和社会福利业 Health Care, Sporting and Social Welfare	教育、文化艺术和广播电影电视业 Education, Culture and Arts, Radio, Film and Television	科学研究和综合技术服务业 Scientific Research and Polytechnical Services	国家机关政党机关和社会团体 Government Agencies, Party Agencies and Social Organizations	其　他 Others
全　国 National									
1995	771.9	199.6	56.8	274.2	256.0	727.1	123.4	563.1	41.5
1996	835.9	243.4	69.2	317.3	306.1	849.0	145.3	676.8	69.3
1997	864.0	295.3	78.7	372.0	351.6	970.0	165.6	748.6	86.7
1998	768.0	332.4	95.5	399.6	400.3	1106.7	179.1	840.8	94.8
1999	745.6	388.5	110.4	446.6	460.6	1275.0	200.6	977.5	101.5
2000	742.8	434.3	124.7	502.5	525.4	1435.9	233.7	1097.5	115.3
2001	732.5	524.7	149.0	587.9	629.3	1746.1	267.7	1325.6	142.4
2002	745.5	612.4	180.5	701.0	718.7	2033.7	304.5	1485.9	180.4
国有单位 State-owned Units									
1995	477.8	152.3	42.1	188	226.3	714.2	115.5	558.6	28.9
1996	514.2	181.5	49.7	220.7	271.2	836.2	134.0	672.7	52.2
1997	530.3	213.9	54.8	258.0	311.9	946.4	152.1	745.0	65.4
1998	438.9	235.3	60.4	269.8	358.0	1080.8	161.7	837.1	70.3
1999	417.5	267.0	65.5	296.6	413.4	1244.3	181.0	973.6	71.8
2000	410.0	300.4	72.1	319.0	473.6	1401.5	199.5	1093.1	78.9
2001	384.4	350.2	80.9	358.4	571.2	1699.0	229.6	1322.0	95.3
2002	365.8	398.1	86.2	392.6	658.0	1970.7	261.0	1482.1	127.7
城镇集体单位 Urban Collective-owned units									
1995	239.6	42.6	4.3	45.2	29.3	12.0	4.9	4.5	11.1
1996	254.8	49.4	5.0	44.1	34.3	11.6	6.6	4.1	15.0
1997	249.9	58.1	5.9	50.1	38.9	22.1	6.6	3.6	16.3
1998	196.0	58.4	6.3	44.6	40.4	23.6	6.2	3.7	15.0
1999	174.8	64.2	7.9	46.3	45.0	27.3	6.4	3.8	15.7
2000	154.6	67.4	7.1	46.6	49.4	29.6	7.0	4.3	15.5
2001	125.5	74.3	7.2	47.3	54.6	39.2	4.6	3.7	16.2
2002	107.9	81.9	9.0	46.5	56.0	46.3	4.6	3.4	19.6
其他单位 Other Ownership units									
1995	54.5	4.7	10.4	41.0	0.4	0.8	3.0		1.5
1996	67.0	12.5	14.5	52.5	0.6	1.3	4.7		2.1
1997	83.8	23.3	17.9	63.9	0.8	1.5	6.8		5.0
1998	133.1	38.7	28.8	85.2	1.9	2.3	11.3		9.5
1999	153.3	57.2	37.1	103.7	2.2	3.4	13.1		13.9
2000	178.3	66.5	45.5	136.8	2.4	4.8	27.2		21.0
2001	222.6	100.3	60.8	182.2	3.6	7.9	33.6		31.0
2002	271.8	132.4	85.3	261.9	4.7	16.7	38.8		33.5

1-19 分行业城镇单位就业人员工资总额（2003-2011年）
TOTAL WAGES OF EMPLOYED PERSONS IN URBAN UNITS BY SECTOR (2003-2011)

单位：亿元 (100 million yuan)

登记注册类型 Registration Status / 年份 Year	合计 Total	农、林、牧、渔业 Agriculture, Forestry, Farming of Animals and Fishery	采矿业 Mining	制造业 Manufacturing	电力、燃气及水的生产和供应业 Production & Distribution of Electricity Gas & Water	建筑业 Construction	交通运输、仓储和邮政业 Traffic, Transport, Storage and post
全　国 National							
2003	15329.6	335.8	662.9	3772.7	552.0	965.9	1008.0
2004	17615.0	351.2	831.8	4316.4	646.8	1081.3	1144.7
2005	20627.1	368.7	1031.2	5056.6	741.8	1324.7	1279.5
2006	24262.3	403.3	1259.6	6035.8	858.0	1612.1	1471.5
2007	29471.5	464.6	1500.5	7241.2	1012.7	1946.2	1727.9
2008	35289.5	516.4	1847.3	8498.9	1180.4	2313.6	2006.3
2009	40288.2	537.4	2089.1	9302.2	1283.5	2837.9	2234.9
2010	47269.9	627.1	2458.8	11140.8	1468.3	3471.5	2541.9
2011	59954.7	697.7	3174.2	15031.4	1755.7	5596.4	3074.1
国有单位 State-owned Units							
2003	9911.9	314.4	368.5	1111.8	403.8	384.3	793.0
2004	11038.2	327.6	463.2	1082.7	459.1	404.6	853.6
2005	12291.7	346.5	500.3	1048.1	505.4	442.4	918.3
2006	13920.6	378.8	588.6	1126.3	586.1	488.3	1024.3
2007	16689.1	437.1	675.5	1231.2	673.6	571.1	1185.9
2008	19487.9	486.8	854.8	1353.5	781.8	643.8	1329.6
2009	21862.7	505.1	932.2	1391.9	836.7	731.9	1446.8
2010	24886.4	590.0	1041.5	1525.7	974.9	892.2	1612.6
2011	28954.8	654.1	1333.5	1720.5	1141.3	1218.4	1939.6
城镇集体单位 Urban Collective-owned units							
2003	867.1	8.6	19.9	227.8	10.2	180.2	31.6
2004	876.2	8.6	23.4	224.9	11.1	181.2	30.1
2005	906.4	7.2	27.9	215.6	11.1	188.9	30.3
2006	983.8	6.8	34.6	225.5	11.8	210.8	30.3
2007	1108.1	7.0	40.1	237.9	13.0	246.5	32.4
2008	1203.2	6.6	44.4	259.6	13.9	265.6	33.8
2009	1273.3	7.6	35.4	265.4	15.1	284.9	36.4
2010	1433.7	8.0	44.5	281.1	17.7	327.7	39.6
2011	1737.4	8.8	61.1	313.4	19.8	471.8	43.7
其他单位 Other Ownership units							
2003	4550.6	12.8	274.5	2433.0	138.0	401.4	183.4
2004	5700.6	15.0	345.3	3008.8	176.6	495.5	261.0
2005	7429.0	15.0	503.1	3792.9	225.4	693.3	330.9
2006	9357.9	17.7	636.3	4683.9	260.2	913.0	416.9
2007	11674.3	20.5	784.9	5772.0	326.1	1128.6	509.6
2008	14598.4	23.0	948.0	6885.9	384.7	1404.2	643.0
2009	17152.1	24.7	1121.5	7644.9	431.6	1821.1	751.7
2010	20949.7	29.1	1372.8	9334.0	475.7	2251.6	889.8
2011	29262.4	34.7	1779.6	12997.5	594.7	3906.2	1090.7

1-19 续表 1 continued

单位：亿元 (100 million yuan)

登记注册类型 Registration Status 年 份 Year	信息传输、计算机服务和软件业 Information Transfer, Computer and Software	批发和零售业 Wholesale and Retail Trade	住宿和餐饮业 Accommo-dation and Restaurants	金融业 Finance	房地产业 Real Estate	租赁和商务服务业 Tenancy and Business Services	科学研究、技术服务和地质勘查业 Scientific Research, Technical Service & Geologic Perambulation
全 国 National							
2003	356.0	696.3	190.9	734.4	202.7	305.2	454.4
2004	404.3	770.5	221.2	866.7	243.3	351.4	514.6
2005	491.8	832.0	249.8	1047.7	293.0	449.8	614.0
2006	587.4	920.0	280.0	1292.9	338.4	565.6	736.9
2007	699.1	1061.8	314.6	1670.3	426.2	668.9	923.9
2008	862.8	1323.9	371.2	2202.9	520.8	893.7	1154.6
2009	996.2	1509.2	418.9	2658.8	607.8	1021.4	1350.6
2010	1171.7	1783.0	484.6	3219.0	745.6	1198.5	1619.3
2011	1475.6	2594.8	655.2	4007.0	1052.5	1325.3	1879.6
国有单位 State-owned Units							
2003	179.0	338.0	76.6	447.4	82.2	157.7	368.5
2004	200.6	336.7	85.5	497.2	87.3	174.9	426.6
2005	193.8	338.2	90.2	542.1	92.2	213.0	488.3
2006	212.6	349.9	95.5	573.8	96.0	246.3	575.5
2007	223.9	376.0	96.6	697.9	112.0	281.2	713.0
2008	242.5	423.6	108.8	805.6	121.6	344.3	850.4
2009	273.2	451.6	117.4	822.5	132.6	380.2	980.1
2010	289.8	499.6	130.8	940.3	152.9	435.3	1151.7
2011	336.9	607.8	161.8	1077.7	205.1	498.8	1294.2
城镇集体单位 Urban Collective-owned units							
2003	2.3	87.0	13.8	93.9	8.8	32.5	6.2
2004	2.3	80.8	14.1	107.8	9.9	35.2	6.1
2005	3.4	74.6	13.8	118.6	11.0	45.3	6.8
2006	2.9	71.8	14.6	134.8	12.4	47.9	8.2
2007	2.6	74.0	14.8	157.7	14.0	54.6	8.4
2008	2.2	76.4	16.8	187.1	15.3	57.1	10.4
2009	3.5	78.3	17.4	197.1	19.5	69.3	14.1
2010	3.8	80.9	18.1	228.3	22.7	77.8	15.5
2011	5.3	93.1	23.4	263.5	25.2	77.7	17.7
其他单位 Other Ownership units							
2003	174.7	271.3	100.5	193.2	111.7	115.1	79.7
2004	201.4	353.1	121.6	261.7	146.0	141.2	82.0
2005	294.5	419.2	145.8	386.9	189.8	191.5	118.8
2006	372.0	498.3	170.0	584.3	230.0	271.3	153.2
2007	472.6	611.8	203.1	814.8	300.2	333.1	202.6
2008	618.2	823.9	245.7	1210.3	383.9	492.3	293.9
2009	719.5	979.3	284.0	1639.2	455.7	571.9	356.4
2010	878.1	1202.5	335.7	2050.4	570.0	685.4	452.1
2011	1133.4	1893.8	470.0	2665.8	822.3	748.8	567.7

1-19 续表 2 continued

单位：亿元 (100 million yuan)

登记注册类型 Registration Status 年份 Year	水利、环境和公共设施管理业 Management of Water Conservancy, Environment & Public Establishment	居民服务和其他服务业 Resident Services and Other Services	教育 Education	卫生、社会保障和社会福利业 Sanitation, Social Security and Social Welfare	文化体育和娱乐业 Culture, Sports and Entertainment	公共管理和社会组织 Public Management and Social Organization
全国 National						
2003	202.6	66.4	2035.9	782.1	217.9	1787.6
2004	226.1	71.8	2346.2	902.3	251.5	2072.7
2005	257.3	85.1	2690.8	1047.8	275.8	2489.6
2006	289.8	102.5	3127.8	1226.1	314.9	2839.7
2007	352.2	115.8	3917.2	1496.6	378.1	3553.8
2008	413.8	132.1	4556.1	1789.3	429.3	4276.0
2009	474.3	146.8	5338.6	2095.3	488.5	4896.8
2010	555.9	168.4	6136.5	2506.4	543.7	5428.8
2011	659.8	197.9	6938.8	3078.6	642.1	6118.1
国有单位 State-owned Units						
2003	182.5	32.6	1970.1	717.2	202.5	1781.7
2004	202.3	37.4	2274.2	827.5	233.2	2064.1
2005	229.0	43.3	2604.2	962.0	253.6	2480.9
2006	254.4	57.4	3027.3	1121.2	288.9	2829.5
2007	308.0	62.5	3782.4	1371.4	345.6	3544.3
2008	360.7	75.8	4416.4	1637.6	386.9	4263.5
2009	411.9	81.7	5154.6	1910.9	432.3	4869.2
2010	481.2	92.6	5919.7	2277.1	478.5	5400.2
2011	566.0	113.8	6651.3	2803.9	550.1	6079.9
城镇集体单位 Urban Collective-owned units						
2003	10.6	13.1	53.0	59.4	3.0	5.2
2004	10.5	12.1	45.2	64.3	3.1	5.5
2005	10.4	11.3	50.8	71.3	3.4	4.6
2006	11.8	12.2	55.1	83.9	3.2	5.1
2007	13.4	12.8	71.6	98.6	4.0	5.0
2008	16.5	14.2	55.6	118.6	4.6	4.7
2009	17.8	15.2	48.0	136.2	5.0	7.1
2010	19.4	16.4	54.7	166.3	5.4	5.9
2011	22.5	14.9	68.2	192.9	6.1	8.4
其他单位 Other Ownership units						
2003	9.5	20.7	12.8	5.4	12.3	0.7
2004	13.3	22.4	26.8	10.4	15.3	3.1
2005	17.9	30.5	35.8	14.5	18.8	4.1
2006	23.6	33.0	45.4	21.0	22.7	5.1
2007	30.8	40.6	63.2	26.6	28.6	4.5
2008	36.6	42.1	84.1	33.1	37.9	7.8
2009	44.6	50.0	136.1	48.1	51.1	20.6
2010	55.3	59.5	162.1	63.0	59.9	22.7
2011	71.3	69.2	219.3	81.8	85.9	29.8

1-20 分行业城镇单位就业人员工资总额(2012-2014年)
TOTAL WAGES OF EMPLOYED PERSONS IN URBAN UNITS BY SECTOR (2012-2014)

单位：亿元 (100 million yuan)

登记注册类型 Registration Status 年 份 Year	合 计 Total	农、林、牧、渔业 Agriculture, Forestry, Animal Husbandry and Fishery	采矿业 Mining	制造业 Manufacturing	电力、热力、燃气及水生产和供应业 Production and Supply of Electricity,Heat, Gas and Water	建筑业 Construction
全 国						
National						
2012	70914.2	760.8	3600.7	17668.1	1999.6	7392.7
2013	93064.3	758.0	3833.2	24566.6	2715.3	12315.1
2014	102817.2	808.9	3728.2	27011.4	2965.8	13389.4
国有单位						
State-owned Units						
2012	32950.0	713.5	1513.3	1765.0	1278.7	1422.7
2013	33359.6	709.9	550.2	1288.9	1361.9	1166.2
2014	36106.6	730.5	433.6	1313.8	1454.0	1133.0
城镇集体单位						
Urban Collective-owned units						
2012	1990.4	10.8	73.6	339.3	20.3	550.6
2013	2195.8	6.6	60.6	342.2	18.9	610.8
2014	2302.7	7.9	55.5	342.1	19.7	648.0
其他单位						
Other Ownership units						
2012	35973.8	36.5	2013.8	15563.7	700.7	5419.4
2013	57508.9	41.4	3222.4	22935.5	1334.5	10538.1
2014	64408.0	70.4	3239.0	25355.6	1492.1	11608.4

1-20 续表 1 continued

单位：亿元 (100 million yuan)

登记注册类型 Registration Status 年 份 Year	批发和零售业 Wholesale and Retail Trades	交通运输、仓储和邮政业 Transport, Storage and Post	住宿和餐饮业 Hotels and Catering Services	信息传输、软件和信息技术服务业 Information Software and Information Technology	金融业 Financial Inter-mediation	房地产业 Real Estate	租赁和商务服务业 Leasing and Business Services
全 国 National							
2012	3271.3	3531.5	824.4	1769.4	4669.0	1271.3	1531.2
2013	4451.9	4834.6	1038.3	2957.7	5269.0	1882.3	2629.4
2014	4931.4	5435.4	1079.1	3375.8	6017.4	2220.5	2985.9
国有单位 State-owned Units							
2012	708.9	2258.7	192.5	372.4	1237.8	204.3	517.8
2013	622.7	2388.4	168.0	298.3	1288.8	168.3	580.9
2014	643.0	2585.2	169.7	239.0	1374.5	183.7	617.3
城镇集体单位 Urban Collective-owned units							
2012	94.4	50.4	25.8	4.8	305.6	30.0	98.2
2013	99.9	60.4	40.3	3.5	339.3	31.2	127.2
2014	101.7	60.9	23.7	3.5	359.9	36.1	132.5
其他单位 Other Ownership units							
2012	2467.9	1222.3	606.2	1392.2	3125.6	1037.0	915.2
2013	3729.3	2385.8	830.1	2655.9	3640.9	1682.8	1921.3
2014	4186.8	2789.2	885.8	3133.3	4283.0	2000.7	2236.0

1-20 续表 2 continued

单位：亿元 (100 million yuan)

登记注册类型 Registration Status 年 份 Year	科学研究和技术服务业 Scientific Research, and Technical Services	水利、环境和公共设施管理业 Management of Water Conservancy, Environment and Public Facilities	居民服务、修理和其他服务业 Service to Households, Repair and Other Services	教 育 Education	卫生和社会工作 Health and Social Service	文化、体育和娱乐业 Culture, Sports and Enter-tainment	公共管理、社会保障和社会组织 Public Management, Social Security and social Organization
全 国 National							
2012	2259.4	784.6	217.1	7851.0	3718.5	735.4	7058.3
2013	2940.3	933.7	277.2	8721.1	4397.8	867.8	7675.0
2014	3339.7	1049.9	312.9	9722.5	5057.8	936.8	8448.6
国有单位 State-owned Units							
2012	1477.6	669.0	113.9	7486.8	3373.4	624.6	7019.0
2013	1546.2	728.4	96.4	8193.9	3924.3	651.4	7626.4
2014	1664.7	803.2	102.8	9093.1	4490.5	683.3	8391.6
城镇集体单位 Urban Collective-owned units							
2012	24.9	25.7	16.6	77.3	224.3	8.2	9.5
2013	28.6	29.5	16.5	102.7	260.4	7.7	9.6
2014	30.9	34.9	21.3	112.6	293.1	8.1	10.4
其他单位 Other Ownership units							
2012	756.8	89.9	86.6	286.8	120.7	102.6	29.9
2013	1365.5	175.7	164.3	424.6	213.1	208.7	39.0
2014	1644.1	211.8	188.7	516.8	274.2	245.4	46.6

1-21　分登记注册类型城镇单位就业人员平均工资及指数

AVERAGE WAGE AND INDEX OF EMPLOYED PERSONS BY REGISTRATION STATUS

年　份	平均工资(元) Average Wage (yuan)				指数（以上年为100） Index (preceding year=100)			
Year	合　计 Total	国有单位 State-owned Units	城镇集体单　位 Urban Collective-owned Units	其他单位 Other Ownership Units	合　计 Total	国有单位 State-owned Units	城镇集体单　位 Urban Collective-owned Units	其他单位 Other Ownership Units
1965	590	652	398		100.7	98.6	111.2	
1970	561	609	405		97.6	98.5	92.3	
1975	580	613	453		99.3	98.6	102.7	
1980	762	803	623		114.1	113.9	114.9	
1981	772	812	642		101.3	101.1	103.0	
1982	798	836	671		103.4	103.0	104.5	
1983	826	865	698		103.5	103.5	104.0	
1984	974	1034	811	1048	117.9	119.5	116.2	
1985	1148	1213	967	1436	117.9	117.3	119.2	137.0
1986	1329	1414	1092	1629	115.8	116.6	112.9	113.4
1987	1459	1546	1207	1879	109.8	109.3	110.5	115.3
1988	1747	1853	1426	2382	119.7	119.9	118.1	126.8
1989	1935	2055	1557	2707	110.8	110.9	109.2	113.6
1990	2140	2284	1681	2987	110.6	111.1	108.0	110.3
1991	2340	2477	1866	3468	109.3	108.5	111.0	116.1
1992	2711	2878	2109	3966	115.9	116.2	113.0	114.4
1993	3371	3532	2592	4966	124.3	122.7	122.9	125.2
1994	4538	4797	3245	6302	134.6	135.8	125.2	126.9
1995	5348	5553	3934	7728	118.9	117.3	121.1	119.9
1996	5980	6207	4312	8521	111.8	111.8	109.6	110.3
1997	6444	6679	4516	9092	107.8	107.6	104.7	106.7
1998	7446	7579	5314	9241	115.5	113.5	117.7	101.6
1999	8319	8443	5758	10142	111.7	111.4	108.4	109.8
2000	9333	9441	6241	11238	112.2	111.8	108.4	110.8
2001	10834	11045	6851	12437	116.1	117.0	109.8	110.7
2002	12373	12701	7636	13486	114.2	115.0	111.5	108.4
2003	13969	14358	8627	14843	112.9	113.0	113.0	110.1
2004	15920	16445	9723	16519	114.0	114.5	112.7	111.3
2005	18200	18978	11176	18362	114.3	115.4	114.9	111.2
2006	20856	21706	12866	21004	114.6	114.4	115.1	114.4
2007	24721	26100	15444	24271	118.5	120.2	120.0	115.6
2008	28898	30287	18103	28552	116.9	116.0	117.2	117.6
2009	32244	34130	20607	31350	111.6	112.7	113.8	109.8
2010	36539	38359	24010	35801	113.3	112.4	116.5	114.2
2011	41799	43483	28791	41323	114.4	113.4	119.9	115.4
2012	46769	48357	33784	46360	111.9	111.2	117.3	112.2
2013	51483	52657	38905	51453	110.1	108.9	115.2	111.0
2014	56360	57296	42742	56485	109.5	108.8	109.9	109.8

1-22 分行业城镇单位就业人员平均工资（1995-2002年） AVERAGE WAGE OF EMPLOYED PERSONS IN URBAN UNITS BY SECTOR (1995-2002)

单位：元 (yuan)

登记注册类型 Registration Status 年 份 Year	合 计 Total	农、林、牧、渔业 Farming, Forestry, Animal Husbandry and Fishery	采掘业 Mining and Quarrying	制造业 Manufacturing	电力、煤气及水的生产和供应业 Production and Supply of Electricity, Gas and Water	建筑业 Construction	地质勘查业、水利管理业 Geological Prospecting and Water Conservancy	交通运输、仓储及邮电通信业 Transport, Storage, Post and Telecommunications
全 国 National								
1995	5348	3516	5743	5199	7829	5755	5953	6910
1996	5980	4045	6477	5673	8803	6242	6571	7833
1997	6444	4306	6825	5979	9641	6652	7147	8527
1998	7446	4532	7228	7118	10457	7434	7916	9714
1999	8319	4808	7507	7874	11487	7945	8793	10825
2000	9333	5142	8317	8836	12801	8668	9590	12170
2001	10834	5676	9541	9891	14471	9415	10904	13987
2002	12373	6314	10992	11152	16296	10212	12226	15818
国有单位 State-owned Units								
1995	5553	3520	5933	5347	7720	6453	5977	7511
1996	6207	4031	6709	5792	8686	6961	6601	8482
1997	6679	4297	7086	6006	9527	7363	7166	9189
1998	7579	4525	7485	6950	10298	8129	7934	10180
1999	8443	4787	7718	7578	11210	8686	8815	11141
2000	9441	5087	8258	8513	12419	9431	9617	12418
2001	11045	5633	9426	9550	14001	10189	10952	14099
2002	12701	6234	10580	10825	15636	11139	12219	15758
城镇集体单位 Urban Collective-owned units								
1995	3934	2926	3675	3730	7438	4673	4283	3593
1996	4312	3805	3956	4018	8315	5103	4780	3977
1997	4516	3939	4160	4134	9045	5476	6343	4067
1998	5314	4359	4577	5004	9434	5940	6966	5130
1999	5758	4863	4556	5326	9795	6279	7555	5682
2000	6241	5529	4867	5726	10680	6822	7464	5807
2001	6851	5626	5515	6101	12233	7225	7622	6311
2002	7636	6434	6036	6757	12912	7698	9579	6895
其他单位 Other Ownership units								
1995	7728	7264	5221	7483	10740	6862	5503	10825
1996	8521	7514	5238	8175	12036	7044	5870	12240
1997	9092	7192	5385	8640	12204	7617	5961	14095
1998	9241	5817	6745	8797	12179	8988	7070	12077
1999	10142	6877	7646	9592	13843	9508	8953	14366
2000	11238	8600	9827	10450	15513	10330	13483	16399
2001	12437	8649	11087	11361	17192	11120	11583	18826
2002	13486	9392	12846	12338	19212	11291	18115	20900

1-22　续表　continued

单位：元　　　　　　　　　　　　　　　　　　　　　　　　　　　　(yuan)

登记注册类型 Registration Status 年　份 Year	批发和零售贸易、餐饮业 Wholesale and Retail Trade & Catering Services	金融、保险业 Finance and Insurance	房地产业 Real Estate Trade	社　会服务业 Social Services	卫生、体育和社会福利业 Health Care, Sporting and Social Welfare	教育、文化艺术和广播电影电视业 Education, Culture and Arts, Radio, Film and Television	科学研究和综合技术服务业 Scientific Research and Polytech-nical Services	国家机关政党机关和社会团体 Government Agencies, Party Age-ncies and Social Or-ganizations	其　他 Others
全　国 National									
1995	4260	7357	7351	6037	5831	4999	6818	5484	6250
1996	4674	8402	8405	6839	6758	5699	7981	6286	7143
1997	4872	9665	9269	7642	7566	6332	8953	6939	6862
1998	5884	10595	10402	8523	8445	7101	10112	7721	8497
1999	6436	11901	11579	9393	9625	8188	11501	8920	10153
2000	7188	13178	12551	10386	10832	9224	13374	9978	11205
2001	8207	15628	14074	11996	12821	11210	16220	12061	12862
2002	9439	18023	15384	13582	14652	13073	18792	13844	14212
国有单位 State-owned Units									
1995	4567	7558	6861	5932	5980	5026	6807	5486	6827
1996	4941	8638	7861	6676	6932	5714	7941	6296	7563
1997	5141	9904	8554	7406	7757	6402	8921	6943	6854
1998	6132	10801	9368	8142	8651	7182	10061	7725	8178
1999	6647	11865	10374	8975	9856	8278	11440	8925	9635
2000	7364	13215	11462	9709	11156	9341	13059	9983	10049
2001	8162	15678	12897	11130	13243	11339	16048	12071	11293
2002	9371	18313	14144	12067	15121	13237	18792	13858	13258
城镇集体单位 Urban Collective-owned units									
1995	3461	6432	6643	4659	4869	3722	5871	5213	4848
1996	3838	6858	6740	4979	5602	4609	6738	5009	5667
1997	3901	7570	7654	5676	6264	4226	6805	6166	5761
1998	4530	8074	9056	6195	6846	4556	7000	6952	7049
1999	4820	8941	10391	6640	7775	5310	7921	7922	8124
2000	5110	9571	10270	7221	8347	5642	9198	8811	9007
2001	5450	10707	10516	7902	9474	7192	9522	9304	9638
2002	6017	12283	11315	8849	10680	8042	10228	10199	9642
其他单位 Other Ownership Units									
1995	7403	13035	10996	10189	9518	9149	10080		11629
1996	7976	16495	12426	11708	12182	9592	13372		14185
1997	8264	18194	13726	12747	13914	10386	14659		18939
1998	8492	16419	14142	13012	16691	12367	14773		22038
1999	9137	19375	15021	13777	18281	13477	16240		22977
2000	10235	20904	15402	15086	18158	12413	18916		28972
2001	11634	23300	16791	16839	18482	16449	19523		32267
2002	12349	23772	17613	18947	16114	17854	20879		31279

1-23 分行业城镇单位就业人员平均工资（2003-2011年）
AVERAGE WAGE OF EMPLOYED PERSONS IN URBAN UNITS BY SECTOR (2003-2011)

单位：元 (yuan)

登记注册类型 Registration Status / 年 份 Year	合 计 Total	农、林、牧、渔业 Agriculture, Forestry, Farming of Animals and Fishery	采矿业 Mining	制造业 Manufacturing	电力、燃气及水的生产和供应业 Production & Distribution of Electricity, Gas & Water	建筑业 Construction	交通运输、仓储和邮政业 Traffic, Transport, Storage and post
全 国 National							
2003	13969	6884	13627	12671	18574	11328	15753
2004	15920	7497	16774	14251	21543	12578	18071
2005	18200	8207	20449	15934	24750	14112	20911
2006	20856	9269	24125	18225	28424	16164	24111
2007	24721	10847	28185	21144	33470	18482	27903
2008	28898	12560	34233	24404	38515	21223	32041
2009	32244	14356	38038	26810	41869	24161	35315
2010	36539	16717	44196	30916	47309	27529	40466
2011	41799	19469	52230	36665	52723	32103	47078
国有单位 State-owned Units							
2003	14358	6819	13819	12520	18030	12495	15973
2004	16445	7417	17198	14374	20933	14076	17938
2005	18978	8122	20843	16831	24105	16032	20716
2006	21706	9145	24827	20117	28145	18166	23723
2007	26100	10706	29177	23671	33355	20963	27606
2008	30287	12384	35564	27471	38567	23394	31259
2009	34130	14160	38626	31142	42160	27750	34976
2010	38359	16522	44904	36386	47724	31777	40097
2011	43483	19253	53387	43031	53333	36071	47318
城镇集体单位 Urban Collective-owned units							
2003	8627	6127	7194	7594	14774	8311	8100
2004	9723	7027	8628	8581	16898	9111	8777
2005	11176	8042	11067	9671	18323	10071	9920
2006	12866	9789	13626	10978	19880	11428	11062
2007	15444	11490	17131	12985	23237	13611	13102
2008	18103	13546	19813	15455	27603	15641	15062
2009	20607	15392	20075	17620	29369	17565	17538
2010	24010	18156	23791	20841	33851	20210	19882
2011	28791	21887	30114	25031	36122	25027	24927
其他单位 Other Ownership units							
2003	14843	10077	14285	13596	20805	12227	17573
2004	16519	10332	17308	14944	23757	13271	21165
2005	18362	10952	21044	16294	26822	14593	23968
2006	21004	12677	24513	18394	29663	16780	27578
2007	24271	14686	28291	21210	34314	18825	30892
2008	28552	17400	34246	24401	38968	21767	36041
2009	31350	19456	38640	26617	41931	24325	37883
2010	35801	21359	44907	30609	47164	27522	43176
2011	41323	23851	52703	36360	52377	32097	48362

1-23　续表 1　continued

单位：元　(yuan)

登记注册类型 Registration Status 年 份 Year	信息传输、计算机服务和软件业 Information Transfer, Computer and Software	批发和零售业 Wholesale and Retail Trade	住宿和餐饮业 Accommodation and Restaurants	金融业 Finance	房地产业 Real Estate	租赁和商务服务业 Tenancy and Business Services	科学研究、技术服务和地质勘查业 Scientific Research, Technical Service & Geologic Perambulation
全　国 National							
2003	30897	10894	11198	20780	17085	17020	20442
2004	33449	13012	12618	24299	18467	18723	23351
2005	38799	15256	13876	29229	20253	21233	27155
2006	43435	17796	15236	35495	22238	24510	31644
2007	47700	21074	17046	44011	26085	27807	38432
2008	54906	25818	19321	53897	30118	32915	45512
2009	58154	29139	20860	60398	32242	35494	50143
2010	64436	33635	23382	70146	35870	39566	56376
2011	70918	40654	27486	81109	42837	46976	64252
国有单位 State-owned Units							
2003	24969	10937	10482	21267	15749	15042	19775
2004	27389	12724	12137	25063	17215	16470	22711
2005	29935	15492	13428	30396	19449	19076	25989
2006	32747	18444	14851	34727	21324	20804	30023
2007	36277	21450	16432	43465	25073	23800	36456
2008	38947	25983	19091	52309	27683	27418	42643
2009	42379	30908	21177	56719	30800	30431	47277
2010	46402	35814	23864	66014	33967	33680	53235
2011	50401	41337	28756	74650	43814	39447	60316
城镇集体单位 Urban Collective-owned units							
2003	12486	6610	8356	14023	12002	10896	12962
2004	17633	7312	9311	16209	12793	11639	13441
2005	24524	8261	10145	18560	13259	13230	18053
2006	24058	9256	11453	21694	15625	14204	23058
2007	24875	10686	12897	25881	18557	16329	24823
2008	27892	12906	15149	31358	20856	17547	29988
2009	30904	14777	16569	37453	22516	19276	33025
2010	37576	16816	18808	44154	24617	20981	37538
2011	40344	19982	23327	52984	29661	24499	47764
其他单位 Other Ownership units							
2003	41911	13665	12425	25374	18898	25742	25591
2004	43474	16265	13553	28513	19933	27581	29233
2005	48602	17709	14692	33307	21331	29040	34523
2006	53807	19959	15922	42687	23181	34514	40707
2007	56392	23594	17780	51553	27004	37443	48861
2008	65686	28358	19800	62044	31556	43406	57827
2009	68067	30717	21064	67574	33311	45078	61697
2010	74178	35109	23505	77445	37102	50179	67716
2011	81005	42596	27313	88882	43183	60406	76446

1-23 续表 2 continued

单位：元 (yuan)

登记注册类型 Registration Status 年 份 Year	水利、环境和公共设施管理业 Management of Water Conservancy, Environment and Public Establishment	居民服务和其他服务业 Resident Services and Other Services	教 育 Education	卫生、社会保障和社会福利业 Sanitation, Social Security and Social Welfare	文化体育和娱乐业 Culture, Sports and Entertainment	公共管理和社会组织 Public Management and Social Organization
全 国 National						
2003	11774	12665	14189	16185	17098	15355
2004	12884	13680	16085	18386	20522	17372
2005	14322	15747	18259	20808	22670	20234
2006	15630	18030	20918	23590	25847	22546
2007	18383	20370	25908	27892	30430	27731
2008	21103	22858	29831	32185	34158	32296
2009	23159	25172	34543	35662	37755	35326
2010	25544	28206	38968	40232	41428	38242
2011	28868	33169	43194	46206	47878	42062
国有单位 State-owned Units						
2003	11782	14419	14371	16741	17340	15382
2004	12850	16366	16217	19061	20955	17406
2005	14254	17323	18388	21500	23110	20270
2006	15517	20548	21027	24298	26374	22608
2007	18293	21744	25997	28719	31210	27790
2008	21000	26443	29925	33075	34993	32350
2009	23161	28874	34678	36575	38749	35491
2010	25478	32417	39166	41112	42367	38387
2011	28812	36923	43436	47185	48690	42230
城镇集体单位 Urban Collective-owned units						
2003	10030	8683	9330	11610	9424	10293
2004	10433	8910	10559	12869	10953	11454
2005	11051	10690	12670	14826	13635	12906
2006	11948	12170	15338	17325	14169	14129
2007	13312	14476	21010	20442	17414	17002
2008	15413	16412	22645	24028	19686	18941
2009	16891	18509	27515	27618	22177	26039
2010	18551	20818	31486	32645	24796	26957
2011	20987	24834	36355	37853	30051	35277
其他单位 Other Ownership units						
2003	14392	14038	17986	15110	16565	8763
2004	16645	13893	19964	15789	18002	12617
2005	18681	16502	20664	18084	19926	14036
2006	20388	17410	23099	21225	22712	11765
2007	23390	21014	27494	24600	25384	13994
2008	26869	20566	31211	28831	29567	21586
2009	27154	22877	32663	30579	32898	17849
2010	30217	25536	35282	34672	37107	21392
2011	33331	30287	38912	38803	44958	23891

1-24　分行业城镇单位就业人员平均工资(2012-2014年)
AVERAGE WAGE OF EMPLOYED PERSONS IN URBAN UNITS BY SECTOR (2012-2014)

单位：元　　　　(yuan)

登记注册类型 Registration Status 年份 Year	合计 Total	农、林、牧、渔业 Agriculture, Forestry, Animal Husbandry and Fishery	采矿业 Mining	制造业 Manufacturing	电力、热力、燃气及水生产和供应业 Production and Supply of Electricity,Heat, Gas and Water	建筑业 Construction
全　国 National						
2012	46769	22687	56946	41650	58202	36483
2013	51483	25820	60138	46431	67085	42072
2014	56360	28356	61677	51369	73339	45804
国有单位 State-owned Units						
2012	48357	22484	58534	47367	58589	40116
2013	52657	25444	56317	54094	68146	43849
2014	57296	27782	59765	61600	74914	46409
城镇集体单位 Urban Collective-owned units						
2012	33784	22592	35953	29538	39587	29607
2013	38905	26754	39007	34689	45082	33893
2014	42742	30809	41092	38350	49023	36932
其他单位 Other Ownership units						
2012	46360	27612	57001	41453	58293	36476
2013	51453	34310	61475	46297	66489	42476
2014	56485	35689	62481	51163	72330	46367

1-24 续表 1 continued

单位：元 (yuan)

登记注册类型 Registration Status / 年份 Year	批发和零售业 Wholesale and Retail Trades	交通运输、仓储和邮政业 Transport, Storage and Post	住宿和餐饮业 Hotels and Catering Services	信息传输、软件和信息技术服务业 Information Software and Information Technology	金融业 Financial Inter-mediation	房地产业 Real Estate	租赁和商务服务业 Leasing and Business Services
全 国 National							
2012	46340	53391	31267	80510	89743	46764	53162
2013	50308	57993	34044	90915	99653	51048	62538
2014	55838	63416	37264	100845	108273	55568	67131
国有单位 State-owned Units							
2012	47377	54342	33376	57056	82040	43464	44875
2013	55980	59516	36298	60182	87732	45435	46542
2014	61186	65117	40103	63629	94943	50397	49286
城镇集体单位 Urban Collective-owned units							
2012	23096	28474	27535	38770	61756	34365	29583
2013	26200	31772	39491	40268	70249	37155	33296
2014	29069	35018	34925	42253	77236	40429	36833
其他单位 Other Ownership units							
2012	47882	53592	30827	90839	97706	47983	65637
2013	50700	57720	33400	96618	109161	52052	74632
2014	55971	62749	36830	105724	117537	56459	78859

1-24 续表 2 continued

单位：元 (yuan)

登记注册类型 Registration Status / 年份 Year	科学研究和技术服务业 Scientific Research, and Technical Services	水利、环境和公共设施管理业 Management of Water Conservancy, Environment and Public Facilities	居民服务、修理和其他服务业 Service to Households, Repair and Other Services	教育 Education	卫生和社会工作 Health and Social Service	文化、体育和娱乐业 Culture, Sports and Enter-tainment	公共管理、社会保障和社会组织 Public Management, Social Security and social Organization
全 国 National							
2012	69254	32343	35135	47734	52564	53558	46074
2013	76602	36123	38429	51950	57979	59336	49259
2014	82259	39198	41882	56580	63267	64375	53110
国有单位 State-owned Units							
2012	64206	32152	37642	47995	53653	54398	46207
2013	69501	35155	41416	52283	59200	59437	49371
2014	73844	38008	45242	56974	64631	64245	53230
城镇集体单位 Urban Collective-owned units							
2012	46890	24432	27415	41061	43265	33433	41285
2013	52204	27855	31005	47610	48990	37715	45859
2014	56711	31291	37642	51166	54122	41647	48465
其他单位 Other Ownership units							
2012	83362	37466	33992	43473	45020	51217	28113
2013	87590	43213	37738	47194	50173	60288	34486
2014	93884	46682	40752	51494	54309	65926	38391

1-25 分行业城镇单位就业人员平均货币工资指数（1995-2002年）
INDICES OF MONEY AVERAGE EARNING OF EMPLOYED PERSONS IN URBAN UNITS BY SECTOR (1995-2002)

上年=100 (preceding year=100)

登记注册类型 Registration Status 年份 Year	合计 Total	农、林、牧、渔业 Farming, Forestry, Animal Husbandry and Fishery	采掘业 Mining and Quarrying	制造业 Manufacturing	电力、煤气及水的生产和供应业 Production and Supply of Electricity, Gas and Water	建筑业 Construction	地质勘查业、水利管理业 Geological Prospecting and Water Conservancy	交通运输、仓储及邮电通信业 Transport, Storage, Post and Telecommunications
全 国 National								
1995	118.9	124.5	123.2	121.2	127.3	118.1	109.5	121.9
1996	111.8	115.0	112.8	109.1	112.4	108.5	110.4	113.4
1997	107.8	106.5	105.4	105.4	109.5	106.6	108.8	108.9
1998	115.5	105.2	105.9	119.1	108.5	111.8	110.8	113.9
1999	111.7	106.1	103.9	110.6	109.8	106.9	111.1	111.4
2000	112.2	106.9	110.8	112.2	111.4	109.1	109.1	112.4
2001	116.1	110.4	114.7	111.9	113.0	108.6	113.7	114.9
2002	114.2	111.2	115.2	112.7	112.6	108.5	112.1	113.1
国有单位 State-owned Units								
1995	117.3	124.6	122.4	118.8	126.3	118.3	109.4	121.6
1996	111.8	114.5	113.1	108.3	112.5	107.9	110.4	112.9
1997	107.6	106.6	105.6	103.7	109.7	105.8	108.6	108.3
1998	113.5	105.3	105.6	115.7	108.1	110.4	110.7	110.8
1999	111.4	105.8	103.1	109.0	108.9	106.9	111.1	109.4
2000	111.8	106.3	107.0	112.3	110.8	108.6	109.1	111.5
2001	117.0	110.7	114.1	112.2	112.7	108.0	113.9	113.5
2002	115.0	110.7	112.2	113.4	111.7	109.3	111.6	111.8
城镇集体单位 Urban Collective-owned units								
1995	121.1	116.2	131.5	121.1	129.9	118.7	115.9	115.5
1996	109.6	130.0	107.6	107.7	111.8	109.2	111.6	110.7
1997	104.7	103.5	105.2	102.9	108.8	107.3	132.7	102.3
1998	117.7	110.7	110.0	121.0	104.3	108.5	109.8	126.1
1999	108.4	111.6	99.5	106.4	103.8	105.7	108.5	110.8
2000	108.4	113.7	106.8	107.5	109.0	108.6	98.8	102.2
2001	109.8	101.8	113.3	106.5	114.5	105.9	102.1	108.7
2002	111.5	114.4	109.4	110.8	105.6	106.5	125.7	109.3
其他单位 Other Ownership units								
1995	119.9	129.2	123.1	120.8	131.6	116.0	126.2	120.3
1996	110.3	103.4	100.3	109.2	112.1	102.7	106.7	113.1
1997	106.7	95.7	102.8	105.7	101.4	108.1	101.6	115.2
1998	101.6	80.9	125.3	101.8	99.8	118.0	118.6	85.7
1999	109.8	118.2	113.4	109.0	113.7	105.8	126.6	119.0
2000	110.8	125.1	128.5	108.9	112.1	108.6	150.6	114.2
2001	110.7	100.6	112.8	108.7	110.8	107.6	85.9	114.8
2002	108.4	108.6	115.9	108.6	111.7	101.5	156.4	111.0

1-25 续表 continued

上年=100 (preceding year=100)

登记注册类型 Registration Status 年份 Year	批发和零售贸易、餐饮业 Wholesale and Retail Trade & Catering Services	金融、保险业 Finance and Insurance	房地产业 Real Estate Trade	社会服务业 Social Services	卫生、体育和社会福利业 Health Care, Sporting and Social Welfare	教育、文化艺术和广播电影电视业 Education, Culture and Arts, Radio, Film and Television	科学研究和综合技术服务业 Scientific Research and Polytechnical Services	国家机关政党机关和社会团体 Government Agencies, Party Agencies and Social Organizations	其他 Others
全国 National									
1995	120.3	109.9	117.1	119.3	114.4	111.2	111.3	111.5	120.5
1996	109.7	114.2	114.3	113.3	115.9	114.0	117.1	114.6	114.3
1997	104.2	115.0	110.3	111.7	112.0	111.1	112.2	110.4	96.1
1998	120.8	109.6	112.2	111.5	111.6	112.1	112.9	111.3	123.8
1999	109.4	112.3	111.3	110.2	114.0	115.3	113.7	115.5	119.5
2000	111.7	110.7	108.4	110.6	112.5	112.7	116.3	111.9	110.4
2001	114.2	118.6	112.1	115.5	118.4	121.5	121.3	120.9	114.8
2002	115.0	115.3	109.3	113.2	114.3	116.6	115.9	114.8	110.5
国有单位 State-owned Units									
1995	118.5	108.3	115.0	116.7	114.1	111.4	110.1	111.4	119.3
1996	108.2	114.3	114.6	112.5	115.9	113.7	116.7	114.8	110.8
1997	104.0	114.7	108.8	110.9	111.9	112.0	112.3	110.3	90.6
1998	119.3	109.1	109.5	109.9	111.5	112.2	112.8	111.3	119.3
1999	108.4	109.9	110.7	110.2	113.9	115.3	113.7	115.5	117.8
2000	110.8	111.4	110.5	108.2	113.2	112.8	114.2	111.9	104.3
2001	110.8	118.6	112.5	114.6	118.7	121.4	122.9	120.9	112.4
2002	114.8	116.8	109.7	108.4	114.2	116.7	117.1	114.8	117.4
城镇集体单位 Urban Collective-owned units									
1995	122.2	114.0	126.8	125.7	115.6	109.1	125.5	120.8	120.1
1996	110.9	106.6	101.5	106.9	115.1	123.8	114.8	96.1	116.9
1997	101.6	110.4	113.6	114.0	111.8	91.7	101.0	123.1	101.7
1998	116.1	106.7	118.3	109.1	109.3	107.8	102.9	112.7	122.4
1999	106.4	110.7	114.7	107.2	113.6	116.5	113.2	114.0	115.3
2000	106.0	107.0	98.8	108.8	107.4	106.3	116.1	111.2	110.9
2001	106.7	111.9	102.4	109.4	113.5	127.5	103.5	105.6	107.0
2002	110.4	114.7	107.6	112.0	112.7	111.8	107.4	109.6	100.0
其他单位 Other Ownership Units									
1995	112.2	120.7	113.3	115.7	130.8	111.0	125.3		117.6
1996	107.7	126.5	113.0	114.9	128.0	104.8	132.7		122.0
1997	103.6	110.3	110.5	108.9	114.2	108.3	109.6		133.5
1998	102.8	90.2	103.0	102.1	120.0	119.1	100.8		116.4
1999	107.6	118.0	106.2	105.9	109.5	109.0	109.9		104.3
2000	112.0	107.9	102.5	109.5	99.3	92.1	116.5		126.1
2001	113.7	111.5	109.0	111.6	101.8	132.5	103.2		111.4
2002	106.1	102.0	104.9	112.5	87.2	108.5	106.9		96.9

1-26 分行业城镇单位就业人员平均货币工资指数（2004-2011年）
INDICES OF MONEY AVERAGE EARNING OF EMPLOYED PERSONS IN URBAN UNITS BY SECTOR (2004-2011)

上年=100 (preceding year=100)

登记注册类型 Registration Status / 年份 Year	合计 Total	农、林、牧、渔业 Agriculture, Forestry, Farming of Animals and Fishery	采矿业 Mining	制造业 Manufacturing	电力、燃气及水的生产和供应业 Production & Distribution of Electricity, Gas & Water	建筑业 Construction	交通运输、仓储和邮政业 Traffic, Transport, Storage and post
全 国 National							
2004	114.0	108.9	123.1	112.5	116.0	111.0	114.7
2005	114.3	109.5	121.9	111.8	114.9	112.2	115.7
2006	114.6	112.9	118.0	114.4	114.8	114.5	115.3
2007	118.5	117.0	116.8	116.0	117.8	114.3	115.7
2008	116.9	115.8	121.5	115.4	115.1	114.8	114.8
2009	111.6	114.3	111.1	109.9	108.7	113.8	110.2
2010	113.3	116.4	116.2	115.3	113.0	113.9	114.6
2011	114.4	116.5	118.2	118.6	111.4	116.6	116.3
国有单位 State-owned Units							
2004	114.5	108.8	124.5	114.8	116.1	112.7	112.3
2005	115.4	109.5	121.2	117.1	115.2	113.9	115.5
2006	114.4	112.6	119.1	119.5	116.8	113.3	114.5
2007	120.2	117.1	117.5	117.7	118.5	115.4	116.4
2008	116.0	115.7	121.9	116.1	115.6	111.6	113.2
2009	112.7	114.3	108.6	113.4	109.3	118.6	111.9
2010	112.4	116.7	116.3	116.8	113.2	114.5	114.6
2011	113.4	116.5	118.9	118.3	111.8	113.5	118.0
城镇集体单位 Urban Collective-owned units							
2004	112.7	114.7	119.9	113.0	114.4	109.6	108.4
2005	114.9	114.4	128.3	112.7	108.4	110.5	113.0
2006	115.1	121.7	123.1	113.5	108.5	113.5	111.5
2007	120.0	117.4	125.7	118.3	116.9	119.1	118.4
2008	117.2	117.9	115.7	119.0	118.8	114.9	115.0
2009	113.8	113.8	113.8	113.8	113.8	113.8	113.8
2010	116.5	118.0	118.5	118.3	115.3	115.1	113.4
2011	119.9	120.5	126.6	120.1	106.7	123.8	125.4
其他单位 Other Ownership units							
2004	111.3	102.5	121.2	109.9	114.2	108.5	120.4
2005	111.2	106.0	121.6	109.0	112.9	110.0	113.2
2006	114.4	115.8	116.5	112.9	110.6	115.0	115.1
2007	115.6	115.8	115.4	115.3	115.7	112.2	112.0
2008	117.6	118.5	121.0	115.0	113.6	115.6	116.7
2009	109.8	111.8	112.8	109.1	107.6	111.8	105.1
2010	114.2	109.8	116.2	115.0	112.5	113.1	114.0
2011	115.4	115.4	115.4	115.4	115.4	115.4	115.4

1-26 续表 1 continued

上年=100 (preceding year=100)

登记注册类型 Registration Status / 年 份 Year	信息传输、计算机服务和软件业 Information Transfer, Computer and Software	批发和零售业 Wholesale and Retail Trade	住宿和餐饮业 Accommodation and Restaurants	金融业 Finance	房地产业 Real Estate	租赁和商务服务业 Tenancy and Business Services	科学研究、技术服务和地质勘查业 Scientific Research, Technical Service & Geologic Perambulation
全 国 National							
2004	108.3	119.4	112.7	116.9	108.1	110.0	114.2
2005	116.0	117.2	110.0	120.3	109.7	113.4	116.3
2006	111.9	116.6	109.8	121.4	109.8	115.4	116.5
2007	109.8	118.4	111.9	124.0	117.3	113.5	121.5
2008	115.1	122.5	113.3	122.5	115.5	118.4	118.4
2009	105.9	112.9	108.0	112.1	107.1	107.8	110.2
2010	110.8	115.4	112.1	116.1	111.3	111.5	112.4
2011	110.1	120.9	117.6	115.6	119.4	118.7	114.0
国有单位 State-owned Units							
2004	109.7	116.3	115.8	117.8	109.3	109.5	114.8
2005	109.3	121.8	110.6	121.3	113.0	115.8	114.4
2006	109.4	119.1	110.6	114.2	109.6	109.1	115.5
2007	110.8	116.3	110.6	125.2	117.6	114.4	121.4
2008	107.4	121.1	116.2	120.3	110.4	115.2	117.0
2009	108.8	119.0	110.9	108.4	111.3	111.0	110.9
2010	109.5	115.9	112.7	116.4	110.3	110.7	112.6
2011	108.6	115.4	120.5	113.1	129.0	117.1	113.3
城镇集体单位 Urban Collective-owned units							
2004	141.2	110.6	111.4	115.6	106.6	106.8	103.7
2005	139.1	113.0	109.0	114.5	103.6	113.7	134.3
2006	98.1	112.0	112.9	116.9	117.8	107.4	127.7
2007	103.4	115.4	112.6	119.3	118.8	115.0	107.7
2008	112.1	120.8	117.5	121.2	112.4	107.5	120.8
2009	110.8	114.5	109.4	119.4	108.0	109.9	110.1
2010	121.6	113.8	113.5	117.9	109.3	108.8	113.7
2011	107.4	118.8	124.0	120.0	120.5	116.8	127.2
其他单位 Other Ownership units							
2004	103.7	119.0	109.1	112.4	105.5	107.1	114.2
2005	111.8	108.9	108.4	116.8	107.0	105.3	118.1
2006	110.7	112.7	108.4	128.2	108.7	118.8	117.9
2007	104.8	118.2	111.7	120.8	116.5	108.5	120.0
2008	116.5	120.2	111.4	120.3	116.9	115.9	118.4
2009	103.6	108.3	106.4	108.9	105.6	103.9	106.7
2010	109.0	114.3	111.6	114.6	111.4	111.3	109.8
2011	109.2	121.3	116.2	114.8	116.4	120.4	112.9

1-26 续表 2 continued

上年=100 (preceding year=100)

登记注册类型 Registration Status 年 份 Year	水利、环境和公共设施管理业 Management of Water Conservancy, Environment and Public Establishment	居民服务和其他服务业 Resident Services and Other Services	教 育 Education	卫生、社会保障和社会福利业 Sanitation, Social Security and Social Welfare	文化体育和娱乐业 Culture, Sports and Entertainment	公共管理和社会组织 Public Management and Social Organization
全 国 National						
2004	109.4	108.0	113.4	113.6	120.0	113.1
2005	111.2	115.1	113.5	113.2	110.5	116.5
2006	109.1	114.5	114.6	113.4	114.0	111.4
2007	117.6	113.0	123.9	118.2	117.7	123.0
2008	114.8	112.2	115.1	115.4	112.3	116.5
2009	109.7	110.1	115.8	110.8	110.5	109.4
2010	110.3	112.1	112.8	112.8	109.7	108.3
2011	113.0	117.6	110.8	114.8	115.6	110.0
国有单位 State-owned Units						
2004	109.1	113.5	112.8	113.9	120.8	113.2
2005	110.9	105.8	113.4	112.8	110.3	116.5
2006	108.9	118.6	114.4	113.0	114.1	111.5
2007	117.9	105.8	123.6	118.2	118.3	122.9
2008	114.8	121.6	115.1	115.2	112.1	116.4
2009	110.3	109.2	115.9	110.6	110.7	109.7
2010	110.0	112.3	112.9	112.4	109.3	108.2
2011	113.1	113.9	110.9	114.8	114.9	110.0
城镇集体单位 Urban Collective-owned units						
2004	104.0	102.6	113.2	110.8	116.2	111.3
2005	105.9	120.0	120.0	115.2	124.5	112.7
2006	108.1	113.8	121.1	116.9	103.9	109.5
2007	111.4	118.9	137.0	118.0	122.9	120.3
2008	115.8	113.4	107.8	117.5	113.0	111.4
2009	109.6	112.8	121.5	114.9	112.7	137.5
2010	109.8	112.5	114.4	118.2	111.8	103.5
2011	113.1	119.3	115.5	116.0	121.2	130.9
其他单位 Other Ownership units						
2004	115.7	99.0	111.0	104.5	108.7	144.0
2005	112.2	118.8	103.5	114.5	110.7	111.2
2006	109.1	105.5	111.8	117.4	114.0	83.8
2007	114.7	120.7	119.0	115.9	111.8	118.9
2008	114.9	97.9	113.5	117.2	116.5	154.3
2009	101.1	111.2	104.7	106.1	111.3	82.7
2010	111.3	111.6	108.0	113.4	112.8	119.8
2011	110.3	118.6	110.3	111.9	121.2	111.7

1-27 分行业城镇单位就业人员平均货币工资指数(2013-2014年)
INDICES OF MONEY AVERAGE EARNING OF EMPLOYED PERSONS IN URBAN UNITS BY SECTOR (2013-2014)

上年=100 (preceding year=100)

登记注册类型 Registration Status 年份 Year	合计 Total	农、林、牧、渔业 Agriculture, Forestry, Animal Husbandry and Fishery	采矿业 Mining	制造业 Manufacturing	电力、热力、燃气及水生产和供应业 Production and Supply of Electricity,Heat, Gas and Water	建筑业 Construction
全国						
National						
2013	110.1	113.8	105.6	111.5	115.3	115.3
2014	109.5	109.8	102.6	110.6	109.3	108.9
国有单位						
State-owned Units						
2013	108.9	113.2	96.2	114.2	116.3	109.3
2014	108.8	109.2	106.1	113.9	109.9	105.8
城镇集体单位						
Urban Collective-owned units						
2013	115.2	118.4	108.5	117.4	113.9	114.5
2014	109.9	115.2	105.3	110.6	108.7	109.0
其他单位						
Other Ownership units						
2013	111.0	124.3	107.8	111.7	114.1	116.4
2014	109.7	104.0	101.6	110.5	108.8	109.2

1-27　续表 1　continued

上年=100　(preceding year=100)

登记注册类型 Registration Status 年　份 Year	批发和零售业 Wholesale and Retail Trades	交通运输、仓储和邮政业 Transport, Storage and Post	住宿和餐饮业 Hotels and Catering Services	信息传输、软件和信息技术服务业 Information Software and Information Technology	金融业 Financial Inter-mediation	房地产业 Real Estate	租赁和商务服务业 Leasing and Business Services
全　国 National							
2013	108.6	108.6	108.9	112.9	111.0	109.2	117.6
2014	111.0	109.4	109.5	110.9	108.7	108.9	107.3
国有单位 State-owned Units							
2013	118.2	109.5	108.8	105.5	106.9	104.5	103.7
2014	114.7	109.9	110.5	105.7	108.2	111.4	105.9
城镇集体单位 Urban Collective-owned units							
2013	113.4	111.6	143.4	103.9	113.8	108.1	112.6
2014	111.0	110.2	88.4	104.9	109.9	108.8	110.6
其他单位 Other Ownership units							
2013	105.9	107.7	108.3	106.4	111.7	108.5	113.7
2014	110.4	108.7	110.3	109.4	107.7	108.5	105.7

1-27　续表 2　continued

上年=100　(preceding year=100)

登记注册类型 Registration Status 年　份 Year	科学研究和技术服务业 Scientific Research, and Technical Services	水利、环境和公共设施管理业 Management of Water Conservancy, Environment and Public Facilities	居民服务、修理和其他服务业 Service to Households, Repair and Other Services	教　育 Education	卫生和社会工作 Health and Social Service	文化、体育和娱乐业 Culture, Sports and Enter-tainment	公共管理、社会保障和社会组织 Public Management, Social Security and social Organization
全　国 National							
2013	110.6	111.7	109.4	108.8	110.3	110.8	106.9
2014	107.4	108.5	109.0	108.9	109.1	108.5	107.8
国有单位 State-owned Units							
2013	108.2	109.3	110.0	108.9	110.3	109.3	106.8
2014	106.2	108.1	109.2	109.0	109.2	108.1	107.8
城镇集体单位 Urban Collective-owned units							
2013	111.3	114.0	113.1	115.9	113.2	112.8	111.1
2014	108.6	112.3	121.4	107.5	110.5	110.4	105.7
其他单位 Other Ownership units							
2013	105.1	115.3	111.0	108.6	111.4	117.7	122.7
2014	107.2	108.0	108.0	109.1	108.2	109.4	111.3

1-28 分行业城镇单位就业人员平均实际工资指数（1995-2002年）
INDICES OF REAL AVERAGE WAGE OF EMPLOYED PERSONS IN URBAN UNITS BY SECTOR (1995-2002)

上年=100 (preceding year=100)

登记注册类型 Registration Status 年份 Year	合计 Total	农、林、牧、渔业 Farming, Forestry, Animal Husbandry and Fishery	采掘业 Mining and Quarrying	制造业 Manufacturing	电力、煤气及水的生产和供应业 Production and Supply of Electricity, Gas and Water	建筑业 Construction	地质勘查业、水利管理业 Geological Prospecting and Water Conservancy	交通运输、仓储及邮电通信业 Transport, Storage, Post and Telecommunications
全 国 National								
1995	101.8	106.6	105.5	103.8	109.0	101.1	93.8	104.3
1996	102.8	105.7	103.7	100.3	103.3	99.7	101.5	104.2
1997	104.5	103.3	102.2	102.2	106.2	103.4	105.5	105.6
1998	116.2	105.9	106.5	119.8	109.1	112.4	111.4	114.6
1999	113.2	107.5	105.2	112.1	111.3	108.3	112.5	112.9
2000	111.3	106.1	109.9	111.3	110.6	108.2	108.2	111.5
2001	115.3	109.6	113.9	111.2	112.3	107.9	112.9	114.1
2002	115.4	112.4	116.4	113.9	113.7	109.6	113.3	114.2
国有单位 State-owned Units								
1995	100.4	106.7	104.8	101.7	108.1	101.2	93.7	104.1
1996	102.7	105.3	103.9	99.6	103.4	99.1	101.5	103.8
1997	104.4	103.4	102.4	100.6	106.4	102.6	105.3	105.1
1998	114.2	105.9	106.3	116.4	108.7	111.1	111.4	111.5
1999	112.9	107.2	104.5	110.5	110.3	108.3	112.6	110.9
2000	110.9	105.4	106.1	111.4	109.9	107.7	108.2	110.6
2001	116.2	110.0	113.4	111.4	112.0	107.3	113.1	112.7
2002	116.2	111.8	113.4	114.5	112.8	110.4	112.7	112.9
城镇集体单位 Urban Collective-owned units								
1995	103.7	99.5	112.6	103.7	111.3	101.6	99.2	98.8
1996	100.7	119.5	98.9	99.0	102.7	100.4	102.6	101.7
1997	101.6	100.4	102.0	99.8	105.5	104.1	128.7	99.2
1998	118.4	111.3	110.7	121.8	104.9	109.1	110.5	126.9
1999	109.8	113.0	100.9	107.8	105.2	107.1	109.9	112.2
2000	107.5	112.8	106.0	106.7	108.2	107.8	98.0	101.4
2001	109.0	101.0	112.5	105.8	113.7	105.2	101.4	107.9
2002	112.6	115.5	110.6	111.9	106.6	107.6	126.9	110.4
其他单位 Other Ownership units								
1995	102.6	110.6	105.4	103.4	112.7	99.3	108.1	103.0
1996	101.3	95.1	92.2	100.4	103.0	94.3	98.0	103.9
1997	103.5	92.8	99.7	102.5	98.3	104.9	98.5	111.7
1998	102.3	81.4	126.0	102.4	100.4	118.7	119.3	86.2
1999	111.2	119.8	114.9	110.5	115.2	107.2	128.3	120.5
2000	109.9	124.1	127.5	108.1	111.2	107.8	149.4	113.2
2001	109.9	99.9	112.0	108.0	110.1	106.9	85.3	114.0
2002	109.5	109.7	117.0	109.7	112.9	102.6	158.0	112.1

1-28 续表 continued

上年=100 (preceding year=100)

登记注册类型 Registration Status 年 份 Year	批发和零售贸易、餐饮业 Wholesale and Retail Trade & Catering Services	金融、保险业 Finance and Insurance	房地产业 Real Estate Trade	社 会 服务业 Social Services	卫生、体育和社会福利业 Health Care, Sporting and Social Welfare	教育、文化艺术和广播电影电视业 Education, Culture and Arts, Radio, Film and Television	科学研究和综合技术服务业 Scientific Research and Polytechnical Services	国家机关政党机关和社会团体 Government Agencies, Party Agencies and Social Organizations	其 他 Others
全 国 National									
1995	103.0	94.1	100.3	102.1	97.9	95.2	95.3	95.4	103.1
1996	100.8	105.0	105.1	104.1	106.5	104.8	107.6	105.4	105.0
1997	101.1	111.6	107.0	108.4	108.6	107.8	108.8	107.1	93.2
1998	121.5	110.3	112.9	112.2	112.3	112.8	113.6	111.9	124.6
1999	110.8	113.8	112.8	111.7	115.5	116.8	115.2	117.1	121.1
2000	110.8	109.9	107.5	109.7	111.6	111.8	115.4	111.0	109.5
2001	113.4	117.8	111.4	114.7	117.5	120.7	120.4	120.0	114.0
2002	116.2	116.5	110.4	114.4	115.4	117.8	117.0	115.9	111.6
国有单位 State-owned Units									
1995	101.5	92.7	98.4	100.0	97.7	95.4	94.3	95.3	102.1
1996	99.4	105.0	105.3	103.4	106.5	104.5	107.2	105.5	101.8
1997	100.9	111.2	105.5	107.6	108.5	108.7	109.0	107.0	87.9
1998	120.0	109.7	110.2	110.6	112.2	112.9	113.5	111.9	120.0
1999	109.8	111.3	112.2	111.7	115.4	116.8	115.2	117.1	119.4
2000	109.9	110.5	109.6	107.3	112.3	111.9	113.2	111.0	103.5
2001	110.1	117.8	111.7	113.8	117.9	120.5	122.0	120.1	111.6
2002	116.0	118.0	110.8	109.5	115.3	117.9	118.3	116.0	118.6
城镇集体单位 Urban Collective-owned units									
1995	104.6	97.6	108.6	107.6	99.0	93.4	107.5	103.4	102.8
1996	101.9	98.0	93.3	98.2	105.7	113.8	105.5	88.3	107.4
1997	98.6	107.1	110.1	110.6	108.5	88.9	98.0	119.4	98.6
1998	116.8	107.3	119.0	109.8	110.0	108.5	103.5	113.4	123.1
1999	107.8	112.2	116.3	108.6	115.1	118.1	114.6	115.5	116.8
2000	105.2	106.2	98.1	107.9	106.5	105.4	115.2	110.3	110.0
2001	105.9	111.1	101.7	108.7	112.7	126.6	102.8	104.9	106.3
2002	111.5	115.9	108.7	113.1	113.9	112.9	108.5	110.7	101.1
其他单位 Other Ownership Units									
1995	96.0	103.4	97.0	99.0	112.0	95.0	107.3		100.7
1996	99.0	116.3	103.9	105.6	117.6	96.4	121.9		112.1
1997	100.5	107.0	107.1	105.6	110.8	105.0	106.3		129.5
1998	103.4	90.8	103.7	102.7	120.7	119.8	101.4		117.1
1999	109.0	119.6	107.6	107.3	111.0	110.4	111.4		105.6
2000	111.1	107.0	101.7	108.6	98.5	91.4	115.6		125.1
2001	112.9	110.7	108.3	110.8	101.1	131.6	102.5		110.6
2002	107.2	103.1	106.0	113.7	88.1	109.6	108.0		97.9

1-29 分行业城镇单位就业人员平均实际工资指数（2004-2011年）
INDICES OF REAL AVERAGE EARNING OF EMPLOYED PERSONS IN URBAN UNITS BY SECTOR (2004-2011)

上年=100 (preceding year=100)

登记注册类型 Registration Status / 年份 Year	合计 Total	农、林、牧、渔业 Agriculture, Forestry, Farming of Animals and Fishery	采矿业 Mining	制造业 Manufacturing	电力、燃气及水的生产和供应业 Production & Distribution of Electricity, Gas & Water	建筑业 Construction	交通运输、仓储和邮政业 Traffic, Transport, Storage and post
全　国 National							
2004	110.3	105.4	119.2	108.9	112.3	107.5	111.1
2005	112.5	107.7	120.0	110.0	113.1	110.4	113.9
2006	112.9	111.3	116.3	112.7	113.2	112.9	113.6
2007	113.4	112.0	111.8	111.0	112.7	109.4	110.8
2008	110.7	109.7	115.0	109.3	109.0	108.7	108.7
2009	112.6	115.3	112.1	110.8	109.6	114.8	111.2
2010	109.8	112.8	112.6	111.7	109.5	110.4	111.0
2011	108.6	110.6	112.2	112.6	105.8	110.7	110.5
国有单位 State-owned Units							
2004	110.9	105.3	120.5	111.1	112.4	109.1	108.7
2005	113.6	107.8	119.3	115.2	113.3	112.1	113.7
2006	112.7	111.0	117.4	117.8	115.1	111.7	112.9
2007	115.1	112.0	112.5	112.6	113.4	110.4	111.4
2008	109.8	109.5	115.4	109.9	109.5	105.7	107.2
2009	113.7	115.3	109.5	114.3	110.3	119.6	112.9
2010	108.9	113.1	112.6	113.2	109.7	111.0	111.1
2011	107.7	110.7	112.9	112.3	106.1	107.8	112.1
城镇集体单位 Urban Collective-owned units							
2004	109.1	111.0	116.1	109.4	110.7	106.1	104.9
2005	113.1	112.6	126.2	110.9	106.7	108.8	111.2
2006	113.4	120.0	121.3	111.9	106.9	111.8	109.9
2007	114.8	112.3	120.3	113.2	111.9	114.0	113.4
2008	111.0	111.6	109.5	112.7	112.5	108.8	108.9
2009	114.8	114.8	114.8	114.8	114.8	114.8	114.8
2010	112.9	114.3	114.8	114.6	111.7	111.5	109.9
2011	113.9	114.5	120.2	114.1	101.3	117.6	119.1
其他单位 Other Ownership units							
2004	107.7	99.3	117.3	106.4	110.5	105.1	116.6
2005	109.4	104.3	119.7	107.3	111.1	108.2	111.5
2006	112.7	114.1	114.8	111.2	109.0	113.3	113.4
2007	110.6	110.9	110.5	110.4	110.7	107.4	107.2
2008	111.4	112.2	114.6	108.9	107.5	109.5	110.5
2009	110.8	112.8	113.8	110.0	108.5	112.7	106.0
2010	110.7	106.4	112.6	111.4	109.0	109.6	110.4
2011	109.6	109.6	109.6	109.6	109.6	109.6	109.6

1-29 续表 1 continued

上年=100 (preceding year=100)

登记注册类型 Registration Status 年 份 Year	信息传输、计算机服务和软件业 Information Transfer, Computer and Software	批发和零售业 Wholesale and Retail Trade	住宿和餐饮业 Accommo-dation and Restaurants	金融业 Finance	房地产业 Real Estate	租赁和商务服务业 Tenancy and Business Services	科学研究、技术服务和地质勘查业 Scientific Research, Technical Service & Geologic Perambulation
全 国 National							
2004	104.8	115.6	109.1	113.2	104.6	106.5	110.6
2005	114.2	115.4	108.2	118.4	107.9	111.6	114.5
2006	110.3	115.0	108.2	119.7	108.2	113.8	114.8
2007	105.1	113.3	107.1	118.7	112.3	108.6	116.2
2008	109.0	116.0	107.3	116.0	109.3	112.1	112.1
2009	106.8	113.8	108.9	113.0	108.0	108.8	111.1
2010	107.4	111.9	108.6	112.5	107.8	108.0	108.9
2011	104.5	114.8	111.6	109.8	113.4	112.8	108.2
国有单位 State-owned Units							
2004	106.2	112.6	112.1	114.1	105.8	106.0	111.2
2005	107.6	119.8	108.9	119.4	111.2	114.0	112.6
2006	107.8	117.3	109.0	112.6	108.0	107.5	113.8
2007	106.0	111.3	105.9	119.8	112.5	109.5	116.2
2008	101.7	114.7	110.0	114.0	104.6	109.1	110.8
2009	109.7	120.0	111.9	109.4	112.2	111.9	111.8
2010	106.1	112.3	109.2	112.8	106.9	107.2	109.1
2011	103.2	109.6	114.4	107.4	122.5	111.2	107.6
城镇集体单位 Urban Collective-owned units							
2004	136.7	107.1	107.9	111.9	103.2	103.4	100.4
2005	136.9	111.2	107.2	112.7	102.0	111.9	132.2
2006	96.7	110.4	111.2	115.2	116.1	105.8	125.8
2007	98.9	110.5	107.8	114.2	113.7	110.0	103.0
2008	106.2	114.4	111.2	114.7	106.4	101.8	114.4
2009	111.8	115.5	110.4	120.5	108.9	110.9	111.1
2010	117.8	110.3	110.0	114.2	105.9	105.5	110.1
2011	102.0	112.8	117.8	114.0	114.4	110.9	120.8
其他单位 Other Ownership units							
2004	100.4	115.2	105.6	108.8	102.1	103.7	110.6
2005	110.0	107.2	106.7	115.0	105.3	103.6	116.2
2006	109.1	111.1	106.8	126.3	107.1	117.1	116.2
2007	100.3	113.1	106.9	115.6	111.5	103.8	114.9
2008	110.3	113.8	105.5	114.0	110.7	109.8	112.1
2009	104.5	109.3	107.3	109.9	106.5	104.7	107.6
2010	105.6	110.8	108.1	111.1	107.9	107.9	106.4
2011	103.7	115.2	110.4	109.0	110.5	114.3	107.2

1-29 续表 2 continued

上年=100 (preceding year=100)

登记注册类型 Registration Status 年 份 Year	水利、环境和公共设施管理业 Management of Water Conservancy, Environment and Public Establishment	居民服务和其他服务业 Resident Services and Other Services	教 育 Education	卫生、社会保障和社会福利业 Sanitation, Social Security and Social Welfare	文化体育和娱乐业 Culture, Sports and Entertainment	公共管理和社会组织 Public Management and Social Organization
全 国 National						
2004	105.9	104.6	109.7	110.0	116.2	109.5
2005	109.4	113.3	111.7	111.4	108.7	114.6
2006	107.5	112.8	112.9	111.7	112.4	109.8
2007	112.6	108.1	118.5	113.2	112.7	117.7
2008	108.7	106.3	109.0	109.3	106.3	110.3
2009	110.7	111.1	116.8	111.8	111.5	110.3
2010	106.9	108.6	109.3	109.3	106.3	104.9
2011	107.3	111.7	105.3	109.1	109.8	104.5
国有单位 State-owned Units						
2004	105.6	109.9	109.2	110.2	117.0	109.5
2005	109.2	104.2	111.6	111.0	108.5	114.6
2006	107.3	116.9	112.7	111.4	112.5	109.9
2007	112.8	101.3	118.3	113.1	113.3	117.6
2008	108.7	115.2	109.0	109.1	106.2	110.2
2009	110.7	111.1	116.8	111.8	111.5	110.3
2010	106.6	108.8	109.4	108.9	105.9	104.8
2011	107.4	108.2	105.3	109.0	109.1	104.5
城镇集体单位 Urban Collective-owned units						
2004	100.7	99.3	109.6	107.3	112.5	107.7
2005	104.3	118.1	118.1	113.4	122.5	110.9
2006	106.5	112.2	119.3	115.1	102.4	107.9
2007	106.6	113.8	131.1	112.9	117.6	115.2
2008	109.6	107.4	102.1	111.3	107.1	105.5
2009	110.6	113.8	122.6	116.0	113.7	138.7
2010	106.4	109.0	110.9	114.5	108.3	100.3
2011	107.4	113.3	109.7	110.1	115.1	124.3
其他单位 Other Ownership units						
2004	112.0	95.8	107.5	101.2	105.2	139.4
2005	110.5	116.9	101.9	112.7	108.9	109.5
2006	107.6	104.0	110.2	115.7	112.3	82.6
2007	109.8	115.5	113.9	110.9	107.0	113.8
2008	108.8	92.7	107.5	111.0	110.3	146.1
2009	102.0	112.2	105.6	107.0	112.3	83.4
2010	107.8	108.2	104.7	109.9	109.3	116.1
2011	104.8	112.6	104.7	106.3	115.1	106.1

1-30 分行业城镇单位就业人员平均实际工资指数(2013-2014年)
INDICES OF REAL AVERAGE EARNING OF EMPLOYED PERSONS IN URBAN UNITS BY SECTOR (2013-2014)

上年=100 (preceding year=100)

登记注册类型 Registration Status 年 份 Year	合 计 Total	农、林、牧、渔业 Agriculture, Forestry, Animal Husbandry and Fishery	采矿业 Mining	制造业 Manufacturing	电力、热力、燃气及水生产和供应业 Production and Supply of Electricity,Heat, Gas and Water	建筑业 Construction
全 国						
National						
2013	107.3	110.9	102.9	108.7	112.3	112.4
2014	107.2	107.6	100.4	108.4	107.1	106.6
国有单位						
State-owned Units						
2013	106.1	110.3	93.8	111.3	113.4	106.5
2014	106.6	106.9	103.9	111.5	107.7	103.7
城镇集体单位						
Urban Collective-owned units						
2013	112.2	115.4	105.7	114.5	111.0	111.6
2014	107.6	112.8	103.2	108.3	106.5	106.7
其他单位						
Other Ownership units						
2013	108.2	121.1	105.1	108.9	111.2	113.5
2014	107.4	101.9	99.5	108.2	106.5	106.9

1-30 续表 1 continued

上年=100 (preceding year=100)

登记注册类型 Registration Status 年 份 Year	批发和零售业 Wholesale and Retail Trades	交通运输、仓储和邮政业 Transport, Storage and Post	住宿和餐饮业 Hotels and Catering Services	信息传输、软件和信息技术服务业 Information Software and Information Technology	金融业 Financial Inter-mediation	房地产业 Real Estate	租赁和商务服务业 Leasing and Business Services
全 国 National							
2013	105.8	105.9	106.1	110.1	108.2	106.4	114.7
2014	108.7	107.1	107.2	108.6	106.4	106.6	105.1
国有单位 State-owned Units							
2013	115.2	106.7	106.0	102.8	104.2	101.9	101.1
2014	112.3	107.7	108.2	103.6	106.0	109.1	103.7
城镇集体单位 Urban Collective-owned units							
2013	110.6	108.8	139.8	101.2	110.9	105.4	109.7
2014	108.7	107.9	86.6	102.8	107.7	106.6	108.3
其他单位 Other Ownership units							
2013	103.2	105.0	105.6	103.7	108.9	105.7	110.8
2014	108.1	106.5	108.0	107.2	105.5	106.2	103.5

1-30 续表 2 continued

上年=100 (preceding year=100)

登记注册类型 Registration Status 年 份 Year	科学研究和技术服务业 Scientific Research, and Technical Services	水利、环境和公共设施管理业 Management of Water Conservancy, Environment and Public Facilities	居民服务、修理和其他服务业 Service to Households, Repair and Other Services	教 育 Education	卫生和社会工作 Health and Social Service	文化、体育和娱乐业 Culture, Sports and Enter-tainment	公共管理、社会保障和社会组织 Public Management, Social Security and social Organization
全 国 National							
2013	107.8	108.9	106.6	106.1	107.5	108.0	104.2
2014	105.2	106.3	106.7	106.7	106.9	106.3	105.6
国有单位 State-owned Units							
2013	105.5	106.6	107.2	106.2	107.5	106.5	104.1
2014	104.1	105.9	107.0	106.7	106.9	105.9	105.6
城镇集体单位 Urban Collective-owned units							
2013	108.5	111.1	110.2	113.0	110.4	109.9	108.3
2014	106.4	110.0	118.9	105.3	108.2	108.2	103.5
其他单位 Other Ownership units							
2013	102.4	112.4	108.2	105.8	108.6	114.7	119.6
2014	105.0	105.8	105.8	106.9	106.0	107.1	109.0

1-31 分地区全国就业人员受教育程度构成
EDUCATIONAL ATTAINMENT COMPOSITION OF EMPLOYMENT BY REGION

单位：% (%)

地 区	Region	合 计 Total	男 Male	女 Female	未上过学 Illiterate	小 学 Primary School	初 中 Junior School	高 中 Senior School	大学专科 College	大学本科 University	研究生 Graduate
全 国	**National**	**100.0**	**55.2**	**44.8**	**1.8**	**18.2**	**46.7**	**17.2**	**9.3**	**6.2**	**0.55**
北 京	Beijing	100.0	59.5	40.5	0.3	3.0	20.9	19.9	18.5	29.5	7.87
天 津	Tianjin	100.0	61.1	38.9	0.2	6.7	39.3	19.7	18.3	14.5	1.35
河 北	Hebei	100.0	57.1	42.9	1.3	15.3	55.3	14.8	7.9	5.3	0.23
山 西	Shanxi	100.0	59.8	40.2	1.0	11.1	51.4	19.6	10.8	5.7	0.29
内蒙古	Inner Mongolia	100.0	58.6	41.4	1.6	19.8	42.9	17.2	11.6	6.5	0.42
辽 宁	Liaoning	100.0	55.9	44.1	0.4	12.5	55.5	14.9	9.2	7.0	0.50
吉 林	Jilin	100.0	55.7	44.3	0.7	17.7	52.7	14.0	7.6	6.9	0.35
黑龙江	Heilongjiang	100.0	57.0	43.0	0.8	19.7	54.5	13.4	7.0	4.4	0.23
上 海	Shanghai	100.0	58.6	41.4	0.2	4.2	28.8	24.0	19.6	20.8	2.45
江 苏	Jiangsu	100.0	52.9	47.1	2.0	15.8	45.2	18.7	11.2	6.5	0.59
浙 江	Zhejiang	100.0	56.0	44.0	1.9	20.1	39.5	17.0	11.8	9.2	0.52
安 徽	Anhui	100.0	53.9	46.1	4.9	20.7	51.7	11.1	6.8	4.4	0.40
福 建	Fujian	100.0	58.4	41.6	1.5	20.1	42.7	17.7	9.9	7.6	0.51
江 西	Jiangxi	100.0	54.8	45.2	1.3	19.6	51.2	17.0	6.8	3.9	0.24
山 东	Shandong	100.0	53.9	46.1	1.9	16.7	45.2	18.8	9.8	7.0	0.49
河 南	Henan	100.0	51.5	48.5	1.9	14.6	53.3	18.3	7.4	4.3	0.27
湖 北	Hubei	100.0	55.1	44.9	2.5	15.7	45.2	20.7	9.9	5.5	0.57
湖 南	Hunan	100.0	55.3	44.7	1.0	15.6	44.3	23.4	10.1	5.1	0.43
广 东	Guangdong	100.0	56.5	43.5	0.5	12.2	47.8	24.0	9.6	5.4	0.38
广 西	Guangxi	100.0	54.7	45.3	0.9	18.3	58.2	12.2	7.2	3.0	0.26
海 南	Hainan	100.0	55.6	44.4	1.7	11.5	50.2	21.4	8.3	6.7	0.24
重 庆	Chongqing	100.0	55.8	44.2	2.1	29.2	38.3	16.2	8.4	5.2	0.57
四 川	Sichuan	100.0	53.8	46.2	2.1	26.4	45.3	15.3	7.1	3.7	0.18
贵 州	Guizhou	100.0	52.7	47.3	5.4	31.1	45.0	8.3	6.4	3.7	0.09
云 南	Yunnan	100.0	54.3	45.7	2.9	41.2	36.1	9.5	5.6	4.4	0.22
西 藏	Tibet	100.0	53.4	46.6	19.9	46.3	20.6	7.3	2.9	3.0	
陕 西	Shaanxi	100.0	56.4	43.6	1.4	11.8	45.4	20.4	12.6	7.3	1.11
甘 肃	Gansu	100.0	54.8	45.2	5.7	25.7	39.9	14.3	8.3	5.8	0.26
青 海	Qinghai	100.0	56.0	44.0	5.2	27.2	37.2	13.9	9.2	6.8	0.40
宁 夏	Ningxia	100.0	55.9	44.1	7.8	23.6	41.0	12.3	8.7	6.5	0.17
新 疆	Xinjiang	100.0	55.6	44.4	1.0	23.2	44.6	13.5	11.7	5.6	0.37

资料来源：2014年9月劳动力调查资料(下同)。
Data Resource: 2014.9 Labour Force Survey (the same as below).

1-32 分地区全国男性就业人员受教育程度构成
EDUCATIONAL ATTAINMENT COMPOSITION OF MALE EMPLOYMENT BY REGION

单位：%　　(%)

地 区	Region	合 计 Total	未上过学 Illiterate	小 学 Primary School	初 中 Junior School	高 中 Senior School	大学专科 College	大学本科 University	研究生 Graduate
全 国	**National**	**100.0**	**1.0**	**15.5**	**47.9**	**19.3**	**9.4**	**6.3**	**0.58**
北 京	Beijing	100.0	0.2	2.7	22.5	21.1	17.0	28.3	8.20
天 津	Tianjin	100.0	0.2	7.4	42.1	19.7	17.3	12.3	1.14
河 北	Hebei	100.0	0.5	13.4	57.8	15.8	7.4	4.8	0.21
山 西	Shanxi	100.0	0.8	9.8	52.8	21.0	10.2	5.2	0.22
内蒙古	Inner Mongolia	100.0	0.8	17.1	45.6	18.9	10.9	6.2	0.45
辽 宁	Liaoning	100.0	0.5	12.0	56.2	15.5	8.7	6.6	0.46
吉 林	Jilin	100.0	0.6	16.5	54.3	14.7	7.0	6.5	0.28
黑龙江	Heilongjiang	100.0	0.7	17.2	55.9	14.9	7.0	4.2	0.20
上 海	Shanghai	100.0	0.0	3.3	29.3	27.0	18.9	18.9	2.45
江 苏	Jiangsu	100.0	0.8	12.2	46.5	21.8	11.6	6.6	0.63
浙 江	Zhejiang	100.0	1.0	19.0	40.6	19.4	11.0	8.6	0.58
安 徽	Anhui	100.0	2.6	16.1	55.5	13.2	7.4	4.8	0.46
福 建	Fujian	100.0	0.6	17.6	45.2	19.3	9.2	7.5	0.61
江 西	Jiangxi	100.0	0.8	14.9	51.5	20.7	7.5	4.5	0.21
山 东	Shandong	100.0	1.0	13.1	46.0	21.6	10.3	7.5	0.53
河 南	Henan	100.0	1.5	11.4	53.9	20.2	7.9	4.8	0.34
湖 北	Hubei	100.0	1.7	12.0	46.2	23.8	10.0	5.6	0.65
湖 南	Hunan	100.0	0.7	13.7	43.9	26.5	9.7	5.1	0.44
广 东	Guangdong	100.0	0.3	9.4	46.9	27.2	10.1	5.8	0.35
广 西	Guangxi	100.0	0.7	16.3	59.2	13.3	7.3	2.9	0.28
海 南	Hainan	100.0	0.6	9.2	48.3	24.6	9.7	7.4	0.30
重 庆	Chongqing	100.0	1.1	27.8	39.4	17.3	8.6	5.4	0.55
四 川	Sichuan	100.0	1.1	24.2	46.4	16.7	7.3	4.1	0.16
贵 州	Guizhou	100.0	2.2	28.7	48.7	9.4	7.1	3.8	0.12
云 南	Yunnan	100.0	1.7	37.8	40.3	10.1	5.5	4.4	0.23
西 藏	Tibet	100.0	16.6	47.4	22.6	7.6	2.8	2.9	
陕 西	Shaanxi	100.0	0.8	10.0	46.0	22.4	12.0	7.7	1.16
甘 肃	Gansu	100.0	2.6	21.8	42.9	17.4	8.4	6.6	0.29
青 海	Qinghai	100.0	3.5	24.9	40.1	15.5	8.9	6.8	0.40
宁 夏	Ningxia	100.0	4.9	21.2	45.2	13.6	8.7	6.3	0.20
新 疆	Xinjiang	100.0	0.9	22.2	46.3	14.1	10.9	5.2	0.41

1-33　分地区全国女性就业人员受教育程度构成
EDUCATIONAL ATTAINMENT COMPOSITION OF FEMALE EMPLOYMENT BY REGION

单位：%　　　　(%)

地　区	Region	合　计 Total	未上过学 Illiterate	小　学 Primary School	初　中 Junior School	高　中 Senior School	大学专科 College	大学本科 University	研究生 Graduate
全　国	**National**	**100.0**	**2.8**	**21.4**	**45.2**	**14.7**	**9.3**	**6.1**	**0.51**
北　京	Beijing	100.0	0.4	3.6	18.5	18.1	20.6	31.4	7.38
天　津	Tianjin	100.0	0.2	5.5	35.0	19.7	19.8	18.1	1.69
河　北	Hebei	100.0	2.3	17.9	51.9	13.4	8.4	5.9	0.24
山　西	Shanxi	100.0	1.4	13.1	49.3	17.6	11.8	6.4	0.39
内蒙古	Inner Mongolia	100.0	2.8	23.6	39.0	14.7	12.6	7.0	0.37
辽　宁	Liaoning	100.0	0.3	13.1	54.5	14.1	9.8	7.6	0.54
吉　林	Jilin	100.0	1.0	19.2	50.6	13.0	8.4	7.4	0.45
黑龙江	Heilongjiang	100.0	0.8	23.1	52.6	11.5	7.1	4.6	0.26
上　海	Shanghai	100.0	0.4	5.3	28.1	19.7	20.6	23.5	2.45
江　苏	Jiangsu	100.0	3.2	19.9	43.8	15.4	10.7	6.3	0.55
浙　江	Zhejiang	100.0	3.1	21.5	38.1	14.0	12.8	10.0	0.45
安　徽	Anhui	100.0	7.6	26.2	47.2	8.7	6.0	3.9	0.34
福　建	Fujian	100.0	2.6	23.7	39.3	15.6	10.7	7.6	0.38
江　西	Jiangxi	100.0	2.0	25.4	50.7	12.5	6.0	3.1	0.28
山　东	Shandong	100.0	3.0	21.0	44.3	15.6	9.3	6.5	0.45
河　南	Henan	100.0	2.4	18.0	52.6	16.3	6.8	3.7	0.19
湖　北	Hubei	100.0	3.4	20.2	44.0	16.8	9.7	5.4	0.47
湖　南	Hunan	100.0	1.3	18.1	44.9	19.4	10.7	5.2	0.41
广　东	Guangdong	100.0	0.7	16.0	49.1	19.9	9.1	4.9	0.41
广　西	Guangxi	100.0	1.1	20.8	56.9	10.8	7.1	3.1	0.24
海　南	Hainan	100.0	3.1	14.3	52.6	17.3	6.7	5.9	0.16
重　庆	Chongqing	100.0	3.4	30.9	37.1	14.7	8.3	5.0	0.59
四　川	Sichuan	100.0	3.3	28.9	44.0	13.6	6.9	3.2	0.20
贵　州	Guizhou	100.0	9.0	33.8	40.8	7.0	5.7	3.6	0.05
云　南	Yunnan	100.0	4.4	45.2	31.1	8.8	5.7	4.5	0.20
西　藏	Tibet	100.0	23.6	45.1	18.4	6.9	2.9	3.0	
陕　西	Shaanxi	100.0	2.2	14.1	44.5	17.8	13.5	6.8	1.04
甘　肃	Gansu	100.0	9.4	30.5	36.3	10.7	8.1	4.9	0.22
青　海	Qinghai	100.0	7.4	30.2	33.5	11.9	9.7	6.9	0.39
宁　夏	Ningxia	100.0	11.4	26.8	35.6	10.6	8.8	6.7	0.14
新　疆	Xinjiang	100.0	1.2	24.5	42.5	12.8	12.7	6.0	0.31

1-34 按年龄、性别分的全国就业人员受教育程度构成

EDUCATIONAL ATTAINMENT COMPOSITION OF EMPLOYMENT BY AGE AND SEX

单位：% (%)

年 龄 Age	合 计 Total	未上过学 Illiterate	小 学 Primary School	初 中 Junior School	高 中 Senior School	大学专科 College	大学本科 University	研究生 Graduate
总计 Total	**100.0**	**1.8**	**18.2**	**46.7**	**17.2**	**9.3**	**6.2**	**0.5**
16-19	100.0	0.2	5.9	64.4	25.3	3.7	0.6	
20-24	100.0	0.1	3.4	44.2	26.4	17.3	8.4	0.1
25-29	100.0	0.2	4.3	42.6	22.1	17.2	12.8	0.9
30-34	100.0	0.3	5.5	45.8	20.7	13.9	12.2	1.6
35-39	100.0	0.4	9.7	51.0	19.2	11.0	7.8	0.9
40-44	100.0	0.8	14.9	54.4	16.3	8.1	5.0	0.5
45-49	100.0	1.0	19.9	55.3	14.2	5.8	3.6	0.3
50-54	100.0	1.6	21.6	50.2	18.0	5.4	2.9	0.2
55-59	100.0	3.7	39.3	39.5	12.9	3.2	1.2	0.1
60-64	100.0	7.5	56.8	30.5	4.1	0.7	0.4	0.0
65+	100.0	14.9	62.6	19.9	2.1	0.3	0.1	0.0
男 Male	**100.0**	**1.0**	**15.5**	**47.9**	**19.3**	**9.4**	**6.3**	**0.6**
16-19	100.0	0.2	4.9	68.8	22.4	3.1	0.6	
20-24	100.0	0.2	3.4	46.4	27.9	14.6	7.5	0.1
25-29	100.0	0.2	3.8	42.2	24.2	16.7	12.0	0.9
30-34	100.0	0.2	4.9	45.2	22.2	13.7	12.3	1.5
35-39	100.0	0.2	8.6	49.9	20.7	11.3	8.3	1.0
40-44	100.0	0.5	12.0	54.3	18.1	8.8	5.6	0.6
45-49	100.0	0.4	15.4	56.8	16.2	6.4	4.4	0.4
50-54	100.0	0.8	15.2	51.4	22.1	6.6	3.6	0.4
55-59	100.0	1.6	29.0	44.8	17.9	4.8	1.7	0.2
60-64	100.0	3.4	51.3	37.5	6.0	1.1	0.5	0.0
65+	100.0	8.9	61.8	25.6	3.0	0.4	0.2	0.0
女 Female	**100.0**	**2.8**	**21.4**	**45.2**	**14.7**	**9.3**	**6.1**	**0.5**
16-19	100.0	0.1	7.1	58.5	29.1	4.6	0.6	
20-24	100.0	0.1	3.4	41.4	24.6	20.7	9.6	0.1
25-29	100.0	0.2	4.8	43.2	19.5	17.7	13.7	1.0
30-34	100.0	0.3	6.3	46.6	18.9	14.2	12.1	1.6
35-39	100.0	0.6	10.9	52.3	17.4	10.7	7.3	0.8
40-44	100.0	1.0	18.3	54.7	14.1	7.3	4.3	0.3
45-49	100.0	1.6	25.2	53.5	11.7	5.0	2.7	0.2
50-54	100.0	2.9	30.5	48.6	12.3	3.7	1.9	0.1
55-59	100.0	6.8	54.5	31.7	5.5	0.9	0.5	0.0
60-64	100.0	12.5	63.6	21.7	1.7	0.3	0.1	0.0
65+	100.0	23.6	63.7	11.7	0.8	0.1	0.0	0.0

1-35　按受教育程度、性别分的全国就业人员年龄构成

AGE COMPOSITION OF EMPLOYMENT BY EDUCATIONAL ATTAINMENT AND SEX

单位：%　　(%)

年　龄 Age	合　计 Total	未上过学 Illiterate	小　学 Primary School	初　中 Junior School	高　中 Senior School	大学专科 College	大学本科 University	研究生 Graduate
总计　Total	**100.0**	**100.0**	**100.0**	**100.0**	**100.0**	**100.0**	**100.0**	**100.0**
16-19	1.8	0.2	0.6	2.4	2.6	0.7	0.2	
20-24	8.7	0.7	1.6	8.2	13.3	16.1	11.7	1.8
25-29	12.5	1.2	2.9	11.4	16.0	23.0	25.5	21.3
30-34	12.0	1.7	3.6	11.8	14.4	17.9	23.5	34.0
35-39	11.1	2.3	5.9	12.1	12.3	13.1	13.9	18.3
40-44	14.4	6.0	11.9	16.8	13.6	12.6	11.5	12.1
45-49	13.1	7.1	14.4	15.5	10.8	8.1	7.6	6.6
50-54	9.5	8.4	11.3	10.2	9.9	5.5	4.3	4.3
55-59	7.1	14.5	15.5	6.0	5.3	2.5	1.4	1.4
60-64	5.5	22.5	17.3	3.6	1.3	0.4	0.3	0.2
65+	4.4	35.6	15.1	1.9	0.5	0.1	0.1	0.1
男　Male	**100.0**	**100.0**	**100.0**	**100.0**	**100.0**	**100.0**	**100.0**	**100.0**
16-19	1.8	0.4	0.6	2.6	2.1	0.6	0.2	
20-24	8.8	1.5	1.9	8.5	12.7	13.7	10.4	1.5
25-29	12.2	2.0	3.0	10.8	15.3	21.8	23.1	18.9
30-34	11.6	2.3	3.6	11.0	13.4	17.0	22.6	30.1
35-39	10.8	2.3	6.0	11.2	11.5	13.0	14.1	18.6
40-44	14.0	7.2	10.9	15.9	13.1	13.2	12.4	14.4
45-49	12.8	5.6	12.8	15.2	10.8	8.8	8.9	7.8
50-54	10.0	7.4	9.8	10.8	11.5	7.1	5.7	6.1
55-59	7.7	12.2	14.4	7.2	7.1	3.9	2.1	2.2
60-64	5.5	18.5	18.3	4.3	1.7	0.6	0.5	0.3
65+	4.7	40.7	18.7	2.5	0.7	0.2	0.1	0.2
女　Female	**100.0**	**100.0**	**100.0**	**100.0**	**100.0**	**100.0**	**100.0**	**100.0**
16-19	1.7	0.1	0.6	2.2	3.3	0.8	0.2	
20-24	8.5	0.3	1.4	7.8	14.3	19.1	13.4	2.3
25-29	12.8	0.8	2.9	12.2	17.0	24.4	28.5	24.6
30-34	12.5	1.4	3.7	12.9	16.0	19.0	24.6	39.5
35-39	11.4	2.3	5.8	13.3	13.6	13.2	13.7	17.8
40-44	14.9	5.4	12.8	18.0	14.3	11.8	10.4	8.8
45-49	13.5	7.8	15.9	16.0	10.8	7.3	5.9	4.7
50-54	8.8	8.9	12.5	9.5	7.4	3.5	2.7	1.8
55-59	6.4	15.5	16.4	4.5	2.4	0.6	0.5	0.4
60-64	5.5	24.3	16.3	2.6	0.6	0.2	0.1	0.0
65+	4.0	33.2	11.9	1.0	0.2	0.0	0.0	0.1

1-36 按行业、性别分的全国就业人员受教育程度构成
EDUCATIONAL ATTAINMENT COMPOSITION OF EMPLOYMENT BY SECTOR AND SEX

单位：% (%)

受教育程度	Educational Attainment	合计 Total	农、林、牧、渔业 Farming, Forestry, Animal Husbandry and Fishery	采矿业 Mining	制造业 Manufacturing	电力、热力、燃气及水生产和供应业 Production and Supply of Electricity, Heat, Gas and Water	建筑业 Construction	批发和零售业 Wholesale and Retail Trades
总　计	**Total**	**100.0**	**100.0**	**100.0**	**100.0**	**100.0**	**100.0**	**100.0**
未上过学	Illiterate	1.8	4.4	0.3	0.5	0.2	0.7	0.6
小　学	Primary School	18.1	35.8	12.2	10.3	3.4	16.5	8.5
初　中	Junior School	46.7	52.2	42.5	51.8	25.9	59.7	45.5
高　中	Senior School	17.2	6.6	27.7	22.8	29.9	14.6	28.1
大学专科	College	9.3	0.7	10.9	9.7	24.6	5.6	12.3
大学本科	University	6.2	0.18	6.3	4.6	15.2	2.7	4.8
研究生	Graduate	0.5	0.01	0.3	0.3	0.8	0.1	0.2
男	**Male**	**100.0**	**100.0**	**100.0**	**100.0**	**100.0**	**100.0**	**100.0**
未上过学	Illiterate	1.0	2.7	0.3	0.3	0.2	0.6	0.4
小　学	Primary School	15.5	32.2	13.5	8.5	3.7	15.8	8.3
初　中	Junior School	47.9	55.6	43.0	48.9	29.4	61.5	44.2
高　中	Senior School	19.3	8.4	27.0	26.3	30.1	14.9	28.3
大学专科	College	9.4	0.9	10.0	10.4	21.5	4.8	12.8
大学本科	University	6.3	0.2	6.1	5.2	14.1	2.2	5.8
研究生	Graduate	0.6	0.0	0.2	0.4	0.9	0.1	0.3
女	**Female**	**100.0**	**100.0**	**100.0**	**100.0**	**100.0**	**100.0**	**100.0**
未上过学	Illiterate	2.8	5.9	0.4	0.9	0.2	1.3	0.7
小　学	Primary School	21.4	39.1	6.4	12.7	2.7	21.7	8.7
初　中	Junior School	45.2	49.3	40.0	55.7	17.3	47.6	46.7
高　中	Senior School	14.7	5.0	30.9	18.1	29.4	12.7	27.9
大学专科	College	9.3	0.5	14.8	8.7	32.1	10.5	11.8
大学本科	University	6.1	0.1	7.1	3.8	17.7	6.0	4.0
研究生	Graduate	0.5	0.00	0.4	0.2	0.7	0.2	0.2

注：劳动力调查自2011年开始使用新国民经济行业分类。

a) The new industry classification has been used since 2011 in the Labour Force Survey (same as below).

1-36 续表 1 continued

单位：% (%)

受教育程度	Educational Attainment	交通运输、仓储和邮政业 Transport, Storage and Post	住宿和餐饮业 Hotels and Catering Services	信息传输、软件和信息技术服务业 Information Transmission, Software and Information Technology	金融业 Finance Inter-mediation	房地产业 Real Estate	租赁和商务服务业 Leasing and Business Services	科学研究和技术服务业 Scientific Research and Technical Services
总　计	**Total**	**100.0**	**100.0**	**100.0**	**100.0**	**100.0**	**100.0**	**100.0**
未上过学	Illiterate	0.3	0.6	0.5	0.1	0.5	0.3	0.0
小　学	Primary School	6.7	10.6	5.1	2.6	7.9	5.1	1.8
初　中	Junior School	51.4	55.9	35.0	16.6	29.9	28.6	16.8
高　中	Senior School	25.9	23.0	23.1	20.6	27.4	24.7	17.3
大学专科	College	10.8	7.3	18.6	28.3	22.6	21.8	23.8
大学本科	University	4.7	2.4	16.2	29.3	11.2	17.8	31.6
研究生	Graduate	0.2	0.1	1.7	2.7	0.5	1.6	8.6
男	**Male**	**100.0**	**100.0**	**100.0**	**100.0**	**100.0**	**100.0**	**100.0**
未上过学	Illiterate	0.2	0.3	0.6	0.0	0.2	0.2	0.0
小　学	Primary School	7.1	7.8	4.7	1.7	7.7	5.5	1.6
初　中	Junior School	54.3	54.0	31.3	15.8	32.1	32.1	17.1
高　中	Senior School	26.1	26.8	23.0	22.4	29.2	26.3	17.1
大学专科	College	8.6	8.2	19.5	29.0	20.1	19.3	22.6
大学本科	University	3.5	2.8	18.7	28.4	10.4	15.0	32.6
研究生	Graduate	0.2	0.2	2.1	2.6	0.4	1.5	9.0
女	**Female**	**100.0**	**100.0**	**100.0**	**100.0**	**100.0**	**100.0**	**100.0**
未上过学	Illiterate	0.4	0.9	0.2	0.1	1.0	0.4	
小　学	Primary School	5.0	13.0	5.5	3.4	8.2	4.6	2.2
初　中	Junior School	37.6	57.6	39.3	17.3	26.5	23.2	16.4
高　中	Senior School	24.9	19.8	23.1	18.9	24.7	22.3	17.6
大学专科	College	21.1	6.5	17.5	27.5	26.6	25.7	25.9
大学本科	University	10.6	2.0	13.1	30.1	12.4	22.2	29.9
研究生	Graduate	0.4	0.1	1.2	2.7	0.6	1.6	8.0

1-36 续表 2 continued

单位：% (%)

受教育程度	Educational Attainment	水利、环境和公共设施管理业 Management of Water Conservancy, Environment and Public Establishment	居民服务、修理和其他服务业 Services to Household, Repair and Other Services	教 育 Education	卫生和社会工作 Health and Social Service	文化、体育和娱乐业 Culture Sports and Entertainment	公共管理、社会保障和社会组织 Public Management, Social Security and Social Organization	国际组织 International Organizations
总　计	**Total**	**100.0**	**100.0**	**100.0**	**100.0**	**100.0**	**100.0**	**100.0**
未上过学	Illiterate	1.0	1.0	0.1	0.2	0.2	0.3	
小　学	Primary School	13.7	10.9	2.1	2.2	4.8	2.7	
初　中	Junior School	33.7	52.9	12.8	13.9	27.0	11.8	59.7
高　中	Senior School	21.6	24.2	15.4	20.3	22.2	20.6	21.2
大学专科	College	17.3	8.2	27.6	34.2	22.6	32.3	6.0
大学本科	University	11.8	2.8	36.7	26.2	21.3	30.3	13.1
研究生	Graduate	1.0	0.1	5.3	3.0	1.8	2.1	
男	**Male**	**100.0**	**100.0**	**100.0**	**100.0**	**100.0**	**100.0**	**100.0**
未上过学	Illiterate	0.5	0.6	0.1	0.1	0.3	0.2	
小　学	Primary School	13.5	9.6	2.4	2.8	4.1	2.5	
初　中	Junior School	31.9	53.0	12.8	18.3	28.0	12.1	70.4
高　中	Senior School	24.1	26.1	15.0	21.1	25.4	21.2	18.2
大学专科	College	17.9	8.0	26.1	26.8	20.8	32.4	11.4
大学本科	University	11.1	2.6	37.4	27.0	20.1	29.6	
研究生	Graduate	1.0	0.1	6.3	3.9	1.3	2.1	
女	**Female**	**100.0**	**100.0**	**100.0**	**100.0**	**100.0**	**100.0**	**100.0**
未上过学	Illiterate	1.8	1.5	0.2	0.2	0.2	0.4	
小　学	Primary School	14.0	12.5	1.9	1.9	5.6	3.1	
初　中	Junior School	36.4	52.8	12.7	11.0	25.8	11.2	48.1
高　中	Senior School	17.8	21.6	15.7	19.7	18.6	19.5	24.5
大学专科	College	16.3	8.4	28.6	39.0	24.6	32.1	
大学本科	University	12.9	3.1	36.2	25.7	22.8	31.7	27.4
研究生	Graduate	0.8	0.1	4.6	2.4	2.3	2.1	

1-37　按职业、性别分的全国就业人员受教育程度构成
EDUCATIONAL ATTAINMENT COMPOSITION OF EMPLOYMENT BY OCCUPATION AND SEX

单位：%　　(%)

受教育程度	Educational Attainment	合　计 Total	单　位负责人 Unit Head	专业技术人员 Professional and Technical Personnel	办事人员和有关人员 Clerk and Related Workers	商业、服务业人员 Business Service Personnel	农林牧渔水利业生产人员 Agriculture and Water Conservancy Labors	生产运输设备操作人员及有关人员 Production, Transport Equipment Operators and Related Workers	其　他 Others
总　计	**Total**	**100.0**	**100.0**	**100.0**	**100.0**	**100.0**	**100.0**	**100.0**	**100.0**
未上过学	Illiterate	1.8	0.2	0.2	0.2	0.7	4.4	0.6	0.9
小　学	Primary School	18.1	4.6	4.0	3.9	9.6	35.6	12.8	11.3
初　中	Junior School	46.7	30.5	18.3	19.0	48.5	52.2	58.5	51.3
高　中	Senior School	17.2	26.3	19.4	23.9	26.1	6.8	20.1	23.1
大学专科	College	9.3	21.9	27.7	27.9	10.7	0.7	5.9	9.5
大学本科	University	6.2	15.1	27.1	23.4	4.3	0.2	2.0	3.7
研究生	Graduate	0.5	1.5	3.3	1.7	0.1	0.0	0.1	0.2
男	**Male**	**100.0**	**100.0**	**100.0**	**100.0**	**100.0**	**100.0**	**100.0**	**100.0**
未上过学	Illiterate	1.0	0.1	0.2	0.2	0.4	2.6	0.5	0.7
小　学	Primary School	15.5	4.6	3.8	4.6	8.6	31.8	11.8	9.7
初　中	Junior School	47.9	30.9	21.5	21.2	47.1	55.5	57.5	47.8
高　中	Senior School	19.3	26.1	19.3	24.7	27.5	8.8	21.9	28.7
大学专科	College	9.4	21.9	24.4	25.7	11.3	1.0	6.2	8.4
大学本科	University	6.3	15.1	27.0	22.0	4.9	0.3	2.1	4.3
研究生	Graduate	0.6	1.3	3.8	1.6	0.2	0.0	0.1	0.4
女	**Female**	**100.0**	**100.0**	**100.0**	**100.0**	**100.0**	**100.0**	**100.0**	**100.0**
未上过学	Illiterate	2.8	0.6	0.2	0.2	0.9	5.9	1.1	1.3
小　学	Primary School	21.4	4.5	4.1	2.7	10.6	39.0	15.1	13.2
初　中	Junior School	45.2	29.2	15.3	15.3	49.9	49.3	60.9	55.6
高　中	Senior School	14.7	26.9	19.5	22.5	24.7	5.1	15.9	16.1
大学专科	College	9.3	21.8	30.8	31.6	10.1	0.5	5.1	10.9
大学本科	University	6.1	15.0	27.2	25.8	3.7	0.1	1.9	2.9
研究生	Graduate	0.5	2.0	2.9	1.8	0.1	0.0	0.1	

1-38 按受教育程度、性别分的全国就业人员职业构成
OCCUPATION COMPOSITION OF EMPLOYMENT BY EDUCATIONAL ATTAINMENT AND SEX

单位：%　　　　(%)

受教育程度	Educational Attainment	合计 Total	单位负责人 Unit Head	专业技术人员 Professional and Technical Personnel	办事人员和有关人员 Clerk and Related Workers	商业、服务业人员 Business Service Personnel	农林牧渔水利业生产人员 Agriculture and Water Conservancy Labors	生产运输设备操作人员及有关人员 Production, Transport Equipment Operators and Related Workers	其他 Others
总计	**Total**	**100.0**	**2.2**	**10.4**	**6.8**	**22.2**	**34.1**	**23.9**	**0.4**
未上过学	Illiterate	100.0	0.3	1.1	0.7	8.1	81.2	8.4	0.2
小学	Primary School	100.0	0.5	2.3	1.5	11.7	66.9	16.8	0.2
初中	Junior School	100.0	1.4	4.1	2.8	23.1	38.2	30.0	0.4
高中	Senior School	100.0	3.3	11.6	9.4	33.6	13.5	27.9	0.5
大学专科	College	100.0	5.1	30.8	20.3	25.5	2.7	15.1	0.4
大学本科	University	100.0	5.3	44.9	25.5	15.2	1.1	7.7	0.2
研究生	Graduate	100.0	5.9	62.9	20.7	6.0	0.7	3.7	0.1
男	**Male**	**100.0**	**3.0**	**9.1**	**7.8**	**20.1**	**29.3**	**30.4**	**0.4**
未上过学	Illiterate	100.0	0.3	1.5	1.3	8.4	74.9	13.4	0.3
小学	Primary School	100.0	0.9	2.2	2.3	11.1	60.1	23.0	0.3
初中	Junior School	100.0	1.9	4.1	3.5	19.7	33.9	36.5	0.4
高中	Senior School	100.0	4.0	9.1	9.9	28.6	13.3	34.4	0.6
大学专科	College	100.0	7.0	23.8	21.4	24.2	3.1	20.2	0.4
大学本科	University	100.0	7.1	38.8	27.1	15.4	1.3	9.9	0.3
研究生	Graduate	100.0	6.9	59.9	21.5	5.9	1.1	4.4	0.3
女	**Female**	**100.0**	**1.2**	**11.9**	**5.6**	**24.9**	**40.1**	**16.0**	**0.4**
未上过学	Illiterate	100.0	0.3	0.9	0.5	8.0	84.1	6.1	0.2
小学	Primary School	100.0	0.2	2.3	0.7	12.3	72.9	11.3	0.2
初中	Junior School	100.0	0.8	4.0	1.9	27.5	43.8	21.6	0.5
高中	Senior School	100.0	2.2	15.8	8.6	41.9	13.9	17.3	0.4
大学专科	College	100.0	2.8	39.6	19.0	27.2	2.3	8.7	0.5
大学本科	University	100.0	2.9	52.7	23.5	14.9	0.9	4.9	0.2
研究生	Graduate	100.0	4.5	67.0	19.5	6.1	0.3	2.6	

1-39 按年龄、性别分的全国就业人员就业身份构成
COMPOSITION OF EMPLOYMENT STATUS BY AGE AND SEX

单位：% (%)

年龄 Age	合 计 Total	雇 员 Employee	雇 主 Employer	自营劳动者 Self-employed	家庭帮工 Unpaid Familial Worker
总计 Total	**100.0**	**49.8**	**4.4**	**43.2**	**2.7**
16-19	100.0	63.6	0.8	32.6	3.1
20-24	100.0	71.2	2.3	23.2	3.3
25-29	100.0	66.5	3.8	26.8	2.9
30-34	100.0	60.4	5.6	31.0	3.0
35-39	100.0	55.8	6.5	35.0	2.7
40-44	100.0	50.7	6.0	40.6	2.6
45-49	100.0	45.1	4.9	47.5	2.6
50-54	100.0	41.9	4.5	51.2	2.5
55-59	100.0	30.8	2.9	64.1	2.2
60-64	100.0	17.6	2.0	78.3	2.1
65+	100.0	9.5	1.6	87.3	1.7
男 Male	**100.0**	**52.9**	**5.5**	**40.6**	**1.1**
16-19	100.0	63.6	1.0	32.0	3.5
20-24	100.0	70.2	2.8	23.8	3.2
25-29	100.0	67.6	4.6	26.1	1.7
30-34	100.0	61.7	6.8	30.5	1.0
35-39	100.0	57.7	7.8	33.9	0.6
40-44	100.0	52.6	7.7	39.2	0.5
45-49	100.0	49.2	6.3	44.0	0.5
50-54	100.0	50.6	5.8	43.0	0.5
55-59	100.0	41.7	3.7	53.8	0.8
60-64	100.0	24.3	2.7	71.9	1.1
65+	100.0	12.2	2.2	84.5	1.2
女 Female	**100.0**	**46.0**	**3.1**	**46.3**	**4.6**
16-19	100.0	63.7	0.5	33.3	2.6
20-24	100.0	72.4	1.7	22.5	3.4
25-29	100.0	65.2	2.8	27.6	4.4
30-34	100.0	58.8	4.1	31.7	5.3
35-39	100.0	53.7	4.9	36.2	5.2
40-44	100.0	48.6	4.1	42.2	5.1
45-49	100.0	40.3	3.2	51.6	5.0
50-54	100.0	29.6	2.7	62.6	5.2
55-59	100.0	14.6	1.8	79.3	4.2
60-64	100.0	9.3	1.0	86.4	3.3
65+	100.0	5.6	0.7	91.4	2.3

1-40 按就业身份、性别分的全国就业人员年龄构成
AGE COMPOSITION OF EMPLOYMENT BY EMPLOYMENT STATUS AND SEX

单位：% (%)

年龄 Age	合 计 Total	雇 员 Employee	雇 主 Employer	自营劳动者 Self-employed	家庭帮工 Unpaid Familial Worker
总计 Total	**100.0**	**100.0**	**100.0**	**100.0**	**100.0**
16-19	1.8	2.2	0.3	1.3	2.0
20-24	8.7	12.4	4.6	4.7	10.8
25-29	12.5	16.7	10.8	7.7	13.6
30-34	12.0	14.5	15.2	8.6	13.5
35-39	11.1	12.4	16.3	9.0	11.4
40-44	14.4	14.7	19.8	13.6	14.2
45-49	13.1	11.9	14.5	14.4	12.6
50-54	9.5	8.0	9.7	11.2	8.8
55-59	7.1	4.4	4.8	10.6	5.9
60-64	5.5	2.0	2.5	10.0	4.3
65+	4.4	0.8	1.6	8.9	2.7
男 Male	**100.0**	**100.0**	**100.0**	**100.0**	**100.0**
16-19	1.8	2.2	0.3	1.4	5.7
20-24	8.8	11.7	4.4	5.2	25.9
25-29	12.2	15.6	10.4	7.9	18.6
30-34	11.6	13.6	14.5	8.7	10.3
35-39	10.8	11.8	15.4	9.0	6.0
40-44	14.0	13.9	19.7	13.5	6.6
45-49	12.8	12.0	14.8	13.9	5.6
50-54	10.0	9.6	10.6	10.6	5.0
55-59	7.7	6.1	5.2	10.2	5.8
60-64	5.5	2.5	2.8	9.8	5.7
65+	4.7	1.1	1.9	9.8	5.0
女 Female	**100.0**	**100.0**	**100.0**	**100.0**	**100.0**
16-19	1.7	2.3	0.3	1.2	0.9
20-24	8.5	13.4	4.8	4.1	6.4
25-29	12.8	18.1	11.8	7.6	12.2
30-34	12.5	15.9	16.7	8.5	14.5
35-39	11.4	13.4	18.3	8.9	13.1
40-44	14.9	15.7	20.1	13.6	16.5
45-49	13.5	11.8	13.9	15.0	14.7
50-54	8.8	5.7	7.6	11.9	9.9
55-59	6.4	2.0	3.8	11.0	5.9
60-64	5.5	1.1	1.8	10.2	3.9
65+	4.0	0.5	0.9	7.9	2.0

1-41　按受教育程度、性别分的全国就业人员就业身份构成
COMPOSITION OF EMPLOYMENT STATUS BY EDUCATIONAL ATTAINMENT AND SEX

单位：%　　(%)

受教育程度	Educational Attainment	合　计 Total	雇　员 Employee	雇　主 Employer	自营劳动者 SelfEmployed	家庭帮工 Unpaid Familial Worker
总　计	**Total**	**100.0**	**49.8**	**4.4**	**43.2**	**2.7**
未上过学	Illiterate	100.0	11.2	1.0	85.1	2.7
小　学	Primary School	100.0	21.1	2.2	74.2	2.5
初　中	Junior School	100.0	42.3	4.4	49.9	3.3
高　中	Senior School	100.0	66.6	7.1	23.6	2.7
大学专科	College	100.0	87.4	5.0	6.4	1.2
大学本科	University	100.0	93.8	3.3	2.5	0.4
研究生	Graduate	100.0	96.8	2.2	0.9	0.1
男	**Male**	**100.0**	**52.9**	**5.5**	**40.6**	**1.1**
未上过学	Illiterate	100.0	16.1	1.6	80.7	1.7
小　学	Primary School	100.0	26.1	3.1	69.9	0.9
初　中	Junior School	100.0	45.0	5.4	48.5	1.1
高　中	Senior School	100.0	65.6	7.9	24.9	1.6
大学专科	College	100.0	85.7	6.0	7.3	0.9
大学本科	University	100.0	92.9	4.2	2.6	0.3
研究生	Graduate	100.0	96.2	2.8	0.9	0.1
女	**Female**	**100.0**	**46.0**	**3.1**	**46.3**	**4.6**
未上过学	Illiterate	100.0	9.0	0.7	87.1	3.2
小　学	Primary School	100.0	16.5	1.5	78.0	4.0
初　中	Junior School	100.0	38.9	3.2	51.8	6.2
高　中	Senior School	100.0	68.2	5.7	21.5	4.6
大学专科	College	100.0	89.6	3.6	5.2	1.5
大学本科	University	100.0	95.0	2.1	2.3	0.5
研究生	Graduate	100.0	97.6	1.4	0.9	0.2

1-42 按就业身份、性别分的全国就业人员受教育程度构成
EDUCATIONAL ATTAINMENT COMPOSITION BY EMPLOYMENT STATUS AND SEX

单位：% (%)

受教育程度	Educational Attainment	合 计 Total	雇 员 Employee	雇 主 Employer	自营劳动者 SelfEmployed	家庭帮工 Unpaid Familial Worker
总 计	**Total**	**100.0**	**100.0**	**100.0**	**100.0**	**100.0**
未上过学	Illiterate	1.8	0.4	0.4	3.6	1.9
小 学	Primary School	18.1	7.7	9.2	31.2	17.2
初 中	Junior School	46.7	39.7	47.1	54.0	58.0
高 中	Senior School	17.2	23.0	27.8	9.4	17.7
大学专科	College	9.3	16.4	10.5	1.4	4.2
大学本科	University	6.2	11.8	4.7	0.4	0.9
研究生	Graduate	0.5	1.1	0.3	0.0	0.0
男	**Male**	**100.0**	**100.0**	**100.0**	**100.0**	**100.0**
未上过学	Illiterate	1.0	0.3	0.3	2.1	1.6
小 学	Primary School	15.5	7.7	8.7	26.7	12.2
初 中	Junior School	47.9	40.7	47.5	57.2	48.8
高 中	Senior School	19.3	24.0	28.0	11.9	27.6
大学专科	College	9.4	15.2	10.3	1.7	8.1
大学本科	University	6.3	11.1	4.9	0.4	1.7
研究生	Graduate	0.6	1.1	0.3	0.0	0.0
女	**Female**	**100.0**	**100.0**	**100.0**	**100.0**	**100.0**
未上过学	Illiterate	2.8	0.6	0.6	5.3	2.0
小 学	Primary School	21.4	7.7	10.2	36.0	18.7
初 中	Junior School	45.2	38.2	46.4	50.4	60.7
高 中	Senior School	14.7	21.7	27.3	6.8	14.8
大学专科	College	9.3	18.1	11.0	1.1	3.1
大学本科	University	6.1	12.7	4.2	0.3	0.7
研究生	Graduate	0.5	1.1	0.2	0.0	0.0

1-43 按年龄、性别分的城镇就业人员就业身份构成

COMPOSITION OF URBAN EMPLOYMENT STATUS BY AGE AND SEX

单位：% (%)

年龄 Age	合 计 Total	雇 员 Employee	雇 主 Employer	自营劳动者 SelfEmployed	家庭帮工 Unpaid Familial Worker
总计 Total	**100.0**	**67.9**	**6.3**	**22.7**	**3.1**
16-19	100.0	77.8	1.6	15.5	5.1
20-24	100.0	81.3	3.0	11.8	3.8
25-29	100.0	77.4	5.1	14.2	3.3
30-34	100.0	73.5	6.8	16.8	2.9
35-39	100.0	69.1	8.1	19.9	2.8
40-44	100.0	66.0	7.9	23.1	3.0
45-49	100.0	63.4	6.9	26.5	3.1
50-54	100.0	62.8	6.6	27.5	3.0
55-59	100.0	55.0	5.0	37.1	2.9
60-64	100.0	33.7	4.2	58.6	3.5
65+	100.0	19.7	3.2	74.0	3.0
男 Male	**100.0**	**68.3**	**7.5**	**22.9**	**1.3**
16-19	100.0	76.1	2.1	16.0	5.8
20-24	100.0	79.6	3.7	12.9	3.8
25-29	100.0	76.5	6.0	15.4	2.1
30-34	100.0	72.4	8.2	18.3	1.0
35-39	100.0	68.2	9.8	21.5	0.6
40-44	100.0	65.6	9.5	24.3	0.6
45-49	100.0	64.5	8.5	26.4	0.7
50-54	100.0	67.9	7.8	23.8	0.6
55-59	100.0	64.6	5.5	28.8	1.2
60-64	100.0	41.0	5.3	51.8	1.9
65+	100.0	24.5	4.1	69.3	2.0
女 Female	**100.0**	**67.3**	**4.7**	**22.5**	**5.5**
16-19	100.0	80.0	1.0	14.7	4.2
20-24	100.0	83.4	2.2	10.6	3.8
25-29	100.0	78.5	4.1	12.7	4.6
30-34	100.0	74.8	5.1	15.0	5.2
35-39	100.0	70.2	6.2	18.1	5.5
40-44	100.0	66.5	5.9	21.7	5.9
45-49	100.0	62.1	4.9	26.7	6.3
50-54	100.0	53.5	4.5	34.4	7.6
55-59	100.0	32.8	3.9	56.3	7.0
60-64	100.0	21.9	2.5	69.6	6.0
65+	100.0	12.2	1.8	81.5	4.5

1-44 按就业身份、性别分的城镇就业人员年龄构成
AGE COMPOSITION OF URBAN EMPLOYMENT BY EMPLOYMENT STATUS AND SEX

单位: % (%)

年龄 Age	合 计 Total	雇 员 Employee	雇 主 Employer	自营劳动者 SelfEmployed	家庭帮工 Unpaid Familial Worker
总计 Total	**100.0**	**100.0**	**100.0**	**100.0**	**100.0**
16-19	1.4	1.6	0.4	0.9	2.3
20-24	9.1	10.9	4.4	4.7	11.0
25-29	14.3	16.4	11.7	8.9	14.9
30-34	14.6	15.8	15.8	10.8	13.7
35-39	13.0	13.3	17.0	11.4	11.7
40-44	16.0	15.5	20.1	16.2	15.3
45-49	13.2	12.3	14.5	15.4	13.2
50-54	8.9	8.2	9.4	10.7	8.6
55-59	5.1	4.2	4.1	8.4	4.8
60-64	2.7	1.3	1.8	6.9	3.0
65+	1.7	0.5	0.9	5.5	1.6
男 Male	**100.0**	**100.0**	**100.0**	**100.0**	**100.0**
16-19	1.4	1.6	0.4	1.0	6.1
20-24	8.8	10.2	4.3	4.9	25.3
25-29	13.6	15.3	10.9	9.2	21.3
30-34	13.8	14.7	15.2	11.1	10.6
35-39	12.5	12.5	16.4	11.8	5.8
40-44	15.5	14.9	19.9	16.4	7.3
45-49	13.0	12.3	14.7	15.0	6.6
50-54	10.2	10.1	10.6	10.6	4.5
55-59	6.3	6.0	4.6	7.9	5.5
60-64	2.9	1.8	2.1	6.6	4.2
65+	1.8	0.7	1.0	5.5	2.8
女 Female	**100.0**	**100.0**	**100.0**	**100.0**	**100.0**
16-19	1.4	1.7	0.3	0.9	1.1
20-24	9.6	11.8	4.6	4.5	6.6
25-29	15.3	17.8	13.4	8.6	12.9
30-34	15.6	17.3	17.0	10.4	14.7
35-39	13.7	14.3	18.3	11.0	13.5
40-44	16.5	16.3	20.8	15.9	17.8
45-49	13.4	12.3	13.9	15.9	15.3
50-54	7.1	5.7	6.9	10.9	9.8
55-59	3.6	1.7	3.0	8.9	4.5
60-64	2.4	0.8	1.3	7.4	2.6
65+	1.5	0.3	0.6	5.5	1.2

1-45　按受教育程度、性别分的城镇就业人员就业身份构成

COMPOSITION OF URBAN EMPLOYMENT STATUS BY EDUCATIONAL ATTAINMENT AND SEX

单位：%　　(%)

受教育程度	Educational Attainment	合　计 Total	雇　员 Employee	雇　主 Employer	自营劳动者 SelfEmployed	家庭帮工 Unpaid Familial Worker
总　计	**Total**	**100.0**	**67.9**	**6.3**	**22.7**	**3.1**
未上过学	Illiterate	100.0	25.8	3.4	66.2	4.6
小　学	Primary School	100.0	35.6	4.8	54.9	4.7
初　中	Junior School	100.0	55.7	6.9	33.0	4.5
高　中	Senior School	100.0	73.7	8.1	15.1	3.1
大学专科	College	100.0	88.5	5.3	5.1	1.1
大学本科	University	100.0	94.1	3.4	2.1	0.4
研究生	Graduate	100.0	97.1	2.3	0.6	0.1
男	**Male**	**100.0**	**68.3**	**7.5**	**22.9**	**1.3**
未上过学	Illiterate	100.0	32.4	4.7	61.0	1.9
小　学	Primary School	100.0	39.5	6.2	52.9	1.4
初　中	Junior School	100.0	56.3	8.2	34.0	1.6
高　中	Senior School	100.0	72.6	9.1	16.7	1.7
大学专科	College	100.0	87.1	6.3	5.8	0.9
大学本科	University	100.0	92.8	4.5	2.3	0.3
研究生	Graduate	100.0	96.6	2.9	0.4	0.1
女	**Female**	**100.0**	**67.3**	**4.7**	**22.5**	**5.5**
未上过学	Illiterate	100.0	22.3	2.6	69.0	6.1
小　学	Primary School	100.0	31.9	3.5	56.8	7.7
初　中	Junior School	100.0	54.9	5.1	31.7	8.3
高　中	Senior School	100.0	75.4	6.5	12.8	5.3
大学专科	College	100.0	90.3	4.1	4.1	1.5
大学本科	University	100.0	95.6	2.0	1.9	0.5
研究生	Graduate	100.0	97.6	1.4	0.8	0.2

1-46 按就业身份、性别分的城镇就业人员受教育程度构成
EDUCATIONAL ATTAINMENT COMPOSITION OF URBAN EMPLOYMENT BY EMPLOYMENT STATUS AND SEX

单位：% (%)

受教育程度	Educational Attainment	合计 Total	雇员 Employee	雇主 Employer	自营劳动者 SelfEmployed	家庭帮工 Unpaid Familial Worker
总　计	**Total**	**100.0**	**100.0**	**100.0**	**100.0**	**100.0**
未上过学	Illiterate	0.8	0.3	0.4	2.2	1.1
小　学	Primary School	9.1	4.8	7.0	22.0	13.5
初　中	Junior School	38.1	31.2	41.7	55.2	54.3
高　中	Senior School	23.9	26.0	30.9	15.9	23.8
大学专科	College	15.8	20.6	13.4	3.5	5.8
大学本科	University	11.3	15.6	6.2	1.0	1.4
研究生	Graduate	1.1	1.5	0.4	0.0	0.0
男	**Male**	**100.0**	**100.0**	**100.0**	**100.0**	**100.0**
未上过学	Illiterate	0.5	0.2	0.3	1.2	0.7
小　学	Primary School	7.9	4.6	6.5	18.2	8.6
初　中	Junior School	38.3	31.6	41.8	56.8	45.4
高　中	Senior School	25.6	27.2	31.2	18.6	32.7
大学专科	College	15.6	19.8	13.1	3.9	10.0
大学本科	University	11.1	15.1	6.7	1.1	2.5
研究生	Graduate	1.1	1.5	0.4	0.0	0.1
女	**Female**	**100.0**	**100.0**	**100.0**	**100.0**	**100.0**
未上过学	Illiterate	1.1	0.4	0.6	3.5	1.3
小　学	Primary School	10.7	5.1	8.0	27.1	15.0
初　中	Junior School	37.7	30.7	41.6	53.1	57.1
高　中	Senior School	21.7	24.3	30.3	12.4	21.0
大学专科	College	16.1	21.6	14.1	3.0	4.4
大学本科	University	11.5	16.4	5.1	1.0	1.1
研究生	Graduate	1.0	1.5	0.3	0.0	0.0

1-47 按年龄、性别分的城镇就业人员行业构成
SECTOR COMPOSITION OF URBAN EMPLOYMENT BY AGE AND SEX

单位：% (%)

年龄 Age	合 计 Total	农、林、牧、渔业 Farming, Forestry, Animal Husbandry and Fishery	采矿业 Mining	制造业 Manufacturing	电力、热力、燃气及水生产和供应业 Production and Supply of Electricity, Heat, Gas and Water	建筑业 Construction	批发和零售业 Wholesale and Retail Trades
总计 Total	**100.0**	**11.5**	**1.4**	**21.3**	**1.5**	**6.7**	**17.8**
16-19	100.0	11.0	0.3	32.6	0.3	5.8	17.4
20-24	100.0	5.0	0.7	27.7	0.9	6.1	20.6
25-29	100.0	5.5	1.1	24.1	1.3	6.1	20.1
30-34	100.0	6.0	1.1	21.8	1.5	5.6	20.2
35-39	100.0	7.6	1.5	21.5	1.8	6.0	19.9
40-44	100.0	9.5	2.0	21.5	1.7	7.5	18.3
45-49	100.0	13.0	2.1	20.2	1.6	8.4	15.8
50-54	100.0	15.5	2.0	17.7	1.8	7.8	13.7
55-59	100.0	25.8	1.2	15.7	2.0	6.9	12.1
60-64	100.0	46.6	0.5	10.4	0.7	6.7	11.3
65+	100.0	64.7	0.2	8.0	0.3	3.2	7.7
男 Male	**100.0**	**9.7**	**2.0**	**22.3**	**1.8**	**10.0**	**14.3**
16-19	100.0	10.0	0.5	33.5	0.2	9.6	15.1
20-24	100.0	4.6	0.9	30.9	1.0	9.3	16.1
25-29	100.0	5.0	1.7	26.5	1.6	9.5	15.9
30-34	100.0	5.2	1.6	22.8	1.6	8.5	16.1
35-39	100.0	6.7	2.1	21.9	2.2	9.2	15.7
40-44	100.0	8.2	2.8	21.5	2.0	11.3	14.6
45-49	100.0	10.2	3.0	20.0	2.0	12.8	13.0
50-54	100.0	10.8	2.7	19.5	2.3	10.8	11.5
55-59	100.0	16.9	1.5	17.9	2.6	9.0	10.9
60-64	100.0	37.3	0.8	12.5	1.0	10.2	11.5
65+	100.0	58.3	0.3	9.3	0.4	4.9	8.3
女 Female	**100.0**	**13.9**	**0.7**	**20.0**	**1.1**	**2.3**	**22.4**
16-19	100.0	12.2	0.1	31.4	0.4	1.0	20.4
20-24	100.0	5.4	0.3	24.0	0.7	2.2	25.9
25-29	100.0	6.1	0.4	21.4	1.0	2.2	25.0
30-34	100.0	6.9	0.6	20.6	1.3	2.2	24.9
35-39	100.0	8.8	0.8	21.0	1.3	2.2	24.9
40-44	100.0	11.2	0.9	21.4	1.3	2.9	22.9
45-49	100.0	16.5	1.0	20.6	1.2	2.8	19.4
50-54	100.0	24.2	0.7	14.4	0.9	2.4	17.9
55-59	100.0	46.3	0.4	10.6	0.4	1.9	14.7
60-64	100.0	61.6	0.1	7.1	0.1	1.0	11.0
65+	100.0	74.9	0.0	5.8		0.6	6.8

1-47 续表 1 continued

单位：%　　(%)

年龄 Age	交通运输、仓储和邮政业 Transport, Storage and Post	住宿和餐饮业 Hotels and Catering Services	信息传输、软件和信息技术服务业 Information Transmission, Software and Information Technology	金融业 Finance Inter-mediation	房地产业 Real Estate	租赁和商务服务业 Leasing and Business Services	科学研究和技术服务业 Scientific Research and Technical Services
总计 Total	**5.7**	**4.8**	**2.8**	**2.4**	**1.6**	**2.0**	**0.9**
16-19	3.2	9.8	2.3	0.7	0.7	1.0	0.2
20-24	4.4	6.0	4.3	3.0	1.6	2.6	1.2
25-29	4.8	4.7	4.4	3.5	1.8	2.6	1.2
30-34	6.0	4.5	3.7	2.9	1.5	2.4	1.3
35-39	6.3	4.3	3.0	2.1	1.5	1.9	0.8
40-44	6.6	5.1	2.2	2.1	1.3	1.6	0.7
45-49	6.4	5.0	1.9	2.0	1.5	1.6	0.7
50-54	6.7	4.3	1.6	2.1	2.0	1.7	0.8
55-59	5.2	3.6	1.2	1.5	2.3	1.7	0.7
60-64	2.5	3.5	0.6	0.5	2.0	1.1	0.2
65+	1.5	2.0	0.6	0.2	1.1	0.8	0.3
男 Male	**8.2**	**3.9**	**2.8**	**2.1**	**1.7**	**2.1**	**1.0**
16-19	4.4	9.0	2.4	0.6	0.8	1.0	0.2
20-24	6.1	6.0	4.4	2.6	1.4	2.4	1.1
25-29	6.7	4.4	4.2	2.9	1.7	2.7	1.5
30-34	8.9	4.2	4.0	2.6	1.6	2.4	1.5
35-39	9.5	3.7	3.0	1.8	1.6	2.0	0.9
40-44	9.7	3.6	2.2	1.7	1.3	1.9	0.9
45-49	9.3	3.2	1.9	1.9	1.6	1.6	0.8
50-54	9.1	3.0	1.6	2.1	2.3	2.0	0.9
55-59	7.1	2.8	1.3	1.8	2.7	2.0	0.9
60-64	3.6	2.9	0.6	0.6	2.2	1.4	0.3
65+	2.3	1.8	0.6	0.2	1.5	1.1	0.4
女 Female	**2.4**	**5.9**	**2.9**	**2.7**	**1.4**	**1.8**	**0.7**
16-19	1.8	10.8	2.1	1.0	0.6	0.9	0.3
20-24	2.4	6.0	4.1	3.4	1.7	2.8	1.2
25-29	2.5	5.1	4.8	4.1	1.9	2.6	1.0
30-34	2.7	5.0	3.3	3.2	1.3	2.4	1.1
35-39	2.6	5.5	3.1	2.5	1.3	1.9	0.7
40-44	2.9	6.8	2.3	2.5	1.3	1.3	0.5
45-49	2.7	7.3	1.8	2.2	1.3	1.5	0.6
50-54	2.2	6.6	1.7	2.3	1.3	1.1	0.4
55-59	0.9	5.3	1.0	1.0	1.4	0.8	0.1
60-64	0.7	4.4	0.6	0.5	1.7	0.5	0.1
65+	0.1	2.4	0.4	0.1	0.6	0.4	0.1

1-47　续表 2　continued

单位：%　　(%)

年龄　Age	水利、环境和公共设施管理业 Management of Water Conservancy Environment and Public Establishment	居民服务、修理和其他服务业 Services to Household, Repair and Other Services	教　育 Education	卫生和社会工作 Health and Social Service	文化、体育和娱乐业 Culture Sports and Entertainment	公共管理、社会保障和社会组织 Public Management, Social Security and Social Organization	国际组织 International Organizations
总计　Total	**0.8**	**4.0**	**4.4**	**3.1**	**1.3**	**6.0**	**0.01**
16-19	0.3	7.1	3.4	1.7	1.0	1.1	
20-24	0.4	4.4	2.9	3.5	1.6	3.2	
25-29	0.6	3.8	3.9	3.4	1.8	5.2	
30-34	0.6	3.9	5.5	4.0	1.5	6.1	0.01
35-39	0.8	3.6	5.7	3.5	1.2	6.7	0.01
40-44	0.8	3.9	4.7	2.8	1.2	6.4	0.01
45-49	1.0	4.0	4.3	2.5	1.0	6.8	0.00
50-54	1.2	4.1	4.5	3.0	1.2	8.2	0.02
55-59	1.3	4.1	3.6	2.6	1.1	7.7	
60-64	1.0	4.4	1.7	1.7	0.6	3.8	0.03
65+	0.9	3.6	0.8	1.5	0.6	2.0	0.00
男　Male	**0.8**	**3.8**	**3.1**	**2.1**	**1.2**	**7.0**	**0.01**
16-19	0.3	8.4	1.5	0.6	1.0	1.0	
20-24	0.5	5.0	1.2	1.3	1.4	3.5	
25-29	0.7	4.0	2.1	1.7	1.7	5.7	
30-34	0.7	3.9	3.4	2.4	1.4	7.1	
35-39	0.8	3.4	3.9	2.7	1.1	7.9	0.01
40-44	0.8	3.3	3.6	2.2	1.1	7.4	0.00
45-49	0.9	3.5	3.5	1.8	0.9	8.0	
50-54	1.1	3.4	3.9	2.3	1.1	9.6	0.03
55-59	1.5	3.7	4.1	2.6	1.2	9.5	
60-64	1.0	4.8	1.8	1.9	0.7	4.6	0.04
65+	0.9	3.9	1.1	1.6	0.5	2.6	0.01
女　Female	**0.8**	**4.2**	**6.0**	**4.5**	**1.4**	**4.6**	**0.01**
16-19	0.2	5.4	6.0	3.1	1.0	1.3	
20-24	0.4	3.7	5.0	6.0	1.8	2.9	
25-29	0.4	3.6	6.1	5.5	1.9	4.6	
30-34	0.6	3.9	7.9	5.8	1.5	4.9	0.01
35-39	0.8	3.9	7.8	4.4	1.3	5.3	0.00
40-44	0.9	4.6	6.1	3.6	1.3	5.1	0.01
45-49	1.1	4.8	5.3	3.5	1.1	5.3	0.01
50-54	1.5	5.4	5.7	4.5	1.4	5.4	
55-59	0.9	5.1	2.4	2.6	0.6	3.6	
60-64	1.1	3.8	1.5	1.4	0.5	2.4	
65+	1.0	3.2	0.4	1.3	0.9	1.0	

1-48 按行业、性别分的城镇就业人员年龄构成
AGE COMPOSITION OF URBAN EMPLOYMENT BY SECTOR AND SEX

单位：%　　　　(%)

年龄 Age	合 计 Total	农、林、牧、渔业 Farming, Forestry, Animal Husbandry and Fishery	采矿业 Mining	制造业 Manufacturing	电力、热力、燃气及水生产和供应业 Production and Supply of Electricity, Heat, Gas and Water	建筑业 Construction	批发和零售业 Wholesale and Retail Trades
总计 Total	**100.0**	**100.0**	**100.0**	**100.0**	**100.0**	**100.0**	**100.0**
16-19	1.4	1.3	0.3	2.1	0.3	1.2	1.4
20-24	9.1	3.9	4.2	11.9	5.3	8.3	10.5
25-29	14.3	6.8	10.9	16.2	12.7	13.1	16.2
30-34	14.6	7.6	11.7	14.9	14.4	12.2	16.5
35-39	13.0	8.6	14.1	13.2	15.4	11.7	14.5
40-44	16.0	13.2	21.8	16.1	18.0	17.9	16.4
45-49	13.2	14.8	19.4	12.5	14.6	16.5	11.7
50-54	8.9	11.9	12.4	7.4	10.9	10.4	6.8
55-59	5.1	11.5	4.1	3.8	6.8	5.2	3.5
60-64	2.7	10.9	0.9	1.3	1.2	2.7	1.7
65+	1.7	9.5	0.2	0.6	0.3	0.8	0.7
男 Male	**100.0**	**100.0**	**100.0**	**100.0**	**100.0**	**100.0**	**100.0**
16-19	1.4	1.4	0.3	2.1	0.2	1.3	1.5
20-24	8.8	4.2	4.0	12.2	4.9	8.1	9.9
25-29	13.6	7.0	11.3	16.2	12.0	12.9	15.2
30-34	13.8	7.4	10.9	14.1	12.5	11.7	15.5
35-39	12.5	8.7	13.2	12.4	14.9	11.5	13.8
40-44	15.5	13.0	21.3	15.0	17.2	17.4	15.9
45-49	13.0	13.6	19.3	11.7	14.4	16.6	11.8
50-54	10.2	11.4	13.6	8.9	12.9	10.9	8.2
55-59	6.3	11.0	4.6	5.1	9.1	5.7	4.8
60-64	2.9	11.3	1.1	1.6	1.7	3.0	2.4
65+	1.8	11.0	0.3	0.8	0.4	0.9	1.1
女 Female	**100.0**	**100.0**	**100.0**	**100.0**	**100.0**	**100.0**	**100.0**
16-19	1.4	1.2	0.2	2.2	0.5	0.6	1.3
20-24	9.6	3.7	4.9	11.4	6.4	9.1	11.1
25-29	15.3	6.7	9.5	16.3	14.5	14.2	17.0
30-34	15.6	7.7	14.5	16.0	18.9	14.9	17.4
35-39	13.7	8.6	17.5	14.3	16.8	12.9	15.2
40-44	16.5	13.3	23.7	17.7	20.0	20.7	16.9
45-49	13.4	15.9	19.9	13.7	14.9	16.1	11.6
50-54	7.1	12.4	7.2	5.2	6.3	7.3	5.7
55-59	3.6	11.9	2.1	1.9	1.5	2.8	2.3
60-64	2.4	10.5	0.2	0.8	0.3	1.1	1.2
65+	1.5	8.1	0.1	0.4		0.4	0.5

1-48　续表 1　continued

单位：%　　　　(%)

年龄　Age	交通运输、仓储和邮政业 Transport, Storage and Post	住宿和餐饮业 Hotels and Catering Services	信息传输、软件和信息技术服务业 Information Transmission, Software and Information Technology	金融业 Finance Inter-mediation	房地产业 Real Estate	租赁和商务服务业 Leasing and Business Services	科学研究和技术服务业 Scientific Research and Technical Services
总计　Total	**100.0**	**100.0**	**100.0**	**100.0**	**100.0**	**100.0**	**100.0**
16-19	0.8	2.9	1.1	0.4	0.6	0.7	0.4
20-24	7.1	11.5	13.8	11.5	9.0	12.1	11.6
25-29	12.0	14.2	22.5	21.0	15.9	19.1	19.6
30-34	15.4	13.9	19.0	17.8	13.4	17.8	21.1
35-39	14.6	12.3	14.0	11.7	12.0	12.8	11.8
40-44	18.6	16.9	12.7	14.1	13.4	13.1	12.6
45-49	14.8	13.8	8.7	11.3	12.5	10.4	10.7
50-54	10.4	8.0	5.1	8.1	11.1	7.7	7.4
55-59	4.7	3.8	2.2	3.3	7.4	4.3	3.7
60-64	1.2	2.0	0.5	0.6	3.5	1.4	0.6
65+	0.4	0.7	0.3	0.1	1.2	0.7	0.5
男　Male	**100.0**	**100.0**	**100.0**	**100.0**	**100.0**	**100.0**	**100.0**
16-19	0.7	3.3	1.2	0.4	0.6	0.7	0.3
20-24	6.6	13.6	14.0	11.2	7.2	10.3	9.5
25-29	11.2	15.4	20.5	18.9	13.4	17.4	19.5
30-34	15.1	14.9	19.9	17.5	13.1	16.1	19.8
35-39	14.6	12.0	13.5	10.7	11.6	12.1	11.4
40-44	18.4	14.5	12.2	12.9	12.2	14.1	13.1
45-49	14.8	10.8	8.9	11.9	12.5	10.2	10.6
50-54	11.3	8.0	5.8	10.2	14.0	10.0	9.1
55-59	5.5	4.6	2.9	5.4	9.9	6.2	5.3
60-64	1.3	2.2	0.6	0.8	3.9	2.0	0.8
65+	0.5	0.8	0.4	0.2	1.6	1.0	0.6
女　Female	**100.0**	**100.0**	**100.0**	**100.0**	**100.0**	**100.0**	**100.0**
16-19	1.0	2.5	1.0	0.5	0.6	0.7	0.5
20-24	9.2	9.7	13.6	11.9	11.7	14.8	15.4
25-29	15.7	13.2	25.0	23.1	19.8	21.6	19.8
30-34	17.1	13.1	17.9	18.2	13.9	20.2	23.6
35-39	14.5	12.7	14.7	12.6	12.6	13.8	12.7
40-44	19.3	18.9	13.3	15.3	15.1	11.8	11.5
45-49	14.9	16.3	8.4	10.7	12.5	10.6	11.0
50-54	6.3	8.0	4.2	6.0	6.7	4.1	4.2
55-59	1.3	3.2	1.2	1.2	3.6	1.5	0.6
60-64	0.7	1.8	0.5	0.4	2.9	0.6	0.2
65+	0.1	0.6	0.2	0.1	0.6	0.3	0.2

1-48 续表 2 continued

单位：% (%)

年龄 Age	水利、环境和公共设施管理业 Management of Water Conservancy Environment and Public Establishment	居民服务、修理和其他服务业 Services to Household, Repair and Other Services	教育 Education	卫生和社会工作 Health and Social Service	文化、体育和娱乐业 Culture Sports and Entertainment	公共管理、社会保障和社会组织 Public Management, Social Security and Social Organization	国际组织 International Organizations
总计 Total	**100.0**	**100.0**	**100.0**	**100.0**	**100.0**	**100.0**	**100.0**
16-19	0.4	2.5	1.1	0.8	1.1	0.3	
20-24	4.8	10.0	6.1	10.1	11.4	4.9	
25-29	10.1	13.7	12.8	15.8	19.6	12.4	
30-34	11.3	14.3	18.3	18.6	16.5	14.9	12.4
35-39	12.8	11.7	16.8	14.5	12.1	14.5	16.4
40-44	16.6	15.6	17.2	14.4	14.7	17.0	20.3
45-49	16.6	13.3	12.9	10.7	10.2	15.0	10.4
50-54	13.7	9.1	9.2	8.7	8.0	12.1	27.3
55-59	8.3	5.3	4.2	4.2	4.2	6.6	
60-64	3.5	3.0	1.0	1.5	1.3	1.7	11.9
65+	2.0	1.5	0.3	0.8	0.9	0.6	1.2
男 Male	**100.0**	**100.0**	**100.0**	**100.0**	**100.0**	**100.0**	**100.0**
16-19	0.5	3.0	0.7	0.4	1.2	0.2	
20-24	5.0	11.5	3.4	5.6	10.3	4.3	
25-29	10.9	14.2	9.2	11.0	18.7	11.1	
30-34	11.2	14.1	15.1	16.3	16.1	14.0	
35-39	12.0	11.1	15.6	16.1	11.7	14.0	21.9
40-44	15.2	13.5	17.9	16.3	14.1	16.4	5.8
45-49	14.6	11.8	14.7	11.1	9.9	14.8	
50-54	13.6	9.0	12.8	11.2	8.9	14.0	48.8
55-59	11.3	6.1	8.3	7.8	6.4	8.5	
60-64	3.6	3.7	1.7	2.7	1.8	1.9	21.3
65+	2.0	1.9	0.6	1.4	0.8	0.7	2.2
女 Female	**100.0**	**100.0**	**100.0**	**100.0**	**100.0**	**100.0**	**100.0**
16-19	0.3	1.8	1.4	1.0	1.0	0.4	
20-24	4.4	8.3	8.0	12.8	12.6	6.0	
25-29	8.8	13.0	15.3	18.6	20.5	15.0	
30-34	11.4	14.5	20.5	20.1	17.1	16.6	28.2
35-39	13.9	12.5	17.7	13.5	12.7	15.5	9.4
40-44	18.4	18.0	16.7	13.2	15.2	18.4	38.7
45-49	19.5	15.1	11.6	10.5	10.6	15.4	23.7
50-54	13.7	9.1	6.8	7.1	7.0	8.4	
55-59	4.2	4.4	1.4	2.0	1.6	2.8	
60-64	3.3	2.2	0.6	0.7	0.8	1.2	
65+	1.9	1.1	0.1	0.4	1.0	0.3	

1-49　按受教育程度、性别分的城镇就业人员行业构成
SECTOR COMPOSITION OF URBAN EMPLOYMENT BY EDUCATIONAL ATTAINMENT AND SEX

单位：%　　(%)

受教育程度	Educational Attainment	合　计 Total	农、林、牧、渔业 Farming, Forestry, Animal Husbandry and Fishery	采矿业 Mining	制造业 Manufacturing	电力、热力、燃气及水生产和供应业 Production and Supply of Electricity, Heat, Gas and Water	建筑业 Construction	批发和零售业 Wholesale and Retail Trades
总　计	**Total**	**100.0**	**11.5**	**1.4**	**21.3**	**1.5**	**6.7**	**17.8**
未上过学	Illiterate	100.0	56.2	0.4	8.9	0.5	4.9	11.4
小　学	Primary School	100.0	40.2	0.8	15.9	0.4	9.3	13.2
初　中	Junior School	100.0	16.4	1.4	24.8	0.8	9.0	19.4
高　中	Senior School	100.0	4.1	2.0	24.6	1.9	5.7	23.1
大学专科	College	100.0	1.1	1.3	18.2	2.6	4.2	16.3
大学本科	University	100.0	0.6	1.1	13.0	2.3	3.2	9.1
研究生	Graduate	100.0	0.4	0.5	9.1	1.4	1.5	4.4
男	**Male**	**100.0**	**9.7**	**2.0**	**22.3**	**1.8**	**10.0**	**14.3**
未上过学	Illiterate	100.0	48.1	0.5	8.8	1.0	10.7	12.4
小　学	Primary School	100.0	34.5	1.3	15.2	0.6	15.7	11.4
初　中	Junior School	100.0	14.1	2.2	24.1	1.1	13.9	14.9
高　中	Senior School	100.0	4.2	2.5	26.7	2.2	8.1	17.2
大学专科	College	100.0	1.3	1.8	20.4	2.9	5.7	14.2
大学本科	University	100.0	0.7	1.5	15.3	2.8	4.0	8.9
研究生	Graduate	100.0	0.7	0.7	10.6	1.8	2.2	4.5
女	**Female**	**100.0**	**13.9**	**0.7**	**20.0**	**1.1**	**2.3**	**22.4**
未上过学	Illiterate	100.0	60.6	0.4	9.0	0.2	1.7	10.9
小　学	Primary School	100.0	45.6	0.3	16.7	0.1	3.2	14.9
初　中	Junior School	100.0	19.3	0.5	25.8	0.4	2.5	25.3
高　中	Senior School	100.0	3.9	1.1	21.5	1.5	1.9	32.1
大学专科	College	100.0	0.9	0.7	15.5	2.2	2.4	18.8
大学本科	University	100.0	0.5	0.5	10.1	1.7	2.1	9.3
研究生	Graduate	100.0	0.1	0.4	6.9	0.8	0.7	4.3

1-49 续表 1 continued

单位：% (%)

受教育程度	Educational Attainment	交通运输、仓储和邮政业 Transport, Storage and Post	住宿和餐饮业 Hotels and Catering Services	信息传输、软件和信息技术服务业 Information Transmission Software and Information Technology	金融业 Finance Inter-mediation	房地产业 Real Estate	租赁和商务服务业 Leasing and Business Services	科学研究和技术服务业 Scientific Research and Technical Services
总　计	**Total**	**5.7**	**4.8**	**2.8**	**2.4**	**1.6**	**2.0**	**0.9**
未上过学	Illiterate	2.1	3.3	1.1	0.3	0.9	0.7	0.0
小　学	Primary School	3.6	4.8	1.0	0.4	1.2	0.8	0.1
初　中	Junior School	6.5	6.5	1.8	0.7	1.2	1.3	0.2
高　中	Senior School	7.2	5.2	2.9	2.0	1.9	2.1	0.7
大学专科	College	4.9	2.8	4.3	4.5	2.3	3.0	1.5
大学本科	University	3.2	1.3	5.3	6.8	1.7	3.6	2.8
研究生	Graduate	1.6	0.7	6.4	6.7	0.7	3.5	8.6
男	**Male**	**8.2**	**3.9**	**2.8**	**2.1**	**1.7**	**2.1**	**1.0**
未上过学	Illiterate	4.4	1.0	1.7	0.2	0.9	0.9	0.1
小　学	Primary School	6.2	3.2	0.8	0.3	1.5	1.0	0.1
初　中	Junior School	9.9	5.0	1.6	0.6	1.3	1.5	0.3
高　中	Senior School	9.9	4.6	2.5	1.8	2.0	2.2	0.8
大学专科	College	6.0	2.6	4.4	4.0	2.4	2.9	1.6
大学本科	University	3.5	1.3	6.0	5.9	1.8	3.2	3.3
研究生	Graduate	1.8	0.8	7.5	5.5	0.7	3.5	10.1
女	**Female**	**2.4**	**5.9**	**2.9**	**2.7**	**1.4**	**1.8**	**0.7**
未上过学	Illiterate	0.9	4.6	0.7	0.3	0.9	0.5	
小　学	Primary School	1.1	6.4	1.1	0.6	1.0	0.6	0.1
初　中	Junior School	1.9	8.4	2.1	0.9	1.0	1.0	0.2
高　中	Senior School	3.2	6.3	3.4	2.4	1.7	1.9	0.6
大学专科	College	3.5	3.1	4.1	5.1	2.2	3.1	1.4
大学本科	University	2.7	1.4	4.6	7.9	1.7	3.9	2.1
研究生	Graduate	1.3	0.4	4.8	8.2	0.8	3.4	6.7

1-49 续表 2 continued

单位：% (%)

受教育程度	Educational Attainment	水利、环境和公共设施管理业 Management of Water Conservancy Environment and Public Establishment	居民服务、修理和其他服务业 Services to Household, Repair and Other Services	教 育 Education	卫生和社会工作 Health and Social Service	文化、体育和娱乐业 Culture Sports and Entertainment	公共管理、社会保障和社会组织 Public Management, Social Security and Social Organization	国际组织 International Organizations
总 计	**Total**	**0.8**	**4.0**	**4.4**	**3.1**	**1.3**	**6.0**	**0.0**
未上过学	Illiterate	1.2	4.5	0.7	0.8	0.4	1.8	
小 学	Primary School	0.8	4.6	0.6	0.5	0.6	1.1	
初 中	Junior School	0.6	5.1	1.2	0.8	0.8	1.6	0.0
高 中	Senior School	0.8	4.4	2.6	2.4	1.2	5.1	0.0
大学专科	College	1.0	2.5	7.7	7.0	2.0	12.7	0.0
大学本科	University	1.1	1.2	15.8	8.3	2.8	16.8	0.0
研究生	Graduate	1.0	0.4	26.5	10.8	2.6	13.2	
男	**Male**	**0.8**	**3.8**	**3.1**	**2.1**	**1.2**	**7.0**	**0.0**
未上过学	Illiterate	1.1	3.6	0.6	0.7	0.7	2.6	
小 学	Primary School	0.7	4.6	0.5	0.5	0.5	1.3	
初 中	Junior School	0.6	4.8	0.9	0.7	0.7	1.9	0.0
高 中	Senior School	0.9	4.3	1.7	1.5	1.2	5.7	0.0
大学专科	College	1.2	2.4	5.2	3.9	1.7	15.4	0.0
大学本科	University	1.1	1.2	11.3	6.0	2.5	19.6	
研究生	Graduate	1.1	0.4	22.0	9.5	1.8	15.0	
女	**Female**	**0.8**	**4.2**	**6.0**	**4.5**	**1.4**	**4.6**	**0.0**
未上过学	Illiterate	1.2	4.9	0.8	0.9	0.2	1.4	
小 学	Primary School	0.8	4.7	0.7	0.6	0.6	0.9	
初 中	Junior School	0.6	5.5	1.5	1.0	0.8	1.2	0.0
高 中	Senior School	0.7	4.7	3.9	3.9	1.2	4.1	0.0
大学专科	College	0.9	2.7	10.7	10.9	2.3	9.4	
大学本科	University	1.1	1.2	21.4	11.2	3.1	13.4	0.0
研究生	Graduate	0.8	0.5	32.8	12.5	3.7	10.8	

1-50 按行业、性别分的城镇就业人员受教育程度构成
EDUCATIONAL ATTAINMENT COMPOSITION OF URBAN EMPLOYMENT BY SECTOR AND SEX

单位：% (%)

受教育程度	Educational Attainment	合计 Total	农、林、牧、渔业 Farming, Forestry, Animal Husbandry and Fishery	采矿业 Mining	制造业 Manufacturing	电力、热力、燃气及水生产和供应业 Production and Supply of Electricity, Heat, Gas and Water	建筑业 Construction	批发和零售业 Wholesale and Retail Trades
总　计	**Total**	**100.0**	**100.0**	**100.0**	**100.0**	**100.0**	**100.0**	**100.0**
未上过学	Illiterate	0.8	3.7	0.2	0.3	0.2	0.5	0.5
小　学	Primary School	9.1	31.7	4.9	6.8	2.3	12.7	6.8
初　中	Junior School	38.1	53.9	38.2	44.3	20.6	51.0	41.3
高　中	Senior School	23.9	8.5	33.0	27.7	30.9	20.2	31.0
大学专科	College	15.8	1.5	14.8	13.5	27.7	10.0	14.4
大学本科	University	11.3	0.6	8.5	6.9	17.4	5.3	5.8
研究生	Graduate	1.1	0.0	0.4	0.4	1.0	0.2	0.3
男	**Male**	**100.0**	**100.0**	**100.0**	**100.0**	**100.0**	**100.0**	**100.0**
未上过学	Illiterate	0.5	2.3	0.1	0.2	0.3	0.5	0.4
小　学	Primary School	7.9	28.0	5.0	5.4	2.7	12.3	6.3
初　中	Junior School	38.3	55.6	40.6	41.3	22.9	52.9	39.8
高　中	Senior School	25.6	11.2	32.0	30.7	31.2	20.7	30.8
大学专科	College	15.6	2.0	13.9	14.2	25.1	8.8	15.4
大学本科	University	11.1	0.8	8.2	7.6	16.8	4.5	6.9
研究生	Graduate	1.1	0.1	0.4	0.5	1.1	0.2	0.3
女	**Female**	**100.0**	**100.0**	**100.0**	**100.0**	**100.0**	**100.0**	**100.0**
未上过学	Illiterate	1.1	4.9	0.6	0.5	0.2	0.8	0.5
小　学	Primary School	10.7	35.1	4.8	8.9	1.3	14.4	7.1
初　中	Junior School	37.7	52.4	28.8	48.7	15.4	40.2	42.6
高　中	Senior School	21.7	6.1	37.1	23.3	30.3	17.5	31.1
大学专科	College	16.1	1.1	18.4	12.5	33.5	16.5	13.5
大学本科	University	11.5	0.4	9.6	5.8	18.6	10.2	4.8
研究生	Graduate	1.0	0.0	0.6	0.4	0.8	0.3	0.2

1-50　续表 1　continued

单位：%　　(%)

受教育程度	Educational Attainment	交通运输、仓储和邮政业 Transport, Storage and Post	住宿和餐饮业 Hotels and Catering Services	信息传输、软件和信息技术服务业 Information Transmission, Software and Information Technology	金融业 Finance Inter-mediation	房地产业 Real Estate	租赁和商务服务业 Leasing and Business Services	科学研究和技术服务业 Scientific Research and Technical Services
总　计	**Total**	**100.0**	**100.0**	**100.0**	**100.0**	**100.0**	**100.0**	**100.0**
未上过学	Illiterate	0.3	0.5	0.3	0.1	0.4	0.3	0.0
小　学	Primary School	5.8	9.2	3.1	1.6	7.0	3.7	0.8
初　中	Junior School	43.2	51.5	24.5	11.9	28.5	24.8	10.3
高　中	Senior School	30.6	26.2	24.4	20.8	28.2	25.1	18.4
大学专科	College	13.6	9.3	23.9	30.2	23.0	23.9	25.8
大学本科	University	6.3	3.1	21.4	32.4	12.3	20.3	34.6
研究生	Graduate	0.3	0.1	2.4	3.0	0.5	1.8	10.0
男	**Male**	**100.0**	**100.0**	**100.0**	**100.0**	**100.0**	**100.0**	**100.0**
未上过学	Illiterate	0.2	0.1	0.3	0.1	0.2	0.2	0.0
小　学	Primary School	6.0	6.4	2.3	1.0	7.0	3.9	0.8
初　中	Junior School	46.4	49.0	22.3	11.9	29.5	28.2	11.3
高　中	Senior School	31.0	30.2	23.5	22.3	29.6	27.2	18.6
大学专科	College	11.4	10.4	24.7	30.4	21.7	21.5	23.5
大学本科	University	4.7	3.6	24.0	31.4	11.6	17.3	35.2
研究生	Graduate	0.2	0.2	2.9	2.9	0.4	1.8	10.4
女	**Female**	**100.0**	**100.0**	**100.0**	**100.0**	**100.0**	**100.0**	**100.0**
未上过学	Illiterate	0.4	0.9	0.3	0.1	0.7	0.3	
小　学	Primary School	4.9	11.6	4.2	2.2	7.2	3.5	0.8
初　中	Junior School	29.5	53.5	27.3	11.8	27.1	19.8	8.5
高　中	Senior School	28.6	22.9	25.6	19.3	26.0	22.2	17.9
大学专科	College	23.2	8.3	22.9	30.0	25.0	27.5	30.0
大学本科	University	12.9	2.7	18.1	33.5	13.4	24.9	33.5
研究生	Graduate	0.6	0.1	1.7	3.1	0.6	1.9	9.3

1-50 续表 2 continued

单位：% (%)

受教育程度	Educational Attainment	水利、环境和公共设施管理业 Management of Water Conservancy Environment and Public Establishment	居民服务、修理和其他服务业 Services to Household, Repair and Other Services	教育 Education	卫生和社会工作 Health and Social Service	文化、体育和娱乐业 Culture Sports and Entertainment	公共管理、社会保障和社会组织 Public Management, Social Security and Social Organization	国际组织 International Organizations
总 计	**Total**	**100.0**	**100.0**	**100.0**	**100.0**	**100.0**	**100.0**	**100.0**
未上过学	Illiterate	1.1	0.8	0.1	0.2	0.2	0.2	
小 学	Primary School	8.9	10.6	1.3	1.6	3.9	1.7	
初 中	Junior School	29.1	48.5	10.0	10.1	22.4	10.1	26.0
高 中	Senior School	24.4	26.5	14.1	18.8	22.6	20.3	34.8
大学专科	College	20.3	10.0	27.6	35.6	24.4	33.6	12.3
大学本科	University	15.0	3.4	40.6	30.1	24.3	31.7	27.0
研究生	Graduate	1.3	0.1	6.4	3.7	2.1	2.3	
男	**Male**	**100.0**	**100.0**	**100.0**	**100.0**	**100.0**	**100.0**	**100.0**
未上过学	Illiterate	0.6	0.4	0.1	0.2	0.3	0.2	
小 学	Primary School	7.0	9.4	1.2	1.9	3.4	1.5	
初 中	Junior School	27.5	47.8	10.6	12.9	23.4	10.3	43.2
高 中	Senior School	27.3	28.7	14.2	18.5	26.0	20.7	34.9
大学专科	College	21.7	9.9	26.0	29.3	22.4	34.1	21.9
大学本科	University	14.4	3.6	40.2	32.2	23.0	30.8	
研究生	Graduate	1.4	0.1	7.6	5.0	1.6	2.3	
女	**Female**	**100.0**	**100.0**	**100.0**	**100.0**	**100.0**	**100.0**	**100.0**
未上过学	Illiterate	1.7	1.3	0.1	0.2	0.2	0.3	
小 学	Primary School	11.5	12.0	1.3	1.4	4.5	2.1	
初 中	Junior School	31.2	49.2	9.6	8.4	21.3	9.8	4.1
高 中	Senior School	20.3	24.0	14.1	19.0	18.7	19.4	34.6
大学专科	College	18.4	10.1	28.6	39.3	26.8	32.6	
大学本科	University	15.8	3.3	40.8	28.9	25.7	33.4	61.3
研究生	Graduate	1.1	0.1	5.5	2.9	2.8	2.4	

1-51　按年龄、性别分的城镇就业人员职业构成
OCCUPATION COMPOSITION OF URBAN EMPLOYMENT BY AGE AND SEX

单位：%　　　　(%)

年龄 Age	合计 Total	单位负责人 Unit Head	专业技术人员 Professional and Technical Personnel	办事人员和有关人员 Clerk and Related Workers	商业、服务业人员 Business Service Personnel	农林牧渔水利业生产人员 Agriculture and Water Conservancy Labors	生产运输设备操作人员及有关人员 Production, Transport Equipment Operators and Related Workers	其他 Others
总计 Total	**100.0**	**3.6**	**16.1**	**11.5**	**31.0**	**11.8**	**25.4**	**0.6**
16-19	100.0	0.3	8.1	5.4	37.1	10.6	37.6	0.9
20-24	100.0	1.3	17.5	10.1	35.9	5.1	29.3	0.8
25-29	100.0	2.6	20.1	12.7	33.1	5.8	25.2	0.5
30-34	100.0	3.8	20.9	13.2	32.1	6.4	23.2	0.4
35-39	100.0	4.5	18.2	11.9	31.8	8.0	25.2	0.4
40-44	100.0	4.2	15.2	10.9	31.6	9.9	27.7	0.5
45-49	100.0	4.2	13.3	10.8	30.4	13.1	27.6	0.7
50-54	100.0	4.7	13.2	13.0	27.3	15.9	25.2	0.7
55-59	100.0	4.0	10.0	13.1	25.2	26.1	21.0	0.6
60-64	100.0	2.4	6.5	6.6	22.0	46.4	15.2	0.8
65+	100.0	1.2	3.7	4.8	17.0	64.3	8.6	0.4
男 Male	**100.0**	**4.7**	**13.5**	**12.9**	**26.6**	**10.1**	**31.7**	**0.6**
16-19	100.0	0.3	5.0	6.5	32.9	9.9	44.9	0.5
20-24	100.0	1.5	12.9	9.2	32.4	4.9	38.3	0.8
25-29	100.0	3.4	15.7	12.4	29.4	5.4	33.2	0.5
30-34	100.0	4.9	17.3	13.7	28.5	5.9	29.2	0.4
35-39	100.0	5.8	14.8	13.4	27.2	7.2	31.2	0.4
40-44	100.0	5.7	13.4	12.5	25.7	8.6	33.7	0.5
45-49	100.0	5.7	12.1	12.8	24.4	10.4	33.9	0.7
50-54	100.0	6.0	12.3	16.0	22.9	11.3	30.7	0.8
55-59	100.0	5.2	11.0	17.0	23.1	17.5	25.6	0.6
60-64	100.0	3.4	7.3	9.7	21.4	37.3	20.1	0.8
65+	100.0	1.6	4.5	6.9	17.8	58.0	10.7	0.4
女 Female	**100.0**	**2.1**	**19.5**	**9.8**	**36.8**	**14.0**	**17.3**	**0.6**
16-19	100.0	0.2	12.1	4.1	42.5	11.6	28.2	1.4
20-24	100.0	1.1	23.0	11.1	40.1	5.4	18.6	0.7
25-29	100.0	1.7	25.2	12.9	37.5	6.2	15.9	0.6
30-34	100.0	2.5	25.0	12.6	36.3	6.9	16.2	0.4
35-39	100.0	2.9	22.2	10.1	37.4	8.9	18.0	0.5
40-44	100.0	2.5	17.5	8.9	38.9	11.4	20.2	0.5
45-49	100.0	2.2	14.8	8.2	38.0	16.4	19.7	0.8
50-54	100.0	2.4	14.9	7.6	35.4	24.3	14.9	0.5
55-59	100.0	1.2	7.7	4.1	30.0	46.0	10.3	0.6
60-64	100.0	0.9	5.1	1.6	23.0	61.1	7.3	0.9
65+	100.0	0.4	2.6	1.5	15.8	74.1	5.2	0.4

1-52 按职业、性别分的城镇就业人员年龄构成

AGE COMPOSITION OF URBAN EMPLOYMENT BY OCCUPATION AND SEX

单位：% (%)

年龄 Age	合计 Total	单位负责人 Unit Head	专业技术人员 Professional and Technical Personnel	办事人员和有关人员 Clerk and Related Workers	商业、服务业人员 Business Service Personnel	农林牧渔水利业生产人员 Agriculture and Water Conservancy Labors	生产运输设备操作人员及有关人员 Production, Transport Equipment Operators and Related Workers	其他 Others
总计 Total	**100.0**	**100.0**	**100.0**	**100.0**	**100.0**	**100.0**	**100.0**	**100.0**
16-19	1.4	0.1	0.7	0.7	1.7	1.3	2.1	2.1
20-24	9.1	3.4	9.9	8.0	10.5	3.9	10.5	12.7
25-29	14.3	10.5	17.9	15.7	15.3	7.0	14.2	13.2
30-34	14.6	15.6	18.9	16.7	15.1	7.9	13.3	10.8
35-39	13.0	16.3	14.7	13.5	13.4	8.8	12.9	10.0
40-44	16.0	19.0	15.1	15.0	16.3	13.4	17.4	13.6
45-49	13.2	15.4	10.8	12.3	12.9	14.6	14.3	16.6
50-54	8.9	11.8	7.3	10.0	7.8	11.9	8.8	10.3
55-59	5.1	5.7	3.2	5.8	4.2	11.3	4.2	5.4
60-64	2.7	1.8	1.1	1.5	1.9	10.6	1.6	4.0
65+	1.7	0.6	0.4	0.7	0.9	9.2	0.6	1.2
男 Male	**100.0**	**100.0**	**100.0**	**100.0**	**100.0**	**100.0**	**100.0**	**100.0**
16-19	1.4	0.1	0.5	0.7	1.7	1.4	2.0	1.2
20-24	8.8	2.8	8.4	6.3	10.7	4.2	10.6	13.0
25-29	13.6	9.8	15.9	13.1	15.1	7.3	14.3	11.9
30-34	13.8	14.5	17.8	14.7	14.8	8.1	12.7	10.7
35-39	12.5	15.5	13.7	13.1	12.8	8.9	12.4	9.2
40-44	15.5	18.7	15.4	15.0	15.0	13.2	16.6	12.9
45-49	13.0	15.9	11.7	12.9	11.9	13.4	13.9	15.5
50-54	10.2	13.1	9.3	12.7	8.8	11.4	9.9	13.6
55-59	6.3	7.0	5.1	8.3	5.5	10.9	5.1	6.6
60-64	2.9	2.1	1.6	2.2	2.4	10.8	1.9	4.1
65+	1.8	0.6	0.6	1.0	1.2	10.5	0.6	1.4
女 Female	**100.0**	**100.0**	**100.0**	**100.0**	**100.0**	**100.0**	**100.0**	**100.0**
16-19	1.4	0.2	0.9	0.6	1.6	1.2	2.3	3.3
20-24	9.6	5.1	11.3	10.9	10.4	3.7	10.3	12.2
25-29	15.3	12.5	19.7	20.2	15.5	6.8	14.1	15.0
30-34	15.6	18.8	20.0	20.2	15.4	7.7	14.7	11.0
35-39	13.7	18.5	15.6	14.2	13.9	8.7	14.3	11.1
40-44	16.5	19.6	14.8	15.1	17.4	13.5	19.4	14.6
45-49	13.4	13.9	10.1	11.2	13.8	15.7	15.2	18.0
50-54	7.1	8.0	5.5	5.5	6.9	12.4	6.2	6.1
55-59	3.6	2.1	1.4	1.5	2.9	11.8	2.1	3.9
60-64	2.4	1.0	0.6	0.4	1.5	10.4	1.0	3.9
65+	1.5	0.3	0.2	0.2	0.7	8.0	0.5	1.0

1-53　按受教育程度、性别分的城镇就业人员职业构成
OCCUPATION COMPOSITION OF URBAN EMPLOYMENT BY EDUCATIONAL ATTAINMENT AND SEX

单位：%　　(%)

受教育程度 Educational Attainment	合　计 Total	单　位负责人 Unit Head	专业技术人员 Professional and Technical Personnel	办事人员和有关人员 Clerk and Related Workers	商业、服务业人员 Business Service Personnel	农林牧渔水利业生产人员 Agriculture and Water Conservancy Labors	生产运输设备操作人员及有关人员 Production, Transport Equipment Operators and Related Workers	其　他 Others
总　计　Total	**100.0**	**3.6**	**16.1**	**11.5**	**31.0**	**11.8**	**25.4**	**0.6**
未上过学　Illiterate	100.0	1.1	1.9	1.6	24.1	55.6	15.5	0.1
小　学　Primary School	100.0	1.5	2.9	3.1	26.5	39.8	25.7	0.5
初　中　Junior School	100.0	2.4	5.1	4.9	35.5	16.7	34.7	0.7
高　中　Senior School	100.0	4.0	13.3	11.7	38.2	4.6	27.7	0.6
大学专科　College	100.0	5.4	31.1	21.7	25.6	1.4	14.4	0.4
大学本科　University	100.0	5.6	45.4	26.0	14.7	0.7	7.4	0.2
研究生　Graduate	100.0	5.7	63.5	20.9	6.1	0.4	3.2	0.2
男　Male	**100.0**	**4.7**	**13.5**	**12.9**	**26.6**	**10.1**	**31.7**	**0.6**
未上过学　Illiterate	100.0	1.0	2.2	2.6	22.4	48.3	23.4	0.1
小　学　Primary School	100.0	2.2	3.3	4.8	22.2	34.3	32.8	0.5
初　中　Junior School	100.0	3.1	4.8	6.2	28.8	14.7	41.8	0.7
高　中　Senior School	100.0	4.9	10.3	12.6	32.0	4.8	34.7	0.7
大学专科　College	100.0	7.3	24.0	23.1	24.4	1.8	19.1	0.4
大学本科　University	100.0	7.6	39.1	27.8	14.9	0.8	9.5	0.2
研究生　Graduate	100.0	6.6	60.8	22.1	6.1	0.5	3.7	0.3
女　Female	**100.0**	**2.1**	**19.5**	**9.8**	**36.8**	**14.0**	**17.3**	**0.6**
未上过学　Illiterate	100.0	1.1	1.8	1.1	25.1	59.6	11.2	0.2
小　学　Primary School	100.0	0.8	2.4	1.4	30.8	45.2	18.9	0.6
初　中　Junior School	100.0	1.5	5.5	3.2	44.4	19.4	25.3	0.8
高　中　Senior School	100.0	2.6	17.8	10.2	47.8	4.2	16.8	0.5
大学专科　College	100.0	3.1	40.0	20.1	27.1	1.0	8.4	0.4
大学本科　University	100.0	3.0	53.4	23.7	14.4	0.6	4.7	0.2
研究生　Graduate	100.0	4.5	67.3	19.3	6.0	0.2	2.6	

1-54 按职业、性别分的城镇就业人员受教育程度构成
EDUCATIONAL ATTAINMENT COMPOSITION OF URBAN EMPLOYMENT BY OCCUPATION AND SEX

单位：%　　(%)

受教育程度	Educational Attainment	合　计 Total	单　位 负责人 Unit Head	专业技 术人员 Professional and Technical Personnel	办事人员 和有关人员 Clerk and Related Workers	商业、服 务业人员 Business Service Personnel	农林牧渔 水 利 业 生产人员 Agriculture and Water Conservancy Labors	生产运输设 备操作人员 及有关人员 Production, Transport Equipment Operators and Related Workers	其　他 Others
总　计	**Total**	**100.0**	**100.0**	**100.0**	**100.0**	**100.0**	**100.0**	**100.0**	**100.0**
未上过学	Illiterate	0.8	0.2	0.1	0.1	0.6	3.5	0.5	0.2
小　学	Primary School	9.1	3.8	1.6	2.4	7.8	30.8	9.2	8.5
初　中	Junior School	38.1	25.8	12.1	16.1	43.5	53.8	51.9	48.3
高　中	Senior School	23.9	26.8	19.7	24.2	29.5	9.2	26.1	27.0
大学专科	College	15.8	24.1	30.5	29.8	13.0	1.9	8.9	11.2
大学本科	University	11.3	17.6	31.8	25.4	5.3	0.7	3.3	4.5
研究生	Graduate	1.1	1.7	4.2	1.9	0.2	0.0	0.1	0.3
男	**Male**	**100.0**	**100.0**	**100.0**	**100.0**	**100.0**	**100.0**	**100.0**	**100.0**
未上过学	Illiterate	0.5	0.1	0.1	0.1	0.4	2.2	0.3	0.1
小　学	Primary School	7.9	3.7	1.9	2.9	6.6	26.7	8.2	6.8
初　中	Junior School	38.3	25.6	13.7	18.3	41.4	55.3	50.5	45.1
高　中	Senior School	25.6	26.9	19.6	25.1	30.9	12.1	28.1	31.9
大学专科	College	15.6	24.2	27.7	27.8	14.3	2.7	9.4	10.7
大学本科	University	11.1	18.0	32.1	23.9	6.2	0.9	3.3	4.9
研究生	Graduate	1.1	1.5	4.9	1.8	0.2	0.1	0.1	0.5
女	**Female**	**100.0**	**100.0**	**100.0**	**100.0**	**100.0**	**100.0**	**100.0**	**100.0**
未上过学	Illiterate	1.1	0.6	0.1	0.1	0.8	4.8	0.7	0.3
小　学	Primary School	10.7	4.1	1.3	1.5	9.0	34.7	11.7	10.7
初　中	Junior School	37.7	26.2	10.6	12.4	45.5	52.3	55.2	52.6
高　中	Senior School	21.7	26.7	19.9	22.7	28.2	6.5	21.2	20.6
大学专科	College	16.1	23.7	33.0	33.1	11.9	1.2	7.8	11.8
大学本科	University	11.5	16.5	31.6	28.0	4.5	0.5	3.2	4.0
研究生	Graduate	1.0	2.2	3.5	2.0	0.2	0.0	0.2	

1-55　城镇就业人员调查周平均工作时间
WEEKLY WORKING HOURS IN URBAN AREA

单位：小时／周　　(hours/per week)

分　组	Group	2010年11月 Nov.2010	2011年11月 Nov.2011	2012年11月 Nov.2012	2013年9月 Sep.2013	2014年9月 Sep.2014
全　部	**Total**	**47.0**	**46.2**	**46.3**	**46.6**	**46.6**
一、按年龄分组	**By Age**					
	16-19	49.1	48.0	47.7	49.3	49.3
	20-24	47.8	46.8	47.1	47.6	47.7
	25-29	47.1	46.6	46.8	47.0	47.2
	30-34	47.5	47.0	46.9	47.2	47.0
	35-39	47.8	47.2	47.3	47.6	47.5
	40-44	47.6	46.9	47.1	47.6	47.5
	45-49	46.8	46.0	46.2	46.8	46.7
	50-54	45.8	44.8	45.2	45.5	45.6
	55-59	44.7	43.4	43.6	43.8	44.1
	60-64	42.6	40.1	41.4	41.2	41.2
	65+	38.5	35.0	35.7	35.7	35.6
二、按职业分组	**By Occupation**					
单位负责人	Unit Head	47.1	47.7	48.2	48.4	48.4
专业技术人员	Professional and Technical Personnel	43.1	43.7	43.7	43.9	43.9
办事人员和有关人员	Clerk and Related Workers	44.0	43.9	44.0	44.0	43.8
商业、服务业人员	Business Service Personnel	49.8	49.5	49.6	49.9	49.9
农林牧渔水利业生产人员	Agrecultrre and Water Conservancy Labor	41.5	38.2	38.3	38.2	37.6
生产、运输设备操作人员及有关人员	Production, Transport Equipment Operators and Related Workers	49.7	48.7	48.8	49.5	49.5
其　他	Others	47.8	47.7	49.8	49.2	44.0
三、按受教育程度分组	**By Educational Attaiment**					
未上过学	Illiterate	43.5	40.1	39.8	39.6	40.1
小　学	Primary School	47.2	45.0	44.5	44.8	44.6
初　中	Junior School	48.9	48.1	48.2	48.8	48.7
高　中	Senior School	47.2	47.1	47.4	47.6	47.8
大　专	College	43.7	43.8	44.0	44.3	44.5
大学本科	University	42.1	42.4	42.4	42.5	42.6
研究生	Graduate	41.1	41.7	41.6	41.8	41.4

1-56 城镇男性就业人员调查周平均工作时间
MALE WEEKLY WORKING HOURS IN URBAN AREA

单位：小时／周 (hours/per week)

分　组	Group	2010年11月 Nov.2010	2011年11月 Nov.2011	2012年11月 Nov.2012	2013年9月 Sep.2013	2014年9月 Sep.2014
全 部	**Total**	**47.7**	**47.0**	**47.1**	**47.5**	**47.5**
一、按年龄分组	**By Age**					
	16-19	49.3	48.0	47.9	49.5	49.8
	20-24	48.5	47.5	47.7	48.5	48.5
	25-29	47.9	47.4	47.7	47.8	48.1
	30-34	48.2	47.8	47.6	47.9	47.8
	35-39	48.4	48.0	48.0	48.3	48.2
	40-44	48.3	47.9	47.9	48.4	48.3
	45-49	47.5	46.8	47.1	47.7	47.7
	50-54	46.6	45.5	46.0	46.4	46.5
	55-59	45.7	44.8	45.2	45.4	45.5
	60-64	44.4	42.1	44.0	43.8	43.8
	65+	40.1	37.4	38.0	38.3	37.9
二、按职业分组	**By Occupation**					
单位负责人	Unit Head	47.0	47.7	48.2	48.5	48.5
专业技术人员	Professional and Technical Personnel	43.6	44.2	44.2	44.6	44.5
办事人员和有关人员	Clerk and Related Workers	44.6	44.4	44.5	44.6	44.4
商业、服务业人员	Business Service Personnel	50.2	50.1	50.1	50.3	50.3
农林牧渔水利业生产人员	Agrecultrre and Water Conservancy Labor	43.3	40.6	40.8	40.8	40.5
生产、运输设备操作人员及有关人员	Production, Transport Equipment Operators and Related Workers	49.9	48.9	48.9	49.7	49.6
其　他	Others	48.2	49.2	50.2	48.9	45.6
三、按受教育程度分组	**By Educational Attaiment**					
未上过学	Illiterate	45.2	42.6	43.7	42.9	43.3
小　学	Primary School	48.4	46.8	46.3	46.8	46.3
初　中	Junior School	49.6	48.9	49.1	49.7	49.8
高　中	Senior School	47.6	47.4	47.8	48.1	48.2
大　专	College	44.0	44.5	44.4	44.7	44.9
大学本科	University	42.4	42.6	42.8	42.9	43.0
研究生	Graduate	41.3	41.8	41.9	42.4	41.5

1-57　城镇女性就业人员调查周平均工作时间
FEMALE WEEKLY WORKING HOURS IN URBAN AREA

单位：小时／周　　(hours/per week)

分　组	Group	2010年11月 Nov.2010	2011年11月 Nov.2011	2012年11月 Nov.2012	2013年9月 Sep.2013	2014年9月 Sep.2014
全　部	**Total**	**46.1**	**45.2**	**45.2**	**45.5**	**45.5**
一、按年龄分组	**By Age**					
	16-19	48.8	48.1	47.4	49.2	48.5
	20-24	47.0	46.1	46.3	46.7	46.7
	25-29	46.1	45.8	45.7	46.0	46.1
	30-34	46.6	46.1	46.0	46.3	46.2
	35-39	46.9	46.2	46.4	46.6	46.6
	40-44	46.7	45.8	46.2	46.6	46.6
	45-49	45.8	45.0	45.0	45.6	45.5
	50-54	44.2	43.1	43.5	43.7	44.0
	55-59	42.2	40.1	40.1	40.2	40.8
	60-64	39.3	36.6	37.2	36.9	37.0
	65+	35.3	31.2	31.8	31.4	31.9
二、按职业分组	**By Occupation**					
单位负责人	Unit Head	47.2	47.8	48.2	48.1	48.2
专业技术人员	Professional and Technical Personnel	42.7	43.2	43.2	43.3	43.4
办事人员和有关人员	Clerk and Related Workers	42.8	43.0	43.1	43.0	42.8
商业、服务业人员	Business Service Personnel	49.5	49.0	49.1	49.4	49.5
农林牧渔水利业生产人员	Agrecultrre and Water Conservancy Labor	39.6	35.7	35.8	35.6	34.9
生产、运输设备操作人员及有关人员	Production, Transport Equipment Operators and Related Workers	49.5	48.4	48.6	49.0	49.1
其　他	Others	47.1	44.9	49.2	49.6	42.0
三、按受教育程度分组	**By Educational Attaiment**					
未上过学	Illiterate	42.6	38.9	37.7	38.0	38.4
小　学	Primary School	45.9	43.1	42.6	42.9	42.9
初　中	Junior School	47.9	47.1	46.9	47.5	47.3
高　中	Senior School	46.5	46.5	46.7	46.8	47.3
大　专	College	43.2	43.0	43.6	43.8	44.0
大学本科	University	41.7	42.0	42.0	42.1	42.0
研究生	Graduate	40.7	41.4	41.1	41.0	41.2

1-58 按行业、性别分的城镇就业人员调查周平均工作时间
WEEKLY WORKING HOURS IN URBAN AREA BY SECTOR AND SEX

单位：小时／周 (hours/per week)

行业	Sector	2014年9月 Sep.2014	男 Male	女 Female
总 计	**National Total**	**46.6**	**47.5**	**45.5**
农、林、牧、渔业	Farming,Forestry,Animal Husbandry and Fishery	37.4	40.1	34.8
采矿业	Mining	46.0	46.8	42.9
制造业	Manufacturing	48.7	48.9	48.4
电力、热力、燃气及水生产和供应业	Production and Supply of Electricity,Heat,Gas and Water	43.7	44.1	42.9
建筑业	Construction	49.6	50.1	46.8
批发和零售业	Wholesale and Retail Trades	50.5	51.1	50.0
交通运输、仓储和邮政业	Transport,Storage and Post	48.2	49.0	44.9
住宿和餐饮业	Hotels and Catering Services	51.6	52.6	50.7
信息传输、软件和信息技术服务业	Information Transmission, Software and Information Technology	47.6	47.5	47.7
金融业	Financial Intermediation	42.9	42.9	42.8
房地产业	Real Estate	46.0	46.6	45.0
租赁和商务服务业	Leasing and Business Services	45.1	46.0	43.9
科学研究和技术服务业	Scientific Research and Technical Service	42.4	42.5	42.3
水利、环境和公共设施管理业	Management of Water Conservancy,Environment and Public Establishment	44.8	44.9	44.5
居民服务、修理和其他服务业	Services to Household,Repair and Other Services	50.0	50.8	49.1
教育	Education	42.4	43.0	42.1
卫生和社会工作	Health and Social Service	44.1	44.9	43.7
文化体育和娱乐业	Culture, Sports and Entertainment	46.0	46.3	45.7
公共管理、社会保障和社会组织	Public Management,Social Security and Social Organization	41.9	42.2	41.3
国际组织	International Organizations	45.2	50.0	39.2

1-59 按年龄、性别分的城镇就业人员工作时间构成
COMPOSITION OF URBAN EMPLOYMENT WORKING HOURS BY AGE AND SEX

单位：% (%)

年龄 Age	合 计 Total	1-8小时 1-8 Hours	9-19小时 9-19 Hours	20-39小时 20-39 Hours	40小时 40 Hours	41-48小时 41-48 Hours	48小时以上 48 Hours+
总计 Total	**100.0**	**0.6**	**1.4**	**8.0**	**36.1**	**20.2**	**33.7**
16-19	100.0	0.2	1.1	9.5	22.7	23.2	43.3
20-24	100.0	0.4	0.6	6.2	33.2	24.9	34.7
25-29	100.0	0.4	0.6	5.2	38.0	22.7	33.0
30-34	100.0	0.4	0.8	5.2	40.5	20.7	32.5
35-39	100.0	0.4	0.7	5.8	38.0	19.5	35.5
40-44	100.0	0.4	1.0	6.9	35.9	19.7	36.2
45-49	100.0	0.7	1.3	8.5	35.1	19.6	34.8
50-54	100.0	0.8	1.7	9.7	37.9	18.2	31.7
55-59	100.0	1.1	2.8	14.1	34.8	17.0	30.0
60-64	100.0	1.7	6.6	24.8	23.4	14.5	28.9
65+	100.0	3.3	12.0	35.6	18.5	10.4	20.2
男 Male	**100.0**	**0.5**	**1.0**	**6.5**	**35.7**	**20.0**	**36.2**
16-19	100.0	0.1	0.8	8.9	22.6	20.2	47.3
20-24	100.0	0.4	0.6	5.8	30.9	24.1	38.3
25-29	100.0	0.5	0.5	4.3	35.7	22.2	36.8
30-34	100.0	0.3	0.6	4.3	39.3	20.4	35.1
35-39	100.0	0.3	0.6	4.6	37.1	19.2	38.2
40-44	100.0	0.2	0.7	5.3	35.4	19.7	38.6
45-49	100.0	0.5	0.8	6.6	35.4	19.2	37.4
50-54	100.0	0.5	1.1	6.7	40.2	19.2	32.3
55-59	100.0	0.7	1.5	9.8	38.8	18.1	31.2
60-64	100.0	1.3	4.5	19.1	25.3	16.3	33.4
65+	100.0	2.2	9.9	32.6	19.0	12.0	24.3
女 Female	**100.0**	**0.8**	**1.8**	**10.0**	**36.6**	**20.4**	**30.4**
16-19	100.0	0.3	1.6	10.2	22.7	27.2	38.1
20-24	100.0	0.4	0.7	6.6	36.1	25.8	30.4
25-29	100.0	0.4	0.8	6.3	40.7	23.2	28.6
30-34	100.0	0.5	1.0	6.2	41.8	21.0	29.5
35-39	100.0	0.5	0.9	7.3	39.1	19.9	32.3
40-44	100.0	0.6	1.2	8.8	36.4	19.6	33.3
45-49	100.0	0.9	1.9	10.9	34.7	20.0	31.6
50-54	100.0	1.2	2.9	15.4	33.6	16.3	30.5
55-59	100.0	2.2	6.0	24.1	25.7	14.5	27.4
60-64	100.0	2.3	10.0	34.0	20.3	11.6	21.7
65+	100.0	4.9	15.2	40.4	17.7	8.0	13.7

1-60 按受教育程度、性别分的城镇就业人员工作时间构成
COMPOSITION OF URBAN EMPLOYMENT WORKING HOURS BY EDUCATIONAL ATTAINMENT AND SEX

单位：% (%)

受教育程度	Educational Attainment	合计 Total	1-8小时 1-8 Hours	9-19小时 9-19Hours	20-39小时 20-39 Hours	40小时 40 Hours	41-48小时 41-48 Hours	48小时以上 48 Hours+
总计	**Total**	**100.0**	**0.6**	**1.4**	**8.0**	**36.1**	**20.2**	**33.7**
未上过学	Illiterate	100.0	1.3	11.0	28.8	17.0	11.3	30.7
小学	Primary School	100.0	1.7	4.9	20.1	18.9	15.7	38.6
初中	Junior School	100.0	0.8	1.6	10.2	20.8	21.2	45.3
高中	Senior School	100.0	0.4	0.6	4.4	35.6	23.6	35.4
大学专科	College	100.0	0.2	0.3	3.6	56.8	20.4	18.8
大学本科	University	100.0	0.2	0.2	3.7	70.9	14.5	10.6
研究生	Graduate	100.0	0.2	0.3	4.6	79.1	8.8	6.9
男	**Male**	**100.0**	**0.5**	**1.0**	**6.5**	**35.7**	**20.0**	**36.2**
未上过学	Illiterate	100.0	1.0	8.3	22.5	17.0	12.3	39.0
小学	Primary School	100.0	1.2	3.9	16.5	19.3	16.5	42.6
初中	Junior School	100.0	0.6	1.2	8.2	20.9	20.7	48.5
高中	Senior School	100.0	0.3	0.6	4.1	35.1	23.0	36.9
大学专科	College	100.0	0.2	0.3	3.2	55.6	20.1	20.7
大学本科	University	100.0	0.1	0.2	3.3	69.3	14.7	12.4
研究生	Graduate	100.0	0.1	0.3	5.2	77.5	9.8	7.1
女	**Female**	**100.0**	**0.8**	**1.8**	**10.0**	**36.6**	**20.4**	**30.4**
未上过学	Illiterate	100.0	1.5	12.4	32.2	17.0	10.8	26.1
小学	Primary School	100.0	2.2	5.9	23.5	18.6	15.0	34.7
初中	Junior School	100.0	1.0	2.2	12.9	20.8	21.9	41.2
高中	Senior School	100.0	0.4	0.7	4.8	36.5	24.5	33.1
大学专科	College	100.0	0.2	0.4	4.0	58.2	20.7	16.4
大学本科	University	100.0	0.2	0.1	4.3	72.8	14.2	8.4
研究生	Graduate	100.0	0.4	0.4	3.7	81.2	7.5	6.7

1-61 按户口性质、性别分的城镇就业人员工作时间构成

COMPOSITION OF URBAN EMPLOYMENT WORKING HOURS BY REGISTRATION TYPE AND SEX

单位：% (%)

户口性质	Registration Type	合 计 Total	1-8小时 1-8 Hours	9-19小时 9-19Hours	20-39小时 20-39 Hours	40小时 40 Hours	41-48小时 41-48 Hours	48小时以上 48 Hours+
总 计	**Total**	**100.0**	**0.6**	**1.4**	**8.0**	**36.1**	**20.2**	**33.7**
农 业	Agriculture	100.0	1.0	2.5	12.2	20.3	21.2	42.9
非农业	Non-Agriculture	100.0	0.2	0.4	4.4	49.9	19.3	25.8
男	**Male**	**100.0**	**0.5**	**1.0**	**6.5**	**35.7**	**20.0**	**36.2**
农 业	Agriculture	100.0	0.7	1.8	9.6	19.8	21.0	47.1
非农业	Non-Agriculture	100.0	0.2	0.3	3.9	49.4	19.2	26.9
女	**Female**	**100.0**	**0.8**	**1.8**	**10.0**	**36.6**	**20.4**	**30.4**
农 业	Agriculture	100.0	1.4	3.3	15.5	20.9	21.4	37.5
非农业	Non-Agriculture	100.0	0.2	0.5	5.1	50.4	19.5	24.2

1-62 按就业身份、性别分的城镇就业人员工作时间构成

COMPOSITION OF URBAN EMPLOYMENT WORKING HOURS BY EMPLOYMENT STATUS AND SEX

单位：% (%)

就业身份	Employment Status	合 计 Total	1-8小时 1-8 Hours	9-19小时 9-19Hours	20-39小时 20-39 Hours	40小时 40 Hours	41-48小时 41-48 Hours	48小时以上 48 Hours+
总 计	**Total**	**100.0**	**0.6**	**1.4**	**8.0**	**36.1**	**20.2**	**33.7**
雇 员	Employee	100.0	0.7	1.4	8.0	41.5	21.7	26.7
雇 主	Employer	100.0	0.2	0.7	3.6	22.3	15.8	57.4
自营劳动者	Self-Employed	100.0	0.4	1.1	9.2	15.1	14.5	59.7
家庭帮工	Unpaid Familial Worker	100.0	0.4	1.7	12.0	16.2	15.2	54.5
男	**Male**	**100.0**	**0.5**	**1.0**	**6.5**	**35.7**	**20.0**	**36.2**
雇 员	Employee	100.0	0.5	1.1	6.4	41.3	21.5	29.2
雇 主	Employer	100.0	0.2	0.6	3.5	22.5	16.2	56.9
自营劳动者	Self-Employed	100.0	0.4	1.0	8.2	15.2	14.8	60.3
家庭帮工	Unpaid Familial Worker	100.0	0.4	1.6	9.7	17.6	15.1	55.5
女	**Female**	**100.0**	**0.8**	**1.8**	**10.0**	**36.6**	**20.4**	**30.4**
雇 员	Employee	100.0	0.9	1.9	10.0	41.6	21.9	23.6
雇 主	Employer	100.0	0.1	0.8	3.9	21.8	14.9	58.4
自营劳动者	Self-Employed	100.0	0.4	1.3	11.1	14.8	13.9	58.4
家庭帮工	Unpaid Familial Worker	100.0	0.4	1.7	12.8	15.8	15.2	54.2

1-63 按行业、性别分的城镇就业人员工作时间构成

单位：%

项　目	Item	合　计 Total
总　计	**National Total**	**100.0**
农、林、牧、渔业	Farming,Forestry,Animal Husbandry and Fishery	100.0
采矿业	Mining	100.0
制造业	Manufacturing	100.0
电力、热力、燃气及水生产和供应业	Production and Supply of Electricity,Heat,Gas and Water	100.0
建筑业	Construction	100.0
批发和零售业	Wholesale and Retail Trades	100.0
交通运输、仓储和邮政业	Transport,Storage and Post	100.0
住宿和餐饮业	Hotels and Catering Services	100.0
信息传输、软件和信息技术服务业	Information Transmission, Software and Information Technology	100.0
金融业	Financial Intermediation	100.0
房地产业	Real Estate	100.0
租赁和商务服务业	Leasing and Business Services	100.0
科学研究和技术服务业	Scientific Research and Technical Service	100.0
水利、环境和公共设施管理业	Management of Water Conservancy,Environment and Public Establishment	100.0
居民服务、修理和其他服务业	Services to Household,Repair and Other Services	100.0
教育	Education	100.0
卫生和社会工作	Health and Social Service	100.0
文化体育和娱乐业	Culture, Sports and Entertainment	100.0
公共管理、社会保障和社会组织	Public Management,Social Security and Social Organization	100.0
国际组织	International Organizations	100.0
男	**Male**	**100.0**
农、林、牧、渔业	Farming,Forestry,Animal Husbandry and Fishery	100.0
采矿业	Mining	100.0
制造业	Manufacturing	100.0
电力、热力、燃气及水生产和供应业	Production and Supply of Electricity,Heat,Gas and Water	100.0
建筑业	Construction	100.0
批发和零售业	Wholesale and Retail Trades	100.0
交通运输、仓储和邮政业	Transport,Storage and Post	100.0
住宿和餐饮业	Hotels and Catering Services	100.0
信息传输、软件和信息技术服务业	Information Transmission, Software and Information Technology	100.0
金融业	Financial Intermediation	100.0

COMPOSITION OF URBAN EMPLOYMENT WORKING HOURS BY SECTOR AND SEX

(%)

1-8小时 1-8 Hours	9-19小时 9-19 Hours	20-39小时 20-39 Hours	40小时 40 Hours	41-48小时 41-48 Hours	48小时以上 48 Hours+
0.6	**1.4**	**8.0**	**36.1**	**20.2**	**33.7**
2.7	8.3	31.9	21.3	14.5	21.3
0.3	0.3	2.4	46.0	23.0	28.0
0.4	0.4	4.2	30.0	27.1	37.9
0.1	0.2	3.7	61.5	18.3	16.2
0.3	0.7	6.2	24.9	21.0	47.0
0.3	0.6	5.0	25.6	21.0	47.5
0.3	0.7	6.0	35.2	18.8	38.9
0.3	0.6	5.2	22.8	21.2	49.9
0.1	0.3	3.9	44.3	18.2	33.2
0.2	0.2	4.9	65.5	15.5	13.6
0.4	0.8	4.5	43.7	25.2	25.5
0.4	0.5	5.3	50.0	21.5	22.5
0.6	0.1	3.7	68.6	16.7	10.3
	0.0	5.6	53.0	19.3	22.1
0.5	1.0	7.2	24.2	19.5	47.6
0.4	0.6	5.1	68.1	12.5	13.2
0.3	0.3	4.0	57.6	20.2	17.5
0.1	0.5	5.3	49.4	18.3	26.4
0.2	0.1	5.5	74.3	11.1	8.8
		8.7	45.5	10.8	35.0
0.5	**1.0**	**6.5**	**35.7**	**20.0**	**36.2**
1.8	6.4	26.4	22.4	16.4	26.6
0.2	0.4	1.9	42.3	23.5	31.8
0.4	0.3	3.2	30.9	26.5	38.7
0.2	0.3	3.4	58.7	19.1	18.3
0.3	0.7	6.0	23.0	20.9	49.2
0.3	0.5	4.5	25.9	19.1	49.8
0.3	0.8	5.9	32.0	18.8	42.3
0.2	0.5	4.0	22.2	20.2	52.9
0.2	0.1	3.6	46.7	16.9	32.5
0.4	0.2	4.3	66.5	14.9	13.7

1-63 续表

单位：%

项　　目	Item	合　计 Total
房地产业	Real Estate	100.0
租赁和商务服务业	Leasing and Business Services	100.0
科学研究和技术服务业	Scientific Research and Technical Service	100.0
水利、环境和公共设施管理业	Management of Water Conservancy,Environment and Public Establishment	100.0
居民服务、修理和其他服务业	Services to Household,Repair and Other Services	100.0
教育	Education	100.0
卫生和社会工作	Health and Social Service	100.0
文化体育和娱乐业	Culture, Sports and Entertainment	100.0
公共管理、社会保障和社会组织	Public Management,Social Security and Social Organization	100.0
国际组织	International Organizations	100.0
女	**Female**	**100.0**
农、林、牧、渔业	Farming,Forestry,Animal Husbandry and Fishery	100.0
采矿业	Mining	100.0
制造业	Manufacturing	100.0
电力、热力、燃气及水生产和供应业	Production and Supply of Electricity,Heat,Gas and Water	100.0
建筑业	Construction	100.0
批发和零售业	Wholesale and Retail Trades	100.0
交通运输、仓储和邮政业	Transport,Storage and Post	100.0
住宿和餐饮业	Hotels and Catering Services	100.0
信息传输、软件和信息技术服务业	Information Transmission, Software and Information Technology	100.0
金融业	Financial Intermediation	100.0
房地产业	Real Estate	100.0
租赁和商务服务业	Leasing and Business Services	100.0
科学研究和技术服务业	Scientific Research and Technical Service	100.0
水利、环境和公共设施管理业	Management of Water Conservancy,Environment and Public Establishment	100.0
居民服务、修理和其他服务业	Services to Household,Repair and Other Services	100.0
教育	Education	100.0
卫生和社会工作	Health and Social Service	100.0
文化体育和娱乐业	Culture, Sports and Entertainment	100.0
公共管理、社会保障和社会组织	Public Management,Social Security and Social Organization	100.0
国际组织	International Organizations	100.0

continued

(%)

1-8小时 1-8 Hours	9-19小时 9-19 Hours	20-39小时 20-39 Hours	40小时 40 Hours	41-48小时 41-48 Hours	48小时以上 48 Hours+
0.5	0.9	4.3	41.8	24.0	28.5
0.4	0.5	4.8	46.5	20.9	26.9
0.9	0.1	4.0	67.8	15.6	11.7
		4.9	53.5	19.0	22.6
0.5	0.9	5.2	23.8	19.0	50.5
0.4	0.7	5.0	65.1	13.1	15.8
0.5	0.4	3.9	54.0	20.0	21.2
0.3	0.4	4.2	49.9	16.9	28.3
0.2	0.1	5.2	72.8	12.0	9.7
			29.8	7.5	62.6
0.8	**1.8**	**10.0**	**36.6**	**20.4**	**30.4**
3.6	10.0	36.9	20.3	12.7	16.4
1.0	0.3	4.2	60.8	20.9	12.7
0.5	0.5	5.7	28.6	28.0	36.8
		4.5	67.7	16.5	11.3
0.2	0.7	7.5	35.5	21.4	34.7
0.3	0.6	5.4	25.5	22.6	45.6
0.4	0.4	6.6	49.4	19.1	24.1
0.4	0.6	6.2	23.3	22.1	47.4
0.1	0.4	4.4	41.3	19.8	34.1
0.1	0.2	5.4	64.6	16.2	13.4
0.2	0.6	4.7	46.6	27.1	20.8
0.3	0.5	6.0	55.1	22.3	15.9
	0.3	3.2	70.2	18.9	7.6
	0.1	6.6	52.3	19.6	21.4
0.5	1.0	9.6	24.6	20.1	44.2
0.4	0.6	5.3	70.2	12.0	11.5
0.2	0.3	4.0	59.8	20.3	15.3
0.0	0.5	6.6	48.7	19.9	24.3
0.1	0.2	6.1	77.3	9.3	7.0
		19.8	65.4	14.8	

1-64 按职业、性别分的城镇就业人员工作时间构成
COMPOSITION OF URBAN EMPLOYMENT WORKING HOURS BY OCCUPATION AND SEX

单位: % (%)

职 业	Occupation	合 计 Total	1-8小时 1-8 Hours	9-19小时 9-19 Hours	20-39小时 20-39 Hours	40小时 40 Hours	41-48小时 41-48 Hours	48小时以上 48 Hours+
合 计	**Total**	**100.0**	**0.6**	**1.4**	**8.0**	**36.1**	**20.2**	**33.7**
单位负责人	Unit Head	100.0	0.2	0.3	3.7	41.7	17.3	36.9
专业技术人员	Professional and Technical Personnel	100.0	0.3	0.4	4.3	59.0	18.5	17.6
办事人员和有关人员	Clerk and Related Workers	100.0	0.2	0.1	4.2	62.9	17.1	15.6
商业、服务业人员	Business Service Personnel	100.0	0.3	0.6	5.5	27.4	20.9	45.3
农林牧渔水利业生产人员	Agriculture and Water Conservancy Labors	100.0	2.7	8.1	31.0	21.7	14.8	21.7
生产运输设备操作人员及有关人员	Production,Transport Equipment Operators and Related Workers	100.0	0.4	0.5	5.2	26.1	24.5	43.3
其 他	Others	100.0	0.3	1.2	16.7	32.1	27.2	22.5
男	**Male**	**100.0**	**0.5**	**1.0**	**6.5**	**35.7**	**20.0**	**36.2**
单位负责人	Unit Head	100.0	0.2	0.2	3.4	41.6	17.3	37.2
专业技术人员	Professional and Technical Personnel	100.0	0.3	0.3	4.0	56.7	18.6	20.1
办事人员和有关人员	Clerk and Related Workers	100.0	0.1	0.1	3.8	60.5	17.5	17.9
商业、服务业人员	Business Service Personnel	100.0	0.3	0.6	4.6	28.2	19.4	46.8
农林牧渔水利业生产人员	Agriculture and Water Conservancy Labors	100.0	1.7	6.1	25.3	22.9	16.8	27.1
生产运输设备操作人员及有关人员	Production,Transport Equipment Operators and Related Workers	100.0	0.4	0.6	4.7	26.3	23.4	44.5
其 他	Others	100.0	0.4	0.1	10.7	34.2	29.8	24.8
女	**Female**	**100.0**	**0.8**	**1.8**	**10.0**	**36.6**	**20.4**	**30.4**
单位负责人	Unit Head	100.0	0.2	0.6	4.3	41.8	17.2	36.0
专业技术人员	Professional and Technical Personnel	100.0	0.3	0.4	4.5	61.2	18.4	15.2
办事人员和有关人员	Clerk and Related Workers	100.0	0.2	0.1	4.8	66.9	16.3	11.6
商业、服务业人员	Business Service Personnel	100.0	0.3	0.7	6.3	26.6	22.3	43.9
农林牧渔水利业生产人员	Agriculture and Water Conservancy Labors	100.0	3.6	10.0	36.5	20.5	12.9	16.4
生产运输设备操作人员及有关人员	Production,Transport Equipment Operators and Related Workers	100.0	0.4	0.4	6.3	25.6	27.1	40.2
其 他	Others	100.0	0.2	2.8	24.6	29.3	23.7	19.4

1-65 按年龄、性别分的城镇失业人员失业原因构成
UNEMPLOYED REASON COMPOSITION OF URBAN UNEMPLOYMENT BY AGE AND SEX

单位：% (%)

年龄 Age	合 计 Total	离退休 Retired	料理家务 Take Care of Housework	毕业后未工作 Job-off after Graduated	因单位原因失去工作 Lose Job for Working Unit Reasons	因个人原因失去工作 Lose Job for Individual Reasons	承包土地被征用 Land Expropriated	其 他 Others
总计 Total	**100.0**	**5.4**	**24.0**	**15.9**	**15.1**	**29.5**	**1.7**	**8.2**
16-19	100.0		2.8	65.0	4.0	21.8		6.3
20-24	100.0		7.5	54.0	3.5	28.2	0.3	6.5
25-29	100.0		21.6	21.8	6.7	39.4	0.5	9.9
30-34	100.0		33.7	5.5	11.0	39.0	1.4	9.5
35-39	100.0		40.3	1.6	16.5	31.5	1.3	8.8
40-44	100.0	0.0	32.9	1.2	24.0	29.3	3.0	9.7
45-49	100.0	3.1	32.0	0.5	28.4	25.0	3.1	7.9
50-54	100.0	20.4	18.0	0.4	28.7	22.0	2.5	8.0
55-59	100.0	31.0	14.9	0.3	27.6	17.3	3.0	5.8
60-64	100.0	56.2	18.9		8.9	8.1	5.2	2.7
65+	100.0	59.6	17.8		4.6	4.6	6.0	7.3
男 Male	**100.0**	**5.9**	**3.8**	**22.4**	**20.6**	**33.2**	**2.5**	**11.5**
16-19	100.0		1.4	64.2	3.9	23.9		6.6
20-24	100.0		0.7	60.5	3.5	27.5	0.6	7.3
25-29	100.0		2.6	29.6	10.2	44.3	0.8	12.4
30-34	100.0		3.6	10.1	16.7	50.5	3.1	16.1
35-39	100.0		4.9	2.1	27.0	42.8	3.1	20.0
40-44	100.0	0.1	5.7	1.1	31.5	40.2	4.5	16.9
45-49	100.0	0.4	7.6	0.8	38.6	34.4	5.0	13.3
50-54	100.0	5.3	4.3	0.7	45.9	28.8	2.5	12.5
55-59	100.0	22.6	5.7	0.5	41.9	18.8	3.2	7.4
60-64	100.0	63.5	7.1		9.8	10.1	6.7	2.8
65+	100.0	66.0	10.0		6.6	2.7	7.9	6.8
女 Female	**100.0**	**5.1**	**37.9**	**11.5**	**11.3**	**27.0**	**1.2**	**6.0**
16-19	100.0		5.4	66.5	4.1	18.1		5.9
20-24	100.0		14.9	46.9	3.5	28.9	0.1	5.7
25-29	100.0		33.3	16.9	4.6	36.4	0.3	8.4
30-34	100.0		45.8	3.6	8.7	34.3	0.7	6.9
35-39	100.0		53.3	1.5	12.6	27.4	0.6	4.7
40-44	100.0		45.3	1.3	20.6	24.3	2.3	6.4
45-49	100.0	4.4	44.0	0.3	23.3	20.4	2.2	5.3
50-54	100.0	35.8	32.0	0.1	11.1	15.2	2.5	3.3
55-59	100.0	45.6	31.0		3.0	14.7	2.8	2.9
60-64	100.0	42.4	41.2		7.2	4.3	2.3	2.5
65+	100.0	45.0	36.0			9.1	1.6	8.2

1-66 按失业原因、性别分的城镇失业人员年龄构成
AGE COMPOSITION OF URBAN UNEMPLOYMENT BY UNEMPLOYED REASON AND SEX

单位：%　　(%)

年龄 Age	合 计 Total	离退休 Retired	料理家务 Take Care of Housework	毕业后未工作 Job-off after Graduated	因单位原因失去工作 Lose Job for Working Unit Reasons	因个人原因失去工作 Lose Job for Individual Reasons	承包土地被征用 Land Expropriated	其 他 Others
总计 Total	**100.0**	**100.0**	**100.0**	**100.0**	**100.0**	**100.0**	**100.0**	**100.0**
16-19	3.3		0.4	13.4	0.9	2.4		2.5
20-24	17.1		5.3	57.9	4.0	16.3	3.3	13.5
25-29	15.8		14.2	21.5	7.0	21.1	4.7	19.0
30-34	12.8		17.9	4.4	9.3	16.9	10.2	14.8
35-39	10.2		17.2	1.1	11.1	10.9	7.5	11.0
40-44	13.7	0.0	18.8	1.0	21.8	13.6	23.6	16.1
45-49	10.9	6.2	14.5	0.3	20.5	9.2	19.9	10.5
50-54	8.1	30.6	6.1	0.2	15.4	6.1	11.8	7.8
55-59	4.5	25.9	2.8	0.1	8.3	2.6	7.9	3.2
60-64	2.6	27.3	2.1		1.5	0.7	7.9	0.9
65+	0.9	10.0	0.7		0.3	0.1	3.2	0.8
男 Male	**100.0**	**100.0**	**100.0**	**100.0**	**100.0**	**100.0**	**100.0**	**100.0**
16-19	5.2		1.8	14.8	1.0	3.7		3.0
20-24	22.0		4.0	59.6	3.8	18.2	4.9	13.9
25-29	14.8		10.2	19.6	7.3	19.7	4.8	15.9
30-34	9.0		8.4	4.1	7.3	13.7	11.0	12.5
35-39	6.7		8.7	0.6	8.8	8.7	8.3	11.7
40-44	10.5	0.1	15.7	0.5	16.1	12.8	18.6	15.5
45-49	8.9	0.5	17.7	0.3	16.6	9.2	17.5	10.2
50-54	10.1	9.1	11.2	0.3	22.4	8.7	10.0	10.9
55-59	7.0	27.1	10.4	0.2	14.3	4.0	8.8	4.5
60-64	4.2	45.7	7.8		2.0	1.3	11.2	1.0
65+	1.6	17.5	4.0		0.5	0.1	4.9	0.9
女 Female	**100.0**	**100.0**	**100.0**	**100.0**	**100.0**	**100.0**	**100.0**	**100.0**
16-19	2.0		0.3	11.6	0.7	1.3		2.0
20-24	13.7		5.4	55.6	4.2	14.7	1.0	13.0
25-29	16.5		14.5	24.2	6.7	22.2	4.5	23.1
30-34	15.4		18.6	4.9	11.8	19.6	9.0	17.7
35-39	12.6		17.7	1.6	14.0	12.8	6.3	10.0
40-44	15.9		19.0	1.8	28.9	14.3	30.9	17.0
45-49	12.3	10.7	14.3	0.4	25.3	9.3	23.4	10.9
50-54	6.8	47.6	5.7	0.0	6.7	3.8	14.5	3.8
55-59	2.8	24.9	2.3		0.7	1.5	6.7	1.4
60-64	1.5	12.7	1.7		1.0	0.2	3.0	0.6
65+	0.5	4.1	0.4			0.2	0.6	0.6

1-67 按受教育程度、性别分的城镇失业人员失业原因构成

UNEMPLOYED REASON COMPOSITION OF URBAN UNEMPLOMENT BY EDUCATIONAL ATTAINMENT AND SEX

单位：% (%)

受教育程度	Educational Attainment	合 计 Total	离退休 Retired	料理家务 Take Care of Housework	毕业后未工作 Job-off after Graduated	因单位原因失去工作 Lose Job for Working Unit Reasons	因个人原因失去工作 Lose Job for Individual Reasons	承包土地被征用 Land Expropriated	其 他 Others
总 计	**Total**	**100.0**	**5.4**	**24.0**	**15.9**	**15.1**	**29.5**	**1.7**	**8.2**
未上过学	Illiterate	100.0	0.9	38.0	5.4	6.1	24.1	5.2	20.4
小 学	Primary School	100.0	5.6	41.8	2.0	8.2	27.8	4.8	9.8
初 中	Junior School	100.0	5.9	32.4	5.7	15.3	28.9	2.7	9.1
高 中	Senior School	100.0	7.2	19.4	15.4	19.9	29.5	0.7	7.8
大学专科	College	100.0	2.7	12.1	32.7	12.3	32.5	0.4	7.2
大学本科	University	100.0	1.6	7.3	48.6	8.3	28.0	0.3	5.8
研究生	Graduate	100.0		3.9	41.8	10.7	42.5		1.0
男	**Male**	**100.0**	**5.9**	**3.8**	**22.4**	**20.6**	**33.2**	**2.5**	**11.5**
未上过学	Illiterate	100.0		14.6	7.9	15.8	28.4	14.1	19.1
小 学	Primary School	100.0	7.8	12.9	3.9	13.2	38.4	7.4	16.4
初 中	Junior School	100.0	7.9	5.2	8.7	23.8	34.9	4.3	15.1
高 中	Senior School	100.0	5.9	3.0	22.0	24.3	33.3	1.3	10.3
大学专科	College	100.0	3.0	0.8	40.7	14.7	31.5	0.6	8.7
大学本科	University	100.0	2.1	0.9	55.0	10.8	26.0	0.5	4.6
研究生	Graduate	100.0			45.6	9.2	42.8		2.4
女	**Female**	**100.0**	**5.1**	**37.9**	**11.5**	**11.3**	**27.0**	**1.2**	**6.0**
未上过学	Illiterate	100.0	1.2	47.5	4.3	2.1	22.3	1.6	20.9
小 学	Primary School	100.0	4.5	56.1	1.1	5.7	22.5	3.6	6.5
初 中	Junior School	100.0	4.7	47.9	3.9	10.5	25.5	1.7	5.7
高 中	Senior School	100.0	8.4	33.0	9.9	16.2	26.4	0.3	5.8
大学专科	College	100.0	2.5	20.7	26.7	10.6	33.2	0.3	6.1
大学本科	University	100.0	1.1	13.1	42.8	6.1	29.8	0.2	6.9
研究生	Graduate	100.0		6.7	39.1	11.9	42.3		

1-68 按失业原因、性别分的城镇失业人员受教育程度构成
EDUCATIONAL ATTAINMENT COMPOSITION OF URBAN UNEMPLOYMENT BY UNEMPLOYED REASON AND SEX

单位：% (%)

受教育程度	Educational Attainment	合 计 Total	离退休 Retired	料理家务 Take Care of Housework	毕业后未工作 Job-off after Graduated	因单位原因失去工作 Lose Job for Working Unit Reasons	因个人原因失去工作 Lose Job for Individual Reasons	承包土地被征用 Land Expropriated	其 他 Others
总 计	**Total**	**100.0**	**100.0**	**100.0**	**100.0**	**100.0**	**100.0**	**100.0**	**100.0**
未上过学	Illiterate	0.4	0.1	0.6	0.1	0.1	0.3	1.1	0.9
小 学	Primary School	7.2	7.5	12.6	0.9	3.9	6.8	20.4	8.6
初 中	Junior School	38.9	42.3	52.4	13.8	39.4	38.1	60.1	43.0
高 中	Senior School	30.1	40.2	24.4	29.1	39.6	30.1	12.9	28.6
大学专科	College	15.2	7.6	7.6	31.1	12.4	16.7	3.9	13.3
大学本科	University	7.8	2.3	2.4	23.8	4.3	7.4	1.6	5.6
研究生	Graduate	0.4		0.1	1.1	0.3	0.6		0.0
男	**Male**	**100.0**	**100.0**	**100.0**	**100.0**	**100.0**	**100.0**	**100.0**	**100.0**
未上过学	Illiterate	0.3		1.0	0.1	0.2	0.2	1.5	0.4
小 学	Primary School	5.9	7.8	19.8	1.0	3.8	6.8	17.2	8.4
初 中	Junior School	34.8	47.0	47.5	13.6	40.1	36.5	58.8	45.5
高 中	Senior School	33.6	33.5	26.3	33.0	39.6	33.6	16.8	29.9
大学专科	College	16.1	8.3	3.3	29.2	11.4	15.3	3.8	12.1
大学本科	University	9.0	3.3	2.0	22.2	4.7	7.1	1.9	3.6
研究生	Graduate	0.4			0.8	0.2	0.5		0.1
女	**Female**	**100.0**	**100.0**	**100.0**	**100.0**	**100.0**	**100.0**	**100.0**	**100.0**
未上过学	Illiterate	0.4	0.1	0.6	0.2	0.1	0.4	0.6	1.6
小 学	Primary School	8.2	7.3	12.1	0.8	4.1	6.8	25.0	8.9
初 中	Junior School	41.7	38.6	52.7	14.2	38.4	39.4	62.1	39.7
高 中	Senior School	27.8	45.5	24.2	23.9	39.6	27.2	7.2	26.8
大学专科	College	14.5	7.1	7.9	33.7	13.5	17.9	4.0	14.9
大学本科	University	7.0	1.5	2.4	26.0	3.8	7.7	1.0	8.1
研究生	Graduate	0.4		0.1	1.3	0.4	0.6		

1-69 按年龄、性别分的城镇失业人员受教育程度构成

EDUCATIONAL ATTAINMENT COMPOSITION OF URBAN UNEMPLOYMENT BY AGE AND SEX

单位：% (%)

年龄 Age	合 计 Total	未上过学 Illiterate	小 学 Primary School	初 中 Junior School	高 中 Senior School	大 专 College	大学本科 University	研究生 Graduate
总计 Total	**100.0**	**0.4**	**7.2**	**38.9**	**30.1**	**15.2**	**7.8**	**0.4**
16-19	100.0		4.2	41.4	45.5	7.5	1.4	
20-24	100.0	0.1	1.8	21.5	29.7	27.8	18.9	0.2
25-29	100.0	0.0	2.2	29.8	28.5	23.5	14.7	1.4
30-34	100.0	0.1	3.8	37.8	28.9	19.9	8.9	0.6
35-39	100.0	0.1	5.6	48.0	29.0	13.2	3.9	0.3
40-44	100.0	0.4	11.1	49.3	29.0	8.0	2.1	0.0
45-49	100.0	0.6	10.7	53.8	27.8	5.6	1.3	0.2
50-54	100.0	0.6	10.2	42.4	39.5	5.7	1.4	0.2
55-59	100.0	1.5	18.2	38.1	35.0	5.1	2.1	
60-64	100.0	2.1	26.3	47.0	18.7	4.9	1.1	
65+	100.0	3.6	39.0	35.4	13.8	5.7	2.5	
男 Male	**100.0**	**0.3**	**5.9**	**34.8**	**33.6**	**16.1**	**9.0**	**0.4**
16-19	100.0		3.8	42.8	46.0	5.2	2.2	
20-24	100.0	0.1	1.4	19.2	33.5	26.2	19.2	0.4
25-29	100.0		1.7	19.5	35.4	26.3	15.7	1.4
30-34	100.0		3.2	33.6	30.3	21.5	11.1	0.3
35-39	100.0	0.1	5.6	42.1	31.0	16.4	4.5	0.3
40-44	100.0	0.3	10.5	45.4	30.2	10.2	3.4	
45-49	100.0	0.0	7.7	53.2	30.3	6.3	1.9	0.6
50-54	100.0	0.4	6.4	42.4	40.8	7.3	2.4	0.3
55-59	100.0	1.1	11.0	40.9	39.0	5.5	2.5	
60-64	100.0	1.5	18.1	53.2	19.3	6.1	1.7	
65+	100.0	0.8	32.6	43.9	15.3	5.6	1.8	
女 Female	**100.0**	**0.4**	**8.2**	**41.7**	**27.8**	**14.5**	**7.0**	**0.4**
16-19	100.0		4.9	39.0	44.6	11.6		
20-24	100.0	0.1	2.2	24.1	25.4	29.5	18.6	0.1
25-29	100.0	0.1	2.5	36.1	24.2	21.7	14.0	1.4
30-34	100.0	0.1	4.0	39.5	28.4	19.2	8.0	0.7
35-39	100.0	0.0	5.6	50.2	28.3	12.0	3.7	0.3
40-44	100.0	0.5	11.4	51.1	28.4	7.0	1.6	0.0
45-49	100.0	1.0	12.2	54.1	26.6	5.2	0.9	
50-54	100.0	0.8	14.0	42.5	38.2	4.1	0.4	
55-59	100.0	2.2	30.7	33.2	28.1	4.3	1.4	
60-64	100.0	3.1	41.8	35.1	17.5	2.4		
65+	100.0	10.2	53.7	15.7	10.1	6.0	4.2	

1-70 按受教育程度、性别分的城镇失业人员年龄构成
AGE COMPOSITION OF URBAN UNEMPLOYMENT BY EDUCATIONAL ATTAINMENT AND SEX

单位：% (%)

年龄 Age	合计 Total	未上过学 Illiterate	小学 Primary School	初中 Junior School	高中 Senior School	大专 College	大学本科 University	研究生 Graduate
总计 Total	**100.0**	**100.0**	**100.0**	**100.0**	**100.0**	**100.0**	**100.0**	**100.0**
16–19	3.3		1.9	3.5	5.0	1.6	0.6	
20–24	17.1	3.8	4.2	9.5	16.8	31.3	41.4	10.1
25–29	15.8	1.7	4.8	12.1	14.9	24.4	29.6	54.7
30–34	12.8	3.2	6.6	12.5	12.3	16.8	14.6	17.7
35–39	10.2	1.5	7.9	12.6	9.8	8.9	5.1	8.1
40–44	13.7	16.4	21.1	17.4	13.2	7.2	3.7	0.9
45–49	10.9	18.8	16.2	15.1	10.1	4.0	1.8	5.0
50–54	8.1	12.7	11.4	8.9	10.7	3.1	1.4	3.5
55–59	4.5	18.4	11.4	4.4	5.3	1.5	1.2	
60–64	2.6	14.6	9.5	3.2	1.6	0.8	0.4	
65+	0.9	8.8	4.9	0.8	0.4	0.3	0.3	
男 Male	**100.0**	**100.0**	**100.0**	**100.0**	**100.0**	**100.0**	**100.0**	**100.0**
16–19	5.2		3.3	6.4	7.1	1.7	1.3	
20–24	22.0	7.9	5.2	12.2	22.0	36.0	47.1	20.1
25–29	14.8		4.3	8.3	15.6	24.2	25.7	49.4
30–34	9.0		4.9	8.7	8.1	12.1	11.1	5.4
35–39	6.7	3.7	6.4	8.2	6.2	6.9	3.3	4.8
40–44	10.5	14.0	18.8	13.8	9.5	6.7	3.9	
45–49	8.9	0.8	11.6	13.6	8.0	3.5	1.9	11.9
50–54	10.1	14.8	10.8	12.3	12.2	4.6	2.6	8.3
55–59	7.0	29.6	13.1	8.3	8.2	2.4	1.9	
60–64	4.2	24.4	13.0	6.5	2.4	1.6	0.8	
65+	1.6	4.6	8.6	2.0	0.7	0.5	0.3	
女 Female	**100.0**	**100.0**	**100.0**	**100.0**	**100.0**	**100.0**	**100.0**	**100.0**
16–19	2.0		1.2	1.9	3.2	1.6		
20–24	13.7	2.1	3.8	7.9	12.5	27.7	36.3	2.8
25–29	16.5	2.3	5.1	14.3	14.3	24.6	33.0	58.6
30–34	15.4	4.5	7.5	14.6	15.7	20.4	17.7	26.7
35–39	12.6	0.6	8.6	15.2	12.8	10.4	6.6	10.4
40–44	15.9	17.4	22.3	19.5	16.3	7.6	3.5	1.5
45–49	12.3	26.1	18.5	16.0	11.8	4.4	1.7	
50–54	6.8	11.9	11.7	6.9	9.3	1.9	0.3	
55–59	2.8	13.9	10.5	2.2	2.8	0.8	0.6	
60–64	1.5	10.6	7.9	1.3	1.0	0.3		
65+	0.5	10.5	3.0	0.2	0.2	0.2	0.3	

1-71 按年龄、性别分的城镇失业人员寻找工作方式构成
SEEKING JOB METHOD COMPOSITION OF URBAN UNEMPLOYMENT BY AGE AND SEX

单位：%　　(%)

年龄 Age	合 计 Total	在职业介绍机构登记 Register in Employment Agency Office	委托亲友找工作 Ask Friends Relatives about Job	参加招聘会 Take Part in Employment Advertise Meeting	应答或刊登广告 Answer or Advertise	浏览招聘广告 Scan and Want Ads	为自己经营作准备 Prepare for Own Business	其 他 Others
总计 Total	**100.0**	**7.3**	**52.9**	**1.1**	**12.6**	**6.2**	**6.8**	**13.0**
16-19	100.0	11.1	56.0	2.2	8.6	8.6	6.0	7.5
20-24	100.0	9.8	42.5	0.5	16.0	15.5	3.9	11.8
25-29	100.0	9.5	44.3	1.7	14.9	8.4	8.6	12.6
30-34	100.0	7.6	50.7	1.4	14.4	5.0	8.2	12.8
35-39	100.0	7.1	51.8	1.2	13.9	3.6	8.0	14.4
40-44	100.0	5.6	58.5	0.8	12.8	3.2	7.3	11.8
45-49	100.0	5.2	63.2	1.0	7.7	2.6	5.7	14.6
50-54	100.0	5.1	63.3	1.2	8.2	1.6	7.2	13.3
55-59	100.0	5.8	61.0	1.1	8.3	2.3	5.1	16.5
60-64	100.0	1.7	67.1	1.7	9.6	0.2	6.4	13.2
65+	100.0	2.9	49.1		8.4	0.2	13.1	26.3
男 Male	**100.0**	**8.6**	**51.4**	**0.9**	**12.3**	**7.1**	**8.3**	**11.4**
16-19	100.0	10.5	57.2	2.9	7.7	10.7	5.8	5.1
20-24	100.0	11.6	43.7	0.4	15.6	13.9	4.5	10.4
25-29	100.0	10.1	44.2	0.3	15.3	9.8	10.9	9.4
30-34	100.0	10.7	45.5	2.9	12.7	4.5	12.1	11.5
35-39	100.0	7.0	48.5	0.1	15.2	4.3	11.5	13.5
40-44	100.0	4.8	57.1	0.2	11.4	5.5	10.6	10.4
45-49	100.0	8.0	57.4	0.7	8.4	2.9	8.8	13.9
50-54	100.0	8.0	59.7	0.9	8.4	2.8	8.2	12.0
55-59	100.0	6.4	59.0	0.7	9.6	2.7	5.7	15.9
60-64	100.0	1.2	68.5	2.2	10.7	0.2	5.6	11.7
65+	100.0	4.1	48.1		9.2	0.3	13.6	24.6
女 Female	**100.0**	**6.4**	**54.0**	**1.3**	**12.8**	**5.7**	**5.8**	**14.1**
16-19	100.0	12.1	54.0	0.9	10.2	4.9	6.3	11.7
20-24	100.0	7.7	41.1	0.7	16.5	17.3	3.2	13.4
25-29	100.0	9.1	44.4	2.6	14.7	7.6	7.1	14.5
30-34	100.0	6.3	52.8	0.8	15.0	5.2	6.7	13.3
35-39	100.0	7.2	53.0	1.6	13.4	3.4	6.7	14.7
40-44	100.0	5.9	59.2	1.0	13.5	2.1	5.8	12.5
45-49	100.0	3.8	66.2	1.1	7.3	2.5	4.2	15.0
50-54	100.0	2.1	67.0	1.6	8.0	0.4	6.3	14.6
55-59	100.0	4.8	64.3	1.7	6.1	1.5	4.0	17.5
60-64	100.0	2.8	64.4	0.9	7.6	0.2	8.0	16.0
65+	100.0		51.6		6.4		11.8	30.2

1-72 按受教育程度、性别分的城镇失业人员寻找工作方式构成
SEEKING JOB METHOD COMPOSITION OF URBAN UNEMPLOYMENT BY EDUCATIONAL ATTAINMENT AND SEX

单位：% (%)

受教育程度	Educational Attainment	合计 Total	在职业介绍机构登记 Register in Employment Agency Office	委托亲友找工作 Ask Friends Relatives about Job	参加招聘会 Take Part in Employment Advertise Meeting	应答或刊登广告 Answer or Advertise	浏览招聘广告 Scan and Want Ads	为自己经营作准备 Prepare for Own Business	其他 Others
总 计	**Total**	**100.0**	**7.3**	**52.9**	**1.1**	**12.6**	**6.2**	**6.8**	**13.0**
未上过学	Illiterate	100.0	9.7	53.2	1.9	8.2	1.5	5.4	20.2
小 学	Primary School	100.0	2.3	60.9	0.9	9.1	1.3	6.9	18.7
初 中	Junior School	100.0	4.9	61.5	1.0	9.7	2.7	6.4	13.7
高 中	Senior School	100.0	8.5	54.3	1.0	12.5	5.1	7.2	11.3
大学专科	College	100.0	10.9	37.7	1.6	19.0	11.3	7.4	12.3
大学本科	University	100.0	11.1	28.8	1.5	18.3	22.2	6.1	12.0
研究生	Graduate	100.0	24.7	18.2	6.9	16.7	19.2	3.7	10.6
男	**Male**	**100.0**	**8.6**	**51.4**	**0.9**	**12.3**	**7.1**	**8.3**	**11.4**
未上过学	Illiterate	100.0	12.5	46.3	6.5	8.8		12.4	13.4
小 学	Primary School	100.0	2.3	56.0	0.5	10.2	1.7	9.0	20.3
初 中	Junior School	100.0	4.5	61.6	0.4	9.5	3.5	8.5	12.1
高 中	Senior School	100.0	10.6	53.6	1.0	12.3	6.1	7.8	8.7
大学专科	College	100.0	11.7	37.5	1.2	16.2	10.8	10.5	12.0
大学本科	University	100.0	14.1	27.5	1.6	17.6	21.4	5.6	12.2
研究生	Graduate	100.0	45.6	10.6		17.6	13.9		12.3
女	**Female**	**100.0**	**6.4**	**54.0**	**1.3**	**12.8**	**5.7**	**5.8**	**14.1**
未上过学	Illiterate	100.0	8.6	56.0		7.9	2.1	2.5	22.9
小 学	Primary School	100.0	2.3	63.3	1.1	8.6	1.1	5.9	17.8
初 中	Junior School	100.0	5.2	61.5	1.3	9.8	2.3	5.3	14.6
高 中	Senior School	100.0	6.8	54.9	1.0	12.7	4.3	6.7	13.5
大学专科	College	100.0	10.2	37.8	1.8	21.1	11.6	5.0	12.5
大学本科	University	100.0	8.5	30.0	1.5	18.8	22.9	6.5	11.8
研究生	Graduate	100.0	9.4	23.7	12.0	16.0	23.1	6.5	9.4

1-73 按年龄、性别分的城镇失业人员行业构成

SECTOR COMPOSITION OF URBAN UNEMPLOYMENT BY AGE AND SEX

单位：% (%)

年龄 Age	合 计 Total	农、林、牧、渔业 Farming, Forestry, Animal Husbandry and Fishery	采矿业 Mining	制造业 Manufacturing	电力、热力、燃气及水生产和供应业 Production and Supply of Electricity, Heat, Gas and Water	建筑业 Construction	批发和零售业 Wholesale and Retail Trades
总计 Total	**100.0**	**6.8**	**1.7**	**24.9**	**0.7**	**5.3**	**26.9**
16-19	100.0	7.2		16.6	0.3	5.6	21.6
20-24	100.0	6.4	0.3	25.2	0.9	4.1	27.4
25-29	100.0	3.8	0.8	18.4	0.6	4.3	33.4
30-34	100.0	4.0	1.0	21.7	0.4	4.0	34.6
35-39	100.0	6.6	1.2	21.7	0.2	5.7	31.5
40-44	100.0	9.0	1.5	26.7	0.8	5.4	27.3
45-49	100.0	8.3	2.0	29.2	1.1	5.4	23.1
50-54	100.0	7.1	3.3	32.9	1.1	7.2	19.1
55-59	100.0	7.8	4.2	31.6	0.9	5.6	12.7
60-64	100.0	12.6	5.2	23.5	0.6	11.5	13.6
65+	100.0	15.6	3.4	19.9	0.6	4.6	14.6
男 Male	**100.0**	**6.3**	**2.2**	**27.6**	**0.9**	**9.2**	**18.1**
16-19	100.0	10.9		15.1		6.0	21.1
20-24	100.0	7.2		29.3	1.0	6.6	22.4
25-29	100.0	3.7	2.0	20.9	0.7	6.1	22.5
30-34	100.0	4.3	1.3	25.1	0.8	8.8	18.5
35-39	100.0	4.9	1.6	26.7	0.7	8.0	22.7
40-44	100.0	7.0	1.3	29.3	0.9	12.3	19.2
45-49	100.0	7.6	3.1	28.7	1.0	11.0	15.4
50-54	100.0	5.7	3.5	32.6	1.6	10.7	14.9
55-59	100.0	6.3	3.8	33.8	0.9	7.5	11.8
60-64	100.0	8.9	4.3	24.4	0.4	15.1	11.1
65+	100.0	13.0	4.7	22.7	0.8	6.5	14.9
女 Female	**100.0**	**7.2**	**1.4**	**23.2**	**0.6**	**2.8**	**32.8**
16-19	100.0	0.2		19.4	0.9	4.9	22.6
20-24	100.0	5.6	0.7	21.5	0.8	1.8	31.9
25-29	100.0	3.9	0.1	17.0	0.5	3.3	39.8
30-34	100.0	3.9	0.9	20.2	0.2	2.0	41.4
35-39	100.0	7.3	1.0	19.6	0.1	4.8	35.2
40-44	100.0	10.0	1.6	25.3	0.8	1.9	31.4
45-49	100.0	8.7	1.4	29.4	1.1	2.4	27.2
50-54	100.0	8.7	3.0	33.2	0.4	3.5	23.6
55-59	100.0	10.5	4.8	27.5	1.0	2.1	14.2
60-64	100.0	20.5	7.2	21.7	0.9	3.9	18.9
65+	100.0	22.0		13.2			13.9

1-73 续表 1 continued

单位：% (%)

年龄 Age	交通运输、仓储和邮政业 Transport, Storage and Post	住宿和餐饮业 Hotels and Catering Services	信息传输、软件和信息技术服务业 Information Transmission, Software and Information Technology	金融业 Finance Inter-mediation	房地产业 Real Estate	租赁和商务服务业 Leasing and Business Services	科学研究和技术服务业 Scientific Research and Technical Services
总计 Total	**4.9**	**7.2**	**3.0**	**1.7**	**1.9**	**2.0**	**0.5**
16-19	5.4	14.5	7.8	0.3	2.1		0.4
20-24	4.3	8.2	3.6	2.8	0.8	1.9	0.5
25-29	3.7	8.2	4.4	1.8	3.3	3.0	0.8
30-34	4.1	7.7	4.6	1.3	2.4	3.3	0.3
35-39	3.6	7.0	2.7	1.5	2.1	1.4	0.5
40-44	4.4	7.1	2.8	1.7	0.4	1.4	0.2
45-49	5.7	7.1	1.8	1.6	2.1	1.1	0.3
50-54	6.9	5.7	1.1	1.0	1.5	1.8	0.7
55-59	6.5	5.4	1.5	2.8	2.5	1.4	0.1
60-64	4.4	4.8	0.5	1.5	2.7	3.3	1.3
65+	6.7	6.9			1.4	0.2	0.4
男 Male	**8.7**	**5.5**	**2.2**	**1.3**	**2.7**	**2.5**	**0.6**
16-19	8.3	17.4	2.9		3.2		0.7
20-24	5.3	6.7	3.8	1.1	0.5	0.1	0.8
25-29	5.9	6.5	4.1	2.2	6.2	3.3	0.2
30-34	9.5	5.7	5.1	0.3	2.1	6.5	0.6
35-39	12.1	4.6	1.0	1.0	3.7	2.3	1.5
40-44	9.4	5.4	0.8	1.7	0.3	1.8	0.2
45-49	11.0	5.5	1.8	1.3	3.0	1.6	
50-54	9.8	3.6	0.7	0.9	2.3	2.7	1.3
55-59	8.8	4.7	1.2	1.9	3.2	2.0	
60-64	6.0	2.1	0.5	1.5	3.7	3.9	0.7
65+	9.5	6.7			1.9	0.3	
女 Female	**2.5**	**8.4**	**3.5**	**1.9**	**1.3**	**1.6**	**0.4**
16-19		8.9	16.9	0.9			
20-24	3.3	9.6	3.5	4.4	1.1	3.6	0.3
25-29	2.5	9.1	4.6	1.6	1.5	2.8	1.1
30-34	1.8	8.6	4.4	1.8	2.5	1.9	0.1
35-39	2.8	8.0	3.4	1.6	1.4	1.0	0.1
40-44	1.9	8.0	3.8	1.7	0.5	1.1	0.3
45-49	2.8	7.9	1.8	1.8	1.6	0.9	0.4
50-54	3.7	8.0	1.5	1.0	0.7	0.9	
55-59	2.3	6.8	1.9	4.5	1.1	0.2	0.2
60-64	1.1	10.5	0.6	1.4	0.7	2.0	2.5
65+		7.3					1.4

1-73　续表 2　continued

单位：%　　　　　　(%)

年龄 Age	水利、环境和公共设施管理业 Management of Water Conservancy Environment and Public Establishment	居民服务、修理和其他服务业 Services to Household, Repair and Other Services	教　育 Education	卫生和社会工作 Health and Social Service	文化、体育和娱乐业 Culture Sports and Entertainment	公共管理、社会保障和社会组织 Public Management, Social Security and Social Organization	国际组织 International Organizations
总计　Total	**0.5**	**4.7**	**2.3**	**1.2**	**1.0**	**2.8**	
16-19		10.8	2.0	2.1	0.9	2.4	
20-24	0.1	4.0	3.3	1.5	2.3	2.4	
25-29	0.2	4.5	4.1	1.7	0.8	2.1	
30-34	0.3	3.5	2.3	0.8	1.1	2.6	
35-39	0.4	6.1	1.9	1.1	0.7	2.2	
40-44	0.8	6.1	1.2	0.7	0.2	2.2	
45-49	0.8	4.8	1.1	1.0	1.0	2.7	
50-54	1.0	3.6	1.3	0.9	0.6	3.4	
55-59	0.8	3.9	3.0	2.6	1.4	5.3	
60-64	0.3	2.0	3.7	0.2	0.6	7.7	
65+	1.4	3.2	9.0	3.5	3.1	5.6	
男　Male	**0.4**	**4.7**	**1.6**	**0.7**	**1.2**	**3.7**	
16-19		6.7		3.3	0.7	3.7	
20-24		5.2	2.5	0.7	3.0	3.8	
25-29	0.3	6.9	3.1	1.1	0.6	3.7	
30-34		3.6	1.3		2.0	4.5	
35-39	0.3	3.4	0.7	1.0	1.6	2.1	
40-44	0.4	6.4	0.6	0.4	0.1	2.7	
45-49	0.7	5.0	0.1	0.3	0.6	2.2	
50-54	0.9	3.8	0.6	0.3	0.8	3.5	
55-59	0.8	2.6	2.8	2.0	1.5	4.2	
60-64	0.2	2.8	3.4		0.9	10.1	
65+	1.9	2.5	4.1	1.4	3.8	5.3	
女　Female	**0.6**	**4.6**	**2.8**	**1.5**	**0.8**	**2.2**	
16-19		18.5	5.6		1.2		
20-24	0.2	2.9	4.0	2.3	1.6	1.1	
25-29	0.2	3.1	4.6	2.1	0.9	1.2	
30-34	0.5	3.4	2.7	1.2	0.8	1.8	
35-39	0.4	7.3	2.3	1.2	0.3	2.3	
40-44	1.1	5.9	1.6	0.9	0.3	1.9	
45-49	0.8	4.6	1.7	1.4	1.3	2.9	
50-54	1.1	3.4	2.1	1.6	0.5	3.2	
55-59	0.9	6.1	3.4	3.9	1.2	7.4	
60-64	0.3	0.4	4.1	0.6		2.6	
65+		4.9	20.9	8.5	1.4	6.5	

1-74 按受教育程度、性别分的城镇失业人员行业构成
SECTOR COMPOSITION OF URBAN UNEMPLOYMENT BY EDUCATIONAL ATTAINMENT AND SEX

单位：% (%)

受教育程度	Educational Attainment	合计 Total	农、林、牧、渔业 Farming, Forestry, Animal Husbandry and Fishery	采矿业 Mining	制造业 Manufacturing	电力、热力、燃气及水生产和供应业 Production and Supply of Electricity, Heat, Gas and Water	建筑业 Construction	批发和零售业 Wholesale and Retail Trades
总 计	**Total**	**100.0**	**6.8**	**1.7**	**24.9**	**0.7**	**5.3**	**26.9**
未上过学	Illiterate	100.0	35.1	4.5	18.2		8.1	16.0
小 学	Primary School	100.0	19.3	2.2	23.5	0.3	8.4	17.4
初 中	Junior School	100.0	9.1	2.3	26.2	0.6	6.1	27.2
高 中	Senior School	100.0	3.2	0.9	26.5	0.7	4.0	29.5
大学专科	College	100.0	1.5	1.3	21.8	1.2	4.9	27.6
大学本科	University	100.0	0.8	0.9	15.8	1.6	4.1	22.7
研究生	Graduate	100.0			6.7			20.4
男	**Male**	**100.0**	**6.3**	**2.2**	**27.6**	**0.9**	**9.2**	**18.1**
未上过学	Illiterate	100.0	28.1	14.4	13.4		23.9	6.2
小 学	Primary School	100.0	14.0	4.3	23.0	0.7	17.7	13.0
初 中	Junior School	100.0	9.0	2.8	28.9	0.5	11.5	15.8
高 中	Senior School	100.0	3.7	1.0	29.9	1.1	6.3	20.7
大学专科	College	100.0	1.8	2.5	23.7	1.1	6.0	21.6
大学本科	University	100.0		0.6	19.3	3.0	5.6	18.6
研究生	Graduate	100.0			10.9			26.6
女	**Female**	**100.0**	**7.2**	**1.4**	**23.2**	**0.6**	**2.8**	**32.8**
未上过学	Illiterate	100.0	38.3		20.4		0.8	20.5
小 学	Primary School	100.0	22.2	1.1	23.8		3.2	19.9
初 中	Junior School	100.0	9.2	2.0	24.6	0.6	2.7	34.3
高 中	Senior School	100.0	2.9	0.8	23.8	0.4	2.2	36.4
大学专科	College	100.0	1.4	0.5	20.5	1.2	4.2	31.5
大学本科	University	100.0	1.3	1.2	13.3	0.7	3.0	25.6
研究生	Graduate	100.0			3.7			16.0

1-74 续表 1 continued

单位：%　　　　　　　　　　　　　　　　　　　　　　　　　　　　　　　　　(%)

受教育程度	Educational Attainment	交通运输、仓储和邮政业 Transport, Storage and Post	住宿和餐饮业 Hotels and Catering Services	信息传输、软件和信息技术服务业 Information Transmission, Software and Information Technology	金融业 Finance Inter-mediation	房地产业 Real Estate	租赁和商务服务业 Leasing and Business Services	科学研究和技术服务业 Scientific Research and Technical Services
总　计	**Total**	**4.9**	**7.2**	**3.0**	**1.7**	**1.9**	**2.0**	**0.5**
未上过学	Illiterate		9.1				3.4	1.1
小　学	Primary School	4.2	9.5	2.6	0.6	1.0	1.3	0.2
初　中	Junior School	5.3	7.9	1.8	1.0	1.1	1.0	0.2
高　中	Senior School	5.5	6.8	2.8	1.8	2.1	1.9	0.4
大学专科	College	3.5	5.1	6.3	3.2	3.3	4.5	1.6
大学本科	University	3.6	5.9	5.3	4.6	5.1	5.9	1.0
研究生	Graduate		4.5	21.4	8.4	2.1		
男	**Male**	**8.7**	**5.5**	**2.2**	**1.3**	**2.7**	**2.5**	**0.6**
未上过学	Illiterate						10.7	
小　学	Primary School	8.3	3.7	1.1	0.7	1.6	2.8	0.3
初　中	Junior School	10.6	5.8	1.0	0.4	1.7	1.4	0.3
高　中	Senior School	8.9	6.0	1.5	1.5	3.2	2.5	0.4
大学专科	College	4.8	3.7	7.1	2.5	4.2	4.7	2.1
大学本科	University	2.9	7.0	5.8	3.7	5.5	4.7	0.4
研究生	Graduate			18.2	20.3	5.0		
女	**Female**	**2.5**	**8.4**	**3.5**	**1.9**	**1.3**	**1.6**	**0.4**
未上过学	Illiterate		13.4					**1.6**
小　学	Primary School	1.9	12.6	3.5	0.6	0.6	0.5	**0.1**
初　中	Junior School	2.1	9.3	2.3	1.3	0.7	0.8	0.1
高　中	Senior School	2.9	7.3	3.9	2.1	1.3	1.3	0.4
大学专科	College	2.6	5.9	5.7	3.6	2.8	4.3	1.3
大学本科	University	4.1	5.1	5.0	5.2	4.8	6.7	1.5
研究生	Graduate		7.6	23.6				

1-74 续表 2 continued

单位：% (%)

受教育程度	Educational Attainment	水利、环境和公共设施管理业 Management of Water Conservancy Environment and Public Establishment	居民服务、修理和其他服务业 Services to Household, Repair and Other Services	教育 Education	卫生和社会工作 Health and Social Service	文化、体育和娱乐业 Culture Sports and Entertainment	公共管理、社会保障和社会组织 Public Management, Social Security and Social Organization	国际组织 International Organizations
总　计	**Total**	**0.5**	**4.7**	**2.3**	**1.2**	**1.0**	**2.8**	
未上过学	Illiterate	0.5	0.3			2.6	1.1	
小　学	Primary School	0.3	6.6	1.0	0.3	0.4	0.9	
初　中	Junior School	0.4	5.2	1.1	0.7	0.8	2.0	
高　中	Senior School	0.8	4.3	2.4	1.4	1.0	3.9	
大学专科	College	0.4	2.9	4.7	2.3	1.0	3.1	
大学本科	University		4.0	8.4	2.5	1.5	6.1	
研究生	Graduate		8.0	9.1	2.5	15.8	1.1	
男	**Male**	**0.4**	**4.7**	**1.6**	**0.7**	**1.2**	**3.7**	
未上过学	Illiterate						**3.3**	
小　学	Primary School		4.2	0.9	0.7	0.8	2.0	
初　中	Junior School	0.3	4.9	0.8	0.5	1.3	2.5	
高　中	Senior School	0.8	4.8	1.5	0.6	1.2	4.5	
大学专科	College	0.3	3.5	3.4	0.8	0.8	5.2	
大学本科	University		6.2	4.4	2.0	2.6	7.6	
研究生	Graduate			13.0	6.0			
女	**Female**	**0.6**	**4.6**	**2.8**	**1.5**	**0.8**	**2.2**	
未上过学	Illiterate	0.8	0.4			3.8		
小　学	Primary School	0.5	8.0	1.0	0.1	0.2	0.3	
初　中	Junior School	0.5	5.3	1.3	0.8	0.5	1.7	
高　中	Senior School	0.9	3.9	3.1	2.1	0.9	3.4	
大学专科	College	0.4	2.4	5.6	3.2	1.2	1.6	
大学本科	University		2.4	11.4	2.9	0.7	5.1	
研究生	Graduate		13.7	6.4		27.0	1.9	

1-75 按年龄、性别分的城镇失业人员职业构成
OCCUPATION COMPOSITION OF URBAN UNEMPLOYMENT BY AGE AND SEX

单位：% (%)

年龄 Age	合 计 Total	单 位 负责人 Unit Head	专业技术人员 Professional and Technical Personnel	办事人员和有关人员 Clerk and Related Workers	商业服务人员 Business Service Personnel	农林牧渔水利业生产人员 Agriculture and Water Conservancy Labors	生产运输设备操作人员及有关人员 Production, Transport Equipment Operators and Related Workers	其 他 Others
总计 Total	**100.0**	**1.3**	**11.4**	**7.9**	**44.3**	**7.0**	**27.5**	**0.6**
16-19	100.0		5.5	12.9	52.6	7.2	21.4	0.3
20-24	100.0	0.2	11.8	7.7	47.7	6.7	25.5	0.4
25-29	100.0	1.8	14.3	9.0	49.0	4.2	20.8	1.0
30-34	100.0	1.3	10.8	7.5	51.8	4.6	23.6	0.4
35-39	100.0	1.1	11.5	6.8	49.1	7.3	23.8	0.4
40-44	100.0	1.1	10.4	5.7	44.8	9.1	28.2	0.7
45-49	100.0	0.6	10.6	7.0	40.1	8.3	33.1	0.3
50-54	100.0	2.2	9.7	8.5	36.6	7.0	35.6	0.5
55-59	100.0	2.0	11.8	10.3	31.5	6.8	36.7	1.0
60-64	100.0	2.5	12.3	14.6	24.4	12.5	33.5	0.1
65+	100.0	1.7	14.8	16.0	27.3	15.9	23.8	0.5
男 Male	**100.0**	**1.7**	**8.6**	**10.4**	**34.5**	**6.5**	**37.9**	**0.4**
16-19	100.0		1.2	14.7	48.8	10.9	24.4	
20-24	100.0	0.1	9.0	6.2	42.0	7.1	35.4	0.1
25-29	100.0	1.5	11.5	9.5	42.4	4.5	30.0	0.6
30-34	100.0	2.1	5.0	13.3	35.6	4.5	39.2	0.3
35-39	100.0	1.7	12.5	8.7	36.3	5.6	35.0	0.2
40-44	100.0	2.2	9.0	6.8	32.3	6.9	42.1	0.6
45-49	100.0	1.1	8.2	9.1	30.5	7.9	42.5	0.7
50-54	100.0	2.5	7.1	10.6	31.3	6.5	41.7	0.3
55-59	100.0	2.3	7.7	13.6	27.9	5.3	42.3	0.8
60-64	100.0	2.5	8.0	19.6	23.8	8.3	37.8	
65+	100.0	1.8	14.6	16.7	24.4	13.9	27.9	0.7
女 Female	**100.0**	**1.0**	**13.2**	**6.3**	**50.8**	**7.4**	**20.6**	**0.7**
16-19	100.0		13.5	9.7	59.7	0.2	15.9	0.9
20-24	100.0	0.4	14.4	9.1	52.9	6.4	16.3	0.6
25-29	100.0	2.0	15.9	8.7	52.9	4.0	15.4	1.2
30-34	100.0	1.0	13.2	5.0	58.6	4.6	17.1	0.5
35-39	100.0	0.9	11.1	6.0	54.4	8.0	19.1	0.5
40-44	100.0	0.6	11.1	5.2	51.1	10.2	21.1	0.7
45-49	100.0	0.4	11.9	5.8	45.2	8.5	28.1	0.1
50-54	100.0	1.8	12.5	6.2	42.3	7.6	28.9	0.7
55-59	100.0	1.3	19.2	4.1	37.9	9.4	26.5	1.5
60-64	100.0	2.5	21.4	4.0	25.8	21.4	24.4	0.4
65+	100.0	1.5	15.4	14.3	34.2	20.8	13.8	

1-76 按受教育程度、性别分的城镇失业人员职业构成

OCCUPATION COMPOSITION OF URBAN UNEMPLOYMENT BY EDUCATIONAL ATTAINMENT AND SEX

单位：% (%)

受教育程度	Educational Attainment	合计 Total	单位负责人 Unit Head	专业技术人员 Professional and Technical Personnel	办事人员和有关人员 Clerk and Related Workers	商业服务人员 Business Service Personnel	农林牧渔水利业生产人员 Agriculture and Water Conservancy Labors	生产运输设备操作人员及有关人员 Production, Transport Equipment Operators and Related Workers	其他 Others
总　计	**Total**	**100.0**	**1.3**	**11.4**	**7.9**	**44.3**	**7.0**	**27.5**	**0.6**
未上过学	Illiterate	100.0	7.0	1.1	0.6	29.7	30.9	30.7	
小　学	Primary School	100.0	0.6	5.2	3.5	37.2	18.8	34.1	0.6
初　中	Junior School	100.0	0.7	6.2	5.2	45.4	9.4	32.4	0.6
高　中	Senior School	100.0	1.7	11.8	8.8	47.1	3.6	26.4	0.5
大　专	College	100.0	1.8	23.9	13.6	41.9	1.5	16.6	0.6
大学本科	University	100.0	2.5	28.8	18.8	36.7	1.4	11.3	0.5
研究生	Graduate	100.0		57.5	16.2	26.3			
男	**Male**	**100.0**	**1.7**	**8.6**	**10.4**	**34.5**	**6.5**	**37.9**	**0.4**
未上过学	Illiterate	100.0	22.0		2.0	17.7	17.5	40.8	
小　学	Primary School	100.0	0.6	5.6	6.5	25.5	14.2	47.5	
初　中	Junior School	100.0	1.2	4.5	8.4	32.5	9.0	44.1	0.3
高　中	Senior School	100.0	1.7	7.9	11.8	37.4	4.1	36.3	0.6
大　专	College	100.0	2.7	17.7	13.8	36.9	2.3	25.9	0.7
大学本科	University	100.0	3.5	25.7	13.4	38.6	1.2	17.2	0.3
研究生	Graduate	100.0		51.5	19.3	29.2			
女	**Female**	**100.0**	**1.0**	**13.2**	**6.3**	**50.8**	**7.4**	**20.6**	**0.7**
未上过学	Illiterate	100.0		1.6		35.2	37.1	26.0	
小　学	Primary School	100.0	0.7	4.9	1.9	43.5	21.3	26.7	0.9
初　中	Junior School	100.0	0.5	7.3	3.3	53.3	9.7	25.2	0.8
高　中	Senior School	100.0	1.8	14.9	6.5	54.7	3.1	18.6	0.4
大　专	College	100.0	1.2	28.1	13.5	45.2	1.0	10.4	0.6
大学本科	University	100.0	1.7	31.1	22.7	35.3	1.5	7.0	0.7
研究生	Graduate	100.0		61.6	14.0	24.3			

1-77　按受教育程度、性别分的城镇失业人员未工作时间构成
UNEMPLOYMENT DURATION OF URBAN UNEMPLOYED PERSONS BY EDUCATIONAL ATTAINMENT AND SEX

单位：%　　(%)

受教育程度	Educational Attainment	城镇失业人员 Urban Unemployed Persons	1个月 1 Month	2-3个月 2-3 Months	4-6个月 4-6 Months	7-12个月 7-12 Months	13-24个月 13-24 Months	25个月以上 25+ Months+
总　计	**Total**	**100.0**	**6.1**	**14.4**	**14.8**	**28.5**	**16.9**	**19.3**
未上过学	Illiterate	100.0	6.6	9.9	8.5	29.1	10.0	36.0
小　学	Primary School	100.0	5.4	11.2	15.1	29.8	15.8	22.7
初　中	Junior Secondary School	100.0	5.8	13.1	15.2	28.5	17.7	19.7
高　中	Senior Secondary School	100.0	4.9	11.9	14.7	29.4	17.2	21.9
大学专科	College	100.0	6.6	20.4	14.3	26.9	16.0	15.7
大学本科	University	100.0	11.1	21.2	14.7	27.5	14.9	10.7
研究生及以上	Graduate and Higher Level	100.0	17.1	34.5	8.2	15.1	19.2	5.8
男	**Male**	**100.0**	**7.5**	**16.7**	**15.2**	**27.6**	**15.7**	**17.4**
未上过学	Illiterate	100.0	3.9	7.7	5.3	21.7	1.1	60.3
小　学	Primary School	100.0	9.0	10.4	17.3	21.8	17.5	24.0
初　中	Junior Secondary School	100.0	7.8	16.4	14.7	27.5	16.6	17.0
高　中	Senior Secondary School	100.0	5.3	14.6	15.3	28.9	16.3	19.6
大学专科	College	100.0	7.4	20.3	16.3	28.0	13.6	14.4
大学本科	University	100.0	13.2	22.2	14.1	27.1	12.8	10.6
研究生及以上	Graduate and Higher Level	100.0	25.0	43.8	2.7	8.6	9.8	10.0
女	**Female**	**100.0**	**5.1**	**12.9**	**14.5**	**29.1**	**17.8**	**20.6**
未上过学	Illiterate	100.0	7.7	10.7	9.8	32.0	13.6	26.1
小　学	Primary School	100.0	3.7	11.5	14.0	33.8	15.0	22.0
初　中	Junior Secondary School	100.0	4.7	11.2	15.5	29.1	18.4	21.2
高　中	Senior Secondary School	100.0	4.6	9.7	14.1	29.8	17.9	23.8
大学专科	College	100.0	6.1	20.5	12.8	26.0	17.9	16.8
大学本科	University	100.0	9.1	20.3	15.2	27.9	16.8	10.8
研究生及以上	Graduate and Higher Level	100.0	11.4	27.7	12.3	19.8	26.1	2.8

1-78 按年龄、性别分的城镇失业人员未工作时间构成
UNEMPLOYMENT DURATION OF URBAN UNEMPLOYED PERSONS BY AGE AND SEX

单位：% (%)

年龄 Age	城镇 失业人员 Urban Unemployed Persons	1个月 1 Month	2-3个月 2-3 Months	4-6个月 4-6 Months	7-12个月 7-12 Months	13-24个月 13-24 Months	25个月以上 25+ Months+
总计 Total	**100.0**	**6.1**	**14.4**	**14.8**	**28.5**	**16.9**	**19.3**
16-19	100.0	13.9	27.5	13.2	29.2	10.5	5.6
20-24	100.0	12.3	22.2	15.5	27.3	13.7	8.9
25-29	100.0	5.2	16.7	14.7	30.3	17.6	15.6
30-34	100.0	5.4	14.7	17.9	27.1	15.3	19.5
35-39	100.0	4.0	13.4	14.5	29.8	18.4	19.8
40-44	100.0	4.3	10.3	14.8	30.3	17.1	23.2
45-49	100.0	4.8	9.5	13.1	26.4	19.2	27.0
50-54	100.0	3.3	9.6	13.8	29.2	18.5	25.6
55-59	100.0	3.7	8.2	12.3	24.6	21.7	29.5
60-64	100.0	1.2	6.0	15.1	31.6	21.7	24.5
65+	100.0	3.6	10.2	8.4	22.6	11.7	43.6
男 Male	**100.0**	**7.5**	**16.7**	**15.2**	**27.6**	**15.7**	**17.4**
16-19	100.0	13.5	28.5	11.8	28.6	10.0	7.6
20-24	100.0	12.3	20.7	16.9	26.3	15.0	8.7
25-29	100.0	6.7	18.7	15.5	30.8	13.2	15.1
30-34	100.0	8.2	17.8	20.7	27.2	13.6	12.5
35-39	100.0	4.6	20.2	18.1	30.0	11.0	16.2
40-44	100.0	5.6	15.7	18.3	27.9	16.5	15.9
45-49	100.0	7.1	11.8	10.1	28.5	17.8	24.7
50-54	100.0	4.1	11.4	12.4	25.3	17.7	29.2
55-59	100.0	4.0	8.5	8.9	23.0	22.7	32.8
60-64	100.0	1.8	6.9	15.5	29.5	24.4	21.9
65+	100.0	3.1	11.5	6.9	28.1	13.4	37.1
女 Female	**100.0**	**5.1**	**12.9**	**14.5**	**29.1**	**17.8**	**20.6**
16-19	100.0	14.6	25.8	15.7	30.4	11.4	2.1
20-24	100.0	12.3	23.9	13.9	28.5	12.3	9.1
25-29	100.0	4.2	15.4	14.2	29.9	20.3	15.9
30-34	100.0	4.3	13.5	16.7	27.1	16.0	22.4
35-39	100.0	3.8	10.9	13.2	29.7	21.2	21.1
40-44	100.0	3.7	7.8	13.2	31.5	17.4	26.4
45-49	100.0	3.7	8.3	14.6	25.4	19.9	28.1
50-54	100.0	2.6	7.7	15.2	33.2	19.4	22.0
55-59	100.0	3.0	7.7	18.1	27.4	20.0	23.8
60-64	100.0		4.2	14.4	35.6	16.7	29.2
65+	100.0	4.9	7.2	11.7	9.8	7.8	58.6

1-79 分地区居民消费价格指数和商品零售价格指数
CONSUMER PRICE INDICES AND RETAIL PRICE INDICES BY REGION

(上年=100) (preceding year=100)

年 份 Year 地 区 Region	居民消费价格 Consumer Price Index			商品零售价格 Retail Price Index		
	总指数 General	城 市 Urban Household	农 村 Rural Household	总指数 General	城 市 Urban Household	农 村 Rural Household
1994	124.1	125.0	123.4	121.7	120.9	122.9
1995	117.1	116.8	117.5	114.8	113.5	116.4
1996	108.3	108.8	107.9	106.1	105.8	106.4
1997	102.8	103.1	102.5	100.8	100.8	100.7
1998	99.2	99.4	99.0	97.4	97.4	97.6
1999	98.6	98.7	98.5	97.0	97.0	97.1
2000	100.4	100.8	99.9	98.5	98.5	98.5
2001	100.7	100.7	100.8	99.2	98.9	99.6
2002	99.2	99.0	99.6	98.7	98.5	99.1
2003	101.2	100.9	101.6	99.9	99.6	100.5
2004	103.9	103.3	104.8	102.8	102.1	104.2
2005	101.8	101.6	102.2	100.8	100.5	101.4
2006	101.5	101.5	101.5	101.0	100.9	101.4
2007	104.8	104.5	105.4	103.8	103.3	104.9
2008	105.9	105.6	106.5	105.9	105.5	106.7
2009	99.3	99.1	99.7	98.8	98.7	99.0
2010	103.3	103.2	103.6	103.1	102.8	103.6
2011	105.4	105.3	105.8	104.9	104.7	105.5
2012	102.6	102.7	102.5	102.0	101.9	102.2
2013	102.6	102.6	102.8	101.4	101.3	101.8
2014	102.0	102.1	101.8	101.0	101.0	101.0
北 京 Beijing	101.6	101.6		99.1	99.1	
天 津 Tianjin	101.9	101.9		100.9	100.9	
河 北 Hebei	101.7	101.7	101.8	101.0	101.0	101.1
山 西 Shanxi	101.7	101.8	101.4	100.6	100.7	100.5
内蒙古 Inner Mongolia	101.6	101.7	101.2	100.7	100.5	101.1
辽 宁 Liaoning	101.7	101.8	101.4	101.0	101.0	100.9
吉 林 Jilin	102.0	102.1	101.5	101.2	101.2	101.0
黑龙江 Heilongjiang	101.5	101.4	101.6	100.8	100.8	100.7
上 海 Shanghai	102.7	102.7		100.9	100.9	
江 苏 Jiangsu	102.2	102.2	102.2	101.6	101.7	101.2
浙 江 Zhejiang	102.1	102.0	102.2	100.9	100.8	101.1
安 徽 Anhui	101.6	101.7	101.5	100.4	100.4	100.5
福 建 Fujian	102.0	102.1	101.9	101.1	101.0	101.3
江 西 Jiangxi	102.3	102.4	102.2	101.2	101.1	101.4
山 东 Shandong	101.9	102.1	101.5	101.0	101.3	100.5
河 南 Henan	101.9	102.0	101.6	101.0	101.0	101.0
湖 北 Hubei	102.0	102.0	101.9	100.9	100.8	101.0
湖 南 Hunan	101.9	102.1	101.4	101.2	101.3	101.1
广 东 Guangdong	102.3	102.3	102.1	101.4	101.4	101.4
广 西 Guangxi	102.1	102.2	101.9	101.4	101.5	101.1
海 南 Hainan	102.4	102.2	102.8	101.2	101.2	101.8
重 庆 Chongqing	101.8	101.8		100.9	100.9	
四 川 Sichuan	101.6	101.7	101.3	100.6	100.7	100.4
贵 州 Guizhou	102.4	102.4	102.5	101.2	101.1	101.3
云 南 Yunnan	102.4	102.6	101.9	101.6	101.6	101.7
西 藏 Tibet	102.9	103.3	102.5	102.2	102.4	101.9
陕 西 Shaanxi	101.6	101.6	101.8	100.7	100.7	100.6
甘 肃 Gansu	102.1	102.2	102.1	101.7	101.6	102.0
青 海 Qinghai	102.8	102.9	102.6	101.5	101.3	101.7
宁 夏 Ningxia	101.9	102.0	101.6	100.9	100.9	100.3
新 疆 Xinjiang	102.1	102.3	101.7	101.7	102.0	101.0

1-80 商品零售价格分类指数（2014年）
RETAIL PRICE INDICES BY CATEGORY (2014)

（上年=100） (preceding year=100)

项　目	Item	全　国 National Indices	城　市 Urban Indices	农　村 Rural Indices
商品零售价格总指数	**Retail Price Index**	**101.0**	**101.0**	**101.0**
食品类	**Food**	**103.0**	**103.2**	**102.5**
粮食	Grain	103.1	103.2	103.1
油脂	Oil or Fat	95.1	94.9	95.5
肉禽及其制品	Meat, Poultry and Processed Products	100.3	100.5	100.0
蛋	Eggs	110.8	110.9	110.4
水产品	Aquatic Products	104.3	104.3	104.2
菜	Vegetables	98.8	98.8	98.7
调味品	Flavoring	103.0	103.0	103.1
糖	Sugar	100.0	100.4	99.3
干鲜瓜果	Dried and Fresh Melons and Fruits	114.0	114.1	113.7
糕点饼干面包	Cake, Biscuit and Bread	101.8	101.8	101.7
液体乳及乳制品	Milk and Its Products	108.6	109.1	106.3
在外用膳食品	Outward Dinner Food	103.2	103.1	103.3
主食	Staple Food	103.8	104.0	103.3
炒菜	Fried Dishes	102.4	102.4	102.6
地方小吃	Local Snack	105.2	105.2	105.0
其它食品	Other Foods	101.5	101.4	101.8
饮料、烟酒	**Beverages, Tobacco and Liquor**	**99.9**	**99.9**	**100.0**
茶及饮料	Tea and Beverages	101.9	101.8	102.0
烟草	Tobacco	100.2	100.2	100.4
酒	Liquor	98.3	98.2	98.5
服装、鞋帽	**Garments, Shoes and Hats**	**102.4**	**102.5**	**102.3**
服装	Garments	102.6	102.6	102.5
鞋袜帽	Footgear and Hats	102.1	102.2	101.9
纺织品	**Textiles**	**100.9**	**100.6**	**101.6**
衣着材料	Clothing	102.5	102.3	102.8
床上用品	Bedding	100.2	99.9	100.7
家用电器及音像器材	**Household Appliances, Music and Video Equipment**	**98.5**	**98.2**	**99.3**
文化办公用品	**Cultural and Office Appliances**	**99.0**	**98.7**	**100.0**
日用品	**Articles for Daily Use**	**100.5**	**100.4**	**100.8**
日用百货	General Merchandise for Daily Use	100.5	100.4	100.8
日用杂品	Miscellaneous for Daily Use	101.0	101.0	100.9
体育娱乐用品	**Sports and Recreation Articles**	**100.5**	**100.7**	**100.1**
交通、通信用品	**Transportation and Communication Appliances**	**98.6**	**98.5**	**99.0**
家具	**Furniture**	**101.5**	**101.6**	**101.1**
化妆品	**Cosmetics**	**100.8**	**100.7**	**100.8**
金银珠宝	**Gold, Silver and Jewelry**	**91.6**	**91.8**	**90.9**
中西药品及医疗保健用品	**Traditional Chinese and Western Medicines and Health Care Articles**	**101.7**	**101.8**	**101.6**
医疗器具及用品	Medical Apparatus and Article	100.6	100.8	100.1
中药材及中成药	Traditional Chinese Medicinal Materials and Medicines	103.0	103.1	102.5
西药	Western Medicines	100.5	100.3	100.9
书报杂志及电子出版物	**Books, Newspapers, Magazines and Electronic Publications**	**101.1**	**101.2**	**100.9**
燃料	**Fuels**	**99.2**	**99.3**	**99.0**
建筑材料及五金电料	**Building Materials and Hardware**	**100.4**	**100.4**	**100.4**
建筑装璜材料	Building Decoration Materials	100.3	100.3	100.2
五金电料	Hardware	100.7	100.6	101.0

1-81 分地区商品零售价格分类指数
RETAIL PRICE INDICES BY CATEGORY OF COMMODITIES BY REGION

(上年=100) (preceding year=100)

年 份 Year 地 区 Region	总指数 General Index	食品 Food	#粮食 Grain	#油脂 Oil or Fat	#肉禽及其制品 Meat, Poultry and Processed Products	#蛋 Eggs	#水产品 Aquatic Products	#菜 Vegetables
2001	99.2	100.6	101.5	89.3			96.3	
2002	98.7	99.9	98.6	100.1			96.2	
2003	99.9	103.4	102.2	112.5	103.0	98.5	100.3	116.3
2004	102.8	109.9	126.5	116.8	117.1	119.8	112.5	95.2
2005	100.8	103.1	101.4	94.7	103.0	104.7	105.8	108.1
2006	101.0	102.6	102.5	98.7	97.3	96.3	101.6	108.1
2007	103.8	112.3	106.4	126.3	131.0	121.8	105.3	107.9
2008	105.9	114.4	107.0	125.0	121.7	104.3	114.5	110.4
2009	98.8	100.9	105.7	81.8	91.7	101.6	102.3	113.2
2010	103.1	107.6	111.7	103.7	103.0	108.3	108.3	119.0
2011	104.9	111.9	112.3	113.4	122.4	114.3	112.1	101.0
2012	102.0	104.8	103.8	105.1	102.2	97.1	108.1	113.5
2013	101.4	104.7	104.9	100.4	104.4	104.8	104.1	108.1
2014	101.0	103.0	103.1	95.1	100.3	110.8	104.3	98.8
北 京 Beijing	99.1	103.3	102.2	96.9	99.9	109.5	106.1	96.3
天 津 Tianjin	100.9	103.0	103.4	93.6	99.6	111.1	106.8	95.4
河 北 Hebei	101.0	102.4	102.3	96.0	98.4	114.3	105.1	95.6
山 西 Shanxi	100.6	102.7	103.8	96.4	99.1	113.1	104.3	92.3
内蒙古 Inner Mongolia	100.7	103.2	104.3	97.8	100.2	109.5	103.5	94.9
辽 宁 Liaoning	101.0	102.6	103.9	94.9	99.2	112.4	103.8	95.4
吉 林 Jilin	101.2	103.2	103.5	97.5	100.3	115.0	105.6	95.3
黑龙江 Heilongjiang	100.8	102.2	103.3	93.7	99.3	110.1	108.5	93.2
上 海 Shanghai	100.9	103.2	102.0	95.0	101.4	106.0	102.7	101.5
江 苏 Jiangsu	101.6	102.7	103.6	92.3	99.9	111.0	100.5	99.4
浙 江 Zhejiang	100.9	103.1	101.8	92.8	100.1	112.3	104.4	99.6
安 徽 Anhui	100.4	101.8	102.9	94.5	98.6	114.9	101.2	97.1
福 建 Fujian	101.1	103.4	102.0	93.4	100.7	107.7	105.2	101.5
江 西 Jiangxi	101.2	103.7	102.9	96.7	100.8	109.1	101.6	101.6
山 东 Shandong	101.0	102.5	103.8	95.1	98.7	113.9	103.6	93.5
河 南 Henan	101.0	102.5	104.8	95.1	98.8	114.3	104.6	95.7
湖 北 Hubei	100.9	102.3	102.9	93.4	100.9	109.1	100.9	98.8
湖 南 Hunan	101.2	102.8	102.2	98.3	101.4	108.4	102.5	103.2
广 东 Guangdong	101.4	104.4	103.0	95.7	103.0	107.7	107.4	101.8
广 西 Guangxi	101.4	104.3	102.3	91.6	103.9	105.9	107.6	103.7
海 南 Hainan	101.2	103.8	103.2	95.8	103.2	102.8	105.8	102.4
重 庆 Chongqing	100.9	101.8	101.8	94.7	99.4	103.5	104.7	105.7
四 川 Sichuan	100.6	102.1	102.7	95.5	98.7	109.2	101.2	102.3
贵 州 Guizhou	101.2	103.6	101.9	93.5	101.1	104.2	102.5	104.2
云 南 Yunnan	101.6	104.8	103.0	94.7	100.8	106.4	102.9	108.4
西 藏 Tibet	102.2	105.7	106.5	102.0	107.3	105.7	100.6	105.7
陕 西 Shaanxi	100.7	102.6	103.2	93.5	99.1	109.5	103.2	95.6
甘 肃 Gansu	101.7	103.8	104.1	98.3	100.0	110.1	101.8	103.1
青 海 Qinghai	101.5	103.9	104.4	95.3	99.3	107.5	105.2	101.1
宁 夏 Ningxia	100.9	102.8	104.0	97.9	100.6	106.5	102.4	91.7
新 疆 Xinjiang	101.7	104.0	103.2	97.7	99.9	103.4	105.1	101.5

1-81 续表 1 continued

(上年=100) (preceding year=100)

年 份 地 区	Year Region	#干鲜瓜果 Dried and Fresh Melons and Fruits	饮料烟酒 Beverages, Tobacco and Liquor	服装鞋帽 Garments, Shoes and Hats	纺织品 Textiles	家用电器及音像器材 Household Appliances, Music and Video Equipment	文化办公用品 Cultural and Office Appliances	日用品 Articles for Daily Use	体育娱乐用品 Sports and Recreation Articles
	2001		99.5	98.9	99.1			98.3	
	2002		99.9	97.9	99.4			98.7	
	2003	102.2	99.9	97.5	99.3	94.2	95.8	98.5	98.1
	2004	104.1	101.0	98.2	100.0	94.7	96.9	99.6	98.2
	2005	101.7	100.5	97.9	99.8	96.3	96.7	100.2	98.4
	2006	117.0	100.7	99.8	100.0	97.3	97.6	100.8	98.5
	2007	102.5	101.8	99.4	100.2	97.4	97.0	101.1	97.4
	2008	111.3	103.4	98.4	100.5	96.9	96.8	103.7	97.7
	2009	106.7	101.7	97.9	99.6	94.2	96.2	102.0	97.8
	2010	114.3	101.7	98.8	101.2	96.1	97.8	100.3	98.3
	2011	115.9	103.3	101.8	105.7	96.9	97.6	102.3	100.9
	2012	99.7	103.3	102.9	101.5	97.7	98.1	102.1	101.0
	2013	106.0	100.7	102.2	101.0	98.3	98.6	100.8	100.7
	2014	114.0	99.9	102.4	100.9	98.5	99.0	100.5	100.5
北 京	Beijing	111.7	100.3	100.3	95.9	94.7	93.6	99.7	101.6
天 津	Tianjin	117.3	99.4	101.9	100.4	94.6	96.4	99.4	99.9
河 北	Hebei	117.0	99.4	103.9	101.0	100.1	100.0	100.4	100.9
山 西	Shanxi	114.3	100.4	102.1	101.2	98.5	98.4	100.3	100.8
内蒙古	Inner Mongolia	113.5	100.5	102.4	100.0	98.3	98.2	100.4	100.2
辽 宁	Liaoning	114.0	100.5	102.3	100.0	98.0	99.6	100.8	100.4
吉 林	Jilin	111.9	100.0	102.7	101.3	99.9	98.9	100.6	100.1
黑龙江	Heilongjiang	111.9	100.3	102.9	101.8	98.4	99.4	100.1	99.6
上 海	Shanghai	111.6	101.4	103.6	99.1	96.5	98.2	99.9	98.6
江 苏	Jiangsu	113.9	99.9	103.9	103.3	101.4	100.5	101.3	102.1
浙 江	Zhejiang	112.1	99.8	101.6	101.8	98.7	99.6	100.5	101.1
安 徽	Anhui	118.0	98.1	101.0	99.7	99.7	99.0	100.7	99.9
福 建	Fujian	116.9	99.5	102.6	98.3	97.3	97.9	100.8	100.2
江 西	Jiangxi	116.2	100.4	102.5	100.8	98.1	99.2	100.9	100.4
山 东	Shandong	113.1	100.7	103.0	103.2	99.1	99.3	100.6	99.5
河 南	Henan	113.3	99.6	102.4	100.5	99.6	100.0	100.9	100.6
湖 北	Hubei	111.2	100.2	101.9	102.2	98.2	98.8	100.9	100.1
湖 南	Hunan	111.9	99.7	101.5	101.1	99.6	100.4	100.9	101.0
广 东	Guangdong	115.7	100.2	103.1	99.5	97.4	99.2	100.1	101.0
广 西	Guangxi	115.7	100.1	100.4	100.0	98.7	99.8	100.4	100.9
海 南	Hainan	114.3	97.5	102.2	101.8	97.5	103.7	101.4	101.1
重 庆	Chongqing	117.7	99.2	102.1	98.2	98.7	99.7	100.3	99.8
四 川	Sichuan	115.7	98.7	102.0	101.4	98.4	97.4	100.2	100.5
贵 州	Guizhou	115.9	99.8	102.3	99.3	98.3	98.6	100.4	100.4
云 南	Yunnan	113.0	100.2	100.5	99.1	98.9	99.5	100.1	100.1
西 藏	Tibet	106.9	100.9	101.6	101.2	100.1	96.9	101.2	100.3
陕 西	Shaanxi	114.5	99.9	100.8	101.4	98.1	98.5	100.8	100.2
甘 肃	Gansu	114.9	99.4	102.5	102.6	99.5	99.6	101.8	100.7
青 海	Qinghai	122.2	99.1	105.7	100.9	95.5	96.9	99.2	102.3
宁 夏	Ningxia	115.4	99.5	102.5	98.7	97.7	96.1	101.0	99.9
新 疆	Xinjiang	114.1	101.1	101.6	102.0	98.8	100.1	100.3	100.0

1-81 续表 2 continued

(上年=100) (preceding year=100)

年份 地区	Year Region	交通、通信用品 Transportation and Communication Appliances	家具 Furniture	化妆品 Cosmetics	金银珠宝 Gold, Silver and Jewelry	中西药品及医疗保健用品 Traditional Chinese and Western Medicines and Health Care Articles	书报杂志及电子出版物 Books, Newspapers, Magazines and Electronic Publications	燃料 Fuels	建筑材料及五金电料 Building Materials and Hardware
	2001			98.8				102.4	
	2002			98.4				102.0	
	2003	91.1	97.8	98.9	108.6	98.4	100.3	109.3	99.7
	2004	91.8	98.8	98.9	111.6	96.7	101.0	112.4	103.7
	2005	91.7	99.1	99.3	104.4	97.6	100.3	115.4	102.1
	2006	92.3	100.1	99.8	119.7	99.1	100.2	112.4	103.0
	2007	92.7	101.6	100.2	107.9	102.0	99.7	104.2	105.1
	2008	93.2	102.6	100.7	116.8	103.1	101.5	116.0	107.9
	2009	93.7	99.7	100.8	95.6	101.5	105.0	92.7	98.4
	2010	95.6	100.1	100.4	114.5	104.3	101.3	112.3	103.5
	2011	96.1	102.3	101.3	114.3	103.9	100.8	111.1	105.1
	2012	96.0	101.3	102.2	101.0	102.1	101.4	102.9	100.3
	2013	97.3	101.2	101.5	91.9	101.3	101.3	99.9	100.5
	2014	98.6	101.5	100.8	91.6	101.7	101.1	99.2	100.4
北京	Beijing	95.5	101.6	98.2	88.5	101.5	102.6	97.8	99.7
天津	Tianjin	101.1	107.6	97.6	91.8	101.4	100.4	102.8	101.0
河北	Hebei	98.8	101.5	101.6	90.8	102.6	100.8	97.1	100.1
山西	Shanxi	98.7	102.5	100.6	91.5	101.2	101.6	97.2	98.5
内蒙古	Inner Mongolia	94.5	100.9	100.1	92.6	101.6	100.2	96.0	100.5
辽宁	Liaoning	100.5	99.9	101.0	90.5	101.7	101.0	98.7	99.8
吉林	Jilin	99.4	100.4	100.2	89.2	100.8	101.1	99.8	101.1
黑龙江	Heilongjiang	97.6	105.3	100.8	87.1	101.6	101.2	98.6	101.0
上海	Shanghai	98.8	102.6	102.3	93.7	101.7	100.6	99.8	99.3
江苏	Jiangsu	99.7	104.1	101.7	91.9	101.4	102.7	101.5	100.9
浙江	Zhejiang	99.3	100.7	100.9	91.8	100.4	100.0	100.0	100.1
安徽	Anhui	96.8	101.0	100.6	91.9	102.2	101.4	99.7	100.1
福建	Fujian	99.2	101.2	100.5	94.1	101.7	100.1	99.6	99.5
江西	Jiangxi	97.6	100.9	100.9	91.6	101.4	100.8	99.9	100.5
山东	Shandong	98.7	101.1	101.1	94.5	101.4	101.1	99.1	100.1
河南	Henan	99.3	101.4	101.0	91.6	101.7	100.7	98.5	100.4
湖北	Hubei	96.3	101.1	100.5	91.8	101.6	100.8	99.7	101.1
湖南	Hunan	99.9	101.4	100.1	90.7	103.2	100.4	99.2	101.5
广东	Guangdong	98.8	101.0	100.8	91.9	101.4	101.0	98.4	100.7
广西	Guangxi	98.7	100.1	100.3	91.5	101.8	101.0	99.4	100.1
海南	Hainan	96.3	103.1	100.8	92.0	105.1	101.6	98.4	102.1
重庆	Chongqing	98.5	100.3	100.9	94.3	104.3	100.9	99.4	102.6
四川	Sichuan	98.5	101.3	100.9	90.4	101.2	101.6	99.7	100.0
贵州	Guizhou	98.2	104.2	100.1	91.3	101.6	100.4	100.6	99.4
云南	Yunnan	99.6	100.4	101.3	88.8	101.0	100.9	101.0	100.7
西藏	Tibet	99.5	101.3	99.9	97.8	102.4	100.7	99.7	101.5
陕西	Shaanxi	98.3	99.1	101.5	91.1	104.7	103.1	98.2	96.5
甘肃	Gansu	96.9	102.0	102.4	92.2	103.2	100.8	99.0	100.4
青海	Qinghai	97.9	100.7	99.1	92.2	102.3	102.0	98.8	100.6
宁夏	Ningxia	96.6	101.7	101.1	90.7	102.7	103.3	99.8	99.5
新疆	Xinjiang	99.1	99.6	100.9	94.7	101.8	100.3	100.1	100.7

1-82 居民消费价格分类指数（2014年）

CONSUMER PRICE INDICES BY CATEGORY (2014)

（上年=100） (preceding year=100)

项目	Item	全国 National Indices	城市 Urban Indices	农村 Rural Indices
居民消费价格指数	**Consumer Price Index**	**102.0**	**102.1**	**101.8**
食品	**Food**	**103.1**	**103.3**	**102.6**
粮食	Grain	103.1	103.2	103.1
#大米	Rice	101.2	101.1	101.6
面粉	Flour	103.1	103.0	103.3
淀粉及制品	Starches and Tubers	102.2	102.1	102.4
干豆类及豆制品	Beans and Bean Products	104.0	103.8	104.5
油脂	Oil or Fat	95.1	94.9	95.4
肉禽及其制品	Meat, Poultry and Processed Products	100.4	100.6	99.7
蛋	Eggs	110.4	110.4	110.3
水产品	Aquatic Products	104.4	104.5	104.0
菜	Vegetables	99.2	99.2	99.3
#鲜菜	Fresh Vegetables	98.5	98.5	98.7
调味品	Flavoring	103.1	102.9	103.5
糖	Carbohydrate	100.1	100.4	99.4
茶及饮料	Tea and Beverages	101.8	101.7	102.1
茶叶	Tea	101.9	101.7	102.4
饮料	Beverages	101.8	101.7	101.9
干鲜瓜果	Dried and Fresh Melons and Fruits	114.1	114.1	113.9
#鲜果	Fresh Fruits	118.0	118.2	117.1
糕点饼干面包	Cake, Biscuit and Bread	101.9	101.9	101.7
液体乳及乳制品	Milk and Its Products	108.5	108.9	106.6
在外用膳食品	Dining Out	103.3	103.3	103.5
其它食品	Other Foods	101.6	101.4	102.0
烟酒及用品	**Tobacco, Liquor and Articles**	**99.4**	**99.3**	**99.5**
烟草	Tobacco	100.2	100.1	100.3
酒	Liquor	98.2	98.1	98.5
衣着	**Clothing**	**102.4**	**102.4**	**102.4**
服装	Garments	102.6	102.6	102.4
衣着材料	Clothing Material	102.3	101.7	103.1
鞋袜帽	Footgear and Hats	101.9	102.0	101.8
衣着加工服务	Clothing Manufacturing Services	105.2	104.9	106.0
家庭设备用品及维修服务	**Household Facilities, Articles and Services**	**101.2**	**101.2**	**101.2**
耐用消费品	Durable Consumer Goods	100.3	100.2	100.6
家具	Furniture	101.5	101.6	101.2
家庭设备	Household Facilities	99.7	99.5	100.3
室内装饰品	Interior Decorations	100.0	99.7	100.8
床上用品	Bed Articles	100.0	99.8	100.7
家庭日用杂品	Daily Use Household Articles	100.8	100.7	101.0
家庭服务及加工维修服务	Household Services and Maintenance and Renovation	107.3	107.6	106.1

1-82 续表 continued

(上年=100) (preceding year=100)

项 目	Item	全 国 National Indices	城 市 Urban Indices	农 村 Rural Indices
医疗保健和个人用品	**Health Care and Personal Articles**	**101.3**	**101.2**	**101.5**
医疗保健	Health Care	101.7	101.7	101.7
医疗器具及用品	Medical Instrument and Articles	100.6	100.9	99.8
中药材及中成药	Traditional Chinese Medicine	103.0	103.1	102.8
西药	Western Medicine	100.6	100.5	101.0
保健器具及用品	Health Care Appliances and Articles	103.9	104.0	103.1
医疗保健服务	Health Care Services	101.2	101.0	101.5
个人用品及服务	Personal Articles and Services	100.4	100.2	101.0
化妆美容用品	Cosmetics	100.7	100.6	100.8
清洁化妆用品	Sanitation Articles	100.9	100.9	101.1
个人饰品	Personal Ornaments	95.3	95.1	95.8
个人服务	Personal Services	104.2	104.0	104.9
交通和通信	**Transportation and Communication**	**99.9**	**99.8**	**100.0**
交通	Transportation	100.2	100.2	100.4
交通工具	Transportation Facility	99.2	99.0	99.6
车用燃料及零配件	Fuels and Parts	98.7	98.6	99.0
车辆使用及维修费	Fees for Vehicles Use and Maintenance	103.0	102.9	103.2
市区公共交通费	Incity Traffic Fare	101.2	101.1	101.8
城市间交通费	Intercity Traffic Fare	101.4	101.4	101.5
通信	Communication	99.4	99.3	99.5
通信工具	Communication Facility	95.7	95.0	97.2
通信服务	Communication Service	99.9	99.9	100.0
娱乐教育文化用品及服务	**Recreation, Education and Culture Articles**	**101.9**	**101.9**	**101.7**
文娱用耐用消费品及服务	Durable Consumer Goods for Cultural and Recreational Use and Services	97.3	96.9	98.6
教育	Education	102.4	102.6	101.9
教材及参考书	Teaching Materials and Reference Books	101.3	101.3	101.5
教育服务	Education Services	102.5	102.7	102.0
文化娱乐	Cultural and Recreational Articles	101.3	101.3	101.1
文化娱乐用品	Cultural Articles	100.3	100.2	100.6
书报杂志	Newspapers and Magazines	101.6	101.8	100.9
文娱费	Expenditure on Culture and Recreation	101.8	101.8	101.8
旅游	Touring and Outing	105.0	104.8	105.9
居住	**Residence**	**102.0**	**102.1**	**101.9**
建房及装修材料	Building and Building Decoration Materials	101.0	101.1	100.9
住房租金	Renting	103.3	103.2	103.3
自有住房	Private Housing	103.0	102.8	103.5
水电燃料	Water, Electricity and Fuels	100.7	100.9	100.0

1-83 分地区居民消费价格分类指数
CONSUMER PRICE INDICES BY CATEGORY AND REGION

(上年=100) (preceding year=100)

年份 Year 地区 Region	总指数 General Index	食品 Food	#粮食 Grain	#油脂 Oil or Fat	#肉禽及其制品 Meat,Poultry and Processed Products	#蛋 Eggs	#水产品 Aquatic Products	#菜 Vegetables
2001	100.7	100.0	99.3	91.7	101.6	106.0	97.1	100.9
2002	99.2	99.4	98.3	98.7	99.5	102.6	96.7	98.2
2003	101.2	103.4	102.3	112.6	103.3	98.6	100.3	117.7
2004	103.9	109.9	126.4	118.2	117.6	120.2	112.7	95.1
2005	101.8	102.9	101.4	94.3	102.5	104.6	105.9	109.1
2006	101.5	102.3	102.7	98.6	97.1	96.0	101.2	108.2
2007	104.8	112.3	106.3	126.7	131.7	121.8	105.1	107.9
2008	105.9	114.3	107.0	125.4	121.7	104.3	114.2	111.0
2009	99.3	100.7	105.6	81.7	91.3	101.6	102.5	113.6
2010	103.3	107.2	111.8	103.8	102.9	108.3	108.1	118.5
2011	105.4	111.8	112.2	113.4	122.6	114.2	112.1	101.1
2012	102.6	104.8	104.0	105.1	102.1	97.1	108.0	113.7
2013	102.6	104.7	104.6	100.3	104.3	104.9	104.2	108.0
2014	102.0	103.1	103.1	95.1	100.4	110.4	104.4	99.2
北京 Beijing	101.6	103.2	102.2	96.9	99.9	109.5	106.1	96.3
天津 Tianjin	101.9	103.0	103.4	93.6	99.6	111.1	106.8	95.4
河北 Hebei	101.7	102.3	102.4	95.7	98.1	113.6	105.3	95.5
山西 Shanxi	101.7	102.8	104.6	95.8	98.8	113.2	104.8	92.2
内蒙古 Inner Mongolia	101.6	102.9	104.2	98.3	99.5	108.7	103.9	92.9
辽宁 Liaoning	101.7	102.7	103.6	95.4	99.4	112.5	103.7	95.5
吉林 Jilin	102.0	103.0	104.0	98.3	100.6	112.8	105.9	95.0
黑龙江 Heilongjiang	101.5	102.0	103.2	93.3	99.0	109.7	107.0	93.3
上海 Shanghai	102.7	103.2	102.4	95.5	101.4	106.0	102.7	101.5
江苏 Jiangsu	102.2	102.6	103.6	92.3	99.9	111.2	100.4	99.3
浙江 Zhejiang	102.1	103.1	101.8	92.9	100.1	112.5	104.6	99.7
安徽 Anhui	101.6	102.5	102.7	94.7	98.6	115.0	101.1	97.2
福建 Fujian	102.0	103.3	101.9	93.7	100.4	107.5	105.7	101.9
江西 Jiangxi	102.3	103.7	103.0	97.0	100.5	108.7	101.0	101.8
山东 Shandong	101.9	102.6	104.2	94.9	98.9	114.2	104.0	93.4
河南 Henan	101.9	102.6	105.2	94.8	98.8	114.4	105.0	95.7
湖北 Hubei	102.0	102.3	102.8	93.3	100.7	109.0	100.8	99.2
湖南 Hunan	101.9	102.6	102.0	97.3	100.9	108.3	102.2	102.8
广东 Guangdong	102.3	104.4	102.7	95.8	103.3	107.2	107.5	101.6
广西 Guangxi	102.1	104.3	102.2	91.4	103.6	106.1	107.4	103.9
海南 Hainan	102.4	103.7	103.2	95.7	103.6	103.9	105.4	102.1
重庆 Chongqing	101.8	103.3	101.8	94.7	99.4	103.5	104.7	105.7
四川 Sichuan	101.6	102.1	102.6	95.8	98.4	108.1	101.2	102.9
贵州 Guizhou	102.4	104.2	102.6	94.1	101.3	104.6	103.0	104.8
云南 Yunnan	102.4	104.3	102.6	95.6	100.7	106.3	103.4	108.2
西藏 Tibet	102.9	105.3	105.4	102.5	107.7	106.1	100.5	105.2
陕西 Shaanxi	101.6	102.8	103.3	94.2	98.9	109.2	104.0	96.7
甘肃 Gansu	102.1	103.6	104.2	98.3	100.3	109.1	103.2	102.2
青海 Qinghai	102.8	104.0	105.9	96.3	99.7	107.7	105.1	100.9
宁夏 Ningxia	101.9	102.7	103.3	97.8	100.0	107.7	102.2	93.2
新疆 Xinjiang	102.1	103.6	103.3	97.3	99.1	103.5	103.3	101.6

1-83 续表 1 continued

(上年=100) (preceding year=100)

年 份 地 区	Year Region	#鲜 菜 Fresh Vegetables	#干鲜瓜果 Dried and Fresh Melons and Fruits	#鲜 果 Fresh Fruits	#在外用膳食品 Dining Out	烟酒及用品 Tobacco, Liquor and Articles	#烟 草 Tobacco	#酒 Liquor	衣 着 Clothing
	2001	101.4	99.9	100.3	100.2	99.7	99.6	99.9	98.1
	2002	98.1	103.1	103.6	99.9	99.9	99.9	100.1	97.6
	2003	120.5	103.0	101.8	100.1	99.8	99.8	100.1	97.8
	2004	93.9	104.0	102.2	104.1	101.2	100.9	102.2	98.5
	2005	110.4	102.2	101.6	102.4	100.4	100.4	100.6	98.3
	2006	108.2	117.9	121.5	101.6	100.6	100.2	101.2	99.4
	2007	107.3	102.2	100.1	107.3	101.7	100.8	103.5	99.4
	2008	110.7	110.8	109.0	111.8	102.9	100.4	107.5	98.5
	2009	115.4	107.1	109.1	102.7	101.5	100.4	103.4	98.0
	2010	118.7	114.6	115.6	103.6	101.6	100.5	103.6	99.0
	2011	100.5	115.9	116.4	108.2	102.8	100.3	106.7	102.1
	2012	115.9	100.1	98.8	106.7	102.9	100.5	106.3	103.1
	2013	108.1	105.9	107.1	104.7	100.3	100.4	100.3	102.3
	2014	98.5	114.1	118.0	103.3	99.4	100.2	98.2	102.4
北 京	Beijing	94.4	111.7	117.1	103.3	99.7	100.8	98.6	100.4
天 津	Tianjin	93.7	117.3	122.4	102.2	98.7	99.6	97.9	101.8
河 北	Hebei	94.6	116.5	120.7	102.0	98.8	99.5	98.2	104.1
山 西	Shanxi	91.0	114.7	118.3	103.6	100.1	100.1	100.2	102.4
内蒙古	Inner Mongolia	92.3	113.1	115.4	104.4	100.4	100.6	100.3	102.1
辽 宁	Liaoning	94.3	114.6	117.8	103.3	100.3	99.9	100.8	102.2
吉 林	Jilin	93.7	111.6	113.4	103.6	100.1	99.9	100.3	103.1
黑龙江	Heilongjiang	92.2	112.3	114.6	102.2	100.9	101.0	100.9	102.9
上 海	Shanghai	100.5	111.6	116.6	101.9	101.0	101.2	100.7	103.7
江 苏	Jiangsu	98.7	113.9	116.2	102.8	98.6	100.1	96.3	103.9
浙 江	Zhejiang	98.9	111.6	117.6	103.7	99.6	100.0	98.5	101.8
安 徽	Anhui	96.4	118.3	123.7	103.1	97.5	100.1	94.0	101.0
福 建	Fujian	100.8	116.6	121.5	101.3	99.2	100.2	97.9	102.6
江 西	Jiangxi	101.6	116.4	120.4	105.4	100.1	100.0	100.3	102.4
山 东	Shandong	92.3	113.2	116.6	103.0	100.3	101.6	99.3	102.9
河 南	Henan	94.9	112.8	118.4	103.7	98.3	99.8	97.2	102.5
湖 北	Hubei	98.7	111.8	115.3	103.8	99.7	100.0	99.4	102.0
湖 南	Hunan	102.5	111.3	113.7	102.5	99.5	100.0	98.3	101.7
广 东	Guangdong	101.0	115.5	119.1	104.1	99.6	100.1	98.8	103.0
广 西	Guangxi	103.5	116.3	118.8	103.0	99.2	99.9	98.6	100.4
海 南	Hainan	101.5	113.8	115.0	102.5	97.9	99.8	94.2	102.3
重 庆	Chongqing	105.4	117.7	123.9	102.5	97.8	99.7	94.5	102.0
四 川	Sichuan	102.8	116.1	120.4	102.4	97.9	99.9	94.6	102.5
贵 州	Guizhou	104.5	116.2	120.0	106.1	99.8	100.3	99.0	102.1
云 南	Yunnan	109.1	111.9	114.4	105.6	100.5	100.5	100.7	100.9
西 藏	Tibet	105.0	105.2	105.6	107.1	100.1	100.1	100.1	102.3
陕 西	Shaanxi	95.4	114.2	120.0	103.4	98.8	99.9	97.2	101.1
甘 肃	Gansu	102.1	114.2	119.1	102.7	99.9	100.1	99.5	102.4
青 海	Qinghai	100.4	119.5	125.9	105.1	98.7	100.0	97.4	104.9
宁 夏	Ningxia	92.1	115.7	118.5	102.1	99.1	100.0	97.3	102.7
新 疆	Xinjiang	101.6	112.0	116.2	106.1	100.6	100.0	101.1	101.9

1-83 续表 2 continued

(上年=100) (preceding year=100)

年份 地区	Year Region	服装 Garments	衣着材料 Clothing Material	鞋袜帽 Footgear and Hats	衣着加工服务费 Clothing Manufacturing Service	家庭设备用品及维修服务 Household Facilities, Articles and Services	耐用消费品 Durable Consumer Goods	室内装饰品 Interior Decorations	床上用品 Bed Articles
	2001	97.6	98.8	99.0	100.3	97.7	96.1	98.3	99.3
	2002	97.4	98.9	98.0	99.9	97.5	95.9	98.8	98.7
	2003	97.6	99.2	97.7	100.1	97.4	95.8	98.8	98.4
	2004	98.3	100.2	98.3	100.7	98.6	97.1	99.2	99.3
	2005	98.1	100.0	98.3	101.1	99.9	98.8	99.5	99.4
	2006	99.0	100.5	100.2	101.5	101.2	100.8	100.0	99.6
	2007	99.4	101.6	99.0	102.3	101.9	101.6	100.3	99.4
	2008	98.3	102.4	98.2	104.1	102.8	101.2	100.2	99.7
	2009	97.8	100.9	97.8	103.5	100.2	98.1	99.7	98.8
	2010	99.1	103.0	98.2	102.9	100.0	98.5	99.9	99.9
	2011	102.4	109.2	100.7	107.3	102.4	100.4	101.0	104.7
	2012	103.3	103.5	102.3	107.1	101.9	100.4	100.8	100.4
	2013	102.4	102.2	101.6	106.8	101.5	100.3	100.4	100.5
	2014	102.6	102.3	101.9	105.2	101.2	100.3	100.0	100.0
北京	Beijing	100.0	101.9	100.9	105.8	100.3	99.1	98.2	95.0
天津	Tianjin	102.2	100.9	101.0	101.7	103.3	102.8	99.6	103.2
河北	Hebei	104.8	101.8	102.3	104.6	101.2	100.7	100.4	101.2
山西	Shanxi	102.4	101.2	102.4	103.8	101.4	100.7	100.5	100.8
内蒙古	Inner Mongolia	101.6	102.3	103.5	103.5	100.6	99.9	101.0	99.5
辽宁	Liaoning	103.3	102.2	99.7	106.8	100.3	99.5	101.1	98.5
吉林	Jilin	103.6	101.3	102.0	104.9	100.8	100.0	99.8	100.8
黑龙江	Heilongjiang	102.4	102.3	104.4	101.2	100.8	100.3	99.9	99.9
上海	Shanghai	102.4	103.1	108.5	110.0	101.8	100.9	93.6	98.4
江苏	Jiangsu	104.0	102.0	103.7	106.0	103.3	103.1	100.9	103.5
浙江	Zhejiang	102.4	101.9	99.3	106.1	101.5	99.5	101.2	101.6
安徽	Anhui	101.4	100.4	99.7	105.6	101.3	100.4	101.1	99.2
福建	Fujian	102.7	99.7	102.5	105.6	100.4	99.4	99.5	98.0
江西	Jiangxi	102.6	104.1	101.6	105.2	99.9	99.4	100.0	98.0
山东	Shandong	102.8	108.4	102.9	107.2	101.1	100.6	99.5	101.7
河南	Henan	102.6	101.0	102.1	106.1	100.9	100.7	100.8	100.1
湖北	Hubei	101.8	105.2	101.9	104.9	101.5	99.7	100.6	101.5
湖南	Hunan	101.9	102.5	100.6	107.5	101.3	100.6	100.1	100.9
广东	Guangdong	103.4	100.0	102.2	102.5	100.8	99.0	100.2	97.9
广西	Guangxi	100.2	99.9	101.0	103.5	100.3	99.7	99.8	99.6
海南	Hainan	102.0	105.1	102.8	107.3	101.4	100.1	100.4	100.8
重庆	Chongqing	102.3	100.9	101.0	105.7	100.5	100.6	98.6	98.1
四川	Sichuan	102.7	101.2	101.9	106.1	101.2	100.0	99.6	101.1
贵州	Guizhou	102.3	100.0	101.4	109.9	100.7	101.1	101.4	99.9
云南	Yunnan	101.3	100.4	100.0	100.6	101.3	100.9	99.0	99.0
西藏	Tibet	101.1	101.2	103.0	108.2	101.3	100.6	100.3	101.9
陕西	Shaanxi	101.3	102.1	100.0	107.5	101.0	99.4	100.1	100.2
甘肃	Gansu	102.5	106.4	101.6	102.8	102.2	101.1	103.1	99.7
青海	Qinghai	104.5	100.6	105.9	111.7	99.8	98.7	100.7	100.5
宁夏	Ningxia	102.8	102.1	102.5	104.1	101.1	100.5	101.4	98.1
新疆	Xinjiang	102.3	101.3	100.8	105.6	101.1	99.5	100.8	99.9

1-83 续表 3 continued

(上年=100) (preceding year=100)

年份 地区	Year Region	家庭日用杂品 Daily Use Household Articles	家庭服务及加工维修服务费 Household Services and Maintenance and Renovation	医疗保健和个人用品 Health Care and Personal Articles	医疗保健 Health Care	医疗器具及用品 Medical Appliances and Articles	中药材及中成药 Traditional Chinese Medicine	西药 Western Medicine	保健器具及用品 Health Care Appliances and Articles
	2001	98.6	101.5	100.0	100.3	98.3	101.4	94.8	97.3
	2002	98.0	101.2	98.8	98.5	97.2	96.6	94.5	97.1
	2003	98.3	101.1	100.9	101.2	101.0	105.0	94.5	98.2
	2004	99.8	101.9	99.7	99.1	102.3	98.9	94.9	98.6
	2005	100.4	104.4	99.9	99.5	97.4	96.5	97.7	100.0
	2006	101.1	105.8	101.1	100.2	97.2	99.9	98.4	100.3
	2007	101.7	107.2	102.1	102.1	98.2	107.9	99.1	101.1
	2008	104.9	109.0	102.9	102.2	99.7	106.8	101.1	102.1
	2009	102.5	105.2	101.2	101.4	101.6	102.6	101.0	101.1
	2010	100.3	106.7	103.2	103.3	105.0	111.2	101.0	101.6
	2011	102.5	111.4	103.4	102.9	101.9	111.9	99.7	104.4
	2012	102.6	109.7	102.0	101.7	102.7	105.0	100.3	102.5
	2013	101.3	108.7	101.3	101.5	100.7	103.3	100.2	102.1
	2014	100.8	107.3	101.3	101.7	100.6	103.0	100.6	103.9
北京	Beijing	99.9	110.0	99.9	101.1	100.9	102.6	99.9	103.5
天津	Tianjin	103.7	106.8	100.4	100.9	99.8	103.2	100.6	99.5
河北	Hebei	100.9	106.9	101.5	101.7	100.0	103.7	102.1	102.4
山西	Shanxi	100.5	111.0	100.9	100.9	100.0	102.4	101.0	100.8
内蒙古	Inner Mongolia	100.7	106.5	100.8	101.0	100.4	103.0	101.1	100.8
辽宁	Liaoning	100.5	106.8	101.6	101.2	100.5	102.8	101.4	101.1
吉林	Jilin	100.5	107.4	100.6	100.6	100.7	100.7	100.9	100.8
黑龙江	Heilongjiang	100.8	104.2	102.2	103.0	101.3	102.1	101.5	102.7
上海	Shanghai	100.5	110.7	100.4	101.7	100.4	103.0	99.9	104.4
江苏	Jiangsu	102.3	106.8	101.8	102.4	100.9	103.6	98.9	103.6
浙江	Zhejiang	100.6	109.1	101.9	102.5	100.0	99.8	95.4	109.1
安徽	Anhui	100.9	108.5	101.6	101.9	100.8	102.7	102.3	103.6
福建	Fujian	100.9	104.9	100.7	101.3	99.9	102.5	101.1	103.6
江西	Jiangxi	99.8	104.6	101.0	101.3	100.1	102.3	100.7	105.3
山东	Shandong	100.9	106.6	101.2	101.2	100.8	103.4	99.8	103.4
河南	Henan	100.8	105.3	101.0	101.3	100.9	102.7	101.1	104.9
湖北	Hubei	100.9	112.1	100.7	100.9	99.9	102.0	100.5	100.3
湖南	Hunan	102.1	103.0	102.1	102.9	99.9	107.7	101.4	102.8
广东	Guangdong	100.2	106.5	100.9	101.2	101.3	101.3	101.3	103.0
广西	Guangxi	100.3	104.7	101.0	101.6	100.1	103.4	100.8	101.5
海南	Hainan	101.3	108.5	102.0	102.5	102.3	104.7	104.3	104.9
重庆	Chongqing	99.5	106.0	101.7	102.8	100.7	106.3	100.5	107.7
四川	Sichuan	100.3	107.5	101.1	101.4	100.4	103.4	100.2	101.7
贵州	Guizhou	99.5	104.0	101.6	101.3	100.5	102.4	102.1	100.1
云南	Yunnan	99.8	111.7	101.1	101.2	100.8	102.0	101.4	101.0
西藏	Tibet	101.3	104.2	101.0	101.7	100.7	104.5	101.4	100.2
陕西	Shaanxi	100.8	111.0	102.7	103.5	102.0	108.3	101.4	101.5
甘肃	Gansu	101.4	111.6	101.2	101.6	100.0	105.6	101.2	102.4
青海	Qinghai	100.3	104.7	101.4	101.6	99.9	101.3	104.0	101.8
宁夏	Ningxia	101.6	106.2	101.6	101.7	102.1	103.0	101.2	103.7
新疆	Xinjiang	100.3	109.5	101.3	101.9	100.7	102.5	103.1	101.5

1-83 续表 4 continued

(上年=100) (preceding year=100)

年 份 Year 地 区 Region		医疗保健服务 Health Care Services	个人用品及服务 Personal Articles and Services	化妆美容用品 Cosmetics	清洁化妆用品 Sanitation Articles	个人饰品 Personal Ornaments	个人服务 Personal Services	交通和通信 Transportation and Communication	交通 Transportation
	2001	110.5	99.5	99.8	97.9	97.8	101.7	99.0	101.0
	2002	108.2	99.5	99.7	97.3	99.3	101.2	98.1	99.1
	2003	108.9	100.2	99.5	97.1	102.9	100.8	97.8	99.5
	2004	105.2	101.2	98.8	98.4	104.5	101.8	98.5	100.4
	2005	105.2	100.8	99.4	99.4	101.6	101.9	99.0	101.5
	2006	103.0	103.2	99.7	99.9	110.8	102.5	99.9	103.2
	2007	102.2	102.1	100.1	100.3	104.5	103.1	99.1	100.8
	2008	100.5	104.4	100.6	101.7	109.7	105.0	99.1	102.2
	2009	101.0	100.8	100.8	102.1	96.3	103.8	97.6	98.6
	2010	100.9	103.0	100.5	100.4	108.4	102.8	99.6	101.7
	2011	100.6	104.4	101.0	101.8	108.8	104.9	100.5	102.6
	2012	100.7	102.6	101.3	103.5	100.2	105.3	99.9	101.2
	2013	101.5	101.0	101.0	102.0	95.3	105.4	99.6	100.2
	2014	101.2	100.4	100.7	100.9	95.3	104.2	99.9	100.2
北 京	Beijing	100.0	97.7	97.2	99.4	92.7	104.5	99.2	100.0
天 津	Tianjin	100.0	99.5	96.8	100.6	98.7	102.4	99.7	99.7
河 北	Hebei	100.7	100.9	102.3	101.4	96.0	104.0	100.0	99.9
山 西	Shanxi	100.6	100.8	100.9	100.4	96.4	105.5	99.8	100.3
内蒙古	Inner Mongolia	100.3	100.4	100.2	100.7	96.1	104.1	99.4	99.9
辽 宁	Liaoning	100.0	102.4	101.1	100.8	95.6	106.8	100.4	100.9
吉 林	Jilin	100.3	100.5	100.7	100.6	96.4	102.0	100.2	100.3
黑龙江	Heilongjiang	105.5	100.2	100.8	103.0	92.7	103.8	99.6	99.5
上 海	Shanghai	101.9	99.2	101.6	102.6	94.1	103.9	100.1	100.6
江 苏	Jiangsu	103.5	100.8	101.2	102.7	94.1	103.7	99.8	99.6
浙 江	Zhejiang	105.8	99.9	101.6	100.1	93.1	104.1	99.7	99.7
安 徽	Anhui	100.7	101.0	100.7	100.2	95.6	105.4	99.2	100.2
福 建	Fujian	100.0	99.8	100.0	100.3	96.4	101.5	100.2	100.2
江 西	Jiangxi	100.3	100.6	100.2	101.2	96.0	104.9	99.7	100.7
山 东	Shandong	100.6	101.4	101.0	101.2	97.4	106.0	99.8	100.1
河 南	Henan	100.6	100.4	101.0	100.4	95.1	104.6	99.9	99.7
湖 北	Hubei	100.5	100.4	100.7	100.1	94.9	104.9	100.2	100.9
湖 南	Hunan	101.0	100.1	100.2	100.4	94.0	102.3	100.2	100.6
广 东	Guangdong	100.2	100.4	100.6	100.7	95.6	103.9	99.6	99.9
广 西	Guangxi	100.9	99.9	99.8	100.5	95.3	103.5	99.9	100.5
海 南	Hainan	100.5	100.3	100.1	101.0	95.5	104.4	100.0	100.3
重 庆	Chongqing	100.5	99.8	100.7	100.4	96.1	101.9	100.3	102.0
四 川	Sichuan	101.0	100.3	100.6	100.7	94.2	103.8	100.3	100.8
贵 州	Guizhou	100.1	102.1	100.1	100.6	97.7	108.5	100.2	101.1
云 南	Yunnan	100.1	100.7	101.1	100.9	94.5	103.9	100.3	100.6
西 藏	Tibet	100.4	100.1	99.6	101.2	95.2	106.4	100.6	101.1
陕 西	Shaanxi	100.9	100.6	101.6	100.6	95.8	102.6	99.9	101.5
甘 肃	Gansu	98.7	100.1	102.2	101.7	97.2	104.9	100.0	100.9
青 海	Qinghai	100.4	101.0	98.8	100.8	93.6	112.0	100.3	101.1
宁 夏	Ningxia	100.9	101.2	100.8	102.1	96.2	103.7	99.6	100.1
新 疆	Xinjiang	100.0	100.7	100.5	101.1	95.7	106.2	100.4	101.1

1-83 续表 5 continued

(上年=100) (preceding year=100)

年 份 Year / 地 区 Region	交通工具 Transportation Facility	车用燃料及零配件 Fuels and Parts	车辆使用及维修费 Fees for Vehicles Use and Maintenance	市区公共交通费 Incity Traffic Fare	城市间交通费 Intercity Traffic Fare	通信 Communication	通信工具 Communication Facility	通信服务 Communication Services
2001	96.4	99.0	100.4	105.8	104.0	96.8	80.5	101.1
2002	95.0	98.5	100.0	101.9	101.8	97.2	83.5	100.3
2003	95.9	108.3	98.9	100.6	101.4	96.1	82.1	99.4
2004	96.5	107.7	101.0	101.0	102.5	96.8	84.3	99.8
2005	97.3	110.3	102.0	102.2	103.3	96.6	84.1	99.6
2006	97.8	112.8	102.4	104.8	105.6	96.4	82.2	100.0
2007	97.7	103.5	102.4	101.3	103.0	97.1	81.8	100.6
2008	98.4	113.5	100.8	100.5	104.3	95.6	80.7	98.8
2009	98.0	92.8	101.1	100.6	100.5	96.3	81.7	99.5
2010	98.7	111.5	101.7	100.7	101.7	97.3	86.5	99.7
2011	99.0	111.7	103.8	101.7	102.7	97.5	87.0	99.8
2012	99.2	102.9	104.5	101.4	101.6	98.0	87.8	99.9
2013	98.8	99.4	104.0	100.9	101.0	98.8	91.8	99.9
2014	99.2	98.7	103.0	101.2	101.4	99.4	95.7	99.9
北 京 Beijing	98.1	97.2	103.9	103.0	102.0	97.4	77.9	99.7
天 津 Tianjin	99.4	99.0	99.2	100.0	102.6	99.6	95.5	100.0
河 北 Hebei	99.1	98.9	105.1	101.3	100.0	100.2	101.3	100.0
山 西 Shanxi	99.2	99.3	106.7	101.8	99.0	99.2	87.9	100.2
内蒙古 Inner Mongolia	99.0	98.0	103.7	100.1	102.0	98.5	93.1	100.3
辽 宁 Liaoning	100.1	99.2	102.0	100.8	102.5	99.9	98.3	100.1
吉 林 Jilin	100.2	98.9	100.8	100.1	101.8	99.9	99.3	100.1
黑龙江 Heilongjiang	96.2	98.8	102.0	99.7	101.7	99.7	98.7	99.9
上 海 Shanghai	98.3	97.6	102.5	100.0	110.6	98.7	93.7	99.2
江 苏 Jiangsu	98.7	98.3	102.8	101.1	101.0	100.1	99.6	100.2
浙 江 Zhejiang	99.2	99.5	101.9	101.6	99.4	99.7	96.3	100.0
安 徽 Anhui	97.7	99.2	103.1	101.7	101.2	98.2	93.5	99.2
福 建 Fujian	99.7	99.5	100.8	101.1	101.4	100.2	100.6	100.2
江 西 Jiangxi	100.1	98.8	106.4	100.5	100.5	98.8	90.9	100.0
山 东 Shandong	99.1	98.9	101.0	102.7	101.7	99.4	95.3	100.2
河 南 Henan	98.6	99.4	102.8	102.5	101.7	100.2	101.1	100.0
湖 北 Hubei	99.9	99.2	102.9	102.0	100.4	99.4	95.9	100.0
湖 南 Hunan	99.7	99.1	105.4	99.7	102.4	99.7	99.0	99.8
广 东 Guangdong	99.7	97.9	103.3	100.7	99.0	99.2	94.5	99.8
广 西 Guangxi	100.4	98.3	102.7	101.7	100.5	99.3	96.2	99.9
海 南 Hainan	99.0	98.2	102.9	100.0	107.4	99.4	91.5	100.0
重 庆 Chongqing	99.2	99.5	103.4	106.5	99.6	98.5	95.4	99.2
四 川 Sichuan	99.8	99.2	101.9	101.8	101.5	99.3	94.7	99.9
贵 州 Guizhou	100.0	99.6	103.5	100.7	102.9	99.1	92.7	100.2
云 南 Yunnan	99.5	100.1	104.2	101.9	100.3	99.8	98.0	100.1
西 藏 Tibet	100.1	99.3	102.9	103.1	101.0	99.8	99.6	99.9
陕 西 Shaanxi	99.9	98.9	105.6	100.5	103.2	98.3	89.7	100.0
甘 肃 Gansu	101.5	99.5	105.4	101.0	100.5	99.0	93.4	99.8
青 海 Qinghai	100.1	99.6	106.5	100.9	101.2	99.3	96.0	100.1
宁 夏 Ningxia	99.1	99.0	105.9	100.6	99.9	98.7	91.2	100.4
新 疆 Xinjiang	99.9	99.1	104.4	102.4	100.5	99.6	95.8	100.2

1-83 续表 6 continued

(上年=100) (preceding year=100)

年 份 地 区	Year Region	娱乐教育文化用品及服务 Recreation, Education and Culture	文娱用耐用消费品及服务 Durable Consumer Goods and Service for Recreational Use	教育 Education	教材及参考书 Teaching Materials and Reference Books	教育服务 Educational Services	文化娱乐 Cultural and Recreational Articles	文化娱乐用品 Cultural Articles	书报杂志 Newspapers and Magazines
2001		106.6	91.2	113.6	106.1		101.7	99.4	101.9
2002		100.6	90.5	103.7	99.0		101.2	98.9	101.0
2003		101.3	92.7	104.3	101.7		101.3	98.7	100.4
2004		101.3	93.3	103.4	102.8		101.1	99.4	100.6
2005		102.2	93.8	105.1	100.9		101.2	99.8	100.8
2006		99.5	94.2	100.0	100.3		101.0	99.6	100.7
2007		99.0	93.1	99.6	99.1		101.0	99.5	100.7
2008		99.3	92.3	100.5	100.6		101.3	99.9	102.1
2009		99.3	90.6	101.6	102.9		102.5	99.8	107.6
2010		100.6	94.3	101.4	102.6		101.0	99.7	100.6
2011		100.4	93.7	101.3	101.1	101.4	101.1	100.6	101.0
2012		100.5	94.5	101.7	101.7	101.7	101.3	100.4	101.4
2013		101.8	96.3	102.7	102.3	102.8	101.4	100.2	101.0
2014		101.9	97.3	102.4	101.3	102.5	101.3	100.3	101.6
北 京	Beijing	103.2	91.1	106.4	101.6	106.7	101.9	100.6	104.5
天 津	Tianjin	101.7	90.5	104.3	100.5	104.8	100.4	98.7	100.3
河 北	Hebei	101.9	99.6	101.9	101.0	102.0	101.8	100.7	100.9
山 西	Shanxi	101.8	95.9	102.8	103.2	102.7	99.7	100.5	100.8
内蒙古	Inner Mongolia	101.2	98.0	101.5	100.9	101.5	100.0	99.3	100.1
辽 宁	Liaoning	101.1	96.8	101.8	101.7	101.8	101.1	100.5	100.7
吉 林	Jilin	101.8	98.4	102.6	101.6	102.8	100.3	99.8	100.5
黑龙江	Heilongjiang	100.9	99.5	101.5	101.7	101.5	99.8	98.6	99.8
上 海	Shanghai	101.8	93.7	102.4	103.4	102.3	101.0	100.3	100.8
江 苏	Jiangsu	102.6	100.5	101.8	101.4	101.8	102.5	101.4	103.3
浙 江	Zhejiang	102.2	97.5	101.6	99.1	101.7	100.6	100.1	100.3
安 徽	Anhui	102.4	98.7	102.6	101.7	102.8	101.0	100.3	100.7
福 建	Fujian	101.7	95.5	102.3	97.2	102.8	100.8	99.7	102.3
江 西	Jiangxi	102.8	96.8	103.6	101.2	103.9	101.4	100.4	100.8
山 东	Shandong	102.0	98.9	102.0	101.0	102.1	101.0	99.7	101.5
河 南	Henan	103.2	98.5	103.4	101.3	103.5	102.3	100.3	100.8
湖 北	Hubei	101.7	95.9	102.6	101.3	102.8	100.4	100.3	101.3
湖 南	Hunan	103.0	99.2	102.9	100.6	103.0	100.8	101.0	100.2
广 东	Guangdong	101.1	96.7	102.2	100.5	102.6	101.4	100.3	103.4
广 西	Guangxi	101.5	97.4	102.4	100.6	102.6	101.0	99.7	102.2
海 南	Hainan	101.7	97.4	103.3	103.1	103.4	101.8	103.9	99.9
重 庆	Chongqing	100.1	96.9	101.1	103.1	100.8	101.0	101.1	100.8
四 川	Sichuan	101.6	96.4	102.0	103.3	101.8	100.8	99.9	100.7
贵 州	Guizhou	102.4	95.5	104.4	101.4	104.8	101.4	99.7	100.7
云 南	Yunnan	100.6	97.6	100.3	101.1	100.2	101.4	99.3	100.5
西 藏	Tibet	101.7	98.9	101.5	101.8	101.3	100.3	101.1	100.4
陕 西	Shaanxi	100.7	95.7	101.8	102.5	101.7	102.8	100.8	104.1
甘 肃	Gansu	101.4	97.9	102.0	101.6	102.0	101.0	100.2	100.6
青 海	Qinghai	102.6	94.5	103.5	104.9	103.3	101.1	99.8	101.2
宁 夏	Ningxia	102.8	93.8	107.3	107.3	107.3	101.2	100.2	102.2
新 疆	Xinjiang	100.4	97.9	100.8	99.9	101.0	102.6	100.1	100.2

1-83 续表 7 continued

(上年=100) (preceding year=100)

年　份 Year / 地　区 Region	文娱费 Expenditure on Culture and Recreation	旅　游 Touring and Outing	居　住 Residence	建房及装修材料 Building and Decoration Materials	住房租金 Renting	自有住房 Private Housing	水电燃料 Water, Electricity and Fuels
2001	104.4	100.3	101.2	98.8	108.6	100.0	102.5
2002	104.2	95.9	99.9	98.4	104.4	95.4	102.9
2003	104.6	95.4	102.1	99.5	103.5	99.1	105.7
2004	103.2	100.6	104.9	104.3	103.0	100.9	107.5
2005	102.9	99.6	105.4	102.6	101.9	105.6	108.6
2006	102.6	103.1	104.6	103.9	102.7	103.7	105.9
2007	102.7	102.3	104.5	105.1	104.2	107.0	103.0
2008	102.1	101.1	105.5	107.1	103.5	102.8	106.4
2009	102.1	97.5	96.4	100.2	101.6	85.3	97.9
2010	102.3	104.9	104.5	103.3	104.9	103.6	105.5
2011	101.5	103.8	105.3	104.7	105.3	106.5	103.5
2012	101.9	101.7	102.1	101.0	102.7	102.3	102.4
2013	102.4	104.0	102.8	101.2	104.1	103.8	101.6
2014	101.8	105.0	102.0	101.0	103.3	103.0	100.7
北　京 Beijing	102.0	104.5	101.4	100.1	101.3	101.3	103.1
天　津 Tianjin	101.7	102.5	102.0	101.6	103.7	102.2	101.3
河　北 Hebei	102.9	104.9	101.1	100.5	100.6	102.3	99.2
山　西 Shanxi	98.6	104.7	100.8	99.1	104.6	102.2	98.3
内蒙古 Inner Mongolia	100.3	104.5	101.0	100.2	102.1	102.2	99.0
辽　宁 Liaoning	101.7	102.0	101.3	100.3	101.8	102.0	100.3
吉　林 Jilin	100.6	104.1	102.0	101.0	102.6	102.6	101.7
黑龙江 Heilongjiang	100.9	101.0	100.6	101.5	101.1	100.7	99.9
上　海 Shanghai	101.4	107.9	104.6	99.8	105.2	105.3	105.9
江　苏 Jiangsu	102.9	106.1	102.4	102.3	102.8	102.7	101.1
浙　江 Zhejiang	100.8	108.1	102.4	101.5	102.6	103.2	101.2
安　徽 Anhui	102.3	106.5	102.0	101.1	103.7	102.7	100.9
福　建 Fujian	100.9	105.0	102.3	100.9	102.1	102.9	101.5
江　西 Jiangxi	102.5	106.1	102.5	102.0	104.3	103.8	101.6
山　东 Shandong	102.1	108.1	102.1	100.6	102.8	103.8	100.5
河　南 Henan	104.0	108.6	102.2	100.9	103.8	104.3	99.2
湖　北 Hubei	100.1	104.3	103.3	101.4	105.4	105.2	101.2
湖　南 Hunan	100.9	111.0	101.4	102.0	103.0	101.9	100.0
广　东 Guangdong	101.3	101.4	101.9	101.5	103.8	103.0	100.3
广　西 Guangxi	101.3	103.4	101.5	101.1	101.9	101.7	101.4
海　南 Hainan	100.6	99.7	102.6	103.5	100.7	105.9	99.9
重　庆 Chongqing	101.0	99.1	101.6	102.9	102.5	101.8	100.3
四　川 Sichuan	101.7	106.5	101.9	101.4	103.9	102.6	100.2
贵　州 Guizhou	102.2	104.2	101.8	100.5	104.3	102.5	101.2
云　南 Yunnan	104.2	103.1	102.7	99.7	103.9	104.9	101.6
西　藏 Tibet	99.4	108.3	102.4	100.8	102.2	103.6	101.1
陕　西 Shaanxi	103.8	99.1	101.2	97.2	103.4	103.3	99.8
甘　肃 Gansu	101.3	104.3	101.5	100.5	103.0	102.4	99.9
青　海 Qinghai	102.0	109.1	103.0	99.9	105.9	105.2	100.3
宁　夏 Ningxia	101.5	100.5	101.2	99.9	107.0	103.0	100.5
新　疆 Xinjiang	106.1	99.2	101.9	100.2	103.0	102.2	100.4

1-84 城镇居民人均收支情况
PER CAPITA INCOME AND CONSUMPTION EXPENDITURE OF URBAN HOUSEHOLDS

单位：元 (yuan)

指　　标	Item	2013	2014
城镇居民人均收入	**Per Capita Income of Urban Households**		
可支配收入	Disposable Income	26467.0	28843.9
1.工资性收入	1.Income of Wages and Salaries	16617.4	17936.8
2.经营净收入	2.Net Business Income	2975.3	3279.0
3.财产净收入	3.Net Income from Property	2551.5	2812.1
4.转移净收入	4.Net Income from Transfer	4322.8	4815.9
现金可支配收入	Cash Disposable Income	24799.0	26860.2
1.工资性收入	1.Income of Wages and Salaries	16509.9	17821.3
2.经营净收入	2.Net Business Income	3332.3	3528.0
3.财产净收入	3.Net Income from Property	831.8	977.8
4.转移净收入	4.Net Income from Transfer	4125.0	4533.1
城镇居民人均支出	**Per Capita Expenditure of Urban Households**		
消费支出	Consumption Expenditure	18487.5	19968.1
1.食品烟酒	1.Food,Tobacco and Liquor	5570.7	6000.0
2.衣着	2.Clothing	1553.7	1627.2
3.居住	3.Residence	4301.4	4489.6
4.生活用品及服务	4.Household Facilities, Articles and Services	1129.2	1233.2
5.交通通信	5.Transport and Communications	2317.8	2637.3
6.教育文化娱乐	6.Education, Cultural and Recreation	1988.3	2142.3
7.医疗保健	7.Health Care and Medical Services	1136.1	1305.6
8.其他用品及服务	8.Miscellaneous Goods and Services	490.4	532.9
现金消费支出	Cash Consumption Expenditure	15453.0	16690.6
1.食品烟酒	1.Food, Tobacco and Liquor	5461.2	5874.9
2.衣着	2.Clothing	1551.5	1626.6
3.居住	3.Residence	1579.9	1625.6
4.生活用品及服务	4.Household Facilities, Articles and Services	1124.0	1225.6
5.交通通信	5.Transport and Communications	2313.6	2631.5
6.教育文化娱乐	6.Education, Cultural and Recreation	1986.3	2140.7
7.医疗保健	7.Health Care and Medical Services	954.8	1038.5
8.其他用品及服务	8.Miscellaneous Goods and Services	481.7	527.1

注：2013、2014年数据来源于国家统计局开展的城乡一体化住户收支与生活状况调查。

a) The data in 2013 and 2014 are compiled on the basis of the integrated household income and expenditure survey of the NBS, including both urban and rural households.

1-85　分地区城镇居民人均可支配收入来源（2014年）
PER CAPITA DISPOSABLE INCOME OF URBAN HOUSEHOLDS BY SOURCES AND REGION (2014)

单位：元　　(yuan)

地　区	Region	可支配收　入 Disposable Income	工资性收入 Income from Wages and Salaries	经营净收入 Net Business Income	财产性收入 Income from Properties	转移性收入 Income from Transfers
全　国	**National Average**	**28843.85**	**17936.82**	**3278.95**	**2812.13**	**4815.95**
北　京	Beijing	48531.85	29652.94	1388.75	7976.65	9513.51
天　津	Tianjin	31506.03	18796.86	2442.20	3230.22	7036.75
河　北	Hebei	24141.34	15275.87	1806.79	2222.40	4836.28
山　西	Shanxi	24069.43	15623.72	2701.11	1727.15	4017.45
内蒙古	Inner Mongolia	28349.64	17406.18	4538.82	1802.07	4602.57
辽　宁	Liaoning	29081.75	16239.60	3421.92	2147.74	7272.49
吉　林	Jilin	23217.82	13658.22	2628.49	1238.05	5693.06
黑龙江	Heilongjiang	22609.03	13741.32	2421.03	1318.22	5128.46
上　海	Shanghai	48841.40	30212.11	1368.99	7179.43	10080.87
江　苏	Jiangsu	34346.26	20720.13	4063.48	3373.48	6189.16
浙　江	Zhejiang	40392.72	23317.29	6379.40	5358.35	5337.69
安　徽	Anhui	24838.52	15515.00	3881.73	1787.66	3654.13
福　建	Fujian	30722.39	19197.23	4246.81	3648.56	3629.79
江　西	Jiangxi	24309.19	15623.11	1961.40	2489.66	4235.01
山　东	Shandong	29221.94	18866.18	4035.71	2271.16	4048.89
河　南	Henan	23672.06	14510.79	3264.42	1861.66	4035.19
湖　北	Hubei	24852.28	14215.35	3515.07	1922.42	5199.44
湖　南	Hunan	26570.16	14661.73	3566.70	2628.59	5713.14
广　东	Guangdong	32148.11	24315.60	3547.42	3376.82	908.27
广　西	Guangxi	24669.00	13892.69	3431.32	2234.99	5110.00
海　南	Hainan	24486.53	15654.23	3166.60	2252.20	3413.49
重　庆	Chongqing	25147.23	15020.20	2658.34	2025.95	5442.74
四　川	Sichuan	24234.41	14262.37	2903.80	1891.24	5177.00
贵　州	Guizhou	22548.21	13147.52	3172.54	1746.58	4481.57
云　南	Yunnan	24299.01	13530.87	2911.87	3642.21	4214.05
西　藏	Tibet	22015.81	17404.64	631.09	1537.76	2442.33
陕　西	Shaanxi	24365.76	14925.92	2030.63	2018.81	5390.40
甘　肃	Gansu	21803.86	13999.88	1669.97	2109.47	4024.53
青　海	Qinghai	22306.57	15283.47	1699.38	1159.63	4164.10
宁　夏	Ningxia	23284.56	15735.55	2685.08	1023.92	3840.01
新　疆	Xinjiang	23214.03	15404.32	2491.38	1240.18	4078.14

1-86 农村居民人均收支情况

PER CAPITA INCOME AND CONSUMPTION EXPENDITURE OF RURAL HOUSEHOLDS

单位：元 (yuan)

指　　标	Item	2013	2014
农村居民人均收入	**Per Capita Income of Rural Households**		
可支配收入	Disposable Income	9429.6	10488.9
1.工资性收入	1.Income of Wages and Salaries	3652.5	4152.2
2.经营净收入	2.Net Business Income	3934.9	4237.4
3.财产净收入	3.Net Income from Property	194.7	222.1
4.转移净收入	4.Net Income from Transfer	1647.5	1877.2
现金可支配收入	Cash Disposable Income	8747.1	9698.2
1.工资性收入	1.Income of Wages and Salaries	3639.7	4137.5
2.经营净收入	2.Net Business Income	3378.0	3620.1
3.财产净收入	3.Net Income from Property	194.2	224.7
4.转移净收入	4.Net Income from Transfer	1535.2	1715.9
农村居民人均支出	**Per Capita Expenditure of Rural Households**		
消费支出	Consumption Expenditure	7485.2	8382.6
1.食品烟酒	1.Food,Tobacco and Liquor	2554.4	2814.0
2.衣着	2.Clothing	453.8	510.4
3.居住	3.Residence	1579.8	1762.7
4.生活用品及服务	4.Household Facilities, Articles and Services	455.1	506.5
5.交通通信	5.Transport and Communications	874.9	1012.6
6.教育文化娱乐	6.Education, Cultural and Recreation	754.6	859.5
7.医疗保健	7.Health Care and Medical Services	668.2	753.9
8.其他用品及服务	8.Miscellaneous Goods and Services	144.2	163.0
现金消费支出	Cash Consumption Expenditure	5978.8	6716.7
1.食品烟酒	1.Food, Tobacco and Liquor	2038.8	2301.3
2.衣着	2.Clothing	453.1	509.7
3.居住	3.Residence	692.4	758.5
4.生活用品及服务	4.Household Facilities, Articles and Services	451.0	500.1
5.交通通信	5.Transport and Communications	874.7	1012.5
6.教育文化娱乐	6.Education, Cultural and Recreation	754.4	859.2
7.医疗保健	7.Health Care and Medical Services	573.2	614.9
8.其他用品及服务	8.Miscellaneous Goods and Services	141.2	160.5

注：2013、2014年数据来源于国家统计局开展的城乡一体化住户收支与生活状况调查。

a) The data in 2013 and 2014 are compiled on the basis of the integrated household income and expenditure survey of the NBS, including both urban and rural households.

1-87　农村居民分地区人均可支配收入来源（2014年）
PER CAPITA DISPOSABLE INCOME OF RURAL HOUSEHOLDS BY SOURCES AND REGION (2014)

单位：元　　(yuan)

地　区	Region	可支配收入 Disposable Income	工资性收入 Income from Wages and Salaries	经营净收入 Net Business Income	财产净收入 Net Income from Properties	转移净收入 Net Income from Transfers
全　国	**National Average**	**10488.88**	**4152.20**	**4237.39**	**222.07**	**1877.22**
北　京	Beijing	18867.30	14260.21	1854.28	817.78	1935.04
天　津	Tianjin	17014.18	9941.12	4791.36	799.14	1482.55
河　北	Hebei	10186.14	5133.34	3435.48	203.96	1413.37
山　西	Shanxi	8809.44	4569.57	2482.26	123.17	1634.44
内蒙古	Inner Mongolia	9976.30	2070.78	5872.42	388.68	1644.42
辽　宁	Liaoning	11191.49	4362.29	5252.39	234.72	1342.09
吉　林	Jilin	10780.12	1937.65	7445.63	181.84	1215.01
黑龙江	Heilongjiang	10453.20	2188.54	6596.66	512.16	1155.84
上　海	Shanghai	21191.64	16177.05	1440.60	686.06	2887.94
江　苏	Jiangsu	14958.44	7170.32	5030.52	472.00	2285.60
浙　江	Zhejiang	19373.28	11772.53	5236.72	542.80	1821.22
安　徽	Anhui	9916.42	3554.87	3985.90	149.08	2226.57
福　建	Fujian	12650.19	5655.21	5093.61	201.28	1700.09
江　西	Jiangxi	10116.58	3937.44	4106.54	153.27	1919.33
山　东	Shandong	11882.26	4713.15	5431.02	287.17	1450.91
河　南	Henan	9966.07	3260.22	4277.59	146.13	2282.13
湖　北	Hubei	10849.06	3298.61	5009.34	125.44	2415.66
湖　南	Hunan	10060.17	4088.13	3638.91	165.58	2167.54
广　东	Guangdong	12245.56	6220.34	3272.39	295.53	2457.30
广　西	Guangxi	8683.18	2335.37	4047.75	75.20	2224.86
海　南	Hainan	9912.57	3596.03	4753.48	176.66	1386.40
重　庆	Chongqing	9489.82	3196.46	3401.91	252.37	2639.07
四　川	Sichuan	9347.74	3156.55	3877.93	184.74	2128.52
贵　州	Guizhou	6671.22	2521.48	2643.06	71.00	1435.69
云　南	Yunnan	7456.13	1975.82	4242.36	134.65	1103.29
西　藏	Tibet	7359.20	1571.08	4361.84	129.77	1296.51
陕　西	Shaanxi	7932.21	3216.83	2750.73	120.14	1844.51
甘　肃	Gansu	6276.59	1755.76	2761.64	112.29	1646.91
青　海	Qinghai	7282.73	2041.42	3021.39	287.78	1932.13
宁　夏	Ningxia	8410.02	3391.04	3644.63	148.95	1225.40
新　疆	Xinjiang	8723.83	1847.98	5179.42	228.73	1467.70

二、就业与失业

EMPLOYMENT AND UNEMPLOYMENT

2-1 年末城镇登记失业人数及登记失业率

URBAN REGISTERED UNEMPLOYMENT AND UNEMPLOYMENT RATE AT THE YEAR-END

单位：万人，% (10 000 persons,%)

年 份 Year	登记失业人数 Urban Registered Unemployment		比上年增长 Increase over Preceeding year		登记失业率 Registered Unemployment Rate
	合 计 Total	#失业青年 Youth	合 计 Total	#失业青年 Youth	
1978	530.0	249.1			5.3
1979	567.6	258.2	7.1	3.7	5.4
1980	541.5	382.5	-4.6	48.1	4.9
1981	439.5	343.0	-18.8	-10.3	3.8
1982	379.4	293.8	-13.7	-14.3	3.2
1983	271.4	222.0	-28.5	-24.4	2.3
1984	235.7	195.9	-13.2	-11.8	1.9
1985	238.5	196.9	1.2	0.5	1.8
1986	264.4	209.3	10.9	6.3	2.0
1987	276.6	235.1	4.6	12.3	2.0
1988	296.2	245.3	7.1	4.3	2.0
1989	377.9	309.0	27.6	26.0	2.6
1990	383.2	312.7	1.4	1.2	2.5
1991	352.2	288.4	-8.1	-7.8	2.3
1992	363.9	299.8	3.3	4.0	2.3
1993	420.1	331.9	15.4	10.7	2.6
1994	476.4	301.0	13.4	-9.3	2.8
1995	519.6	310.2	9.1	3.1	2.9
1996	552.8		6.3		3.0
1997	576.8		4.3		3.1
1998	571.0		-1.0		3.1
1999	575.0		0.7		3.1
2000	595.0		3.5		3.1
2001	681.0		14.4		3.6
2002	770.0		13.1		4.0
2003	800.0		3.9		4.3
2004	827.0		3.4		4.2
2005	839.0		1.5		4.2
2006	847.0		1.0		4.1
2007	830.0		-2.0		4.0
2008	886.0		6.7		4.2
2009	921.0		4.0		4.3
2010	908.0		-1.4		4.1
2011	922.0		1.5		4.1
2012	917.0		-0.5		4.1
2013	926.0		1.0		4.05
2014	952.0		2.8		4.09

2-2 各地区年末城镇登记失业人数及登记失业率
URBAN REGISTERED UNEMPLOYMENT AND UNEMPLOYMENT RATE AT THE YEAR-END BY REGION

单位：万人，%　　　　(10 000 persons,%)

地区	Region	登记失业人员 Unemployment									
		2005	2006	2007	2008	2009	2010	2011	2012	2013	2014
北京	Beijing	10.6	10.4	10.6	10.3	8.2	7.7	8.1	8.1	7.5	7.4
天津	Tianjin	11.7	11.7	15.0	13.0	15.0	16.1	20.1	20.4	21.7	22.5
河北	Hebei	27.8	28.7	29.3	32.2	34.5	35.1	36.0	36.8	37.2	38.3
山西	Shanxi	14.3	15.6	16.1	17.5	21.6	20.4	21.1	21.0	21.1	24.5
内蒙古	Inner Mongolia	17.7	18.0	18.5	19.9	20.1	20.8	21.8	23.1	23.8	24.8
辽宁	Liaoning	60.4	54.1	44.5	41.7	41.6	38.9	39.4	38.1	39.6	41.0
吉林	Jilin	27.6	26.3	23.9	24.3	23.4	22.7	22.2	22.3	22.6	23.2
黑龙江	Heilongjiang	31.3	31.2	31.5	32.1	31.4	36.2	35.0	41.3	41.4	39.9
上海	Shanghai	27.5	27.8	26.7	26.6	27.9	27.6	27.0	26.7	25.3	25.6
江苏	Jiangsu	41.6	40.4	39.3	41.1	40.7	40.6	41.4	40.5	37.6	36.6
浙江	Zhejiang	29.0	29.1	28.6	30.7	30.7	31.1	31.7	33.4	33.4	33.1
安徽	Anhui	27.8	28.2	28.0	29.3	30.1	26.9	33.1	31.3	32.4	31.5
福建	Fujian	14.9	15.1	14.9	15.0	15.2	14.5	14.6	14.5	14.7	14.3
江西	Jiangxi	22.8	25.3	24.3	26.0	27.3	26.3	24.6	25.7	27.4	29.4
山东	Shandong	42.9	43.7	43.5	45.0	45.1	44.5	45.1	43.4	42.2	43.1
河南	Henan	33.0	35.4	33.1	36.5	38.5	38.2	38.4	38.3	40.2	40.0
湖北	Hubei	52.6	52.6	54.1	55.1	55.3	55.7	55.1	42.3	40.2	37.9
湖南	Hunan	41.9	43.3	44.4	47.0	47.8	43.2	43.1	44.1	45.6	47.3
广东	Guangdong	34.5	36.2	36.2	38.1	39.5	39.3	38.8	39.6	38.0	36.8
广西	Guangxi	18.5	20.0	18.5	18.8	19.1	19.1	18.8	18.9	18.0	18.7
海南	Hainan	5.1	5.2	5.4	5.6	5.3	4.8	2.9	3.6	3.9	4.3
重庆	Chongqing	16.9	15.4	14.1	13.0	13.4	13.0	13.0	12.4	12.1	13.4
四川	Sichuan	34.3	36.1	34.8	37.9	36.3	34.6	36.9	40.7	42.9	54.4
贵州	Guizhou	12.1	12.1	12.1	12.5	12.3	12.2	12.5	12.6	13.7	14.1
云南	Yunnan	13.0	13.8	14.0	14.8	15.4	15.7	16.0	17.4	18.1	19.2
西藏	Tibet					2.0	2.1	1.0	1.6	1.6	1.7
陕西	Shaanxi	21.5	21.5	21.0	20.8	21.5	21.4	20.9	19.5	21.1	22.3
甘肃	Gansu	9.3	9.7	9.5	9.4	10.3	10.7	10.8	9.8	9.3	9.7
青海	Qinghai	3.6	3.7	3.7	3.9	4.1	4.2	4.4	4.1	4.2	4.2
宁夏	Ningxia	4.4	4.2	4.4	4.8	4.8	4.8	5.2	4.6	4.7	5.0
新疆	Xinjiang	11.1	11.6	11.7	11.8	11.9	11.0	11.1	11.8	11.9	11.2
新疆兵团	Xingjiang Production and Construction Crops	2.7	3.0	2.6	2.8	3.0	2.5	2.8	2.9	3.0	3.4

2-2 续表 continued

单位：万人，% (10 000 persons,%)

地 区	Region	登记失业率 Unemployment Rate									
		2005	2006	2007	2008	2009	2010	2011	2012	2013	2014
北 京	Beijing	2.1	2.0	1.8	1.8	1.4	1.4	1.4	1.3	1.2	1.3
天 津	Tianjin	3.7	3.6	3.6	3.6	3.6	3.6	3.6	3.6	3.6	3.5
河 北	Hebei	3.9	3.8	3.8	4.0	3.9	3.9	3.8	3.7	3.7	3.6
山 西	Shanxi	3.0	3.2	3.2	3.3	3.9	3.6	3.5	3.3	3.1	3.4
内蒙古	Inner Mongolia	4.3	4.1	4.0	4.1	4.0	3.9	3.8	3.7	3.7	3.6
辽 宁	Liaoning	5.6	5.1	4.3	3.9	3.9	3.6	3.7	3.6	3.4	3.4
吉 林	Jilin	4.2	4.2	3.9	4.0	4.0	3.8	3.7	3.7	3.7	3.4
黑龙江	Heilongjiang	4.4	4.4	4.3	4.2	4.3	4.3	4.1	4.2	4.4	4.5
上 海	Shanghai		4.4	4.2	4.2	4.3	4.4	3.5	3.1	4.0	4.1
江 苏	Jiangsu	3.6	3.4	3.2	3.3	3.2	3.2	3.2	3.1	3.0	3.0
浙 江	Zhejiang	3.7	3.5	3.3	3.5	3.3	3.2	3.1	3.0	3.0	3.0
安 徽	Anhui	4.4	4.3	4.1	3.9	3.9	3.7	3.7	3.7	3.4	3.2
福 建	Fujian	4.0	3.9	3.9	3.9	3.9	3.8	3.7	3.6	3.6	3.5
江 西	Jiangxi	3.5	3.6	3.4	3.4	3.4	3.3	3.0	3.0	3.2	3.3
山 东	Shandong	3.3	3.3	3.2	3.7	3.4	3.4	3.4	3.3	3.2	3.3
河 南	Henan	3.5	3.5	3.4	3.4	3.5	3.4	3.4	3.1	3.1	3.0
湖 北	Hubei	4.3	4.2	4.2	4.2	4.2	4.2	4.1	3.8	3.5	3.1
湖 南	Hunan	4.3	4.3	4.3	4.2	4.1	4.2	4.2	4.2	4.2	4.1
广 东	Guangdong	2.6	2.6	2.5	2.6	2.6	2.5	2.5	2.5	2.4	2.4
广 西	Guangxi	4.2	4.2	3.8	3.8	3.7	3.7	3.5	3.4	3.3	3.2
海 南	Hainan	3.6	3.6	3.5	3.7	3.5	3.0	1.7	2.0	2.2	2.3
重 庆	Chongqing	4.1	4.0	4.0	4.0	4.0	3.9	3.5	3.3	3.4	3.5
四 川	Sichuan	4.6	4.5	4.2	4.6	4.3	4.1	4.2	4.0	4.1	4.2
贵 州	Guizhou	4.2	4.1	4.0	4.0	3.8	3.6	3.6	3.3	3.3	3.3
云 南	Yunnan	4.2	4.3	4.2	4.2	4.3	4.2	4.1	4.0	4.0	4.0
西 藏	Tibet					3.8	4.0	3.2	2.6	2.5	2.5
陕 西	Shaanxi	4.2	4.0	4.0	3.9	3.9	3.9	3.6	3.2	3.3	3.3
甘 肃	Gansu	3.3	3.6	3.3	3.2	3.3	3.2	3.1	2.7	2.3	2.2
青 海	Qinghai	3.9	3.9	3.8	3.8	3.8	3.8	3.8	3.4	3.3	3.2
宁 夏	Ningxia	4.5	4.3	4.3	4.4	4.4	4.4	4.4	4.2	4.1	4.0
新 疆	Xinjiang	3.9	3.9	3.9	3.7	3.8	3.2	3.2	3.4	3.4	3.2
新疆兵团	Xingjiang Production and Construction Crops	2.8	3.0	2.6	2.8	2.9	2.4	2.6	2.5	2.6	2.6

2-3 各地区城镇登记失业人员情况(2014年)
BASIC CONDITIONS OF URBAN REGISTERED UNEMPLOYMENT BY REGION (2014)

单位：万人 (10000person)

地区	Region	上年末结转登记失业人员 Unemploy-ment at Last Year-end	本年新登记的失业人员 Unemploy-ment Newly Regis-tered This Year	#女性 Female	#就业转失业人数 Unemploy-employed	本年失业人员就业人数 From the Unemployed This Year	#女性 Female	本年末登记失业人数 Unemploy-ment at the Year-end	#女性 Female	#长期失业者 Long-term Unemploy-ment
北京	Beijing	8.2	18.3	7.6	13.0	16.9	6.9	7.4	2.9	0.2
天津	Tianjin	22.7	12.1	5.5	7.3	11.3	5.2	22.5	11.6	0.1
河北	Hebei	38.2	54.3	17.9	7.4	43.0	15.8	38.3	16.1	3.2
山西	Shanxi	23.9	27.1	10.4	5.4	22.4	8.4	24.5	10.8	4.0
内蒙古	Inner Mongolia	24.4	23.3	11.2	6.1	21.4	10.5	24.8	11.7	1.6
辽宁	Liaoning	41.5	78.2	34.1	57.1	74.9	34.8	41.0	20.0	1.3
吉林	Jilin	22.9	33.8	15.7	11.5	32.3	15.4	23.2	9.9	1.3
黑龙江	Heilongjiang	43.3	66.2	29.5	42.3	65.8	29.7	39.9	19.0	1.9
上海	Shanghai	24.1	39.7	14.9	23.2	38.1	16.1	25.6	6.1	5.9
江苏	Jiangsu	36.8	111.3	52.5	77.5	110.9	54.7	36.6	16.1	2.1
浙江	Zhejiang	33.5	41.8	19.6	19.0	41.0	19.9	33.1	14.1	3.0
安徽	Anhui	31.7	39.3	18.4	10.0	39.9	17.8	31.5	14.2	1.2
福建	Fujian	14.9	28.4	14.3	11.2	24.0	11.4	14.3	6.4	3.2
江西	Jiangxi	29.7	92.4	41.8	3.7	89.8	42.6	29.4	10.8	1.3
山东	Shandong	42.2	79.4	36.9	37.4	74.1	33.8	43.1	17.0	2.7
河南	Henan	39.9	42.6	16.7	11.2	40.8	14.9	40.0	18.8	2.2
湖北	Hubei	39.3	58.0	24.8	10.7	55.3	23.4	37.9	17.7	2.3
湖南	Hunan	47.6	45.9	20.3	15.3	43.6	19.8	47.3	17.1	1.8
广东	Guangdong	37.7	66.4	31.4	21.4	63.1	31.3	36.8	15.3	2.2
广西	Guangxi	18.3	20.6	9.3	5.9	18.4	8.8	18.7	8.6	1.2
海南	Hainan	4.2	4.1	1.8	1.6	3.8	1.4	4.3	2.0	0.3
重庆	Chongqing	13.5	30.4	20.0	13.2	26.8	18.3	13.4	6.9	0.4
四川	Sichuan	54.5	67.1	29.5	26.4	52.3	22.1	54.4	26.7	1.7
贵州	Guizhou	13.8	13.5	5.9	3.0	12.8	5.6	14.1	6.2	0.8
云南	Yunnan	18.8	32.5	14.2	8.9	29.8	13.0	19.2	8.3	2.5
西藏	Tibet	1.4	3.2	1.9	0.2	3.1	1.4	1.7	1.0	0.0
陕西	Shaanxi	22.1	20.9	10.0	2.7	19.6	10.0	22.3	7.3	2.1
甘肃	Gansu	9.8	31.9	15.8	7.5	31.2	15.2	9.7	4.5	1.2
青海	Qinghai	4.3	6.5	2.8	1.9	6.5	2.7	4.2	1.8	0.7
宁夏	Ningxia	5.0	10.5	5.3	5.7	10.2	5.0	5.0	2.0	0.1
新疆	Xinjiang	10.0	39.2	14.7	8.3	39.9	14.1	11.2	5.2	0.5
新疆兵团	Xingjiang Production and Construction Crops	1.4	15.0	6.3	2.7	14.6	6.1	3.4	1.4	0.3

2-4 公共就业服务工作情况(2014年)

单位：人

项 目	Item	本期单位登记招聘人数 Total Registered Job Vacancies This Year	本期登记求职人数 Total Registered Job-seekers This Year	#女性 Female	#城镇登记失业人员 Urban Registered Unemployed persons	#应届高校毕业生 College Graduates	#农村劳动者 Rural Labours
总 计	**Total**	**61843180**	**45554947**	**19059537**	**11467839**	**5053577**	**17977467**
市(地、州)及以上公共就业人才服务机构	Public Employment (Talent) Services Institution of City (Prefecture) and Above	21537466	15461005	6144897	3398730	2808030	4503992
区(县)公共就业人才服务机构	Public Employment (Talent) Services Institution of District (County)	30586188	22297854	9461363	5625137	1742356	9561247
街道公共就业人才服务机构	Public Employment (Talent) Services Institution of Street	4165759	2342171	1155551	1147494	208838	843317
乡镇公共就业人才服务机构	Public Employment (Talent) Services Institution of Town	3709784	3956495	1621431	595021	173881	2544138
社区公共就业人才服务窗口	Public Employment (Talent) Services Window of Community	1479549	1129741	526593	586386	84492	274156
行政村公共就业人才服务窗口	Public Employment (Talent) Services Window of Administrative Village	364434	367681	149702	115071	35980	250617

SITUATIONS OF PUBLIC EMPLOYMENT SERVICES (2014)

(person)

本期接受职业指导人数 Person-times of Vocational Guidance This Year	#女性 Female	本期接受创业服务人数 Person-times of Vocational Guidance	#女性 Female	本期介绍成功人数 Placed Job-seekers	#女性 Female	#城镇登记失业人员 Urban Registered Unemployed persons	#应届高校毕业生 College Graduates	#农村劳动者 Rural Labours
18105927	**7828369**	**4142074**	**1422283**	**19133259**	**8281579**	**5748470**	**1896098**	**8124994**
4485877	2041243	1395557	548284	4834744	2112109	1592166	848127	1508298
9366170	4194344	1954016	703490	10164379	4396862	3017442	826404	4443409
1158085	491779	218115	60329	1166389	604798	535768	96592	396034
1713087	655207	325918	65016	1957717	749384	232803	70669	1485001
730536	333625	145183	32215	612418	300859	332529	39999	95565
652172	112171	103285	12949	397612	117567	37762	14307	196687

2-5 各地区公共就业服务工作情况(2014年)

单位：人

地 区	Region	本期单位登记招聘人数 Total Registered Job Vacancies This Year	本期登记求职人数 Total Registered Job-seekers This Year	#女性 Female	#城镇登记失业人员 Urban Registered Unemployed persons	#应届高校毕业生 College Graduates	#农村劳动者 Rural Labours
总 计	**National Total**	**61843180**	**45554947**	**19059537**	**11467839**	**5053577**	**17977467**
北 京	Beijing	1177778	442670	149373	51495	75955	37751
天 津	Tianjin	1022607	988364	441592	203745	65615	140688
河 北	Hebei	2302926	2149443	577276	220068	317905	428427
山 西	Shanxi	1168752	1052230	404798	215497	202118	287163
内蒙古	Inner Mongolia	625747	603925	264827	250858	79664	140097
辽 宁	Liaoning	2966926	2766509	1061185	1036260	348184	446004
吉 林	Jilin	946943	735666	333788	280135	55447	236029
黑龙江	Heilongjiang	1090455	1314197	555666	760939	109757	230054
上 海	Shanghai	1681991	754103				
江 苏	Jiangsu	7183282	6547588	3156337	1614743	684421	2636006
浙 江	Zhejiang	5180286	2677587	917364	383668	161014	1402808
安 徽	Anhui	2569934	2028274	952153	540220	209899	601506
福 建	Fujian	5183998	4230988	1861703	579565	260499	3330428
江 西	Jiangxi	2452668	1145778	519878	348132	102957	462290
山 东	Shandong	3442893	2547040	1208716	855159	424540	940731
河 南	Henan	1732763	1239977	477377	280922	240678	438806
湖 北	Hubei	1942182	1479378	682443	400057	113285	564542
湖 南	Hunan	1995741	1645240	785106	661248	202581	423598
广 东	Guangdong	5533418	3258464	1446256	768380	282096	1839886
广 西	Guangxi	3250224	1648347	657378	231584	374297	514152
海 南	Hainan	837055	101922	50534	32606	35033	43898
重 庆	Chongqing	1199355	856891	364738	401766	14471	327987
四 川	Sichuan	1856888	1116626	524628	416586	82642	448389
贵 州	Guizhou	1127362	558390	195087	104066	59207	186661
云 南	Yunnan	647376	560289	242115	193319	69089	257324
西 藏	Tibet	37629	36798	17522	14555	894	19219
陕 西	Shaanxi	1006090	1328117	552424	178603	377377	476180
甘 肃	Gansu	382227	353837	167437	181991	51306	71913
青 海	Qinghai	592380	598615	177151	48605	9149	527336
宁 夏	Ningxia	205359	254954	60945	18704	4391	230095
新 疆	Xinjiang	393274	376021	171429	136555	30915	196893
兵 团	Xinjiang Production Construction Corps	106671	156719	82311	27808	7891	90606

SITUATIONS OF PUBLIC EMPLOYMENT SERVICES BY REGION (2014)

(person)

本期接受职业指导人数 Person-times of Vocational Guidance This Year	#女性 Female	本期接受创业服务人数 Person-times of Vocational Guidance	#女性 Female	本期介绍成功人数 Placed Job-seekers	#女性 Female	#城镇登记失业人员 Urban Registered Unemployed persons	#应届高校毕业生 College Graduates	#农村劳动者 Rural Labours
18105927	**7828369**	**4142074**	**1422283**	**19133259**	**8281579**	**5748470**	**1896098**	**8124994**
386172	39400	14826	6831	84354	33445	25331	9771	12909
597144	257528	43967	18550	471044	250122	206542	63967	135139
646063	239594	59675	24850	655500	264839	125323	134163	249974
215724	94670	46317	20182	498008	166322	119591	84214	177778
277690	121237	54367	24323	312758	127638	151321	38393	102215
774884	300351	72768	42194	1248645	575297	608514	165451	253536
380330	169597	49839	25977	369584	160831	163709	19296	111073
587972	249747	55055	24591	645501	282969	408225	45247	124802
47033		90335		352259				
2602801	1312811	1153615	394136	2236689	1047177	663272	328062	917179
1351037	463885	106310	35911	1147063	477681	190752	77760	599261
815249	361236	108586	55411	759094	345875	251627	91333	294905
551609	266629	15387	7033	1362634	600495	225016	98072	1065875
502941	228233	83363	37945	587882	275193	172738	16634	280586
930222	435644	300583	123724	1277311	595961	444964	197364	425121
606958	249475	107743	47080	639538	244651	141326	71094	251895
881941	432903	112830	55553	709663	329510	206549	51698	302151
1322021	423654	667142	27482	766346	336072	272216	63772	187124
901833	459770	475147	202234	1446366	688085	495746	68344	627563
333665	160994	31066	13268	473020	207301	105772	45658	238796
43112	22221	10600	5261	34158	16160	5210	6339	10852
594569	284593	36415	24889	235033	126949	105308	8305	86226
794612	387430	117493	51429	540400	249088	207482	44726	203013
176670	78915	66976	30638	196257	79101	41122	26000	69868
306139	147302	67028	34616	341921	119643	103299	38820	180583
52411	24687	1854	970	28395	13030	12801	268	14315
416603	203689	90703	36644	377469	168133	81627	54477	196965
160253	74898	47560	26759	154341	67050	60720	16623	56324
499496	165065	16517	8632	549791	166218	31668	4053	505544
110179	46888	10790	3916	244587	55550	12427	3404	228465
179084	94906	24292	9249	251288	118481	91189	16145	129783
59510	30417	2925	2005	136360	92712	17083	6645	85174

三、城镇单位就业人员和工资总额

EMPLOYMENT AND TOTAL WAGES IN URBAN UNITS

3-1 分行业城镇单位就业人员和工资总额(2014年)
URBAN UNITS EMPLOYMENT AND TOTAL WAGES BY SECTOR(2014)

项　目	Item	年末人数(千人) Year-end Figures (1000 persons)	#女性 Female	工资总额(亿元) Total Wages (100 million yuan)	平均工资(元) Average Wage (yuan)
全国总计	**National Total**	**182778**	**65462**	**102817.2**	**56360**
农、林、牧、渔业	**Agriculture, Forestry, Animal Husbandry and Fishery**	**2846**	**1047**	**808.9**	**28356**
农业	Farming	1648	682	453.9	27200
林业	Forestry	695	198	183.5	26985
畜牧业	Animal Husbandry	174	68	46.3	26740
渔业	Fishery	35	9	12.8	35659
农、林、牧、渔服务业	Service in Support of Agriculture	295	90	112.5	38117
采矿业	**Mining**	**5965**	**1102**	**3728.2**	**61677**
煤炭开采和洗选业	Mining and Washing of Coal	4146	640	2491.7	59273
石油和天然气开采业	Extraction of Petroleum and Natural Gas	743	235	623.4	83382
黑色金属矿采选业	Mining and Processing of Ferrous Metal Ores	278	49	144.5	51372
有色金属矿采选业	Mining and Processing of Non-Ferrous Metal Ores	275	52	127.2	45981
非金属矿采选业	Mining and Processing of Non-metal Ores	211	47	90.1	42421
开采辅助活动	Support Activities for Mining	309	77	250.4	77980
其他采矿业	Mining of Other Ores	2		0.8	46562
制造业	**Manufacturing**	**52431**	**21193**	**27011.4**	**51369**
农副食品加工业	Processing of Food from Agricultural Products	1895	811	752.2	40182
食品制造业	Manufacture of Foods	1231	618	558.4	46086
酒、饮料和精制茶制造业	Manufacture of Liquor, Beverages and Refined Tea	1068	406	513.3	47756
烟草制品业	Manufacture of Tobacco	235	80	288.6	125505
纺织业	Manufacture of Textile	2139	1299	870.9	40495
纺织服装、服饰业	Manufacture of Textile, Wearing Apparel and Accessories	2624	1809	1096.7	41484
皮革、毛皮、羽毛及其制品和制鞋业	Manufacture of Leather, Fur, Feather and Related Products and Footwear	1771	1065	688.1	38261
木材加工和木、竹、藤、棕、草制品业	Processing of Timber, Manufacture of Wood, Bamboo, Rattan, Palm and Straw Products	430	170	164.1	38181
家具制造业	Manufacture of Furniture	595	216	262.9	44459
造纸及纸制品业	Manufacture of Paper and Paper Products	734	271	329	44423
印刷和记录媒介复制业	Printing and Reproduction of Recording Media	606	264	291	47431
文教、工美、体育和娱乐用品制造业	Manufacture of Articles for Culture, Education, Arts and Crafts, Sport and Entertainment Activities	1321	775	549.6	40448
石油加工、炼焦和核燃料加工业	Processing of Petroleum, Coking and Processing of Nuclear Fuel	689	187	456.1	65708
化学原料和化学制品制造业	Manufacture of Raw Chemical Materials and Chemical Products	2861	892	1554.2	54085
医药制造业	Manufacture of Medicines	1571	748	856.3	54935
化学纤维制造业	Manufacture of Chemical Fibres	258	105	126.2	47894
橡胶和塑料制品业	Manufacture of Rubber and Plastics Products	1903	809	892.4	46546
非金属矿物制品业	Manufacture of Non-metallic Mineral Products	2570	750	1108	42897
黑色金属冶炼和压延加工业	Smelting and Pressing of Ferrous Metals	2509	511	1373.2	53934
有色金属冶炼和压延加工业	Smelting and Pressing of Non-ferrous Metals	1360	325	682.3	49575
金属制品业	Manufacture of Metal Products	1838	579	901.3	48637
通用设备制造业	Manufacture of General Purpose Machinery	2820	830	1564.1	55311
专用设备制造业	Manufacture of Special Purpose Machinery	2164	599	1250.9	57217
汽车制造业	Manufacture of Automobiles	3339	898	2114.1	64155
铁路、船舶、航空航天和其他运输设备制造业	Manufacture of Railway, Ship, Aerospace and Other Transport Equipments	1207	313	748.8	60865

3-1 续表 1 continued

项 目	Item	年末人数(千人) Year-end Figures (1000 persons)	#女 性 Female	工资总额(亿元) Total Wages (100 million yuan)	平均工资(元) Average Wage (yuan)
电气机械和器材制造业	Manufacture of Electrical Machinery and Apparatus	4016	1732	2120.9	52355
计算机、通信和其他电子设备制造业	Manufacture of Computers, Communication and Other Electronic Equipment	7506	3636	4246.5	57123
仪器仪表制造业	Manufacture of Measuring Instruments and Machinery	752	330	430.3	56918
其他制造业	Other Manufacture	224	110	106.7	47319
废弃资源综合利用业	Utilization of Waste Resources	76	23	34.5	45071
金属制品、机械和设备修理业	Repair Service of Metal Products, Machinery and Equipment	120	29	79.8	66446
电力、热力、燃气及水生产和供应业	**Production and Supply of Electricity, Heat, Gas and Water**	**4037**	**1124**	**2965.8**	**73339**
电力、热力生产和供应业	Production and Supply of Electric Power and Heat Power	3206	826	2528.4	78603
燃气生产和供应业	Production and Supply of Gas	257	82	156.4	61456
水的生产和供应业	Production and Supply of Water	574	216	281	49054
建筑业	**Construction**	**29212**	**3163**	**13389.4**	**45804**
房屋建筑业	Construction of Buildings	20461	2023	9195.7	44773
土木工程建筑业	Civil Engineering	5495	727	2695.2	48710
建筑安装业	Building Installation	1618	214	775	49581
建筑装饰和其他建筑业	Building Decoration and Other Constructions	1638	200	723.4	45310
批发和零售业	**Wholesale and Retail Trades**	**8886**	**4502**	**4931.4**	**55838**
批发业	Wholesale Trade	3978	1663	2928.3	73702
零售业	Retail Trade	4907	2838	2003.1	41229
交通运输、仓储和邮政业	**Transport, Storage and Post**	**8614**	**2246**	**5435.4**	**63416**
铁路运输业	Railway Transport	1903	312	1518.8	80720
道路运输业	Road Transport	3881	996	1788.9	46472
水上运输业	Water Transport	491	87	405.8	82000
航空运输业	Air Transport	508	187	610.4	120829
管道运输业	Transport Via Pipelines	38	10	32.6	86901
装卸搬运和运输代理业	Loading, Unloading and Forwarding Agency	436	143	295.1	67645
仓储业	Storage	328	92	166.6	50759
邮政业	Post	1029	419	617.1	59459
住宿和餐饮业	**Hotels and Catering Services**	**2893**	**1622**	**1079.1**	**37264**
住宿业	Hotels	1531	853	610.2	39516
餐饮业	Catering Services	1362	769	468.9	34691
信息传输、软件和信息技术服务业	**Information Transmission, Software and Information Technology**	**3363**	**1326**	**3375.8**	**100845**
电信、广播电视和卫星传输服务	Telecommunication, Radio and Television and Satellite Transmission Service	1818	779	1428.1	77767
互联网和相关服务	Internet and Related Service	216	86	250.8	123384
软件和信息技术服务业	Software and Information Technology	1329	461	1696.8	129748
金融业	**Financial Intermediation**	**5663**	**2878**	**6017.4**	**108273**
货币金融服务	Monetary and Financial Service	3530	1745	4377.3	124988
资本市场服务	Capital Market Service	200	83	405.2	202301
保险业	Insurance	1859	1019	1089.8	61125
其他金融业	Other Financial Activities	74	30	145.1	200768
房地产业	**Real Estate**	**4022**	**1493**	**2220.5**	**55568**
#房地产开发经营	Development and Management of Real Estate	1835	652	1276.8	69811
物业管理	Property Management	1804	684	703.9	39680
房地产中介服务	Agency Services of Real Estate	195	85	130.2	63490

3-1 续表 2 continued

项　　目	Item	年末人数（千人）Year-end Figures (1000 persons)	#女 性 Female	工资总额（亿元）Total Wages (100 million yuan)	平均工资（元）Average Wage (yuan)
租赁和商务服务业	**Leasing and Business Services**	**4494**	**1477**	**2985.9**	**67131**
租赁业	Leasing	97	24	61.2	62920
商务服务业	Business Services	4398	1453	2924.7	67225
科学研究和技术服务业	**Scientific Research and Technical Services**	**4080**	**1244**	**3339.7**	**82259**
研究和试验发展	Research and Experimental Development	846	295	791.4	92431
专业技术服务业	Professional Technical Services	2656	751	2166	82304
科技推广和应用服务业	Science and Technology Popularization and Application Services	578	198	382.3	66826
水利、环境和公共设施管理业	**Management of Water Conservancy, Environment and Public Facilities**	**2691**	**1085**	**1049.9**	**39198**
水利管理业	Management of Water Conservancy	504	140	229.3	45543
生态保护和环境治理业	Ecological Protection and Environmental Treatment	128	40	66.1	51840
公共设施管理业	Management of Public Facilities	2059	905	754.4	36850
居民服务、修理和其他服务业	**Service to Households, Repair and Other Services**	**754**	**305**	**312.9**	**41882**
居民服务业	Service to Households	297	136	129.6	43802
机动车、电子产品和日用产品修理业	Repair of Motor Vehicle, Electronics and Household Products	129	37	61.7	48092
其他服务业	Other Services	329	133	121.6	37659
教育	**Education**	**17273**	**9119**	**9722.5**	**56580**
#初等教育	Primary Education	5936	3374	3048.3	51553
中等教育	Secondary Education	7568	3732	4166.5	55361
高等教育	Senior Education	2198	1014	1705.8	77873
卫生和社会工作	**Health and Social Service**	**8104**	**5055**	**5057.8**	**63267**
卫生	Health	7895	4945	4964.1	63757
社会工作	Social Service	209	111	93.7	44952
文化、体育和娱乐业	**Culture, Sports and Entertainment**	**1455**	**651**	**936.8**	**64375**
新闻和出版业	Journalism and Publishing Activities	346	158	282.5	81367
广播、电视、电影和影视录音制作业	Radio, Television, Motion Picture and Videotape Programme Production Services	443	183	304.5	69027
文化艺术业	Cultural and Art Activities	446	211	230.1	51666
体育	Sports Activities	135	59	75.2	55732
娱乐业	Entertainment	85	40	44.5	51381
公共管理、社会保障和社会组织	**Public Management, Social Security and Social Organization**	**15993**	**4833**	**8448.6**	**53110**
#中国共产党机关	Organs of Communist Party of China	584	155	332.1	56970
国家机构	Government Agencies	14709	4397	7763.9	53084
人民政协、民主党派	People's Political Consultative Conference and Democratic Parties	104	28	65.2	62723
社会保障	Social Security	172	83	80.3	46836
群众团体、社会团体和其他成员组织	Non-Governmental Organizations, Social Organizations and Membership Organizations	341	138	184.2	54135

3-2 各地区分行业城镇单位就业人员和工资总额(2014年)
URBAN UNITS EMPLOYMENT AND TOTAL WAGES BY SECTOR AND REGION(2014)

地区	Region	总计 Total				农、林、牧、渔业 Agriculture, Forestry, Animal Husbandry and Fishery			
		年末人数(人) Year-end Figures (person)	#女性 Female	工资总额(千元) Total Wages (1000 yuan)	平均工资(元) Average Wage (yuan)	年末人数(人) Year-end Figures (person)	#女性 Female	工资总额(千元) Total Wages (1000 yuan)	平均工资(元) Average Wage (yuan)
全国	**National**	**182777776**	**65462333**	**10281723364**	**56360**	**2845982**	**1046993**	**80885772**	**28356**
北京	Beijing	7558601	3033024	768760206	102268	32331	12864	1638078	49478
天津	Tianjin	2955112	1040884	215402690	72773	5045	1499	319939	62672
河北	Hebei	6561790	2367682	296546174	45114	45579	18333	761941	15559
山西	Shanxi	4520946	1526578	222091721	48969	20227	6064	693296	34230
内蒙古	Inner Mongolia	3014517	1092698	167227104	53748	238322	78634	7756031	32463
辽宁	Liaoning	6651733	2162612	328019656	48190	231340	93889	3006192	12976
吉林	Jilin	3344162	1187659	158990354	46516	133150	43885	3419528	25610
黑龙江	Heilongjiang	4508828	1603359	203306628	44036	710984	255776	18596351	25816
上海	Shanghai	6488759	2604581	655131770	100251	23664	6421	1423760	57514
江苏	Jiangsu	16024022	5251355	955159310	60867	63023	24602	2070691	32347
浙江	Zhejiang	11026757	3605822	666684437	61572	5613	1473	285454	50469
安徽	Anhui	5217386	1701125	263160070	50894	45149	16005	1246637	27185
福建	Fujian	6546406	2452238	345897664	53426	45228	12809	1280807	28340
江西	Jiangxi	4652616	1637569	211825764	46218	51562	13959	1383579	26877
山东	Shandong	12663392	4434345	654538995	51825	16527	4598	674203	40558
河南	Henan	11088940	4005854	459417536	42179	50902	16114	1456540	28849
湖北	Hubei	7067956	2420501	347128537	49838	92630	37998	2496063	26962
湖南	Hunan	5979045	2055512	280010611	47117	22389	6951	527645	23507
广东	Guangdong	19732796	8185692	1176482146	59481	56702	19375	1648393	28823
广西	Guangxi	4014584	1508015	180038289	45424	82798	26999	2180573	26186
海南	Hainan	1015210	397151	50277528	49882	103624	41275	2951582	27085
重庆	Chongqing	4144730	1350886	225864195	55588	11762	3157	448431	38064
四川	Sichuan	8087467	2808180	424296667	52555	32317	9519	1278276	39358
贵州	Guizhou	3047470	1017207	158959168	52772	15331	4375	592004	38853
云南	Yunnan	4195673	1495090	190933526	46101	66798	22725	1687483	25457
西藏	Tibet	325439	115890	19838636	61235	10537	944	146979	13948
陕西	Shaanxi	5165162	1777039	266240866	50535	23587	7411	904790	38418
甘肃	Gansu	2647448	859809	124725863	46960	50176	15845	1573418	31950
青海	Qinghai	631861	231496	35830780	57084	13700	4893	488796	35634
宁夏	Ningxia	732490	270532	42431062	54858	15496	5454	559917	35391
新疆	Xinjiang	3166478	1261948	186505411	53471	529489	233147	17388395	33872

3-2 续表 1 continued

地区	Region	农业 Farming 年末人数（人）Year-end Figures (person)	#女性 Female	工资总额（千元）Total Wages (1000 yuan)	平均工资（元）Average Wage (yuan)	林业 Forestry 年末人数（人）Year-end Figures (person)	#女性 Female	工资总额（千元）Total Wages (1000 yuan)	平均工资（元）Average Wage (yuan)
全国	**National**	**1647786**	**681563**	**45389584**	**27200**	**694519**	**197827**	**18345927**	**26985**
北京	Beijing	9196	4125	406785	42951	4552	1540	221662	46237
天津	Tianjin	867	273	57892	65415	579	153	34235	58223
河北	Hebei	30908	13315	324185	9425	4728	1187	146020	31009
山西	Shanxi	3973	1184	139487	35109	7767	2248	264068	33644
内蒙古	Inner Mongolia	106759	40519	2988315	27940	78416	17938	2823904	35918
辽宁	Liaoning	206844	86575	2169888	10497	10840	3035	327060	29727
吉林	Jilin	26979	11564	501409	18594	75752	21376	2001853	26305
黑龙江	Heilongjiang	394219	162819	11838405	28239	274301	80709	5637367	21862
上海	Shanghai	9116	3336	560022	54255	500	167	37816	67649
江苏	Jiangsu	50598	21005	1552511	30154	3146	931	99614	31623
浙江	Zhejiang	1819	537	82282	44549	1731	417	86159	49403
安徽	Anhui	23712	9341	585709	24008	8819	2352	229082	25740
福建	Fujian	17481	5565	273505	15693	12422	2781	478271	38511
江西	Jiangxi	20036	5453	442503	22191	17871	4491	526123	29412
山东	Shandong	2673	716	83001	28800	4059	1024	158938	38699
河南	Henan	25013	9174	672904	27132	7605	1984	198347	26362
湖北	Hubei	70034	31869	1869344	26708	4376	1163	130643	29916
湖南	Hunan	5339	1787	108718	20685	11613	3519	297298	25399
广东	Guangdong	29898	10584	837410	27598	17205	6050	476730	27482
广西	Guangxi	44833	15975	899377	19874	26705	7825	875435	32828
海南	Hainan	66637	27448	2173666	30533	33025	12627	663603	19588
重庆	Chongqing	2318	796	63227	26444	2061	507	87619	42064
四川	Sichuan	1853	613	79504	44391	16528	4926	611074	36491
贵州	Guizhou	3297	970	111445	34291	4812	1248	177322	37097
云南	Yunnan	21177	9109	235898	11209	22836	6620	496619	22090
西藏	Tibet	357	118	13609	38444	9423	649	106326	11282
陕西	Shaanxi	4228	1333	120985	28454	8539	2582	332820	39215
甘肃	Gansu	21819	6805	590276	27109	11526	3645	322146	29848
青海	Qinghai	5076	2315	105825	20795	2872	726	127272	43948
宁夏	Ningxia	8376	2888	249711	28633	2526	763	105535	40637
新疆	Xinjiang	432351	193452	15251786	36632	7384	2644	264966	34066

3-2 续表 2 continued

地 区	Region	畜牧业 Animal Husbandry				渔 业 Fishery			
		年末人数（人）Year-end Figures (person)	#女 性 Female	工资总额（千元）Total Wages (1000 yuan)	平均工资（元）Average Wage (yuan)	年末人数（人）Year-end Figures (person)	#女 性 Female	工资总额（千元）Total Wages (1000 yuan)	平均工资（元）Average Wage (yuan)
全 国	**National**	**173538**	**68033**	**4625168**	**26740**	**34708**	**9194**	**1277435**	**35659**
北 京	Beijing	15194	5970	811323	52687	515	152	56701	111178
天 津	Tianjin	1359	372	82966	60559	207	52	14653	66909
河 北	Hebei	4176	1725	97079	23381	203	35	8290	41040
山 西	Shanxi	1112	315	21422	19386	113	35	3643	32527
内蒙古	Inner Mongolia	25463	10588	718374	28357	2325	1040	36664	13569
辽 宁	Liaoning	1253	378	32317	25608	5515	1766	260110	44754
吉 林	Jilin	6421	2534	130162	20243	2465	1000	47072	19088
黑龙江	Heilongjiang	12514	4429	318566	25516	3532	751	95529	24672
上 海	Shanghai	5864	2122	297700	52000	6034	251	349488	57548
江 苏	Jiangsu	2244	952	125531	54015	831	214	32253	38719
浙 江	Zhejiang	494	142	20193	40548	446	102	16396	37179
安 徽	Anhui	706	262	14178	19857	567	147	13970	24638
福 建	Fujian	304	90	7804	24696	284	83	11749	41225
江 西	Jiangxi	967	225	35882	37771	749	256	23942	32398
山 东	Shandong	769	316	24545	33395	955	290	41278	42687
河 南	Henan	5597	1671	170135	30855	691	216	25690	37340
湖 北	Hubei	1098	360	31011	28269	3191	867	69438	21788
湖 南	Hunan	457	158	8818	19211	2830	908	61146	21660
广 东	Guangdong	1072	394	36640	34371	1049	281	44178	39657
广 西	Guangxi	3399	810	125300	36637	952	430	29426	30813
海 南	Hainan	1337	519	47210	35928	450	131	9832	21946
重 庆	Chongqing	938	312	29447	31595	77	24	2323	30169
四 川	Sichuan	1673	516	47064	28014	83	20	3101	37361
贵 州	Guizhou	1611	520	45008	27955	243	55	6678	26819
云 南	Yunnan	290	87	6419	22058	43	10	1808	42047
西 藏	Tibet	110	33	4181	38009				
陕 西	Shaanxi	1049	347	45279	42676	55	15	1616	29382
甘 肃	Gansu	858	255	39495	45978	22	6	971	44136
青 海	Qinghai	1950	465	48424	24922	41	10	1574	38390
宁 夏	Ningxia	2183	986	74171	35421	60	1	1817	33036
新 疆	Xinjiang	71076	30180	1128524	15957	180	46	6099	33147

3-2 续表 3 continued

地 区	Region	农、林、牧、渔服务业 Service in Support of Agriculture				采矿业 Mining			
		年末人数(人) Year-end Figures (person)	#女 性 Female	工资总额(千元) Total Wages (1000 yuan)	平均工资(元) Average Wage (yuan)	年末人数(人) Year-end Figures (person)	#女 性 Female	工资总额(千元) Total Wages (1000 yuan)	平均工资(元) Average Wage (yuan)
全 国	**National**	**295431**	**90376**	**11247658**	**38117**	**5964913**	**1101663**	**372818988**	**61677**
北 京	Beijing	2874	1077	141607	48281	61051	9727	5677999	90402
天 津	Tianjin	2033	649	130193	63726	66381	20675	6684001	98238
河 北	Hebei	5564	2071	186367	33817	272604	43578	16551511	59363
山 西	Shanxi	7262	2282	264676	36684	985224	169308	64818096	65904
内蒙古	Inner Mongolia	25359	8549	1188774	46970	203776	33925	14539719	68787
辽 宁	Liaoning	6888	2135	216817	31459	312939	64193	18498709	58246
吉 林	Jilin	21533	7411	739032	34283	142788	29748	7841183	53814
黑龙江	Heilongjiang	26418	7068	706484	26246	359280	77098	20050704	56472
上 海	Shanghai	2150	545	178734	86095	594	131	66285	114879
江 苏	Jiangsu	6204	1500	260782	41913	117656	25613	7422348	60621
浙 江	Zhejiang	1123	275	80424	71425	8562	1363	425695	49626
安 徽	Anhui	11345	3903	403698	35789	313318	32565	22417227	69636
福 建	Fujian	14737	4290	509478	34550	25258	4697	1117514	43793
江 西	Jiangxi	11939	3534	355129	29693	77688	13856	3405068	42984
山 东	Shandong	8071	2252	366441	46198	711535	158731	45691737	63722
河 南	Henan	11996	3069	389464	32561	563443	95599	29342065	51239
湖 北	Hubei	13931	3739	395627	28397	77842	17754	3875812	48910
湖 南	Hunan	2150	579	51665	23452	125879	15453	5426525	40044
广 东	Guangdong	7478	2066	253435	34622	29903	6121	2344743	78585
广 西	Guangxi	6909	1959	251035	35986	37971	8966	1731170	44610
海 南	Hainan	2175	550	57271	26687	6955	1897	363102	51548
重 庆	Chongqing	6368	1518	265815	42206	89860	10789	4465237	48429
四 川	Sichuan	12180	3444	537533	44140	235147	52413	14620578	59959
贵 州	Guizhou	5368	1582	251551	47036	175868	21136	8949957	50309
云 南	Yunnan	22452	6899	946739	42218	173411	27011	7563444	42322
西 藏	Tibet	647	144	22863	35174	5559	1349	388569	66061
陕 西	Shaanxi	9716	3134	404090	41676	360986	64728	24984636	69920
甘 肃	Gansu	15951	5134	620530	39279	126048	21092	8281937	64881
青 海	Qinghai	3761	1377	205701	54883	42065	11764	3377937	80349
宁 夏	Ningxia	2351	816	128683	54666	63298	10808	5300969	83893
新 疆	Xinjiang	18498	6825	737020	40213	192024	49575	16594511	85241

3-2 续表 4 continued

地 区	Region	煤炭开采和洗选业 Mining and Washing of Coal 年末人数(人) Year-end Figures (person)	#女 性 Female	工资总额(千元) Total Wages (1000 yuan)	平均工资(元) Average Wage (yuan)	石油和天然气开采业 Extraction of Petroleum and Natural Gas 年末人数(人) Year-end Figures (person)	#女 性 Female	工资总额(千元) Total Wages (1000 yuan)	平均工资(元) Average Wage (yuan)
全 国	**National**	**4146105**	**640446**	**249172114**	**59273**	**743278**	**234803**	**62339290**	**83382**
北 京	Beijing	12428	1204	1051758	75292	2080	350	222138	107417
天 津	Tianjin	18458	5914	2620689	132626	20471	6506	2081161	103504
河 北	Hebei	188749	25503	11501827	58964	28619	8841	2538043	90505
山 西	Shanxi	970656	167056	64096945	66144	3880	1059	261740	67320
内蒙古	Inner Mongolia	180257	29499	13441190	71691	4400	1209	203421	45888
辽 宁	Liaoning	172611	21531	8587413	49010	45083	16356	4121292	86531
吉 林	Jilin	69298	7535	3250151	46139	32309	9991	2419903	73034
黑龙江	Heilongjiang	230932	29164	9006135	39763	113608	43547	10236557	90411
上 海	Shanghai					169	37	43580	254854
江 苏	Jiangsu	81676	16183	5334412	62075	11738	3931	885602	75076
浙 江	Zhejiang	5	4	213	42600				
安 徽	Anhui	277991	25000	20235559	70689				
福 建	Fujian	15373	1682	681045	43288				
江 西	Jiangxi	49879	8946	2093295	40492				
山 东	Shandong	511964	99801	31423271	60965	106008	39851	8217467	77326
河 南	Henan	429178	67694	21667245	49627	57368	14039	4148840	70737
湖 北	Hubei	11773	1275	482505	37846	17986	6104	1203367	66221
湖 南	Hunan	76981	7638	3388885	39153	52	20	1043	20058
广 东	Guangdong					7403	904	1079961	149001
广 西	Guangxi	12663	1916	651489	48801	123	3	11540	94590
海 南	Hainan					163	37	9395	58719
重 庆	Chongqing	81784	8816	3883759	46201	1416	473	189867	136399
四 川	Sichuan	110524	25767	5129083	46034	38012	11553	3467997	96717
贵 州	Guizhou	154406	18622	8096271	51559	5	1	450	90000
云 南	Yunnan	101605	13049	4122354	38749	139	48	10220	73525
西 藏	Tibet								
陕 西	Shaanxi	178511	20061	13180432	75903	131956	31631	9309626	70054
甘 肃	Gansu	77716	14653	5327651	68099	25730	2789	1985994	75162
青 海	Qinghai	9577	1252	470477	48443	23773	8340	2490031	105264
宁 夏	Ningxia	62703	10682	5273128	84188	275	66	15101	54516
新 疆	Xinjiang	58407	9999	4174932	70882	70512	27117	7184954	100026

3-2 续表 5 continued

地 区 Region	黑色金属矿采选业 Mining and Processing of Ferrous Metal Ores 年末人数(人) Year-end Figures (person)	#女性 Female	工资总额(千元) Total Wages (1000 yuan)	平均工资(元) Average Wage (yuan)	有色金属矿采选业 Mining and Processing of Non-ferrous Metal Ores 年末人数(人) Year-end Figures (person)	#女性 Female	工资总额(千元) Total Wages (1000 yuan)	平均工资(元) Average Wage (yuan)
全 国 National	**277973**	**49363**	**14450865**	**51372**	**275474**	**52353**	**12719159**	**45981**
北 京 Beijing	24933	5009	2063419	81758				
天 津 Tianjin	3611	609	165206	41677				
河 北 Hebei	45124	7151	2131797	46894	46	8	4456	73049
山 西 Shanxi	7472	642	304468	42071	2165	366	124187	54254
内蒙古 Inner Mongolia	5161	953	267341	48519	9894	1356	479233	48643
辽 宁 Liaoning	16241	2393	775502	46485	11737	1358	469180	40009
吉 林 Jilin	8495	1359	363769	41007	8854	1729	339000	38201
黑龙江 Heilongjiang	1313	307	52755	35718	1311	303	64898	38884
上 海 Shanghai								
江 苏 Jiangsu	5159	994	251661	47772	1336	311	124628	92523
浙 江 Zhejiang	1298	198	79958	62712	1069	232	63274	59135
安 徽 Anhui	30442	6409	1891932	61494	2883	715	185991	63958
福 建 Fujian	1575	311	66903	43052	1203	196	50664	42010
江 西 Jiangxi	2361	237	97879	41439	20460	3586	1005920	49575
山 东 Shandong	24600	4098	1418892	57834	31440	7585	1626065	50891
河 南 Henan	4593	715	163922	37901	34333	5940	1224108	36008
湖 北 Hubei	10375	1719	364626	35570	2160	655	103608	47900
湖 南 Hunan	5931	769	227043	38126	27817	4475	1235322	44329
广 东 Guangdong	3818	712	198502	51505	4789	1251	323851	67794
广 西 Guangxi	6822	1768	286185	41054	12915	3294	540684	41826
海 南 Hainan	5066	1470	304933	59557	288	108	12973	45841
重 庆 Chongqing	1121	265	85305	73412	172	5	11390	63278
四 川 Sichuan	10164	2134	531755	51687	14228	3179	750938	49570
贵 州 Guizhou	5368	357	230853	44748	2359	315	86155	37622
云 南 Yunnan	17742	3594	870033	46927	39513	6502	1764456	45340
西 藏 Tibet	1053	188	56658	40412	4367	1077	327705	75404
陕 西 Shaanxi	12663	2119	442579	35277	18112	3572	746094	41096
甘 肃 Gansu	4667	573	168449	35374	10749	2023	390037	35487
青 海 Qinghai	2166	440	78454	36087	3083	666	205996	68505
宁 夏 Ningxia	255	60	10640	50667				
新 疆 Xinjiang	8384	1810	499446	59607	8191	1546	458346	55063

3-2 续表 6 continued

地 区	Region	非金属矿采选业 Mining and Processing of Non-metal Ores				开采辅助活动 Support Activities for Mining			
		年末人数(人) Year-end Figures (person)	#女 性 Female	工资总额(千元) Total Wages (1000 yuan)	平均工资(元) Average Wage (yuan)	年末人数(人) Year-end Figures (person)	#女 性 Female	工资总额(千元) Total Wages (1000 yuan)	平均工资(元) Average Wage (yuan)
全 国	**National**	**211073**	**46861**	**9013507**	**42421**	**309335**	**77405**	**25044478**	**77980**
北 京	Beijing	420	53	25282	54961	21184	3109	2314779	109877
天 津	Tianjin	7132	1299	467606	63310	16709	6347	1349339	80213
河 北	Hebei	10036	2069	375268	36939	30	6	120	4000
山 西	Shanxi	1051	185	30756	29347				
内蒙古	Inner Mongolia	4008	890	145004	35937	18	8	810	45000
辽 宁	Liaoning	10115	1312	327888	33999	56764	21193	4192362	74677
吉 林	Jilin	1488	373	45131	29829	22207	8748	1421475	62209
黑龙江	Heilongjiang	1881	498	57526	30681	10225	3273	632586	61357
上 海	Shanghai	425	94	22705	55924				
江 苏	Jiangsu	17476	4148	816998	45845	271	46	9047	33261
浙 江	Zhejiang	6184	926	281957	45316				
安 徽	Anhui	1827	379	97575	53998	50	1	920	18400
福 建	Fujian	7081	2505	317044	45298	5		130	26000
江 西	Jiangxi	4336	866	184687	43754	427	135	16007	37487
山 东	Shandong	8146	1924	339619	40697	29377	5472	2666423	87384
河 南	Henan	11490	4405	393838	32858	26380	2786	1738719	64404
湖 北	Hubei	17567	2936	676422	38721	17801	4993	1038040	56789
湖 南	Hunan	15072	2546	572073	37989				
广 东	Guangdong	11903	2883	555510	46231	1974	365	186420	96791
广 西	Guangxi	5359	1967	239300	44746	53	7	1771	33415
海 南	Hainan	1438	282	35801	24174				
重 庆	Chongqing	5275	1183	289800	54535	8	3	458	57250
四 川	Sichuan	18500	4195	735257	39555	43719	5585	4005548	76240
贵 州	Guizhou	13625	1817	531743	39939	49	16	2838	57918
云 南	Yunnan	14332	3808	794494	54232	55	10	1534	27891
西 藏	Tibet	137	84	4010	30379				
陕 西	Shaanxi	4794	896	169409	36653	14950	6449	1136496	73465
甘 肃	Gansu	3595	517	151144	43557	3436	510	247679	68666
青 海	Qinghai	3401	1048	129883	37757	65	18	3096	58415
宁 夏	Ningxia	65		2100	32308				
新 疆	Xinjiang	2914	773	197677	55186	43578	8325	4077881	93480

3-2 续表 7 continued

地区 Region	其他采矿业 Mining of Other Ores				制造业 Manufacturing			
	年末人数（人） Year-end Figures (person)	#女性 Female	工资总额（千元） Total Wages (1000 yuan)	平均工资（元） Average Wage (yuan)	年末人数（人） Year-end Figures (person)	#女性 Female	工资总额（千元） Total Wages (1000 yuan)	平均工资（元） Average Wage (yuan)
全 国 National	**1675**	**432**	**79575**	**46562**	**52431393**	**21192575**	**2701139011**	**51369**
北 京 Beijing	6	2	623	103833	1000347	354073	81343136	80418
天 津 Tianjin					1189999	434321	78113709	64864
河 北 Hebei					1477010	475283	64895848	43950
山 西 Shanxi					691336	221538	27648761	39868
内蒙古 Inner Mongolia	38	10	2720	71579	462809	142087	22695423	48582
辽 宁 Liaoning	388	50	25072	45094	1669224	485192	83308808	49585
吉 林 Jilin	137	13	1754	76261	866905	271971	45284682	52057
黑龙江 Heilongjiang	10	6	247	24700	613082	200436	26638484	43254
上 海 Shanghai					2060958	805855	167963236	79795
江 苏 Jiangsu					6123192	2666578	357013822	58409
浙 江 Zhejiang	6	3	293	48833	3505533	1511315	179785831	51295
安 徽 Anhui	125	61	5250	42000	1226224	479489	58742186	48259
福 建 Fujian	21	3	1728	82286	2452890	1171838	115340016	46892
江 西 Jiangxi	225	86	7280	33091	1335144	624296	57091256	42976
山 东 Shandong					4257505	1631207	193417378	45519
河 南 Henan	101	20	5393	53396	3371025	1415779	124593705	37944
湖 北 Hubei	180	72	7244	45275	1933310	757880	89846511	46966
湖 南 Hunan	26	5	2159	79963	1306525	485860	62645726	47709
广 东 Guangdong	16	6	499	31188	10151605	4676552	537618760	52308
广 西 Guangxi	36	11	201	5583	781960	330210	32812976	42245
海 南 Hainan					97031	35941	4412017	46193
重 庆 Chongqing	84	44	4658	55452	892655	341113	46987902	53207
四 川 Sichuan					1754253	643695	86481322	48770
贵 州 Guizhou	56	8	1647	30500	440823	146149	21060052	47607
云 南 Yunnan	25		353	14120	720798	245161	31059331	43160
西 藏 Tibet	2		196	98000	10921	4788	526202	48619
陕 西 Shaanxi					1061298	336335	51966288	46636
甘 肃 Gansu	155	27	10983	68217	374693	114848	18494830	49442
青 海 Qinghai					112628	34786	5748786	51123
宁 夏 Ningxia					129449	38323	6605639	50028
新 疆 Xinjiang	38	5	1275	33553	360261	109676	20996388	57397

3-2 续表 8 continued

地 区	Region	农副食品加工业 Processing of Food from Agricultural Products				食品制造业 Manufacture of Foods			
		年末人数 (人) Year-end Figures (person)	#女 性 Female	工资总额 (千元) Total Wages (1000 yuan)	平均工资 (元) Average Wage (yuan)	年末人数 (人) Year-end Figures (person)	#女 性 Female	工资总额 (千元) Total Wages (1000 yuan)	平均工资 (元) Average Wage (yuan)
全 国	**National**	**1894885**	**810968**	**75223547**	**40182**	**1231186**	**618298**	**55840590**	**46086**
北 京	Beijing	28797	11714	1685657	57172	45884	23672	3145956	67504
天 津	Tianjin	15589	4897	966276	62490	51413	22921	2866894	56811
河 北	Hebei	53892	25388	1873126	34424	36106	18465	1605963	46539
山 西	Shanxi	12869	5128	372621	27153	8545	4031	244466	28314
内蒙古	Inner Mongolia	27346	9476	1114843	38746	41225	14189	1608750	39405
辽 宁	Liaoning	76383	31515	3097682	39598	25767	10633	958243	36557
吉 林	Jilin	57628	20711	1917929	32914	13994	6429	471560	32979
黑龙江	Heilongjiang	74473	25315	2462087	33011	32641	14910	1135496	34709
上 海	Shanghai	16548	6917	957445	57301	76044	35615	5828008	76401
江 苏	Jiangsu	85150	39186	4408098	52124	58717	30616	2863884	49116
浙 江	Zhejiang	39922	18762	1767198	45153	52732	31630	2248621	49761
安 徽	Anhui	39603	17414	1481394	37673	25178	14217	1016927	39666
福 建	Fujian	71659	41275	2964855	41973	65425	37709	2679539	41380
江 西	Jiangxi	43101	16686	1797631	41822	24388	12787	925142	38064
山 东	Shandong	376692	177441	15115553	40854	91359	43561	3739883	41227
河 南	Henan	240978	105822	8916097	37782	154489	82617	4968750	32951
湖 北	Hubei	90997	35791	3527032	39112	58404	34199	2025413	36109
湖 南	Hunan	61494	21893	2227748	36464	36551	21279	1129872	33622
广 东	Guangdong	101535	40683	4377553	44708	146828	65673	8927662	61334
广 西	Guangxi	86085	33100	2954999	37056	19119	10273	667172	35306
海 南	Hainan	16295	7208	569951	37031	6370	2860	254165	40350
重 庆	Chongqing	29299	14250	1259205	43881	15502	8392	711619	45625
四 川	Sichuan	77706	31354	3126385	40554	47016	24619	1959516	41857
贵 州	Guizhou	15077	5959	495291	32609	7864	4172	244228	30705
云 南	Yunnan	63641	30306	2113511	32568	25648	13890	801786	31760
西 藏	Tibet	314	167	10399	33330	587	251	26716	53647
陕 西	Shaanxi	40279	15118	1484625	37501	27289	14498	1141778	42132
甘 肃	Gansu	16579	5245	611644	38023	8021	2864	241812	29554
青 海	Qinghai	1434	520	40210	27169	934	340	28773	31173
宁 夏	Ningxia	4771	2005	162724	34964	7138	2790	307689	43058
新 疆	Xinjiang	28749	9722	1363778	49605	20008	8196	1064307	49468

3-2 续表 9 continued

地 区	Region	酒、饮料和精制茶制造业 Manufacture of Liquor, Beverages and Refined Tea				烟草制品业 Manufacture of Tobacco			
		年末人数 (人) Year-end Figures (person)	#女 性 Female	工资总额 (千元) Total Wages (1000 yuan)	平均工资 (元) Average Wage (yuan)	年末人数 (人) Year-end Figures (person)	#女 性 Female	工资总额 (千元) Total Wages (1000 yuan)	平均工资 (元) Average Wage (yuan)
全 国	**National**	**1067842**	**406390**	**51331437**	**47756**	**234641**	**79888**	**28864578**	**125505**
北 京	Beijing	31494	10711	2305982	70718	920	276	184582	200197
天 津	Tianjin	13426	3447	1092644	79327	890	203	167809	188127
河 北	Hebei	24165	9222	889391	36793	5585	1269	675629	118886
山 西	Shanxi	21906	8893	1051075	49999	947	351	120239	123830
内蒙古	Inner Mongolia	16508	6934	601152	35668	2840	889	337914	118069
辽 宁	Liaoning	22383	7791	1007271	44526	2163	770	234733	110411
吉 林	Jilin	19122	6311	684318	35555	4344	1426	572364	131216
黑龙江	Heilongjiang	23959	8705	923909	38491	8251	2027	805879	96512
上 海	Shanghai	15267	4818	1105500	69581	3890	781	1083694	274283
江 苏	Jiangsu	67802	24257	3041223	44015	6283	2078	882374	140505
浙 江	Zhejiang	36182	12654	2182424	58318	3815	1229	805100	209226
安 徽	Anhui	38738	15567	1548488	40120	13030	3651	1556441	118776
福 建	Fujian	45944	17594	2650093	57053	5849	2708	680034	126096
江 西	Jiangxi	21796	8895	860433	38891	5848	2000	342740	60214
山 东	Shandong	70161	26528	3045114	43628	11876	3128	1577950	133419
河 南	Henan	86004	35583	2965081	35110	26233	10320	3102010	117261
湖 北	Hubei	77146	33284	3350958	41930	10192	2831	871855	84311
湖 南	Hunan	26256	10622	1056604	38907	15523	5750	2250290	148368
广 东	Guangdong	76893	21965	5053597	67297	9362	2951	2061402	228107
广 西	Guangxi	22907	11454	982029	44676	3466	1510	555477	164148
海 南	Hainan	5888	2310	217749	37627	591	211	95920	161210
重 庆	Chongqing	13569	5848	761266	55873	5013	1889	451365	105533
四 川	Sichuan	138372	51116	6651306	46893	7634	2366	978535	128822
贵 州	Guizhou	41448	15563	2964099	71694	8927	2756	1283929	142500
云 南	Yunnan	46114	20953	1302413	28766	54393	19666	5458490	106223
西 藏	Tibet	1658	825	93092	56660				
陕 西	Shaanxi	30235	11623	1378995	45612	10883	4427	1196935	113983
甘 肃	Gansu	14488	5981	586540	40293	4722	2046	388642	84912
青 海	Qinghai	4246	1694	233322	52574				
宁 夏	Ningxia	2485	1039	129022	51692	449	183	58972	127645
新 疆	Xinjiang	11280	4203	616347	54242	722	196	83274	88968

3-2 续表 10 continued

地区	Region	纺织业 Manufacture of Textile 年末人数（人）Year-end Figures (person)	#女性 Female	工资总额（千元）Total Wages (1000 yuan)	平均工资（元）Average Wage (yuan)	纺织服装、服饰业 Manufacture of Textile, Wearing Apparel and Accessories 年末人数（人）Year-end Figures (person)	#女性 Female	工资总额（千元）Total Wages (1000 yuan)	平均工资（元）Average Wage (yuan)
全国	**National**	**2138595**	**1299362**	**87086971**	**40495**	**2623527**	**1809323**	**109671521**	**41484**
北京	Beijing	5485	2609	301227	48956	36870	28242	1747658	45875
天津	Tianjin	13353	7710	682842	49023	83469	69088	3789018	45663
河北	Hebei	55439	34089	1630272	28498	27742	18199	770142	27768
山西	Shanxi	7994	5166	119182	14824	4839	3229	158208	32380
内蒙古	Inner Mongolia	13921	8761	508903	35889	7685	5626	232598	29912
辽宁	Liaoning	19321	11144	521108	26704	66915	45611	2427462	35941
吉林	Jilin	29847	24516	951654	32023	8222	6082	217928	26441
黑龙江	Heilongjiang	13082	9384	378143	29517	1864	1428	44508	23955
上海	Shanghai	28770	16473	1540279	52169	87159	68641	4230509	45924
江苏	Jiangsu	339828	214538	16754307	48572	373499	278979	17737138	47334
浙江	Zhejiang	300411	163188	13813287	45692	317626	228415	14133282	44131
安徽	Anhui	50349	37457	1737164	34419	63513	51495	2269952	36229
福建	Fujian	105235	58213	4795552	45589	322120	186370	13234031	41068
江西	Jiangxi	50318	34808	1980622	39601	109669	75696	4146706	37959
山东	Shandong	396595	225000	15956488	40307	206799	148790	7824476	38195
河南	Henan	179516	124906	5507853	31119	128059	88111	4186575	33573
湖北	Hubei	119937	87191	3879888	32203	89164	66914	2844147	32302
湖南	Hunan	25093	15497	804388	31674	19460	14368	743715	37497
广东	Guangdong	222382	109736	9605416	42445	604732	378751	26587188	42766
广西	Guangxi	21374	16532	698636	32630	10889	8197	379977	33942
海南	Hainan	729	262	29548	40038	212	127	6453	24078
重庆	Chongqing	8688	5843	359995	41676	11813	8912	489138	42207
四川	Sichuan	50083	33241	1883392	37241	13954	9771	512437	36452
贵州	Guizhou	2163	1584	67757	30087	6262	4709	216547	32451
云南	Yunnan	7759	5027	216818	28786	5106	3519	142689	29360
西藏	Tibet	304	210	8450	28451	152	92	1762	12322
陕西	Shaanxi	35467	23833	973016	27255	9617	5834	350216	37452
甘肃	Gansu	5414	2917	166262	30795	1290	1155	43331	34609
青海	Qinghai	1833	1245	48094	26039	1186	336	77806	65383
宁夏	Ningxia	5180	3703	307638	69696	1290	1085	43405	33083
新疆	Xinjiang	22725	14579	858790	37834	2350	1551	82519	35295

3-2 续表 11 continued

地区	Region	皮革、毛皮、羽毛及其制品和制鞋业 Manufacture of Leather, Fur, Feather and Related Products and Footwear				木材加工和木、竹、藤、棕、草制品业 Processing of Timbers,Manufacture of Wood, Bamboo, Rattan, Palm, and Straw Products			
		年末人数（人） Year-end Figures (person)	#女性 Female	工资总额（千元） Total Wages (1000 yuan)	平均工资（元） Average Wage (yuan)	年末人数（人） Year-end Figures (person)	#女性 Female	工资总额（千元） Total Wages (1000 yuan)	平均工资（元） Average Wage (yuan)
全 国	**National**	**1771001**	**1065395**	**68807879**	**38261**	**429788**	**170109**	**16405709**	**38181**
北 京	Beijing	2094	1224	99133	47184	3138	878	167277	50445
天 津	Tianjin	7425	4418	319653	41589	1850	747	113212	58995
河 北	Hebei	23783	15993	802013	34701	4500	1577	177149	39854
山 西	Shanxi	132	58	845	6402	875	563	26597	30712
内蒙古	Inner Mongolia	2895	1853	97682	33929	7688	3595	236449	30792
辽 宁	Liaoning	4468	2282	183064	41398	14747	5431	546080	36280
吉 林	Jilin	771	326	21978	28729	50856	19496	1620494	31619
黑龙江	Heilongjiang	1757	783	63198	37285	24090	7985	654714	26427
上 海	Shanghai	23708	14060	1086884	44475	7184	2864	442299	58459
江 苏	Jiangsu	72795	49502	3026957	41528	46247	18581	2123272	45628
浙 江	Zhejiang	135156	73500	5291339	38921	19771	8514	851860	43394
安 徽	Anhui	25453	17143	880356	35765	9212	3716	328998	35948
福 建	Fujian	462183	272875	18942695	40376	17364	7197	753119	43845
江 西	Jiangxi	105014	68487	3818987	36024	18505	9182	674056	36924
山 东	Shandong	83099	51467	3188976	38174	21671	8968	855840	40613
河 南	Henan	104939	62250	3340440	32448	26023	7573	886276	34642
湖 北	Hubei	27231	20117	808518	29828	15345	5434	556488	36683
湖 南	Hunan	65761	50479	2123558	32069	14969	5584	453385	30175
广 东	Guangdong	539533	304559	21953846	39275	40611	16145	1857896	45728
广 西	Guangxi	28249	21198	911403	32006	30609	15308	1156593	37637
海 南	Hainan					2365	966	79684	33509
重 庆	Chongqing	7723	5032	290564	34016	4211	1650	162330	40838
四 川	Sichuan	34138	20882	1173047	34369	15589	6113	610061	39484
贵 州	Guizhou	4165	2617	149361	35394	11676	4474	419123	36203
云 南	Yunnan	3623	2384	72930	21176	15723	6041	467183	30079
西 藏	Tibet	79	27	4114	52076	963	319	32061	33327
陕 西	Shaanxi	1912	703	69096	36482	2909	873	110273	38423
甘 肃	Gansu	2423	915	68884	28476	297	100	8256	27798
青 海	Qinghai								
宁 夏	Ningxia	153	112	4401	28765	86	22	3449	40105
新 疆	Xinjiang	339	149	13957	37620	714	213	31235	42788

3-2 续表 12 continued

地 区	Region	家具制造业 Manufacture of Furniture				造纸和纸制品业 Manufacture of Paper and Paper Products			
		年末人数（人） Year-end Figures (person)	#女 性 Female	工资总额（千元） Total Wages (1000 yuan)	平均工资（元） Average Wage (yuan)	年末人数（人） Year-end Figures (person)	#女 性 Female	工资总额（千元） Total Wages (1000 yuan)	平均工资（元） Average Wage (yuan)
全 国	**National**	**595101**	**215820**	**26292218**	**44459**	**733855**	**271363**	**32900013**	**44423**
北 京	Beijing	11164	3766	553682	48552	8577	3733	442617	50858
天 津	Tianjin	6649	2615	293482	43823	13597	4687	772274	54982
河 北	Hebei	9679	3821	327044	34213	12957	4442	534545	41431
山 西	Shanxi	313	131	5910	18585	748	341	23405	30595
内蒙古	Inner Mongolia	938	185	35966	39567	5497	1820	178194	32235
辽 宁	Liaoning	17306	6339	842092	47982	10879	4271	348173	33337
吉 林	Jilin	2703	958	80283	30238	7548	2392	267138	33611
黑龙江	Heilongjiang	6485	2410	206757	31475	6963	2085	229600	32819
上 海	Shanghai	35213	11845	2426618	66401	23607	9394	1513184	62384
江 苏	Jiangsu	28989	11805	1393849	49181	56030	18481	3913102	68626
浙 江	Zhejiang	100549	38433	4708188	48274	54127	17782	2523550	45889
安 徽	Anhui	3847	1530	151378	40121	8278	3445	341665	41545
福 建	Fujian	32269	12022	1419821	45259	51794	21621	2443474	47381
江 西	Jiangxi	11773	3402	493691	41613	14691	5786	619417	42982
山 东	Shandong	28134	9957	1137247	40676	101100	33494	4081690	40850
河 南	Henan	18228	6669	543858	30530	64045	22223	2103153	32883
湖 北	Hubei	7208	3248	237823	32944	27246	12189	944763	34898
湖 南	Hunan	6390	1797	237751	37655	28059	9762	1020897	36528
广 东	Guangdong	209594	73978	9056995	42983	132402	49226	6444738	47061
广 西	Guangxi	3108	1120	131716	41735	26171	10411	974634	36869
海 南	Hainan	756	409	22129	28665	5908	1826	376614	61649
重 庆	Chongqing	6995	2413	311301	48954	12560	5292	622666	48975
四 川	Sichuan	40425	15276	1440794	36402	22711	9735	888659	38759
贵 州	Guizhou	1705	482	80509	45640	4321	1777	148767	33895
云 南	Yunnan	1669	390	39409	23626	12370	4615	385858	31460
西 藏	Tibet	95	18	1659	17463				
陕 西	Shaanxi	2303	643	92465	40733	12653	6735	344902	27434
甘 肃	Gansu	420	114	14297	34122	1143	422	29112	24567
青 海	Qinghai					58	48	1802	36040
宁 夏	Ningxia	12	6	325	27083	3471	1578	138994	35135
新 疆	Xinjiang	182	38	5179	28933	4344	1750	242426	55730

3-2 续表 13 continued

地 区	Region	印刷和记录媒介复制业 Printing and Reproduction of Recording Media				文教、工美、体育和娱乐用品制造业 Manufacture of Articles for Culture, Education, Arts and Crafts,Sport and Entertainment Activities			
		年末人数(人) Year-end Figures (person)	#女 性 Female	工资总额(千元) Total Wages (1000 yuan)	平均工资(元) Average Wage (yuan)	年末人数(人) Year-end Figures (person)	#女 性 Female	工资总额(千元) Total Wages (1000 yuan)	平均工资(元) Average Wage (yuan)
全 国	**National**	**606031**	**264211**	**29098013**	**47431**	**1320986**	**775228**	**54959394**	**40448**
北 京	Beijing	30246	11644	1933400	62067	8281	3873	435519	49910
天 津	Tianjin	8705	3386	430405	50129	18283	8318	828495	44968
河 北	Hebei	13040	5652	589537	44914	13307	6724	495154	38286
山 西	Shanxi	6288	2717	193310	30713	1709	715	47857	27567
内蒙古	Inner Mongolia	2951	1143	105498	35201	1284	511	49265	38339
辽 宁	Liaoning	10617	3801	403408	36750	7656	3405	272465	35827
吉 林	Jilin	7271	3067	233955	31475	1916	1121	54609	27976
黑龙江	Heilongjiang	5618	2226	208609	36994	3706	2311	104446	28160
上 海	Shanghai	24876	10530	1759159	69381	26206	13845	1514528	55930
江 苏	Jiangsu	51834	25273	2751403	53236	126501	79955	5937201	46676
浙 江	Zhejiang	28618	11892	1288441	44336	88210	50089	3915463	43780
安 徽	Anhui	18284	8306	872679	47192	12334	8846	448961	36653
福 建	Fujian	20444	8506	928634	45082	132300	63868	5651699	42555
江 西	Jiangxi	16247	7303	663837	40473	44005	31351	1544188	35263
山 东	Shandong	28997	12746	1260875	43543	98061	57734	3806766	38953
河 南	Henan	41878	18136	1575354	38187	79453	54983	2451280	31131
湖 北	Hubei	20756	9313	890784	43085	8683	5276	289842	34051
湖 南	Hunan	11839	4727	505874	42733	11910	6986	436147	36562
广 东	Guangdong	169145	76250	8221585	47304	591278	345859	25115452	39940
广 西	Guangxi	7751	2912	303323	39296	14168	10350	446990	32855
海 南	Hainan	1751	689	67004	39001	166	97	5663	35174
重 庆	Chongqing	9305	3812	535280	56878	4154	3317	143758	34122
四 川	Sichuan	21193	10051	996126	46980	6110	4131	248739	40837
贵 州	Guizhou	4790	1878	211488	43905	4100	2471	65884	23932
云 南	Yunnan	11929	5032	515659	43271	7656	3790	310513	40873
西 藏	Tibet	734	371	17728	24120	464	394	6694	14427
陕 西	Shaanxi	20055	8060	1246351	59734	4609	1652	217869	47487
甘 肃	Gansu	5118	2199	168572	33823	614	342	12752	22062
青 海	Qinghai	1414	726	44078	31173	3556	2733	87552	24266
宁 夏	Ningxia	1154	579	40482	35294	54	42	1064	19704
新 疆	Xinjiang	3183	1284	135175	41876	252	139	12579	32008

3-2 续表 14 continued

地区	Region	石油加工、炼焦和核燃料加工业 Processing of Petroleum ,Coking and Processing of Nucleus Fuel 年末人数(人) Year-end Figures (person)	#女性 Female	工资总额(千元) Total Wages (1000 yuan)	平均工资(元) Average Wage (yuan)	化学原料和化学制品制造业 Manufacture of Raw Chemical Material and Chemical Products 年末人数(人) Year-end Figures (person)	#女性 Female	工资总额(千元) Total Wages (1000 yuan)	平均工资(元) Average Wage (yuan)
全 国	**National**	**688939**	**186916**	**45614010**	**65708**	**2860991**	**891657**	**155424572**	**54085**
北 京	Beijing	13919	4748	1178175	81225	35355	14304	2546754	72969
天 津	Tianjin	15730	4928	1309105	82184	46038	11069	3386190	72290
河 北	Hebei	29274	7879	1444373	48706	104481	31589	4537370	43428
山 西	Shanxi	56650	13513	1918749	33297	92558	26623	3338148	36035
内蒙古	Inner Mongolia	13856	3067	947321	67850	52900	14731	2871802	54069
辽 宁	Liaoning	91275	26903	6579495	71493	82630	22071	3990844	47169
吉 林	Jilin	4464	1027	167860	37696	71563	20603	4279408	58800
黑龙江	Heilongjiang	45502	15414	3045641	66198	26292	8925	1250695	47409
上 海	Shanghai	18144	4906	2075830	110646	102038	37036	11118091	108496
江 苏	Jiangsu	20433	4969	1649071	80497	367957	115928	24346672	65738
浙 江	Zhejiang	8120	1644	913821	111919	161782	46020	10508614	64269
安 徽	Anhui	5256	1221	342017	64410	76938	22822	3697105	47816
福 建	Fujian	9293	3925	526288	59928	44045	14483	2375615	54098
江 西	Jiangxi	20372	5290	931911	45254	77343	26192	3111470	40909
山 东	Shandong	82420	22281	4899599	57576	314421	90865	14996888	47965
河 南	Henan	19764	5369	823935	41569	168508	50113	5842196	35104
湖 北	Hubei	8824	2310	693704	77215	134501	39371	5586942	42192
湖 南	Hunan	16382	4811	1198324	72214	115057	46717	4568610	39482
广 东	Guangdong	25094	5320	2558334	101372	218309	79215	14696145	66387
广 西	Guangxi	3001	747	211838	65342	46749	19559	1742874	38257
海 南	Hainan	2392	391	183323	78511	4745	1506	303885	66554
重 庆	Chongqing	3322	593	186703	56287	53880	16591	2938543	53149
四 川	Sichuan	8050	2339	357070	43662	117572	35181	5816494	47943
贵 州	Guizhou	5215	1095	241536	46086	56891	16117	2724302	47428
云 南	Yunnan	14020	3814	522307	36398	68782	19790	2905096	41008
西 藏	Tibet					398	137	22200	57364
陕 西	Shaanxi	56677	12836	3425093	62345	65163	19025	3305344	49142
甘 肃	Gansu	31316	9479	2812128	90978	34452	11135	1574763	46146
青 海	Qinghai	149	59	15931	102122	32721	10619	2000801	63009
宁 夏	Ningxia	19265	3492	1142265	61901	20854	6209	995978	46264
新 疆	Xinjiang	40760	12546	3312263	80634	66068	17111	4044733	61606

3-2 续表 15 continued

地 区	Region	医药制造业 Manufacture of Medicines 年末人数(人) Year-end Figures (person)	#女 性 Female	工资总额(千元) Total Wages (1000 yuan)	平均工资(元) Average Wage (yuan)	化学纤维制造业 Manufacture of Chemical Fibres 年末人数(人) Year-end Figures (person)	#女 性 Female	工资总额(千元) Total Wages (1000 yuan)	平均工资(元) Average Wage (yuan)
全 国	**National**	**1571422**	**748007**	**85634709**	**54935**	**258460**	**104510**	**12618786**	**47894**
北 京	Beijing	68920	35823	8629284	126472	527	257	30626	57138
天 津	Tianjin	43929	19226	3917815	88989	641	291	43126	64176
河 北	Hebei	59006	29100	2306697	38789	7038	2481	230237	28278
山 西	Shanxi	24002	11309	912755	38827	22		362	13923
内蒙古	Inner Mongolia	10089	4574	397657	39572				
辽 宁	Liaoning	31456	13819	1353578	43128	3446	1384	91067	25310
吉 林	Jilin	120912	56862	4515477	37615	7949	2356	243835	30951
黑龙江	Heilongjiang	46936	21924	2051569	44110	11	5	143	13000
上 海	Shanghai	56526	27252	5790354	100688	2346	890	160184	66137
江 苏	Jiangsu	137364	61758	8771009	64663	72214	32461	4139386	55764
浙 江	Zhejiang	102399	43230	6154477	61017	71122	27954	3506196	49260
安 徽	Anhui	39348	20543	1778793	45540	7304	2505	349843	47155
福 建	Fujian	19600	10504	992189	52185	16727	6230	812447	48525
江 西	Jiangxi	44014	23022	2088142	47238	3282	1260	141074	42685
山 东	Shandong	157898	74222	6643761	42955	13867	4910	646578	45190
河 南	Henan	125428	60275	4289813	34441	12393	4585	416108	33098
湖 北	Hubei	84383	45067	3821894	45735	4726	1735	153795	32357
湖 南	Hunan	31864	15319	1403291	44436	2284	1044	108256	47315
广 东	Guangdong	106650	47754	6820432	63426	9094	3353	453543	49660
广 西	Guangxi	24538	12921	949166	38559				
海 南	Hainan	14541	7904	627083	43424	160	58	3519	21072
重 庆	Chongqing	35634	17502	1906187	55603	614	347	27101	44210
四 川	Sichuan	64017	29644	3378515	53280	14772	7425	581336	38100
贵 州	Guizhou	31471	15734	1331621	43261	15	4	268	17867
云 南	Yunnan	28053	13469	1448267	52729	332	49	21031	62592
西 藏	Tibet	1401	654	101583	77367				
陕 西	Shaanxi	36179	16920	2064207	57081	907	274	48879	57914
甘 肃	Gansu	11121	5550	550359	49346	654	183	14599	22564
青 海	Qinghai	3666	1949	137146	34933				
宁 夏	Ningxia	4389	1907	236835	51208	15	5	450	30000
新 疆	Xinjiang	5688	2270	264753	50564	5998	2464	394797	62036

3-2 续表 16 continued

地区	Region	橡胶和塑料制品业 Manufacture of Rubber and Plastics Products				非金属矿物制品业 Manufacture of Non-metallic Mineral Products			
		年末人数(人) Year-end Figures (person)	#女性 Female	工资总额(千元) Total Wages (1000 yuan)	平均工资(元) Average Wage (yuan)	年末人数(人) Year-end Figures (person)	#女性 Female	工资总额(千元) Total Wages (1000 yuan)	平均工资(元) Average Wage (yuan)
全国	**National**	**1902889**	**809201**	**89237416**	**46546**	**2570105**	**749911**	**110796155**	**42897**
北京	Beijing	19504	8373	1038712	52147	53431	12405	3383540	60083
天津	Tianjin	37056	13296	2186450	56115	26336	4827	1481420	55732
河北	Hebei	35229	15673	1334156	36986	79383	23937	2842080	35470
山西	Shanxi	8153	2946	256465	31250	42825	11377	1472796	33395
内蒙古	Inner Mongolia	5007	1990	187467	38471	33317	8117	1354748	39522
辽宁	Liaoning	50544	17780	2483243	48991	67518	15044	2412309	35541
吉林	Jilin	12236	3654	426841	34884	38085	9104	1270365	33354
黑龙江	Heilongjiang	19130	6699	669985	34890	41146	9798	1338650	31553
上海	Shanghai	101976	48691	6966315	65877	50643	14559	3878177	72529
江苏	Jiangsu	192506	83338	10687565	55479	145619	49476	8134661	54682
浙江	Zhejiang	151921	62194	7284757	47566	94461	25389	4886766	50441
安徽	Anhui	56115	22950	2650918	47843	60704	17284	2522856	42682
福建	Fujian	114485	47670	5722521	49208	117338	39536	5315244	45662
江西	Jiangxi	28378	12991	1082571	38768	109990	41545	4367986	39846
山东	Shandong	149470	50302	6257222	42255	224169	64378	9355181	42011
河南	Henan	93355	35589	3055710	33159	276963	76416	9431697	34472
湖北	Hubei	50021	26270	2012968	40856	127168	33358	5318679	43033
湖南	Hunan	19806	8237	685887	35007	126426	35264	5419605	42716
广东	Guangdong	586883	274679	27568368	46337	330388	111595	14604629	43757
广西	Guangxi	16944	8088	587662	34997	68715	23387	2556387	37370
海南	Hainan	2605	1202	99069	38881	8984	1985	455362	50680
重庆	Chongqing	26728	14332	1381615	52597	51433	15668	2544628	49041
四川	Sichuan	40219	14860	1485888	37507	110601	34062	4637384	41864
贵州	Guizhou	17130	5121	740962	42050	52761	13100	2124471	40258
云南	Yunnan	23570	8604	578153	24584	66371	17988	2445056	36875
西藏	Tibet					3525	1241	192198	52686
陕西	Shaanxi	24112	7424	944396	38099	67180	16797	2620955	38883
甘肃	Gansu	6205	1924	199761	32582	35872	8133	1320026	37274
青海	Qinghai	159	73	5487	34509	8018	2200	322880	40375
宁夏	Ningxia	3719	1145	160960	41775	7897	1856	436905	53139
新疆	Xinjiang	9723	3106	495342	47023	42838	10085	2348514	50556

3-2 续表 17 continued

地 区	Region	黑色金属冶炼和压延加工业 Smelting and Pressing of Ferrous Metals				有色金属冶炼和压延加工业 Smelting and Pressing of Non-ferrous Metals			
		年末人数 (人) Year-end Figures (person)	#女 性 Female	工资总额 (千元) Total Wages (1000 yuan)	平均工资 (元) Average Wage (yuan)	年末人数 (人) Year-end Figures (person)	#女 性 Female	工资总额 (千元) Total Wages (1000 yuan)	平均工资 (元) Average Wage (yuan)
全 国	**National**	**2509396**	**511226**	**137319059**	**53934**	**1360437**	**325403**	**68232908**	**49575**
北 京	Beijing	8407	1763	580680	64888	5488	1580	360611	65841
天 津	Tianjin	100921	19069	6358732	62310	23081	3414	977530	43924
河 北	Hebei	308556	49616	15538108	49905	12896	3715	522401	39122
山 西	Shanxi	81189	16668	4124187	50308	37700	7990	1605989	41407
内蒙古	Inner Mongolia	84634	22586	5155282	60157	70621	15618	3703738	52806
辽 宁	Liaoning	291356	41891	15292856	51769	43078	7688	1809210	43709
吉 林	Jilin	29310	5167	1211664	40710	9766	1925	400545	42021
黑龙江	Heilongjiang	24994	5150	963242	38151	7026	1271	317958	45242
上 海	Shanghai	64894	10817	7817408	119028	14963	4008	1186114	76786
江 苏	Jiangsu	190227	41924	12094973	63076	55139	15258	3153726	57157
浙 江	Zhejiang	68741	12979	3955458	56366	42612	11912	2132353	50797
安 徽	Anhui	57699	8937	3536078	61096	42286	8168	2251485	53267
福 建	Fujian	57461	17073	3014091	53065	30459	6331	2000460	67861
江 西	Jiangxi	51941	13457	2928676	55570	89992	23214	5012354	55756
山 东	Shandong	213178	43330	10984584	50696	82939	16926	3698015	44272
河 南	Henan	130158	27349	5278823	41015	119559	26492	4750708	39504
湖 北	Hubei	145317	32769	8949262	59670	31035	9303	1299572	41751
湖 南	Hunan	62068	13427	3324331	52961	66927	16033	3137963	47102
广 东	Guangdong	68892	14396	3733848	53719	82264	22272	4217281	48969
广 西	Guangxi	47098	11721	2380583	49557	37367	9882	1900616	48407
海 南	Hainan	828	107	34169	40533	615	79	46908	77662
重 庆	Chongqing	26045	6073	1415203	52345	15738	4298	937301	57247
四 川	Sichuan	140156	39306	6587990	44770	83843	25352	4347543	49797
贵 州	Guizhou	37008	9356	1633893	42963	16925	3360	795924	44750
云 南	Yunnan	68999	16055	2712329	38257	114339	26795	5294295	46156
西 藏	Tibet					57	12	2346	41158
陕 西	Shaanxi	44124	8619	1727683	39007	70264	15804	3740354	49567
甘 肃	Gansu	40373	6743	2461647	60330	78101	22472	4200180	52799
青 海	Qinghai	13769	2914	700444	52527	29329	6243	1572020	52724
宁 夏	Ningxia	10853	2294	499471	41713	17383	3351	1004670	55485
新 疆	Xinjiang	40200	9670	2323364	57219	28645	4637	1852738	67443

3-2 续表 18 continued

地 区	Region	金属制品业 Manufacture of Metal Products 年末人数(人) Year-end Figures (person)	#女 性 Female	工资总额(千元) Total Wages (1000 yuan)	平均工资(元) Average Wage (yuan)	通用设备制造业 Manufacture of General Purpose Machinery 年末人数(人) Year-end Figures (person)	#女 性 Female	工资总额(千元) Total Wages (1000 yuan)	平均工资(元) Average Wage (yuan)
全 国	**National**	**1837625**	**579119**	**90127668**	**48637**	**2820088**	**830333**	**156411409**	**55311**
北 京	Beijing	42047	11433	2455105	57095	59894	15866	4923318	80532
天 津	Tianjin	47589	11885	2692094	56118	73885	19162	5582316	74440
河 北	Hebei	64254	19641	2474355	38369	70892	18366	2835154	39522
山 西	Shanxi	31750	9413	1221779	38135	24402	7143	778711	31641
内蒙古	Inner Mongolia	8254	1942	308933	37827	15225	4541	706354	44700
辽 宁	Liaoning	80203	15584	3772887	47036	183469	48743	9066876	48952
吉 林	Jilin	10499	2443	365621	34679	18080	4279	715009	38933
黑龙江	Heilongjiang	14425	4046	575526	39876	46643	11811	2276753	48966
上 海	Shanghai	87398	30394	6732660	68233	192965	50132	18386881	95021
江 苏	Jiangsu	200027	67995	11882156	58862	428929	129192	27462331	64578
浙 江	Zhejiang	130869	47551	6291481	48234	316592	101280	17115383	54249
安 徽	Anhui	49160	15018	2520372	50539	84317	26694	4170785	48970
福 建	Fujian	56867	18261	2809338	50200	68062	26387	3349787	48430
江 西	Jiangxi	22414	7295	1059207	47485	41462	12758	1701113	41078
山 东	Shandong	150936	38099	6561340	43914	277647	70371	12806288	46758
河 南	Henan	81920	21148	2654280	32811	167617	42471	5925827	35982
湖 北	Hubei	63203	18859	2740103	43825	72547	19823	3482614	48041
湖 南	Hunan	67223	18608	3097219	45707	53859	13459	2462426	45208
广 东	Guangdong	483892	179841	23256854	47806	351441	137506	18926053	52993
广 西	Guangxi	11473	4670	465411	41121	23224	4726	1333772	56626
海 南	Hainan	2173	584	103379	46757	437	162	14752	33002
重 庆	Chongqing	23891	5918	1195915	50352	34128	9742	1806546	52132
四 川	Sichuan	42813	12589	2028390	47215	91238	23230	5076397	54801
贵 州	Guizhou	16573	4461	659040	39208	12168	2700	517759	42554
云 南	Yunnan	12956	3043	540779	41717	15240	3915	723047	46672
西 藏	Tibet								
陕 西	Shaanxi	17775	4094	800408	44278	69342	18988	3234992	45412
甘 肃	Gansu	6957	1677	289251	42350	12166	3280	407747	33302
青 海	Qinghai	778	208	18295	22869	5525	1485	226682	40199
宁 夏	Ningxia	2972	806	132892	43007	6244	1499	279609	44228
新 疆	Xinjiang	6334	1613	422598	58784	2448	622	116127	47535

3-2 续表 19 continued

地 区	Region	专用设备制造业 Manufacture of Special Purpose Machinery				汽车制造业 Manufacture of Automobiles			
		年末人数（人）Year-end Figures (person)	#女 性 Female	工资总额（千元）Total Wages (1000 yuan)	平均工资（元）Average Wage (yuan)	年末人数（人）Year-end Figures (person)	#女 性 Female	工资总额（千元）Total Wages (1000 yuan)	平均工资（元）Average Wage (yuan)
全 国	**National**	**2164008**	**599401**	**125088644**	**57217**	**3338770**	**898176**	**211411945**	**64155**
北 京	Beijing	69208	19214	5961344	83904	143477	29700	11775745	83366
天 津	Tianjin	92448	22755	7819703	82403	124099	38984	8009555	65325
河 北	Hebei	76893	18315	3498640	44994	128680	37326	6809074	52828
山 西	Shanxi	53085	18183	2349824	43328	18595	5097	661681	35538
内蒙古	Inner Mongolia	8413	2194	396930	47327	12765	2664	692189	50945
辽 宁	Liaoning	107972	25481	6197665	56714	115982	25697	7929502	70703
吉 林	Jilin	20856	5220	717632	34618	263340	52175	20661266	78296
黑龙江	Heilongjiang	41590	8790	2037339	48172	26018	6511	1321077	51210
上 海	Shanghai	104422	28976	9299318	89591	194733	51963	21280119	110164
江 苏	Jiangsu	283424	89214	18406117	64981	249714	77775	17372558	70165
浙 江	Zhejiang	127278	38289	6924376	54428	204725	65171	11341572	57322
安 徽	Anhui	55744	14546	2793595	50170	111946	29085	6480977	58455
福 建	Fujian	44270	13228	2165739	48512	70431	22313	3663450	50697
江 西	Jiangxi	29087	12987	1237153	42539	68321	18172	3758003	56419
山 东	Shandong	186296	46299	8747096	47281	250550	60780	12668228	50643
河 南	Henan	204554	55294	7822953	38612	147468	37401	6131667	42533
湖 北	Hubei	68879	20149	3432294	49792	319352	88057	18514884	60021
湖 南	Hunan	96085	15954	7172901	68218	61982	14968	3333720	53707
广 东	Guangdong	255343	85322	16396348	64150	317622	100680	21394709	69249
广 西	Guangxi	28413	6920	1449342	49790	81848	19629	4551000	57409
海 南	Hainan	869	294	26060	30987	6367	1624	237178	37019
重 庆	Chongqing	24839	6444	1422411	56940	186720	51734	11540599	63587
四 川	Sichuan	74088	18710	3558429	46489	76965	20170	4271261	55428
贵 州	Guizhou	9964	2306	421057	41377	19494	5125	865234	44519
云 南	Yunnan	12671	2780	500263	39316	11893	2824	393079	33781
西 藏	Tibet	14	12	685	48929				
陕 西	Shaanxi	58795	14530	2911433	45662	122049	31757	5579863	43763
甘 肃	Gansu	19302	4879	901082	47460	696	150	29095	39639
青 海	Qinghai	83	25	2338	28169	42	10	1099	24422
宁 夏	Ningxia	5350	1302	313550	57123				
新 疆	Xinjiang	3773	789	205027	52437	2896	634	143561	51364

3-2 续表 20 continued

地 区	Region	铁路、船舶、航空航天和其他运输设备制造业 Manufacture of Railway, Ship, Aerospace and Other Transport Equipments				电气机械和器材制造业 Manufacture of Electrical Machinery and apparatus			
		年末人数（人） Year-end Figures (person)	#女 性 Female	工资总额（千元） Total Wages (1000 yuan)	平均工资（元） Average Wage (yuan)	年末人数（人） Year-end Figures (person)	#女 性 Female	工资总额（千元） Total Wages (1000 yuan)	平均工资（元） Average Wage (yuan)
全 国	**National**	**1206908**	**313126**	**74877931**	**60865**	**4015905**	**1731926**	**212087082**	**52355**
北 京	Beijing	34895	9908	3494560	100772	52029	18110	4620728	84675
天 津	Tianjin	61190	14197	3443034	56846	56737	20099	3854648	67077
河 北	Hebei	37250	8817	2372546	61880	77816	25359	3352908	43245
山 西	Shanxi	20083	4160	1137454	56221	16048	6075	714616	46573
内蒙古	Inner Mongolia	1718	504	165505	97241	9165	2394	464205	52649
辽 宁	Liaoning	72072	14590	4157439	57609	69386	26902	3000279	43022
吉 林	Jilin	24849	4205	1916717	77672	10637	3052	441986	41855
黑龙江	Heilongjiang	28061	7001	1621998	57833	24057	6624	1243040	51647
上 海	Shanghai	54495	11093	5059859	92543	161612	74026	11888675	71395
江 苏	Jiangsu	201722	46944	12653219	63140	564661	235486	35939213	63320
浙 江	Zhejiang	56376	15477	2800092	49277	384933	172403	19596789	50438
安 徽	Anhui	9703	1808	459553	47081	146850	59373	6782092	46411
福 建	Fujian	23366	8068	1168337	50632	128878	58336	6549575	51810
江 西	Jiangxi	14884	3904	663058	45371	130139	65794	5659271	43810
山 东	Shandong	83611	16694	5485594	66456	199843	74658	9536651	47670
河 南	Henan	40472	14745	1708484	41774	162708	57196	6117811	38319
湖 北	Hubei	24473	6321	1170583	46685	121254	46228	5378094	45026
湖 南	Hunan	48629	13342	3691734	77226	58506	20151	2791353	47949
广 东	Guangdong	110709	29483	6595781	59874	1372658	662727	71183297	50918
广 西	Guangxi	15575	4358	798054	48778	24227	11254	856553	35718
海 南	Hainan	1229	230	32569	28445	6592	1719	296870	47333
重 庆	Chongqing	71227	23385	3582857	49819	35569	16467	1895801	54632
四 川	Sichuan	42309	12697	2918194	69397	79679	30492	4309047	54594
贵 州	Guizhou	27281	8904	1432101	52479	11593	4365	456872	40456
云 南	Yunnan	2643	598	221055	83072	13985	4617	565357	41270
西 藏	Tibet					25	8	1319	52760
陕 西	Shaanxi	91427	29310	5679559	49094	69103	19738	3533484	46036
甘 肃	Gansu	5362	2251	342156	63645	15079	5043	482155	31895
青 海	Qinghai					1664	763	78581	46774
宁 夏	Ningxia	15	5	710	47333	3297	940	147235	43139
新 疆	Xinjiang	1282	127	105129	70699	7175	1527	348577	47816

3-2 续表 21 continued

地区 Region	计算机、通信和其他电子设备制造业 Manufacture of Computers, Communication and Other Electronic Equipment 年末人数(人) Year-end Figures (person)	#女性 Female	工资总额(千元) Total Wages (1000 yuan)	平均工资(元) Average Wage (yuan)	仪器仪表制造业 Manufacture of Measuring Instrument and Machinery 年末人数(人) Year-end Figures (person)	#女性 Female	工资总额(千元) Total Wages (1000 yuan)	平均工资(元) Average Wage (yuan)
全 国 National	**7505753**	**3635943**	**424649575**	**57123**	**751800**	**330289**	**43026936**	**56918**
北 京 Beijing	127981	51709	12364434	98391	33419	11824	3085552	92396
天 津 Tianjin	182373	90286	13191944	69388	9482	4024	615940	64849
河 北 Hebei	79633	29147	3191626	45894	11308	4208	543515	47460
山 西 Shanxi	102372	44032	4121861	41293	7700	3462	318560	43031
内蒙古 Inner Mongolia	1956	935	65432	33885				
辽 宁 Liaoning	64998	35998	2928181	43876	18723	7440	788525	42595
吉 林 Jilin	7432	3435	324067	44037	7390	2539	371154	49927
黑龙江 Heilongjiang	5685	2459	236115	43888	5345	2102	197987	36328
上 海 Shanghai	418078	187864	26883582	63256	44227	20040	3960897	88326
江 苏 Jiangsu	1555604	768206	86032931	56171	123654	43502	8447210	68388
浙 江 Zhejiang	271872	124317	16297567	59120	81869	36890	4245829	52143
安 徽 Anhui	97487	40579	4749450	51671	6295	2650	395042	60869
福 建 Fujian	244028	109565	13941932	56357	29279	15699	1287327	44056
江 西 Jiangxi	109501	66021	4317148	40154	19039	9350	782854	41606
山 东 Shandong	307281	141109	16135501	50409	37739	13001	1960091	52140
河 南 Henan	416770	261374	17766651	48092	34345	13081	1333104	38692
湖 北 Hubei	93265	39735	5585982	62192	15716	6895	799132	51230
湖 南 Hunan	138143	73659	6432811	47228	12113	4343	570603	47310
广 东 Guangdong	2723440	1300424	162798919	59830	195022	106725	9710121	49274
广 西 Guangxi	69642	45952	2512242	35322	3216	1585	105177	32827
海 南 Hainan	1736	621	141046	80921	353	149	30852	90475
重 庆 Chongqing	149835	76762	6683643	46280	17683	7102	1021668	57491
四 川 Sichuan	268676	111408	15008028	56061	6210	2269	372727	58311
贵 州 Guizhou	4028	2131	173544	43571	8112	3168	534093	67266
云 南 Yunnan	6062	3333	201878	38453	2416	1000	68778	28874
西 藏 Tibet								
陕 西 Shaanxi	47071	18842	2214505	47073	18752	6326	1367457	64551
甘 肃 Gansu	10655	5999	345005	33590	1065	378	33559	30958
青 海 Qinghai	95	7	1807	19021	422	182	19546	45245
宁 夏 Ningxia					824	323	51902	56973
新 疆 Xinjiang	54	34	1743	31125	82	32	7734	93181

3-2 续表 22 continued

地区	Region	其他制造业 Other Manufacture 年末人数(人) Year-end Figures (person)	#女性 Female	工资总额(千元) Total Wages (1000 yuan)	平均工资(元) Average Wage (yuan)	废弃资源综合利用业 Utilization of Waste Resources 年末人数(人) Year-end Figures (person)	#女性 Female	工资总额(千元) Total Wages (1000 yuan)	平均工资(元) Average Wage (yuan)
全　国	**National**	**224174**	**109886**	**10665152**	**47319**	**75851**	**22549**	**3451083**	**45071**
北　京	Beijing	8305	2747	796334	95530	1159	294	75411	63638
天　津	Tianjin	7324	2977	497895	70663	4211	887	271982	56067
河　北	Hebei	3422	2190	130841	37663	777	161	43510	49499
山　西	Shanxi	3653	1485	137897	37350	297	55	14761	50207
内蒙古	Inner Mongolia	2222	616	78192	35048	292	42	9387	32594
辽　宁	Liaoning	6924	3292	292271	40503	4331	900	146093	33393
吉　林	Jilin	308	66	8545	27300	1508	179	43498	28486
黑龙江	Heilongjiang	4112	1209	162446	39305	679	322	20666	31407
上　海	Shanghai	8810	5375	606264	68839	1242	312	122436	96482
江　苏	Jiangsu	13202	7559	643159	47378	4954	1779	286681	58494
浙　江	Zhejiang	32911	16428	1382722	43182	10607	4374	430818	41007
安　徽	Anhui	2819	941	122474	44135	2500	456	86831	35168
福　建	Fujian	33196	19867	1521212	44271	1576	529	66223	44927
江　西	Jiangxi	7072	3719	295583	42022	2175	736	75720	36040
山　东	Shandong	7690	3400	292158	38954	1993	540	100095	50784
河　南	Henan	8550	4564	260038	30887	4511	1111	157550	35238
湖　北	Hubei	3442	1626	115022	33910	5786	2291	269099	47552
湖　南	Hunan	1433	503	60575	42839	3589	1149	156439	43552
广　东	Guangdong	46512	23468	2030363	42964	13857	3949	615798	44555
广　西	Guangxi	3710	1756	92886	26313	2047	643	144276	61420
海　南	Hainan	12	3	281	23417	282	59	11274	38478
重　庆	Chongqing	2528	736	142435	53068	1896	404	97700	50309
四　川	Sichuan	10032	3147	789225	78265	1594	525	56682	35338
贵　州	Guizhou	1107	567	32855	31290	336	60	16356	41831
云　南	Yunnan	1482	616	46348	32097	681	139	26395	38309
西　藏	Tibet	151	50	3196	21166				
陕　西	Shaanxi	2174	652	78072	32970	1278	291	41154	32101
甘　肃	Gansu	161	42	7225	45440	1225	236	41698	34011
青　海	Qinghai	910	285	38638	42553	24	8	516	21500
宁　夏	Ningxia					129	45	4042	31333
新　疆	Xinjiang					315	73	17992	51406

3-2 续表 23 continued

地 区 Region	金属制品、机械和设备修理业 Repair Service of Metal Products, Machinery and Equipment 年末人数(人) Year-end Figures (person)	#女 性 Female	工资总额(千元) Total Wages (1000 yuan)	平均工资(元) Average Wage (yuan)	电力、热力、燃气及水生产和供应业 Production and Supply of Electricity, Heat, Gas and Water 年末人数(人) Year-end Figures (person)	#女 性 Female	工资总额(千元) Total Wages (1000 yuan)	平均工资(元) Average Wage (yuan)
全 国 National	**120434**	**28641**	**7982101**	**66446**	**4036541**	**1123686**	**296578454**	**73339**
北 京 Beijing	9432	1673	1039533	113734	82010	22458	9927629	112136
天 津 Tianjin	2280	508	151226	72880	44601	12018	4667633	107275
河 北 Hebei	10027	2922	518292	51710	192078	50996	13411060	69985
山 西 Shanxi	3087	684	198451	66909	118489	36169	7895456	68142
内蒙古 Inner Mongolia	1597	590	83067	52309	139913	39124	9565237	69403
辽 宁 Liaoning	5256	992	174707	33450	158588	37665	9085186	59557
吉 林 Jilin	3499	845	108982	30306	134514	29860	7933190	59153
黑龙江 Heilongjiang	2541	806	90308	34801	180958	48760	10538946	58085
上 海 Shanghai	12974	1738	1261965	93812	45872	10874	6773094	143613
江 苏 Jiangsu	2167	563	78376	36624	181179	46114	19047810	104454
浙 江 Zhejiang	9224	1725	488007	58754	134227	31729	14272144	103547
安 徽 Anhui	5934	1122	417517	69125	108415	25709	8336642	77120
福 建 Fujian	10943	3875	914695	83503	90840	25457	7051949	77293
江 西 Jiangxi	383	206	10512	27446	142956	42439	8143149	56550
山 东 Shandong	1013	228	51650	50737	237192	65303	15077291	63726
河 南 Henan	6137	2013	279623	45173	255263	83992	15588893	61076
湖 北 Hubei	7109	1926	294377	41351	166121	50657	12055421	72279
湖 南 Hunan	844	128	39449	50576	165349	48433	9242119	55815
广 东 Guangdong	9240	2067	794607	85094	308037	73129	29183916	94750
广 西 Guangxi	277	47	12188	44000	140576	38159	9002493	62789
海 南 Hainan	1080	299	39558	36093	22669	6707	1327124	58756
重 庆 Chongqing	2113	365	162559	77262	70237	21664	4963231	70321
四 川 Sichuan	6488	1634	431725	62505	267016	82373	20088550	74929
贵 州 Guizhou	253	33	11181	51764	129544	34208	9228946	68675
云 南 Yunnan	672	119	18559	28640	103127	30534	7072215	69160
西 藏 Tibet					9904	3139	558300	55707
陕 西 Shaanxi	715	109	41929	58397	126775	39070	7886501	62907
甘 肃 Gansu	3402	994	142290	42172	129246	41058	7578915	58916
青 海 Qinghai	613	114	44938	69135	18887	5682	1230379	66310
宁 夏 Ningxia					37018	10855	3246148	87483
新 疆 Xinjiang	1134	316	81830	67461	94940	29351	6598887	69737

3-2 续表 24 continued

地 区	Region	电力、热力生产和供应业 Production and Supply of Electric Power and Heat Power				燃气生产和供应业 Production and Supply of Gas			
		年末人数（人） Year-end Figures (person)	#女 性 Female	工资总额（千元） Total Wages (1000 yuan)	平均工资（元） Average Wage (yuan)	年末人数（人） Year-end Figures (person)	#女 性 Female	工资总额（千元） Total Wages (1000 yuan)	平均工资（元） Average Wage (yuan)
全 国	**National**	**3205556**	**825502**	**252842703**	**78603**	**256648**	**82458**	**15637083**	**61456**
北 京	Beijing	57854	14897	7773446	120085	12083	3491	1185681	99738
天 津	Tianjin	32064	8017	3670459	118486	6766	2037	466199	68609
河 北	Hebei	150147	34633	11605238	77510	13417	4517	686815	51374
山 西	Shanxi	87397	23941	6678574	78271	11954	4326	558858	48428
内蒙古	Inner Mongolia	119833	31223	8664805	73540	4541	1484	229152	50776
辽 宁	Liaoning	110749	22812	7144397	68096	14299	4585	678231	47592
吉 林	Jilin	111482	22506	7112661	63928	5589	1449	234455	43090
黑龙江	Heilongjiang	155244	40498	9557147	61415	6577	1854	344142	52365
上 海	Shanghai	25331	4739	4599421	178175	8415	1931	1022740	115186
江 苏	Jiangsu	132510	29012	15860740	118548	15258	4619	1113053	73093
浙 江	Zhejiang	96394	19732	11672313	116410	7500	2172	557885	75913
安 徽	Anhui	84923	17204	7255672	85603	8002	2471	395296	50803
福 建	Fujian	70283	18260	5912285	83494	4411	1033	292840	67475
江 西	Jiangxi	121395	34316	7242974	59110	5732	1828	286455	50682
山 东	Shandong	185609	46041	12639594	68269	17469	6187	944113	54203
河 南	Henan	198796	61830	13507408	67804	20180	6959	792479	39456
湖 北	Hubei	132463	36853	10540479	79024	7538	2671	415097	55621
湖 南	Hunan	134529	36463	7865758	58337	5676	1748	274538	49095
广 东	Guangdong	239319	50782	24812222	103631	13744	3856	1046913	77234
广 西	Guangxi	123512	32028	8245800	65250	2156	665	114634	55865
海 南	Hainan	15469	3947	1052158	68455	1308	350	64891	49725
重 庆	Chongqing	48677	13778	3409541	69775	11005	3645	918335	82562
四 川	Sichuan	218424	63958	17204941	78252	20380	7625	1220505	60412
贵 州	Guizhou	114174	28599	8534530	71582	4239	1367	206156	49249
云 南	Yunnan	88066	25380	6358544	72848	4217	1072	230911	53964
西 藏	Tibet	9241	2833	524325	55976	9	3	821	91222
陕 西	Shaanxi	99705	28882	6556283	66386	10708	3413	617075	59460
甘 肃	Gansu	114999	35390	6945863	60677	3795	1532	216293	58065
青 海	Qinghai	16491	4708	1138124	70381	264	126	9878	37275
宁 夏	Ningxia	32297	8793	3004222	92927	1458	569	76350	51553
新 疆	Xinjiang	78179	23447	5752779	73503	7958	2873	436292	56463

3-2 续表 25 continued

地 区	Region	水的生产和供应业 Production and Supply of Water 年末人数(人) Year-end Figures (person)	#女 性 Female	工资总额(千元) Total Wages (1000 yuan)	平均工资(元) Average Wage (yuan)	建筑业 Construction 年末人数(人) Year-end Figures (person)	#女 性 Female	工资总额(千元) Total Wages (1000 yuan)	平均工资(元) Average Wage (yuan)
全 国	**National**	**574337**	**215726**	**28098668**	**49054**	**29211787**	**3163117**	**1338937459**	**45804**
北 京	Beijing	12073	4070	968502	81312	456031	87390	34685236	77359
天 津	Tianjin	5771	1964	530975	92537	312716	39303	18664241	59019
河 北	Hebei	28514	11846	1119007	39217	890488	96316	34171982	37027
山 西	Shanxi	19138	7902	658024	34631	355429	51823	15430164	40504
内蒙古	Inner Mongolia	15539	6417	671280	43353	229116	33374	13228279	41489
辽 宁	Liaoning	33540	10268	1262558	37825	1023163	132559	47968390	40115
吉 林	Jilin	17443	5905	586074	33659	331902	42042	14767987	37119
黑龙江	Heilongjiang	19137	6408	637657	33120	338497	58295	16728852	37389
上 海	Shanghai	12126	4204	1150933	92304	372836	44735	27278107	73620
江 苏	Jiangsu	33411	12483	2074017	62216	4501977	311821	218982836	51856
浙 江	Zhejiang	30333	9825	2041946	67581	3294524	221097	144672875	46149
安 徽	Anhui	15490	6034	685674	44069	970835	111085	44861458	47632
福 建	Fujian	16146	6164	846824	52644	1547528	213004	74680067	50028
江 西	Jiangxi	15829	6295	613720	38814	944074	117832	37383829	42002
山 东	Shandong	34114	13075	1493584	43886	1775076	186933	80568072	44675
河 南	Henan	36287	15203	1289006	35866	1896092	226859	70478480	38425
湖 北	Hubei	26120	11133	1099845	42393	1441509	159694	66984837	48331
湖 南	Hunan	25144	10222	1101823	43796	1079229	117728	41805832	40177
广 东	Guangdong	54974	18491	3324781	60422	1494063	173571	67824884	46946
广 西	Guangxi	14908	5466	642059	42941	609645	57604	25284320	43772
海 南	Hainan	5892	2410	210075	35534	73155	8559	2976524	40441
重 庆	Chongqing	10555	4241	635355	59984	1038066	129556	45833579	46037
四 川	Sichuan	28212	10790	1663104	59327	1555581	197314	64315212	41132
贵 州	Guizhou	11131	4242	488260	44496	428082	52601	18470183	45227
云 南	Yunnan	10844	4082	482760	45139	676077	95866	23329869	36229
西 藏	Tibet	654	303	33154	51322	19287	3644	1033967	49899
陕 西	Shaanxi	16362	6775	713143	43943	709790	87148	31265382	43454
甘 肃	Gansu	10452	4136	416759	39912	456938	51586	17637463	37176
青 海	Qinghai	2132	848	82377	38875	75510	10413	3355351	45305
宁 夏	Ningxia	3263	1493	165576	50235	60228	6620	4102442	40284
新 疆	Xinjiang	8803	3031	409816	47476	254343	36745	30166759	51299

3-2 续表 26 continued

地 区	Region	房屋建筑业 Construction of Buildings 年末人数(人) Year-end Figures (person)	#女性 Female	工资总额(千元) Total Wages (1000 yuan)	平均工资(元) Average Wage (yuan)	土木工程建筑业 Civil Engineering 年末人数(人) Year-end Figures (person)	#女性 Female	工资总额(千元) Total Wages (1000 yuan)	平均工资(元) Average Wage (yuan)
全 国	**National**	**20460745**	**2022782**	**919567876**	**44773**	**5494704**	**726546**	**269524722**	**48710**
北 京	Beijing	192523	36795	14986361	79000	125320	24721	10955981	87388
天 津	Tianjin	128675	14629	6875533	50345	99006	16897	7583331	75803
河 北	Hebei	644412	59745	23724155	35392	174399	25605	7439852	41373
山 西	Shanxi	124769	16783	5203194	34873	200753	29343	9172941	45144
内蒙古	Inner Mongolia	161686	21984	9907402	41569	54996	9218	2792639	41045
辽 宁	Liaoning	585422	65239	29360449	40051	262053	41001	11882990	42465
吉 林	Jilin	180594	20590	8978726	37136	89436	13394	3227970	34495
黑龙江	Heilongjiang	185085	25514	8718767	34302	102683	21026	5400864	41539
上 海	Shanghai	210538	20578	13834783	67196	81458	12449	7167613	85529
江 苏	Jiangsu	3595605	236226	177964015	52495	472204	43718	21330725	47279
浙 江	Zhejiang	2639269	163022	115102087	45913	446409	39919	18802004	44288
安 徽	Anhui	553766	67466	24789611	46468	263733	26456	13341018	51806
福 建	Fujian	1072037	154942	53515404	51592	177093	21431	8789665	54608
江 西	Jiangxi	749892	91847	29296220	41986	150669	19414	6172423	41229
山 东	Shandong	1301972	122965	57189676	43230	358950	49663	18111965	49295
河 南	Henan	1215992	127268	44198639	37716	415608	66016	16211136	40031
湖 北	Hubei	964873	90317	44494589	48590	299432	47636	14695520	49440
湖 南	Hunan	781408	76732	29325068	39289	229520	31479	9830045	43490
广 东	Guangdong	917852	100880	36551640	41467	287394	31318	16069492	57207
广 西	Guangxi	471577	40068	19255790	42878	108762	14822	5011060	50026
海 南	Hainan	59470	6223	2405351	39931	4481	961	202979	46205
重 庆	Chongqing	754315	95788	32552422	44682	158906	17450	7537621	51203
四 川	Sichuan	1166404	139330	46002544	38707	253326	37615	12894322	50625
贵 州	Guizhou	264730	35352	11249259	45003	134010	12859	5976957	45645
云 南	Yunnan	498211	68260	16227141	34493	122131	18624	5027745	42090
西 藏	Tibet	10543	2035	534969	45001	7514	1528	413532	54134
陕 西	Shaanxi	455745	55935	18977880	41017	209111	23882	10026215	47714
甘 肃	Gansu	333210	34713	12601403	35600	84258	11179	3333806	40883
青 海	Qinghai	29316	3677	1097587	42330	40784	5774	2045860	47618
宁 夏	Ningxia	39377	4045	2922241	38548	16991	2193	1002910	46130
新 疆	Xinjiang	171477	23834	21724970	49536	63314	8955	7073541	55153

3-2 续表 27 continued

地 区	Region	建筑安装业 Building Installation 年末人数(人) Year-end Figures (person)	#女 性 Female	工资总额(千元) Total Wages (1000 yuan)	平均工资(元) Average Wage (yuan)	建筑装饰和其他建筑业 Building Decoration and Other Constructions 年末人数(人) Year-end Figures (person)	#女 性 Female	工资总额(千元) Total Wages (1000 yuan)	平均工资(元) Average Wage (yuan)
全 国	**National**	**1618399**	**214021**	**77502273**	**49581**	**1637939**	**199768**	**72342588**	**45310**
北 京	Beijing	85751	14971	5426114	67901	52437	10903	3316780	62134
天 津	Tianjin	40081	5259	2508990	62880	44954	2518	1696387	42695
河 北	Hebei	41301	6647	1904194	44336	30376	4319	1103781	37043
山 西	Shanxi	17719	3819	589730	33382	12188	1878	464299	42624
内蒙古	Inner Mongolia	9121	1612	381608	43350	3313	560	146630	40074
辽 宁	Liaoning	122081	18381	4797235	37850	53607	7938	1927716	34349
吉 林	Jilin	38238	5626	1707185	43986	23634	2432	854106	36069
黑龙江	Heilongjiang	29675	6568	1537237	40773	21054	5187	1071984	41986
上 海	Shanghai	38974	5736	3414175	85861	41866	5972	2861536	69671
江 苏	Jiangsu	229605	15703	10416214	52937	204563	16174	9271882	50152
浙 江	Zhejiang	85331	7769	4864600	61064	123515	10387	5904184	47705
安 徽	Anhui	71088	8254	3239957	45957	82248	8909	3490872	43454
福 建	Fujian	46310	7467	2177737	49316	252088	29164	10197261	40730
江 西	Jiangxi	20994	3029	1021165	49367	22519	3542	894021	40823
山 东	Shandong	72969	8977	3415168	47192	41185	5328	1851263	45458
河 南	Henan	123594	17040	4959679	40764	140898	16535	5109026	37654
湖 北	Hubei	94933	13502	4620780	49201	82271	8239	3173948	40135
湖 南	Hunan	33564	4680	1378869	41581	34737	4837	1271850	36377
广 东	Guangdong	111406	18546	5831209	53349	177411	22827	9372543	54149
广 西	Guangxi	21226	1774	736284	35562	8080	940	281186	36594
海 南	Hainan	4654	538	187568	42312	4550	837	180626	39803
重 庆	Chongqing	66978	6501	3007795	48265	57867	9817	2735741	47553
四 川	Sichuan	83401	11519	3324822	47347	52450	8850	2093524	41704
贵 州	Guizhou	20142	2755	843363	46326	9200	1635	400604	43210
云 南	Yunnan	31131	4893	1165719	39227	24604	4089	909264	37340
西 藏	Tibet	1107	47	79299	74250	123	34	6167	48944
陕 西	Shaanxi	30360	4815	1655672	50927	14574	2516	605615	42703
甘 肃	Gansu	26450	4126	1159308	40683	13020	1568	542946	52116
青 海	Qinghai	4137	752	170689	42052	1273	210	41215	37164
宁 夏	Ningxia	2789	153	114769	37396	1071	229	62522	51206
新 疆	Xinjiang	13289	2562	865139	62218	6263	1394	503109	68618

3-2 续表 28 continued

地 区	Region	批发和零售业 Wholesale and Retail Trades 年末人数(人) Year-end Figures (person)	#女性 Female	工资总额(千元) Total Wages (1000 yuan)	平均工资(元) Average Wage (yuan)	批发业 Wholesale Trade 年末人数(人) Year-end Figures (person)	#女性 Female	工资总额(千元) Total Wages (1000 yuan)	平均工资(元) Average Wage (yuan)
全 国	**National**	**8885690**	**4501858**	**493139200**	**55838**	**3978275**	**1663445**	**292826024**	**73702**
北 京	Beijing	722818	344462	67273028	91976	398013	174652	47917665	118777
天 津	Tianjin	172696	76465	10627639	61764	77358	32147	5978211	78314
河 北	Hebei	282444	153718	9910195	35398	116555	45139	4987594	43039
山 西	Shanxi	190499	76180	7172377	37693	108543	35682	4878416	45060
内蒙古	Inner Mongolia	105005	51691	4517416	42902	37190	12513	1980621	52479
辽 宁	Liaoning	267409	142961	11722734	43444	99085	42475	5459706	54434
吉 林	Jilin	125417	62907	4710225	37522	43110	14814	2048132	46982
黑龙江	Heilongjiang	187443	84981	7598212	41602	84182	28433	3981361	49219
上 海	Shanghai	780104	440186	83262043	107673	431019	229360	62227940	144823
江 苏	Jiangsu	593568	318753	33231779	56749	249824	102520	18517429	75165
浙 江	Zhejiang	417255	217309	25257580	60533	203791	90483	15246898	74880
安 徽	Anhui	234400	125543	9739645	41863	89278	34118	4829248	53682
福 建	Fujian	269955	129991	13878828	51458	114726	44493	7765090	67155
江 西	Jiangxi	176041	83944	7568996	42827	88671	31107	4599655	50043
山 东	Shandong	628241	332844	26023500	41884	243125	94534	12300946	50969
河 南	Henan	532606	251003	19320421	36690	212127	76496	9174787	43658
湖 北	Hubei	402905	219898	16393405	41228	160333	69944	8163265	51938
湖 南	Hunan	206987	102473	9116105	44427	75262	26282	4236071	56691
广 东	Guangdong	958407	470360	54208885	56534	483476	219766	32010609	66060
广 西	Guangxi	132932	64675	5723013	42787	59247	23857	3069615	51201
海 南	Hainan	59403	27545	2583660	44798	27031	11571	1404201	53706
重 庆	Chongqing	228250	122458	10792588	48735	89925	37749	4934470	57384
四 川	Sichuan	323151	162377	14725824	46215	109528	40115	6288932	57342
贵 州	Guizhou	139440	59875	6920030	49886	71036	23408	4444897	61589
云 南	Yunnan	259611	128749	10808099	42507	106280	39885	6130372	56951
西 藏	Tibet	10393	4224	688443	67336	5501	1909	411764	76465
陕 西	Shaanxi	263715	140187	9822696	37709	90180	39249	4398874	49009
甘 肃	Gansu	81849	42727	2922623	35765	32024	12806	1384635	43246
青 海	Qinghai	23220	12139	974601	41917	10543	4657	540969	52096
宁 夏	Ningxia	27010	16250	1217671	45770	9113	4009	549588	59868
新 疆	Xinjiang	82516	34983	4426939	53353	52199	19272	2964063	55653

3-2 续表 29 continued

地区	Region	零售业 Retail Trade 年末人数(人) Year-end Figures (person)	#女性 Female	工资总额(千元) Total Wages (1000 yuan)	平均工资(元) Average Wage (yuan)	交通运输、仓储和邮政业 Transport, Storage and Post 年末人数(人) Year-end Figures (person)	#女性 Female	工资总额(千元) Total Wages (1000 yuan)	平均工资(元) Average Wage (yuan)
全国	**National**	**4907415**	**2838413**	**200313176**	**41229**	**8614300**	**2245540**	**543539691**	**63416**
北京	Beijing	324805	169810	19355363	59012	602262	154764	46259347	78183
天津	Tianjin	95338	44318	4649428	48567	143421	32067	11993506	84736
河北	Hebei	165889	108579	4922601	30002	289603	76644	15228888	52425
山西	Shanxi	81956	40498	2293961	27968	245916	59224	14742863	60187
内蒙古	Inner Mongolia	67815	39178	2536795	37551	213081	56260	13241743	62134
辽宁	Liaoning	168324	100486	6263028	36942	375739	84896	22483765	59951
吉林	Jilin	82307	48093	2662093	32489	164287	34594	8892746	54654
黑龙江	Heilongjiang	103261	56548	3616851	35546	277461	63455	15779226	56406
上海	Shanghai	349085	210826	21034103	61216	513694	120044	46373180	88929
江苏	Jiangsu	343744	216233	14714350	43375	497774	125008	30110209	61473
浙江	Zhejiang	213464	126826	10010682	46858	326864	86767	22604969	70156
安徽	Anhui	145122	91425	4910397	34413	217155	58760	10991651	50271
福建	Fujian	155229	85498	6113738	39678	240407	63222	14544422	61115
江西	Jiangxi	87370	52837	2969341	35008	207779	53795	12095036	58120
山东	Shandong	385116	238310	13722554	36113	497497	130996	29745560	60303
河南	Henan	320479	174507	10145634	32062	444852	121555	21686656	49426
湖北	Hubei	242572	149954	8230140	34227	344273	94374	18566587	54620
湖南	Hunan	131725	76191	4880034	37403	251949	72831	13542250	53816
广东	Guangdong	474931	250594	22198276	46803	853999	227605	61887019	72211
广西	Guangxi	73685	40818	2653398	35952	209094	55025	11294460	54638
海南	Hainan	32372	15974	1179459	37410	54286	13624	3382649	63079
重庆	Chongqing	138325	84709	5858118	43245	272819	57383	15145213	56039
四川	Sichuan	213623	122262	8436892	40375	413341	127775	24601504	60631
贵州	Guizhou	68404	36467	2475133	37194	110875	30673	6517514	58617
云南	Yunnan	153331	88864	4677727	31903	171080	51982	10065552	59701
西藏	Tibet	4892	2315	276679	57177	8972	2987	480953	53900
陕西	Shaanxi	173535	100938	5423822	31768	287338	82671	16749284	57904
甘肃	Gansu	49825	29921	1537988	30945	124382	35600	6959411	56236
青海	Qinghai	12677	7482	433632	33701	40890	13916	2638309	66580
宁夏	Ningxia	17897	12241	668083	38343	39414	12763	2289432	58079
新疆	Xinjiang	30317	15711	1462876	49232	173796	44280	12645787	71957

3-2 续表 30 continued

地 区	Region	铁路运输业 Railway Transport 年末人数(人) Year-end Figures (person)	#女 性 Female	工资总额(千元) Total Wages (1000 yuan)	平均工资(元) Average Wage (yuan)	道路运输业 Road Transport 年末人数(人) Year-end Figures (person)	#女 性 Female	工资总额(千元) Total Wages (1000 yuan)	平均工资(元) Average Wage (yuan)
全 国	**National**	**1902500**	**311729**	**151875643**	**80720**	**3881462**	**996403**	**178893019**	**46472**
北 京	Beijing	110883	15058	9341404	90298	282196	65173	14714164	52814
天 津	Tianjin	21202	3107	1888682	89291	51638	10810	3083503	61161
河 北	Hebei	57000	7175	4391273	76298	144943	41581	5301799	36582
山 西	Shanxi	123050	15196	10280167	83394	84807	26590	2820688	33602
内蒙古	Inner Mongolia	108515	16222	8621039	79161	69230	25360	2876846	41764
辽 宁	Liaoning	119016	12183	9218265	77513	136190	35489	4875737	35973
吉 林	Jilin	67959	7252	4984146	73755	54719	15051	1931817	35937
黑龙江	Heilongjiang	135965	16313	9996547	72583	74614	22542	2560919	34145
上 海	Shanghai	42045	5870	3936860	94037	209885	32382	12142095	56820
江 苏	Jiangsu	24197	6091	2212918	91933	253433	60365	13742442	55692
浙 江	Zhejiang	29421	5454	2787107	97783	165213	43298	9585092	58910
安 徽	Anhui	40656	5512	3332479	82420	116732	31891	4570735	39091
福 建	Fujian	40401	9119	3079525	77198	108676	23274	5104330	47500
江 西	Jiangxi	61338	10972	4925407	80235	103656	25855	4966859	47926
山 东	Shandong	81304	11683	6429696	82064	234715	64391	10449762	44957
河 南	Henan	117956	22712	8796342	75132	242084	66075	9230993	38854
湖 北	Hubei	86947	12962	6560512	77958	156845	45032	6144333	39809
湖 南	Hunan	77848	12707	6250194	80865	107524	34879	3747385	34786
广 东	Guangdong	62602	10259	5293934	85118	383629	86245	20948186	55059
广 西	Guangxi	65814	10063	4704118	73141	79232	22905	3155830	40386
海 南	Hainan	5240	996	458176	88605	19568	4725	794129	40894
重 庆	Chongqing	28304	6149	2291743	81311	181971	35763	9320105	51681
四 川	Sichuan	63606	14931	5113709	82731	207857	55911	8403430	41541
贵 州	Guizhou	32061	6223	2599199	81628	54836	15187	2492700	44800
云 南	Yunnan	38552	8581	3591915	94723	78844	25871	3358974	43135
西 藏	Tibet	85	19	4130	48588	5573	1831	250470	44520
陕 西	Shaanxi	115063	24836	8540329	74646	111184	33242	4606036	40946
甘 肃	Gansu	53722	12257	4251276	80370	48691	14819	1738958	35838
青 海	Qinghai	19513	5252	1612677	87607	14738	6056	648119	44168
宁 夏	Ningxia	16058	3436	1212613	76164	15682	5913	660477	41692
新 疆	Xinjiang	56177	13139	5169261	91079	82557	17897	4666106	55691

3-2 续表 31 continued

地区	Region	水上运输业 Water Transport 年末人数(人) Year-end Figures (person)	#女性 Female	工资总额(千元) Total Wages (1000 yuan)	平均工资(元) Average Wage (yuan)	航空运输业 Air Transport 年末人数(人) Year-end Figures (person)	#女性 Female	工资总额(千元) Total Wages (1000 yuan)	平均工资(元) Average Wage (yuan)
全国	**National**	**491124**	**86764**	**40584254**	**82000**	**507789**	**187102**	**61041608**	**120829**
北京	Beijing	269	58	54640	200882	68975	28334	11098233	163744
天津	Tianjin	20070	2694	2831179	138593	9154	2915	1009247	115290
河北	Hebei	25734	5117	2550053	97267	4151	1571	438399	106563
山西	Shanxi	72	20	4122	56466	4933	1878	358213	75429
内蒙古	Inner Mongolia	24	8	1839	76625	4064	1491	343451	86035
辽宁	Liaoning	46028	9227	3390674	73906	19601	7675	1986632	102235
吉林	Jilin	123	53	6146	49967	5491	1805	498149	91303
黑龙江	Heilongjiang	2521	378	112739	42051	7154	3360	597165	84536
上海	Shanghai	55938	6846	7680649	130637	61645	19729	9739474	158052
江苏	Jiangsu	81064	16204	4616034	57284	13249	3901	1558381	116375
浙江	Zhejiang	32188	5725	2839066	90269	11979	3845	1345144	116031
安徽	Anhui	12401	2582	530942	42870	2761	1068	237771	87836
福建	Fujian	16482	2705	1231132	74564	16389	5443	1397369	89038
江西	Jiangxi	9246	1850	466226	50501	2693	946	270089	100554
山东	Shandong	62345	10746	5126033	82006	14758	5449	1852376	129437
河南	Henan	5096	1236	214345	43033	11035	3874	779231	72399
湖北	Hubei	14582	3143	774307	51624	6686	2428	770176	110992
湖南	Hunan	4549	1137	163761	36464	8334	3377	714790	84192
广东	Guangdong	60873	9573	5566767	89185	108539	41702	14525403	128578
广西	Guangxi	10777	2934	380749	35812	9416	3884	681009	75250
海南	Hainan	5799	1250	491410	83417	12575	3964	1046581	85033
重庆	Chongqing	12832	2050	629827	48816	8638	3116	798461	95693
四川	Sichuan	10501	871	875300	87926	41694	15713	4578973	113025
贵州	Guizhou	707	153	23327	32855	6391	2131	538704	87980
云南	Yunnan	542	104	9672	22286	19614	7060	1699682	89433
西藏	Tibet	130	32	4800	40000	582	160	45233	86323
陕西	Shaanxi	121	24	4156	34066	9004	3739	669484	76156
甘肃	Gansu	24	12	1038	35793	2560	824	138785	54964
青海	Qinghai					1821	673	115139	67889
宁夏	Ningxia	86	32	3321	38616	2150	808	140255	65326
新疆	Xinjiang					11753	4239	1069609	91733

3-2 续表 32 continued

地 区	Region	管道运输业 Transport Via Pipelines 年末人数(人) Year-end Figures (person)	#女 性 Female	工资总额(千元) Total Wages (1000 yuan)	平均工资(元) Average Wage (yuan)	装卸搬运和运输代理业 Loading, Unloading and Forwarding Agency 年末人数(人) Year-end Figures (person)	#女 性 Female	工资总额(千元) Total Wages (1000 yuan)	平均工资(元) Average Wage (yuan)
全 国	**National**	**37632**	**9984**	**3263148**	**86901**	**436132**	**142685**	**29514265**	**67645**
北 京	Beijing	6183	1194	662421	106106	42874	17506	3743723	86166
天 津	Tianjin	232	51	36599	155081	14154	4601	1179536	84846
河 北	Hebei	647	83	19712	30945	12706	2713	602352	45709
山 西	Shanxi	440	176	10794	25161	2635	805	85919	33354
内蒙古	Inner Mongolia					2632	760	168455	63616
辽 宁	Liaoning	3112	1098	153784	49480	17398	5091	1066108	59998
吉 林	Jilin	1104	288	86221	75040	1201	289	37360	31715
黑龙江	Heilongjiang	656	115	60776	83027	4597	1056	166880	36255
上 海	Shanghai	1389	362	189455	133325	73288	35524	7379595	100559
江 苏	Jiangsu	11553	3335	909317	82695	36763	9324	2288966	62417
浙 江	Zhejiang	108	26	10944	101333	22750	7284	1462527	63897
安 徽	Anhui					4861	1273	218149	43840
福 建	Fujian	12	7	418	34833	22800	6328	1504757	67327
江 西	Jiangxi	276	47	14715	53315	1795	540	56774	33338
山 东	Shandong	3326	726	252630	72804	28632	8673	1685661	60295
河 南	Henan	147	35	6696	47155	10941	2531	408528	37809
湖 北	Hubei	738	281	60435	80259	9277	2108	418491	45607
湖 南	Hunan	170	54	6938	40812	6953	1675	240219	35347
广 东	Guangdong	270	30	24372	92669	56691	18323	3813366	67693
广 西	Guangxi					13896	3614	715966	51353
海 南	Hainan	30	3	1630	54333	6024	1182	320300	53268
重 庆	Chongqing	2	1	55	27500	7296	1903	316857	43596
四 川	Sichuan	621	251	71137	115482	9831	2272	548123	53538
贵 州	Guizhou					3453	1108	137390	41333
云 南	Yunnan	355	88	27077	71632	13580	2429	456815	33009
西 藏	Tibet	176	65	1481	8415	15	3	890	59333
陕 西	Shaanxi	2391	820	218801	92088	4958	2420	230547	46802
甘 肃	Gansu	55	16	3263	59327	1046	231	51578	49594
青 海	Qinghai					246	64	10042	41325
宁 夏	Ningxia					496	154	23517	48191
新 疆	Xinjiang	3639	832	433477	114920	2343	901	174874	66467

3-2 续表 33 continued

地 区	Region	仓储业 Storage 年末人数(人) Year-end Figures (person)	#女 性 Female	工资总额(千元) Total Wages (1000 yuan)	平均工资(元) Average Wage (yuan)	邮政业 Post 年末人数(人) Year-end Figures (person)	#女 性 Female	工资总额(千元) Total Wages (1000 yuan)	平均工资(元) Average Wage (yuan)
全 国	**National**	**328367**	**91898**	**16661792**	**50759**	**1029294**	**418975**	**61705962**	**59459**
北 京	Beijing	11176	3239	753395	65319	79706	24202	5891367	73323
天 津	Tianjin	20119	4939	1525935	75203	6852	2950	438825	68987
河 北	Hebei	12293	4434	476373	38467	32129	13970	1448927	46033
山 西	Shanxi	7691	2413	196322	25724	22288	12146	986638	44294
内蒙古	Inner Mongolia	4882	1431	185827	38142	23734	10988	1044286	43892
辽 宁	Liaoning	11111	2551	491476	44405	23283	11582	1301089	55793
吉 林	Jilin	14181	2831	489027	34475	19509	7025	859880	44583
黑龙江	Heilongjiang	20620	4083	627084	30959	31334	15608	1657116	52305
上 海	Shanghai	34452	9293	2489663	71186	35052	10038	2815389	78843
江 苏	Jiangsu	17616	4606	1030226	58823	59899	21182	3751925	62715
浙 江	Zhejiang	12043	3116	740962	60566	53162	18019	3834127	72717
安 徽	Anhui	9740	2751	355152	36712	30004	13683	1746423	55359
福 建	Fujian	5697	1409	357261	62295	29950	14937	1869630	61641
江 西	Jiangxi	7444	2226	299596	40257	21331	11359	1095370	50378
山 东	Shandong	21340	6132	1048452	49103	51077	23196	2900950	54859
河 南	Henan	26007	8708	1017351	39492	31586	16384	1233170	38959
湖 北	Hubei	11200	3436	465718	42330	57998	24984	3372615	57599
湖 南	Hunan	6617	2485	197299	38588	39954	16517	2221664	53457
广 东	Guangdong	33432	9646	2096169	61925	147963	51827	9618822	64757
广 西	Guangxi	6056	1759	288479	47714	23903	9866	1368309	55654
海 南	Hainan	639	177	28122	39442	4411	1327	242301	59373
重 庆	Chongqing	3526	942	174848	50359	30250	7459	1613317	54225
四 川	Sichuan	7068	2203	309401	42996	72163	35623	4701431	64279
贵 州	Guizhou	2979	1078	144251	46972	10448	4793	581943	55540
云 南	Yunnan	2499	657	100851	39472	17094	7192	820566	49447
西 藏	Tibet	365	127	19088	52584	2046	750	154861	76892
陕 西	Shaanxi	8740	2592	321572	36894	35877	14998	2158359	57667
甘 肃	Gansu	4707	1342	176436	36934	13577	6099	598077	42999
青 海	Qinghai	890	303	41143	44965	3682	1568	211189	57233
宁 夏	Ningxia	717	249	31345	43474	4225	2171	217904	51710
新 疆	Xinjiang	2520	740	182968	64539	14807	6532	949492	66393

3-2 续表 34 continued

地 区	Region	住宿和餐饮业 Hotels and Catering Services 年末人数（人）Year-end Figures (person)	#女 性 Female	工资总额（千元）Total Wages (1000 yuan)	平均工资（元）Average Wage (yuan)	住宿业 Hotels 年末人数（人）Year-end Figures (person)	#女 性 Female	工资总额（千元）Total Wages (1000 yuan)	平均工资（元）Average Wage (yuan)
全 国	**National**	**2892857**	**1621595**	**107910424**	**37264**	**1530879**	**852634**	**61018755**	**39516**
北 京	Beijing	302501	158762	14921129	48870	135195	68167	7526676	54625
天 津	Tianjin	59567	32292	2111302	36138	20359	10434	890520	42543
河 北	Hebei	62678	37097	1842412	28971	44740	26536	1354309	29741
山 西	Shanxi	50174	28264	1232612	24082	27352	14623	753082	26883
内蒙古	Inner Mongolia	42596	24752	1469333	34050	25354	14967	907100	35570
辽 宁	Liaoning	73650	40068	2769515	37156	50206	25546	1998938	39174
吉 林	Jilin	30126	17835	924476	30091	20507	11703	637192	30363
黑龙江	Heilongjiang	45246	23069	1777505	39387	33164	16567	1354243	40896
上 海	Shanghai	243925	124368	11942631	49418	70028	31958	4611201	64277
江 苏	Jiangsu	197569	117483	6909181	34786	76413	43363	3269526	42431
浙 江	Zhejiang	138387	76366	5660467	40210	85087	46351	3725490	43090
安 徽	Anhui	59848	36917	1741673	29652	33416	20488	1028288	31202
福 建	Fujian	99258	54571	3578052	36200	60142	33055	2332266	38861
江 西	Jiangxi	40841	25815	1249093	30722	29437	18784	890304	30440
山 东	Shandong	155794	85691	5696473	37615	82446	43571	3207729	38715
河 南	Henan	112450	63959	3508050	31010	73226	41840	2332735	31750
湖 北	Hubei	106062	64759	3480814	33206	46155	29099	1546756	33618
湖 南	Hunan	84960	53325	2762819	32304	59005	37485	1960092	32970
广 东	Guangdong	370551	187183	14373883	38789	187305	97466	7957522	42360
广 西	Guangxi	50128	29335	1443578	28759	33622	20094	1050756	30763
海 南	Hainan	64923	33367	2338051	36371	56859	29028	2122462	37585
重 庆	Chongqing	67529	42505	2349314	35076	28512	17247	1067532	37932
四 川	Sichuan	115124	69317	3863822	33378	55831	33838	1911839	33690
贵 州	Guizhou	38936	22945	1333186	34416	26746	16261	940238	35462
云 南	Yunnan	86955	53635	2534813	28741	60034	36499	1825024	29773
西 藏	Tibet	5236	3093	218817	41975	4942	2941	206294	41921
陕 西	Shaanxi	117718	72026	3431323	28929	55602	34287	1809030	32214
甘 肃	Gansu	33622	20959	984408	29387	21367	13450	706532	33139
青 海	Qinghai	5977	3805	212500	35311	5024	3236	182540	36004
宁 夏	Ningxia	6574	4343	227460	34360	4126	2807	139094	33892
新 疆	Xinjiang	23952	13689	1021732	41040	18677	10943	773445	40200

3-2 续表 35 continued

地区	Region	餐饮业 Catering Services 年末人数(人) Year-end Figures (person)	#女性 Female	工资总额(千元) Total Wages (1000 yuan)	平均工资(元) Average Wage (yuan)	信息传输、软件和信息技术服务业 Information Transmission, Software and Information Technology 年末人数(人) Year-end Figures (person)	#女性 Female	工资总额(千元) Total Wages (1000 yuan)	平均工资(元) Average Wage (yuan)
全国	**National**	**1361978**	**768961**	**46891669**	**34691**	**3362732**	**1325787**	**337576313**	**100845**
北京	Beijing	167306	90595	7394453	44137	611106	222762	89375587	148828
天津	Tianjin	39208	21858	1220782	32562	38477	16884	4543054	116902
河北	Hebei	17938	10561	488103	27028	85587	35767	7109609	83469
山西	Shanxi	22822	13641	479530	20695	54986	25796	3115331	56094
内蒙古	Inner Mongolia	17242	9785	562233	31855	50222	25694	3092560	61123
辽宁	Liaoning	23444	14522	770577	32777	129648	60686	10294501	78751
吉林	Jilin	9619	6132	287284	29504	65783	27072	3731900	56439
黑龙江	Heilongjiang	12082	6502	423262	35228	76385	31079	4532276	59055
上海	Shanghai	173897	92410	7331430	43145	247810	87812	41823293	170174
江苏	Jiangsu	121156	74120	3639655	29941	290372	116371	29832126	102341
浙江	Zhejiang	53300	30015	1934977	35625	164351	66159	18362015	114908
安徽	Anhui	26432	16429	713385	27671	73792	28807	4549981	62501
福建	Fujian	39116	21516	1245786	32086	70972	26685	5530642	78734
江西	Jiangxi	11404	7031	358789	31445	71548	24741	4055064	56721
山东	Shandong	73348	42120	2488744	36286	169694	71237	13194581	77282
河南	Henan	39224	22119	1175315	29640	97236	45438	5154168	52779
湖北	Hubei	59907	35660	1934058	32883	105357	40665	6691110	64563
湖南	Hunan	25955	15840	802727	30785	76234	29898	4511835	58884
广东	Guangdong	183246	89717	6416361	35117	346340	123691	37239905	108465
广西	Guangxi	16506	9241	392822	24492	44580	18390	3024633	65285
海南	Hainan	8064	4339	215589	27597	15648	5531	1232515	79160
重庆	Chongqing	39017	25258	1281782	33006	46500	16651	3958238	84189
四川	Sichuan	59293	35479	1951983	33077	162872	64253	12448490	77268
贵州	Guizhou	12190	6684	392948	32148	32921	12697	2494808	75068
云南	Yunnan	26921	17136	709789	26389	52474	21172	3374661	62746
西藏	Tibet	294	152	12523	42887	5084	2112	406991	80195
陕西	Shaanxi	62116	37739	1622293	25975	103733	43478	9452640	91423
甘肃	Gansu	12255	7509	277876	22818	27561	12613	1250905	45628
青海	Qinghai	953	569	29960	31603	9330	4163	572589	60662
宁夏	Ningxia	2448	1536	88366	35122	8431	4319	588313	69067
新疆	Xinjiang	5275	2746	248287	43898	27698	13164	2031992	70757

3-2 续表 36 continued

地 区	Region	电信、广播电视和卫星传输服务 Telecommunication, Radio and Television and Satellite Transmission Service				互联网和相关服务 Internet and Related Service			
		年末人数（人） Year-end Figures (person)	#女 性 Female	工资总额（千元） Total Wages (1000 yuan)	平均工资（元） Average Wage (yuan)	年末人数（人） Year-end Figures (person)	#女 性 Female	工资总额（千元） Total Wages (1000 yuan)	平均工资（元） Average Wage (yuan)
全 国	**National**	**1817711**	**778866**	**142812239**	**77767**	**215790**	**86129**	**25084681**	**123384**
北 京	Beijing	80944	34133	12549847	152421	84469	32567	9646057	126223
天 津	Tianjin	18076	8044	1893456	105034	2976	1788	210670	74180
河 北	Hebei	64223	28891	4279619	66159	6285	2692	440296	69557
山 西	Shanxi	50518	23713	2889012	56459	505	214	43027	97346
内蒙古	Inner Mongolia	48386	25013	2995615	61496	314	116	18182	49814
辽 宁	Liaoning	70178	31301	4898120	68822	2196	696	124380	56820
吉 林	Jilin	54848	22873	3128567	56715	1292	596	64264	49094
黑龙江	Heilongjiang	67132	28152	4100193	60513	2114	697	108505	54525
上 海	Shanghai	41374	15794	5643844	135575	17600	7150	2617868	147802
江 苏	Jiangsu	164337	73239	14509283	87389	11070	6256	739678	67693
浙 江	Zhejiang	68023	31998	6354610	92294	24886	10153	5164068	226514
安 徽	Anhui	63145	24043	3831213	61010	2471	1459	150865	63495
福 建	Fujian	41182	16850	3270770	78645	3021	1245	165837	56292
江 西	Jiangxi	57462	20401	3492623	60496	1259	462	85935	67879
山 东	Shandong	130433	57244	10672741	80762	2685	1121	129135	49008
河 南	Henan	82339	40012	4383433	52799	3896	1652	135009	35974
湖 北	Hubei	68405	28904	3955865	57877	2657	964	173097	58777
湖 南	Hunan	62247	25344	3624041	57357	3172	1444	206998	68679
广 东	Guangdong	163307	62161	15488657	94422	24547	8580	3753738	154012
广 西	Guangxi	43004	17805	2933819	65570	818	319	55095	67935
海 南	Hainan	9456	3677	807871	86054	1628	463	96606	59929
重 庆	Chongqing	30652	11578	2649467	84300	2289	579	182693	83042
四 川	Sichuan	126112	51510	9701027	76277	7950	2398	473260	73374
贵 州	Guizhou	28362	10890	2199609	76671	545	208	21203	38976
云 南	Yunnan	46375	19064	3055238	64609	384	159	13705	37548
西 藏	Tibet	5001	2089	402942	80428				
陕 西	Shaanxi	65293	32117	5000019	75440	2869	1278	182875	65196
甘 肃	Gansu	24655	11460	1107136	45176	1496	700	61954	41413
青 海	Qinghai	8825	4042	543327	61213	10	6	291	29100
宁 夏	Ningxia	8043	4169	569195	69917	97	55	4828	49773
新 疆	Xinjiang	25374	12355	1881080	71019	289	112	14562	51095

3-2 续表 37 continued

地 区	Region	软件和信息技术服务业 Software and Information Technology 年末人数(人) Year-end Figures (person)	#女 性 Female	工资总额(千元) Total Wages (1000 yuan)	平均工资(元) Average Wage (yuan)	金融业 Financial Intermediation 年末人数(人) Year-end Figures (person)	#女 性 Female	工资总额(千元) Total Wages (1000 yuan)	平均工资(元) Average Wage (yuan)
全 国	**National**	**1329231**	**460792**	**169679393**	**129748**	**5662963**	**2878163**	**601735240**	**108273**
北 京	Beijing	445693	156062	67179683	152068	431574	231303	94530465	225482
天 津	Tianjin	17425	7052	2438928	135534	89117	49645	10217443	118263
河 北	Hebei	15079	4184	2389694	168764	276627	139338	19665684	73130
山 西	Shanxi	3963	1869	183292	46687	156207	83353	11564560	74778
内蒙古	Inner Mongolia	1522	565	78763	51852	113302	60499	8324079	73866
辽 宁	Liaoning	57274	28689	5272001	91908	244410	128345	18616710	77949
吉 林	Jilin	9643	3603	539069	55856	114768	59035	8261515	71894
黑龙江	Heilongjiang	7139	2230	323578	46225	169005	76733	9696120	58112
上 海	Shanghai	188836	64868	33561581	180025	330296	150978	65115389	195718
江 苏	Jiangsu	114965	36876	14583165	127319	333209	170849	35958900	111934
浙 江	Zhejiang	71442	24008	6843337	100419	379631	209784	48391642	130337
安 徽	Anhui	8176	3305	567903	74460	176627	88857	12391347	72215
福 建	Fujian	26769	8590	2094035	81448	164797	86996	17389038	107826
江 西	Jiangxi	12827	3878	476506	38142	121773	61978	8505422	71160
山 东	Shandong	36576	12872	2392705	66560	388285	186325	33734029	89331
河 南	Henan	11001	3774	635726	58420	239776	115802	16408094	69223
湖 北	Hubei	34295	10797	2562148	79218	179869	89952	13664082	76995
湖 南	Hunan	10815	3110	680796	65304	223754	115319	18570023	84674
广 东	Guangdong	158486	52950	17997510	116168	431507	220301	53757998	127285
广 西	Guangxi	758	266	35719	46030	117620	58505	9909800	86500
海 南	Hainan	4564	1391	328038	71781	34324	17169	2880867	88362
重 庆	Chongqing	13559	4494	1126078	84117	132123	64509	14610239	115065
四 川	Sichuan	28810	10345	2274203	82768	242150	120419	19941466	84601
贵 州	Guizhou	4014	1599	273996	68482	83538	39680	9709408	118477
云 南	Yunnan	5715	1949	305718	49872	101059	50451	10924553	110235
西 藏	Tibet	83	23	4049	62292	9433	4012	1265790	137736
陕 西	Shaanxi	35571	10083	4269746	124442	160669	80972	12599489	74340
甘 肃	Gansu	1410	453	81815	57943	72280	36359	3740854	52334
青 海	Qinghai	495	115	28971	52389	22377	11246	1683838	77354
宁 夏	Ningxia	291	95	14290	51036	34059	18350	2730155	82011
新 疆	Xinjiang	2035	697	136350	70067	88797	51099	6976241	79653

3-2 续表 38 continued

地区	Region	货币金融服务 Monetary and Financial Service 年末人数（人）Year-end Figures (person)	#女性 Female	工资总额（千元）Total Wages (1000 yuan)	平均工资（元）Average Wage (yuan)	资本市场服务 Capital Market Service 年末人数（人）Year-end Figures (person)	#女性 Female	工资总额（千元）Total Wages (1000 yuan)	平均工资（元）Average Wage (yuan)
全 国	**National**	**3529954**	**1745491**	**437728141**	**124988**	**200004**	**83435**	**40522384**	**202301**
北 京	Beijing	209167	114593	54000809	261695	57362	24606	16068782	288488
天 津	Tianjin	44232	22373	6928430	158680	221	84	17720	82037
河 北	Hebei	165451	77509	15457568	94099	2863	1291	378961	132876
山 西	Shanxi	119423	59870	10070301	84908	2209	978	253388	109692
内蒙古	Inner Mongolia	87652	45014	7158666	81882	917	400	64025	71060
辽 宁	Liaoning	153677	73059	14200065	93423	3189	1311	408754	126471
吉 林	Jilin	90550	45417	7178946	78510	3091	1383	228554	73020
黑龙江	Heilongjiang	104752	45798	7362668	70354	1220	460	97410	80107
上 海	Shanghai	175232	96422	45032838	257703	25355	10656	5694978	215915
江 苏	Jiangsu	209102	100844	28723413	139387	9460	3311	1266187	134329
浙 江	Zhejiang	243779	134671	36474964	152383	14014	5751	2256968	157852
安 徽	Anhui	106487	48196	9655210	91685	3852	1624	427597	112319
福 建	Fujian	102680	50999	13528052	133241	4743	2146	606732	127038
江 西	Jiangxi	88297	42918	6888579	79021	958	445	72873	73908
山 东	Shandong	246398	110137	26527286	108599	4299	1799	699409	162163
河 南	Henan	155558	72277	12424310	80580	3248	1308	301120	92709
湖 北	Hubei	114251	55052	10039696	88647	6276	2476	621932	93919
湖 南	Hunan	132809	67456	13785187	104566	7538	3406	1074838	146336
广 东	Guangdong	280192	141809	37439451	134028	27668	10718	6464873	238565
广 西	Guangxi	84274	39288	8390660	101157	1503	574	162429	107498
海 南	Hainan	18209	8695	1702267	96114	346	118	36364	103014
重 庆	Chongqing	67431	36066	10373978	156249	5042	2219	799343	169388
四 川	Sichuan	143907	69824	14825172	103871	4609	2034	796772	180510
贵 州	Guizhou	63430	29766	8318924	134206	2182	958	448947	203604
云 南	Yunnan	74927	36133	9384699	127271	1865	821	246673	132977
西 藏	Tibet	7966	3411	1103364	141930	1230	493	139581	118490
陕 西	Shaanxi	90837	44473	8703057	91003	3658	1597	743590	144724
甘 肃	Gansu	54905	25409	3078438	56491	37	15	2061	55703
青 海	Qinghai	18361	9240	1478441	82733	36	10	2052	57000
宁 夏	Ningxia	23039	11618	2302112	100767	14	5	521	37214
新 疆	Xinjiang	52979	27154	5190590	98757	999	438	138950	139789

3-2 续表 39 continued

地 区	Region	保险业 Insurance 年末人数(人) Year-end Figures (person)	#女性 Female	工资总额(千元) Total Wages (1000 yuan)	平均工资(元) Average Wage (yuan)	其他金融业 Other Financial Activities 年末人数(人) Year-end Figures (person)	#女性 Female	工资总额(千元) Total Wages (1000 yuan)	平均工资(元) Average Wage (yuan)
全 国	**National**	**1859376**	**1018838**	**108978410**	**61125**	**73629**	**30399**	**14506305**	**200768**
北 京	Beijing	132728	78147	16411642	130837	32317	13957	8049232	253503
天 津	Tianjin	40669	25541	2801199	70976	3995	1647	470094	154129
河 北	Hebei	107357	60114	3781738	37509	956	424	47417	48884
山 西	Shanxi	33792	22179	1197595	36328	783	326	43276	55984
内蒙古	Inner Mongolia	24342	14915	1075456	44856	391	170	25932	66835
辽 宁	Liaoning	86599	53601	3957041	47860	945	374	50850	55032
吉 林	Jilin	20636	12040	809748	40791	491	195	44267	89974
黑龙江	Heilongjiang	61254	30140	2135309	36049	1779	335	100733	57496
上 海	Shanghai	127408	42878	13306510	102877	2301	1022	1081063	484130
江 苏	Jiangsu	114016	66479	5853550	55676	631	215	115750	186393
浙 江	Zhejiang	119592	68466	9142748	79161	2246	896	516962	243505
安 徽	Anhui	64965	38533	2145419	35078	1323	504	163121	124235
福 建	Fujian	54675	32623	2868047	54876	2699	1228	386207	143093
江 西	Jiangxi	32092	18461	1468228	47439	426	154	75742	182511
山 东	Shandong	136830	74146	6352391	49527	758	243	154943	196379
河 南	Henan	79034	41378	3577284	46076	1936	839	105380	53793
湖 北	Hubei	56799	31203	2685029	48729	2543	1221	317425	127582
湖 南	Hunan	82865	44233	3631756	45615	542	224	78242	151046
广 东	Guangdong	119736	65993	8634224	77026	3911	1781	1219450	320234
广 西	Guangxi	30327	17875	1234291	43145	1516	768	122420	81722
海 南	Hainan	15101	8085	1104785	79088	668	271	37451	65704
重 庆	Chongqing	57981	25507	3110971	57365	1669	717	325947	199967
四 川	Sichuan	92169	47976	4234814	48578	1465	585	84708	60723
贵 州	Guizhou	17312	8728	887479	51793	614	228	54058	86355
云 南	Yunnan	23481	13195	1228300	53958	786	302	64881	87089
西 藏	Tibet	186	83	15712	84021	51	25	7133	139863
陕 西	Shaanxi	61017	33430	2458777	39164	5157	1472	694065	117043
甘 肃	Gansu	17220	10876	649080	38567	118	59	11275	94748
青 海	Qinghai	3822	1941	194849	52605	158	55	8496	53772
宁 夏	Ningxia	10991	6721	427064	41005	15	6	458	30533
新 疆	Xinjiang	34380	23351	1597374	47569	439	156	49327	109616

3-2 续表 40 continued

地 区	Region	房地产业 Real Estate 年末人数(人) Year-end Figures (person)	#女 性 Female	工资总额(千元) Total Wages (1000 yuan)	平均工资(元) Average Wage (yuan)	房地产开发经营 Development and Management of Real Estate 年末人数(人) Year-end Figures (person)	#女 性 Female	工资总额(千元) Total Wages (1000 yuan)	平均工资(元) Average Wage (yuan)
全 国	**National**	**4022447**	**1492522**	**222053917**	**55568**	**1835495**	**651797**	**127680289**	**69811**
北 京	Beijing	410147	156204	32643234	79280	86235	34641	13350187	153643
天 津	Tianjin	66674	25415	5010163	75052	30445	10417	3398756	110381
河 北	Hebei	105257	43282	4135611	39631	63572	23537	2953135	46427
山 西	Shanxi	35868	13416	1350512	37991	19101	6179	839919	44155
内蒙古	Inner Mongolia	50271	21265	2039338	40512	25077	8703	1221249	47501
辽 宁	Liaoning	145229	52851	6826879	46517	70928	24051	4321306	60801
吉 林	Jilin	63078	27617	2559272	39308	32705	15215	1492182	42405
黑龙江	Heilongjiang	60346	21345	2469134	40002	30279	9914	1447876	45123
上 海	Shanghai	255863	87442	18792391	72185	59923	23026	7974327	131855
江 苏	Jiangsu	221396	87294	13564571	61740	102396	37010	8925862	87535
浙 江	Zhejiang	197468	72766	11908908	61529	75455	29105	6992384	93635
安 徽	Anhui	103962	39672	5177600	50362	70473	24962	4060621	57614
福 建	Fujian	143210	51364	8185667	57980	66994	24245	5225938	78830
江 西	Jiangxi	57252	21288	2555762	45093	41684	14956	1995283	48155
山 东	Shandong	255766	90315	12629940	49742	162611	50401	9533956	58847
河 南	Henan	183979	65443	7588406	41847	127128	41222	5688141	45369
湖 北	Hubei	123581	46347	5736719	47049	79391	26375	4241087	54244
湖 南	Hunan	119510	43501	5342694	45314	71420	23975	3869493	54536
广 东	Guangdong	558406	191143	33689699	60404	155744	55478	13865822	88958
广 西	Guangxi	79528	29226	3159112	40344	39924	15875	2028997	51707
海 南	Hainan	73708	27897	3663894	50881	40541	15116	2656583	66681
重 庆	Chongqing	123851	50871	6744508	56872	52081	18904	3912077	77553
四 川	Sichuan	176850	68283	8659885	49713	86404	31980	5339269	62681
贵 州	Guizhou	78813	29179	3457430	44867	46668	16084	2453518	53290
云 南	Yunnan	111260	42523	4754157	43732	73244	26500	3600971	50127
西 藏	Tibet	1494	347	82307	55726	1071	241	54871	52508
陕 西	Shaanxi	106751	40457	4581433	43865	63449	22116	3195926	51329
甘 肃	Gansu	44845	16454	1787022	40045	27824	8832	1273071	45485
青 海	Qinghai	7831	3263	295403	36842	3928	1604	183280	43064
宁 夏	Ningxia	15147	5909	652789	43761	7709	2825	431913	54548
新 疆	Xinjiang	45106	20143	2009477	45377	21091	8308	1152289	55460

3-2 续表 41 continued

地 区	Region	物业管理 Property Management				房地产中介服务 Agency Services of Real Estate			
		年末人数（人）Year-end Figures (person)	#女 性 Female	工资总额（千元）Total Wages (1000 yuan)	平均工资（元）Average Wage (yuan)	年末人数（人）Year-end Figures (person)	#女 性 Female	工资总额（千元）Total Wages (1000 yuan)	平均工资（元）Average Wage (yuan)
全 国	**National**	**1804164**	**684350**	**70393324**	**39680**	**195047**	**84864**	**13020173**	**63490**
北 京	Beijing	239746	89192	12182706	51283	32021	13026	2991319	85493
天 津	Tianjin	27991	10953	1079694	38757	6346	3565	328582	53126
河 北	Hebei	35247	16946	957034	27895	2629	1235	81151	30832
山 西	Shanxi	12955	5696	398165	31273	750	380	20494	27325
内蒙古	Inner Mongolia	20801	10631	591616	29115	693	285	37561	54834
辽 宁	Liaoning	59983	23129	1857191	30253	6737	2840	329569	48695
吉 林	Jilin	23501	9524	787125	34150	1831	908	56174	30332
黑龙江	Heilongjiang	24804	9460	803475	32977	733	269	28908	39224
上 海	Shanghai	169638	53971	8059843	47276	20446	8446	2266053	97251
江 苏	Jiangsu	106436	45153	3836391	36567	6504	2855	414811	61572
浙 江	Zhejiang	104665	36883	3964434	38844	6914	2532	315174	48879
安 徽	Anhui	26039	11399	780155	31133	2979	1614	148457	52907
福 建	Fujian	67798	23641	2460004	37050	3609	1778	250323	67418
江 西	Jiangxi	11063	4643	363863	33766	1419	644	56873	41123
山 东	Shandong	79453	34302	2478829	31771	7221	2987	314287	42935
河 南	Henan	42687	19163	1289155	30748	4230	1695	185866	43447
湖 北	Hubei	37084	16882	1170572	31881	4479	2001	226837	51390
湖 南	Hunan	41086	16611	1173247	29490	3830	1789	172297	43139
广 东	Guangdong	329735	106066	15264044	46992	50222	20697	3207044	59317
广 西	Guangxi	32968	10574	917893	28286	1759	985	58013	32906
海 南	Hainan	29534	11355	834415	29320	2458	1017	121710	48031
重 庆	Chongqing	61120	25425	2222358	38920	8375	5540	476855	54133
四 川	Sichuan	75238	30183	2517095	34130	12070	4848	636166	52209
贵 州	Guizhou	26243	10802	806721	31956	2461	866	90379	39278
云 南	Yunnan	33890	14030	1009976	30881	1668	823	60134	35166
西 藏	Tibet	365	84	19150	51203	18	6	5875	326389
陕 西	Shaanxi	37211	15982	1119063	31114	1439	579	86176	57374
甘 肃	Gansu	15167	6858	423527	28650	131	66	5504	42015
青 海	Qinghai	3463	1450	92541	27849	214	114	9088	42270
宁 夏	Ningxia	7041	2869	202012	30589	284	180	14724	53155
新 疆	Xinjiang	21212	10493	731030	35271	577	294	23769	41700

3-2 续表 42 continued

地区	Region	租赁和商务服务业 Leasing and Business Services 年末人数(人) Year-end Figures (person)	#女性 Female	工资总额(千元) Total Wages (1000 yuan)	平均工资(元) Average Wage (yuan)	租赁业 Leasing 年末人数(人) Year-end Figures (person)	#女性 Female	工资总额(千元) Total Wages (1000 yuan)	平均工资(元) Average Wage (yuan)
全 国	**National**	**4494463**	**1476667**	**298591049**	**67131**	**96807**	**23863**	**6117823**	**62920**
北 京	Beijing	707537	272672	73442108	106540	19388	4501	1306057	65826
天 津	Tianjin	66623	22484	4781419	72255	3338	996	233748	70068
河 北	Hebei	137689	37365	5217102	38724	1805	387	97653	45189
山 西	Shanxi	79542	22297	2758619	34270	1829	869	59472	31685
内蒙古	Inner Mongolia	44697	14106	2034086	44270	638	244	44268	55197
辽 宁	Liaoning	127876	31887	4758798	37387	1199	372	56188	46207
吉 林	Jilin	57830	19708	2102954	36692	617	189	21342	34093
黑龙江	Heilongjiang	62055	21480	2442116	39918	618	277	35841	56532
上 海	Shanghai	489161	177528	65436256	135268	18857	3123	1922962	103921
江 苏	Jiangsu	312336	101834	16266594	52353	6543	1977	370457	57569
浙 江	Zhejiang	284101	79947	16122696	57268	3551	1288	184567	52779
安 徽	Anhui	60156	18946	2453306	40853	1337	304	64491	48599
福 建	Fujian	117123	33519	5697035	49695	1330	323	70545	54433
江 西	Jiangxi	47074	13798	1874672	40161	748	249	29988	38201
山 东	Shandong	215537	76767	11079197	51488	4399	1062	202495	46412
河 南	Henan	150673	49521	5734863	38679	5256	1047	180909	35108
湖 北	Hubei	93731	29467	4032471	43307	3853	1103	136256	34434
湖 南	Hunan	90611	28452	3412071	37915	941	221	27657	30696
广 东	Guangdong	606066	194384	37804555	62547	8539	1883	452938	52116
广 西	Guangxi	110740	37569	4082899	36951	1798	517	83646	45658
海 南	Hainan	24874	9041	1216821	49476	1120	317	47498	42447
重 庆	Chongqing	120644	28942	4683173	39615	639	191	30103	47631
四 川	Sichuan	127091	37188	6179042	49288	2231	656	139642	62564
贵 州	Guizhou	45021	13623	2029580	46156	1487	395	61241	41463
云 南	Yunnan	93105	26304	3405753	37356	1039	273	38772	37353
西 藏	Tibet	4690	1832	229234	49308	252	63	22302	89208
陕 西	Shaanxi	84993	29656	3700436	43471	930	275	38888	42781
甘 肃	Gansu	31261	9667	1240917	39915	384	114	12194	39463
青 海	Qinghai	7942	2411	286960	36173	18	10	976	54222
宁 夏	Ningxia	19287	6238	754624	39230				
新 疆	Xinjiang	74397	28034	3330692	44272	2123	637	144727	71896

3-2 续表 43 continued

地 区	Region	商务服务业 Business Services 年末人数(人) Year-end Figures (person)	#女性 Female	工资总额(千元) Total Wages (1000 yuan)	平均工资(元) Average Wage (yuan)	科学研究和技术服务业 Scientific Research and Technical Services 年末人数(人) Year-end Figures (person)	#女性 Female	工资总额(千元) Total Wages (1000 yuan)	平均工资(元) Average Wage (yuan)
全 国	**National**	**4397656**	**1452804**	**292473226**	**67225**	**4080405**	**1244059**	**333970940**	**82259**
北 京	Beijing	688149	268171	72136051	107747	597980	210984	73554383	124123
天 津	Tianjin	63285	21488	4547671	72371	106886	27598	11908652	113548
河 北	Hebei	135884	36978	5119449	38618	144762	39166	9138270	63937
山 西	Shanxi	77713	21428	2699147	34332	73264	23657	3832382	51919
内蒙古	Inner Mongolia	44059	13862	1989818	44076	62159	20039	3736688	60716
辽 宁	Liaoning	126677	31515	4702610	37302	169029	47660	10387802	62443
吉 林	Jilin	57213	19519	2081612	36721	78792	24320	4219557	53062
黑龙江	Heilongjiang	61437	21203	2406275	39744	115422	31919	7224894	62073
上 海	Shanghai	470304	174405	63513294	136515	225405	73699	33936591	152258
江 苏	Jiangsu	305793	99857	15896137	52242	215073	64365	17374088	81571
浙 江	Zhejiang	280550	78659	15938129	57325	161018	47486	14378396	90368
安 徽	Anhui	58819	18642	2388815	40678	95837	25119	6039693	63084
福 建	Fujian	115793	33196	5626490	49640	84804	26333	5391736	64519
江 西	Jiangxi	46326	13549	1844684	40194	55378	14484	3091170	55957
山 东	Shandong	211138	75705	10876702	51593	184178	53326	11537369	63176
河 南	Henan	145417	48474	5553954	38808	163859	51495	8735216	53509
湖 北	Hubei	89878	28364	3896215	43701	151705	41792	10261951	68102
湖 南	Hunan	89670	28231	3384414	37988	129240	35261	6382282	49931
广 东	Guangdong	597527	192501	37351617	62699	319277	101168	30363340	96537
广 西	Guangxi	108942	37052	3999253	36804	97686	30717	5055797	52236
海 南	Hainan	23754	8724	1169323	49811	21900	7280	1119098	51248
重 庆	Chongqing	120005	28751	4653070	39572	76595	22796	6332013	83498
四 川	Sichuan	124860	36532	6039400	49047	210600	64459	16559022	80634
贵 州	Guizhou	43534	13228	1968339	46319	76551	20714	4256441	57290
云 南	Yunnan	92066	26031	3366981	37357	101145	29109	5365724	53229
西 藏	Tibet	4438	1769	206932	47041	11155	3347	717695	64000
陕 西	Shaanxi	84063	29381	3661548	43478	177691	52777	12255059	63478
甘 肃	Gansu	30877	9553	1228723	39920	70397	19556	4075507	58166
青 海	Qinghai	7924	2401	285984	36132	22894	7305	1434724	61650
宁 夏	Ningxia	19287	6238	754624	39230	14059	4395	900901	63195
新 疆	Xinjiang	72274	27397	3185965	43512	65664	21733	4404499	65981

3-2 续表 44 continued

地 区	Region	研究和试验发展 Research and Experimental Development 年末人数(人) Year-end Figures (person)	#女 性 Female	工资总额(千元) Total Wages (1000 yuan)	平均工资(元) Average Wage (yuan)	专业技术服务业 Professional Technical Services 年末人数(人) Year-end Figures (person)	#女 性 Female	工资总额(千元) Total Wages (1000 yuan)	平均工资(元) Average Wage (yuan)
全 国	**National**	**845890**	**295320**	**79144270**	**92431**	**2656193**	**750766**	**216597629**	**82304**
北 京	Beijing	176613	66359	23112794	132747	307555	101639	37513373	121857
天 津	Tianjin	12831	4407	1138758	89659	88681	21644	10272753	118328
河 北	Hebei	18179	5309	1372894	75479	119299	31102	7448868	63328
山 西	Shanxi	16100	5880	793402	49802	50904	15353	2783862	53971
内蒙古	Inner Mongolia	5879	2259	344036	58649	47442	15096	2856446	60827
辽 宁	Liaoning	35966	10748	2493122	71537	113237	30855	7115381	63602
吉 林	Jilin	12661	4212	818383	63426	56036	16531	3013546	53317
黑龙江	Heilongjiang	16378	5464	1095801	66541	89012	23240	5631640	62726
上 海	Shanghai	73308	25427	12485214	171241	131094	41220	18645540	144255
江 苏	Jiangsu	42381	13927	4422484	105493	139352	38115	10967810	79590
浙 江	Zhejiang	19937	6774	1985820	100026	120610	33522	10410708	87506
安 徽	Anhui	13534	3841	920712	67779	70749	17656	4627898	65704
福 建	Fujian	7003	2490	470191	67440	68612	20855	4442286	65949
江 西	Jiangxi	9498	3375	480629	50518	39798	9480	2354567	59427
山 东	Shandong	28989	10118	1978652	68796	123899	33050	8130740	65993
河 南	Henan	33999	11383	1892443	55788	102797	30376	5789986	56349
湖 北	Hubei	26110	8683	1502197	58680	98418	24405	7700812	78456
湖 南	Hunan	20634	6276	1172602	57523	78495	19605	4344752	55905
广 东	Guangdong	50031	18174	4704164	96109	246510	74585	23722062	97575
广 西	Guangxi	14266	5135	693006	48202	63370	19828	3500720	56209
海 南	Hainan	4160	1874	172248	41376	15586	4781	849366	54569
重 庆	Chongqing	16767	6894	1079209	64585	53166	13693	4883029	93102
四 川	Sichuan	78877	29137	6647453	84681	116667	30972	9192553	82329
贵 州	Guizhou	10573	3635	582654	54957	40590	9286	2450078	64432
云 南	Yunnan	12800	4590	583678	45646	59544	15471	3495236	59158
西 藏	Tibet	1267	492	86272	68092	8877	2492	577942	64510
陕 西	Shaanxi	61767	19924	4531829	57441	89272	23184	6233295	70417
甘 肃	Gansu	14093	4366	798748	56565	43971	11048	2665601	61065
青 海	Qinghai	2612	956	199672	75376	14502	4195	948532	64146
宁 夏	Ningxia	1655	582	97070	58091	9404	2888	633171	66052
新 疆	Xinjiang	7022	2629	488133	68520	48744	14599	3395076	68276

3-2 续表 45 continued

地 区 Region	科技推广和应用服务业 Science and Technology Popularization and Application Services				水利、环境和公共设施管理业 Management of Water Conservancy, Environment and Public Facilites			
	年末人数（人）Year-end Figures (person)	#女 性 Female	工资总额（千元）Total Wages (1000 yuan)	平均工资（元）Average Wage (yuan)	年末人数（人）Year-end Figures (person)	#女 性 Female	工资总额（千元）Total Wages (1000 yuan)	平均工资（元）Average Wage (yuan)
全 国 National	**578322**	**197973**	**38229041**	**66826**	**2691186**	**1084982**	**104985547**	**39198**
北 京 Beijing	113812	42986	12928216	116855	99202	34995	6348793	64725
天 津 Tianjin	5374	1547	497141	92733	40724	11628	2869595	70314
河 北 Hebei	7284	2755	316508	44497	114396	44809	3545809	30674
山 西 Shanxi	6260	2424	255118	40482	93770	42193	2266276	24342
内蒙古 Inner Mongolia	8838	2684	536206	61506	82811	35869	3260827	39460
辽 宁 Liaoning	19826	6057	779299	39695	161113	59585	4753542	29722
吉 林 Jilin	10095	3577	387628	38390	81597	32718	2271723	27992
黑龙江 Heilongjiang	10032	3215	497453	49039	101503	36270	2887085	28993
上 海 Shanghai	21003	7052	2805837	135391	85721	30202	5515835	63973
江 苏 Jiangsu	33340	12323	1983794	59632	149608	61865	7340477	49111
浙 江 Zhejiang	20471	7190	1981868	97706	116840	46111	5852862	50161
安 徽 Anhui	11554	3622	491083	41901	81613	30990	2961391	35989
福 建 Fujian	9189	2988	479259	51885	57716	20506	2470722	43231
江 西 Jiangxi	6082	1629	255974	41915	71048	28191	2929939	41782
山 东 Shandong	31290	10158	1427977	46581	167510	61157	6394766	39488
河 南 Henan	27063	9736	1052787	39617	131980	49867	4630262	35771
湖 北 Hubei	27177	8704	1058942	39321	103565	41109	3562555	34503
湖 南 Hunan	30111	9380	864928	29103	94958	40015	2952164	30265
广 东 Guangdong	22736	8409	1937114	86236	172821	73607	7703704	44666
广 西 Guangxi	20050	5754	862071	42825	95895	47966	2926869	31189
海 南 Hainan	2154	625	97484	46223	27954	11859	1027864	36609
重 庆 Chongqing	6662	2209	369775	55389	54971	24269	2126326	39051
四 川 Sichuan	15056	4350	719016	47288	131648	60373	4835757	36887
贵 州 Guizhou	25388	7793	1223709	47674	49535	25703	1547627	31706
云 南 Yunnan	28801	9048	1286810	44472	75793	33478	2490216	32949
西 藏 Tibet	1011	363	53481	54131	2182	1203	75165	34622
陕 西 Shaanxi	26652	9669	1489935	58103	97752	37443	3609913	36846
甘 肃 Gansu	12333	4142	611158	49712	59353	22974	2215287	37544
青 海 Qinghai	5780	2154	286520	49095	10169	4696	453994	44601
宁 夏 Ningxia	3000	925	170660	56906	21326	9477	896109	41362
新 疆 Xinjiang	9898	4505	521290	52634	56112	23854	2262093	38981

3-2 续表 46 continued

地 区	Region	水利管理业 Management of Water Conservancy 年末人数(人) Year-end Figures (person)	#女 性 Female	工资总额(千元) Total Wages (1000 yuan)	平均工资(元) Average Wage (yuan)	生态保护和环境治理业 Ecological Protection and Environmental Treatment 年末人数(人) Year-end Figures (person)	#女 性 Female	工资总额(千元) Total Wages (1000 yuan)	平均工资(元) Average Wage (yuan)
全 国	**National**	**503678**	**140166**	**22931521**	**45543**	**128390**	**39637**	**6611728**	**51840**
北 京	Beijing	8288	2674	687742	82424	7098	2127	737275	104282
天 津	Tianjin	5968	1766	489318	81908	876	240	65060	74610
河 北	Hebei	22801	6849	860573	37402	5817	2090	216436	38213
山 西	Shanxi	15276	4906	538454	35603	3429	1091	106789	31464
内蒙古	Inner Mongolia	15836	5289	850232	53263	3040	965	166484	54982
辽 宁	Liaoning	23567	6242	781920	33443	7791	2437	266306	35110
吉 林	Jilin	17880	5403	546879	30528	3184	1118	84501	26464
黑龙江	Heilongjiang	18696	5233	648613	34656	3438	882	126802	36553
上 海	Shanghai	4080	1230	385497	92801	5909	2366	507814	85032
江 苏	Jiangsu	33525	8928	2000900	59748	5916	1872	363271	61405
浙 江	Zhejiang	10193	2439	800826	78651	5488	1669	361665	66605
安 徽	Anhui	20938	5346	854098	40548	2408	503	81081	35299
福 建	Fujian	8379	1874	431809	51302	2975	892	160939	54556
江 西	Jiangxi	10710	2529	528469	49431	1338	394	62486	46736
山 东	Shandong	31072	7967	1522968	49025	5009	1331	266028	53291
河 南	Henan	36349	10714	1422364	39458	6674	2509	277450	42108
湖 北	Hubei	27474	7110	1052535	38581	4775	1246	215838	45449
湖 南	Hunan	20641	6011	661722	31939	2525	838	77387	30955
广 东	Guangdong	29093	6795	1431280	49633	11831	3755	734473	64495
广 西	Guangxi	15887	4131	601403	37786	3796	1295	123143	32110
海 南	Hainan	3409	601	139735	40503	1735	456	59265	35089
重 庆	Chongqing	4190	1268	201640	49145	3583	1225	216833	62201
四 川	Sichuan	15239	4370	797964	53318	7287	1879	354139	47074
贵 州	Guizhou	6861	1919	333684	48607	1560	359	63748	41128
云 南	Yunnan	14645	3762	661280	45452	5807	1690	210991	36328
西 藏	Tibet	207	59	13389	64995	79	31	4527	57304
陕 西	Shaanxi	29152	9245	1215190	41247	5223	1679	241290	45364
甘 肃	Gansu	23043	6291	952271	41502	4630	1211	222116	47890
青 海	Qinghai	4034	1162	229418	56120	639	133	35200	55873
宁 夏	Ningxia	5708	1587	318080	55289	1761	570	76541	43097
新 疆	Xinjiang	20537	6466	971268	46595	2769	784	125850	44739

3-2 续表 47 continued

地区 Region	公共设施管理业 Management of Public Facilities 年末人数(人) Year-end Figures (person)	#女性 Female	工资总额(千元) Total Wages (1000 yuan)	平均工资(元) Average Wage (yuan)	居民服务、修理和其他服务业 Service to Households, Repair and Other Services 年末人数(人) Year-end Figures (person)	#女性 Female	工资总额(千元) Total Wages (1000 yuan)	平均工资(元) Average Wage (yuan)
全国 National	**2059118**	**905179**	**75442298**	**36850**	**754145**	**305126**	**31290865**	**41882**
北京 Beijing	83816	30194	4923776	59556	88396	43388	4048419	45776
天津 Tianjin	33880	9622	2315217	68165	110436	24064	3703616	34200
河北 Hebei	85778	35870	2468800	28402	15216	5573	473205	31614
山西 Shanxi	75065	36196	1621033	21735	13606	6804	419015	30467
内蒙古 Inner Mongolia	63935	29615	2244111	35259	9229	3538	343326	38733
辽宁 Liaoning	129755	50906	3705316	28731	28236	10557	976403	34864
吉林 Jilin	60533	26197	1640343	27317	17057	7280	546913	32385
黑龙江 Heilongjiang	79369	30155	2111670	27285	42642	20130	2299137	52333
上海 Shanghai	75732	26606	4622524	60747	66462	29648	3921881	59289
江苏 Jiangsu	110167	51065	4976306	45214	37532	10863	1772077	49159
浙江 Zhejiang	101159	42003	4690371	46408	26210	12700	1199396	46508
安徽 Anhui	58267	25141	2026212	34387	9458	3071	357975	38091
福建 Fujian	46362	17740	1877974	41017	14909	6780	660928	44215
江西 Jiangxi	59000	25268	2338984	40261	8160	2485	347227	42678
山东 Shandong	131429	51859	4605770	36587	31405	10945	1241676	40300
河南 Henan	88957	36644	2930448	33759	23911	9898	719256	30482
湖北 Hubei	71316	32753	2294182	32211	15851	7651	588408	37433
湖南 Hunan	71792	33166	2213055	29775	17631	7793	687859	39471
广东 Guangdong	131897	63057	5537951	41875	74861	33338	3369618	44896
广西 Guangxi	76212	42540	2202323	29725	8167	3502	304075	37218
海南 Hainan	22810	10802	828864	36135	4309	2562	114726	27880
重庆 Chongqing	47198	21776	1707853	36445	14771	8123	590599	40900
四川 Sichuan	109122	54124	3683654	33917	17923	7523	680208	39203
贵州 Guizhou	41114	23425	1150195	28472	12916	5790	436395	34214
云南 Yunnan	55341	28026	1617945	29299	14232	6612	465358	32696
西藏 Tibet	1896	1113	57249	30355	1806	1482	74573	42638
陕西 Shaanxi	63377	26519	2153433	34078	17161	7507	545184	32890
甘肃 Gansu	31680	15472	1040900	33126	2990	1105	92076	32779
青海 Qinghai	5496	3401	189376	34678	828	236	26921	33526
宁夏 Ningxia	13857	7320	501488	35476	747	315	28034	36742
新疆 Xinjiang	32806	16604	1164975	33892	7087	3863	256381	35928

3-2 续表 48 continued

地区	Region	居民服务业 Service to Households 年末人数(人) Year-end Figures (person)	#女性 Female	工资总额(千元) Total Wages (1000 yuan)	平均工资(元) Average Wage (yuan)	机动车、电子产品和日用产品修理业 Repair of Motor Vehicle, Electronics and Household Products 年末人数(人) Year-end Figures (person)	#女性 Female	工资总额(千元) Total Wages (1000 yuan)	平均工资(元) Average Wage (yuan)
全 国	**National**	**296822**	**135576**	**12959416**	**43802**	**128558**	**36613**	**6166464**	**48092**
北 京	Beijing	29514	15817	1366032	46134	21451	5728	1196330	55768
天 津	Tianjin	12294	4025	465546	37004	2125	442	93105	44591
河 北	Hebei	7879	2873	239948	31033	2814	846	90840	32420
山 西	Shanxi	4063	1869	123900	30737	7534	4332	214922	28153
内蒙古	Inner Mongolia	5314	2145	181773	36574	661	152	19629	31558
辽 宁	Liaoning	14704	6619	431350	29244	4300	958	154851	35705
吉 林	Jilin	10366	4541	364050	35796	1536	378	51992	33587
黑龙江	Heilongjiang	37510	17675	2058016	53044	1667	526	76410	48147
上 海	Shanghai	15580	8375	1083700	69370	20137	6181	1288454	63681
江 苏	Jiangsu	10577	4050	530684	49961	9465	2135	488866	58379
浙 江	Zhejiang	13463	6015	678511	51488	3759	887	183870	49176
安 徽	Anhui	4097	1749	154758	38316	1374	322	57084	41127
福 建	Fujian	6243	2831	293503	46803	1953	478	99225	49538
江 西	Jiangxi	4911	1470	205121	42007	816	268	26330	32228
山 东	Shandong	13164	4717	516693	39924	7154	1657	302068	41902
河 南	Henan	13264	6152	396786	30137	4892	1423	173488	35934
湖 北	Hubei	6506	3274	252193	38943	1791	519	68292	38109
湖 南	Hunan	11688	5151	505098	43880	1260	429	46846	37179
广 东	Guangdong	25618	12237	1326013	50749	12301	3416	721987	56881
广 西	Guangxi	3279	1256	143404	44179	1364	341	49040	35357
海 南	Hainan	725	315	24083	32677	742	173	21833	29705
重 庆	Chongqing	4921	2638	211488	43588	1725	417	68997	39337
四 川	Sichuan	8609	3494	314013	38815	5166	1635	242230	47117
贵 州	Guizhou	9057	4583	290385	32760	2458	539	101492	41207
云 南	Yunnan	8391	4378	290072	35169	2542	565	73695	28776
西 藏	Tibet	62	15	2932	47290	53	15	3013	56849
陕 西	Shaanxi	9125	4673	273379	32783	5678	1392	194014	32990
甘 肃	Gansu	2056	846	68810	36562	812	180	20359	24980
青 海	Qinghai	345	108	12182	37599	409	100	12519	30911
宁 夏	Ningxia	643	288	22636	34349	62	18	1435	23145
新 疆	Xinjiang	2854	1397	130357	43222	557	161	23248	41514

3-2 续表 49 continued

地 区	Region	其他服务业 Other Services 年末人数(人) Year-end Figures (person)	#女 性 Female	工资总额(千元) Total Wages (1000 yuan)	平均工资(元) Average Wage (yuan)	教 育 Education 年末人数(人) Year-end Figures (person)	#女 性 Female	工资总额(千元) Total Wages (1000 yuan)	平均工资(元) Average Wage (yuan)
全 国	**National**	**328765**	**132937**	**12164985**	**37659**	**17273260**	**9118755**	**972246694**	**56580**
北 京	Beijing	37431	21843	1486057	39759	458032	274837	45110838	99337
天 津	Tianjin	96017	19597	3144965	33592	173698	101043	15711186	90983
河 北	Hebei	4523	1854	142417	32119	899082	554695	39912414	44646
山 西	Shanxi	2009	603	78193	38652	527124	326715	23979463	45722
内蒙古	Inner Mongolia	3254	1241	141924	43375	353822	198556	22505915	63758
辽 宁	Liaoning	9232	2980	390202	43750	598762	317695	29998643	51281
吉 林	Jilin	5155	2361	130871	25314	366065	212805	17486618	47658
黑龙江	Heilongjiang	3465	1929	164711	46424	453708	254556	22372718	49503
上 海	Shanghai	30745	15092	1549727	51158	294243	188974	28368729	96165
江 苏	Jiangsu	17490	4678	752527	44131	946157	492497	66269604	70130
浙 江	Zhejiang	8988	5798	337015	37986	700763	425086	55746185	80038
安 徽	Anhui	3987	1000	146133	36800	647092	274102	31229938	48487
福 建	Fujian	6713	3471	268200	40186	500916	271128	29740747	59844
江 西	Jiangxi	2433	747	115776	47527	509344	225344	24550178	48543
山 东	Shandong	11087	4571	422915	39673	1203473	581817	69729546	58138
河 南	Henan	5755	2323	148982	26594	1190488	647921	54493970	46419
湖 北	Hubei	7554	3858	267923	35958	693559	306513	34886931	50621
湖 南	Hunan	4683	2213	135915	29191	736690	364475	34142246	46424
广 东	Guangdong	36942	17685	1321618	36477	1244966	684592	79126791	63789
广 西	Guangxi	3524	1905	111631	31561	618583	327870	25352495	41021
海 南	Hainan	2842	2074	68810	26035	129181	66264	7767972	60421
重 庆	Chongqing	8125	5068	310114	39586	407212	204804	25058449	61875
四 川	Sichuan	4148	2394	123965	30089	945620	462886	49168819	52357
贵 州	Guizhou	1401	668	44518	31175	510554	236236	26503202	52713
云 南	Yunnan	3299	1669	101591	29670	598768	294282	29332337	49291
西 藏	Tibet	1691	1452	68628	42000	46628	22619	3033510	66038
陕 西	Shaanxi	2358	1442	77791	33018	596054	305674	31491854	51856
甘 肃	Gansu	122	79	2907	25955	380510	170434	19417994	51241
青 海	Qinghai	74	28	2220	30000	73928	38719	4775584	63981
宁 夏	Ningxia	42	9	3963	94357	88753	49865	4762173	53696
新 疆	Xinjiang	3676	2305	102776	28870	379485	235751	20219645	53792

3-2 续表 50 continued

地区	Region	初等教育 Primary Education				中等教育 Secondary Education			
		年末人数（人）Year-end Figures (person)	#女性 Female	工资总额（千元）Total Wages (1000 yuan)	平均工资（元）Average Wage (yuan)	年末人数（人）Year-end Figures (person)	#女性 Female	工资总额（千元）Total Wages (1000 yuan)	平均工资（元）Average Wage (yuan)
全国	**National**	**5936388**	**3373752**	**304825839**	**51553**	**7567536**	**3731534**	**416650979**	**55361**
北京	Beijing	69427	51583	6751728	98822	101469	65480	10638991	105287
天津	Tianjin	29809	22118	2597421	87727	59687	35083	5443040	91424
河北	Hebei	350501	226874	14471621	41618	408397	243437	17837166	43933
山西	Shanxi	191798	130678	8191169	42840	244909	145614	11048312	45452
内蒙古	Inner Mongolia	139909	82663	8816690	63029	149432	79849	9487703	63721
辽宁	Liaoning	160382	97285	7280090	46112	251817	136119	11927715	48064
吉林	Jilin	134002	84774	5734022	42722	148271	86069	6771035	45561
黑龙江	Heilongjiang	147023	87270	6587663	44933	197097	110716	9048045	46224
上海	Shanghai	43221	33587	4068262	94549	90160	58029	9188173	101728
江苏	Jiangsu	293812	175380	19885895	67333	406802	187074	28909090	71219
浙江	Zhejiang	208092	139683	15998551	77646	274435	147396	23388357	85678
安徽	Anhui	229114	105032	10382610	45204	312910	118132	15210422	49005
福建	Fujian	183091	112113	10140945	55755	212209	95955	12878796	60965
江西	Jiangxi	210073	103768	9360445	44801	216688	85964	9819902	45562
山东	Shandong	373491	193190	20020242	53770	602616	275189	34361328	57138
河南	Henan	412730	240203	17902051	43828	600625	314324	27607238	46545
湖北	Hubei	202082	99405	9140048	45491	318881	127186	15385472	48552
湖南	Hunan	192980	107788	7897178	40924	409608	193439	17994952	43972
广东	Guangdong	451393	271180	27154660	60240	529637	261583	33420119	63215
广西	Guangxi	285100	159714	10812431	37865	242537	117573	10193873	42180
海南	Hainan	51309	25502	3089274	60101	52851	24921	3174259	60676
重庆	Chongqing	149750	81415	8190707	55043	183118	86339	11486401	63071
四川	Sichuan	355281	183518	16925754	48136	416378	190269	21630797	52161
贵州	Guizhou	239199	112527	12130437	51173	207424	88073	10985959	54152
云南	Yunnan	278775	134955	13204117	47535	221173	104518	10973535	49934
西藏	Tibet	23772	11691	1517604	64689	16875	7678	1100597	66421
陕西	Shaanxi	193068	106577	9323554	47671	254771	125919	13244699	52067
甘肃	Gansu	139116	66958	6833996	49168	179658	72142	8947142	50006
青海	Qinghai	25482	12865	1638722	63615	32513	16265	2216262	67286
宁夏	Ningxia	32665	19595	1680919	51177	39311	20709	2190143	55671
新疆	Xinjiang	139941	93861	7097033	51372	185277	110490	10141456	55200

3-2 续表 51 continued

地 区	Region	高等教育 Senior Education				卫生和社会工作 Health and Social Service			
		年末人数（人）Year-end Figures (person)	#女 性 Female	工资总额（千元）Total Wages (1000 yuan)	平均工资（元）Average Wage (yuan)	年末人数（人）Year-end Figures (person)	#女 性 Female	工资总额（千元）Total Wages (1000 yuan)	平均工资（元）Average Wage (yuan)
全 国	**National**	**2198144**	**1014400**	**170580827**	**77873**	**8104272**	**5055320**	**505782262**	**63267**
北 京	Beijing	167014	81113	19262450	116249	254294	179686	31239635	125273
天 津	Tianjin	45192	20984	4480159	100542	92795	59731	8828902	96200
河 北	Hebei	85204	45149	5283616	62070	354472	223823	15407813	43843
山 西	Shanxi	50003	24500	3218769	64695	195108	124696	7610650	39653
内蒙古	Inner Mongolia	36466	17640	2548963	69881	147767	90507	8605211	58738
辽 宁	Liaoning	113825	47495	7538029	69341	344699	190215	16878309	50054
吉 林	Jilin	61648	28583	3998893	64551	179470	115175	8241940	46127
黑龙江	Heilongjiang	70828	34440	4937175	69394	225950	140864	10672012	47659
上 海	Shanghai	88804	41485	9830278	111064	190277	131281	21585419	113142
江 苏	Jiangsu	157586	72371	12334892	78752	466714	292733	33778968	73779
浙 江	Zhejiang	104643	50128	10232703	96836	416306	273678	38650376	95067
安 徽	Anhui	70651	30646	4165951	59543	281553	168056	15077714	54468
福 建	Fujian	57602	26901	4468076	78593	209681	135819	14768168	72183
江 西	Jiangxi	47673	18791	3815097	80441	215115	128584	11346896	53384
山 东	Shandong	127260	56282	10231389	81108	586860	352955	34824457	60460
河 南	Henan	92260	43538	5311812	59620	500183	309682	24231187	49301
湖 北	Hubei	125177	53631	8350633	67141	385985	226813	21012796	55133
湖 南	Hunan	91108	40065	6435411	71191	381088	238673	22675701	60180
广 东	Guangdong	118623	56060	11085599	94590	596787	377220	43751232	74377
广 西	Guangxi	48415	22769	2911411	60496	298874	191902	15776248	53785
海 南	Hainan	12238	6229	1027961	84969	57227	37186	3352252	59793
重 庆	Chongqing	46615	20275	4108652	87961	178272	108356	12842295	73471
四 川	Sichuan	114231	51867	7961949	69720	451425	274797	27995572	63188
贵 州	Guizhou	30491	14573	1936298	64387	181438	107677	10496525	59142
云 南	Yunnan	43571	21371	2889303	66701	245628	164487	12217826	50784
西 藏	Tibet	3744	1895	267533	72620	18371	9669	1013397	55825
陕 西	Shaanxi	104361	45741	6902400	60424	254779	153592	13285958	49447
甘 肃	Gansu	37398	17493	2332101	63317	137156	77754	6184975	45518
青 海	Qinghai	4963	2323	319730	63933	37567	22993	2053401	55752
宁 夏	Ningxia	10329	5432	572693	56334	43006	27980	2137996	50525
新 疆	Xinjiang	30221	14630	1820901	59939	175425	118736	9238431	53203

3-2 续表 52 continued

地 区	Region	卫 生 Health 年末人数(人) Year-end Figures (person)	#女 性 Female	工资总额(千元) Total Wages (1000 yuan)	平均工资(元) Average Wage (yuan)	社会工作 Social Service 年末人数(人) Year-end Figures (person)	#女 性 Female	工资总额(千元) Total Wages (1000 yuan)	平均工资(元) Average Wage (yuan)
全 国	**National**	**7895316**	**4944770**	**496410557**	**63757**	**208956**	**110550**	**9371705**	**44952**
北 京	Beijing	243034	172695	30613540	128575	11260	6991	626095	55534
天 津	Tianjin	90798	58797	8684740	96756	1997	934	144162	71438
河 北	Hebei	347043	219778	15147688	44087	7429	4045	260125	33154
山 西	Shanxi	190827	122462	7465126	39780	4281	2234	145524	34073
内蒙古	Inner Mongolia	143607	88491	8394227	58971	4160	2016	210984	50778
辽 宁	Liaoning	319854	179045	15980543	51137	24845	11170	897766	36348
吉 林	Jilin	174529	112638	8068058	46440	4941	2537	173882	35142
黑龙江	Heilongjiang	219214	137769	10309435	47450	6736	3095	362577	54498
上 海	Shanghai	184109	127159	21181126	114790	6168	4122	404293	64573
江 苏	Jiangsu	458930	288149	33309913	74005	7784	4584	469055	60656
浙 江	Zhejiang	403981	266968	38088977	96646	12325	6710	561399	45081
安 徽	Anhui	278171	166243	14946027	54658	3382	1813	131687	39042
福 建	Fujian	203985	132562	14516648	72902	5696	3257	251520	45999
江 西	Jiangxi	210461	125928	11177276	53759	4654	2656	169620	36588
山 东	Shandong	576395	347685	34306671	60668	10465	5270	517786	49261
河 南	Henan	493174	305888	23932266	49393	7009	3794	298921	42905
湖 北	Hubei	377070	221824	20648956	55470	8915	4989	363840	40991
湖 南	Hunan	374794	235457	22445727	60579	6294	3216	229974	36626
广 东	Guangdong	578392	365624	42744764	74983	18395	11596	1006468	55383
广 西	Guangxi	294521	189362	15628652	54079	4353	2540	147596	34134
海 南	Hainan	56160	36590	3301320	60028	1067	596	50932	47689
重 庆	Chongqing	172978	105686	12652793	74677	5294	2670	189502	35361
四 川	Sichuan	436889	268600	27315234	63738	14536	6197	680338	46933
贵 州	Guizhou	177853	105929	10352161	59513	3585	1748	144364	40873
云 南	Yunnan	239583	161623	11993840	51126	6045	2864	223986	37406
西 藏	Tibet	17836	9447	982218	55757	535	222	31179	58061
陕 西	Shaanxi	248855	150510	13062729	49689	5924	3082	223229	38474
甘 肃	Gansu	134681	76460	6079702	45570	2475	1294	105273	42724
青 海	Qinghai	35417	21918	1934970	55732	2150	1075	118431	56075
宁 夏	Ningxia	42092	27421	2088960	50447	914	559	49036	54064
新 疆	Xinjiang	170083	116062	9056270	53796	5342	2674	182161	34376

3-2 续表 53 continued

地 区	Region	文化、体育和娱乐业 Culture, Sports and Entertainment				新闻和出版业 Journalism and Publishing Activities			
		年末人数（人）Year-end Figures (person)	#女 性 Female	工资总额（千元）Total Wages (1000 yuan)	平均工资（元）Average Wage (yuan)	年末人数（人）Year-end Figures (person)	#女 性 Female	工资总额（千元）Total Wages (1000 yuan)	平均工资（元）Average Wage (yuan)
全 国	**National**	**1455190**	**651003**	**93676558**	**64375**	**345995**	**157918**	**28246468**	**81367**
北 京	Beijing	174448	85585	21290299	121094	70363	36183	9537632	133858
天 津	Tianjin	20816	8901	1628433	77689	3419	1630	340150	99985
河 北	Hebei	52686	23397	2090020	39789	9252	4012	445608	48541
山 西	Shanxi	48777	22318	1945354	40133	11633	5579	508316	44128
内蒙古	Inner Mongolia	35439	16956	1941324	54827	8020	3923	368548	45607
辽 宁	Liaoning	52506	22937	2451737	46833	11362	4588	650671	56516
吉 林	Jilin	34867	15407	1416566	40313	8670	4019	359964	40578
黑龙江	Heilongjiang	40981	17689	1758315	43083	8260	4153	389149	47608
上 海	Shanghai	56664	25283	5617947	96303	10784	5064	1390163	128291
江 苏	Jiangsu	77718	34778	5580846	71787	15290	7065	1262054	82736
浙 江	Zhejiang	72087	33391	5632665	78311	13736	6337	1506474	108802
安 徽	Anhui	33561	14300	1480855	44211	7408	3056	404418	54896
福 建	Fujian	40496	17375	2337958	57796	7291	2960	565172	76138
江 西	Jiangxi	30291	12449	1352799	44941	7232	2987	328485	46344
山 东	Shandong	71350	29602	4483775	62056	14057	6013	1015531	71295
河 南	Henan	74701	32085	3139633	42426	17599	7653	937780	52705
湖 北	Hubei	56928	23470	2948842	51861	14274	5732	889145	61866
湖 南	Hunan	52653	22872	2803929	53924	10775	4395	633163	61181
广 东	Guangdong	115244	52855	8026939	69745	26292	11063	2676249	101032
广 西	Guangxi	33603	14730	1563250	46735	6473	2861	407018	63537
海 南	Hainan	12352	5570	590074	47717	2589	1234	155078	60201
重 庆	Chongqing	26203	10451	1548169	59598	8782	3127	559485	64272
四 川	Sichuan	62772	28780	3237438	51728	21224	10083	1155662	54206
贵 州	Guizhou	19921	8417	974820	48944	4135	1761	213428	52426
云 南	Yunnan	33735	15515	1552888	46209	6088	2805	369164	60164
西 藏	Tibet	6895	2930	470146	67735	645	254	61193	95168
陕 西	Shaanxi	45262	20411	2127097	47853	6918	2838	389808	56339
甘 肃	Gansu	25251	11148	1180398	46981	3744	1668	203595	54583
青 海	Qinghai	8504	3840	474283	55759	1494	704	64358	43222
宁 夏	Ningxia	8661	3670	473549	54120	1705	843	111029	65311
新 疆	Xinjiang	29818	13891	1556210	52299	6481	3328	347978	54363

3-2 续表 54 continued

地 区	Region	广播、电视、电影和影视录音制作业 Radio, Television, Motion Picture and Videotape Programme Production Services				文化艺术业 Cultural and Art Activities			
		年末人数（人）Year-end Figures (person)	#女 性 Female	工资总额（千元）Total Wages (1000 yuan)	平均工资（元）Average Wage (yuan)	年末人数（人）Year-end Figures (person)	#女 性 Female	工资总额（千元）Total Wages (1000 yuan)	平均工资（元）Average Wage (yuan)
全 国	**National**	**442787**	**182787**	**30452046**	**69027**	**446368**	**211045**	**23013729**	**51666**
北 京	Beijing	38501	18095	6306625	164090	33735	16292	2997055	88618
天 津	Tianjin	5652	2486	405293	73770	6966	3069	475996	67326
河 北	Hebei	20641	8904	807749	39360	16482	7793	608871	36799
山 西	Shanxi	13870	5858	598690	43427	20441	9803	715095	35239
内蒙古	Inner Mongolia	11169	4898	676223	61086	14382	7315	803017	55823
辽 宁	Liaoning	14966	6510	755894	51320	19187	8776	813647	42513
吉 林	Jilin	10651	4114	424811	39933	11983	5895	490316	40694
黑龙江	Heilongjiang	14565	5638	581332	40042	13178	6039	510215	39293
上 海	Shanghai	12944	5253	1579282	112669	13718	6868	1156192	82709
江 苏	Jiangsu	26842	10757	2256645	84604	20534	9599	1205111	58973
浙 江	Zhejiang	25476	10446	2081962	81932	24891	12913	1591945	64313
安 徽	Anhui	14351	5871	590612	41146	9851	4634	402638	40910
福 建	Fujian	12562	4664	799294	64087	12261	6016	596434	48712
江 西	Jiangxi	9671	3718	472392	49003	10674	4779	430384	40336
山 东	Shandong	26864	10235	1876414	69489	19805	8660	1057119	52216
河 南	Henan	25193	10599	1033517	41719	25100	11100	898364	36245
湖 北	Hubei	19143	7407	1005138	52479	19185	8462	873354	46119
湖 南	Hunan	19500	8141	1312654	67068	15763	7186	601451	38816
广 东	Guangdong	29282	12156	1952186	67051	22283	10923	1505269	67964
广 西	Guangxi	8876	3100	418068	47117	12733	5961	536890	42425
海 南	Hainan	3458	1443	185367	54027	2252	1003	119654	50043
重 庆	Chongqing	7797	3032	524003	67762	6543	2945	320320	49272
四 川	Sichuan	16512	6660	941472	57407	19389	9414	880680	45776
贵 州	Guizhou	6045	2288	300766	50003	7047	3296	330970	46866
云 南	Yunnan	8763	3625	402183	46048	14455	7049	637125	44545
西 藏	Tibet	3057	1292	216837	70885	2545	1086	156827	60739
陕 西	Shaanxi	12638	5686	694464	58511	21970	10145	897512	40956
甘 肃	Gansu	7960	3198	345737	43792	11653	5587	549060	47312
青 海	Qinghai	3204	1291	204430	64185	3223	1635	170354	52320
宁 夏	Ningxia	2526	1027	156819	61353	2852	1357	140107	49613
新 疆	Xinjiang	10108	4395	545187	54301	11287	5445	541757	48045

3-2 续表 55 continued

地 区	Region	体育 Sports Activities 年末人数(人) Year-end Figures (person)	#女性 Female	工资总额(千元) Total Wages (1000 yuan)	平均工资(元) Average Wage (yuan)	娱乐业 Entertainment 年末人数(人) Year-end Figures (person)	#女性 Female	工资总额(千元) Total Wages (1000 yuan)	平均工资(元) Average Wage (yuan)
全 国	**National**	**134544**	**59441**	**7515124**	**55732**	**85496**	**39812**	**4449191**	**51381**
北 京	Beijing	23863	10768	1878023	77263	7986	4247	570964	71335
天 津	Tianjin	2602	855	269678	101117	2177	861	137316	58985
河 北	Hebei	2907	1235	112083	38332	3404	1453	115709	34489
山 西	Shanxi	2131	793	101229	46606	702	285	22024	31329
内蒙古	Inner Mongolia	1095	414	54998	50089	773	406	38538	49791
辽 宁	Liaoning	3740	1503	124295	35161	3251	1560	107230	31217
吉 林	Jilin	2293	819	92952	40715	1270	560	48523	37383
黑龙江	Heilongjiang	2770	909	138826	49072	2208	950	138793	60188
上 海	Shanghai	14759	6218	977103	65371	4459	1880	515207	113058
江 苏	Jiangsu	4537	1904	261244	57328	10515	5453	595792	55049
浙 江	Zhejiang	4795	2276	311338	65133	3189	1419	140946	44930
安 徽	Anhui	1455	544	61339	42597	496	195	21848	44407
福 建	Fujian	5122	2225	227382	45142	3260	1510	149676	45689
江 西	Jiangxi	1560	509	73016	46477	1154	456	48522	42826
山 东	Shandong	6626	2840	381741	57096	3998	1854	152970	37529
河 南	Henan	2899	1030	112621	40731	3910	1703	157351	40502
湖 北	Hubei	2195	888	113628	50367	2131	981	67577	31534
湖 南	Hunan	2347	1059	92113	39415	4268	2091	164548	38763
广 东	Guangdong	26251	13853	1275347	48896	11136	4860	617888	54899
广 西	Guangxi	3490	1569	128986	36832	2031	1239	72288	35911
海 南	Hainan	2834	1374	77159	27936	1219	516	52816	43794
重 庆	Chongqing	1382	525	69642	53612	1699	822	74719	42967
四 川	Sichuan	2845	1334	130868	46341	2802	1289	128756	45935
贵 州	Guizhou	1485	542	82597	52879	1209	530	47059	38988
云 南	Yunnan	2671	1238	89252	32825	1758	798	55164	32184
西 藏	Tibet	361	126	22498	61136	287	172	12791	44260
陕 西	Shaanxi	2126	987	86928	40716	1610	755	58385	36174
甘 肃	Gansu	1353	482	64723	47451	541	213	17283	32548
青 海	Qinghai	375	116	23538	63105	208	94	11603	57158
宁 夏	Ningxia	797	192	30443	38341	781	251	35151	40127
新 疆	Xinjiang	878	314	49534	57133	1064	409	71754	61224

3-2 续表 56 continued

地 区	Region	公共管理、社会保障和社会组织 Public Management, Social Security and Social Organization 年末人数(人) Year-end Figures (person)	#女 性 Female	工资总额(千元) Total Wages (1000 yuan)	平均工资(元) Average Wage (yuan)	中国共产党机关 Organs of Communist Party of China 年末人数(人) Year-end Figures (person)	#女 性 Female	工资总额(千元) Total Wages (1000 yuan)	平均工资(元) Average Wage (yuan)
全 国	**National**	**15993250**	**4832922**	**844864980**	**53110**	**584382**	**155279**	**33210930**	**56970**
北 京	Beijing	466534	176108	35450863	76226	12831	4029	1104873	84580
天 津	Tianjin	154440	44851	13018257	84998	3179	774	309297	97509
河 北	Hebei	863532	268502	33076800	38656	33209	8173	1413791	42794
山 西	Shanxi	585400	186763	23615934	40502	20306	5771	968323	47828
内蒙古	Inner Mongolia	430180	145822	24330569	56832	17475	5306	1092643	62540
辽 宁	Liaoning	538173	158771	23233033	43248	23760	7057	1045942	43990
吉 林	Jilin	355766	113680	14377379	40366	13291	3483	634013	47645
黑龙江	Heilongjiang	447880	139424	19244541	43143	14909	3982	687914	46246
上 海	Shanghai	205210	69120	19935703	95569	3111	1321	306103	97268
江 苏	Jiangsu	697969	181934	52632383	76028	15061	3369	1287000	84355
浙 江	Zhejiang	677017	191295	57474281	85414	22803	5797	2274949	100147
安 徽	Anhui	478391	123132	23363151	49012	16446	3192	896865	54714
福 建	Fujian	370418	100144	22253368	60411	14878	3844	970315	65271
江 西	Jiangxi	489548	128291	22896629	46893	20262	4717	1013504	50375
山 东	Shandong	1109967	323596	58795445	53430	42787	10094	2474879	58161
河 南	Henan	1105521	353842	42607671	38824	31913	8300	1331245	41745
湖 北	Hubei	593173	163708	30043222	50738	15049	3048	839019	55808
湖 南	Hunan	813409	226199	33460786	41186	28872	6920	1242024	42993
广 东	Guangdong	1043254	299497	72557882	69684	28335	7595	2211310	78055
广 西	Guangxi	464204	136665	19410528	42220	17436	4734	843677	48571
海 南	Hainan	131687	37877	6976736	54158	4486	951	237039	53231
重 庆	Chongqing	292410	82489	16384691	56512	9153	2416	519515	57178
四 川	Sichuan	862586	274436	44615880	52062	36774	10922	2110717	57291
贵 州	Guizhou	477363	145529	23981060	50699	21509	5829	1274011	60052
云 南	Yunnan	510617	155494	22929247	45221	25418	7447	1249014	49392
西 藏	Tibet	136892	42169	8427598	62391	9506	3013	677201	72872
陕 西	Shaanxi	569110	175496	25580903	44915	26117	6768	1293666	49733
甘 肃	Gansu	418890	138030	19106923	45870	23634	6934	1126748	47859
青 海	Qinghai	97614	35226	5746424	59498	5319	1605	367964	69677
宁 夏	Ningxia	100527	34598	4956741	50350	3759	974	211276	56871
新 疆	Xinjiang	505568	180234	24380352	48680	22794	6914	1196093	52659

3-2 续表 57 continued

地区 Region	国家机构 Government Agencies				人民政协、民主党派 People's Political Consultative Conference and Democratic Parties			
	年末人数（人） Year-end Figures (person)	#女性 Female	工资总额（千元） Total Wages (1000 yuan)	平均工资（元） Average Wage (yuan)	年末人数（人） Year-end Figures (person)	#女性 Female	工资总额（千元） Total Wages (1000 yuan)	平均工资（元） Average Wage (yuan)
全国 National	**14708602**	**4397138**	**776390713**	**53084**	**103965**	**27631**	**6515381**	**62723**
北京 Beijing	376386	141117	30248569	80859	2131	777	226666	106616
天津 Tianjin	145566	41377	12278809	85094	437	108	36313	83287
河北 Hebei	807464	251164	30685186	38371	5101	1401	254742	49842
山西 Shanxi	541809	171087	21637773	40102	3423	979	176297	51609
内蒙古 Inner Mongolia	392150	131539	22084278	56620	3604	1072	248094	68610
辽宁 Liaoning	483689	139445	20993876	43475	3408	951	181688	53359
吉林 Jilin	326289	102642	13130051	40192	2030	567	110380	54002
黑龙江 Heilongjiang	416326	128239	17839194	43034	2714	801	142578	52651
上海 Shanghai	188214	60279	18588510	97124	795	355	90512	111605
江苏 Jiangsu	663867	170698	49921696	75869	3018	831	276947	91432
浙江 Zhejiang	606627	167031	52385473	86915	3680	977	397964	107674
安徽 Anhui	448852	115212	21834602	48819	2762	589	163993	59699
福建 Fujian	337824	89125	20287366	60388	3304	906	231562	70362
江西 Jiangxi	449209	116654	20940043	46726	3633	902	196136	54211
山东 Shandong	1035367	302855	54519254	53125	6321	1457	392381	62392
河南 Henan	1026564	328195	39468481	38742	6112	1579	266694	43749
湖北 Hubei	544523	146415	27795030	51139	3959	888	242879	61333
湖南 Hunan	761816	210435	31317708	41169	4250	1073	204820	48114
广东 Guangdong	979055	278052	67958409	69533	3955	1188	350876	88672
广西 Guangxi	425596	122861	17709258	42039	3199	825	179684	56327
海南 Hainan	122284	34826	6477422	54196	670	169	54590	81235
重庆 Chongqing	272982	76098	15292296	56500	1746	472	102081	58870
四川 Sichuan	788781	248472	40554388	51788	6999	1981	467799	67116
贵州 Guizhou	439950	134146	21851424	50131	3884	972	256159	65868
云南 Yunnan	460983	137965	20613651	45043	6455	1698	337462	52118
西藏 Tibet	119811	36460	7351425	62157	1278	412	99391	76513
陕西 Shaanxi	524627	161293	23433972	44617	4636	1293	246473	53096
甘肃 Gansu	379694	125777	17262266	45722	5382	1081	250280	47143
青海 Qinghai	86199	31098	5031539	59041	1429	341	106770	75190
宁夏 Ningxia	92186	31779	4487605	49784	950	253	61894	64878
新疆 Xinjiang	463912	164802	22411159	48797	2700	733	161276	59555

3-2 续表 58 continued

地 区	Region	社会保障 Social Security				群众团体、社会团体和其他成员组织 Non-Governmental Organizations, Social Organizations and Membership Organizations			
		年末人数（人）Year-end Figures (person)	#女 性 Female	工资总额（千元）Total Wages (1000 yuan)	平均工资（元）Average Wage (yuan)	年末人数（人）Year-end Figures (person)	#女 性 Female	工资总额（千元）Total Wages (1000 yuan)	平均工资（元）Average Wage (yuan)
全 国	**National**	**171826**	**82703**	**8033701**	**46836**	**340946**	**138498**	**18418066**	**54135**
北 京	Beijing	3271	1667	227397	69540	30302	14441	2872114	93530
天 津	Tianjin	1658	836	144572	86209	1950	822	164735	84915
河 北	Hebei	6493	3092	252695	39002	11265	4672	470386	41488
山 西	Shanxi	8716	4254	342907	39270	11146	4672	490634	44161
内蒙古	Inner Mongolia	5150	2343	272819	52851	11084	5216	594385	53524
辽 宁	Liaoning	7557	3436	307334	40712	15232	5894	603980	40129
吉 林	Jilin	7988	4459	218654	27407	6168	2529	284281	46120
黑龙江	Heilongjiang	5305	2716	207129	39133	7839	3422	338468	43293
上 海	Shanghai	7069	3984	548932	76806	4675	2227	332841	70146
江 苏	Jiangsu	6884	3322	445730	64871	8072	3021	637845	78980
浙 江	Zhejiang	5425	3183	429833	79865	13603	4830	1110696	81849
安 徽	Anhui	3348	1500	139656	41726	6097	2192	302903	49893
福 建	Fujian	5021	2596	260049	51648	9163	3576	491781	54648
江 西	Jiangxi	3373	1420	143392	42524	13003	4572	600269	46364
山 东	Shandong	8783	3298	484036	55553	16345	5755	890189	54825
河 南	Henan	9010	3719	343824	38131	31154	11715	1171186	37856
湖 北	Hubei	7650	3559	291865	38182	21733	9681	861969	39711
湖 南	Hunan	6583	3086	245622	37142	11888	4685	450612	37689
广 东	Guangdong	8419	3946	541030	64493	23484	8714	1495933	64441
广 西	Guangxi	9160	4681	310962	34048	8261	3341	333602	40471
海 南	Hainan	1254	837	44469	38040	2993	1094	163216	54261
重 庆	Chongqing	2960	1351	160804	54770	5569	2152	309995	56220
四 川	Sichuan	11524	5128	509905	44213	17876	7621	947465	52890
贵 州	Guizhou	2662	1039	109838	41558	9281	3506	484838	52144
云 南	Yunnan	5621	3177	240830	43260	10081	4465	442685	44167
西 藏	Tibet	414	193	28087	70042	5883	2091	271494	46713
陕 西	Shaanxi	4737	2202	208101	44071	8856	3850	392760	44617
甘 肃	Gansu	2161	1101	89066	41196	7155	2780	345949	48554
青 海	Qinghai	1608	711	89187	55190	3059	1471	150964	49610
宁 夏	Ningxia	933	498	45714	49208	2656	1075	147329	55324
新 疆	Xinjiang	11089	5369	349262	31616	5073	2416	262562	51614

3-3 各地区分行业城镇单位在岗职工人数和工资(2014年)
URBAN UNITS ON-POST STAFF AND WORKERS AND WAGES BY SECTOR AND REGION(2014)

地 区	Region	总 计 Total		农、林、牧、渔业 Agriculture, Forestry, Animal Husbandry and Fishery		采矿业 Mining		制造业 Manufacturing	
		年末人数（人） Year-end Figures (person)	平均工资（元） Average Wage (yuan)	年末人数（人） Year-end Figures (person)	平均工资（元） Average Wage (yuan)	年末人数（人） Year-end Figures (person)	平均工资（元） Average Wage (yuan)	年末人数（人） Year-end Figures (person)	平均工资（元） Average Wage (yuan)
全 国	**National**	**172122214**	**57361**	**2527657**	**29058**	**5836110**	**62172**	**51525914**	**51225**
北 京	Beijing	7087922	103400	31839	49798	60871	90485	974278	79077
天 津	Tianjin	2790872	73839	4647	66023	65229	98944	1167798	63728
河 北	Hebei	6140110	46239	43563	15410	269088	59661	1461140	43863
山 西	Shanxi	4347200	49984	20037	34380	972265	66516	681824	40066
内蒙古	Inner Mongolia	2926572	54460	229483	32896	199296	69061	453486	48816
辽 宁	Liaoning	6268735	49110	230726	12962	305798	58595	1636292	49572
吉 林	Jilin	3156389	47683	124411	26023	141602	54106	850133	51951
黑龙江	Heilongjiang	4105528	46036	538725	25187	356724	56691	590610	43894
上 海	Shanghai	6080143	100623	19206	62740	572	117162	2006599	78434
江 苏	Jiangsu	15127944	61783	59867	33245	115778	61105	6026692	57929
浙 江	Zhejiang	10510249	62460	5374	51747	7721	51703	3468184	51165
安 徽	Anhui	4762716	52388	33093	29637	309074	70294	1196290	48530
福 建	Fujian	6097381	54235	28523	38686	24001	44323	2421504	46727
江 西	Jiangxi	4260148	47299	44586	28991	76024	43521	1311948	43191
山 东	Shandong	12100117	52460	16117	41659	687952	64059	4211041	45496
河 南	Henan	10575467	42670	49878	28976	557114	51469	3324780	38057
湖 北	Hubei	6530724	50637	79700	28109	71262	50462	1890984	47214
湖 南	Hunan	5528096	48525	18463	25212	122990	40419	1278392	48050
广 东	Guangdong	19104382	59827	55853	28917	29380	78875	10059213	52095
广 西	Guangxi	3732441	46846	65086	27071	35943	45210	752003	42636
海 南	Hainan	979421	50589	99365	27748	6885	51874	95731	45937
重 庆	Chongqing	3867609	56852	11545	38346	88820	48369	860473	53397
四 川	Sichuan	7580447	53722	31578	39958	227311	60342	1726484	48953
贵 州	Guizhou	2786286	54685	13674	42099	171202	50830	429050	48127
云 南	Yunnan	3810319	47802	56829	28558	167335	42590	655167	43388
西 藏	Tibet	277015	68059	2490	32013	5173	70015	10146	51492
陕 西	Shaanxi	4793985	52119	23230	38749	351218	70487	1029544	47116
甘 肃	Gansu	2438011	48470	46143	33090	118696	65743	362827	50061
青 海	Qinghai	616467	57804	13694	35641	39183	86207	111479	51308
宁 夏	Ningxia	683505	56811	15114	35854	62983	84080	127255	50366
新 疆	Xinjiang	3056013	54407	514818	34274	188620	85814	354567	57792

3-3 续表 1 continued

地区	Region	电力、热力、燃气及水生产和供应业 Production and Supply of Electricity, Heat, Gas and Water		建筑业 Construction		批发和零售业 Wholesale and Retail Trades		交通运输、仓储和邮政业 Transport, Storage and Post	
		年末人数(人) Year-end Figures (person)	平均工资(元) Average Wage (yuan)	年末人数(人) Year-end Figures (person)	平均工资(元) Average Wage (yuan)	年末人数(人) Year-end Figures (person)	平均工资(元) Average Wage (yuan)	年末人数(人) Year-end Figures (person)	平均工资(元) Average Wage (yuan)
全 国	**National**	**3891613**	**74893**	**25181825**	**46661**	**8505112**	**55870**	**8307876**	**64376**
北 京	Beijing	80364	113363	428302	78069	679266	90717	589029	78294
天 津	Tianjin	43076	108933	279012	61229	166619	61225	139589	85861
河 北	Hebei	168505	75627	744860	37954	276830	35683	279272	53139
山 西	Shanxi	115093	69354	324342	41207	184170	38089	239693	60893
内蒙古	Inner Mongolia	136128	70671	209242	41628	101777	43397	209450	62654
辽 宁	Liaoning	153667	60510	870415	41219	252376	44207	370752	60420
吉 林	Jilin	132255	59717	271027	38862	121447	37885	159118	55846
黑龙江	Heilongjiang	175193	59272	291680	38953	178073	42424	268053	57662
上 海	Shanghai	45175	144764	326761	73784	720349	106525	495326	89697
江 苏	Jiangsu	179165	104994	4047325	52823	571254	57307	480374	62344
浙 江	Zhejiang	131812	104643	3094759	46508	397864	61314	315960	71162
安 徽	Anhui	105973	78013	756054	48515	227836	42319	206237	51381
福 建	Fujian	88782	77939	1287346	50362	258921	52473	230873	62457
江 西	Jiangxi	122397	59734	731528	42203	165716	43861	200034	59248
山 东	Shandong	227942	64778	1547618	45170	609272	42148	483433	60975
河 南	Henan	248863	61920	1631093	38971	512365	37187	420414	50110
湖 北	Hubei	163374	73119	1172384	47616	387964	41793	330006	55513
湖 南	Hunan	160894	56644	871590	41647	196151	45265	239171	55055
广 东	Guangdong	305986	95136	1252129	47838	931565	57138	815433	73787
广 西	Guangxi	136028	64325	544130	45032	128633	43432	201285	55447
海 南	Hainan	21689	60632	64395	39829	59008	44784	53346	63568
重 庆	Chongqing	66653	71795	944808	46333	221219	49426	254949	56896
四 川	Sichuan	258116	76397	1330792	41887	311983	46879	400688	61614
贵 州	Guizhou	118269	73030	330978	44964	132696	51499	105328	60039
云 南	Yunnan	98548	71092	537332	37261	241366	43810	165384	60840
西 藏	Tibet	9734	56313	11544	47770	9615	69194	7235	58279
陕 西	Shaanxi	123084	63934	559059	44694	255360	38103	276648	59231
甘 肃	Gansu	126476	59487	368100	37565	75947	36961	118739	57741
青 海	Qinghai	18772	66679	68705	46085	22941	42082	40563	66889
宁 夏	Ningxia	35822	89413	49251	41505	26597	46362	38875	58565
新 疆	Xinjiang	93778	70121	235264	52568	79932	54197	172619	72287

3-3 续表 2 continued

地 区	Region	住宿和餐饮业 Hotels and Catering Services		信息传输、软件和信息技术服务业 Information Transmission, Software and Information Technology		金融业 Financial Intermediation		房地产业 Real Estate	
		年末人数(人) Year-end Figures (person)	平均工资(元) Average Wage (yuan)	年末人数(人) Year-end Figures (person)	平均工资(元) Average Wage (yuan)	年末人数(人) Year-end Figures (person)	平均工资(元) Average Wage (yuan)	年末人数(人) Year-end Figures (person)	平均工资(元) Average Wage (yuan)
全 国	**National**	**2676135**	**38232**	**3270942**	**101434**	**4669008**	**122049**	**3793905**	**56543**
北 京	Beijing	261676	51164	597654	146996	355455	253148	381249	80407
天 津	Tianjin	45917	41091	38172	115033	61680	150582	62210	77422
河 北	Hebei	60754	29056	83510	84680	200827	89497	100795	40244
山 西	Shanxi	47961	24205	50993	57910	135981	82126	31914	40338
内蒙古	Inner Mongolia	41466	34277	49884	61332	103309	77629	48825	40790
辽 宁	Liaoning	70105	37410	125610	80021	191790	88942	138954	47466
吉 林	Jilin	29189	30272	63420	57223	104334	75560	60315	40050
黑龙江	Heilongjiang	42530	40375	71256	61272	126184	68407	51798	42777
上 海	Shanghai	199086	53454	244223	168253	320377	195713	213258	77125
江 苏	Jiangsu	160838	39376	284399	103556	266264	130981	207451	63369
浙 江	Zhejiang	125995	42297	162506	115596	315174	144442	185532	62975
安 徽	Anhui	57835	29985	64623	65987	130879	88811	100546	51082
福 建	Fujian	96873	36331	69382	79832	131559	125165	137290	58801
江 西	Jiangxi	39455	31172	67604	58252	106320	77657	54505	46125
山 东	Shandong	152045	37795	167944	77734	304418	103118	246723	50142
河 南	Henan	109396	31214	91409	53793	208425	75158	177143	42127
湖 北	Hubei	103761	33315	101159	65711	151370	84992	116746	47766
湖 南	Hunan	82409	32522	74154	59448	180126	99418	113127	46406
广 东	Guangdong	359198	39080	337983	109325	373428	137387	543674	60722
广 西	Guangxi	48564	28900	43056	65961	98565	96307	75087	41310
海 南	Hainan	63871	36476	15570	79418	30296	97664	72557	50999
重 庆	Chongqing	66104	35054	45909	84637	89223	154029	118925	57894
四 川	Sichuan	111563	33595	159966	77935	189389	95479	166984	50914
贵 州	Guizhou	37971	34629	31818	76047	76773	125750	75248	45334
云 南	Yunnan	83989	28885	51264	63456	93076	117295	104360	44640
西 藏	Tibet	4734	43126	4998	80818	9397	137931	1238	63108
陕 西	Shaanxi	107571	30594	102933	91892	127225	87777	103179	44551
甘 肃	Gansu	29952	30918	25205	46331	69128	53317	40301	42196
青 海	Qinghai	5790	35895	8858	61246	22307	77443	7513	37161
宁 夏	Ningxia	6461	34577	8233	70325	25363	97415	13925	45296
新 疆	Xinjiang	23076	41683	27247	71435	70366	91177	42533	46508

3-3 续表 3 continued

地 区	Region	租赁和商务服务业 Leasing and Business Services		科学研究和技术服务业 Scientific Research and Technical Services		水利、环境和公共设施管理业 Management of Water Conservancy,Environment and Public Facilities		居民服务、修理和其他服务业 Service to Households, Repair and Other Services	
		年末人数（人） Year-end Figures (person)	平均工资（元） Average Wage (yuan)	年末人数（人） Year-end Figures (person)	平均工资（元） Average Wage (yuan)	年末人数（人） Year-end Figures (person)	平均工资（元） Average Wage (yuan)	年末人数（人） Year-end Figures (person)	平均工资（元） Average Wage (yuan)
全 国	**National**	**4262976**	**66421**	**3857775**	**83671**	**2323689**	**42001**	**718421**	**42266**
北 京	Beijing	676508	102437	554289	127304	94743	66184	81363	46320
天 津	Tianjin	61995	73754	98181	116346	33500	78487	108488	34012
河 北	Hebei	132717	37830	137047	65114	92210	34002	14743	32045
山 西	Shanxi	74458	35147	69124	52918	82876	26099	13088	30825
内蒙古	Inner Mongolia	42672	45672	59964	61680	79122	40393	8658	40251
辽 宁	Liaoning	118812	38722	159005	63178	140784	31208	27444	35128
吉 林	Jilin	50640	38385	76575	53645	66546	30223	16582	32835
黑龙江	Heilongjiang	59575	40963	112754	62911	81479	31850	41966	52904
上 海	Shanghai	455773	130575	212519	153088	76087	66583	61436	60243
江 苏	Jiangsu	301495	52643	204477	82772	130399	52278	36282	49496
浙 江	Zhejiang	272831	58080	150338	92137	104204	52899	24582	47260
安 徽	Anhui	57691	41397	89367	65181	68273	39208	8716	39456
福 建	Fujian	113421	50244	80737	65859	52422	45280	14182	44896
江 西	Jiangxi	43402	40763	51808	57042	54773	48425	7904	42746
山 东	Shandong	209822	52085	178630	63765	133268	44419	30571	40473
河 南	Henan	143470	39352	158386	54222	118962	36826	22689	30864
湖 北	Hubei	89621	43683	139921	70740	84875	37641	14176	38672
湖 南	Hunan	85662	38587	120713	51295	77735	32568	15661	40520
广 东	Guangdong	580241	62867	304134	97706	162153	45956	73572	44821
广 西	Guangxi	100853	38726	91719	53761	78156	33510	7441	38741
海 南	Hainan	24547	49748	21434	51372	26294	37036	4169	27629
重 庆	Chongqing	104320	40866	73257	85121	48878	40642	13503	41643
四 川	Sichuan	122510	50201	200392	82645	112320	39386	16884	40265
贵 州	Guizhou	43928	46583	71981	58753	40142	34248	11646	35656
云 南	Yunnan	88506	37941	94440	54913	62493	35936	13208	33137
西 藏	Tibet	4534	49173	8502	76453	1838	37844	1748	42757
陕 西	Shaanxi	81965	44059	171373	65376	83952	39658	16688	32886
甘 肃	Gansu	25138	42602	66721	59532	51496	40772	2953	33148
青 海	Qinghai	7846	36334	22670	61878	10165	44601	630	36652
宁 夏	Ningxia	18517	39837	13616	64096	19300	43641	687	38280
新 疆	Xinjiang	69506	44926	63701	66732	54214	39631	6761	36599

3-3 续表 4 continued

地区	Region	教育 Education 年末人数(人) Year-end Figures (person)	教育 Education 平均工资(元) Average Wage (yuan)	卫生和社会工作 Health and Social Service 年末人数(人) Year-end Figures (person)	卫生和社会工作 Health and Social Service 平均工资(元) Average Wage (yuan)	文化、体育和娱乐业 Culture, Sports and Entertainment 年末人数(人) Year-end Figures (person)	文化、体育和娱乐业 Culture, Sports and Entertainment 平均工资(元) Average Wage (yuan)	公共管理、社会保障和社会组织 Public Management, Social Security and Social Organization 年末人数(人) Year-end Figures (person)	公共管理、社会保障和社会组织 Public Management, Social Security and Social Organization 平均工资(元) Average Wage (yuan)
全国	**National**	**16571693**	**57709**	**7645950**	**64804**	**1370645**	**65646**	**15184968**	**54745**
北京	Beijing	413158	103198	239932	128410	163532	123807	424414	81288
天津	Tianjin	164664	94052	86652	99917	19477	78303	143966	89089
河北	Hebei	864434	45643	334569	44926	49554	39406	825662	39620
山西	Shanxi	511883	46598	184120	40772	46433	40957	560945	41504
内蒙古	Inner Mongolia	351321	64026	144849	59351	35103	55140	422537	57429
辽宁	Liaoning	577980	51900	326700	51107	50685	47733	520840	43995
吉林	Jilin	357738	48153	172295	46807	33402	40916	325360	42772
黑龙江	Heilongjiang	440843	50327	212700	49022	39113	44212	426272	44389
上海	Shanghai	266456	99484	174231	117973	49685	94550	193024	99445
江苏	Jiangsu	903362	71804	424111	76475	72332	74601	656079	78881
浙江	Zhejiang	657713	83217	390006	97418	63251	83506	636443	88586
安徽	Anhui	617547	49664	262658	55995	30101	46773	439923	51260
福建	Fujian	475738	61543	197498	74619	37226	60728	351103	62488
江西	Jiangxi	490922	49583	199286	55402	28132	46590	463804	48325
山东	Shandong	1181450	58660	558470	61925	69465	62852	1083936	54069
河南	Henan	1170286	46753	479968	50149	72316	43010	1078510	39228
湖北	Hubei	657035	52202	365863	56377	53818	53196	556705	52514
湖南	Hunan	704894	47294	363253	61496	49533	55684	773178	42139
广东	Guangdong	1205906	64544	579025	75153	110835	70861	1024674	70441
广西	Guangxi	577700	42635	285067	54951	31438	48367	431687	43959
海南	Hainan	126346	61156	55661	60406	11830	48873	126427	55479
重庆	Chongqing	382835	64180	170000	74917	25435	60563	280753	57859
四川	Sichuan	906778	53537	429995	63546	59063	53638	817651	53691
贵州	Guizhou	477324	54973	167344	61613	19044	50017	431870	54043
云南	Yunnan	570502	50822	218511	53694	31286	47734	476723	47172
西藏	Tibet	44428	68164	16137	60703	6172	73544	117352	70316
陕西	Shaanxi	572725	52954	236698	50899	42835	49461	528698	46980
甘肃	Gansu	365691	52431	123869	47882	23737	47826	396892	47376
青海	Qinghai	73597	64205	37268	55921	8469	55866	96017	60244
宁夏	Ningxia	83517	55564	40164	52380	8009	57349	89816	53503
新疆	Xinjiang	376920	53972	169050	54192	29334	52571	483707	50049

3-4 各地区分行业城镇单位其他就业人员和平均工资(2014年)
URBAN UNITS OTHER EMPLOYMENT AND AVERAGE WAGE BY SECTOR AND REGION(2014)

地 区	Region	总 计 Total		农、林、牧、渔业 Agriculture, Forestry, Animal Husbandry and Fishery		采矿业 Mining		制造业 Manufacturing	
		年末人数（人） Year-end Figures (person)	平均工资（元） Average Wage (yuan)	年末人数（人） Year-end Figures (person)	平均工资（元） Average Wage (yuan)	年末人数（人） Year-end Figures (person)	平均工资（元） Average Wage (yuan)	年末人数（人） Year-end Figures (person)	平均工资（元） Average Wage (yuan)
全 国	**National**	**10655562**	**40204**	**318325**	**23440**	**128803**	**40476**	**905479**	**59363**
北 京	Beijing	470679	85048	492	33228	180	60500	26069	129874
天 津	Tianjin	164240	54804	398	23783	1152	68675	22201	121292
河 北	Hebei	421680	28594	2016	18714	3516	37185	15870	51745
山 西	Shanxi	173746	23513	190	20907	12959	20928	9512	26093
内蒙古	Inner Mongolia	87945	33698	8839	21404	4480	56574	9323	38091
辽 宁	Liaoning	382998	34245	614	17845	7141	41153	32932	50202
吉 林	Jilin	187773	27655	8739	19939	1186	25075	16772	57022
黑龙江	Heilongjiang	403300	26181	172259	27374	2556	30180	22472	26805
上 海	Shanghai	408616	94715	4458	41873	22	57273	54359	130020
江 苏	Jiangsu	896078	44736	3156	15801	1878	29960	96500	86527
浙 江	Zhejiang	516508	44092	239	22478	841	31619	37349	63006
安 徽	Anhui	454670	35063	12056	20386	4244	18209	29934	37467
福 建	Fujian	449025	41765	16705	10499	1257	33627	31386	59155
江 西	Jiangxi	392468	34244	6976	13438	1664	33436	23196	30897
山 东	Shandong	563275	38225	410	10484	23583	53746	46464	47527
河 南	Henan	513473	32039	1024	22502	6329	31097	46245	30475
湖 北	Hubei	537232	40017	12930	19890	6580	31623	42326	35431
湖 南	Hunan	450949	29895	3926	15426	2889	23827	28133	32078
广 东	Guangdong	628414	48526	849	21422	523	60050	92392	74287
广 西	Guangxi	282143	26371	17712	22901	2028	33276	29957	31082
海 南	Hainan	35789	30319	4259	12139	70	22385	1300	64914
重 庆	Chongqing	277121	37595	217	23092	1040	52800	32182	47119
四 川	Sichuan	507020	34965	739	14176	7836	51658	27769	38052
贵 州	Guizhou	261184	32005	1657	11569	4666	32908	11773	28993
云 南	Yunnan	385354	29040	9969	8333	6076	35229	65631	40859
西 藏	Tibet	48424	23713	8047	8355	386	34719	775	22297
陕 西	Shaanxi	371177	30704	357	16556	9768	50710	31754	31675
甘 肃	Gansu	209437	29686	4033	18889	7352	51026	11866	30375
青 海	Qinghai	15394	29826	6	20667	2882	20281	1149	33858
宁 夏	Ningxia	48985	28693	382	15984	315	46010	2194	29940
新 疆	Xinjiang	110465	30373	14671	19979	3404	54233	5694	36034

3-4 续表 1 continued

地 区 Region	电力、热力、燃气及水生产和供应业 Production and Supply of Electricity, Heat, Gas and Water		建筑业 Construction		批发和零售业 Wholesale and Retail Trades		交通运输、仓储和邮政业 Transport, Storage and Post	
	年末人数（人） Year-end Figures (person)	平均工资（元） Average Wage (yuan)	年末人数（人） Year-end Figures (person)	平均工资（元） Average Wage (yuan)	年末人数（人） Year-end Figures (person)	平均工资（元） Average Wage (yuan)	年末人数（人） Year-end Figures (person)	平均工资（元） Average Wage (yuan)
全 国 National	**144928**	**31318**	**4029962**	**40467**	**380578**	**55112**	**306424**	**37645**
北 京 Beijing	1646	44277	27729	65740	43552	110627	13233	73082
天 津 Tianjin	1525	48773	33704	41609	6077	76816	3832	45905
河 北 Hebei	23573	25215	145628	32320	5614	21830	10331	30792
山 西 Shanxi	3396	22806	31087	32772	6329	26745	6223	33085
内蒙古 Inner Mongolia	3785	24876	19874	40461	3228	27127	3631	32285
辽 宁 Liaoning	4921	24847	152748	34302	15033	30564	4987	27148
吉 林 Jilin	2259	26712	60875	28941	3970	26508	5169	17982
黑龙江 Heilongjiang	5765	22790	46817	29437	9370	24643	9408	22688
上 海 Shanghai	697	66571	46075	72344	59755	121104	18368	68532
江 苏 Jiangsu	2014	56517	454652	42823	22314	39000	17400	37765
浙 江 Zhejiang	2415	40625	199765	41184	19391	44467	10904	39446
安 徽 Anhui	2442	39899	214781	44551	6564	26177	10918	29282
福 建 Fujian	2058	48780	260182	48225	11034	26862	9534	29621
江 西 Jiangxi	20559	37772	212546	41304	10325	23728	7745	31006
山 东 Shandong	9250	36695	227458	41413	18969	32043	14064	38532
河 南 Henan	6400	30594	264999	35032	20241	24516	24438	37897
湖 北 Hubei	2747	24136	269125	51423	14941	26132	14267	34784
湖 南 Hunan	4455	26907	207639	34185	10836	29783	12778	30372
广 东 Guangdong	2051	37117	241934	42184	26842	35835	38566	38553
广 西 Guangxi	4548	18701	65515	33694	4299	25214	7809	33783
海 南 Hainan	980	17699	8760	45197	395	46537	940	36362
重 庆 Chongqing	3584	43807	93258	43119	7031	28563	17870	43844
四 川 Sichuan	8900	34240	224789	36513	11168	27459	12653	30632
贵 州 Guizhou	11275	28574	97104	46160	6744	22058	5547	32460
云 南 Yunnan	4579	27331	138745	32178	18245	26462	5696	27871
西 藏 Tibet	170	22006	7743	52631	778	45236	1737	35695
陕 西 Shaanxi	3691	27751	150731	39272	8355	25995	10690	22747
甘 肃 Gansu	2770	30667	88838	35604	5902	20672	5643	23295
青 海 Qinghai	115	26166	6805	37315	279	29363	327	31388
宁 夏 Ningxia	1196	23173	10977	33987	413	24697	539	24968
新 疆 Xinjiang	1162	35631	19079	34601	2584	29610	1177	27034

3-4 续表 2 continued

地 区	Region	住宿和餐饮业 Hotels and Catering Services		信息传输、软件和信息技术服务业 Information Transmission, Software and Information Technology		金融业 Financial Intermediation		房地产业 Real Estate	
		年末人数（人） Year-end Figures (person)	平均工资（元） Average Wage (yuan)	年末人数（人） Year-end Figures (person)	平均工资（元） Average Wage (yuan)	年末人数（人） Year-end Figures (person)	平均工资（元） Average Wage (yuan)	年末人数（人） Year-end Figures (person)	平均工资（元） Average Wage (yuan)
全 国	**National**	**216722**	**25313**	**91790**	**80381**	**993955**	**39731**	**228542**	**39704**
北 京	Beijing	40825	34207	13452	228293	76119	85883	28898	64226
天 津	Tianjin	13650	19549	305	322000	27437	45012	4464	41160
河 北	Hebei	1924	26587	2077	35017	75800	26556	4462	26736
山 西	Shanxi	2213	21411	3993	32993	20226	23801	3954	18955
内蒙古	Inner Mongolia	1130	25894	338	30333	9993	34030	1446	32800
辽 宁	Liaoning	3545	31972	4038	46409	52620	35796	6275	26957
吉 林	Jilin	937	25067	2363	35914	10434	32190	2763	25698
黑龙江	Heilongjiang	2716	22982	5129	28949	42821	26454	8548	23888
上 海	Shanghai	44839	31364	3587	288163	9919	195881	42605	47345
江 苏	Jiangsu	36731	14129	5973	49112	66945	30863	13945	37702
浙 江	Zhejiang	12392	18458	1845	55654	64457	57606	11936	39036
安 徽	Anhui	2013	20810	9169	38219	45748	21135	3416	29080
福 建	Fujian	2385	31253	1590	30990	33238	35894	5920	39620
江 西	Jiangxi	1386	18578	3944	30619	15453	24503	2747	25255
山 东	Shandong	3749	31060	1750	43759	83867	36375	9043	39247
河 南	Henan	3054	23947	5827	37609	31351	28191	6836	34664
湖 北	Hubei	2301	28283	4198	37255	28499	32748	6835	34806
湖 南	Hunan	2551	25286	2080	38887	43628	21913	6383	26720
广 东	Guangdong	11353	29320	8357	71252	58079	53436	14732	48621
广 西	Guangxi	1564	24858	1524	45256	19055	32599	4441	24986
海 南	Hainan	1052	30038	78	27923	4028	12498	1151	43153
重 庆	Chongqing	1425	35984	591	48182	42900	30348	4926	33812
四 川	Sichuan	3561	26139	2906	39620	52761	43087	9866	29175
贵 州	Guizhou	965	26367	1103	47319	6765	38775	3565	35087
云 南	Yunnan	2966	24644	1210	29666	7983	23620	6900	30937
西 藏	Tibet	502	32467	86	44058	36	85059	256	25894
陕 西	Shaanxi	10147	11205	800	35166	33444	21113	3572	26096
甘 肃	Gansu	3670	17027	2356	36057	3152	31123	4544	20430
青 海	Qinghai	187	17302	472	50402	70	49786	318	28495
宁 夏	Ningxia	113	19732	198	18063	8696	34687	1222	26473
新 疆	Xinjiang	876	28325	451	28993	18431	35432	2573	25545

3-4 续表 3 continued

地 区	Region	租赁和商务服务业 Leasing and Business Services		科学研究和技术服务业 Scientific Research and Technical Services		水利、环境和公共设施管理业 Management of Water Conservancy,Environment and Public Facilities		居民服务、修理和其他服务业 Service to Households, Repair and Other Services	
		年末人数（人） Year-end Figures (person)	平均工资（元） Average Wage (yuan)	年末人数（人） Year-end Figures (person)	平均工资（元） Average Wage (yuan)	年末人数（人） Year-end Figures (person)	平均工资（元） Average Wage (yuan)	年末人数（人） Year-end Figures (person)	平均工资（元） Average Wage (yuan)
全 国	**National**	**231487**	**80201**	**222630**	**57919**	**367497**	**21463**	**35724**	**34184**
北 京	Beijing	31029	192309	43691	83857	4459	35753	7033	39248
天 津	Tianjin	4628	53343	8705	79628	7224	30544	1948	42964
河 北	Hebei	4972	63415	7715	44033	22156	16879	473	18028
山 西	Shanxi	5084	22493	4140	35774	10894	10992	518	21734
内蒙古	Inner Mongolia	2025	11880	2195	33832	3689	19532	571	17239
辽 宁	Liaoning	9064	19765	10024	50971	20329	19531	792	25629
吉 林	Jilin	7190	25022	2217	33262	15051	18393	475	16941
黑龙江	Heilongjiang	2480	18759	2668	27181	20024	18162	676	15920
上 海	Shanghai	33388	196194	12886	139111	9634	43246	5026	47834
江 苏	Jiangsu	10841	43980	10596	57154	19209	27548	1250	36497
浙 江	Zhejiang	11270	37162	10680	65649	12636	28001	1628	35211
安 徽	Anhui	2465	28267	6470	34931	13340	20480	742	21205
福 建	Fujian	3702	34417	4067	39049	5294	22357	727	31466
江 西	Jiangxi	3672	33510	3570	40308	16275	19028	256	40660
山 东	Shandong	5715	30384	5548	44031	34242	17834	834	33915
河 南	Henan	7203	25185	5473	32832	13018	25513	1222	23466
湖 北	Hubei	4110	35214	11784	36781	18690	20223	1675	27199
湖 南	Hunan	4949	26510	8527	29924	17223	21444	1970	30843
广 东	Guangdong	25825	53516	15143	71429	10668	24612	1289	48937
广 西	Guangxi	9887	20246	5967	29641	17739	20980	726	21370
海 南	Hainan	327	29772	466	45373	1660	29687	140	34705
重 庆	Chongqing	16324	31388	3338	48025	6093	25972	1268	32377
四 川	Sichuan	4581	27233	10208	42749	19328	22581	1039	22549
贵 州	Guizhou	1093	30332	4570	28494	9393	20182	1270	20845
云 南	Yunnan	4599	25405	6705	28720	13300	19046	1024	26916
西 藏	Tibet	156	52842	2653	24788	344	17027	58	38964
陕 西	Shaanxi	3028	27099	6318	25937	13800	19171	473	33013
甘 肃	Gansu	6123	29553	3676	35524	7857	16479	37	16419
青 海	Qinghai	96	21841	224	38271	4	44250	198	23909
宁 夏	Ningxia	770	26263	443	36223	2026	19221	60	18717
新 疆	Xinjiang	4891	35011	1963	40924	1898	22479	326	22911

3-4 续表 4 continued

地 区	Region	教 育 Education		卫生和社会工作 Health and Social Service		文化、体育和娱乐业 Culture, Sports and Entertainment		公共管理、社会保障和社会组织 Public Management, Social Security and Social Organization	
		年末人数（人）Year-end Figures (person)	平均工资（元）Average Wage (yuan)	年末人数（人）Year-end Figures (person)	平均工资（元）Average Wage (yuan)	年末人数（人）Year-end Figures (person)	平均工资（元）Average Wage (yuan)	年末人数（人）Year-end Figures (person)	平均工资（元）Average Wage (yuan)
全 国	**National**	**701567**	**29544**	**458322**	**37586**	**84545**	**44002**	**808282**	**22345**
北 京	Beijing	44874	62464	14362	72281	10916	80982	42120	25921
天 津	Tianjin	9034	32587	6143	43569	1339	69556	10474	29369
河 北	Hebei	31618	19283	19903	25111	3132	45909	37870	17599
山 西	Shanxi	15241	15640	10988	20773	2344	23829	24455	17290
内蒙古	Inner Mongolia	2501	23178	2918	27868	336	21542	7643	22747
辽 宁	Liaoning	20782	34832	17999	31286	1821	23740	17333	20839
吉 林	Jilin	8327	26257	7175	29917	1465	26475	30406	14444
黑龙江	Heilongjiang	12865	21355	13250	25492	1868	20387	21608	18382
上 海	Shanghai	27787	63082	16046	59983	6979	108237	12186	33201
江 苏	Jiangsu	42795	34333	42603	47276	5386	33952	41890	31544
浙 江	Zhejiang	43050	34024	26300	60433	8836	40822	40574	34462
安 徽	Anhui	29545	23467	18895	33343	3460	21825	38468	23276
福 建	Fujian	25178	26728	12183	33155	3270	23382	19315	22640
江 西	Jiangxi	18422	21027	15829	28063	2159	23129	25744	20960
山 东	Shandong	22023	29047	28390	32085	1885	36935	26031	26455
河 南	Henan	20202	26936	20215	29273	2385	23977	27011	22637
湖 北	Hubei	36524	22178	20122	32530	3110	28645	36468	23597
湖 南	Hunan	31796	26957	17835	33475	3120	26303	40231	22799
广 东	Guangdong	39060	39960	17762	49278	4409	41001	18580	27966
广 西	Guangxi	40883	17793	13807	29770	2165	21490	32517	18826
海 南	Hainan	2835	27767	1566	38466	522	21078	5260	22029
重 庆	Chongqing	24377	25381	8272	44240	768	30202	11657	23852
四 川	Sichuan	38842	24694	21430	55952	3709	21996	44935	22537
贵 州	Guizhou	33230	19549	14094	30011	877	25075	45493	18845
云 南	Yunnan	28266	17584	27117	27173	2449	26889	33894	17699
西 藏	Tibet	2200	19997	2234	19311	723	18981	19540	14443
陕 西	Shaanxi	23329	22687	18081	28826	2427	20033	40412	17600
甘 肃	Gansu	14819	21072	13287	23150	1514	33330	21998	18732
青 海	Qinghai	331	13485	299	34779	35	28121	1597	15232
宁 夏	Ningxia	5236	22983	2842	24274	652	19622	10711	23149
新 疆	Xinjiang	2565	28317	6375	27093	484	36049	21861	20865

3-5 各地区分登记注册类型城镇单位年末人数(2014年)
EMPLOYMENT IN URBAN UNITS BY REGISTRATION STATUS AND REGION(2014)

单位：千人 (1000 persons)

地区	Region	就业人员 Employment				在岗职工 On-post Staff and Workers	
		合计 Total	国有单位 State-owned Units	城镇集体单位 Urban Collective-owned Units	其他单位 Other Ownership Units	合计 Total	国有单位 State-owned Units
全国	**National**	**182778**	**63123**	**5367**	**114288**	**172122**	**59564**
北京	Beijing	7559	1886	188	5484	7088	1777
天津	Tianjin	2955	751	76	2128	2791	709
河北	Hebei	6562	2935	156	3471	6140	2784
山西	Shanxi	4521	2060	196	2265	4347	1973
内蒙古	Inner Mongolia	3015	1681	63	1270	2927	1647
辽宁	Liaoning	6652	2925	335	3392	6269	2812
吉林	Jilin	3344	1690	66	1587	3156	1607
黑龙江	Heilongjiang	4509	2771	147	1591	4106	2495
上海	Shanghai	6489	1063	137	5289	6080	986
江苏	Jiangsu	16024	2992	395	12637	15128	2811
浙江	Zhejiang	11027	2153	203	8671	10510	2020
安徽	Anhui	5217	1988	156	3073	4763	1824
福建	Fujian	6546	1595	130	4822	6097	1465
江西	Jiangxi	4653	1897	158	2598	4260	1757
山东	Shandong	12663	4011	517	8136	12100	3862
河南	Henan	11089	3679	434	6976	10575	3560
湖北	Hubei	7068	2690	149	4229	6531	2524
湖南	Hunan	5979	2615	221	3143	5528	2453
广东	Guangdong	19733	3962	567	15204	19104	3841
广西	Guangxi	4015	2065	151	1799	3732	1913
海南	Hainan	1015	429	22	564	979	412
重庆	Chongqing	4145	1182	91	2872	3868	1125
四川	Sichuan	8087	3511	290	4286	7580	3315
贵州	Guizhou	3047	1692	61	1294	2786	1533
云南	Yunnan	4196	1888	119	2189	3810	1740
西藏	Tibet	325	269	3	53	277	229
陕西	Shaanxi	5165	2444	186	2535	4794	2291
甘肃	Gansu	2647	1537	103	1008	2438	1427
青海	Qinghai	632	344	12	275	616	337
宁夏	Ningxia	732	367	7	359	684	339
新疆	Xinjiang	3166	2049	30	1088	3056	1995

3-5 续表 continued

单位：千人 (1000 persons)

地区 Region	在岗职工 On-post Staff and Workers		其他就业人员 Others			
	城镇集体单位 Urban Collective-owned Units	其他单位 Other Ownership Units	合计 Total	国有单位 State-owned Units	城镇集体单位 Urban Collective-owned Units	其他单位 Other Ownership Units
全国 National	**4942**	**107617**	**10656**	**3559**	**425**	**6671**
北京 Beijing	178	5133	471	109	11	351
天津 Tianjin	70	2012	164	42	7	115
河北 Hebei	147	3208	422	150	8	263
山西 Shanxi	186	2188	174	87	10	77
内蒙古 Inner Mongolia	59	1220	88	35	3	50
辽宁 Liaoning	315	3142	383	113	20	250
吉林 Jilin	61	1489	188	83	6	99
黑龙江 Heilongjiang	135	1475	403	276	12	116
上海 Shanghai	125	4969	409	77	13	319
江苏 Jiangsu	353	11963	896	181	41	674
浙江 Zhejiang	192	8298	517	133	11	373
安徽 Anhui	148	2791	455	165	8	282
福建 Fujian	110	4522	449	130	19	300
江西 Jiangxi	124	2380	392	140	34	218
山东 Shandong	483	7754	563	148	34	382
河南 Henan	402	6613	513	119	31	363
湖北 Hubei	136	3871	537	166	13	358
湖南 Hunan	195	2880	451	162	25	263
广东 Guangdong	543	14720	628	121	24	484
广西 Guangxi	124	1695	282	152	27	104
海南 Hainan	21	547	36	17	1	17
重庆 Chongqing	84	2659	277	57	7	213
四川 Sichuan	269	3997	507	196	21	290
贵州 Guizhou	53	1201	261	159	8	94
云南 Yunnan	108	1963	385	149	11	226
西藏 Tibet	3	45	48	40		8
陕西 Shaanxi	175	2328	371	153	11	207
甘肃 Gansu	96	915	209	110	7	93
青海 Qinghai	12	268	15	7		7
宁夏 Ningxia	6	338	49	28	1	20
新疆 Xinjiang	29	1032	110	54	1	55

3-6 各地区分登记注册类型城镇单位工资总额(2014年)

WAGES IN URBAN UNITS BY REGISTRATION STATUS AND REGION(2014)

单位: 亿元 (100 million yuan)

地 区	Region	就业人员工资总额 Earnings of Employment				在岗职工 Wages of On-post Staff and Workers	
		合计 Total	国有单位 State-owned Units	城镇集体单位 Urban Collective-owned Units	其他单位 Other Ownership Units	合计 Total	国有单位 State-owned Units
全 国	**National**	**102817.2**	**36106.6**	**2302.7**	**64408.0**	**98535.3**	**35076.8**
北 京	Beijing	7687.6	1932.4	86.0	5669.2	7293.3	1884.5
天 津	Tianjin	2154.0	631.3	35.3	1487.4	2063.1	617.3
河 北	Hebei	2965.5	1268.5	59.1	1637.9	2845.7	1236.0
山 西	Shanxi	2220.9	940.4	75.7	1204.8	2180.0	923.7
内蒙古	Inner Mongolia	1672.3	944.4	33.6	694.2	1636.3	936.3
辽 宁	Liaoning	3280.2	1391.9	116.2	1772.1	3135.9	1362.2
吉 林	Jilin	1589.9	834.8	25.1	730.0	1534.8	813.4
黑龙江	Heilongjiang	2033.1	1193.8	64.4	774.8	1911.3	1112.8
上 海	Shanghai	6551.3	1100.6	84.3	5366.4	6162.3	1063.9
江 苏	Jiangsu	9551.6	2147.9	205.2	7198.5	9174.5	2083.3
浙 江	Zhejiang	6666.8	1874.5	113.4	4679.0	6435.9	1822.4
安 徽	Anhui	2631.6	1027.1	64.4	1540.1	2475.2	985.0
福 建	Fujian	3459.0	982.5	65.2	2411.2	3283.4	945.3
江 西	Jiangxi	2118.3	931.2	60.0	1127.0	1988.2	898.2
山 东	Shandong	6545.4	2334.1	232.8	3978.6	6330.0	2283.2
河 南	Henan	4594.2	1699.2	161.6	2733.4	4432.9	1667.5
湖 北	Hubei	3471.3	1425.7	53.6	1992.0	3261.6	1383.6
湖 南	Hunan	2800.1	1263.1	80.0	1457.1	2665.9	1219.3
广 东	Guangdong	11764.8	2714.3	229.5	8821.0	11471.2	2667.2
广 西	Guangxi	1800.4	946.9	53.4	800.1	1727.8	912.7
海 南	Hainan	502.8	228.2	9.1	265.5	492.1	224.4
重 庆	Chongqing	2258.6	752.5	36.5	1469.7	2158.4	735.7
四 川	Sichuan	4243.0	2016.3	123.8	2102.9	4067.3	1954.3
贵 州	Guizhou	1589.6	905.0	33.3	651.3	1508.3	862.9
云 南	Yunnan	1909.3	978.6	56.3	874.5	1800.3	939.4
西 藏	Tibet	198.4	164.8	1.1	32.5	186.6	158.1
陕 西	Shaanxi	2662.4	1276.6	79.6	1306.2	2542.7	1236.9
甘 肃	Gansu	1247.3	762.8	37.6	446.8	1183.9	732.8
青 海	Qinghai	358.3	205.3	5.0	148.0	353.5	203.2
宁 夏	Ningxia	424.3	210.1	3.9	210.4	408.9	202.8
新 疆	Xinjiang	1865.1	1021.8	17.9	825.4	1823.8	1008.5

3-6 续表 continued

单位：亿元 (100 million yuan)

地 区	Region	在岗职工 Wages of On-post Staff and Workers		其他就业人员 Others			
		城镇集体单位 Urban Collective-owned Units	其他单位 Other Ownership Units	合计 Total	国有单位 State-owned Units	城镇集体单位 Urban Collective-owned Units	其他单位 Other Ownership Units
全 国	**National**	**2161.3**	**61297.1**	**4281.9**	**1029.8**	**141.3**	**3110.8**
北 京	Beijing	81.5	5327.3	394.3	47.9	4.5	341.8
天 津	Tianjin	32.2	1413.6	90.9	14.0	3.1	73.8
河 北	Hebei	56.1	1553.6	119.8	32.5	3.0	84.3
山 西	Shanxi	73.7	1182.6	40.9	16.7	2.0	22.3
内蒙古	Inner Mongolia	32.5	667.4	36.0	8.1	1.1	26.8
辽 宁	Liaoning	110.9	1662.9	144.3	29.8	5.3	109.2
吉 林	Jilin	23.7	697.7	55.1	21.4	1.4	32.3
黑龙江	Heilongjiang	60.7	737.8	121.8	81.0	3.7	37.0
上 海	Shanghai	79.4	5019.0	389.0	36.8	4.9	347.4
江 苏	Jiangsu	190.7	6900.4	377.1	64.6	14.4	298.1
浙 江	Zhejiang	108.7	4504.7	231.0	52.1	4.6	174.3
安 徽	Anhui	62.1	1428.1	156.4	42.1	2.2	112.0
福 建	Fujian	54.2	2283.9	175.5	37.2	11.0	127.3
江 西	Jiangxi	49.1	1040.9	130.0	33.0	10.9	86.2
山 东	Shandong	221.1	3825.7	215.4	50.8	11.7	152.9
河 南	Henan	152.3	2613.1	161.2	31.7	9.2	120.3
湖 北	Hubei	50.5	1827.6	209.7	42.1	3.1	164.4
湖 南	Hunan	72.9	1373.7	134.2	43.8	7.0	83.4
广 东	Guangdong	221.6	8582.5	293.6	47.1	7.9	238.5
广 西	Guangxi	45.7	769.4	72.6	34.2	7.7	30.7
海 南	Hainan	8.6	259.2	10.6	3.8	0.5	6.3
重 庆	Chongqing	34.1	1388.6	100.2	16.8	2.3	81.1
四 川	Sichuan	116.4	1996.6	175.7	62.0	7.4	106.3
贵 州	Guizhou	31.4	613.9	81.3	42.0	1.9	37.4
云 南	Yunnan	53.3	807.6	109.0	39.2	3.0	66.9
西 藏	Tibet	0.8	27.6	11.8	6.7	0.3	4.9
陕 西	Shaanxi	75.6	1230.2	119.7	39.7	4.0	76.0
甘 肃	Gansu	35.1	415.9	63.4	30.0	2.4	30.9
青 海	Qinghai	4.9	145.4	4.8	2.1	0.1	2.6
宁 夏	Ningxia	3.6	202.5	15.4	7.3	0.3	7.8
新 疆	Xinjiang	17.6	797.6	41.3	13.3	0.3	27.7

3-7 各地区分登记注册类型城镇单位平均工资(2014年)

AVERAGE WAGE IN URBAN UNITS BY REGISTRATION STATUS AND REGION(2014)

单位：元 (yuan)

地区	Region	就业人员平均工资 Average Wage of Employment				在岗职工 On-post Staff and Workers	
		合计 Total	国有单位 State-owned Units	城镇集体单位 Urban Collective-owned Units	其他单位 Other Ownership Units	合计 Total	国有单位 State-owned Units
全 国	**National**	**56360**	**57296**	**42742**	**56485**	**57361**	**58992**
北 京	Beijing	102268	102538	45500	104146	103400	106097
天 津	Tianjin	72773	84254	44946	69764	73839	87289
河 北	Hebei	45114	43351	36358	47004	46239	44485
山 西	Shanxi	48969	45843	38841	52633	49984	47001
内蒙古	Inner Mongolia	53748	56304	53766	50621	54460	56987
辽 宁	Liaoning	48190	47768	32889	50065	49110	48701
吉 林	Jilin	46516	49267	37351	44072	47683	50511
黑龙江	Heilongjiang	44036	42794	37740	46776	46036	44947
上 海	Shanghai	100251	102277	60008	100904	100623	106446
江 苏	Jiangsu	60867	72260	53122	58364	61783	74673
浙 江	Zhejiang	61572	87609	56684	55124	62460	90828
安 徽	Anhui	50894	51974	41741	50657	52388	54223
福 建	Fujian	53426	62970	50679	50388	54235	65176
江 西	Jiangxi	46218	49519	39893	44158	47299	51406
山 东	Shandong	51825	58485	45015	48986	52460	59379
河 南	Henan	42179	46604	37601	40100	42670	47258
湖 北	Hubei	49838	53299	36449	48079	50637	55071
湖 南	Hunan	47117	48344	36417	46843	48525	49784
广 东	Guangdong	59481	68803	40509	57777	59827	69694
广 西	Guangxi	45424	46065	36874	45378	46846	47950
海 南	Hainan	49882	53622	38393	47521	50589	54978
重 庆	Chongqing	55588	64046	40166	52536	56852	65794
四 川	Sichuan	52555	57018	43707	49435	53722	58520
贵 州	Guizhou	52772	54083	55520	50927	54685	56918
云 南	Yunnan	46101	52224	48389	40645	47802	54368
西 藏	Tibet	61235	61886	29574	60161	68059	69754
陕 西	Shaanxi	50535	50355	42932	51267	52119	51919
甘 肃	Gansu	46960	49614	34257	44297	48470	51366
青 海	Qinghai	57084	60815	40883	53261	57804	61482
宁 夏	Ningxia	54858	53923	44674	56063	56811	56111
新 疆	Xinjiang	53471	49846	59378	58622	54407	50582

3-7 续表 continued

单位：元 (yuan)

地区	Region	在岗职工 On-post Staff and Workers		其他就业人员 Others			
		城镇集体单位 Urban Collective-owned Units	其他单位 Other Ownership Units	合计 Total	国有单位 State-owned Units	城镇集体单位 Urban Collective-owned Units	其他单位 Other Ownership Units
全国	**National**	**43631**	**57092**	**40204**	**28953**	**32589**	**46708**
北京	Beijing	45772	104473	85048	44208	41088	99302
天津	Tianjin	45052	70141	54804	33268	43880	63240
河北	Hebei	37474	48157	28594	22007	23418	32616
山西	Shanxi	39887	53479	23513	19369	19629	28594
内蒙古	Inner Mongolia	55159	51241	33698	23565	30629	38896
辽宁	Liaoning	33418	51061	34245	25459	24712	38601
吉林	Jilin	38540	45101	27655	25443	24633	29515
黑龙江	Heilongjiang	39058	48523	26181	25811	24380	27239
上海	Shanghai	62345	100434	94715	47962	37223	108230
江苏	Jiangsu	54993	58913	44736	35381	36655	47999
浙江	Zhejiang	57484	55557	44092	39105	42740	45879
安徽	Anhui	42614	51698	35063	26388	26562	40304
福建	Fujian	50573	50794	41765	33842	51210	44072
江西	Jiangxi	41022	44550	34244	24785	35473	39911
山东	Shandong	45793	49438	38225	34885	34046	39867
河南	Henan	38288	40435	32039	26983	29004	33991
湖北	Hubei	37599	48163	40017	25912	24363	47168
湖南	Hunan	37487	48196	29895	26776	28079	32029
广东	Guangdong	40850	57972	48526	39925	32811	51537
广西	Guangxi	38360	46192	26371	22480	29961	31489
海南	Hainan	38435	47786	30319	21992	37736	38662
重庆	Chongqing	40514	53527	37595	29563	35710	39895
四川	Sichuan	44227	50315	34965	31508	36897	37210
贵州	Guizhou	59458	51627	32005	26741	26331	41669
云南	Yunnan	49953	41809	29040	26833	31079	30416
西藏	Tibet	28066	62063	23713	16836	35825	51304
陕西	Shaanxi	43562	52965	30704	25981	33761	33748
甘肃	Gansu	34978	45437	29686	27071	26430	33116
青海	Qinghai	41160	54021	29826	30016	31843	29585
宁夏	Ningxia	48419	57710	28693	25928	21534	32262
新疆	Xinjiang	60394	60014	30373	23667	28186	35165

四、国有单位就业人员和工资总额

EMPLOYMENT AND TOTAL WAGES IN STATE-OWNED UNITS

4-1 分行业国有单位就业人员和工资总额(2014年)
EMPLOYMENT AND TOTAL WAGES IN STATE-OWNED UNITS BY SECTOR (2014)

项　　目	Item	年末人数(千人) Year-end Figures (1000 persons)	#女 性 Female	工资总额(千元) Total Wages (1000 yuan)	平均工资(元) Average Wage (yuan)
全 国 总 计	**National Total**	**63123**	**25090**	**3610661584**	**57296**
按隶属关系分组	**Grouped by Administrtive Relationship**				
中央	Under Central Government	9098	2883	743778672	80895
省、自治区、直辖市	Under Provincial Government	8777	3209	566015195	64212
地区	Under Perfectural Government	11735	4748	696096560	59420
县及县以下	At and Below County Level	31951	13640	1507304107	47470
其他	Other	1562	611	97467050	63282
按国民经济行业分组	**Grouped by Sector**				
农、林、牧、渔业	**Agriculture, Forestry, Animal Husbandry and Fishery**	**2629**	**968**	**73049793**	**27782**
农业	Farming	1525	633	41315841	26824
林业	Forestry	674	190	17594886	26716
畜牧业	Animal Husbandry	135	54	3041256	22600
渔业	Fishery	19	6	505206	25839
农、林、牧、渔服务业	Service in Support of Agriculture	277	85	10592604	38321
采矿业	**Mining**	**716**	**149**	**43362085**	**59765**
煤炭开采和洗选业	Mining and Washing of Coal	436	74	25931063	58392
石油和天然气开采业	Extraction of Petroleum and Natural Gas	82	14	5673815	68361
黑色金属矿采选业	Mining and Processing of Ferrous Metal Ores	37	7	1981028	53736
有色金属矿采选业	Mining and Processing of Non-Ferrous Metal Ores	27	6	1163135	43196
非金属矿采选业	Mining and Processing of Non-metal Ores	35	9	1392745	39020
开采辅助活动	Support Activities for Mining	98	38	7173798	73156
其他采矿业	Mining of Other Ores	1		46501	51044
制造业	**Manufacturing**	**2078**	**546**	**131376820**	**61600**
农副食品加工业	Processing of Food from Agricultural Products	54	17	1874819	34732
食品制造业	Manufacture of Foods	21	8	779643	37740
酒、饮料和精制茶制造业	Manufacture of Liquor, Beverages and Refined Tea	27	10	1311373	48952
烟草制品业	Manufacture of Tobacco	111	32	15680818	142580
纺织业	Manufacture of Textile	24	11	976207	40525
纺织服装、服饰业	Manufacture of Textile, Wearing Apparel and Accessories	22	7	889922	39596
皮革、毛皮、羽毛及其制品和制鞋业	Manufacture of Leather, Fur, Feather and Related Products and Footwear	8	3	251068	32687
木材加工和木、竹、藤、棕、草制品业	Processing of Timber, Manufacture of Wood, Bamboo, Rattan, Palm and Straw Products	18	5	593011	33541
家具制造业	Manufacture of Furniture	3	1	107005	37651
造纸及纸制品业	Manufacture of Paper and Paper Products	10	3	367109	36225

4-1 续表 1 continued

项 目	Item	年末人数(千人) Year-end Figures (1000 persons)	#女 性 Female	工资总额(千元) Total Wages (1000 yuan)	平均工资(元) Average Wage (yuan)
印刷和记录媒介复制业	Printing and Reproduction of Recording Media	46	18	2230145	47345
文教、工美、体育和娱乐用品制造业	Manufacture of Articles for Culture, Education, Arts and Crafts, Sport and Entertainment Activities	9	4	411000	44047
石油加工、炼焦和核燃料加工业	Processing of Petroleum, Coking and Processing of Nuclear Fuel	51	13	3820432	76873
化学原料和化学制品制造业	Manufacture of Raw Chemical Materials and Chemical Products	132	38	6851897	50329
医药制造业	Manufacture of Medicines	22	10	1329034	59150
化学纤维制造业	Manufacture of Chemical Fibres	1		31285	29431
橡胶和塑料制品业	Manufacture of Rubber and Plastics Products	18	5	705501	39218
非金属矿物制品业	Manufacture of Non-metallic Mineral Products	110	26	4456494	40841
黑色金属冶炼和压延加工业	Smelting and Pressing of Ferrous Metals	302	56	18584673	60148
有色金属冶炼和压延加工业	Smelting and Pressing of Non-ferrous Metals	114	27	6871792	59412
金属制品业	Manufacture of Metal Products	55	13	2786060	49976
通用设备制造业	Manufacture of General Purpose Machinery	103	28	5317975	50859
专用设备制造业	Manufacture of Special Purpose Machinery	103	25	5219778	47940
汽车制造业	Manufacture of Automobiles	250	48	20139199	77931
铁路、船舶、航空航天和其他运输设备制造业	Manufacture of Railway, Ship, Aerospace and Other Transport Equipments	222	58	15573545	63411
电气机械和器材制造业	Manufacture of Electrical Machinery and Apparatus	70	20	3694507	48512
计算机、通信和其他电子设备制造业	Manufacture of Computers, Communication and Other Electronic Equipment	80	28	4578154	61178
仪器仪表制造业	Manufacture of Measuring Instruments and Machinery	45	17	2945672	63888
其他制造业	Other Manufacture	22	7	1407544	61128
废弃资源综合利用业	Utilization of Waste Resources	1		48997	37232
金属制品、机械和设备修理业	Repair Service of Metal Products, Machinery and Equipment	24	6	1542161	62272
电力、热力、燃气及水生产和供应业	**Production and Supply of Electricity, Heat, Gas and Water**	**1929**	**545**	**145402189**	**74914**
电力、热力生产和供应业	Production and Supply of Electric Power and Heat Power	1613	422	132489500	81437
燃气生产和供应业	Production and Supply of Gas	33	11	1683745	50981
水的生产和供应业	Production and Supply of Water	282	112	11228944	39960
建筑业	**Construction**	**2371**	**322**	**113295510**	**46409**
房屋建筑业	Construction of Buildings	1265	152	57696874	43968
土木工程建筑业	Civil Engineering	895	137	44300937	48858
建筑安装业	Building Installation	117	21	6625526	51640
建筑装饰和其他建筑业	Building Decoration and Other Constructions	94	13	4672173	49714

4-1 续表 2 continued

项　目	Item	年末人数（千人）Year-end Figures (1000 persons)	#女 性 Female	工资总额（千元）Total Wages (1000 yuan)	平均工资（元）Average Wage (yuan)
批发和零售业	**Wholesale and Retail Trades**	**999**	**351**	**64296511**	**64186**
批发业	Wholesale Trade	730	223	53204841	72694
零售业	Retail Trade	269	129	11091670	41108
交通运输、仓储和邮政业	**Transport, Storage and Post**	**3952**	**1036**	**258522316**	**65417**
铁路运输业	Railway Transport	1726	278	138991664	81169
道路运输业	Road Transport	1102	320	49268851	44810
水上运输业	Water Transport	105	15	8660146	80181
航空运输业	Air Transport	76	27	6920981	92111
管道运输业	Transport Via Pipelines	7	2	459423	66467
装卸搬运和运输代理业	Loading, Unloading and Forwarding Agency	40	13	2669232	65073
仓储业	Storage	138	40	5896857	43069
邮政业	Post	759	340	45655162	59134
住宿和餐饮业	**Hotels and Catering Services**	**418**	**222**	**16966543**	**40103**
住宿业	Hotels	356	188	14715506	40774
餐饮业	Catering Services	62	34	2251037	36210
信息传输、软件和信息技术服务业	**Information Transmission, Software and Information Technology**	**375**	**141**	**23900281**	**63629**
电信、广播电视和卫星传输服务	Telecommunication, Radio and Television and Satellite Transmission Service	330	125	20101162	60677
互联网和相关服务	Internet and Related Service	13	6	951080	72813
软件和信息技术服务业	Software and Information Technology	31	11	2848039	91076
金融业	**Financial Intermediation**	**1461**	**708**	**137451943**	**94943**
货币金融服务	Monetary and Financial Service	1173	551	119748493	102432
资本市场服务	Capital Market Service	27	11	4583395	167663
保险业	Insurance	250	141	11766469	48940
其他金融业	Other Financial Activities	11	5	1353586	123966
房地产业	**Real Estate**	**365**	**132**	**18374502**	**50597**
#房地产开发经营	Development and Management of Real Estate	106	36	6360207	59922
物业管理	Property Management	150	53	6338843	42778
房地产中介服务	Agency Services of Real Estate	18	8	857533	46618
租赁和商务服务业	**Leasing and Business Services**	**1260**	**326**	**61732994**	**49286**
租赁业	Leasing	10	3	512500	50235
商务服务业	Business Services	1250	323	61220494	49278
科学研究和技术服务业	**Scientific Research and Technical Services**	**2248**	**689**	**166472746**	**73844**
研究和试验发展	Research and Experimental Development	654	223	57618427	86283
专业技术服务业	Professional Technical Services	1287	366	92072308	71927

4-1 续表 3 continued

项　目	Item	年末人数（千人）Year-end Figures (1000 persons)	#女 性 Female	工资总额（千元）Total Wages (1000 yuan)	平均工资（元）Average Wage (yuan)
科技推广和应用服务业	Science and Technology Popularization and Application Services	307	100	16782011	54752
水利、环境和公共设施管理业	**Management of Water Conservancy, Environment and Public Facilities**	**2119**	**851**	**80323772**	**38008**
水利管理业	Management of Water Conservancy	468	130	21093163	45038
生态保护和环境治理业	Ecological Protection and Environmental Treatment	89	28	3958208	44435
公共设施管理业	Management of Public Facilities	1561	693	55272401	35524
居民服务、修理和其他服务业	**Service to Households, Repair and Other Services**	**225**	**72**	**10283646**	**45242**
居民服务业	Service to Households	133	52	6596872	49546
机动车、电子产品和日用产品修理业	Repair of Motor Vehicle, Electronics and Household Products	22	6	952143	42357
其他服务业	Other Services	70	14	2734631	38152
教育	**Education**	**16027**	**8390**	**9.09E+08**	**56974**
#初等教育	Primary Education	5731	3241	2.94E+08	51540
中等教育	Secondary Education	7204	3533	3.97E+08	55326
高等教育	Senior Education	2030	927	1.61E+08	79348
卫生和社会工作	**Health and Social Service**	**7039**	**4401**	**4.49E+08**	**64631**
卫生	Health	6864	4311	4.41E+08	65108
社会工作	Social Service	176	90	8191625	46343
文化、体育和娱乐业	**Culture, Sports and Entertainment**	**1063**	**463**	**68326205**	**64245**
新闻和出版业	Journalism and Publishing Activities	243	108	19330963	79134
广播、电视、电影和影视录音制作业	Radio, Television, Motion Picture and Videotape Programme Production Services	349	141	23863455	68411
文化艺术业	Cultural and Art Activities	380	181	19861709	52268
体育	Sports Activities	64	23	3782401	59084
娱乐业	Entertainment	26	11	1487677	56343
公共管理、社会保障和社会组织	**Public Management, Social Security and Social Organization**	**15851**	**4778**	**8.39E+08**	**53230**
#中国共产党机关	Organs of Communist Party of China	584	155	33199057	56971
国家机构	Government Agencies	14683	4388	7.75E+08	53098
人民政协、民主党派	People's Political Consultative Conference and	104	28	6502367	62686
社会保障	Democratic Parties Social Security	168	81	7765536	46287
群众团体、社会团体和其他成员组织	Non-Governmental Organizations, Social Organizations and Membership Organizations	303	123	16131095	53310

4-2 各地区分行业国有单位就业人员和工资总额(2014年)
EMPLOYMENT AND TOTAL WAGES IN STATE-OWNED UNITS BY SECTOR AND REGION (2014)

地 区	Region	总 计 Total			
		年末人数(人) Year-end Figures (person)	#女 性 Female	工资总额(千元) Total Wages (1000 yuan)	平均工资(元) Average Wage (yuan)
全 国	**National**	**63123127**	**25090008**	**3610661584**	**57296**
北 京	Beijing	1885928	820205	193238647	102538
天 津	Tianjin	751372	282837	63129674	84254
河 北	Hebei	2934932	1288174	126848544	43351
山 西	Shanxi	2060208	860662	94039072	45843
内蒙古	Inner Mongolia	1681345	678917	94441892	56304
辽 宁	Liaoning	2925221	1070467	139193525	47768
吉 林	Jilin	1690308	650258	83483475	49267
黑龙江	Heilongjiang	2770991	1064187	119383387	42794
上 海	Shanghai	1062929	473503	110064273	102277
江 苏	Jiangsu	2992211	1174309	214790627	72260
浙 江	Zhejiang	2152759	939707	187445847	87609
安 徽	Anhui	1988251	700310	102711810	51974
福 建	Fujian	1595300	628977	98251073	62970
江 西	Jiangxi	1897023	675789	93121861	49519
山 东	Shandong	4010527	1546073	233406046	58485
河 南	Henan	3679211	1537100	169924554	46604
湖 北	Hubei	2690324	1004913	142568722	53299
湖 南	Hunan	2615218	1003460	126308288	48344
广 东	Guangdong	3962015	1605836	271428974	68803
广 西	Guangxi	2064771	871561	94689602	46065
海 南	Hainan	429065	171391	22820494	53622
重 庆	Chongqing	1182098	468402	75245920	64046
四 川	Sichuan	3510556	1365242	201626183	57018
贵 州	Guizhou	1692304	632738	90496208	54083
云 南	Yunnan	1888317	770721	97856803	52224
西 藏	Tibet	269083	96585	16479735	61886
陕 西	Shaanxi	2444150	929739	127661303	50355
甘 肃	Gansu	1536855	562186	76282230	49614
青 海	Qinghai	344456	140937	20533638	60815
宁 夏	Ningxia	366580	157693	21008293	53923
新 疆	Xinjiang	2048819	917129	102180884	49846

4-2 续表 1 continued

地 区	Region	中央属单位 Units Under Central Government 年末人数（人）Year-end Figures (person)	#女 性 Female	工资总额（千元）Total Wages (1000 yuan)	平均工资（元）Average Wage (yuan)	省、自治区、直辖市属单位 Units Under Provincial Government 年末人数（人）Year-end Figures (person)	#女 性 Female	工资总额（千元）Total Wages (1000 yuan)	平均工资（元）Average Wage (yuan)
全 国	**National**	**9098314**	**2882521**	**743778672**	**80895**	**8776512**	**3209191**	**566015195**	**64212**
北 京	Beijing	808825	319094	102213553	125615	426481	153192	39352526	92992
天 津	Tianjin	122101	34634	12075771	99551	291349	94601	23971733	82193
河 北	Hebei	226762	63466	15423828	67213	266550	103886	14736128	54742
山 西	Shanxi	264710	66966	20403540	76769	336331	124042	17835751	53025
内蒙古	Inner Mongolia	248496	70078	17851391	71638	204891	70061	11292857	54988
辽 宁	Liaoning	608410	144930	44047680	72335	295761	107148	17948258	62837
吉 林	Jilin	401549	94518	32264466	80025	223118	78382	10509638	47019
黑龙江	Heilongjiang	377156	138819	21106716	55045	1055061	361301	43172064	40354
上 海	Shanghai	247455	80562	32679893	129377	318441	126709	34648315	107187
江 苏	Jiangsu	326614	102442	31537288	96105	362006	142318	27405493	76018
浙 江	Zhejiang	157247	55187	18503837	117520	234225	93749	23947312	102727
安 徽	Anhui	210379	63733	15994114	77051	295149	95104	16421602	55769
福 建	Fujian	153419	56330	12821108	84200	199153	72794	15059558	75380
江 西	Jiangxi	108637	40371	6771528	64261	269217	90824	15872276	58811
山 东	Shandong	457311	137290	34343016	76091	373649	141440	26984212	72151
河 南	Henan	303509	82732	21086566	69251	328875	128871	21317715	65180
湖 北	Hubei	568216	180682	42457261	74974	206285	79070	13498658	65744
湖 南	Hunan	297298	83546	23529777	79566	270246	101945	16791703	61300
广 东	Guangdong	298380	103250	30808068	102056	384773	140157	31267909	81452
广 西	Guangxi	187357	54695	13217199	68977	317607	121249	17550441	55791
海 南	Hainan	26222	9504	1767874	67435	115151	45848	6493764	56145
重 庆	Chongqing	139141	34516	11627298	87331	206285	92908	15758147	74386
四 川	Sichuan	618778	206342	49589007	79569	352461	133757	22435306	63107
贵 州	Guizhou	195056	53342	13997302	69270	205487	65051	11971487	60849
云 南	Yunnan	198725	63405	17936668	91774	292657	106350	16860097	57954
西 藏	Tibet	14825	5811	1730381	119090	44839	17648	3029082	67338
陕 西	Shaanxi	463271	140435	32377008	60952	305383	106834	16984214	53539
甘 肃	Gansu	253496	72938	17491652	68608	246263	76468	11771603	46936
青 海	Qinghai	48790	16259	3693088	77921	86240	32420	4667780	58040
宁 夏	Ningxia	54668	17773	4537749	83676	77912	31517	5009415	48796
新 疆	Xinjiang	711511	288871	39894045	55240	184666	73547	11450151	62416

4-2 续表 2 continued

地 区	Region	地区属单位 Units Under Prefectural Government 年末人数(人) Year-end Figures (person)	#女性 Female	工资总额(千元) Total Wages (1000 yuan)	平均工资(元) Average Wage (yuan)	县及县以下属单位 Units at and Below County Level 年末人数(人) Year-end Figures (person)	#女性 Female	工资总额(千元) Total Wages (1000 yuan)	平均工资(元) Average Wage (yuan)
全 国	**National**	**11735481**	**4747752**	**696096560**	**59420**	**31950947**	**13639997**	**1507304107**	**47470**
北 京	Beijing	547228	300115	46263582	84947	81276	36407	3734859	46166
天 津	Tianjin	227212	105386	17793006	78740	93568	43069	7698399	82286
河 北	Hebei	498773	206317	22338653	44984	1915144	905793	73013767	38362
山 西	Shanxi	369070	156352	14724488	40256	1074349	506377	40447630	37889
内蒙古	Inner Mongolia	332558	135918	16766591	50468	885340	398719	48036151	54556
辽 宁	Liaoning	694961	246935	29372072	42017	1273994	554330	45009237	35566
吉 林	Jilin	313287	128307	13292458	42232	744831	346924	27084711	36333
黑龙江	Heilongjiang	414213	170000	19169201	46169	912496	388615	35408908	38931
上 海	Shanghai	427936	236930	37254146	86498	42437	20562	3762992	87857
江 苏	Jiangsu	528191	210781	39448157	75372	1467274	589408	90595831	62197
浙 江	Zhejiang	350481	151355	32140399	92061	1340178	609742	107301378	80670
安 徽	Anhui	390380	141994	20943955	54052	1043152	384333	46671641	44988
福 建	Fujian	354872	130650	23212265	68041	832385	361713	44339684	53653
江 西	Jiangxi	405389	124660	23934919	59575	1104133	415923	46209649	42241
山 东	Shandong	770057	286636	49931200	64914	2333686	952914	118218292	50928
河 南	Henan	624377	257730	29331493	47235	2336586	1032578	94066969	40753
湖 北	Hubei	420223	159455	22993560	55266	1467392	576870	62352990	42738
湖 南	Hunan	447197	174663	22516784	50717	1571644	630884	62283136	39702
广 东	Guangdong	916741	344493	70325559	77524	2156628	935343	120545862	56042
广 西	Guangxi	406138	169655	19522394	48503	889042	404622	34275616	38947
海 南	Hainan	62666	25558	3561551	57919	209513	84235	10172049	49221
重 庆	Chongqing	256214	107346	14013584	55414	554997	226024	32581042	59143
四 川	Sichuan	596462	214875	34547501	54910	1896215	795172	92461372	49147
贵 州	Guizhou	184015	67379	10355167	57212	1095142	441570	53518286	49509
云 南	Yunnan	227669	102693	11619491	51627	1162282	496377	51181952	44301
西 藏	Tibet	53850	21401	3390847	63220	155444	51663	8315229	54342
陕 西	Shaanxi	391224	144277	20591332	51110	1235407	521119	54841340	44362
甘 肃	Gansu	187369	74029	9327628	50088	843077	336726	37366318	44554
青 海	Qinghai	39679	17333	2347529	59458	168731	74509	9760250	57648
宁 夏	Ningxia	76544	34168	3779457	49406	148684	70268	7166806	48606
新 疆	Xinjiang	220505	100361	11287591	51559	915920	447208	38881761	42670

4-2 续表 3 continued

地 区	Region	其他隶属关系单位 Other Units				农、林、牧、渔业 Agriculture, Forestry, Animal Husbandry and Fishery			
		年末人数 (人) Year-end Figures (person)	#女 性 Female	工资总额 (千元) Total Wages (1000 yuan)	平均工资 (元) Average Wage (yuan)	年末人数 (人) Year-end Figures (person)	#女 性 Female	工资总额 (千元) Total Wages (1000 yuan)	平均工资 (元) Average Wage (yuan)
全 国	**National**	**1516780**	**599820**	**95372536**	**63789**	**2629289**	**967632**	**73049793**	**27782**
北 京	Beijing	21901	11305	1662217	75776	10531	3653	639028	59164
天 津	Tianjin	16863	5065	1576766	95475	4840	1439	301105	61525
河 北	Hebei	27703	8712	1336168	48496	43497	17601	699036	14952
山 西	Shanxi	15606	6851	624310	39634	18008	5431	635542	35351
内蒙古	Inner Mongolia	9946	4095	490831	49290	229960	75199	7479164	32446
辽 宁	Liaoning	49090	15963	2699049	52405	225287	92142	2721845	12083
吉 林	Jilin	7252	2066	319338	43501	128596	40925	3270019	25347
黑龙江	Heilongjiang	11639	5369	513888	45570	702780	252994	18416633	25862
上 海	Shanghai	25611	8312	1625575	63425	4425	1540	320347	71394
江 苏	Jiangsu	302071	127208	25517916	85667	60828	23888	1997231	32300
浙 江	Zhejiang	66544	29170	5396811	81854	3810	928	204593	52527
安 徽	Anhui	49173	15140	2679709	54394	44451	15721	1228867	27222
福 建	Fujian	54401	6971	2777114	69905	41560	11460	1171104	28205
江 西	Jiangxi	9110	3916	317684	35263	50117	13440	1339454	26760
山 东	Shandong	69797	27008	3580898	51903	13814	3701	589449	42661
河 南	Henan	82085	33384	4009515	49113	35766	11827	966078	27182
湖 北	Hubei	25562	8202	1167559	45688	91082	37652	2457934	27002
湖 南	Hunan	27727	12068	1094110	39348	19065	6097	434852	22692
广 东	Guangdong	193580	81591	17923407	93987	52836	18318	1475122	27678
广 西	Guangxi	264545	121310	10118023	37934	76759	25166	1893519	24546
海 南	Hainan	14713	5865	793698	53821	38063	14149	789929	20280
重 庆	Chongqing	25258	7561	1258709	48595	7996	1883	339899	42722
四 川	Sichuan	46123	14873	2572188	55355	28830	8590	1157133	39817
贵 州	Guizhou	12604	5396	653966	52338	11625	3191	500889	43150
云 南	Yunnan	6804	1812	248835	36604	62689	21283	1594111	25630
西 藏	Tibet	125	62	14196	113568	10513	937	146198	13905
陕 西	Shaanxi	48535	17059	2837764	59949	21939	6821	846023	38633
甘 肃	Gansu	6608	2013	323705	47450	49047	15448	1535738	31885
青 海	Qinghai	1016	416	64991	63037	10515	3545	441829	41895
宁 夏	Ningxia	8699	3950	512807	59025	14219	5041	508977	35013
新 疆	Xinjiang	16089	7107	660789	47102	515841	227622	16948145	33917

4-2 续表 4 continued

地 区	Region	采矿业 Mining 年末人数(人) Year-end Figures (person)	#女性 Female	工资总额(千元) Total Wages (1000 yuan)	平均工资(元) Average Wage (yuan)	制造业 Manufacturing 年末人数(人) Year-end Figures (person)	#女性 Female	工资总额(千元) Total Wages (1000 yuan)	平均工资(元) Average Wage (yuan)
全 国	**National**	**715546**	**148892**	**43362085**	**59765**	**2077832**	**546102**	**131376820**	**61600**
北 京	Beijing					45033	13422	4337506	94921
天 津	Tianjin	2221	460	222171	102857	64966	13856	3876444	58728
河 北	Hebei	49699	7850	2344601	46363	50982	13958	2407644	46257
山 西	Shanxi	43032	8047	3147314	73198	39897	12581	1235513	31348
内蒙古	Inner Mongolia	31830	4850	2633240	82030	21288	5562	1297612	62206
辽 宁	Liaoning	58615	21031	4162760	71346	209486	37427	11834064	55510
吉 林	Jilin	17363	2674	684940	38636	182858	29709	15883666	86455
黑龙江	Heilongjiang	9331	3114	403530	45310	63476	17343	3311693	51557
上 海	Shanghai	81	7	4317	52012	38341	9080	3428576	85888
江 苏	Jiangsu	16896	5010	1038738	61225	71336	19183	5369652	73921
浙 江	Zhejiang	1284	216	41557	31869	23370	5385	2043026	87522
安 徽	Anhui	43587	5395	2863749	64564	71051	19824	4328530	65069
福 建	Fujian	6370	1966	270299	42090	13717	4312	900855	65737
江 西	Jiangxi	28690	5488	1259034	43174	102435	26371	5626712	55444
山 东	Shandong	98082	17079	6163227	62129	85936	27141	4756034	55405
河 南	Henan	49745	8591	2880282	56932	66366	19453	3288542	50369
湖 北	Hubei	11473	4387	543351	46401	189085	48429	11543586	61365
湖 南	Hunan	17100	2623	694519	33025	66956	18673	4503697	66319
广 东	Guangdong	6453	1135	510044	77058	53978	17287	4348127	78906
广 西	Guangxi	11553	3116	468001	40137	55787	16100	3028322	52442
海 南	Hainan	417	69	11203	25519	4730	1506	210220	44671
重 庆	Chongqing	6776	829	424386	52719	27814	9092	1615114	56776
四 川	Sichuan	46665	14875	2453170	52019	139544	39613	8587495	58440
贵 州	Guizhou	12381	1447	613223	50877	41299	13809	2146813	51328
云 南	Yunnan	25470	5818	1104256	43478	70620	20572	5939493	86952
西 藏	Tibet	1185	367	52720	44303	967	417	35559	37313
陕 西	Shaanxi	67622	13582	4442809	66908	228758	70241	13010029	48024
甘 肃	Gansu	33226	3780	2468988	72892	29800	9587	1500132	50172
青 海	Qinghai	2201	506	85679	37761	4692	1696	262908	55210
宁 夏	Ningxia	876	96	53549	60371	2977	1049	169422	63573
新 疆	Xinjiang	15322	4484	1316428	82742	10287	3424	549834	52176

4-2 续表 5 continued

地区	Region	电力、热力、燃气及水生产和供应业 Production and Supply of Electricity, Heat, Gas and Water				建筑业 Construction			
		年末人数(人) Year-end Figures (person)	#女性 Female	工资总额(千元) Total Wages (1000 yuan)	平均工资(元) Average Wage (yuan)	年末人数(人) Year-end Figures (person)	#女性 Female	工资总额(千元) Total Wages (1000 yuan)	平均工资(元) Average Wage (yuan)
全国	**National**	**1928591**	**545425**	**145402189**	**74914**	**2371277**	**322106**	**113295510**	**46409**
北京	Beijing	18710	4488	2772817	123247	27540	6185	2313536	81745
天津	Tianjin	15466	4074	1868584	120577	21968	3770	1859603	85424
河北	Hebei	106365	27127	6345439	60521	62068	9156	2556206	40091
山西	Shanxi	61911	19391	4362031	72299	70908	13863	2404215	33499
内蒙古	Inner Mongolia	53184	14731	3545034	67612	8050	1656	393253	46418
辽宁	Liaoning	79144	18996	4815354	61964	144876	20511	6465052	41026
吉林	Jilin	42469	11020	2595550	61589	29668	3886	1435228	45945
黑龙江	Heilongjiang	86450	25608	4405345	50904	88314	11794	3959294	38150
上海	Shanghai	18762	4058	3324045	174143	10581	2241	910433	82676
江苏	Jiangsu	94704	23750	11916578	123577	133855	12975	6018536	46758
浙江	Zhejiang	69008	14456	8988266	123379	26419	2301	1462856	54651
安徽	Anhui	48837	11978	4194570	85886	90010	9320	4115027	46019
福建	Fujian	28790	7872	2342253	81475	115993	7625	5372511	58068
江西	Jiangxi	26875	8939	1414617	52448	98973	15791	3608813	39969
山东	Shandong	125868	34300	8505004	67197	151754	22106	7873560	50275
河南	Henan	138164	48172	9748632	70309	73555	12816	3505782	47361
湖北	Hubei	114683	33193	9148804	79249	86923	13597	3466942	41297
湖南	Hunan	108753	29946	6002842	54932	94152	13185	3760911	41221
广东	Guangdong	103173	26222	8115497	78568	211174	22744	10337613	51313
广西	Guangxi	49548	13990	2832424	58014	72814	11718	3743810	49999
海南	Hainan	13063	3855	756883	58546	9567	1247	376313	39876
重庆	Chongqing	8255	2730	497168	60601	47763	4069	2339780	48892
四川	Sichuan	147652	43355	11855889	79841	249690	33206	12964104	44511
贵州	Guizhou	101476	26763	7355507	69206	137181	24700	5639273	43174
云南	Yunnan	35794	11028	2528619	71575	36532	7552	1977028	54419
西藏	Tibet	5883	1819	298166	50494	3322	905	137512	39334
陕西	Shaanxi	59194	19495	3492525	57699	116116	15917	5071990	43936
甘肃	Gansu	97904	31690	5867990	60084	79523	9369	3805455	43872
青海	Qinghai	10442	3043	714299	69633	19491	1583	644963	44001
宁夏	Ningxia	19643	5789	1924036	98978	10296	1965	1407899	38176
新疆	Xinjiang	38421	13547	2867421	73699	42201	4353	3368012	55244

4-2 续表 6 continued

地区 Region		批发和零售业 Wholesale and Retail Trades				交通运输、仓储和邮政业 Transport, Storage and Post			
		年末人数（人） Year-end Figures (person)	#女性 Female	工资总额（千元） Total Wages (1000 yuan)	平均工资（元） Average Wage (yuan)	年末人数（人） Year-end Figures (person)	#女性 Female	工资总额（千元） Total Wages (1000 yuan)	平均工资（元） Average Wage (yuan)
全 国	**National**	**999016**	**351337**	**64296511**	**64186**	**3951662**	**1035927**	**258522316**	**65417**
北 京	Beijing	29989	12999	3627719	120091	109150	21353	9613841	87265
天 津	Tianjin	11458	4362	999253	85743	56300	12689	4177933	75757
河 北	Hebei	36451	17632	1820018	49654	166997	46660	8883892	52648
山 西	Shanxi	53535	17859	2322750	43155	186257	40801	12486226	66975
内蒙古	Inner Mongolia	23526	8760	1339764	55900	155366	36135	10473285	67275
辽 宁	Liaoning	35678	13083	2139569	58399	228856	48166	14189780	62035
吉 林	Jilin	23524	6883	1242137	52961	118710	22406	7249619	61294
黑龙江	Heilongjiang	46677	16330	2237478	50711	250879	56624	14651398	57840
上 海	Shanghai	15531	6250	1431038	89139	88710	15937	8762322	97037
江 苏	Jiangsu	45014	14485	2864760	63347	164916	47521	10717337	66552
浙 江	Zhejiang	16683	5314	2034244	120512	78815	23093	6271138	79892
安 徽	Anhui	34088	11126	1720237	50435	95219	25864	5944919	61647
福 建	Fujian	33965	10666	2639524	75607	99629	30792	6635197	66913
江 西	Jiangxi	32276	9928	1814790	56259	125272	35637	8122063	64535
山 东	Shandong	55789	19949	3263289	59057	223643	62463	14751204	66439
河 南	Henan	107715	38124	5080881	47533	228820	65053	13066091	57482
湖 北	Hubei	44432	15318	2343913	52796	192992	53178	11825110	61888
湖 南	Hunan	36125	10932	2332835	65573	155565	44712	9557840	61781
广 东	Guangdong	78615	28491	5593264	70903	186319	53113	12777658	67661
广 西	Guangxi	27096	8629	1685561	61589	109075	26111	6909167	63590
海 南	Hainan	2924	974	331749	114042	9479	2842	488707	51373
重 庆	Chongqing	16912	6076	1443311	84070	79306	19364	4956914	62659
四 川	Sichuan	43291	13836	3356432	76326	208011	69025	13370513	64722
贵 州	Guizhou	30084	8862	2727689	90169	58413	16139	3818518	65482
云 南	Yunnan	43658	13694	3599565	80222	83785	24968	5693770	69144
西 藏	Tibet	3528	1484	209358	59851	7717	2624	423049	55228
陕 西	Shaanxi	36555	16445	1908998	52574	195275	53193	12508004	62943
甘 肃	Gansu	13503	4799	766623	56766	88989	25342	5651408	63920
青 海	Qinghai	3040	1242	228498	75437	31862	10941	2216467	71802
宁 夏	Ningxia	3888	1686	267882	68776	26736	8294	1711090	64696
新 疆	Xinjiang	13466	5119	923382	66036	140599	34887	10617856	73951

4-2 续表 7 continued

地 区	Region	住宿和餐饮业 Hotels and Catering Services 年末人数(人) Year-end Figures (person)	#女 性 Female	工资总额(千元) Total Wages (1000 yuan)	平均工资(元) Average Wage (yuan)	信息传输、软件和信息技术服务业 Information Transmission, Software and Information Technology 年末人数(人) Year-end Figures (person)	#女 性 Female	工资总额(千元) Total Wages (1000 yuan)	平均工资(元) Average Wage (yuan)
全 国	**National**	**418034**	**221997**	**16966543**	**40103**	**374633**	**140787**	**23900281**	**63629**
北 京	Beijing	41283	19757	2298091	54105	12332	4724	1593938	132189
天 津	Tianjin	6406	3040	274934	42592	929	349	63049	68309
河 北	Hebei	20000	11260	592144	28684	12564	5353	734145	58261
山 西	Shanxi	16903	9136	428084	25001	9727	3602	579121	59944
内蒙古	Inner Mongolia	8397	4387	320643	38081	15100	7080	816113	53625
辽 宁	Liaoning	21376	9733	887317	41053	19779	7744	1217240	62715
吉 林	Jilin	10804	5953	322538	29719	13462	4696	648159	48001
黑龙江	Heilongjiang	22073	10595	991220	44781	20135	7712	1168040	57864
上 海	Shanghai	17471	7804	1076079	60672	2650	867	289250	108010
江 苏	Jiangsu	20598	11570	880406	43134	26523	10321	1661451	61718
浙 江	Zhejiang	10211	5541	486249	47467	13203	5580	1034681	79110
安 徽	Anhui	7445	4303	215534	29356	18313	6758	1144185	62093
福 建	Fujian	11197	6293	439604	39205	10793	4298	700779	64642
江 西	Jiangxi	9521	5584	288359	29848	10483	3685	424594	41143
山 东	Shandong	36709	18710	1477019	40112	22621	8773	1816076	81790
河 南	Henan	22714	11553	793478	34284	19817	8854	937628	47379
湖 北	Hubei	10431	6457	340549	32548	15724	5757	701112	44668
湖 南	Hunan	12056	7411	446205	36983	13055	4685	652146	50088
广 东	Guangdong	27201	13869	1356521	48986	41180	12380	3391000	82011
广 西	Guangxi	10649	6124	359265	32843	7661	2915	444717	57000
海 南	Hainan	3443	1847	114525	33052	2113	689	115081	54800
重 庆	Chongqing	4729	2601	160700	33521	3638	1073	193059	54583
四 川	Sichuan	10594	5841	407065	37800	26852	8967	1534543	56396
贵 州	Guizhou	5515	3124	226239	40904	3045	901	151581	49846
云 南	Yunnan	9973	5774	299754	29676	7452	2730	395730	48892
西 藏	Tibet	3326	1962	131898	40596	3114	1240	243043	77948
陕 西	Shaanxi	12278	7059	369175	29565	4919	1865	267835	54262
甘 肃	Gansu	9826	5924	352178	35434	8635	3352	359291	42111
青 海	Qinghai	1909	1207	65499	33937	400	122	22026	55904
宁 夏	Ningxia	1709	1139	59234	34803	1120	415	59962	56250
新 疆	Xinjiang	11287	6439	506037	43425	7294	3300	540706	68409

4-2 续表 8 continued

地区	Region	金融业 Financial Intermediation 年末人数(人) Year-end Figures (person)	#女性 Female	工资总额(千元) Total Wages (1000 yuan)	平均工资(元) Average Wage (yuan)	房地产业 Real Estate 年末人数(人) Year-end Figures (person)	#女性 Female	工资总额(千元) Total Wages (1000 yuan)	平均工资(元) Average Wage (yuan)
全 国	**National**	**1460564**	**708276**	**137451943**	**94943**	**365124**	**131774**	**18374502**	**50597**
北 京	Beijing	10053	4795	1993630	197526	29129	10217	2131366	73130
天 津	Tianjin	11699	5883	1795216	157323	11062	3265	849061	75418
河 北	Hebei	24468	10217	1872295	76057	8927	3323	341021	37954
山 西	Shanxi	51150	25339	3949620	77303	8976	3363	261328	29356
内蒙古	Inner Mongolia	42658	22348	3043698	71151	5439	2287	286208	53537
辽 宁	Liaoning	84203	39822	7113149	86548	20634	7502	772539	36838
吉 林	Jilin	45261	21876	3115527	68541	9093	3505	348074	38487
黑龙江	Heilongjiang	56488	26887	3842108	67957	14570	4832	578362	40097
上 海	Shanghai	35687	19211	7336542	205229	16603	5139	1361877	78936
江 苏	Jiangsu	103232	50857	10657298	104447	14823	5584	918009	61931
浙 江	Zhejiang	52917	27972	7554864	143511	11266	4567	730980	64415
安 徽	Anhui	62272	31506	3681885	61438	10137	3642	458893	44976
福 建	Fujian	56476	29429	5538832	99138	19604	6082	896213	46506
江 西	Jiangxi	54768	27048	4000950	73795	9479	3335	394041	41667
山 东	Shandong	99124	40923	9102868	93013	21799	8085	947621	44356
河 南	Henan	67377	30185	4798420	71849	11909	4587	530190	45123
湖 北	Hubei	71042	35169	5830906	82849	9943	3626	407296	41464
湖 南	Hunan	25121	10879	1985679	79364	11402	4188	487854	42998
广 东	Guangdong	108687	52810	14529722	134434	43097	14401	2294987	54929
广 西	Guangxi	49310	25074	4147137	84927	10459	3747	384279	36851
海 南	Hainan	8404	3851	642879	76909	3931	1233	163710	41278
重 庆	Chongqing	38120	20130	5327230	139888	7256	2807	376983	55725
四 川	Sichuan	104222	52275	9410278	91670	9751	4168	428421	45943
贵 州	Guizhou	17562	7647	1436494	83996	5081	2159	180930	35708
云 南	Yunnan	47060	23217	4519848	97320	4111	1950	209293	52905
西 藏	Tibet	8029	3441	1111327	141805	59	16	3290	55763
陕 西	Shaanxi	35632	16060	2605744	70521	21017	8001	835690	39288
甘 肃	Gansu	29257	13249	1626951	55874	7646	2551	417311	53653
青 海	Qinghai	15901	7778	1219473	78696	1101	509	51905	47751
宁 夏	Ningxia	14444	6902	1079553	75367	2440	898	135685	53737
新 疆	Xinjiang	29940	15496	2581820	86673	4380	2205	191085	43095

4-2 续表 9 continued

地区	Region	租赁和商务服务业 Leasing and Business Services				科学研究和技术服务业 Scientific Research and Technical Services			
		年末人数（人）Year-end Figures (person)	#女性 Female	工资总额（千元）Total Wages (1000 yuan)	平均工资（元）Average Wage (yuan)	年末人数（人）Year-end Figures (person)	#女性 Female	工资总额（千元）Total Wages (1000 yuan)	平均工资（元）Average Wage (yuan)
全 国	**National**	**1260415**	**325985**	**61732994**	**49286**	**2247990**	**689290**	**166472746**	**73844**
北 京	Beijing	176097	43228	13839666	79005	215159	79105	28840498	134931
天 津	Tianjin	9345	2850	730508	79645	42997	13248	4797964	112375
河 北	Hebei	59307	15255	2475967	43189	71632	22441	3996177	55659
山 西	Shanxi	47391	10524	1454226	31003	59809	20016	3026875	49929
内蒙古	Inner Mongolia	20627	7105	900386	44228	41773	14829	2383167	57306
辽 宁	Liaoning	61721	12354	2048863	33342	116572	33365	6469043	56643
吉 林	Jilin	24567	8455	834839	33943	62734	19095	3215645	50688
黑龙江	Heilongjiang	31374	11094	1128076	36521	101157	27568	6502845	63643
上 海	Shanghai	60430	9945	3666417	58456	75705	23537	10019053	131026
江 苏	Jiangsu	90372	22049	3852683	43358	91890	26963	7809891	85172
浙 江	Zhejiang	69305	12584	3247327	48421	71943	21520	6729821	94483
安 徽	Anhui	18748	3866	682160	36331	60847	15878	3752471	61623
福 建	Fujian	35375	9433	1750806	50869	44954	12816	3049397	68280
江 西	Jiangxi	28347	7055	1107574	39414	44595	12053	2270652	50925
山 东	Shandong	87770	31360	4626671	52399	92953	25240	6175855	66698
河 南	Henan	42749	13146	1544149	36658	93510	29304	5198844	56015
湖 北	Hubei	32697	10258	1176626	35957	83898	24434	4604592	55289
湖 南	Hunan	24302	7085	875299	35725	77654	21322	4069151	52758
广 东	Guangdong	117778	23219	6127215	52407	93918	28562	8825560	94706
广 西	Guangxi	38404	12242	1401295	36673	80187	25033	4108715	51648
海 南	Hainan	8748	3004	425774	48296	12233	4320	651227	53406
重 庆	Chongqing	21868	5598	883917	40735	38432	10906	3180729	83523
四 川	Sichuan	47965	10213	2388734	50290	156053	49343	11698281	77454
贵 州	Guizhou	7350	2605	334349	45870	57009	16520	3305933	58055
云 南	Yunnan	18475	4997	910006	49910	78658	23093	4271764	54254
西 藏	Tibet	422	158	19006	45252	11155	3347	717695	64000
陕 西	Shaanxi	22945	9033	847542	36209	131305	41204	8495644	57539
甘 肃	Gansu	18119	4998	871358	48048	58768	16720	3260003	55493
青 海	Qinghai	1596	693	72558	47146	19350	6359	1217861	61767
宁 夏	Ningxia	5601	988	233818	42152	10088	3172	616358	60457
新 疆	Xinjiang	30620	10591	1275179	40641	51052	17977	3211035	62354

4-2 续表 10 continued

地区	Region	水利、环境和公共设施管理业 Management of Water Conservancy, Environment and Public Facilities 年末人数(人) Year-end Figures (person)	#女性 Female	工资总额(千元) Total Wages (1000 yuan)	平均工资(元) Average Wage (yuan)	居民服务、修理和其他服务业 Service to Households, Repair and Other Services 年末人数(人) Year-end Figures (person)	#女性 Female	工资总额(千元) Total Wages (1000 yuan)	平均工资(元) Average Wage (yuan)
全国	**National**	**2119037**	**850703**	**80323772**	**38008**	**224546**	**71952**	**10283646**	**45242**
北京	Beijing	62661	23252	4080257	65805	13403	4732	789168	58479
天津	Tianjin	34228	9741	2455195	71397	39157	2290	1297379	32062
河北	Hebei	103532	39958	3221262	30898	5805	2071	178307	30935
山西	Shanxi	81915	37728	2003834	24619	3470	1195	124308	35618
内蒙古	Inner Mongolia	72762	31758	2888308	39959	4698	1806	194680	41822
辽宁	Liaoning	146332	54399	4263047	29367	17090	5605	625728	37001
吉林	Jilin	66414	26503	1873875	28314	7541	2465	291429	39013
黑龙江	Heilongjiang	92670	32820	2618271	28936	36379	17125	1999794	53433
上海	Shanghai	23549	8082	1664138	70449	9260	3797	635363	67931
江苏	Jiangsu	94692	34931	5030834	53100	4935	1438	322436	65416
浙江	Zhejiang	65247	26204	3465592	52897	6637	2063	424877	64288
安徽	Anhui	71852	27003	2588208	35765	3003	912	119994	40842
福建	Fujian	46470	16605	1997984	43219	7187	3317	320247	44827
江西	Jiangxi	60202	22509	2559186	43028	2904	878	118665	40947
山东	Shandong	122661	46267	5014732	41308	6117	1854	307314	50116
河南	Henan	108203	41040	3767914	35240	6045	1601	189053	31881
湖北	Hubei	87112	33954	3005711	34592	4582	1762	192476	42108
湖南	Hunan	87907	37467	2695577	29784	3066	970	127567	41921
广东	Guangdong	116429	46867	5105781	43521	14090	4791	905108	59586
广西	Guangxi	88941	45245	2667930	30623	2379	751	118756	49960
海南	Hainan	18096	7412	553302	30671	508	129	17156	33442
重庆	Chongqing	40344	17535	1560842	38882	1580	565	75125	46288
四川	Sichuan	103534	46655	3595163	35029	4649	1523	204335	44440
贵州	Guizhou	45079	23832	1393189	31466	4449	2072	152744	34961
云南	Yunnan	57093	24670	1831201	32010	2097	722	81061	38897
西藏	Tibet	2182	1203	75165	34622	120	51	7033	58608
陕西	Shaanxi	80658	30076	2872410	35314	6564	2354	223047	34511
甘肃	Gansu	58115	22498	2179569	37755	1931	644	71920	37793
青海	Qinghai	9593	4501	432939	44887	300	76	10108	34616
宁夏	Ningxia	18484	8189	766177	42098	162	42	6267	38685
新疆	Xinjiang	52080	21799	2096179	39028	4438	2351	152201	34694

4-2 续表 11 continued

地区	Region	教育 Education 年末人数（人）Year-end Figures (person)	#女性 Female	工资总额（千元）Total Wages (1000 yuan)	平均工资（元）Average Wage (yuan)	卫生和社会工作 Health and Social Service 年末人数（人）Year-end Figures (person)	#女性 Female	工资总额（千元）Total Wages (1000 yuan)	平均工资（元）Average Wage (yuan)
全国	**National**	**16027030**	**8390211**	**909307057**	**56974**	**7039338**	**4400756**	**449052226**	**64631**
北京	Beijing	354167	212020	38085135	108050	207936	147355	27733751	135527
天津	Tianjin	164771	95747	15086442	92066	85632	55501	8413990	99315
河北	Hebei	885576	546851	39405455	44741	320041	203700	14183199	44741
山西	Shanxi	508544	316220	23433322	46309	171011	109772	6801679	40483
内蒙古	Inner Mongolia	348045	195196	22260206	64085	134678	83296	7987728	59851
辽宁	Liaoning	569507	303193	28763416	51655	311687	171426	15673734	51473
吉林	Jilin	357751	207588	17139221	47770	164634	106096	7735830	47148
黑龙江	Heilongjiang	447551	251776	22050843	49462	217401	135367	10345627	48034
上海	Shanghai	265133	170589	25464115	96033	159231	110010	18661448	116931
江苏	Jiangsu	875367	448597	61856377	70659	339970	214507	25934920	77803
浙江	Zhejiang	588925	350102	48812264	83313	345877	227687	33399507	98688
安徽	Anhui	601204	249757	29407995	49103	203957	124222	11798837	58964
福建	Fujian	459397	245226	27730767	60827	164457	108477	12479736	77788
江西	Jiangxi	497296	220043	24085459	48689	198971	119031	10615372	53988
山东	Shandong	1105200	530707	65215209	59140	501095	303137	30728667	62561
河南	Henan	1032478	556150	48088143	47140	427685	264068	21047811	50058
湖北	Hubei	654452	286964	33284349	51160	351350	208844	19341353	55692
湖南	Hunan	679003	331565	31764973	46824	337838	212096	20566506	61592
广东	Guangdong	1080449	588639	69810483	64733	520553	327175	38495416	74971
广西	Guangxi	595777	313031	24612831	41326	289171	185350	15338937	54051
海南	Hainan	108626	52875	6951860	64181	48699	31391	2992219	62754
重庆	Chongqing	376035	184211	23326684	62390	145662	90103	11108914	77950
四川	Sichuan	895437	436715	46860841	52597	376000	230227	24176341	65341
贵州	Guizhou	494864	228130	25884451	53141	169476	100253	9967014	60163
云南	Yunnan	555749	268670	27772142	50205	214489	143525	11061233	52674
西藏	Tibet	46628	22619	3033510	66038	17576	9140	955863	55064
陕西	Shaanxi	568072	289345	30364061	52326	232577	139057	12378001	50141
甘肃	Gansu	378891	169578	19366279	51320	132377	74857	6001052	45751
青海	Qinghai	71040	36445	4695414	65389	36376	22239	2015812	56462
宁夏	Ningxia	85023	47685	4595985	54061	41230	26691	2046339	50468
新疆	Xinjiang	376072	233977	20098825	53948	171701	116156	9065390	53316

4-2 续表 12 continued

地 区	Region	文化、体育和娱乐业 Culture, Sports and Entertainment 年末人数(人) Year-end Figures (person)	#女 性 Female	工资总额(千元) Total Wages (1000 yuan)	平均工资(元) Average Wage (yuan)	公共管理、社会保障和社会组织 Public Management, Social Security and Social Organization 年末人数(人) Year-end Figures (person)	#女 性 Female	工资总额(千元) Total Wages (1000 yuan)	平均工资(元) Average Wage (yuan)
全 国	**National**	**1062500**	**463225**	**68326205**	**64245**	**15850703**	**4777631**	**839164445**	**53230**
北 京	Beijing	109972	53109	14993650	135478	412783	155811	33555050	81662
天 津	Tianjin	14304	6021	1087673	75355	153623	44252	12973170	85148
河 北	Hebei	44446	19504	1742466	39379	862575	268257	33049270	38666
山 西	Shanxi	42543	19148	1779496	41893	585221	186646	23603588	40493
内蒙古	Inner Mongolia	34067	16289	1883002	55327	429897	145643	24316401	56836
辽 宁	Liaoning	41376	17404	1911878	46371	533002	156564	23119147	43456
吉 林	Jilin	29360	12911	1232235	41606	355499	113612	14364944	40360
黑龙江	Heilongjiang	35943	15366	1545452	43258	447343	139238	19227378	43156
上 海	Shanghai	25394	11187	2413214	91956	195385	64222	19295699	97149
江 苏	Jiangsu	46282	19932	3426289	74273	695978	180748	52517201	76077
浙 江	Zhejiang	52263	24081	4378613	83579	645576	180113	56135392	87493
安 徽	Anhui	26736	11019	1159439	43394	476494	122216	23306310	49086
福 建	Fujian	29128	12234	1763291	60532	370238	100074	22251674	60435
江 西	Jiangxi	26401	10739	1179475	44878	489418	128235	22892051	46896
山 东	Shandong	53640	21857	3510170	64303	1105952	322421	58582077	53432
河 南	Henan	61095	26058	2586567	42767	1085498	346518	41906069	38891
湖 北	Hubei	45785	18542	2323676	50644	592638	163392	30030436	50763
湖 南	Hunan	36070	14806	1987921	55411	810028	224818	33361914	41238
广 东	Guangdong	65689	27680	5066553	77094	1040396	298133	72363303	69688
广 西	Guangxi	25817	10795	1169020	45401	463384	136424	19375916	42221
海 南	Hainan	5805	2484	310735	52480	130216	37514	6917022	54327
重 庆	Chongqing	17204	6342	1050552	61721	292408	82488	16384613	56512
四 川	Sichuan	49277	22399	2563001	52161	862539	274416	44614444	52063
贵 州	Guizhou	13798	5434	721112	52697	476617	145150	23940260	50692
云 南	Yunnan	24347	11145	1147474	47256	510265	155313	22920455	45234
西 藏	Tibet	6465	2686	451745	69339	136892	42169	8427598	62391
陕 西	Shaanxi	33967	14655	1556495	45572	568757	175336	25565281	44915
甘 肃	Gansu	22593	9822	1079131	47991	418705	137978	19100853	45876
青 海	Qinghai	7033	3226	388976	55104	97614	35226	5746424	59498
宁 夏	Ningxia	7440	3176	425175	57155	100204	34476	4940885	50354
新 疆	Xinjiang	28260	13174	1491729	52900	505558	180228	24379620	48680

4-3 各地区分行业国有单位在岗职工人数和平均工资(2014年)
ON-POST STAFF AND WORKERS AND AVERAGE WAGE IN STATE-OWNED UNITS BY SECTOR AND REGION(2014)

地区	Region	总计 Total		农、林、牧、渔业 Agriculture, Forestry, Animal Husbandry and Fishery		采矿业 Mining		制造业 Manufacturing	
		年末人数(人) Year-end Figures (person)	平均工资(元) Average Wage (yuan)	年末人数(人) Year-end Figures (person)	平均工资(元) Average Wage (yuan)	年末人数(人) Year-end Figures (person)	平均工资(元) Average Wage (yuan)	年末人数(人) Year-end Figures (person)	平均工资(元) Average Wage (yuan)
全国	**National**	**59563789**	**58992**	**2319819**	**28489**	**689597**	**60287**	**1994534**	**62117**
北京	Beijing	1777188	106097	10345	59628			43125	96570
天津	Tianjin	708990	87289	4459	64917	2203	103588	63451	59439
河北	Hebei	2784445	44485	41549	14764	49565	46430	49967	46641
山西	Shanxi	1973188	47001	17818	35535	42308	74052	38375	32069
内蒙古	Inner Mongolia	1646836	56987	222055	32795	31708	82220	20383	63783
辽宁	Liaoning	2812051	48701	224746	12070	58513	71590	207428	55778
吉林	Jilin	1607084	50511	119862	25755	17285	38651	180321	84981
黑龙江	Heilongjiang	2495383	44947	530579	25242	8083	49295	60550	51843
上海	Shanghai	986141	106446	3543	76879	69	55085	35222	88694
江苏	Jiangsu	2811344	74673	57783	33208	16532	61699	69928	74976
浙江	Zhejiang	2019993	90828	3671	53807	665	35037	22711	88210
安徽	Anhui	1823602	54223	32561	29697	42118	65914	65664	67027
福建	Fujian	1465251	65176	25025	39854	6226	42579	13011	68111
江西	Jiangxi	1756590	51406	43156	28921	28180	43323	94672	57932
山东	Shandong	3862469	59379	13725	42788	96247	62351	84335	55976
河南	Henan	3560252	47258	34797	27309	46580	57804	65156	50815
湖北	Hubei	2524317	55071	78266	28176	9027	51602	182061	62020
湖南	Hunan	2452780	49784	15243	24589	16330	33522	64550	68090
广东	Guangdong	3841310	69694	52118	27731	6293	78352	53152	79515
广西	Guangxi	1913112	47950	59998	25832	11105	40694	53937	52889
海南	Hainan	411992	54978	33976	21400	363	25821	4681	44924
重庆	Chongqing	1124696	65794	7899	42940	6753	52663	26718	57632
四川	Sichuan	3314514	58520	28121	40477	44402	49493	134634	59072
贵州	Guizhou	1532950	56918	10143	47796	11579	52566	39038	52867
云南	Yunnan	1739517	54368	53330	28844	24974	43897	54285	88733
西藏	Tibet	229119	69754	2466	32008	1015	47924	886	38518
陕西	Shaanxi	2291251	51919	21602	38976	64447	67059	220299	48326
甘肃	Gansu	1426857	51366	45017	33046	29102	75134	28619	50954
青海	Qinghai	336988	61482	10509	41907	2045	37621	4614	55401
宁夏	Ningxia	338855	56111	14105	35156	573	66963	2919	63535
新疆	Xinjiang	1994724	50582	501352	34327	15307	82815	9842	52973

4-3 续表 1 continued

地 区	Region	电力、热力、燃气及水生产和供应业 Production and Supply of Electricity, Heat, Gas and Water		建筑业 Construction		批发和零售业 Wholesale and Retail Trades		交通运输、仓储和邮政业 Transport, Storage and Post	
		年末人数（人） Year-end Figures (person)	平均工资（元） Average Wage (yuan)	年末人数（人） Year-end Figures (person)	平均工资（元） Average Wage (yuan)	年末人数（人） Year-end Figures (person)	平均工资（元） Average Wage (yuan)	年末人数（人） Year-end Figures (person)	平均工资（元） Average Wage (yuan)
全 国	**National**	**1853141**	**76786**	**1978938**	**47758**	**944778**	**66213**	**3858113**	**66229**
北 京	Beijing	18328	124831	26661	82198	27967	124417	108540	87456
天 津	Tianjin	14770	123921	21327	87013	10801	89507	54763	77389
河 北	Hebei	89345	66549	55369	40579	35875	49946	162779	53355
山 西	Shanxi	59456	74279	66111	33730	51713	44188	183744	67424
内蒙古	Inner Mongolia	51629	68640	7503	48797	22622	57016	153640	67615
辽 宁	Liaoning	76255	63130	131571	42488	33748	59765	226228	62476
吉 林	Jilin	42082	62156	28117	46178	22407	54151	116696	61986
黑龙江	Heilongjiang	82514	52470	80157	38884	44022	51819	243004	59040
上 海	Shanghai	18588	174543	9823	84396	14051	93954	86757	98200
江 苏	Jiangsu	94271	123997	116537	48566	43010	65157	161464	67221
浙 江	Zhejiang	68432	123892	19130	60087	16223	123149	75713	81889
安 徽	Anhui	48046	86741	70006	48239	32919	51005	91974	62738
福 建	Fujian	28168	82372	80793	52902	32342	78886	96561	67967
江 西	Jiangxi	25323	53818	66660	43253	30623	57609	122997	65055
山 东	Shandong	118765	68798	127325	51612	54730	59583	220549	66878
河 南	Henan	133528	71684	64025	50086	99996	49399	220845	58366
湖 北	Hubei	112849	80195	73708	43014	42862	53344	185773	62855
湖 南	Hunan	105251	55921	66572	45364	30695	70796	150626	62343
广 东	Guangdong	102367	78967	187778	51588	76906	71779	182288	68192
广 西	Guangxi	48336	59200	64698	52263	26067	63355	107118	64163
海 南	Hainan	12718	59632	8273	42304	2912	114332	9261	52047
重 庆	Chongqing	8148	60937	45209	49461	16430	86392	76120	63565
四 川	Sichuan	142335	81715	218839	45655	41530	77756	202186	65595
贵 州	Guizhou	90701	74833	105425	41920	26826	99097	56181	66851
云 南	Yunnan	34368	73313	29731	57788	36601	91077	81613	70368
西 藏	Tibet	5724	51358	1896	44235	3158	61573	6267	58848
陕 西	Shaanxi	57292	58590	87003	45681	34974	54017	188961	64415
甘 肃	Gansu	96089	60605	53052	48396	12922	57821	87354	64599
青 海	Qinghai	10341	70101	15134	47087	3025	75599	31801	71857
宁 夏	Ningxia	18953	101172	8827	38780	3756	70355	26289	65385
新 疆	Xinjiang	38169	73956	41678	55507	13065	66940	140021	74150

4-3 续表 2 continued

地 区 Region	住宿和餐饮业 Hotels and Catering Services		信息传输、软件和信息技术服务业 Information Transmission, Software and Information Technology		金融业 Financial Intermediation		房地产业 Real Estate	
	年末人数（人） Year-end Figures (person)	平均工资（元） Average Wage (yuan)	年末人数（人） Year-end Figures (person)	平均工资（元） Average Wage (yuan)	年末人数（人） Year-end Figures (person)	平均工资（元） Average Wage (yuan)	年末人数（人） Year-end Figures (person)	平均工资（元） Average Wage (yuan)
全 国 National	**393899**	**40592**	**357695**	**64738**	**1327329**	**100495**	**342126**	**51967**
北 京 Beijing	39059	54742	11826	134555	9961	198993	25970	76926
天 津 Tianjin	5301	45292	904	68816	11182	163207	9935	80008
河 北 Hebei	19307	28804	12522	58395	23567	78090	8653	38391
山 西 Shanxi	15932	25090	8934	61835	48980	79625	8531	30357
内蒙古 Inner Mongolia	7983	38627	14836	54030	40802	73389	5408	53794
辽 宁 Liaoning	19832	42093	19284	63652	74730	93184	19867	37327
吉 林 Jilin	10375	30038	12929	48771	43407	69984	8908	38816
黑龙江 Heilongjiang	21231	45817	19752	58628	53701	69706	13680	41481
上 海 Shanghai	14931	60616	2538	109687	35103	207412	12929	90090
江 苏 Jiangsu	19655	43595	25273	62701	85730	118868	14159	63084
浙 江 Zhejiang	9584	48121	13018	79631	51261	145705	10270	68286
安 徽 Anhui	6914	29601	15710	64878	44382	76827	9426	46400
福 建 Fujian	10760	39835	10131	66224	47883	108064	18651	47579
江 西 Jiangxi	8491	31246	9612	42529	50047	78223	8644	43583
山 东 Shandong	35636	40294	21950	83136	86756	95518	21400	44594
河 南 Henan	21616	34787	18335	47202	61411	75760	11629	45585
湖 北 Hubei	9973	32737	14736	45647	66456	86504	8680	42777
湖 南 Hunan	11082	38343	12358	50727	24395	81195	10698	44744
广 东 Guangdong	26131	49209	39371	83648	101245	139857	42536	55210
广 西 Guangxi	9849	33549	7557	57490	44119	90245	9149	38886
海 南 Hainan	3441	33052	2093	55065	8177	79764	3862	40467
重 庆 Chongqing	4505	33913	3499	56050	38051	140233	6800	56969
四 川 Sichuan	10009	38265	26219	56836	89233	100940	8993	47955
贵 州 Guizhou	5317	41255	2910	50886	16669	86706	4816	36618
云 南 Yunnan	9195	30198	7118	49943	45089	100455	3694	55826
西 藏 Tibet	2850	42183	3103	78086	8011	142037	51	61000
陕 西 Shaanxi	11531	30122	4840	54609	34320	72026	20016	40111
甘 肃 Gansu	9130	36101	7614	43057	27317	57536	7419	54372
青 海 Qinghai	1758	35267	400	55904	15841	78810	1016	49087
宁 夏 Ningxia	1709	34803	1108	56898	11054	86503	2237	55266
新 疆 Xinjiang	10812	44276	7215	68637	28449	88504	4099	44522

4-3 续表 3 continued

地区 Region	租赁和商务服务业 Leasing and Business Services		科学研究和技术服务业 Scientific Research and Technical Services		水利、环境和公共设施管理业 Management of Water Conservancy,Environment and Public Facilities		居民服务、修理和其他服务业 Service to Households, Repair and Other Services	
	年末人数(人) Year-end Figures (person)	平均工资(元) Average Wage (yuan)	年末人数(人) Year-end Figures (person)	平均工资(元) Average Wage (yuan)	年末人数(人) Year-end Figures (person)	平均工资(元) Average Wage (yuan)	年末人数(人) Year-end Figures (person)	平均工资(元) Average Wage (yuan)
全 国 National	**1191362**	**50341**	**2151207**	**75384**	**1821332**	**40902**	**214406**	**45962**
北 京 Beijing	168312	79744	203624	138550	59402	68018	12727	59808
天 津 Tianjin	8788	82723	39773	117657	28706	78904	38840	32017
河 北 Hebei	57667	42737	69351	56647	82926	34413	5502	31734
山 西 Shanxi	43785	31468	56809	50867	71238	26742	3414	35869
内蒙古 Inner Mongolia	18854	47242	41020	57837	69898	40955	4497	43109
辽 宁 Liaoning	53662	35613	113629	57145	127656	30937	16844	37244
吉 林 Jilin	19604	37054	61390	51041	54072	30785	7259	39663
黑龙江 Heilongjiang	29428	38244	99020	64434	73706	31889	35755	54073
上 海 Shanghai	54612	60232	71841	134279	20316	75043	7807	73192
江 苏 Jiangsu	86328	43979	87427	87134	83677	56144	4717	66727
浙 江 Zhejiang	67035	49072	67110	96659	57704	56316	6125	65715
安 徽 Anhui	17390	37122	57365	63390	60387	39097	2659	42777
福 建 Fujian	34333	51438	42197	70669	41784	45569	6808	45343
江 西 Jiangxi	26722	39450	42137	51659	45291	50731	2757	41084
山 东 Shandong	85312	53394	90821	67302	103079	45021	5949	50564
河 南 Henan	41461	36788	90488	57123	97640	36826	5762	32407
湖 北 Hubei	32268	36003	79041	56973	71848	37719	3996	43798
湖 南 Hunan	21699	37697	72844	54385	71452	32118	2880	42319
广 东 Guangdong	116520	52502	91298	95406	110688	44248	13698	59599
广 西 Guangxi	34713	38264	75008	53266	72594	32806	2110	53900
海 南 Hainan	8688	48425	12064	53660	16748	31279	491	33794
重 庆 Chongqing	21582	40651	36931	84959	35049	41055	1485	46651
四 川 Sichuan	45286	51807	150545	78753	85905	37734	3785	49764
贵 州 Guizhou	7041	46761	54434	59633	35914	34195	3564	38438
云 南 Yunnan	17695	51227	74848	55700	45912	35260	1877	40802
西 藏 Tibet	368	48881	8502	76453	1838	37844	89	68764
陕 西 Shaanxi	21848	36760	126857	59468	69081	38134	6431	34803
甘 肃 Gansu	13642	52554	55754	56721	50295	41091	1894	38183
青 海 Qinghai	1571	47512	19234	61902	9593	44887	278	35685
宁 夏 Ningxia	5549	42320	9806	61334	16696	44545	146	40678
新 疆 Xinjiang	29599	41166	50039	62875	50237	39714	4260	35129

4-3 续表 4 continued

地 区	Region	教育 Education 年末人数(人) Year-end Figures (person)	教育 Education 平均工资(元) Average Wage (yuan)	卫生和社会工作 Health and Social Service 年末人数(人) Year-end Figures (person)	卫生和社会工作 Health and Social Service 平均工资(元) Average Wage (yuan)	文化、体育和娱乐业 Culture, Sports and Entertainment 年末人数(人) Year-end Figures (person)	文化、体育和娱乐业 Culture, Sports and Entertainment 平均工资(元) Average Wage (yuan)	公共管理、社会保障和社会组织 Public Management, Social Security and Social Organization 年末人数(人) Year-end Figures (person)	公共管理、社会保障和社会组织 Public Management, Social Security and Social Organization 平均工资(元) Average Wage (yuan)
全 国	**National**	**15418933**	**58202**	**6643449**	**66302**	**1004618**	**65906**	**15058513**	**54859**
北 京	Beijing	330923	112309	199178	138880	103938	139603	377302	87259
天 津	Tianjin	157125	94932	80170	103156	13343	77915	143149	89272
河 北	Hebei	851368	45718	302713	45778	41616	38835	824774	39630
山 西	Shanxi	493943	47201	160700	41720	40628	42736	560769	41495
内蒙古	Inner Mongolia	345874	64333	132000	60480	33870	55524	422254	57434
辽 宁	Liaoning	555599	52267	296667	52564	40105	47078	515687	44217
吉 林	Jilin	350496	48263	158183	47832	28594	42068	325097	42768
黑龙江	Heilongjiang	435416	50266	204422	49445	34627	44097	425736	44404
上 海	Shanghai	244559	100252	146229	122078	22938	95006	184285	100932
江 苏	Jiangsu	839263	72237	308865	80866	42575	78072	654150	78936
浙 江	Zhejiang	553872	86933	324719	101247	45081	89980	607669	90674
安 徽	Anhui	574670	50258	188430	60952	24671	45022	438310	51327
福 建	Fujian	436579	62642	156089	80049	26957	63373	350953	62509
江 西	Jiangxi	479057	49752	183654	56159	24893	46212	463674	48329
山 东	Shandong	1085824	59666	477501	64110	52601	65303	1079964	54072
河 南	Henan	1016485	47503	408998	51005	58874	43457	1062626	39214
湖 北	Hubei	620161	52781	332553	57016	43558	51598	556501	52520
湖 南	Hunan	650712	47668	321730	63023	33731	57122	769929	42191
广 东	Guangdong	1050285	65628	504068	75862	62440	78916	1022128	70439
广 西	Guangxi	555797	42997	275824	55234	24130	47232	431003	43954
海 南	Hainan	106231	65015	47398	63389	5616	53471	124999	55662
重 庆	Chongqing	352811	64870	139313	79329	16642	62722	280751	57860
四 川	Sichuan	860484	53804	358356	65647	46048	54333	817604	53692
贵 州	Guizhou	462404	55457	155674	62842	13178	53947	431136	54040
云 南	Yunnan	529754	51804	189695	56049	23301	48436	476437	47185
西 藏	Tibet	44428	68164	15373	60164	5742	75676	117352	70316
陕 西	Shaanxi	546277	53449	215392	51680	31735	47360	528345	46982
甘 肃	Gansu	364181	52505	119542	48138	21205	48849	396709	47383
青 海	Qinghai	70709	65629	36084	56638	7018	55172	96017	60244
宁 夏	Ningxia	80011	55961	38436	52407	7177	58388	89504	53515
新 疆	Xinjiang	373635	54124	165463	54313	27783	53191	483699	50049

4-4 各地区分行业国有单位其他就业人员和平均工资(2014年)

OTHER EMPLOYMENT AND AVERSGE WAGE IN STATE-OWNED UNITS BY SECTOR AND REGION (2014)

地 区	Region	总 计 Total		农、林、牧、渔业 Agriculture, Forestry, Animal Husbandry and Fishery		采矿业 Mining		制造业 Manufacturing	
		年末人数(人) Year-end Figures (person)	平均工资(元) Average Wage (yuan)	年末人数(人) Year-end Figures (person)	平均工资(元) Average Wage (yuan)	年末人数(人) Year-end Figures (person)	平均工资(元) Average Wage (yuan)	年末人数(人) Year-end Figures (person)	平均工资(元) Average Wage (yuan)
全 国	**National**	**3559338**	**28953**	**309470**	**23100**	**25949**	**45389**	**83298**	**47889**
北 京	Beijing	108740	44208	186	30129			1908	59016
天 津	Tianjin	42382	33268	381	21909	18	28381	1515	31619
河 北	Hebei	150487	22007	1948	18871	134	19441	1015	25705
山 西	Shanxi	87020	19369	190	20907	724	16828	1522	13975
内蒙古	Inner Mongolia	34509	23565	7905	22749	122	30364	905	32351
辽 宁	Liaoning	113170	25459	541	17104	102	30090	2058	30735
吉 林	Jilin	83224	25443	8734	19942	78	34462	2537	186552
黑龙江	Heilongjiang	275608	25811	172201	27375	1248	20859	2926	45678
上 海	Shanghai	76788	47962	882	48819	12	33833	3119	53469
江 苏	Jiangsu	180867	35381	3045	15578	364	35376	1408	24240
浙 江	Zhejiang	132766	39105	139	18704	619	28739	659	64383
安 徽	Anhui	164649	26388	11890	20375	1469	20235	5387	34523
福 建	Fujian	130049	33842	16535	10433	144	21351	706	21022
江 西	Jiangxi	140433	24785	6961	13424	510	33649	7763	23817
山 东	Shandong	148058	34885	89	22886	1835	50598	1601	24102
河 南	Henan	118959	26983	969	22468	3165	43561	1210	26470
湖 北	Hubei	166007	25912	12816	19827	2446	27218	7024	37245
湖 南	Hunan	162438	26776	3822	15046	770	20788	2406	17729
广 东	Guangdong	120705	39925	718	22870	160	24120	826	38186
广 西	Guangxi	151659	22480	16761	19889	448	25079	1850	39181
海 南	Hainan	17073	21992	4087	11612	54	23576	49	20633
重 庆	Chongqing	57402	29563	97	25265	23	64553	1096	36333
四 川	Sichuan	196042	31508	709	14094	2263	103430	4910	40281
贵 州	Guizhou	159354	26741	1482	11331	802	30220	2261	23221
云 南	Yunnan	148800	26833	9359	7950	496	24590	16335	80064
西 藏	Tibet	39964	16836	8047	8355	170	22576	81	21373
陕 西	Shaanxi	152899	25981	337	16275	3175	63283	8459	38091
甘 肃	Gansu	109998	27071	4030	18888	4124	56378	1181	31243
青 海	Qinghai	7468	30016	6	20667	156	39627	78	45057
宁 夏	Ningxia	27725	25928	114	16886	303	47007	58	65143
新 疆	Xinjiang	54095	23667	14489	19883	15	5800	445	27533

4-4 续表 1 continued

地 区	Region	电力、热力、燃气及水生产和供应业 Production and Supply of Electricity, Heat, Gas and Water		建筑业 Construction		批发和零售业 Wholesale and Retail Trades		交通运输、仓储和邮政业 Transport, Storage and Post	
		年末人数（人）Year-end Figures (person)	平均工资（元）Average Wage (yuan)	年末人数（人）Year-end Figures (person)	平均工资（元）Average Wage (yuan)	年末人数（人）Year-end Figures (person)	平均工资（元）Average Wage (yuan)	年末人数（人）Year-end Figures (person)	平均工资（元）Average Wage (yuan)
全 国	**National**	**75450**	**28449**	**392339**	**39079**	**54238**	**30886**	**93549**	**32079**
北 京	Beijing	382	29591	879	67547	2022	54579	610	38207
天 津	Tianjin	696	29009	641	35309	657	28069	1537	23702
河 北	Hebei	17020	25219	6699	36333	576	32038	4218	23639
山 西	Shanxi	2455	21892	4797	30003	1822	16949	2513	34416
内蒙古	Inner Mongolia	1555	30799	547	22552	904	30471	1726	36317
辽 宁	Liaoning	2889	26986	13305	29324	1930	36298	2628	26742
吉 林	Jilin	387	16674	1551	41844	1117	27639	2014	23057
黑龙江	Heilongjiang	3936	20032	8157	31780	2655	33661	7875	21705
上 海	Shanghai	174	128242	758	60023	1480	44051	1953	46787
江 苏	Jiangsu	433	36909	17318	36687	2004	26029	3452	37332
浙 江	Zhejiang	576	45779	7289	40174	460	30029	3102	31302
安 徽	Anhui	791	36698	20004	37781	1169	35046	3245	31157
福 建	Fujian	622	40180	35200	81429	1623	20215	3068	30988
江 西	Jiangxi	1552	29689	32313	32029	1653	31207	2275	35559
山 东	Shandong	7103	39312	24429	42846	1059	33760	3094	38830
河 南	Henan	4636	31989	9530	28470	7719	23854	7975	33763
湖 北	Hubei	1834	22607	13215	31688	1570	38063	7219	37539
湖 南	Hunan	3502	25156	27580	31182	5130	37306	4939	43370
广 东	Guangdong	806	27624	23396	49156	1709	34563	4031	44013
广 西	Guangxi	1212	20459	8116	36141	1029	20034	1957	31567
海 南	Hainan	345	18930	1294	25824	12	49462	218	25092
重 庆	Chongqing	107	36099	2554	38412	482	32798	3186	38141
四 川	Sichuan	5317	32565	30851	35139	1761	43278	5825	35078
贵 州	Guizhou	10775	27508	31756	47437	3258	21327	2232	34265
云 南	Yunnan	1426	25130	6801	41067	7057	30571	2172	22623
西 藏	Tibet	159	19258	1426	33672	370	45066	1450	39631
陕 西	Shaanxi	1902	29556	29113	38837	1581	23965	6314	17744
甘 肃	Gansu	1815	29880	26471	34541	581	34987	1635	25177
青 海	Qinghai	101	29060	4357	35850	15	42867	61	50443
宁 夏	Ningxia	690	20093	1469	31231	132	24800	447	24257
新 疆	Xinjiang	252	25763	523	34896	401	35880	578	29494

4-4 续表 2 continued

地区	Region	住宿和餐饮业 Hotels and Catering Services		信息传输、软件和信息技术服务业 Information Transmission, Software and Information Technology		金融业 Financial Intermediation		房地产业 Real Estate	
		年末人数(人) Year-end Figures (person)	平均工资(元) Average Wage (yuan)	年末人数(人) Year-end Figures (person)	平均工资(元) Average Wage (yuan)	年末人数(人) Year-end Figures (person)	平均工资(元) Average Wage (yuan)	年末人数(人) Year-end Figures (person)	平均工资(元) Average Wage (yuan)
全国	**National**	**24135**	**32269**	**16938**	**39767**	**133235**	**36158**	**22998**	**30540**
北京	Beijing	2224	42840	506	74885	92	50950	3159	41463
天津	Tianjin	1105	29232	25	50080	517	19443	1127	33749
河北	Hebei	693	26170	42	15154	901	22055	274	24574
山西	Shanxi	971	23534	793	39118	2170	26629	445	11752
内蒙古	Inner Mongolia	414	27688	264	30308	1856	20998	31	18538
辽宁	Liaoning	1544	28048	495	26755	9473	26016	767	26174
吉林	Jilin	429	22793	533	29294	1854	34768	185	24020
黑龙江	Heilongjiang	842	20763	383	17812	2787	32472	890	18955
上海	Shanghai	2540	61008	112	70957	584	68055	3674	39487
江苏	Jiangsu	943	33748	1250	41711	17502	31862	664	37743
浙江	Zhejiang	627	36697	185	43979	1656	72376	996	24967
安徽	Anhui	531	22113	2603	45198	17890	18647	711	25853
福建	Fujian	437	23318	662	39913	8593	47399	953	26981
江西	Jiangxi	1030	18735	871	25897	4721	24873	835	20954
山东	Shandong	1073	34714	671	38155	12368	74483	399	32442
河南	Henan	1098	23964	1482	49560	5966	28949	280	24103
湖北	Hubei	458	28237	988	30159	4586	26034	1263	31834
湖南	Hunan	974	21149	697	38751	726	19187	704	17031
广东	Guangdong	1070	43506	1809	47292	7442	51294	561	32537
广西	Guangxi	800	24620	104	24270	5191	36138	1310	22699
海南	Hainan	2	34000	20	27300	227	16778	69	85775
重庆	Chongqing	224	26268	139	19248	69	48993	456	37765
四川	Sichuan	585	29660	633	37703	14989	33082	758	24996
贵州	Guizhou	198	31602	135	27444	893	31648	265	20075
云南	Yunnan	778	23199	334	24381	1971	25135	417	27782
西藏	Tibet	476	32567	11	39000	18	51050	8	22375
陕西	Shaanxi	747	20883	79	32628	1312	27634	1001	22715
甘肃	Gansu	696	27543	1021	31942	1940	32725	227	30378
青海	Qinghai	151	17926			60	49400	85	27403
宁夏	Ningxia			12	20526	3390	37869	203	36149
新疆	Xinjiang	475	30600	79	44627	1491	54696	281	19327

4-4 续表 3 continued

地 区	Region	租赁和商务服务业 Leasing and Business Services		科学研究和技术服务业 Scientific Research and Technical Services		水利、环境和公共设施管理业 Management of Water Conservancy,Environment and Public Facilities		居民服务、修理和其他服务业 Service to Households, Repair and Other Services	
		年末人数(人) Year-end Figures (person)	平均工资(元) Average Wage (yuan)	年末人数(人) Year-end Figures (person)	平均工资(元) Average Wage (yuan)	年末人数(人) Year-end Figures (person)	平均工资(元) Average Wage (yuan)	年末人数(人) Year-end Figures (person)	平均工资(元) Average Wage (yuan)
全 国	**National**	**69053**	**31445**	**96783**	**40595**	**297705**	**20549**	**10140**	**29687**
北 京	Beijing	7785	62994	11535	71199	3259	27544	676	34637
天 津	Tianjin	557	32859	3224	48652	5522	30036	317	37599
河 北	Hebei	1640	60275	2281	26126	20606	16771	303	16920
山 西	Shanxi	3606	25229	3000	33025	10677	10494	56	20250
内蒙古	Inner Mongolia	1773	9842	753	27596	2864	15595	201	14581
辽 宁	Liaoning	8059	18365	2943	37485	18676	18750	246	21008
吉 林	Jilin	4963	21920	1344	33968	12342	17809	282	22574
黑龙江	Heilongjiang	1946	15186	2137	28539	18964	18179	624	15637
上 海	Shanghai	5818	41603	3864	70180	3233	40971	1453	38519
江 苏	Jiangsu	4044	30672	4463	45934	11015	30152	218	36954
浙 江	Zhejiang	2270	29509	4833	63877	7543	27437	512	47075
安 徽	Anhui	1358	26331	3482	33273	11465	19248	344	25703
福 建	Fujian	1042	32890	2757	31413	4686	21692	379	35623
江 西	Jiangxi	1625	38899	2458	38484	14911	19123	147	38395
山 东	Shandong	2458	18421	2132	38873	19582	21749	168	33177
河 南	Henan	1288	32426	3022	21512	10563	20402	283	19819
湖 北	Hubei	429	32637	4857	27958	15264	19824	586	30551
湖 南	Hunan	2603	19068	4810	27570	16455	21254	186	35750
广 东	Guangdong	1258	44430	2620	69802	5741	29534	392	59067
广 西	Guangxi	3691	21713	5179	28714	16347	20960	269	18160
海 南	Hainan	60	30641	169	34848	1348	23151	17	23176
重 庆	Chongqing	286	46363	1501	47830	5295	24226	95	40442
四 川	Sichuan	2679	26530	5508	42455	17629	22130	864	20896
贵 州	Guizhou	309	25878	2575	26034	9165	20138	885	20503
云 南	Yunnan	780	21346	3810	24589	11181	18657	220	22671
西 藏	Tibet	54	22603	2653	24788	344	17027	31	29452
陕 西	Shaanxi	1097	23480	4448	21496	11577	18179	133	21608
甘 肃	Gansu	4477	34826	3014	35575	7820	16417	37	18108
青 海	Qinghai	25	25000	116	38588			22	21500
宁 夏	Ningxia	52	24462	282	31533	1788	18725	16	20500
新 疆	Xinjiang	1021	24934	1013	35116	1843	21086	178	24626

4-4 续表 4 continued

地区	Region	教育 Education 年末人数(人) Year-end Figures (person)	教育 Education 平均工资(元) Average Wage (yuan)	卫生和社会工作 Health and Social Service 年末人数(人) Year-end Figures (person)	卫生和社会工作 Health and Social Service 平均工资(元) Average Wage (yuan)	文化、体育和娱乐业 Culture, Sports and Entertainment 年末人数(人) Year-end Figures (person)	文化、体育和娱乐业 Culture, Sports and Entertainment 平均工资(元) Average Wage (yuan)	公共管理、社会保障和社会组织 Public Management, Social Security and Social Organization 年末人数(人) Year-end Figures (person)	公共管理、社会保障和社会组织 Public Management, Social Security and Social Organization 平均工资(元) Average Wage (yuan)
全国	**National**	**608097**	**25460**	**395889**	**36483**	**57882**	**35544**	**792190**	**22192**
北京	Beijing	23244	47355	8758	58088	6034	63558	35481	22899
天津	Tianjin	7646	30327	5462	43500	961	42717	10474	29369
河北	Hebei	34208	19139	17298	25987	2830	47531	37801	17598
山西	Shanxi	14601	15476	10311	21013	1915	24597	24452	17288
内蒙古	Inner Mongolia	2171	22533	2678	28291	197	22785	7643	22747
辽宁	Liaoning	13908	28459	15020	30342	1271	21816	17315	20844
吉林	Jilin	7255	23722	6451	30271	766	24664	30402	14444
黑龙江	Heilongjiang	12135	20325	12979	25502	1316	20526	21607	18382
上海	Shanghai	20574	43888	13002	58171	2456	66675	11100	33347
江苏	Jiangsu	36104	33702	31105	47801	3707	31392	41828	31548
浙江	Zhejiang	35053	29249	21158	60035	7182	43086	37907	35234
安徽	Anhui	26534	23470	15527	34901	2065	23864	38184	23346
福建	Fujian	22818	24768	8368	36374	2171	23472	19285	22675
江西	Jiangxi	18239	20915	15317	28002	1508	22980	25744	20960
山东	Shandong	19376	28479	23594	31803	1039	25060	25988	26457
河南	Henan	15993	24233	18687	29386	2221	23638	22872	23860
湖北	Hubei	34291	21790	18797	32321	2227	31870	36137	23653
湖南	Hunan	28291	27228	16108	33107	2336	26871	40099	22810
广东	Guangdong	30164	32633	16485	47415	3249	41243	18268	27690
广西	Guangxi	39980	17704	13347	29626	1687	18170	32381	18834
海南	Hainan	2395	26613	1301	39975	189	22255	5217	21948
重庆	Chongqing	23224	24384	6349	47874	562	33331	11657	23852
四川	Sichuan	34953	23356	17644	59115	3229	21964	44935	22537
贵州	Guizhou	32460	19492	13802	30147	620	26802	45481	18844
云南	Yunnan	25995	16562	24794	26562	1046	20540	33828	17696
西藏	Tibet	2200	19997	2203	18171	723	18257	19540	14443
陕西	Shaanxi	21795	21613	17185	28815	2232	19706	40412	17600
甘肃	Gansu	14710	21122	12835	23165	1388	34409	21996	18732
青海	Qinghai	331	13485	292	34784	15	23000	1597	15232
宁夏	Ningxia	5012	22827	2794	23937	263	24026	10700	23149
新疆	Xinjiang	2437	28015	6238	27004	477	36228	21859	20865

4-5 各地区国有控股企业就业人员和工资总额(2014年)
EMPLOYMENT AND TOTAL WAGES IN STATE-OWNED CONTROLLING SHARE HOLD ENTERPRISES BY REGION(2014)

地区	Region	年末人数（人） Year-End Person (person)				工资 Wages
		就业人员年末人数 Year-end Employment	#女性 Female	在岗职工 On-post Staff and Workers	其他就业人员 Other Employment	就业人员工资总额（千元） Ttoal Wages of Employment (1000 yuan)
全国	**National**	**47803365**	**13775302**	**44287529**	**3515836**	**3217798671**
北京	Beijing	2669141	888176	2519976	149165	302882649
天津	Tianjin	948422	255892	890889	57533	76656039
河北	Hebei	1730001	500887	1582119	147882	100234771
山西	Shanxi	2145432	540265	2068988	76444	125577549
内蒙古	Inner Mongolia	1045272	314137	1011178	34094	62882851
辽宁	Liaoning	2471072	644857	2351991	119081	138690344
吉林	Jilin	1093770	277977	1052029	41741	66175435
黑龙江	Heilongjiang	2230198	693356	1964440	265758	106464325
上海	Shanghai	2183689	643048	2023464	160225	235306573
江苏	Jiangsu	2401680	709749	2224345	177335	172763928
浙江	Zhejiang	1482267	487500	1368778	113489	120163577
安徽	Anhui	1754836	436652	1552340	202496	105530280
福建	Fujian	1058502	301054	933489	125013	68459942
江西	Jiangxi	1286724	333672	1129724	157000	67818287
山东	Shandong	3019434	871944	2853570	165864	190612172
河南	Henan	2312872	667171	2185795	127077	121307393
湖北	Hubei	2000399	596006	1801091	199308	123386894
湖南	Hunan	1501198	438755	1326367	174831	86874085
广东	Guangdong	2995018	850041	2797280	197738	243508912
广西	Guangxi	1145314	296782	1067422	77892	63586279
海南	Hainan	274720	92384	259669	15051	13051762
重庆	Chongqing	1130543	294653	1056766	73777	68374085
四川	Sichuan	2206850	653671	2074042	132808	141988577
贵州	Guizhou	1027179	245298	912993	114186	60310496
云南	Yunnan	896250	292674	803983	92267	55612411
西藏	Tibet	56565	20707	48674	7891	3885499
陕西	Shaanxi	1914539	532813	1750172	164367	116626144
甘肃	Gansu	885215	239919	801926	83289	50497632
青海	Qinghai	256164	76167	245790	10374	15739931
宁夏	Ningxia	249099	71902	234377	14722	18272215
新疆	Xinjiang	1431000	507193	1393862	37138	94557634

4-5 续表 continued

地 区	Region	工资 Wages 在岗职工 On-post Staff and Workers	其 他 就业人员 Others	就业人员平均工资(元) Average Earnings of Employment (yuan)	在岗职工 Average Wage of On-post Staff and Workers	其 他 就业人员 Average Earnings of Others
全 国	**National**	**3075459017**	**142339654**	**66713**	**68770**	**40518**
北 京	Beijing	292900853	9981796	114284	116813	69885
天 津	Tianjin	74041425	2614614	80939	83181	45906
河 北	Hebei	95954962	4279809	57592	59657	32426
山 西	Shanxi	123374987	2202562	57925	58989	28821
内蒙古	Inner Mongolia	61664138	1218713	59512	60511	32434
辽 宁	Liaoning	134355731	4334613	55067	56253	33301
吉 林	Jilin	64466893	1708542	59933	60753	39702
黑龙江	Heilongjiang	97768147	8696178	46696	49640	28016
上 海	Shanghai	225561857	9744716	106635	110304	60252
江 苏	Jiangsu	166047648	6716280	72119	74717	38783
浙 江	Zhejiang	114707475	5456102	81540	84404	47589
安 徽	Anhui	97942021	7588259	60338	63128	38421
福 建	Fujian	64322921	4137021	66929	69549	42208
江 西	Jiangxi	61749443	6068844	53548	55419	39857
山 东	Shandong	184027642	6584530	62690	64133	38482
河 南	Henan	117219641	4087752	52290	53463	32100
湖 北	Hubei	112874036	10512858	62259	63016	55147
湖 南	Hunan	81229734	5644351	57513	60754	32537
广 东	Guangdong	234649023	8859889	81970	84198	48190
广 西	Guangxi	61309770	2276509	56665	58570	30202
海 南	Hainan	12619748	432014	46881	47902	28891
重 庆	Chongqing	65086119	3287966	61064	62221	44635
四 川	Sichuan	136946685	5041892	62539	64223	36528
贵 州	Guizhou	55598570	4711926	59058	61066	42549
云 南	Yunnan	51838129	3774282	62102	64484	41201
西 藏	Tibet	3501365	384134	68678	73390	43322
陕 西	Shaanxi	110016382	6609762	59085	61150	37826
甘 肃	Gansu	47267316	3230316	56401	58234	38614
青 海	Qinghai	15381937	357994	63118	64513	32717
宁 夏	Ningxia	17753179	519036	65934	68008	32270
新 疆	Xinjiang	93281240	1276394	56577	57226	30947

五、城镇集体单位就业人员和工资总额

EMPLOYMENT AND TOTAL WAGES IN URBAN COLLECTIVE-OWNED UNITS

5-1 分行业城镇集体单位就业人员和工资总额(2014年) EMPLOYMENT AND TOTAL WAGES IN URBAN COLLECTIVE-OWNED UNITS BY SECTOR (2014)

项目	Item	年末人数(千人) Year-end Figures (1000 persons)	#女性 Female	工资总额(千元) Total Wages (1000 yuan)	平均工资(元) Average Wage (yuan)
全国总计	**National Total**	**5367**	**1731**	**230265842**	**42742**
农、林、牧、渔业	**Agriculture, Forestry, Animal Husbandry and Fishery**	**26**	**9**	**794898**	**30809**
农业	Farming	6	2	171174	30318
林业	Forestry	10	4	276471	27761
畜牧业	Animal Husbandry	1		42948	31441
渔业	Fishery	2		41809	27113
农、林、牧、渔服务业	Service in Support of Agriculture	7	2	262496	36018
采矿业	**Mining**	**133**	**23**	**5554357**	**41092**
煤炭开采和洗选业	Mining and Washing of Coal	72	10	3203561	42858
石油和天然气开采业	Extraction of Petroleum and Natural Gas				
黑色金属矿采选业	Mining and Processing of Ferrous Metal Ores	13	2	494243	37960
有色金属矿采选业	Mining and Processing of Non-Ferrous Metal Ores	20	3	707447	35840
非金属矿采选业	Mining and Processing of Non-metal Ores	22	6	768075	34684
开采辅助活动	Support Activities for Mining	5	2	375781	69692
其他采矿业	Mining of Other Ores				
制造业	**Manufacturing**	**879**	**359**	**34206777**	**38350**
农副食品加工业	Processing of Food from Agricultural Products	33	11	1123680	34360
食品制造业	Manufacture of Foods	7	3	225176	32099
酒、饮料和精制茶制造业	Manufacture of Liquor, Beverages and Refined Tea	6	2	179785	30638
烟草制品业	Manufacture of Tobacco	4	2	275307	62513
纺织业	Manufacture of Textile	24	14	852939	35942
纺织服装、服饰业	Manufacture of Textile, Wearing Apparel and Accessories	33	19	1397487	37679
皮革、毛皮、羽毛及其制品和制鞋业	Manufacture of Leather, Fur, Feather and Related Products and Footwear	29	17	1160783	36304
木材加工和木、竹、藤、棕、草制品业	Processing of Timber, Manufacture of Wood, Bamboo, Rattan, Palm and Straw Products	13	5	371241	28886
家具制造业	Manufacture of Furniture	2	1	74610	32839
造纸及纸制品业	Manufacture of Paper and Paper Products	20	10	673263	32730
印刷和记录媒介复制业	Printing and Reproduction of Recording Media	34	13	1554275	45180
文教、工美、体育和娱乐用品制造业	Manufacture of Articles for Culture, Education, Arts and Crafts, Sport and Entertainment Activities	39	23	1622464	40684
石油加工、炼焦和核燃料加工业	Processing of Petroleum, Coking and Processing of Nuclear Fuel	14	6	405643	28522

5-1 续表 1 continued

项　目	Item	年末人数 (千人) Year-end Figures (1000 persons)	#女 性 Female	工资总额 (千元) Total Wages (1000 yuan)	平均工资 (元) Average Wage (yuan)
化学原料和化学制品制造业	Manufacture of Raw Chemical Materials and Chemical Products	57	23	2407521	42679
医药制造业	Manufacture of Medicines	16	6	642849	39251
化学纤维制造业	Manufacture of Chemical Fibres	1	1	42219	35419
橡胶和塑料制品业	Manufacture of Rubber and Plastics Products	36	17	1236673	34700
非金属矿物制品业	Manufacture of Non-metallic Mineral Products	70	20	2158087	30493
黑色金属冶炼和压延加工业	Smelting and Pressing of Ferrous Metals	50	16	2123358	42343
有色金属冶炼和压延加工业	Smelting and Pressing of Non-ferrous Metals	15	5	525745	36017
金属制品业	Manufacture of Metal Products	57	20	1873206	32782
通用设备制造业	Manufacture of General Purpose Machinery	84	24	3371558	39695
专用设备制造业	Manufacture of Special Purpose Machinery	38	17	1350803	34500
汽车制造业	Manufacture of Automobiles	19	6	732857	38821
铁路、船舶、航空航天和其他运输设备制造业	Manufacture of Railway, Ship, Aerospace and Other Transport Equipments	34	13	1195115	34884
电气机械和器材制造业	Manufacture of Electrical Machinery and Apparatus	65	22	3181412	47208
计算机、通信和其他电子设备制造业	Manufacture of Computers, Communication and Other Electronic Equipment	42	31	2006937	47531
仪器仪表制造业	Manufacture of Measuring Instruments and Machinery	11	6	422721	37166
其他制造业	Other Manufacture	9	3	354451	39357
废弃资源综合利用业	Utilization of Waste Resources	6	3	279411	49279
金属制品、机械和设备修理业	Repair Service of Metal Products, Machinery and Equipment	10	3	385201	39250
电力、热力、燃气及水生产和供应业	**Production and Supply of Electricity, Heat, Gas and Water**	**40**	**12**	**1966898**	**49023**
电力、热力生产和供应业	Production and Supply of Electric Power and Heat Power	21	6	1222263	57370
燃气生产和供应业	Production and Supply of Gas	1		33542	36658
水的生产和供应业	Production and Supply of Water	18	6	711093	39721
建筑业	**Construction**	**1737**	**222**	**64801698**	**36932**
房屋建筑业	Construction of Buildings	1472	176	53447128	36202
土木工程建筑业	Civil Engineering	142	24	5880775	39708
建筑安装业	Building Installation	97	17	4290730	42695
建筑装饰和其他建筑业	Building Decoration and Other Constructions	26	4	1183065	39863
批发和零售业	**Wholesale and Retail Trades**	**350**	**143**	**10166622**	**29069**
批发业	Wholesale Trade	140	50	4412198	31598
零售业	Retail Trade	211	93	5754424	27388

5-1 续表 2 continued

项　目	Item	年末人数（千人）Year-end Figures (1000 persons)	#女 性 Female	工资总额（千元）Total Wages (1000 yuan)	平均工资（元）Average Wage (yuan)
交通运输、仓储和邮政业	**Transport, Storage and Post**	**174**	**43**	**6092787**	**35018**
铁路运输业	Railway Transport	9	4	388705	43509
道路运输业	Road Transport	96	20	3237248	33656
水上运输业	Water Transport	25	7	806243	32091
航空运输业	Air Transport	1		36840	62230
管道运输业	Transport Via Pipelines				
装卸搬运和运输代理业	Loading, Unloading and Forwarding Agency	34	8	1296044	37485
仓储业	Storage	6	2	216086	37731
邮政业	Post	3	1	110525	39221
住宿和餐饮业	**Hotels and Catering Services**	**67**	**37**	**2366341**	**34925**
住宿业	Hotels	49	27	1789116	35749
餐饮业	Catering Services	18	10	577225	32597
信息传输、软件和信息技术服务业	**Information Transmission, Software and Information Technology**	**8**	**3**	**347022**	**42253**
电信、广播电视和卫星传输服务	Telecommunication, Radio and Television and Satellite Transmission Service	5	2	243656	41995
互联网和相关服务	Internet and Related Service				
软件和信息技术服务业	Software and Information Technology	2	1	84797	42697
金融业	**Financial Intermediation**	**470**	**203**	**35986523**	**77236**
货币金融服务	Monetary and Financial Service	459	198	35259938	77377
资本市场服务	Capital Market Service	1		85389	95943
保险业	Insurance	8	4	573157	71484
其他金融业	Other Financial Activities	1	1	68039	50966
房地产业	**Real Estate**	**89**	**32**	**3609226**	**40429**
#房地产开发经营	Development and Management of Real Estate	18	5	879564	48346
物业管理	Property Management	45	17	1716727	37301
房地产中介服务	Agency Services of Real Estate	3	1	96356	34425
租赁和商务服务业	**Leasing and Business Services**	**360**	**96**	**13254301**	**36833**
租赁业	Leasing	6	2	221667	41256
商务服务业	Business Services	354	94	13032634	36766
科学研究和技术服务业	**Scientific Research and Technical Services**	**54**	**17**	**3086162**	**56711**
研究和试验发展	Research and Experimental Development	5	2	393801	72059
专业技术服务业	Professional Technical Services	39	12	2209145	56110

5-1 续表 3 continued

项　目	Item	年末人数（千人）Year-end Figures (1000 persons)	#女性 Female	工资总额（千元）Total Wages (1000 yuan)	平均工资（元）Average Wage (yuan)
科技推广和应用服务业	Science and Technology Popularization and Application Services	10	3	483216	50430
水利、环境和公共设施管理业	Management of Water Conservancy, Environment and Public Facilities	112	49	3485362	31291
水利管理业	Management of Water Conservancy	10	2	413949	40287
生态保护和环境治理业	Ecological Protection and Environmental Treatment	2	1	62125	30290
公共设施管理业	Management of Public Facilities	99	45	3009288	30378
居民服务、修理和其他服务业	**Service to Households, Repair and Other Services**	**57**	**22**	**2133070**	**37642**
居民服务业	Service to Households	22	8	779303	36732
机动车、电子产品和日用产品修理业	Repair of Motor Vehicle, Electronics and Household Products	11	3	335947	32952
其他服务业	Other Services	25	10	1017820	40300
教育	**Education**	**222**	**125**	**11256106**	**51166**
#初等教育	Primary Education	69	41	3619184	53406
中等教育	Secondary Education	70	37	3909116	55865
高等教育	Senior Education	10	6	658889	62401
卫生和社会工作	**Health and Social Service**	**549**	**320**	**29314027**	**54122**
卫生	Health	540	314	28980606	54387
社会工作	Social Service	9	5	333421	37984
文化、体育和娱乐业	**Culture, Sports and Entertainment**	**19**	**9**	**805501**	**41647**
新闻和出版业	Journalism and Publishing Activities	2	1	106071	44123
广播、电视、电影和影视录音制作业	Radio, Television, Motion Picture and Videotape Programme Production Services	4	2	192487	48002
文化艺术业	Cultural and Art Activities	10	5	401363	40801
体育	Sports Activities	1		34941	38652
娱乐业	Entertainment	2	1	70639	32314
公共管理、社会保障和社会组织	**Public Management, Social Security and Social Organization**	**21**	**9**	**1038164**	**48465**
#中国共产党机关	Organs of Communist Party of China				
国家机构	Government Agencies				
人民政协、民主党派	People's Political Consultative Conference and Democratic Parties				
社会保障	Social Security				
群众团体、社会团体和其他成员组织	Non-Governmental Organizations, Social Organizations and Membership Organizations	5	2	214655	41359

5-2 各地区分行业城镇集体单位就业人员和工资总额(2014年) EMPLOYMENT AND TOTAL WAGES IN URBAN COLLECTIVE-OWNED UNITS BY SECTOR AND REGION (2014)

地区	Region	总计 Total 年末人数(人) Year-end Figures (person)	#女性 Female	工资总额(千元) Total Wages (1000 yuan)	平均工资(元) Average Wage (yuan)	农、林、牧、渔业 Agriculture, Forestry, Animal Husbandry and Fishery 年末人数(人) Year-end Figures (person)	#女性 Female	工资总额(千元) Total Wages (1000 yuan)	平均工资(元) Average Wage (yuan)
全国	**National**	**5367103**	**1731164**	**230265842**	**42742**	**25727**	**9403**	**794898**	**30809**
北京	Beijing	188413	75041	8601703	45500	4103	1627	118523	28768
天津	Tianjin	76177	19656	3533369	44946	1		29	29000
河北	Hebei	155849	58789	5912500	36358	753	193	19766	26215
山西	Shanxi	195633	82251	7570184	38841	756	221	25281	33574
内蒙古	Inner Mongolia	62856	27391	3361354	53766	482	87	15060	31245
辽宁	Liaoning	334673	98220	11615106	32889	557	123	16726	29447
吉林	Jilin	66499	27887	2506814	37351	2998	2470	91606	30546
黑龙江	Heilongjiang	147269	49787	6442751	37740	881	306	22813	23913
上海	Shanghai	137260	50020	8428628	60008	332	70	33850	97832
江苏	Jiangsu	394679	152012	20518526	53122	617	185	25057	40480
浙江	Zhejiang	202549	69621	11339065	56684	81	11	3658	45160
安徽	Anhui	156087	54594	6436103	41741	432	157	11327	26220
福建	Fujian	129587	45899	6521821	50679	289	88	9068	31486
江西	Jiangxi	157871	34608	5999663	39893	390	72	11357	30285
山东	Shandong	517040	149899	23277162	45015	755	328	22963	31717
河南	Henan	433514	162153	16155477	37601	4013	1346	116761	29612
湖北	Hubei	148686	49894	5359194	36449	867	245	20891	24096
湖南	Hunan	220682	53867	7995945	36417	779	185	24210	30646
广东	Guangdong	566903	184512	22952427	40509	560	150	20434	35292
广西	Guangxi	150932	38980	5337899	36874	177	28	3739	21124
海南	Hainan	22095	5639	911031	38393	460	184	8961	19480
重庆	Chongqing	90911	24519	3646545	40166	425	110	15599	37229
四川	Sichuan	290424	77878	12381523	43707	2352	499	85018	35979
贵州	Guizhou	60709	16612	3331116	55520	147	11	1684	11456
云南	Yunnan	118598	33613	5626041	48389	1653	494	38128	22763
西藏	Tibet	3433	1313	107886	29574	24	7	781	32542
陕西	Shaanxi	186035	46372	7961907	42932	460	132	17417	37863
甘肃	Gansu	102862	22385	3758809	34257	147	41	5732	39260
青海	Qinghai	12025	4338	499064	40883	69	17	1974	28609
宁夏	Ningxia	7070	1955	387410	44674	89	1	2966	33326
新疆	Xinjiang	29782	11459	1788819	59378	78	15	3519	36278

5-2 续表 1 continued

地区	Region	采矿业 Mining 年末人数(人) Year-end Figures (person)	#女性 Female	工资总额(千元) Total Wages (1000 yuan)	平均工资(元) Average Wage (yuan)	制造业 Manufacturing 年末人数(人) Year-end Figures (person)	#女性 Female	工资总额(千元) Total Wages (1000 yuan)	平均工资(元) Average Wage (yuan)
全 国	**National**	**132681**	**22878**	**5554357**	**41092**	**879182**	**359457**	**34206777**	**38350**
北 京	Beijing	713	83	47989	67024	24043	9431	1030188	40889
天 津	Tianjin	142	6	8520	43692	9797	3799	383808	38628
河 北	Hebei	3591	895	122372	32102	28496	11885	898030	30254
山 西	Shanxi	11090	2224	716340	64969	43660	22100	1372823	31606
内蒙古	Inner Mongolia	1377	120	53216	39390	9916	3934	322954	32396
辽 宁	Liaoning	12796	2150	334477	27191	112169	36558	3190069	28204
吉 林	Jilin	2237	1125	79638	35825	10049	4167	313179	29612
黑龙江	Heilongjiang	7840	2116	360351	46419	48279	18490	1742549	36207
上 海	Shanghai					25977	6377	1274491	45658
江 苏	Jiangsu	921	154	29973	32544	71073	30447	3564933	49712
浙 江	Zhejiang	1028	114	39212	36681	10350	3766	467230	44338
安 徽	Anhui	981	689	44887	45803	9251	3849	371990	40381
福 建	Fujian	4894	323	197114	40718	12284	6118	435884	35606
江 西	Jiangxi	2366	305	79125	33742	11793	3953	398074	34269
山 东	Shandong	6231	1469	279147	45287	90983	27113	4566292	50203
河 南	Henan	20349	5680	692109	33874	74797	30887	2653227	35763
湖 北	Hubei	4741	311	223740	47362	23453	10244	788467	33665
湖 南	Hunan	26182	2743	1192522	40705	32220	9826	1066514	32968
广 东	Guangdong	1291	307	56606	44154	130393	78284	5500929	39938
广 西	Guangxi	492	113	19033	35443	23514	10678	830768	37730
海 南	Hainan	11	1	330	30000	453	219	10584	23625
重 庆	Chongqing	3858	239	140838	37768	9861	2985	372675	37459
四 川	Sichuan	3537	418	113028	32535	12722	4443	486082	38289
贵 州	Guizhou	1724	98	60054	34895	6036	2295	195694	32107
云 南	Yunnan	5207	337	200344	37032	7275	2808	197861	26997
西 藏	Tibet	169	12	3230	19112	1384	809	30397	23098
陕 西	Shaanxi	3273	254	191689	61557	27215	9380	1213117	43582
甘 肃	Gansu	5361	557	253378	47852	7330	2729	325724	41770
青 海	Qinghai	65	18	3096	58415	1158	730	31076	26538
宁 夏	Ningxia					185	61	6621	35032
新 疆	Xinjiang	214	17	11799	55656	3066	1092	164547	51277

5-2 续表 2 continued

地 区	Region	电力、热力、燃气及水生产和供应业 Production and Supply of Electricity, Heat, Gas and Water				建筑业 Construction			
		年末人数（人）Year-end Figures (person)	#女 性 Female	工资总额（千元）Total Wages (1000 yuan)	平均工资（元）Average Wage (yuan)	年末人数（人）Year-end Figures (person)	#女 性 Female	工资总额（千元）Total Wages (1000 yuan)	平均工资（元）Average Wage (yuan)
全 国	**National**	**40227**	**11828**	**1966898**	**49023**	**1737135**	**221736**	**64801698**	**36932**
北 京	Beijing	792	205	26560	34856	19756	3103	1083920	60332
天 津	Tianjin	333	37	13829	47522	29599	3174	1526627	49003
河 北	Hebei	156	36	7221	34061	23672	3017	970178	33631
山 西	Shanxi	361	154	9379	26346	25377	4861	737638	29386
内蒙古	Inner Mongolia	698	264	20945	30488	4448	1502	141292	30736
辽 宁	Liaoning	1585	440	42929	26932	102076	20845	4089680	33816
吉 林	Jilin	532	197	14522	26548	11014	2707	382372	33689
黑龙江	Heilongjiang	888	218	40298	45483	32932	4867	1976382	34562
上 海	Shanghai	1182	338	83980	70100	9252	644	532098	53856
江 苏	Jiangsu	1742	391	98593	56051	89791	6312	3703236	44507
浙 江	Zhejiang	2118	597	137882	65658	75135	7625	3123469	42650
安 徽	Anhui	1049	251	39665	37209	43981	6241	1446739	33951
福 建	Fujian	2592	593	143626	54798	29435	4579	1708461	59348
江 西	Jiangxi	104	33	4000	38462	104060	14144	3731905	38467
山 东	Shandong	998	290	40990	41031	193729	24011	7331212	37755
河 南	Henan	3560	1134	126557	36304	97574	9259	3451790	35854
湖 北	Hubei	1108	376	42607	38524	45668	7929	1404525	31216
湖 南	Hunan	2723	920	102369	37858	90611	10208	2825839	32700
广 东	Guangdong	10880	3137	701936	64790	188674	21971	6187744	34123
广 西	Guangxi	641	187	23640	36880	75849	9684	2270034	31649
海 南	Hainan	9	2	210	23333	12952	1150	537871	36652
重 庆	Chongqing	1118	346	41160	37014	45141	6222	1722619	38140
四 川	Sichuan	3071	1083	129403	42206	143012	16643	5191982	37427
贵 州	Guizhou	405	86	11806	29368	25954	3860	798268	31088
云 南	Yunnan	337	134	9938	30024	54097	7196	1745939	33771
西 藏	Tibet					1661	408	69630	35818
陕 西	Shaanxi	504	114	29047	57067	91169	11057	3506095	38813
甘 肃	Gansu	399	135	11120	27870	59666	6840	2067430	31168
青 海	Qinghai					5177	1103	201481	37499
宁 夏	Ningxia	28	8	522	18643	2597	187	136221	33039
新 疆	Xinjiang	314	122	12164	38863	3076	387	199021	52443

5-2 续表 3 continued

地区 Region	批发和零售业 Wholesale and Retail Trades				交通运输、仓储和邮政业 Transport, Storage and Post			
	年末人数(人) Year-end Figures (person)	#女性 Female	工资总额(千元) Total Wages (1000 yuan)	平均工资(元) Average Wage (yuan)	年末人数(人) Year-end Figures (person)	#女性 Female	工资总额(千元) Total Wages (1000 yuan)	平均工资(元) Average Wage (yuan)
全国 National	**350474**	**142903**	**10166622**	**29069**	**173624**	**42697**	**6092787**	**35018**
北京 Beijing	12149	5448	537367	43361	7513	1473	239577	31611
天津 Tianjin	6250	2417	216847	34624	5615	382	239674	43561
河北 Hebei	19650	7961	418243	21130	5046	1064	133885	27020
山西 Shanxi	30046	10766	625153	21035	3696	1121	82618	22735
内蒙古 Inner Mongolia	3000	912	96600	31881	1066	303	35152	31985
辽宁 Liaoning	11901	5054	318870	26610	14005	2390	540947	39250
吉林 Jilin	2416	809	55716	23138	726	130	15896	21835
黑龙江 Heilongjiang	10150	4356	267120	26941	2008	465	61755	31064
上海 Shanghai	7084	2332	438795	58490	5909	1660	250274	40908
江苏 Jiangsu	14083	5948	454676	32067	19097	4495	862842	45434
浙江 Zhejiang	5214	2425	239699	44862	5087	903	304083	60756
安徽 Anhui	4342	1396	110839	25474	9087	2279	257838	28148
福建 Fujian	10271	3000	274958	26415	3374	842	116169	34605
江西 Jiangxi	3863	1274	109063	28701	4577	882	153978	33495
山东 Shandong	40786	17063	1459294	36108	10962	1918	421580	37685
河南 Henan	60200	26542	1732852	29125	18187	6110	541091	29563
湖北 Hubei	17168	10270	458641	27031	6247	1445	167288	26617
湖南 Hunan	6721	2594	183051	27887	10085	2667	255979	25190
广东 Guangdong	30453	10994	782048	25685	8828	2076	303591	34425
广西 Guangxi	8326	3208	198681	23729	7145	2401	186733	26776
海南 Hainan	1209	364	19138	15869	229	79	8097	32915
重庆 Chongqing	4365	1949	122627	28465	2886	792	117400	40247
四川 Sichuan	8730	3101	253065	28879	11134	2344	366453	32611
贵州 Guizhou	4734	1592	104943	22187	1406	638	66456	46999
云南 Yunnan	7731	3409	172199	22303	1972	445	58279	27898
西藏 Tibet	44	11	1027	23341	14	1	213	15214
陕西 Shaanxi	11177	4533	272645	24369	4989	2300	203498	40106
甘肃 Gansu	4606	1768	119888	25955	1726	467	50345	29017
青海 Qinghai	553	271	16253	27594	307	195	13929	45520
宁夏 Ningxia	228	85	8725	37608				
新疆 Xinjiang	3024	1051	97599	32642	701	430	37167	50636

5-2 续表 4 continued

地区	Region	住宿和餐饮业 Hotels and Catering Services 年末人数(人) Year-end Figures (person)	#女性 Female	工资总额(千元) Total Wages (1000 yuan)	平均工资(元) Average Wage (yuan)	信息传输、软件和信息技术服务业 Information Transmission, Software and Information Technology 年末人数(人) Year-end Figures (person)	#女性 Female	工资总额(千元) Total Wages (1000 yuan)	平均工资(元) Average Wage (yuan)
全　国	**National**	**66960**	**36943**	**2366341**	**34925**	**7841**	**3052**	**347022**	**42253**
北　京	Beijing	10176	5328	436405	42676	459	173	20906	41896
天　津	Tianjin	1223	729	47534	33880	117	62	9606	80050
河　北	Hebei	1562	955	43465	27916	332	132	12649	38564
山　西	Shanxi	2517	1503	57806	22812	187	76	4572	24449
内蒙古	Inner Mongolia	837	490	20272	24483	26	23	554	21308
辽　宁	Liaoning	3230	1442	105040	32260	229	75	7013	30624
吉　林	Jilin	804	408	22092	27040	8	4	319	39875
黑龙江	Heilongjiang	2346	1134	104452	44848	63	25	1964	31175
上　海	Shanghai	3208	1594	131625	39303	18	6	951	52833
江　苏	Jiangsu	2896	1623	104712	36108	833	325	36588	43976
浙　江	Zhejiang	2286	1385	89494	37134	986	471	58447	58978
安　徽	Anhui	919	563	25424	27545	199	53	7676	38573
福　建	Fujian	1214	757	52200	42474	98	40	2950	30412
江　西	Jiangxi	252	148	3813	15131	259	45	9483	37043
山　东	Shandong	7709	3259	312041	40699	194	100	12549	63701
河　南	Henan	6064	3839	187112	30121	1646	793	60111	37243
湖　北	Hubei	1505	947	51874	34083	96	53	2521	26537
湖　南	Hunan	1089	639	27814	24901	79	33	5249	76072
广　东	Guangdong	5845	3187	215241	36482	869	320	40510	46350
广　西	Guangxi	1135	663	34009	29522	28	10	530	20385
海　南	Hainan	126	77	4066	31277	42	10	2117	50405
重　庆	Chongqing	1867	1186	58464	31568	518	70	32000	35874
四　川	Sichuan	1796	1091	54380	31635	298	61	8370	28469
贵　州	Guizhou	679	421	19217	28219	33	19	953	28879
云　南	Yunnan	1996	1232	52461	25754	74	18	2157	29149
西　藏	Tibet	89	65	1990	22360				
陕　西	Shaanxi	1768	1173	38598	21968	56	19	2710	48393
甘　肃	Gansu	692	422	17643	24990	71	25	2090	29437
青　海	Qinghai	434	253	16012	36144				
宁　夏	Ningxia	76	70	1696	22316				
新　疆	Xinjiang	620	360	29389	43156	23	11	1477	64217

5-2 续表 5 continued

地区	Region	金融业 Financial Intermediation				房地产业 Real Estate			
		年末人数(人) Year-end Figures (person)	#女性 Female	工资总额(千元) Total Wages (1000 yuan)	平均工资(元) Average Wage (yuan)	年末人数(人) Year-end Figures (person)	#女性 Female	工资总额(千元) Total Wages (1000 yuan)	平均工资(元) Average Wage (yuan)
全　国	**National**	**469697**	**202922**	**35986523**	**77236**	**89229**	**32058**	**3609226**	**40429**
北　京	Beijing	112	41	4562	40018	17605	6468	740765	42688
天　津	Tianjin	27	9	1022	44435	829	249	53820	56004
河　北	Hebei	24919	10253	1853554	74306	889	486	30808	34772
山　西	Shanxi	39514	19682	2796985	71015	1483	531	27162	18889
内蒙古	Inner Mongolia	23080	11682	1934628	84445	73	42	1342	18384
辽　宁	Liaoning	23256	9389	1245233	54394	2047	708	71563	34841
吉　林	Jilin	15582	7033	938146	60354	164	65	4547	27726
黑龙江	Heilongjiang	19384	7195	1014633	52725	929	332	24388	25945
上　海	Shanghai	90	43	11315	124341	8030	2715	323915	39353
江　苏	Jiangsu	21745	8651	2120716	98145	4869	1755	229709	47470
浙　江	Zhejiang	6017	2986	732486	122983	2802	898	152976	55186
安　徽	Anhui	17797	6829	1503999	85518	1482	612	42008	28307
福　建	Fujian	10487	4514	1121082	106760	2097	782	89876	42394
江　西	Jiangxi	16601	7528	1028394	62551	830	264	31410	37348
山　东	Shandong	34879	14652	2727082	78606	11345	3752	526271	46347
河　南	Henan	32005	14322	1921264	60218	3757	1904	120382	32633
湖　北	Hubei	12632	5450	795348	63450	1181	487	41410	35034
湖　南	Hunan	10299	4756	674950	65447	897	310	26429	29268
广　东	Guangdong	40857	16421	2673841	65826	17923	6008	713345	39599
广　西	Guangxi	14264	5518	1156613	83054	2814	777	72962	26312
海　南	Hainan	636	293	51294	87532	673	254	15294	22230
重　庆	Chongqing	11	4	334	30364	1419	687	89684	65320
四　川	Sichuan	25877	11547	2148538	83950	581	183	23449	41067
贵　州	Guizhou	12665	5580	1838702	148654	1089	421	33755	31197
云　南	Yunnan	19807	7713	2411950	123153	649	234	16849	26082
西　藏	Tibet								
陕　西	Shaanxi	18302	8108	1465945	80542	1195	478	47846	38307
甘　肃	Gansu	14425	6185	643077	45354	464	177	14177	29846
青　海	Qinghai	2473	1210	155234	64627	24	6	571	28550
宁　夏	Ningxia	1897	677	145463	76761	406	154	18842	46068
新　疆	Xinjiang	10057	4651	870133	88115	683	299	23671	34356

5-2 续表 6 continued

地区	Region	租赁和商务服务业 Leasing and Business Services 年末人数(人) Year-end Figures (person)	#女性 Female	工资总额(千元) Total Wages (1000 yuan)	平均工资(元) Average Wage (yuan)	科学研究和技术服务业 Scientific Research and Technical Services 年末人数(人) Year-end Figures (person)	#女性 Female	工资总额(千元) Total Wages (1000 yuan)	平均工资(元) Average Wage (yuan)
全国	**National**	**359985**	**95660**	**13254301**	**36833**	**54238**	**16606**	**3086162**	**56711**
北京	Beijing	45864	18502	1537343	32549	7979	3102	579403	73361
天津	Tianjin	7176	2044	266413	37297	1536	578	54790	37527
河北	Hebei	11466	3394	300235	26219	1025	268	31832	31269
山西	Shanxi	4970	1927	161831	29323	813	319	20342	25021
内蒙古	Inner Mongolia	1842	449	68870	37716	868	146	27681	31781
辽宁	Liaoning	20276	4784	571362	28334	4790	1407	287208	59860
吉林	Jilin	1621	581	49287	31273	476	109	27825	57136
黑龙江	Heilongjiang	5160	2256	185015	37392	1319	319	57376	42978
上海	Shanghai	28723	7326	1918928	68636	1572	423	152633	91671
江苏	Jiangsu	30168	10558	1329072	44097	4020	1376	277232	68267
浙江	Zhejiang	20478	3906	871819	42818	2411	711	197941	81057
安徽	Anhui	6752	2075	230319	34126	1021	306	56467	55523
福建	Fujian	12965	1488	436183	33274	1342	427	89495	67954
江西	Jiangxi	2955	439	94662	31449	67	19	8367	124881
山东	Shandong	18064	6748	617031	34032	3617	1149	202233	53388
河南	Henan	11178	3124	285720	25734	3716	1466	142005	38432
湖北	Hubei	3909	1043	156950	40069	1584	400	53075	33592
湖南	Hunan	5871	1400	190374	31931	1020	233	38646	38037
广东	Guangdong	68296	13677	2426572	35299	6072	1383	343341	56258
广西	Guangxi	10658	2796	331913	31464	1145	342	45703	40161
海南	Hainan	189	63	5102	31888	710	276	38733	55412
重庆	Chongqing	1198	245	39568	37153	694	190	31146	45402
四川	Sichuan	12531	1555	354846	29131	1585	327	79569	51071
贵州	Guizhou	3405	498	104383	32237	293	70	12633	43562
云南	Yunnan	2469	569	67054	27258	1350	454	42743	31945
西藏	Tibet	4		137	34250				
陕西	Shaanxi	10562	1006	306315	29957	2460	632	143491	56559
甘肃	Gansu	4345	1300	100523	23003	309	77	17649	57117
青海	Qinghai	915	149	28015	29489	167	33	7824	47418
宁夏	Ningxia	261	145	7264	27831				
新疆	Xinjiang	5714	1613	211195	39513	277	64	18779	70071

5-2 续表 7 continued

地 区	Region	水利、环境和公共设施管理业 Management of Water Conservancy, Environment and Public Facilities 年末人数(人) Year-end Figures (person)	#女性 Female	工资总额(千元) Total Wages (1000 yuan)	平均工资(元) Average Wage (yuan)	居民服务、修理和其他服务业 Service to Households, Repair and Other Services 年末人数(人) Year-end Figures (person)	#女性 Female	工资总额(千元) Total Wages (1000 yuan)	平均工资(元) Average Wage (yuan)
全 国	**National**	**111641**	**48507**	**3485362**	**31291**	**56756**	**22129**	**2133070**	**37642**
北 京	Beijing	2615	1032	82752	31298	7073	2770	223898	30947
天 津	Tianjin	756	236	25009	31899	8434	3396	428768	47143
河 北	Hebei	2250	982	39749	18068	946	392	22562	23951
山 西	Shanxi	5883	2110	114927	19662	1525	736	29283	19114
内蒙古	Inner Mongolia	2549	1309	48870	19493	2628	989	84965	35941
辽 宁	Liaoning	3129	1106	79282	25370	2396	900	65062	27132
吉 林	Jilin	8860	3482	206963	23808	1571	388	38861	24426
黑龙江	Heilongjiang	3851	1509	93265	24479	2552	1303	120352	49224
上 海	Shanghai	5340	1545	222952	41158	5103	2462	235999	47418
江 苏	Jiangsu	25527	13288	886577	34982	4625	1881	161982	38393
浙 江	Zhejiang	8692	3573	354799	41658	1817	564	84935	46848
安 徽	Anhui	1720	585	48830	26267	835	251	33991	40369
福 建	Fujian	1520	559	60229	39913	346	139	10650	30516
江 西	Jiangxi	3237	1872	72680	22769	357	168	9421	26242
山 东	Shandong	5764	2828	201383	32320	3375	535	148227	42314
河 南	Henan	2103	622	85679	41113	2347	1041	70397	29517
湖 北	Hubei	7147	3010	208282	29402	791	354	29591	37744
湖 南	Hunan	1530	526	48725	31867	928	168	44376	47512
广 东	Guangdong	9143	3645	339026	37280	2177	898	74335	35014
广 西	Guangxi	1006	522	24664	24493	1446	625	52346	35417
海 南	Hainan	278	135	7340	27491	44	21	1577	38463
重 庆	Chongqing	3186	1837	95173	30810	783	277	29718	39677
四 川	Sichuan	3843	1402	95177	24753	1787	765	32713	18597
贵 州	Guizhou	197	20	4111	20868	290	67	9862	34848
云 南	Yunnan	826	552	15685	18966	715	358	17732	25010
西 藏	Tibet					20		242	12100
陕 西	Shaanxi	512	180	16663	32931	1188	410	42414	38983
甘 肃	Gansu					251	68	8591	34502
青 海	Qinghai	89	27	3902	41957	100	34	3223	36625
宁 夏	Ningxia	88	13	2668	30318	44	12	3475	78977
新 疆	Xinjiang					262	157	13522	50268

5-2 续表 8 continued

地 区	Region	教育 Education 年末人数(人) Year-end Figures (person)	#女性 Female	工资总额(千元) Total Wages (1000 yuan)	平均工资(元) Average Wage (yuan)	卫生和社会工作 Health and Social Service 年末人数(人) Year-end Figures (person)	#女性 Female	工资总额(千元) Total Wages (1000 yuan)	平均工资(元) Average Wage (yuan)
全 国	**National**	**221752**	**124582**	**11256106**	**51166**	**549307**	**319765**	**29314027**	**54122**
北 京	Beijing	12046	6227	791689	65744	13177	8996	1001078	78405
天 津	Tianjin	585	405	21509	34748	3434	2015	221559	66415
河 北	Hebei	1706	1068	58720	34766	27387	15032	895757	32513
山 西	Shanxi	3920	1929	136743	35180	18304	11245	618991	33982
内蒙古	Inner Mongolia	344	205	18439	56046	9593	4923	468973	49159
辽 宁	Liaoning	3323	1851	114944	36948	15288	8132	484817	31835
吉 林	Jilin	98	64	4656	47030	7034	4061	247308	35370
黑龙江	Heilongjiang	2498	1434	123052	45846	5246	3036	207668	40067
上 海	Shanghai	3776	2569	263961	69118	21747	15080	1910219	87193
江 苏	Jiangsu	20924	15776	1441663	70099	78345	47391	5002552	64989
浙 江	Zhejiang	21413	15648	1461539	68588	35622	23612	2958752	84341
安 徽	Anhui	2695	1237	116961	44985	51033	26042	2009842	39700
福 建	Fujian	3263	2061	157521	48290	32903	19496	1604184	49452
江 西	Jiangxi	396	150	16250	41244	5694	3279	235792	41674
山 东	Shandong	31382	15264	1642566	52461	53509	28427	2643548	50040
河 南	Henan	62821	36427	2627771	42407	23852	15498	1139133	48274
湖 北	Hubei	3642	1814	143353	39987	15897	5051	734498	47891
湖 南	Hunan	7022	3565	305335	43657	21978	12826	959668	44042
广 东	Guangdong	19577	5437	764916	39386	23795	16097	1749509	74711
广 西	Guangxi	1321	760	49632	38061	876	640	34529	39918
海 南	Hainan	465	255	28146	58760	3382	2138	162144	48100
重 庆	Chongqing	985	543	49618	51418	12454	6759	681353	55108
四 川	Sichuan	5759	2822	327660	56698	51142	29140	2606808	53185
贵 州	Guizhou	694	396	35216	50964	854	486	28148	33351
云 南	Yunnan	8350	5022	422490	50652	3806	2548	147116	39633
西 藏	Tibet								
陕 西	Shaanxi	2003	1248	97917	48836	8521	5053	343857	39803
甘 肃	Gansu	282	131	8709	31104	2327	1289	98258	42721
青 海	Qinghai					226	160	9202	41827
宁 夏	Ningxia	362	212	21822	60449	317	190	17806	56348
新 疆	Xinjiang	100	62	3308	33080	1564	1123	90958	59959

5-2 续表 9 continued

地 区	Region	文化、体育和娱乐业 Culture, Sports and Entertainment 年末人数(人) Year-end Figures (person)	#女性 Female	工资总额(千元) Total Wages (1000 yuan)	平均工资(元) Average Wage (yuan)	公共管理、社会保障和社会组织 Public Management, Social Security and Social Organization 年末人数(人) Year-end Figures (person)	#女性 Female	工资总额(千元) Total Wages (1000 yuan)	平均工资(元) Average Wage (yuan)
全 国	**National**	**19287**	**8901**	**805501**	**41647**	**21360**	**9137**	**1038164**	**48465**
北 京	Beijing	1243	675	56534	42926	995	357	42244	42671
天 津	Tianjin	323	118	14005	42829				
河 北	Hebei	1046	531	25944	24545	957	245	27530	29381
山 西	Shanxi	1501	708	30916	20791	30	18	1194	39800
内蒙古	Inner Mongolia	29	11	1541	53138				
辽 宁	Liaoning	607	205	19474	31925	1013	661	30410	30020
吉 林	Jilin	94	34	2885	30052	215	53	10996	50673
黑龙江	Heilongjiang	665	372	31408	48922	278	54	7910	29081
上 海	Shanghai	1418	680	101298	70689	8499	4156	541344	62699
江 苏	Jiangsu	2995	1221	161785	54236	408	235	26628	66570
浙 江	Zhejiang	474	269	29762	60863	538	157	30882	58489
安 徽	Anhui	661	281	22685	34423	1850	898	54616	29763
福 建	Fujian	211	92	12023	57526	2	1	148	74000
江 西	Jiangxi					70	33	1889	26986
山 东	Shandong	874	358	37920	43091	1884	635	84833	45004
河 南	Henan	1981	1064	61843	32060	3364	1095	139673	41656
湖 北	Hubei	674	230	28908	43018	376	235	7225	19267
湖 南	Hunan	468	236	18396	38485	180	32	5499	30550
广 东	Guangdong	1203	489	55840	46964	67	31	2663	39746
广 西	Guangxi	11	6	202	16833	84	22	2168	25810
海 南	Hainan	198	112	8771	48192	29	6	1256	43310
重 庆	Chongqing	140	77	6491	46698	2	1	78	39000
四 川	Sichuan	662	449	24791	38258	5	5	191	38200
贵 州	Guizhou					104	54	5231	50298
云 南	Yunnan	97	17	3127	32237	187	73	3989	21446
西 藏	Tibet	24		239	9958				
陕 西	Shaanxi	517	225	16107	31215	164	70	6536	39854
甘 肃	Gansu	455	174	14231	31277	6		244	40667
青 海	Qinghai	268	132	7272	27442				
宁 夏	Ningxia	444	134	10924	21294	48	6	2395	49896
新 疆	Xinjiang	4	1	179	44750	5	4	392	78400

5-3 各地区分行业城镇集体单位在岗职工人数和平均工资(2014年)

ON-POST STAFF AND WORKERS AND AVERAGE WAGE IN URBAN COLLECTIVE-OWNED UNITS BY SECTOR AND REGION(2014)

地区 Region	总计 Total		农、林、牧、渔业 Agriculture, Forestry, Animal Husbandry and Fishery		采矿业 Mining		制造业 Manufacturing	
	年末人数(人) Year-end Figures (person)	平均工资(元) Average Wage (yuan)	年末人数(人) Year-end Figures (person)	平均工资(元) Average Wage (yuan)	年末人数(人) Year-end Figures (person)	平均工资(元) Average Wage (yuan)	年末人数(人) Year-end Figures (person)	平均工资(元) Average Wage (yuan)
全国 National	**4941819**	**43631**	**24861**	**31301**	**129342**	**41218**	**849118**	**38581**
北京 Beijing	177558	45772	4003	28906	713	67024	22424	38662
天津 Tianjin	69538	45052	1	29000	127	44888	9050	39842
河北 Hebei	147477	37474	707	27254	3589	32105	27826	30300
山西 Shanxi	186125	39887	756	33574	10959	65619	42702	31632
内蒙古 Inner Mongolia	59496	55159	451	33149	1221	40127	8953	31949
辽宁 Liaoning	314607	33418	554	29508	12581	27459	108214	28475
吉林 Jilin	60701	38540	2998	30546	1507	37828	9794	29123
黑龙江 Heilongjiang	135444	39058	853	23764	7255	47006	46030	36837
上海 Shanghai	124523	62345	330	98154			24440	45804
江苏 Jiangsu	353412	54993	611	40387	801	35533	70073	49998
浙江 Zhejiang	191981	57484	74	48338	1026	36043	10131	44513
安徽 Anhui	148052	42614	296	27818	967	45759	8854	41065
福建 Fujian	110276	50573	282	31584	4747	40772	11908	36015
江西 Jiangxi	123865	41022	375	30731	2363	33744	10359	35996
山东 Shandong	483401	45793	754	31761	6145	45444	90329	50247
河南 Henan	402233	38288	4013	29612	20330	33882	72642	36175
湖北 Hubei	135712	37599	817	24412	4661	47840	22708	34159
湖南 Hunan	195295	37487	770	30778	25904	40618	31167	33045
广东 Guangdong	542715	40850	538	36493	1278	43149	127904	39722
广西 Guangxi	124177	38360	169	21604	447	37358	19737	39371
海南 Hainan	20685	38435	460	19480	11	30000	445	23586
重庆 Chongqing	84261	40514	425	37229	3858	37768	9539	37483
四川 Sichuan	269160	44227	2348	35997	3249	32397	12250	38834
贵州 Guizhou	52683	59458	121	12149	1709	34932	5763	32965
云南 Yunnan	107751	49953	1318	24857	5034	36372	6776	27268
西藏 Tibet	2973	28066	24	32542	169	19112	1295	23534
陕西 Shaanxi	174812	43562	460	37863	3152	62743	26305	44230
甘肃 Gansu	96127	34978	144	39359	5261	46682	7146	42119
青海 Qinghai	11590	41160	69	28609	65	58415	1158	26538
宁夏 Ningxia	6303	48419	62	41694			180	35326
新疆 Xinjiang	28886	60394	78	40646	213	55692	3016	51740

5-3 续表 1 continued

地 区	Region	电力、热力、燃气及水生产和供应业 Production and Supply of Electricity, Heat, Gas and Water		建筑业 Construction		批发和零售业 Wholesale and Retail Trades		交通运输、仓储和邮政业 Transport, Storage and Post	
		年末人数（人） Year-end Figures (person)	平均工资（元） Average Wage (yuan)	年末人数（人） Year-end Figures (person)	平均工资（元） Average Wage (yuan)	年末人数（人） Year-end Figures (person)	平均工资（元） Average Wage (yuan)	年末人数（人） Year-end Figures (person)	平均工资（元） Average Wage (yuan)
全 国	**National**	**38553**	**49985**	**1506898**	**37161**	**325771**	**29680**	**158979**	**35704**
北 京	Beijing	696	34719	19037	60562	11048	44355	6860	32112
天 津	Tianjin	214	55803	26101	48001	6086	34895	5346	43961
河 北	Hebei	154	39865	21412	35123	18518	21554	4425	28197
山 西	Shanxi	359	26387	21700	30781	29105	21343	3585	22924
内蒙古	Inner Mongolia	698	30488	3768	30095	2438	32182	908	33275
辽 宁	Liaoning	1575	27039	91973	34884	10570	26583	13468	40028
吉 林	Jilin	532	26548	10124	33826	2275	23397	590	24701
黑龙江	Heilongjiang	798	47379	27537	36299	9454	28016	1834	30893
上 海	Shanghai	915	77820	9152	54232	5726	63459	4049	46307
江 苏	Jiangsu	1713	56336	71397	45732	13429	32803	17877	45526
浙 江	Zhejiang	2060	66484	74212	42656	4534	49011	4949	61568
安 徽	Anhui	1049	37209	42818	34061	4196	25781	8540	28626
福 建	Fujian	2527	55499	16694	55579	9588	27155	2871	35434
江 西	Jiangxi	104	38462	74765	38694	3700	29646	4040	35530
山 东	Shandong	986	41226	172125	38137	39347	36391	9093	37978
河 南	Henan	3335	37597	77140	36549	57753	29461	17021	30766
湖 北	Hubei	1103	38621	41487	31144	14978	28740	5863	26406
湖 南	Hunan	2571	37529	71176	33777	6303	28916	8370	26535
广 东	Guangdong	10445	66794	175544	34304	29330	25821	8437	34769
广 西	Guangxi	606	38221	56125	31621	7505	24274	6575	27308
海 南	Hainan	9	23333	11865	36161	1103	16685	221	35080
重 庆	Chongqing	1104	37168	40505	38313	4258	28872	2718	39893
四 川	Sichuan	3054	42339	131214	37061	6958	31002	10862	32474
贵 州	Guizhou	403	29425	19827	31415	3671	25559	1371	47487
云 南	Yunnan	298	31904	46800	33543	7270	22567	1906	28208
西 藏	Tibet			1290	34664	44	23341	14	15214
陕 西	Shaanxi	504	58624	85286	38874	9199	24268	4635	38260
甘 肃	Gansu	399	27870	55555	31615	4042	26573	1632	29994
青 海	Qinghai			4868	37974	552	27622	221	46200
宁 夏	Ningxia	28	18643	2416	34296	164	46982		
新 疆	Xinjiang	314	38863	2985	51842	2627	35134	698	50756

5-3 续表 2 continued

地 区	Region	住宿和餐饮业 Hotels and Catering Services		信息传输、软件和信息技术服务业 Information Transmission, Software and Information Technology		金融业 Financial Intermediation		房地产业 Real Estate	
		年末人数（人） Year-end Figures (person)	平均工资（元） Average Wage (yuan)	年末人数（人） Year-end Figures (person)	平均工资（元） Average Wage (yuan)	年末人数（人） Year-end Figures (person)	平均工资（元） Average Wage (yuan)	年末人数（人） Year-end Figures (person)	平均工资（元） Average Wage (yuan)
全 国	**National**	**64362**	**35237**	**7582**	**42781**	**455754**	**78655**	**81816**	**41572**
北 京	Beijing	9626	43209	368	44270	107	40727	16603	42997
天 津	Tianjin	1083	34881	112	82661	27	44435	819	56221
河 北	Hebei	1515	28187	332	38564	24628	74852	746	38807
山 西	Shanxi	2480	23063	184	24283	37348	73696	1182	20750
内蒙古	Inner Mongolia	835	24512	26	21308	22862	85026	73	18384
辽 宁	Liaoning	3102	32691	228	30671	22765	54804	1965	35465
吉 林	Jilin	804	27040	8	39875	15122	61676	164	27726
黑龙江	Heilongjiang	2342	44873	63	31175	18819	53715	641	29161
上 海	Shanghai	2881	37894	6	33167	68	115116	6435	41201
江 苏	Jiangsu	2850	36301	831	44019	21364	99300	4698	48793
浙 江	Zhejiang	2252	37394	936	61551	5983	123428	2301	59731
安 徽	Anhui	855	28186	188	39266	16809	88576	1398	28849
福 建	Fujian	1165	42661	86	32376	10148	109625	1787	45684
江 西	Jiangxi	184	19995	250	37308	15740	64304	802	37476
山 东	Shandong	7619	40862	193	63883	32602	81968	11153	46718
河 南	Henan	5894	30814	1624	37383	31558	60602	3274	34992
湖 北	Hubei	1400	35085	96	26537	12365	64143	1048	36523
湖 南	Hunan	1081	24924	61	98500	10027	66412	793	31445
广 东	Guangdong	5747	36684	853	46295	40560	66155	16856	39827
广 西	Guangxi	1111	29610	28	20385	14042	83964	2304	26977
海 南	Hainan	126	31277	42	50405	636	87532	631	22443
重 庆	Chongqing	1666	32493	518	35874	11	30364	1401	65916
四 川	Sichuan	1703	31894	292	29484	24990	85373	557	41354
贵 州	Guizhou	678	28249	33	28879	12363	151474	1051	31058
云 南	Yunnan	1789	26356	74	29149	19226	125702	620	26374
西 藏	Tibet	89	22360						
陕 西	Shaanxi	1689	21647	56	48393	17514	82305	1146	39581
甘 肃	Gansu	683	25055	71	29437	13855	45887	370	33305
青 海	Qinghai	428	36322			2472	64648	17	30846
宁 夏	Ningxia	76	22316			1800	80592	402	46207
新 疆	Xinjiang	609	43521	23	64217	9943	88658	579	36976

5-3 续表 3 continued

地区	Region	租赁和商务服务业 Leasing and Business Services		科学研究和技术服务业 Scientific Research and Technical Services		水利、环境和公共设施管理业 Management of Water Conservancy,Environment and Public Facilities		居民服务、修理和其他服务业 Service to Households, Repair and Other Services	
		年末人数（人） Year-end Figures (person)	平均工资（元） Average Wage (yuan)	年末人数（人） Year-end Figures (person)	平均工资（元） Average Wage (yuan)	年末人数（人） Year-end Figures (person)	平均工资（元） Average Wage (yuan)	年末人数（人） Year-end Figures (person)	平均工资（元） Average Wage (yuan)
全　国	**National**	**343315**	**37359**	**49665**	**58546**	**92144**	**33406**	**53480**	**38349**
北　京	Beijing	44341	32818	7284	76650	2593	31314	6815	31012
天　津	Tianjin	6807	37863	1461	37616	167	47754	8383	47288
河　北	Hebei	11306	26298	968	32612	1894	19192	946	23951
山　西	Shanxi	4801	32664	732	26255	5851	19711	1408	19794
内蒙古	Inner Mongolia	1842	37716	834	32373	2467	19558	2312	38482
辽　宁	Liaoning	20146	28329	3771	61908	2636	27727	2005	27571
吉　林	Jilin	1417	32222	423	60449	6310	25009	1565	24432
黑龙江	Heilongjiang	4965	38195	1076	50220	3350	26525	2531	49509
上　海	Shanghai	26996	70820	1462	94410	4917	42497	4870	48039
江　苏	Jiangsu	29190	44298	3890	69255	19650	39158	4201	39144
浙　江	Zhejiang	17764	43440	2228	83802	7961	42227	1685	46402
安　徽	Anhui	6373	34000	994	56751	1110	31369	798	40856
福　建	Fujian	12855	33412	1304	69212	1300	42108	321	31633
江　西	Jiangxi	2751	30950	53	133868	2226	26131	336	26473
山　东	Shandong	17588	33917	3556	53918	5487	32774	3313	42281
河　南	Henan	9203	27343	3643	38352	1931	41185	1836	31442
湖　北	Hubei	3754	40571	1439	34530	4161	35295	628	43313
湖　南	Hunan	5696	32338	888	39099	1511	32000	910	47866
广　东	Guangdong	65053	36060	5691	57213	8911	37645	2124	34947
广　西	Guangxi	10593	31556	982	41757	402	39369	1373	36577
海　南	Hainan	186	32414	698	54937	278	27491	44	38463
重　庆	Chongqing	1167	37044	681	45991	3130	30950	691	39738
四　川	Sichuan	11956	29505	1412	53913	2282	23254	1764	18679
贵　州	Guizhou	3297	33211	292	43630	187	21342	287	35391
云　南	Yunnan	2414	27306	1024	36029	743	18380	589	25667
西　藏	Tibet	4	34250					20	12100
陕　西	Shaanxi	10415	30188	2234	59015	512	32931	1069	41265
甘　肃	Gansu	3553	25671	300	57617			251	34502
青　海	Qinghai	915	29489	145	47912	89	41957	100	36625
宁　夏	Ningxia	261	27831			88	30318	44	78977
新　疆	Xinjiang	5706	39554	200	89634			261	50317

5-3 续表 4 continued

地 区	Region	教 育 Education 年末人数(人) Year-end Figures (person)	平均工资(元) Average Wage (yuan)	卫生和社会工作 Health and Social Service 年末人数(人) Year-end Figures (person)	平均工资(元) Average Wage (yuan)	文化、体育和娱乐业 Culture, Sports and Entertainment 年末人数(人) Year-end Figures (person)	平均工资(元) Average Wage (yuan)	公共管理、社会保障和社会组织 Public Management, Social Security and Social Organization 年末人数(人) Year-end Figures (person)	平均工资(元) Average Wage (yuan)
全 国	**National**	**210972**	**52204**	**511814**	**55419**	**17937**	**42830**	**19456**	**50670**
北 京	Beijing	10890	70297	12311	79633	1022	44474	817	42539
天 津	Tianjin	484	38095	2986	69216	284	45680		
河 北	Hebei	1682	35004	24895	33855	1046	24977	888	30064
山 西	Shanxi	3774	35930	17709	34597	1463	20876	27	40556
内蒙古	Inner Mongolia	315	56048	9464	49510	29	53138		
辽 宁	Liaoning	3132	37918	14324	32020	597	31812	1001	30200
吉 林	Jilin	98	47030	6669	36269	90	28663	211	51347
黑龙江	Heilongjiang	1886	49195	5068	40439	665	48922	277	29173
上 海	Shanghai	3214	74295	20060	90792	1342	71751	7660	66235
江 苏	Jiangsu	18148	75814	69455	67628	2881	54684	353	71773
浙 江	Zhejiang	19559	71208	33352	86014	451	62123	523	58945
安 徽	Anhui	2563	44660	48105	40591	573	35648	1566	32650
福 建	Fujian	3066	49019	29429	52395	196	59929	2	74000
江 西	Jiangxi	396	41244	5351	42578			70	26986
山 东	Shandong	30741	52998	49701	51336	817	43965	1852	45230
河 南	Henan	62381	42560	23350	48710	1947	32225	3358	41659
湖 北	Hubei	3389	41120	15072	48993	661	43446	82	24141
湖 南	Hunan	6610	45064	20879	44758	445	39791	133	37105
广 东	Guangdong	18886	39640	23366	74453	1134	47466	58	44638
广 西	Guangxi	1262	38912	821	40856	11	16833	84	25810
海 南	Hainan	465	58760	3239	48963	198	48192	28	44214
重 庆	Chongqing	932	53096	11515	56670	140	46698	2	39000
四 川	Sichuan	5741	56818	47940	54133	583	40501	5	38200
贵 州	Guizhou	692	51291	834	33577			104	50298
云 南	Yunnan	7955	52663	3692	39816	87	33920	136	24162
西 藏	Tibet					24	9958		
陕 西	Shaanxi	1987	49058	8017	41305	468	32565	164	39854
甘 肃	Gansu	264	32811	2140	44312	455	31277	6	40667
青 海	Qinghai			224	41789	267	27523		
宁 夏	Ningxia	362	60449	317	56348	57	49214	46	50674
新 疆	Xinjiang	98	32939	1529	60701	4	44750	3	117667

5-4 各地区分行业城镇集体单位其他就业人员和平均工资(2014年)

OTHER EMPLOYMENT AND AVERAGE WAGE IN URBAN COLLECTIVE-OWNED UNITS BY SECTOR AND REGION(2014)

地 区	Region	总 计 Total		农、林、牧、渔业 Agriculture, Forestry, Animal Husbandry and Fishery		采矿业 Mining		制造业 Manufacturing	
		年末人数 (人) Year-end Figures (person)	平均工资 (元) Average Wage (yuan)	年末人数 (人) Year-end Figures (person)	平均工资 (元) Average Wage (yuan)	年末人数 (人) Year-end Figures (person)	平均工资 (元) Average Wage (yuan)	年末人数 (人) Year-end Figures (person)	平均工资 (元) Average Wage (yuan)
全 国	**National**	**425284**	**32589**	**866**	**17117**	**3339**	**36318**	**30064**	**31858**
北 京	Beijing	10855	41088	100	22796			1619	72579
天 津	Tianjin	6639	43880			15	31176	747	24315
河 北	Hebei	8372	23418	46	10217	2	19000	670	28218
山 西	Shanxi	9508	19629			131	8256	958	30459
内蒙古	Inner Mongolia	3360	30629	31	3548	156	33744	963	36442
辽 宁	Liaoning	20066	24712	3	18000	215	15314	3955	20950
吉 林	Jilin	5798	24633			730	31735	255	50610
黑龙江	Heilongjiang	11825	24380	28	29037	585	39407	2249	23664
上 海	Shanghai	12737	37223	2	42500			1537	43244
江 苏	Jiangsu	41267	36655	6	50000	120	13331	1000	31085
浙 江	Zhejiang	10568	42740	7	11571	2	172400	219	36766
安 徽	Anhui	8035	26562	136	22704	14	48857	397	26270
福 建	Fujian	19311	51210	7	27571	147	38854	376	23292
江 西	Jiangxi	34006	35473	15	19600	3	32000	1434	22019
山 东	Shandong	33639	34046	1		86	33494	654	44170
河 南	Henan	31281	29004			19	24778	2155	22294
湖 北	Hubei	12974	24363	50	18920	80	18936	745	18051
湖 南	Hunan	25387	28079	9	19111	278	47682	1053	30694
广 东	Guangdong	24188	32811	22	10741	13	118941	2489	50571
广 西	Guangxi	26755	29961	8	11000	45	15000	3777	29802
海 南	Hainan	1410	37736					8	25750
重 庆	Chongqing	6650	35710					322	36743
四 川	Sichuan	21264	36897	4	21667	288	34335	472	24056
贵 州	Guizhou	8026	26331	26	8231	15	30667	273	16268
云 南	Yunnan	10847	31079	335	14949	173	56537	499	23387
西 藏	Tibet	460	35825					89	15987
陕 西	Shaanxi	11223	33761			121	32475	910	21080
甘 肃	Gansu	6735	26430	3	25000	100	92243	184	30650
青 海	Qinghai	435	31843						
宁 夏	Ningxia	767	21534	27	14111			5	24200
新 疆	Xinjiang	896	28186		17111	1	48000	50	25179

5-4 续表 1 continued

地 区	Region	电力、热力、燃气及水生产和供应业 Production and Supply of Electricity, Heat, Gas and Water		建筑业 Construction		批发和零售业 Wholesale and Retail Trades		交通运输、仓储和邮政业 Transport, Storage and Post	
		年末人数(人) Year-end Figures (person)	平均工资(元) Average Wage (yuan)	年末人数(人) Year-end Figures (person)	平均工资(元) Average Wage (yuan)	年末人数(人) Year-end Figures (person)	平均工资(元) Average Wage (yuan)	年末人数(人) Year-end Figures (person)	平均工资(元) Average Wage (yuan)
全 国	**National**	**1674**	**27777**	**230237**	**35458**	**24703**	**21087**	**14645**	**27622**
北 京	Beijing	96	35839	719	54634	1101	33319	653	26543
天 津	Tianjin	119	24910	3498	55995	164	25282	269	35901
河 北	Hebei	2	14755	2260	27770	1132	14176	621	18779
山 西	Shanxi	2	19000	3677	21609	941	11389	111	16730
内蒙古	Inner Mongolia			680	33647	562	30595	158	24304
辽 宁	Liaoning	10	10000	10103	23499	1331	26834	537	20104
吉 林	Jilin			890	31964	141	19156	136	9360
黑龙江	Heilongjiang	90	28711	5395	24813	696	13847	174	32866
上 海	Shanghai	267	44554	100	34263	1358	37629	1860	28286
江 苏	Jiangsu	29	40656	18394	39704	654	17108	1220	44124
浙 江	Zhejiang	58	36586	923	42218	680	17071	138	31912
安 徽	Anhui			1163	30801	146	16441	547	20650
福 建	Fujian	65	26813	12741	62763	683	16079	503	29706
江 西	Jiangxi			29295	37842	163	7620	537	17881
山 东	Shandong	12	25000	21604	34802	1439	28099	1869	36239
河 南	Henan	225	17482	20434	33319	2447	21406	1166	11964
湖 北	Hubei	5	17000	4181	31929	2190	15593	384	30058
湖 南	Hunan	152	43244	19435	28854	418	13424	1715	18778
广 东	Guangdong	435	16993	13130	31674	1123	22149	391	26909
广 西	Guangxi	35	14333	19724	31727	821	18766	570	21135
海 南	Hainan			1087	42828	106	7486	8	10864
重 庆	Chongqing	14	24929	4636	36576	107	12639	168	46114
四 川	Sichuan	17	19722	11798	41711	1772	20489	272	39323
贵 州	Guizhou	2	18000	6127	29793	1063	10381	35	27771
云 南	Yunnan	39	15526	7297	35501	461	18137	66	23148
西 藏	Tibet			371	38207				
陕 西	Shaanxi			5883	38032	1978	24834	354	63305
甘 肃	Gansu			4111	27095	564	21254	94	11968
青 海	Qinghai			309	27301	1	11000	86	43779
宁 夏	Ningxia			181	24135	64	11903		
新 疆	Xinjiang			91	72780	397	15366	3	21333

5-4 续表 2 continued

地 区	Region	住宿和餐饮业 Hotels and Catering Services		信息传输、软件和信息技术服务业 Information Transmission, Software and Information Technology		金融业 Financial Intermediation		房地产业 Real Estate	
		年末人数（人） Year-end Figures (person)	平均工资（元） Average Wage (yuan)	年末人数（人） Year-end Figures (person)	平均工资（元） Average Wage (yuan)	年末人数（人） Year-end Figures (person)	平均工资（元） Average Wage (yuan)	年末人数（人） Year-end Figures (person)	平均工资（元） Average Wage (yuan)
全 国	**National**	**2598**	**27554**	**259**	**27279**	**13943**	**31160**	**7413**	**27970**
北 京	Beijing	550	32762	91	31253	5	20500	1002	37495
天 津	Tianjin	140	26763	5	20000			10	37273
河 北	Hebei	47	19922			291	26367	143	15891
山 西	Shanxi	37	8933	3	34667	2166	23740	301	11974
内蒙古	Inner Mongolia	2	12500			218	24441		
辽 宁	Liaoning	128	21985	1	20000	491	33345	82	20012
吉 林	Jilin					460	16208		
黑龙江	Heilongjiang	4	26000			565	19508	288	18663
上 海	Shanghai	327	51377	12	62667	22	153273	1595	31389
江 苏	Jiangsu	46	23233	2	32000	381	36749	171	18029
浙 江	Zhejiang	34	27131	50	17586	34	47714	501	35411
安 徽	Anhui	64	18645	11	26727	988	34568	84	19274
福 建	Fujian	49	37854	12	16500	339	22166	310	22440
江 西	Jiangxi	68	1971	9	29778	861	31094	28	34324
山 东	Shandong	90	26705	1	28000	2277	31323	192	23555
河 南	Henan	170	11428	22	27182	447	33688	483	17794
湖 北	Hubei	105	20552			267	32663	133	22985
湖 南	Hunan	8	21625	18	17053	272	31704	104	14202
广 东	Guangdong	98	23258	16	49313	297	19353	1067	36156
广 西	Guangxi	24	25375			222	28377	510	23271
海 南	Hainan							42	18952
重 庆	Chongqing	201	25614					18	24950
四 川	Sichuan	93	26933	6	11941	887	44683	24	36657
贵 州	Guizhou	1	8000			302	41454	38	35606
云 南	Yunnan	207	20462			581	37343	29	19643
西 藏	Tibet								
陕 西	Shaanxi	79	28885			788	39644	49	18658
甘 肃	Gansu	9	20000			570	32646	94	16541
青 海	Qinghai	6	26500			1	13000	7	24286
宁 夏	Ningxia					97	29106	4	32000
新 疆	Xinjiang	11	24385			114	41983	104	19615

5-4 续表 3 continued

地区	Region	租赁和商务服务业 Leasing and Business Services		科学研究和技术服务业 Scientific Research and Technical Services		水利、环境和公共设施管理业 Management of Water Conservancy,Environment and Public Facilities		居民服务、修理和其他服务业 Service to Households, Repair and Other Services	
		年末人数（人）Year-end Figures (person)	平均工资（元）Average Wage (yuan)	年末人数（人）Year-end Figures (person)	平均工资（元）Average Wage (yuan)	年末人数（人）Year-end Figures (person)	平均工资（元）Average Wage (yuan)	年末人数（人）Year-end Figures (person)	平均工资（元）Average Wage (yuan)
全 国	**National**	**16670**	**26388**	**4573**	**36629**	**19497**	**21392**	**3276**	**25604**
北 京	Beijing	1523	24576	695	37993	22	29333	258	29223
天 津	Tianjin	369	27019	75	35962	589	27608	51	26703
河 北	Hebei	160	16322	57	8632	356	13144		
山 西	Shanxi	169	5380	81	13864	32	10906	117	10889
内蒙古	Inner Mongolia			34	18789	82	17598	316	19773
辽 宁	Liaoning	130	29229	1019	52792	493	12789	391	24940
吉 林	Jilin	204	24230	53	30000	2550	20915	6	22667
黑龙江	Heilongjiang	195	17821	243	9938	501	10454	21	16333
上 海	Shanghai	1727	37598	110	53333	423	25271	233	35158
江 苏	Jiangsu	978	37924	130	37661	5877	20742	424	23767
浙 江	Zhejiang	2714	38816	183	49777	731	35432	132	53254
安 徽	Anhui	379	36462	27	10519	610	18672	37	29143
福 建	Fujian	110	17661	38	28780	220	26029	25	16040
江 西	Jiangxi	204	39158	14	90857	1011	15611	21	22524
山 东	Shandong	476	37820	61	19864	277	22245	62	44127
河 南	Henan	1975	18316	73	42311	172	40314	511	23168
湖 北	Hubei	155	27877	145	24303	2986	21262	163	16689
湖 南	Hunan	175	18414	132	29958	19	21316	18	29500
广 东	Guangdong	3243	20029	381	41025	232	27553	53	36944
广 西	Guangxi	65	16631	163	28304	604	14649	73	13405
海 南	Hainan	3	4333	12	80462				
重 庆	Chongqing	31	40774	13	14923	56	21565	92	39225
四 川	Sichuan	575	21514	173	28466	1561	26947	23	12708
贵 州	Guizhou	108	4009	1	24000	10	12000	3	18333
云 南	Yunnan	55	25127	326	19167	83	24217	126	21783
西 藏	Tibet								
陕 西	Shaanxi	147	14396	226	31201			119	19862
甘 肃	Gansu	792	10932	9	40444				
青 海	Qinghai			22	43118				
宁 夏	Ningxia								
新 疆	Xinjiang	8	33737	77	21545			1	37000

5-4 续表 4 continued

地 区	Region	教 育 Education		卫生和社会工作 Health and Social Service		文化、体育和娱乐业 Culture, Sports and Entertainment		公共管理、社会保障和社会组织 Public Management, Social Security and Social Organization	
		年末人数(人) Year-end Figures (person)	平均工资(元) Average Wage (yuan)	年末人数(人) Year-end Figures (person)	平均工资(元) Average Wage (yuan)	年末人数(人) Year-end Figures (person)	平均工资(元) Average Wage (yuan)	年末人数(人) Year-end Figures (person)	平均工资(元) Average Wage (yuan)
全 国	**National**	**10780**	**31605**	**37493**	**36477**	**1350**	**27222**	**1904**	**25580**
北 京	Beijing	1156	27059	866	61473	221	35839	178	43278
天 津	Tianjin	101	22971	448	43959	39	19778		
河 北	Hebei	21	15905	2192	18955		14095	69	10842
山 西	Shanxi	146	15945	595	15689	38	17526	3	33000
内蒙古	Inner Mongolia	29	56000	129	24278				
辽 宁	Liaoning	191	20257	964	29088	10	38700	12	15000
吉 林	Jilin			365	20270	4	62000	4	14750
黑龙江	Heilongjiang	612	37431	178	29537			1	4000
上 海	Shanghai	562	37610	1687	45161	76	52738	839	29852
江 苏	Jiangsu	2776	32606	8890	44482	114	42947	55	31750
浙 江	Zhejiang	1854	42489	2270	60577	23	36458	15	42867
安 徽	Anhui	132	53020	2928	25132	88	26477	284	13865
福 建	Fujian	197	37130	3474	23971	15	18083		
江 西	Jiangxi			343	27529				
山 东	Shandong	641	26021	3808	33054	57	30474	32	30036
河 南	Henan	440	20593	502	28184	34	22824	6	40000
湖 北	Hubei	253	24539	825	26628	13	21308	294	17987
湖 南	Hunan	412	20820	1099	30366	23	12652	47	12000
广 东	Guangdong	691	33285	429	86899	69	37984	9	8222
广 西	Guangxi	59	20433	55	25250				
海 南	Hainan			143	29553			1	18000
重 庆	Chongqing	53	20041	939	36354				
四 川	Sichuan	18	18389	3202	38589	79	21120		
贵 州	Guizhou	2	13667	20	24476				
云 南	Yunnan	395	10094	114	32653	10	17600	51	14060
西 藏	Tibet								
陕 西	Shaanxi	16	21250	504	21097	49	18347		
甘 肃	Gansu	18	17387	187	24952				
青 海	Qinghai			2	46000	1	6000		
宁 夏	Ningxia					387	17873	2	32000
新 疆	Xinjiang	2	40000	35	27618			2	19500

六、其他单位就业人员和工资总额

EMPLOYMENT AND TOTAL WAGES IN OTHER OWNERSHIP UNITS

6-1 分行业其他单位就业人员和工资总额(2014年)
EMPLOYMENT AND TOTAL WAGES IN OTHER OWNERSHIP UNITS BY SECTOR (2014)

项　目	Item	年末人数(千人) Year-end Figures (1000 persons)	#女性 Female	工资总额(千元) Total Wages (1000 yuan)	平均工资(元) Average Wage (yuan)
全国总计	**National Total**	**114288**	**38641**	**6440795938**	**56485**
按登记注册类型分组	**Grouped by Registration Status**				
内资	Domestic Funded	84736	24864	4567848331	54101
股份合作	Cooperative Units	1032	411	56175852	54806
联营	Joint-owned Units	221	66	10461046	49078
#国有联营	State Joint-owned Units	60	17	3754290	60775
集体联营	Collective Joint-owned Units	49	16	2009276	41567
有限责任公司	Limited Liability Corporations	63152	17185	3208698262	50942
#国有独资	State Funded Corporations	7607	1831	491408162	64329
股份有限公司	Share-holding Corporations Ltd	17512	5938	1175508546	67421
其他	Others	2819	1263	117004625	42224
港、澳、台商投资	Funded by Entrepreneurs from Hong Kong, Macao and Taiwan	13929	6808	779009600	55935
外商投资	Foreign Funded	15623	6968	1093938007	69826
按国民经济行业分组	**Grouped by Sector**				
农、林、牧、渔业	**Agriculture, Forestry, Animal Husbandry and Fishery**	**191**	**70**	**7041081**	**35689**
农业	**Farming**	117	47	3902569	31767
林业	Forestry	11	3	474570	41975
畜牧业	Animal Husbandry	37	14	1540964	41607
渔业	Fishery	14	3	730420	49587
农、林、牧、渔服务业	Service in Support of Agriculture	12	4	392558	34520
采矿业	**Mining**	**5117**	**930**	**323902546**	**62481**
煤炭开采和洗选业	Mining and Washing of Coal	3638	556	220037490	59712
石油和天然气开采业	Extraction of Petroleum and Natural Gas	662	221	56665475	85258
黑色金属矿采选业	Mining and Processing of Ferrous Metal Ores	228	40	11975594	51750
有色金属矿采选业	Mining and Processing of Non-Ferrous Metal Ores	228	43	10848577	47178
非金属矿采选业	Mining and Processing of Non-metal Ores	154	33	6852687	44314
开采辅助活动	Support Activities for Mining	206	37	17494899	80359
其他采矿业	Mining of Other Ores	1		27824	41343
制造业	**Manufacturing**	**49474**	**20287**	**2535555414**	**51163**
农副食品加工业	Processing of Food from Agricultural Products	1808	782	72225048	40453
食品制造业	Manufacture of Foods	1204	608	54835771	46314
酒、饮料和精制茶制造业	Manufacture of Liquor, Beverages and Refined Tea	1035	394	49840279	47821
烟草制品业	Manufacture of Tobacco	119	46	12908453	111661
纺织业	Manufacture of Textile	2091	1275	85257825	40546
纺织服装、服饰业	Manufacture of Textile, Wearing Apparel and Accessories	2568	1783	107384112	41555
皮革、毛皮、羽毛及其制品和制鞋业	Manufacture of Leather, Fur, Feather and Related Products and Footwear	1734	1045	67396028	38321

6-1　续表 1　continued

项　目	Item	年末人数 (千人) Year-end Figures (1000 persons)	#女 性 Female	工资总额 (千元) Total Wages (1000 yuan)	平均工资 (元) Average Wage (yuan)
木材加工和木、竹、藤、棕、草制品业	Processing of Timber, Manufacture of Wood, Bamboo, Rattan, Palm and Straw Products	399	160	15441457	38685
家具制造业	Manufacture of Furniture	590	214	26110603	44537
造纸及纸制品业	Manufacture of Paper and Paper Products	703	259	31859641	44879
印刷和记录媒介复制业	Printing and Reproduction of Recording Media	526	233	25313593	47584
文教、工美、体育和娱乐用品制造业	Manufacture of Articles for Culture, Education, Arts and Crafts, Sport and Entertainment Activities	1272	749	52925930	40413
石油加工、炼焦和核燃料加工业	Processing of Petroleum, Coking and Processing of Nuclear Fuel	624	168	41387935	65666
化学原料和化学制品制造业	Manufacture of Raw Chemical Materials and Chemical Products	2672	831	146165154	54505
医药制造业	Manufacture of Medicines	1533	732	83662826	55042
化学纤维制造业	Manufacture of Chemical Fibres	256	104	12545282	48026
橡胶和塑料制品业	Manufacture of Rubber and Plastics Products	1849	786	87295242	46843
非金属矿物制品业	Manufacture of Non-metallic Mineral Products	2391	704	104181574	43356
黑色金属冶炼和压延加工业	Smelting and Pressing of Ferrous Metals	2158	439	116611028	53322
有色金属冶炼和压延加工业	Smelting and Pressing of Non-ferrous Metals	1231	293	60835371	48821
金属制品业	Manufacture of Metal Products	1726	546	85468402	49115
通用设备制造业	Manufacture of General Purpose Machinery	2633	778	147721876	55990
专用设备制造业	Manufacture of Special Purpose Machinery	2022	557	118518063	58149
汽车制造业	Manufacture of Automobiles	3070	844	190539889	63134
铁路、船舶、航空航天和其他运输设备制造业	Manufacture of Railway, Ship, Aerospace and Other Transport Equipments	951	243	58109271	61144
电气机械和器材制造业	Manufacture of Electrical Machinery and Apparatus	3881	1690	205211163	52518
计算机、通信和其他电子设备制造业	Manufacture of Computers, Communication and Other Electronic Equipment	7384	3577	418064484	57137
仪器仪表制造业	Manufacture of Measuring Instruments and Machinery	695	308	39658543	56779
其他制造业	Other Manufacture	193	100	8903157	46046
废弃资源综合利用业	Utilization of Waste Resources	69	20	3122675	44876
金属制品、机械和设备修理业	Repair Service of Metal Products, Machinery and Equipment	86	19	6054739	70774
电力、热力、燃气及水生产和供应业	**Production and Supply of Electricity, Heat, Gas and Water**	**2068**	**566**	**149209367**	**72330**
电力、热力生产和供应业	Production and Supply of Electric Power and Heat Power	1571	398	119130940	75952
燃气生产和供应业	Production and Supply of Gas	222	71	13919796	63128
水的生产和供应业	Production and Supply of Water	274	98	16158631	58995

6-1 续表 2 continued

项 目	Item	年末人数（千人） Year-end Figures (1000 persons)	#女 性 Female	工资总额（千元） Total Wages (1000 yuan)	平均工资（元） Average Wage (yuan)
建筑业	**Construction**	**25103**	**2619**	**1160840251**	**46367**
房屋建筑业	Construction of Buildings	17724	1695	808423874	45545
土木工程建筑业	Civil Engineering	4457	566	219343010	48977
建筑安装业	Building Installation	1404	176	66586017	49902
建筑装饰和其他建筑业	Building Decoration and Other Constructions	1518	182	66487350	45139
批发和零售业	**Wholesale and Retail Trades**	**7536**	**4008**	**418676067**	**55971**
批发业	Wholesale Trade	3109	1391	235208985	75835
零售业	Retail Trade	4427	2617	183467082	41901
交通运输、仓储和邮政业	**Transport, Storage and Post**	**4489**	**1167**	**278924588**	**62749**
铁路运输业	Railway Transport	168	30	12495274	78004
道路运输业	Road Transport	2683	656	126386920	47625
水上运输业	Water Transport	361	64	31117865	86009
航空运输业	Air Transport	432	160	54083787	125934
管道运输业	Transport Via Pipelines	31	8	2802629	91583
装卸搬运和运输代理业	Loading, Unloading and Forwarding Agency	362	121	25548989	70828
仓储业	Storage	185	51	10548849	56834
邮政业	Post	268	78	15940275	60629
住宿和餐饮业	**Hotels and Catering Services**	**2408**	**1363**	**88577540**	**36830**
住宿业	Hotels	1125	638	44514133	39282
餐饮业	Catering Services	1283	725	44063407	34646
信息传输、软件和信息技术服务业	**Information Transmission, Software and Information Technology**	**2980**	**1182**	**313329010**	**105724**
电信、广播电视和卫星传输服务	Telecommunication, Radio and Television and Satellite Transmission Service	1482	652	122467421	81682
互联网和相关服务	Internet and Related Service	202	80	24115032	127042
软件和信息技术服务业	Software and Information Technology	1296	450	166746557	130832
金融业	**Financial Intermediation**	**3733**	**1967**	**428296774**	**117537**
货币金融服务	Monetary and Financial Service	1898	996	282719710	150589
资本市场服务	Capital Market Service	172	72	35853600	208354
保险业	Insurance	1601	874	96638784	62980
其他金融业	Other Financial Activities	61	25	13084680	218078
房地产业	**Real Estate**	**3568**	**1329**	**200070189**	**56459**
#房地产开发经营	Development and Management of Real Estate	1711	610	120440518	70656
物业管理	Property Management	1608	615	62337754	39459
房地产中介服务	Agency Services of Real Estate	174	76	12066284	65621
租赁和商务服务业	**Leasing and Business Services**	**2874**	**1055**	**223603754**	**78859**
租赁业	Leasing	81	19	5383656	65931
商务服务业	Business Services	2793	1036	218220098	79242

6-1 续表 3 continued

项目	Item	年末人数（千人） Year-end Figures (1000 persons)	#女性 Female	工资总额（千元） Total Wages (1000 yuan)	平均工资（元） Average Wage (yuan)
科学研究和技术服务业	**Scientific Research and Technical Services**	**1778**	**538**	**164412032**	**93884**
研究和试验发展	Research and Experimental Development	187	71	21132042	115472
专业技术服务业	Professional Technical Services	1330	373	122316176	93212
科技推广和应用服务业	Science and Technology Popularization and Application Services	262	95	20963814	81897
水利、环境和公共设施管理业	**Management of Water Conservancy, Environment and Public Facilities**	**461**	**186**	**21176413**	**46682**
水利管理业	Management of Water Conservancy	25	7	1424409	57207
生态保护和环境治理业	Ecological Protection and Environmental Treatment	37	11	2591395	71171
公共设施管理业	Management of Public Facilities	398	167	17160609	43742
居民服务、修理和其他服务业	**Service to Households, Repair and Other Services**	**473**	**211**	**18874149**	**40752**
居民服务业	Service to Households	143	75	5583241	39457
机动车、电子产品和日用产品修理业	Repair of Motor Vehicle, Electronics and Household Products	96	27	4878374	51056
其他服务业	Other Services	234	109	8412534	37208
教育	**Education**	**1024**	**604**	**51683531**	**51494**
#初等教育	Primary Education	137	92	6895748	51177
中等教育	Secondary Education	293	162	16133048	56107
高等教育	Senior Education	157	82	8984285	59231
卫生和社会工作	**Health and Social Service**	**516**	**335**	**27416009**	**54309**
卫生	Health	491	320	26569350	55138
社会工作	Social Service	24	15	846659	36904
文化、体育和娱乐业	**Culture, Sports and Entertainment**	**373**	**179**	**24544852**	**65926**
新闻和出版业	Journalism and Publishing Activities	101	49	8809434	87688
广播、电视、电影和影视录音制作业	Radio, Television, Motion Picture and Videotape Programme Production Services	90	41	6396104	72413
文化艺术业	Cultural and Art Activities	56	25	2750657	49477
体育	Sports Activities	70	36	3697782	52884
娱乐业	Entertainment	57	28	2890875	49841
公共管理、社会保障和社会组织	**Public Management, Social Security and Social Organization**	**121**	**46**	**4662371**	**38391**
#中国共产党机关	Organs of Communist Party of China				
国家机构	Government Agencies				
人民政协、民主党派	People's Political Consultative Conference and Democratic Parties				
社会保障	Social Security				
群众团体、社会团体和其他成员组织	Non-Governmental Organizations, Social Organizations and Membership Organizations	32	14	2072316	63876

6-2 各地区分行业其他单位就业人员和工资总额(2014年)
EMPLOYMENT AND TOTAL WAGES IN OTHER OWNERSHIP UNITS BY SECTOR AND REGION (2014)

地 区	Region	总 计 Total			
		年末人数 (人) Year-end Figures (person)	#女 性 Female	工资总额 (千元) Total Wages (1000 yuan)	平均工资 (元) Average wage (yuan)
全 国	**National**	**114287546**	**38641161**	**6440795938**	**56485**
北 京	Beijing	5484260	2137778	566919856	104146
天 津	Tianjin	2127563	738391	148739647	69764
河 北	Hebei	3471009	1020719	163785130	47004
山 西	Shanxi	2265105	583665	120482465	52633
内蒙古	Inner Mongolia	1270316	386390	69423858	50621
辽 宁	Liaoning	3391839	993925	177211025	50065
吉 林	Jilin	1587355	509514	73000065	44072
黑龙江	Heilongjiang	1590568	489385	77480490	46776
上 海	Shanghai	5288570	2081058	536638869	100904
江 苏	Jiangsu	12637132	3925034	719850157	58364
浙 江	Zhejiang	8671449	2596494	467899525	55124
安 徽	Anhui	3073048	946221	154012157	50657
福 建	Fujian	4821519	1777362	241124770	50388
江 西	Jiangxi	2597722	927172	112704240	44158
山 东	Shandong	8135825	2738373	397855787	48986
河 南	Henan	6976215	2306601	273337505	40100
湖 北	Hubei	4228946	1365694	199200621	48079
湖 南	Hunan	3143145	998185	145706378	46843
广 东	Guangdong	15203878	6395344	882100745	57777
广 西	Guangxi	1798881	597474	80010788	45378
海 南	Hainan	564050	220121	26546003	47521
重 庆	Chongqing	2871721	857965	146971730	52536
四 川	Sichuan	4286487	1365060	210288961	49435
贵 州	Guizhou	1294457	367857	65131844	50927
云 南	Yunnan	2188758	690756	87450682	40645
西 藏	Tibet	52923	17992	3251015	60161
陕 西	Shaanxi	2534977	800928	130617656	51267
甘 肃	Gansu	1007731	275238	44684824	44297
青 海	Qinghai	275380	86221	14798078	53261
宁 夏	Ningxia	358840	110884	21035359	56063
新 疆	Xinjiang	1087877	333360	82535708	58622

6-2 续表 1 continued

地 区	Region	内 资 Domestic Funded				股份合作 Cooperative Units			
		年末人数（人） Year-end Figures (person)	#女 性 Female	工资总额（千元） Total Wages (1000 yuan)	平均工资（元） Average wage (yuan)	年末人数（人） Year-end Figures (person)	#女 性 Female	工资总额（千元） Total Wages (1000 yuan)	平均工资（元） Average wage (yuan)
全 国	**National**	**84736058**	**24864471**	**4567848331**	**54101**	**1032483**	**411286**	**56175852**	**54806**
北 京	Beijing	4023410	1509031	373674591	93744	67772	28878	2799783	41024
天 津	Tianjin	1282190	361445	88038960	68878	27499	5481	1245640	48565
河 北	Hebei	2980867	844778	140454641	46766	39086	18026	2323112	59552
山 西	Shanxi	2051017	505433	110865304	53379	8094	3864	415796	52066
内蒙古	Inner Mongolia	1183325	353784	64850055	50516	10979	2170	533388	45554
辽 宁	Liaoning	2637370	687530	133279929	47833	39666	9943	1516282	37514
吉 林	Jilin	1423015	452624	64437909	43249	9901	4406	404245	40965
黑龙江	Heilongjiang	1433065	426345	70158176	46826	57611	24731	2861626	51132
上 海	Shanghai	2482317	774046	228404193	91526	25825	8689	1237184	47566
江 苏	Jiangsu	8003673	1766928	437675156	56686	48621	18349	2406400	48136
浙 江	Zhejiang	6556318	1602551	345784073	54266	112295	50121	8966071	80629
安 徽	Anhui	2697485	770286	136014120	50979	33439	14945	1773274	53659
福 建	Fujian	3019630	884079	153951708	51834	68093	24930	3249381	48643
江 西	Jiangxi	2043791	633153	90674870	45113	23082	8652	1007869	43966
山 东	Shandong	6499929	2001795	318421534	49073	77300	29292	4170061	54330
河 南	Henan	6217086	1883017	241824072	39616	65846	31483	3182700	49356
湖 北	Hubei	3693692	1134594	170039565	47014	21827	10121	1123392	52248
湖 南	Hunan	2775796	810486	129686528	47184	39967	17720	2182575	54729
广 东	Guangdong	7073490	2459527	442875484	63190	75294	29323	3922974	52368
广 西	Guangxi	1492631	443895	66853566	45865	20441	8120	1151372	58162
海 南	Hainan	505788	195529	23406513	46734	6582	2957	275600	43197
重 庆	Chongqing	2472310	687235	124942750	51911	21116	7374	1346483	65602
四 川	Sichuan	3845832	1180073	185402566	48600	55616	22088	3062817	54140
贵 州	Guizhou	1245903	346762	62708292	50936	17273	7178	2005875	116134
云 南	Yunnan	2084742	642022	82690174	40374	18636	6814	745672	42998
西 藏	Tibet	50275	16890	3071173	59832	1531	477	92782	60602
陕 西	Shaanxi	2336850	722957	120404793	51219	19692	7316	1069039	53273
甘 肃	Gansu	979100	262320	43088538	43939	7879	3047	248001	31309
青 海	Qinghai	262987	82684	14164603	53356	3510	1221	151873	46092
宁 夏	Ningxia	326035	103005	19218106	56022	2641	1173	207628	78587
新 疆	Xinjiang	1056139	319667	80786389	58755	5369	2397	496957	93801

6-2 续表 2 continued

地 区	Region	联 营 Joint-owned Units 年末人数(人) Year-end Figures (person)	#女 性 Female	工资总额(千元) Total Wages (1000 yuan)	平均工资(元) Average wage (yuan)	国有联营 State Joint-owned Units 年末人数(人) Year-end Figures (person)	#女 性 Female	工资总额(千元) Total Wages (1000 yuan)	平均工资(元) Average wage (yuan)
全 国	**National**	**221159**	**66445**	**10461046**	**49078**	**60380**	**16960**	**3754290**	**60775**
北 京	Beijing	5309	2675	344238	63431	1158	668	109287	94703
天 津	Tianjin	4183	1150	198690	52871	1272	150	55488	45896
河 北	Hebei	34556	4219	1047850	40956	628	203	26424	40466
山 西	Shanxi	3384	926	129490	37774	1058	99	48649	44879
内蒙古	Inner Mongolia	1587	641	126876	78561	703	214	57460	80028
辽 宁	Liaoning	3954	1225	183127	45633	1009	262	57923	57463
吉 林	Jilin	783	191	29107	37079	264	81	11212	44848
黑龙江	Heilongjiang	4354	1397	204470	44938	732	27	37686	51554
上 海	Shanghai	9795	3658	646561	64073	1796	479	130524	71795
江 苏	Jiangsu	15272	3601	725970	47808	6332	932	246016	39445
浙 江	Zhejiang	5502	2270	283137	51191	1581	435	79966	47913
安 徽	Anhui	3898	1520	188134	48476	757	330	28880	37900
福 建	Fujian	11588	3554	606568	51019	3282	1122	269551	80583
江 西	Jiangxi	2236	716	96742	43131	312	120	13686	44725
山 东	Shandong	26425	7746	1467507	52969	16846	4373	1098964	60432
河 南	Henan	11136	4212	426972	38770	2424	897	103787	42958
湖 北	Hubei	4490	2147	200266	44983	695	334	46178	66539
湖 南	Hunan	10677	3335	411261	38335	2366	715	115287	47996
广 东	Guangdong	26395	9544	1531695	58390	8695	2510	725794	83300
广 西	Guangxi	1476	587	52879	35997	450	220	20516	44600
海 南	Hainan	1923	984	85290	44937	1115	597	55385	50304
重 庆	Chongqing	4994	1464	275970	56046	1122	510	112205	101543
四 川	Sichuan	6355	2771	280566	46002	643	414	32685	51963
贵 州	Guizhou	3357	920	122109	36791	624	158	19863	32245
云 南	Yunnan	4283	1563	175971	40631	692	283	43013	62158
西 藏	Tibet	410	114	19785	47675	37	8	1119	30243
陕 西	Shaanxi	9265	2361	457493	50585	1595	355	115178	72121
甘 肃	Gansu	2332	483	90930	38464	1498	253	65632	42897
青 海	Qinghai	225	42	7161	43139	167	26	5591	49478
宁 夏	Ningxia	37	9	2244	54732	37	9	2244	54732
新 疆	Xinjiang	978	420	41987	43197	490	176	18097	36267

6-2 续表 3 continued

地 区	Region	集体联营 Collective Joint-owned Units 年末人数(人) Year-end Figures (person)	#女性 Female	工资总额(千元) Total Wages (1000 yuan)	平均工资(元) Average wage (yuan)	有限责任公司 Limited Liability Corporations 年末人数(人) Year-end Figures (person)	#女性 Female	工资总额(千元) Total Wages (1000 yuan)	平均工资(元) Average wage (yuan)
全 国	**National**	**48835**	**16032**	**2009276**	**41567**	**63151800**	**17185123**	**3208698262**	**50942**
北 京	Beijing	882	407	42757	49316	2860395	986577	235012009	83104
天 津	Tianjin	2017	792	77529	47130	960863	253871	62636551	65191
河 北	Hebei	426	197	12779	29927	2218486	575836	100837795	44671
山 西	Shanxi	1469	588	54120	36444	1738106	390798	93236723	52863
内蒙古	Inner Mongolia	415	225	51964	126741	919725	261109	50231656	49684
辽 宁	Liaoning	615	202	19770	32146	1928526	451039	91349597	44589
吉 林	Jilin	144	26	4508	31306	950098	270940	39429357	39974
黑龙江	Heilongjiang	796	394	42511	53608	1059309	299436	51611262	46308
上 海	Shanghai	1740	597	171869	98211	1747635	515535	136035478	77619
江 苏	Jiangsu	2815	720	109739	38915	6136337	1220980	322479098	54540
浙 江	Zhejiang	1184	479	39788	33978	4891776	1048436	238246059	50180
安 徽	Anhui	750	383	77423	104344	2004358	519633	99575056	50263
福 建	Fujian	4475	249	185325	40553	2461737	682539	119912028	49229
江 西	Jiangxi	1070	312	56185	51879	1652448	493494	72035764	44393
山 东	Shandong	6040	2246	214287	36252	4727041	1382854	221678422	46864
河 南	Henan	3990	1579	141481	35955	4697239	1364844	176478059	38334
湖 北	Hubei	709	414	24891	35306	2849656	820995	130244839	46802
湖 南	Hunan	2545	876	106853	42537	1948544	512215	85038371	44147
广 东	Guangdong	5944	2828	193163	32957	5124730	1680174	291755622	57574
广 西	Guangxi	224	89	5902	26706	1135904	305742	50004318	45310
海 南	Hainan	102	23	2716	27714	332932	120611	14650031	45035
重 庆	Chongqing	1940	318	78395	41066	2017395	503195	95750377	48850
四 川	Sichuan	975	226	39887	40784	2893703	858166	132926232	46288
贵 州	Guizhou	1083	422	43113	39883	982786	260625	46578142	48135
云 南	Yunnan	1797	907	73126	34075	1149063	349970	47659864	41921
西 藏	Tibet	100	25	5800	55238	36754	12545	2262557	60372
陕 西	Shaanxi	4058	426	117359	30650	1797146	530028	88165114	48941
甘 肃	Gansu	458	67	13544	29572	727958	180107	30696875	42171
青 海	Qinghai	30	5	799	31960	162208	48144	7403017	44675
宁 夏	Ningxia					245956	69762	14453624	55471
新 疆	Xinjiang	42	10	1693	40310	792986	214923	60324365	55073

6-2 续表 4 continued

地 区	Region	国有独资 State Funded Corporations				股份有限公司 Share-holding Corporations Ltd			
		年末人数（人） Year-end Figures (person)	#女 性 Female	工资总额（千元） Total Wages (1000 yuan)	平均工资（元） Average wage (yuan)	年末人数（人） Year-end Figures (person)	#女 性 Female	工资总额（千元） Total Wages (1000 yuan)	平均工资（元） Average wage (yuan)
全 国	**National**	**7606545**	**1830823**	**491408162**	**64329**	**17511618**	**5938372**	**1175508546**	**67421**
北 京	Beijing	416309	124967	43934477	106751	939863	407209	127584289	136862
天 津	Tianjin	145624	37481	12618078	86282	257913	92302	22298301	87032
河 北	Hebei	271119	62411	17812801	64487	659685	232213	35037597	53693
山 西	Shanxi	305220	77983	17610371	57113	278821	97452	16413475	58691
内蒙古	Inner Mongolia	184446	53248	12186876	67359	237356	83069	13378907	54460
辽 宁	Liaoning	294757	56703	16123805	54357	594510	196086	37760679	60742
吉 林	Jilin	169446	36851	9045877	53055	394310	150501	20956721	49414
黑龙江	Heilongjiang	241422	51571	11697876	49429	304826	97595	15232429	48214
上 海	Shanghai	253009	64263	24310074	94303	665747	228077	88004590	130867
江 苏	Jiangsu	340192	93515	23507108	69094	1663184	455926	104887342	65352
浙 江	Zhejiang	267908	81709	17165158	62626	1405348	420097	90519272	66143
安 徽	Anhui	374307	68558	22514475	59339	589211	198997	31920520	54670
福 建	Fujian	145528	35845	9105444	62458	399070	129742	26264574	69388
江 西	Jiangxi	164520	46834	8375736	50365	342491	119373	16582608	48827
山 东	Shandong	762124	171436	45776477	59839	1468876	490956	82604133	56661
河 南	Henan	256407	73715	11730863	45758	1219999	380637	53602152	44432
湖 北	Hubei	310487	85163	18499863	59723	744947	268277	35832298	48619
湖 南	Hunan	273997	63986	13583022	49054	626751	213679	36260703	58210
广 东	Guangdong	461344	98296	38432022	84213	1584758	597481	131270534	82966
广 西	Guangxi	364782	50951	19920689	58168	276606	99829	13637097	49537
海 南	Hainan	17645	5282	897558	51679	133079	52882	7188950	52803
重 庆	Chongqing	289280	72805	16882988	58292	374632	142842	24918035	67800
四 川	Sichuan	268993	67048	17290718	62019	802615	256771	45781927	57622
贵 州	Guizhou	244696	38542	12200563	51426	205098	62600	12506641	60907
云 南	Yunnan	162319	51967	8629857	52849	229946	71600	13226829	57185
西 藏	Tibet	13185	5081	795776	59413	11265	3695	681752	58812
陕 西	Shaanxi	250857	69368	15477142	62391	467182	159246	29256121	61214
甘 肃	Gansu	107969	27576	6287915	58063	223003	72159	11568926	51532
青 海	Qinghai	34536	7172	1802686	51243	92313	29922	6479321	70693
宁 夏	Ningxia	93039	18228	6740365	73243	68370	28006	4176264	59074
新 疆	Xinjiang	121078	32268	10451502	66112	249843	99151	19675559	73849

6-2 续表 5 continued

地 区	Region	其 他 Others 年末人数(人) Year-end Figures (person)	#女 性 Female	工资总额(千元) Total Wages (1000 yuan)	平均工资(元) Average wage (yuan)	港、澳、台商投资 Funded from Hong Kong, Macao and Taiwan 年末人数(人) Year-end Figures (person)	#女 性 Female	工资总额(千元) Total Wages (1000 yuan)	平均工资(元) Average wage (yuan)
全 国	**National**	**2818998**	**1263245**	**117004625**	**42224**	**13928888**	**6808394**	**779009600**	**55935**
北 京	Beijing	150071	83692	7934272	52096	562398	251330	64893917	116841
天 津	Tianjin	31732	8641	1659778	52280	280608	133928	19027197	67921
河 北	Hebei	29054	14484	1208287	41867	194050	69629	9546815	49765
山 西	Shanxi	22612	12393	669820	30258	111182	47137	4654628	42236
内蒙古	Inner Mongolia	13678	6795	579228	42205	23847	9835	1275310	53200
辽 宁	Liaoning	70714	29237	2470244	34526	183379	68624	9244207	50697
吉 林	Jilin	67923	26586	3618479	52587	52624	17560	2495976	45589
黑龙江	Heilongjiang	6965	3186	248389	34054	51198	21097	2031750	39718
上 海	Shanghai	33315	18087	2480380	72281	932278	454821	84745843	90472
江 苏	Jiangsu	140259	68072	7176346	51961	1689117	808519	94751568	56491
浙 江	Zhejiang	141397	81627	7769534	55898	1031801	488875	59487120	57567
安 徽	Anhui	66579	35191	2557136	38669	166915	84291	7279182	43997
福 建	Fujian	79142	43314	3919157	50860	1067085	541929	49204335	45890
江 西	Jiangxi	23534	10918	951887	42395	361607	192593	14154643	40392
山 东	Shandong	200287	90947	8501411	43354	441424	192915	22127695	50870
河 南	Henan	222866	101841	8134189	37188	561038	338939	23631462	46005
湖 北	Hubei	72772	33054	2638770	37178	195062	106955	8494086	43861
湖 南	Hunan	149857	63537	5793618	38953	220409	123331	8942220	41420
广 东	Guangdong	262313	143005	14394659	55854	5044225	2500934	254805329	49677
广 西	Guangxi	58204	29617	2007900	34939	171959	102715	6477811	37355
海 南	Hainan	31272	18095	1206642	38771	26451	11946	1402431	54650
重 庆	Chongqing	54173	32360	2651885	49313	174639	81805	9626522	55308
四 川	Sichuan	87543	40277	3351024	38979	220041	88162	12774755	58415
贵 州	Guizhou	37389	15439	1495525	39860	19536	8969	793009	44727
云 南	Yunnan	682814	212075	20881838	31723	44304	19267	1886625	43051
西 藏	Tibet	315	59	14297	45387	1251	490	92627	72649
陕 西	Shaanxi	43565	24006	1457026	34470	51749	26516	2479321	48223
甘 肃	Gansu	17928	6524	483806	26982	8579	3397	381268	45870
青 海	Qinghai	4731	3355	123231	26513	5045	893	306928	59830
宁 夏	Ningxia	9031	4055	378346	41572	18854	3516	1081761	59812
新 疆	Xinjiang	6963	2776	247521	35764	16233	7476	913259	53994

6-2 续表 6 continued

地区	Region	外商投资 Foreign Funded 年末人数(人) Year-end Figures (person)	#女性 Female	工资总额(千元) Total Wages (1000 yuan)	平均工资(元) Average wage (yuan)	农、林、牧、渔业 Agriculture, Forestry, Animal Husbandry and Fishery 年末人数(人) Year-end Figures (person)	#女性 Female	工资总额(千元) Total Wages (1000 yuan)	平均工资(元) Average wage (yuan)
全国	**National**	**15622600**	**6968296**	**1093938007**	**69826**	**190966**	**69958**	**7041081**	**35689**
北京	Beijing	898452	377417	128351348	142300	17697	7584	880527	48418
天津	Tianjin	564765	243018	41673490	72635	204	60	18805	89548
河北	Hebei	296092	106312	13783674	47650	1329	539	43139	29426
山西	Shanxi	102906	31095	4962533	48668	1463	412	32473	21322
内蒙古	Inner Mongolia	63144	22771	3298493	51757	7880	3348	261807	33036
辽宁	Liaoning	571090	237771	34686889	60754	5496	1624	267621	45747
吉林	Jilin	111716	39330	6066180	54312	1556	490	57903	38296
黑龙江	Heilongjiang	106305	41943	5290564	49455	7323	2476	156905	21506
上海	Shanghai	1873975	852191	223488833	118493	18907	4811	1069563	53688
江苏	Jiangsu	2944342	1349587	187423433	63846	1578	529	48403	30968
浙江	Zhejiang	1083330	505068	62628332	57842	1722	534	77203	45954
安徽	Anhui	208648	91644	10718855	51820	266	127	6443	22848
福建	Fujian	734804	351354	37968727	51096	3379	1261	100635	29721
江西	Jiangxi	192324	101426	7874727	41025	1055	447	32768	31267
山东	Shandong	1194472	543663	57306558	47831	1958	569	61791	29679
河南	Henan	198091	84645	7881971	39721	11123	2941	373701	33960
湖北	Hubei	340192	124145	20666970	62118	681	101	17238	25313
湖南	Hunan	146940	64368	7077630	48429	2545	669	68583	27510
广东	Guangdong	3086163	1434883	184419932	58926	3306	907	152837	46091
广西	Guangxi	134291	50864	6679411	50537	5862	1805	283315	47584
海南	Hainan	31811	12646	1737059	54102	65101	26942	2152692	30945
重庆	Chongqing	224772	88925	12402458	57256	3341	1164	92933	27285
四川	Sichuan	220614	96825	12111640	54982	1135	430	36125	34274
贵州	Guizhou	29018	12126	1630543	54207	3559	1173	89431	25684
云南	Yunnan	59712	29467	2873883	48207	2456	948	55244	22875
西藏	Tibet	1397	612	87215	60819				
陕西	Shaanxi	146378	51455	7733542	53116	1188	458	41350	34690
甘肃	Gansu	20052	9521	1215018	61330	982	356	31948	34169
青海	Qinghai	7348	2644	326547	45109	3116	1331	44993	14505
宁夏	Ningxia	13951	4363	735492	52237	1188	412	47974	40146
新疆	Xinjiang	15505	6217	836060	52101	13570	5510	436731	32188

6-2 续表 7 continued

地 区	Region	采矿业 Mining 年末人数(人) Year-end Figures (person)	#女性 Female	工资总额(千元) Total Wages (1000 yuan)	平均工资(元) Average wage (yuan)	制造业 Manufacturing 年末人数(人) Year-end Figures (person)	#女性 Female	工资总额(千元) Total Wages (1000 yuan)	平均工资(元) Average wage (yuan)
全 国	**National**	**5116686**	**929893**	**323902546**	**62481**	**49474379**	**20287016**	**2535555414**	**51163**
北 京	Beijing	60338	9644	5630010	90672	931271	331220	75975442	80772
天 津	Tianjin	64018	20209	6453310	98248	1115236	416666	73853457	65454
河 北	Hebei	219314	34833	14084538	62755	1397532	449440	61590174	44156
山 西	Shanxi	931102	159037	60954242	65578	607779	186857	25040425	41005
内蒙古	Inner Mongolia	170569	28955	11853263	66621	431605	132591	21074857	48300
辽 宁	Liaoning	241528	41012	14001472	56698	1347569	411207	68284675	50439
吉 林	Jilin	123188	25949	7076605	56272	673998	238095	29087837	43054
黑龙江	Heilongjiang	342109	71868	19286823	56996	501327	164603	21584242	42868
上 海	Shanghai	513	124	61968	125441	1996640	790398	163260169	80144
江 苏	Jiangsu	99839	20449	6353637	60770	5980783	2616948	348079237	58324
浙 江	Zhejiang	6250	1033	344926	55588	3471813	1502164	177275575	51072
安 徽	Anhui	268750	26481	19508591	70534	1145922	455816	54041666	47343
福 建	Fujian	13994	2408	650101	45605	2426889	1161408	114003277	46842
江 西	Jiangxi	46632	8063	2066909	43321	1220916	593972	51066470	42018
山 东	Shandong	607222	140183	39249363	64166	4080586	1576953	184095052	45206
河 南	Henan	493349	81328	25769674	51372	3229862	1365439	118651936	37737
湖 北	Hubei	61628	13056	3108721	49495	1720772	699207	77514458	45557
湖 南	Hunan	82597	10087	3539484	41550	1207349	457361	57075515	47060
广 东	Guangdong	22159	4679	1778093	81058	9967234	4580981	527769704	52332
广 西	Guangxi	25926	5737	1244136	46754	702659	303432	28953886	41543
海 南	Hainan	6527	1827	351569	53316	91848	34216	4191213	46384
重 庆	Chongqing	79226	9721	3900013	48494	854980	329036	45000113	53272
四 川	Sichuan	184945	37120	12054380	62391	1601987	599639	77407745	47972
贵 州	Guizhou	161763	19591	8276680	50429	393488	130045	18717545	47451
云 南	Yunnan	142734	20856	6258844	42317	642903	221781	24921977	38699
西 藏	Tibet	4205	970	332619	73539	8570	3562	460246	53805
陕 西	Shaanxi	290091	50892	20350138	70705	805325	256714	37743142	46279
甘 肃	Gansu	87461	16755	5559571	62834	337563	102532	16668974	49555
青 海	Qinghai	39799	11240	3289162	82811	106778	32360	5454802	51211
宁 夏	Ningxia	62422	10712	5247420	84228	126287	37213	6429596	49771
新 疆	Xinjiang	176488	45074	15266284	85499	346908	105160	20282007	57609

6-2 续表 8 continued

地 区	Region	电力、热力、燃气及水生产和供应业 Production and Supply of Electricity, Heat, Gas and Water				建筑业 Construction			
		年末人数 (人) Year-end Figures (person)	#女 性 Female	工资总额 (千元) Total Wages (1000 yuan)	平均工资 (元) Average wage (yuan)	年末人数 (人) Year-end Figures (person)	#女 性 Female	工资总额 (千元) Total Wages (1000 yuan)	平均工资 (元) Average wage (yuan)
全 国	**National**	**2067723**	**566433**	**149209367**	**72330**	**25103375**	**2619275**	**1160840251**	**46367**
北 京	Beijing	62508	17765	7128252	109208	408735	78102	31287780	77812
天 津	Tianjin	28802	7907	2785220	100466	261149	32359	15278011	58021
河 北	Hebei	85557	23833	7058400	81534	804748	84143	30645598	36909
山 西	Shanxi	56217	16624	3524046	63867	259144	33099	12288311	43256
内蒙古	Inner Mongolia	86031	24129	5999258	70828	216618	30216	12693734	41514
辽 宁	Liaoning	77859	18229	4226903	57713	776211	91203	37413658	40789
吉 林	Jilin	91513	18643	5323118	58225	291220	35449	12950387	36453
黑龙江	Heilongjiang	93620	22934	6093303	64814	217251	41634	10793176	37677
上 海	Shanghai	25928	6478	3365069	125207	353003	41850	25835576	73893
江 苏	Jiangsu	84733	21973	7032639	83556	4278331	292534	209261064	52172
浙 江	Zhejiang	63101	16676	5145996	81836	3192970	211171	140086550	46158
安 徽	Anhui	58529	13480	4102407	70494	836844	95524	39299692	48530
福 建	Fujian	59458	16992	4566070	76269	1402100	200800	67599095	49290
江 西	Jiangxi	115977	33467	6724532	57513	741041	87897	30043111	42751
山 东	Shandong	110326	30713	6531297	59905	1429593	140816	65363300	44996
河 南	Henan	113539	34686	5713704	50521	1724963	204784	63520908	38176
湖 北	Hubei	50330	17088	2864010	57007	1308918	138168	62113370	49413
湖 南	Hunan	53873	17567	3136908	58522	894466	94335	35219082	40815
广 东	Guangdong	193984	43770	20366483	105046	1094215	128856	51299527	48307
广 西	Guangxi	90387	23982	6146429	65449	460982	36202	19270476	44707
海 南	Hainan	9597	2850	570031	59071	50636	6162	2062340	41673
重 庆	Chongqing	60864	18588	4424903	72227	945162	119265	41771180	46280
四 川	Sichuan	116293	37935	8103258	69530	1162879	147465	46159126	40718
贵 州	Guizhou	27663	7359	1861633	67209	264947	24041	12032642	47731
云 南	Yunnan	66996	19372	4533658	68073	585448	81118	19606902	35268
西 藏	Tibet	4021	1320	260134	63185	14304	2331	826825	54108
陕 西	Shaanxi	67077	19461	4364929	67854	502505	60174	22687297	44162
甘 肃	Gansu	30943	9233	1699805	55591	317749	35377	11764578	36608
青 海	Qinghai	8445	2639	516080	62201	50842	7727	2508907	46435
宁 夏	Ningxia	17347	5058	1321590	74924	47335	4468	2558322	42053
新 疆	Xinjiang	56205	15682	3719302	67129	209066	32005	26599726	50831

6-2 续表 9 continued

地 区	Region	批发和零售业 Wholesale and Retail Trades				交通运输、仓储和邮政业 Transport, Storage and Post			
		年末人数（人） Year-end Figures (person)	#女 性 Female	工资总额（千元） Total Wages (1000 yuan)	平均工资（元） Average wage (yuan)	年末人数（人） Year-end Figures (person)	#女 性 Female	工资总额（千元） Total Wages (1000 yuan)	平均工资（元） Average wage (yuan)
全 国	**National**	**7536200**	**4007618**	**418676067**	**55971**	**4489014**	**1166916**	**278924588**	**62749**
北 京	Beijing	680680	326015	63107942	91618	485599	131938	36405929	76817
天 津	Tianjin	154988	69686	9411539	61054	81506	18996	7575899	93658
河 北	Hebei	226343	128125	7671934	34324	117560	28920	6211111	53180
山 西	Shanxi	106918	47555	4224474	39577	55963	17302	2174019	39610
内蒙古	Inner Mongolia	78479	42019	3081052	39349	56649	19822	2733306	48515
辽 宁	Liaoning	219830	124824	9264295	41879	132878	34340	7753038	58506
吉 林	Jilin	99477	55215	3412372	34237	44851	12058	1627231	37232
黑龙江	Heilongjiang	130616	64295	5093614	39607	24574	6366	1066073	43606
上 海	Shanghai	757489	431604	81392210	108562	419075	102447	37360584	87898
江 苏	Jiangsu	534471	298320	29912343	56847	313761	72992	18530030	59816
浙 江	Zhejiang	395358	209570	22983637	58182	242962	62771	16029748	67151
安 徽	Anhui	195970	113021	7908569	40725	112849	30617	4788894	42359
福 建	Fujian	225719	116325	10964346	48862	137404	31588	7793056	57528
江 西	Jiangxi	139902	72742	5645143	40129	77930	17276	3818995	49181
山 东	Shandong	531666	295832	21300917	40523	262892	66615	14572776	56038
河 南	Henan	364691	186337	12506688	34722	197845	50392	8079474	41829
湖 北	Hubei	341305	194310	13590851	40417	145034	39751	6574189	46113
湖 南	Hunan	164141	88947	6600219	40479	86299	25452	3728431	42967
广 东	Guangdong	849339	430875	47833573	56306	658852	172416	48805770	74019
广 西	Guangxi	97510	52838	3838771	39166	92874	26513	4198560	46093
海 南	Hainan	55270	26207	2232773	41688	44578	10703	2885845	65786
重 庆	Chongqing	206973	114433	9226650	46138	190627	37227	10070899	53501
四 川	Sichuan	271130	145440	11116327	41807	194196	56406	10864538	57808
贵 州	Guizhou	104622	49421	4087398	39402	51056	13896	2632540	51156
云 南	Yunnan	208222	111646	7036335	34889	85323	26569	4313503	51252
西 藏	Tibet	6821	2729	478058	71544	1241	362	57691	46190
陕 西	Shaanxi	215983	119209	7641053	35876	87074	27178	4037782	47245
甘 肃	Gansu	63740	36160	2036112	32017	33667	9791	1257658	37425
青 海	Qinghai	19627	10626	729850	37175	8721	2780	407913	48268
宁 夏	Ningxia	22894	14479	941064	41868	12678	4469	578342	44587
新 疆	Xinjiang	66026	28813	3405958	51605	32496	8963	1990764	63346

6-2 续表 10 continued

地 区	Region	住宿和餐饮业 Hotels and Catering Services 年末人数(人) Year-end Figures (person)	#女 性 Female	工资总额(千元) Total Wages (1000 yuan)	平均工资(元) Average wage (yuan)	信息传输、软件和信息技术服务业 Information Transmission, Software and Information Technology 年末人数(人) Year-end Figures (person)	#女 性 Female	工资总额(千元) Total Wages (1000 yuan)	平均工资(元) Average wage (yuan)
全 国	**National**	**2407863**	**1362655**	**88577540**	**36830**	**2980258**	**1181948**	**313329010**	**105724**
北 京	Beijing	251042	133677	12186633	48241	598315	217865	87760743	149260
天 津	Tianjin	51938	28523	1788834	35377	37431	16473	4470399	118205
河 北	Hebei	41116	24882	1206803	29153	72691	30282	6362815	88069
山 西	Shanxi	30754	17625	746722	23685	45072	22118	2531638	55409
内蒙古	Inner Mongolia	33362	19875	1128418	33283	35096	18591	2275893	64380
辽 宁	Liaoning	49044	28893	1777158	35781	109640	52867	9070248	81652
吉 林	Jilin	18518	11474	579846	30433	52313	22372	3083422	58607
黑龙江	Heilongjiang	20827	11340	681833	32995	56187	23342	3362272	59511
上 海	Shanghai	223246	114970	10734927	48667	245142	86939	41533092	170867
江 苏	Jiangsu	174075	104290	5924063	33793	263016	105725	28134087	106671
浙 江	Zhejiang	125890	69440	5084724	39688	150162	60108	17268887	118501
安 徽	Anhui	51484	32051	1500715	29734	55280	21996	3398120	62727
福 建	Fujian	86847	47521	3086248	35720	60081	22347	4826913	81389
江 西	Jiangxi	31068	20083	956921	31124	60806	21011	3620987	59442
山 东	Shandong	111376	63722	3907413	36534	146879	62364	11365956	76625
河 南	Henan	83672	48567	2527460	30172	75773	35791	4156429	54509
湖 北	Hubei	94126	57355	3088391	33265	89537	34855	5987477	68159
湖 南	Hunan	71815	45275	2288800	31638	63100	25180	3854440	60667
广 东	Guangdong	337505	170127	12802121	37991	304291	110991	33808395	112278
广 西	Guangxi	38344	22548	1050304	27564	36891	15465	2579386	66994
海 南	Hainan	61354	31443	2219460	36572	13493	4832	1115317	83059
重 庆	Chongqing	60933	38718	2130150	35307	42344	15508	3733179	87660
四 川	Sichuan	102734	62385	3402377	32945	135722	55225	10905577	81626
贵 州	Guizhou	32742	19400	1087730	33443	29843	11777	2342274	77662
云 南	Yunnan	74986	46629	2182598	28697	44948	18424	2976774	65259
西 藏	Tibet	1821	1066	84929	45295	1970	872	163948	83775
陕 西	Shaanxi	103672	63794	3023550	28970	98758	41594	9182095	93312
甘 肃	Gansu	23104	14613	614587	26893	18855	9236	889524	47285
青 海	Qinghai	3634	2345	130989	35937	8930	4041	550563	60869
宁 夏	Ningxia	4789	3134	166530	34393	7311	3904	528351	70901
新 疆	Xinjiang	12045	6890	486306	38712	20381	9853	1489809	71656

6-2 续表 11 continued

地 区	Region	金融业 Financial Infermediation 年末人数(人) Year-end Figures (person)	#女 性 Female	工资总额(千元) Total Wages (1000 yuan)	平均工资(元) Average wage (yuan)	房地产业 Real Estate 年末人数(人) Year-end Figures (person)	#女 性 Female	工资总额(千元) Total Wages (1000 yuan)	平均工资(元) Average wage (yuan)
全 国	**National**	**3732702**	**1966965**	**428296774**	**117537**	**3568094**	**1328690**	**200070189**	**56459**
北 京	Beijing	421409	226467	92532273	226223	363413	139519	29771103	81509
天 津	Tianjin	77391	43753	8421205	112340	54783	21901	4107282	75312
河 北	Hebei	227240	118868	15939835	72668	95441	39473	3763782	39836
山 西	Shanxi	65543	38332	4817955	75079	25409	9502	1062022	42130
内蒙古	Inner Mongolia	47564	26469	3345753	71180	44759	18936	1751788	38998
辽 宁	Liaoning	136951	79134	10258328	76696	122548	44641	5982777	48351
吉 林	Jilin	53925	30126	4207842	78047	53821	24047	2206651	39475
黑龙江	Heilongjiang	93133	42651	4839379	53138	44847	16181	1866384	40257
上 海	Shanghai	294519	131724	57767532	194595	231230	79588	17106599	72839
江 苏	Jiangsu	208232	111341	23180886	117307	201704	79955	12416853	62071
浙 江	Zhejiang	320697	178826	40104292	128259	183400	67301	11024952	61444
安 徽	Anhui	96558	50522	7205463	76593	92343	35418	4676699	51324
福 建	Fujian	97834	53053	10729124	113058	121509	44500	7199578	60102
江 西	Jiangxi	50404	27402	3476078	71133	46943	17689	2130311	45932
山 东	Shandong	254282	130750	21904079	89379	222622	78478	11156048	50436
河 南	Henan	140394	71295	9688410	70032	168313	58952	6937834	41820
湖 北	Hubei	96195	49333	7037828	74434	112457	42234	5288013	47672
湖 南	Hunan	188334	99684	15909394	86474	107211	39003	4828411	45700
广 东	Guangdong	281963	151070	36554435	133585	497386	170734	30681367	61616
广 西	Guangxi	54046	27913	4606050	88910	66255	24702	2701871	41501
海 南	Hainan	25284	13025	2186694	92429	69104	26410	3484890	51739
重 庆	Chongqing	93992	44375	9282675	104439	115176	47377	6277841	56838
四 川	Sichuan	112051	56597	8382650	78004	166518	63932	8208015	49957
贵 州	Guizhou	53311	26453	6434212	122601	72643	26599	3242745	45730
云 南	Yunnan	34192	19521	3992755	120722	106500	40339	4528015	43493
西 藏	Tibet	1404	571	154463	114163	1435	331	79017	55724
陕 西	Shaanxi	106735	56804	8527800	74587	84539	31978	3697897	45138
甘 肃	Gansu	28598	16925	1470826	52188	36735	13726	1355534	37269
青 海	Qinghai	4003	2258	309131	79879	6706	2748	242927	35151
宁 夏	Ningxia	17718	10771	1505139	88169	12301	4857	498262	41581
新 疆	Xinjiang	48800	30952	3524288	73545	40043	17639	1794721	45829

6-2 续表 12 continued

地 区	Region	租赁和商务服务业 Leasing and Business Services				科学研究和技术服务业 Scientific Research and Technical Services			
		年末人数（人） Year-end Figures (person)	#女 性 Female	工资总额（千元） Total Wages (1000 yuan)	平均工资（元） Average wage (yuan)	年末人数（人） Year-end Figures (person)	#女 性 Female	工资总额（千元） Total Wages (1000 yuan)	平均工资（元） Average wage (yuan)
全 国	**National**	**2874063**	**1055022**	**223603754**	**78859**	**1778177**	**538163**	**164412032**	**93884**
北 京	Beijing	485576	210942	58065099	124355	374842	128777	44134482	118976
天 津	Tianjin	50102	17590	3784498	75904	62353	13772	7055898	116200
河 北	Hebei	66916	18716	2440900	37013	72105	16457	5110261	72889
山 西	Shanxi	27181	9846	1142562	40701	12642	3322	785165	63432
内蒙古	Inner Mongolia	22228	6552	1064830	44810	19518	5064	1325840	69467
辽 宁	Liaoning	45879	14749	2138573	46825	47667	12888	3631551	76694
吉 林	Jilin	31642	10672	1218828	39136	15582	5116	976087	62594
黑龙江	Heilongjiang	25521	8130	1129025	44550	12946	4032	664673	51601
上 海	Shanghai	400008	160257	59850911	152264	148128	49739	23764905	164171
江 苏	Jiangsu	191796	69227	11084839	57820	119163	36026	9286965	79216
浙 江	Zhejiang	194318	63457	12003550	61840	86664	25255	7450634	87204
安 徽	Anhui	34656	13005	1540827	44627	33969	8935	2230755	65942
福 建	Fujian	68783	22598	3510046	52300	38508	13090	2252844	59930
江 西	Jiangxi	15772	6304	672436	43193	10716	2412	812151	76712
山 东	Shandong	109703	38659	5835495	53658	87608	26937	5159281	59823
河 南	Henan	96746	33251	3904994	41087	66633	20725	3394367	50858
湖 北	Hubei	57125	18166	2698895	47791	66223	16958	5604284	85142
湖 南	Hunan	60438	19967	2346398	39415	50566	13706	2274485	45785
广 东	Guangdong	419992	157488	29250768	69851	219287	71223	21194439	98472
广 西	Guangxi	61678	22531	2349691	38061	16354	5342	901379	55997
海 南	Hainan	15937	5974	785945	50323	8957	2684	429138	47981
重 庆	Chongqing	97578	23099	3759688	39388	37469	11700	3120138	84178
四 川	Sichuan	66595	25420	3435462	52300	52962	14789	4781172	90609
贵 州	Guizhou	34266	10520	1590848	47566	19249	4124	937875	54972
云 南	Yunnan	72161	20738	2428693	34461	21137	5562	1051217	50710
西 藏	Tibet	4264	1674	210091	49726				
陕 西	Shaanxi	51486	19617	2546579	49455	43926	10941	3615924	84342
甘 肃	Gansu	8797	3369	269036	31342	11320	2759	797855	72453
青 海	Qinghai	5431	1569	186387	34237	3377	913	209039	61663
宁 夏	Ningxia	13425	5105	513542	38244	3971	1223	284543	70067
新 疆	Xinjiang	38063	15830	1844318	47891	14335	3692	1174685	78370

6-2 续表 13 continued

地 区	Region	水利、环境和公共设施管理业 Management of Water Conservancy, Environment and Public Facilities				居民服务、修理和其他服务业 Service to Households, Repair and Other Services			
		年末人数（人） Year-end Figures (person)	#女 性 Female	工资总额（千元） Total Wages (1000 yuan)	平均工资（元） Average wage (yuan)	年末人数（人） Year-end Figures (person)	#女 性 Female	工资总额（千元） Total Wages (1000 yuan)	平均工资（元） Average wage (yuan)
全 国	**National**	**460508**	**185772**	**21176413**	**46682**	**472843**	**211045**	**18874149**	**40752**
北 京	Beijing	33926	10711	2185784	65364	67920	35886	3035353	44829
天 津	Tianjin	5740	1651	389391	69053	62845	18378	1977469	33669
河 北	Hebei	8614	3869	284798	31160	8465	3110	272336	32962
山 西	Shanxi	5972	2355	147515	25160	8611	4873	265424	30400
内蒙古	Inner Mongolia	7500	2802	323649	41240	1903	743	63681	34515
辽 宁	Liaoning	11652	4080	411213	35325	8750	4052	285613	32840
吉 林	Jilin	6323	2733	190885	30386	7945	4427	216623	27676
黑龙江	Heilongjiang	4982	1941	175549	33216	3711	1702	178991	44065
上 海	Shanghai	56832	20575	3628745	63460	52099	23389	3050519	58870
江 苏	Jiangsu	29389	13646	1423066	48435	27972	7544	1287659	47868
浙 江	Zhejiang	42901	16334	2032471	47657	17756	10073	689584	39707
安 徽	Anhui	8041	3402	324353	40247	5620	1908	203990	36310
福 建	Fujian	9726	3342	412509	43819	7376	3324	330031	44270
江 西	Jiangxi	7609	3810	298073	39983	4899	1439	219141	44915
山 东	Shandong	39085	12062	1178651	34350	21913	8556	786135	37124
河 南	Henan	21674	8205	776669	37999	15519	7256	459806	30090
湖 北	Hubei	9306	4145	348562	37561	10478	5535	366341	35347
湖 南	Hunan	5521	2022	207862	37731	13637	6655	515916	38358
广 东	Guangdong	47249	23095	2258897	49039	58594	27649	2390175	41395
广 西	Guangxi	5948	2199	234275	41000	4342	2126	132973	30816
海 南	Hainan	9580	4312	467222	47822	3757	2412	95993	26957
重 庆	Chongqing	11441	4897	470311	41925	12408	7281	485756	40252
四 川	Sichuan	24271	12316	1145417	46524	11487	5235	443160	40309
贵 州	Guizhou	4259	1851	150327	34646	8177	3651	273789	33789
云 南	Yunnan	17874	8256	643330	36667	11420	5532	366565	32042
西 藏	Tibet					1666	1431	67298	41826
陕 西	Shaanxi	16582	7187	720840	44700	9409	4743	279723	30994
甘 肃	Gansu	1238	476	35718	27992	808	393	11565	17603
青 海	Qinghai	487	168	17153	38896	428	126	13590	32128
宁 夏	Ningxia	2754	1275	127264	37686	541	261	18292	32840
新 疆	Xinjiang	4032	2055	165914	38397	2387	1355	90658	36556

6-2 续表 14 continued

地 区	Region	教 育 Education 年末人数(人) Year-end Figures (person)	#女 性 Female	工资总额(千元) Total Wages (1000 yuan)	平均工资(元) Average wage (yuan)	卫生和社会工作 Health and Social Service 年末人数(人) Year-end Figures (person)	#女 性 Female	工资总额(千元) Total Wages (1000 yuan)	平均工资(元) Average wage (yuan)
全 国	**National**	**1024478**	**603962**	**51683531**	**51494**	**515627**	**334799**	**27416009**	**54309**
北 京	Beijing	91819	56590	6234014	69574	33181	23335	2504806	78354
天 津	Tianjin	8342	4891	603235	73574	3729	2215	193353	51963
河 北	Hebei	11800	6776	448239	38846	7044	5091	328857	47848
山 西	Shanxi	14660	8566	409398	28132	5793	3679	189980	33330
内蒙古	Inner Mongolia	5433	3155	227270	42825	3496	2288	148510	42419
辽 宁	Liaoning	25932	12651	1120283	44742	17724	10657	719758	41197
吉 林	Jilin	8216	5153	342741	42672	7802	5018	258802	34008
黑龙江	Heilongjiang	3659	1346	198823	57563	3303	2461	118717	35322
上 海	Shanghai	25334	15816	2640653	101482	9299	6191	1013752	109229
江 苏	Jiangsu	49866	28124	2971564	60694	48399	30835	2841496	59793
浙 江	Zhejiang	90425	59336	5472382	61283	34807	22379	2292117	69361
安 徽	Anhui	43193	23108	1704982	40043	26563	17792	1269035	48635
福 建	Fujian	38256	23841	1852459	48986	12321	7846	684248	58373
江 西	Jiangxi	11652	5151	448469	42043	10450	6274	495732	48275
山 东	Shandong	66891	35846	2871771	43946	32256	21391	1452242	45402
河 南	Henan	95189	55344	3778056	41123	48646	30116	2044243	43104
湖 北	Hubei	35465	17735	1459229	41680	18738	12918	936945	50635
湖 南	Hunan	50665	29345	2071938	41386	21272	13751	1149527	54501
广 东	Guangdong	144940	90516	8551392	59971	52439	33948	3506307	68285
广 西	Guangxi	21485	14079	690032	32624	8827	5912	402782	46473
海 南	Hainan	20090	13134	787966	39861	5146	3657	197889	39491
重 庆	Chongqing	30192	20050	1682147	55819	20156	11494	1052028	52826
四 川	Sichuan	44424	23349	1980318	46712	24283	15430	1212423	50450
贵 州	Guizhou	14996	7710	583535	38892	11108	6938	501363	45711
云 南	Yunnan	34669	20590	1137705	33889	27333	18414	1009477	37561
西 藏	Tibet					795	529	57534	72461
陕 西	Shaanxi	25979	15081	1029876	41185	13681	9482	564100	42774
甘 肃	Gansu	1337	725	43006	32829	2452	1608	85665	35531
青 海	Qinghai	2888	2274	80170	28289	965	594	28387	31229
宁 夏	Ningxia	3368	1968	144366	43589	1459	1099	73851	50827
新 疆	Xinjiang	3313	1712	117512	36348	2160	1457	82083	39162

6-2 续表 15 continued

地 区	Region	文化、体育和娱乐业 Culture, Sports and Entertainment 年末人数(人) Year-end Figures (person)	#女 性 Female	工资总额(千元) Total Wages (1000 yuan)	平均工资(元) Average wage (yuan)	公共管理、社会保障和社会组织 Public Management, Social Security and Social Organization 年末人数(人) Year-end Figures (person)	#女 性 Female	工资总额(千元) Total Wages (1000 yuan)	平均工资(元) Average wage (yuan)
全 国	**National**	**373403**	**178877**	**24544852**	**65926**	**121187**	**46154**	**4662371**	**38391**
北 京	Beijing	63233	31801	6240115	97765	52756	19940	1853569	34853
天 津	Tianjin	6189	2762	526755	84960	817	599	45087	56500
河 北	Hebei	7194	3362	321610	44538				
山 西	Shanxi	4733	2462	134942	29927	149	99	11132	74347
内蒙古	Inner Mongolia	1343	656	56781	42216	283	179	14168	50064
辽 宁	Liaoning	10523	5328	520385	49509	4158	1546	83476	19985
吉 林	Jilin	5413	2462	181446	33440	52	15	1439	35975
黑龙江	Heilongjiang	4373	1951	181455	40831	259	132	9253	35726
上 海	Shanghai	29852	13416	3103435	101221	1326	742	98660	73299
江 苏	Jiangsu	28441	13625	1992772	69609	1583	951	88554	57021
浙 江	Zhejiang	19350	9041	1224290	64271	30903	11025	1308007	42516
安 徽	Anhui	6164	3000	298731	48836	47	18	2225	47340
福 建	Fujian	11157	5049	562644	50629	178	69	1546	8885
江 西	Jiangxi	3890	1710	173324	45373	60	23	2689	44817
山 东	Shandong	16836	7387	935685	55742	2131	540	128535	60035
河 南	Henan	11625	4963	491223	42376	16659	6229	561929	33894
湖 北	Hubei	10469	4698	596258	57855	159	81	5561	34975
湖 南	Hunan	16115	7830	797612	50985	3201	1349	93373	28792
广 东	Guangdong	48352	24686	2904546	60283	2791	1333	191916	68861
广 西	Guangxi	7775	3929	394028	51252	736	219	32444	43725
海 南	Hainan	6349	2974	270568	43201	1442	357	58458	39767
重 庆	Chongqing	8859	4032	491126	55702				
四 川	Sichuan	12833	5932	649646	50746	42	15	1245	29643
贵 州	Guizhou	6123	2983	253708	40704	642	325	35569	55838
云 南	Yunnan	9291	4353	402287	43599	165	108	4803	29466
西 藏	Tibet	406	244	18162	45179				
陕 西	Shaanxi	10778	5531	554495	56697	189	90	9086	48330
甘 肃	Gansu	2203	1152	87036	39852	179	52	5826	32547
青 海	Qinghai	1203	482	78035	66019				
宁 夏	Ningxia	777	360	37450	46930	275	116	13461	49128
新 疆	Xinjiang	1554	716	64302	41405	5	2	340	68000

6-3 各地区分行业其他单位在岗职工人数和平均工资(2014年)
ON-POST STAFF AND WORKERS AND AVERAGE WAGE IN OTHER OWNERSHIP UNITS BY SECTOR AND REGION (2014)

地区	Region	总计 Total		农、林、牧、渔业 Agriculture, Forestry, Animal Husbandry and Fishery		采矿业 Mining		制造业 Manufacturing	
		年末人数(人) Year-end Figures (person)	平均工资(元) Average Wage (yuan)	年末人数(人) Year-end Figures (person)	平均工资(元) Average Wage (yuan)	年末人数(人) Year-end Figures (person)	平均工资(元) Average Wage (yuan)	年末人数(人) Year-end Figures (person)	平均工资(元) Average Wage (yuan)
全国	**National**	**107616606**	**57092**	**182977**	**35697**	**5017171**	**62976**	**48682262**	**50989**
北京	Beijing	5133176	104473	17491	48654	60158	90756	908729	79281
天津	Tianjin	2012344	70141	187	92304	62899	98939	1095297	64175
河北	Hebei	3208188	48157	1307	29552	215934	63159	1383347	44046
山西	Shanxi	2187887	53479	1463	21322	918998	66178	600747	41161
内蒙古	Inner Mongolia	1220240	51241	6977	36115	166367	66835	424150	48477
辽宁	Liaoning	3142077	51061	5426	46105	234704	57023	1320650	50321
吉林	Jilin	1488604	45101	1551	38373	122810	56482	660018	43251
黑龙江	Heilongjiang	1474701	48523	7293	21514	341386	57064	484030	43557
上海	Shanghai	4969479	100434	15333	58410	503	126269	1946937	78676
江苏	Jiangsu	11963188	58913	1473	31725	98445	61207	5886691	57817
浙江	Zhejiang	8298275	55557	1629	47021	6030	56296	3435342	50941
安徽	Anhui	2791062	51698	236	23853	265989	71069	1121772	47553
福建	Fujian	4521854	50794	3216	30270	13028	46405	2396585	46664
江西	Jiangxi	2379693	44550	1055	31267	45481	44172	1206917	42097
山东	Shandong	7754247	49438	1638	36396	585560	64533	4036377	45169
河南	Henan	6612982	40435	11068	34017	490204	51585	3186982	37836
湖北	Hubei	3870695	48163	617	24479	57574	50491	1686215	45765
湖南	Hunan	2880021	48196	2450	27390	80756	42022	1182675	47340
广东	Guangdong	14720357	57972	3197	47100	21809	81118	9878157	52113
广西	Guangxi	1695152	46192	4919	42278	24391	47385	678329	41877
海南	Hainan	546744	47786	64929	30958	6511	53417	90605	46101
重庆	Chongqing	2658652	53527	3221	27503	78209	48434	824216	53443
四川	Sichuan	3996773	50315	1109	34746	179660	63466	1579600	48126
贵州	Guizhou	1200653	51627	3410	26036	157914	50878	384249	47866
云南	Yunnan	1963051	41809	2181	23880	137327	42591	594106	39429
西藏	Tibet	44923	62063			3989	77734	7965	57540
陕西	Shaanxi	2327922	52965	1168	34920	283619	71349	782940	46813
甘肃	Gansu	915027	45437	982	34169	84333	63610	327062	50167
青海	Qinghai	267889	54021	3116	14505	37073	89086	105707	51402
宁夏	Ningxia	338347	57710	947	45897	62410	84243	124156	50119
新疆	Xinjiang	1032403	60014	13388	32301	173100	86123	341709	57989

6-3 续表 1 continued

地 区	Region	电力、热力、燃气及水生产和供应业 Production and Supply of Electricity, Heat, Gas and Water		建筑业 Construction		批发和零售业 Wholesale and Retail Trades		交通运输、仓储和邮政业 Transport, Storage and Post	
		年末人数（人） Year-end Figures (person)	平均工资（元） Average Wage (yuan)	年末人数（人） Year-end Figures (person)	平均工资（元） Average Wage (yuan)	年末人数（人） Year-end Figures (person)	平均工资（元） Average Wage (yuan)	年末人数（人） Year-end Figures (person)	平均工资（元） Average Wage (yuan)
全 国	**National**	**1999919**	**73601**	**21695989**	**47224**	**7234563**	**55695**	**4290784**	**63767**
北 京	Beijing	61340	110229	382604	78569	640251	90048	473629	76809
天 津	Tianjin	28092	101095	231584	60439	149732	60225	79480	94385
河 北	Hebei	79006	85800	668079	37821	222137	34541	112068	53838
山 西	Shanxi	55278	64381	236531	43991	103352	39705	52364	40094
内蒙古	Inner Mongolia	83801	72265	197971	41585	76717	39678	54902	49153
辽 宁	Liaoning	75837	58502	646871	41903	208058	42544	131056	58933
吉 林	Jilin	89641	58787	232786	38295	96765	34462	41832	38824
黑龙江	Heilongjiang	91881	65439	183986	39535	124597	40343	23215	44924
上 海	Shanghai	25672	125912	307786	74047	700572	107166	404520	88320
江 苏	Jiangsu	83181	83942	3859391	53079	514815	57293	301033	60765
浙 江	Zhejiang	61320	83103	3001417	46513	377107	58775	235298	67873
安 徽	Anhui	56878	71367	643230	49506	190721	41175	105723	43250
福 建	Fujian	58087	76788	1189859	50136	216991	49586	131441	58946
江 西	Jiangxi	96970	61298	590103	42531	131393	41095	72997	50627
山 东	Shandong	108191	60499	1248168	45450	515195	40743	253791	56682
河 南	Henan	112000	50885	1489928	38598	354616	34987	182548	41805
湖 北	Hubei	49422	57587	1057189	48604	330124	40867	138370	46832
湖 南	Hunan	53072	59018	733842	42061	159153	41045	80175	44137
广 东	Guangdong	193174	105245	888807	49697	825329	56884	624708	75964
广 西	Guangxi	87086	67177	423307	45657	95061	39458	87592	46702
海 南	Hainan	8962	62066	44257	40516	54993	41581	43864	66191
重 庆	Chongqing	57401	73978	859094	46558	200531	46734	176111	54233
四 川	Sichuan	112727	70588	980739	41509	263495	42276	187640	58976
贵 州	Guizhou	27165	67459	205726	47930	102199	39785	47776	52504
云 南	Yunnan	63882	70081	460801	36290	197495	35509	81865	52148
西 藏	Tibet	4010	63260	8358	50584	6413	73335	954	55226
陕 西	Shaanxi	65288	68977	386770	45741	211187	36072	83052	48210
甘 肃	Gansu	29988	56293	259493	36508	58983	33110	29753	39281
青 海	Qinghai	8431	62469	48703	46684	19364	37300	8541	48946
宁 夏	Ningxia	16841	76511	38008	43986	22677	42247	12586	44757
新 疆	Xinjiang	55295	67580	190601	52207	64240	52270	31900	64146

6-3 续表 2 continued

地 区	Region	住宿和餐饮业 Hotels and Catering Services		信息传输、软件和信息技术服务业 Information Transmission, Software and Information Technology		金融业 Financial Intermediation		房地产业 Real Estate	
		年末人数(人) Year-end Figures (person)	平均工资(元) Average Wage (yuan)	年末人数(人) Year-end Figures (person)	平均工资(元) Average Wage (yuan)	年末人数(人) Year-end Figures (person)	平均工资(元) Average Wage (yuan)	年末人数(人) Year-end Figures (person)	平均工资(元) Average Wage (yuan)
全 国	**National**	**2217874**	**37895**	**2905665**	**106157**	**2885925**	**138919**	**3369963**	**57375**
北 京	Beijing	212991	50852	585460	147320	345387	254809	338676	82472
天 津	Tianjin	39533	40702	37156	116239	50471	147810	51456	77303
河 北	Hebei	39932	29212	70656	89599	152632	93693	91396	40434
山 西	Shanxi	29549	23828	41875	57237	49653	91025	22201	45148
内蒙古	Inner Mongolia	32648	33471	35022	64459	39645	77775	43344	39231
辽 宁	Liaoning	47171	35762	106098	83030	94295	93811	117122	49390
吉 林	Jilin	18010	30547	50483	59387	45805	85291	51243	40295
黑龙江	Heilongjiang	18957	33754	51441	62324	53664	72241	37477	43464
上 海	Shanghai	181274	53106	241679	168883	285206	194301	193894	77458
江 苏	Jiangsu	138333	38853	258295	107803	159170	142054	188594	63752
浙 江	Zhejiang	114159	41913	148552	119162	257930	144678	172961	62694
安 徽	Anhui	50066	30073	48725	66460	69688	96539	89722	51936
福 建	Fujian	84948	35794	59165	82276	73528	138648	116852	60790
江 西	Jiangxi	30780	31219	57742	60913	40533	82194	45059	46778
山 东	Shandong	108790	36718	145801	76959	185060	110523	214170	50869
河 南	Henan	81886	30280	71450	55842	115456	78836	162240	42020
湖 北	Hubei	92388	33351	86327	69239	72549	87155	107018	48287
湖 南	Hunan	70246	31727	61735	61146	145704	104816	101636	46701
广 东	Guangdong	327320	38299	297759	112942	231623	148803	484282	61919
广 西	Guangxi	37604	27621	35471	67748	40404	107429	63634	42189
海 南	Hainan	60304	36687	13435	83297	21483	104930	68064	51895
重 庆	Chongqing	59933	35211	41892	87972	51161	164734	110724	57847
四 川	Sichuan	99851	33150	133455	82304	75166	92287	157434	51109
贵 州	Guizhou	31976	33653	28875	78608	47741	132692	69381	46171
云 南	Yunnan	73005	28782	44072	65852	28761	138278	100046	44349
西 藏	Tibet	1795	45512	1895	85328	1386	113960	1187	63203
陕 西	Shaanxi	94351	30810	98037	93772	75391	95780	82017	45762
甘 肃	Gansu	20139	28742	17520	47846	27956	52827	32512	39455
青 海	Qinghai	3604	36153	8458	61492	3994	79933	6480	35355
宁 夏	Ningxia	4676	34693	7125	72260	12509	109595	11286	43151
新 疆	Xinjiang	11655	39240	20009	72517	31974	94344	37855	46883

6-3 续表 3 continued

地 区	Region	租赁和商务服务业 Leasing and Business Services		科学研究和技术服务业 Scientific Research and Technical Services		水利、环境和公共设施管理业 Management of Water Conservancy,Environment and Public Facilities		居民服务、修理和其他服务业 Service to Households, Repair and Other Services	
		年末人数(人) Year-end Figures (person)	平均工资(元) Average Wage (yuan)	年末人数(人) Year-end Figures (person)	平均工资(元) Average Wage (yuan)	年末人数(人) Year-end Figures (person)	平均工资(元) Average Wage (yuan)	年末人数(人) Year-end Figures (person)	平均工资(元) Average Wage (yuan)
全 国	**National**	**2728299**	**77178**	**1656903**	**95374**	**410213**	**48812**	**450535**	**40920**
北 京	Beijing	463855	118135	343381	121686	32748	65685	61821	45259
天 津	Tianjin	46400	77364	56947	117365	4627	76955	61265	33311
河 北	Hebei	63711	35552	66728	71715	7120	33008	8295	33191
山 西	Shanxi	25872	41587	11583	65022	5787	24630	8266	30620
内蒙古	Inner Mongolia	21976	45039	18110	71915	6757	42023	1849	35179
辽 宁	Liaoning	45004	47054	41605	79538	10492	35348	8595	32777
吉 林	Jilin	29619	39573	14762	64459	6164	30540	7758	28154
黑龙江	Heilongjiang	25182	44604	12658	51971	4423	35191	3680	44261
上 海	Shanghai	374165	145733	139216	163835	50854	65556	48759	59315
江 苏	Jiangsu	185977	57888	113160	79839	27072	49831	27364	47993
浙 江	Zhejiang	188032	62555	81000	88600	38539	49919	16772	40473
安 徽	Anhui	33928	45003	31008	68786	6776	41471	5259	37604
福 建	Fujian	66233	53025	37236	60163	9338	44404	7053	45076
江 西	Jiangxi	13929	45307	9618	80458	7256	40665	4811	44852
山 东	Shandong	106922	54045	84253	60336	24702	44753	21309	37242
河 南	Henan	92806	41702	64255	51057	19391	36382	15091	30203
湖 北	Hubei	53599	48586	59441	89897	8866	38106	9552	36195
湖 南	Hunan	58267	39559	46981	46698	4772	39441	11871	39511
广 东	Guangdong	398668	70199	207145	99867	42554	52261	57750	41330
广 西	Guangxi	55547	40387	15729	56942	5160	43074	3958	31365
海 南	Hainan	15673	50679	8672	47915	9268	47436	3634	26608
重 庆	Chongqing	81571	40973	35645	86036	10699	42070	11327	41067
四 川	Sichuan	65268	52831	48435	95284	24133	46621	11335	40434
贵 州	Guizhou	33590	47824	17255	56066	4041	35291	7795	34396
云 南	Yunnan	68397	34870	18568	52722	15838	38791	10742	32218
西 藏	Tibet	4162	49214					1639	41683
陕 西	Shaanxi	49702	50170	42282	85776	14359	47402	9188	30588
甘 肃	Gansu	7943	32840	10667	74483	1201	27933	808	17748
青 海	Qinghai	5360	34397	3291	62367	483	38847	252	37714
宁 夏	Ningxia	12707	39004	3810	71104	2516	39188	497	34107
新 疆	Xinjiang	34201	49049	13462	80252	3977	38587	2240	37682

6-3 续表 4 continued

地 区	Region	教 育 Education		卫生和社会工作 Health and Social Service		文化、体育和娱乐业 Culture, Sports and Entertainment		公共管理、社会保障和社会组织 Public Management, Social Security and Social Organization	
		年末人数（人）Year-end Figures (person)	平均工资（元）Average Wage (yuan)	年末人数（人）Year-end Figures (person)	平均工资（元）Average Wage (yuan)	年末人数（人）Year-end Figures (person)	平均工资（元）Average Wage (yuan)	年末人数（人）Year-end Figures (person)	平均工资（元）Average Wage (yuan)
全 国	**National**	**941788**	**50759**	**490687**	**54194**	**348090**	**66069**	**106999**	**39457**
北 京	Beijing	71345	65890	28443	74626	58572	97205	46295	33868
天 津	Tianjin	7055	78183	3496	52449	5850	80826	817	56500
河 北	Hebei	11384	39191	6931	48132	6892	44934		
山 西	Shanxi	14166	28389	5711	33457	4342	30701	149	74347
内蒙古	Inner Mongolia	5132	43596	3385	43076	1204	44543	283	50064
辽 宁	Liaoning	19249	43264	15709	41438	9983	51421	4152	19990
吉 林	Jilin	7144	42614	7443	34026	4718	34162	52	35975
黑龙江	Heilongjiang	3541	58852	3210	35875	3821	44456	259	35726
上 海	Shanghai	18683	94059	7942	111206	25405	95322	1079	81232
江 苏	Jiangsu	45951	62198	45791	60337	26876	71284	1576	57255
浙 江	Zhejiang	84282	61433	31935	69839	17719	67312	28251	44277
安 徽	Anhui	40314	41371	26123	48916	4857	57045	47	47340
福 建	Fujian	36093	49224	11980	58804	10073	53605	148	10618
江 西	Jiangxi	11469	42233	10281	48532	3239	49505	60	44817
山 东	Shandong	64885	44206	31268	45729	16047	55661	2120	60279
河 南	Henan	91420	41150	47620	43448	11495	42517	12526	39803
湖 北	Hubei	33485	42501	18238	50686	9599	61266	122	41230
湖 南	Hunan	47572	42426	20644	54710	15354	52264	3116	28940
广 东	Guangdong	136735	59539	51591	68457	47261	60729	2488	71818
广 西	Guangxi	20641	33002	8422	47051	7297	52180	600	49892
海 南	Hainan	19650	40018	5024	39643	6016	44453	1400	39999
重 庆	Chongqing	29092	56186	19172	54103	8653	56646		
四 川	Sichuan	40553	47251	23699	50463	12432	51676	42	29643
贵 州	Guizhou	14228	39715	10836	46282	5866	41476	630	56458
云 南	Yunnan	32793	33968	25124	37938	7898	45796	150	28647
西 藏	Tibet			764	71471	406	45188		
陕 西	Shaanxi	24461	41477	13289	42829	10632	57266	189	48330
甘 肃	Gansu	1246	34214	2187	37271	2077	40966	177	32746
青 海	Qinghai	2888	28289	960	31236	1184	66488		
宁 夏	Ningxia	3144	44745	1411	50789	775	48300	266	50072
新 疆	Xinjiang	3187	36452	2058	39485	1547	41485	5	68000

6-4 各地区分行业其他单位其他就业人员和平均工资(2014)
OTHER EMPLOYMENT AND AVERAGE WAGE IN OTHER OWNERSHIP UNITS BY SECTOR AND REGION (2004)

地区	Region	总计 Total		农、林、牧、渔业 Agriculture, Forestry, Animal Husbandry and Fishery		采矿业 Mining		制造业 Manufacturing	
		年末人数(人) Year-end Figures (person)	平均工资(元) Average Wage (yuan)	年末人数(人) Year-end Figures (person)	平均工资(元) Average Wage (yuan)	年末人数(人) Year-end Figures (person)	平均工资(元) Average Wage (yuan)	年末人数(人) Year-end Figures (person)	平均工资(元) Average Wage (yuan)
全　国	**National**	**6670940**	**46708**	**7989**	**35535**	**99515**	**39464**	**792117**	**61474**
北　京	Beijing	351084	99302	206	37210	180	60500	22542	140162
天　津	Tianjin	115219	63240	17	61842	1119	69632	19939	131935
河　北	Hebei	262821	32616	22	21182	3380	37821	14185	54480
山　西	Shanxi	77218	28594			12104	21268	7032	28140
内蒙古	Inner Mongolia	50076	38896	903	10800	4202	58098	7455	39027
辽　宁	Liaoning	249762	38601	70	22573	6824	43033	26919	55767
吉　林	Jilin	98751	29515	5	15000	378	16848	13980	34573
黑龙江	Heilongjiang	115867	27239	30	19688	723	35814	17297	24040
上　海	Shanghai	319091	108230	3574	40728	10	85400	49703	137534
江　苏	Jiangsu	673944	47999	105	20557	1394	30234	94092	88070
浙　江	Zhejiang	373174	45879	93	28724	220	36863	36471	63149
安　徽	Anhui	281986	40304	30	14400	2761	17083	24150	38118
福　建	Fujian	299665	44072	163	17280	966	34753	30304	60438
江　西	Jiangxi	218029	39911			1151	33412	13999	35430
山　东	Shandong	381578	39867	320	8313	21662	54096	44209	48341
河　南	Henan	363233	33991	55	23053	3145	19625	42880	30977
湖　北	Hubei	358251	47168	64	33492	4054	34658	34557	35532
湖　南	Hunan	263124	32029	95	30624	1841	20598	24674	33529
广　东	Guangdong	483521	51537	109	16404	350	76514	89077	75276
广　西	Guangxi	103729	31489	943	74916	1535	36127	24330	30577
海　南	Hainan	17306	38662	172	25877	16	18684	1243	66935
重　庆	Chongqing	213069	39895	120	21317	1017	52429	30764	47740
四　川	Sichuan	289714	37210	26	15615	5285	38350	22387	37869
贵　州	Guizhou	93804	41669	149	15383	3849	33494	9239	30722
云　南	Yunnan	225707	30416	275	13813	5407	35591	48797	30079
西　藏	Tibet	8000	51304			216	38941	605	22884
陕　西	Shaanxi	207055	33748	20	21200	6472	46524	22385	30016
甘　肃	Gansu	92704	33116			3128	42745	10501	30269
青　海	Qinghai	7491	29585			2726	19426	1071	32962
宁　夏	Ningxia	20493	32262	241	15754	12	28824	2131	28907
新　疆	Xinjiang	55474	35165	182	25891	3388	54442	5199	36580

6-4 续表 1 continued

地 区	Region	电力、热力、燃气及水生产和供应业 Production and Supply of Electricity, Heat, Gas and Water		建筑业 Construction		批发和零售业 Wholesale and Retail Trades		交通运输、仓储和邮政业 Transport, Storage and Post	
		年末人数（人） Year-end Figures (person)	平均工资（元） Average Wage (yuan)	年末人数（人） Year-end Figures (person)	平均工资（元） Average Wage (yuan)	年末人数（人） Year-end Figures (person)	平均工资（元） Average Wage (yuan)	年末人数（人） Year-end Figures (person)	平均工资（元） Average Wage (yuan)
全 国	**National**	**67804**	**34616**	**3407386**	**40966**	**301637**	**62670**	**198230**	**41022**
北 京	Beijing	1168	49957	26131	65994	40429	115046	11970	77150
天 津	Tianjin	710	70777	29565	39937	5256	85500	2026	65514
河 北	Hebei	6551	25211	136669	32330	3906	22482	5492	38161
山 西	Shanxi	939	25659	22613	35107	3566	35998	3599	32647
内蒙古	Inner Mongolia	2230	21346	18647	40993	1762	23822	1747	29204
辽 宁	Liaoning	2022	21510	129340	35597	11772	29932	1822	29696
吉 林	Jilin	1872	29695	58434	28581	2712	26468	3019	14682
黑龙江	Heilongjiang	1739	29514	33265	29712	6019	21410	1359	26302
上 海	Shanghai	256	50414	45217	72747	56917	125247	14555	76383
江 苏	Jiangsu	1552	62767	418940	43289	19656	41761	12728	37261
浙 江	Zhejiang	1781	39400	191553	41215	18251	45892	7664	43205
安 徽	Anhui	1651	41471	193614	45333	5249	24369	7126	29069
福 建	Fujian	1371	53721	212241	44371	8728	29407	5963	29012
江 西	Jiangxi	19007	38413	150938	43587	8509	22391	4933	30438
山 东	Shandong	2135	27639	181425	42002	16471	32298	9101	38882
河 南	Henan	1539	28553	235035	35463	10075	25761	15297	42109
湖 北	Hubei	908	27198	251729	52783	11181	26534	6664	32148
湖 南	Hunan	801	29767	160624	35318	4988	23034	6124	24158
广 东	Guangdong	810	57447	205408	42039	24010	36572	34144	38017
广 西	Guangxi	3301	17951	37675	34002	2449	29201	5282	36054
海 南	Hainan	635	17037	6379	50171	277	59356	714	40969
重 庆	Chongqing	3463	44118	86068	43604	6442	28342	14516	44908
四 川	Sichuan	3566	36903	182140	36438	7635	25198	6556	26447
贵 州	Guizhou	498	54276	59221	47016	2423	26874	3280	31148
云 南	Yunnan	3114	28346	124647	31453	10727	23700	3458	31130
西 藏	Tibet	11	46278	5946	58476	408	45381	287	15902
陕 西	Shaanxi	1789	25407	115735	39434	4796	27235	4022	26925
甘 肃	Gansu	955	32135	58256	37053	4757	18763	3914	22820
青 海	Qinghai	14	19654	2139	40892	263	28721	180	17106
宁 夏	Ningxia	506	26092	9327	34993	217	26168	92	27449
新 疆	Xinjiang	910	38045	18465	34493	1786	30977	596	24577

6-4 续表 2 continued

地 区	Region	住宿和餐饮业 Hotels and Catering Services		信息传输、软件和信息技术服务业 Information Transmission, Software and Information Technology		金融业 Financial Intermediation		房地产业 Real Estate	
		年末人数（人） Year-end Figures (person)	平均工资（元） Average Wage (yuan)	年末人数（人） Year-end Figures (person)	平均工资（元） Average Wage (yuan)	年末人数（人） Year-end Figures (person)	平均工资（元） Average Wage (yuan)	年末人数（人） Year-end Figures (person)	平均工资（元） Average Wage (yuan)
全 国	**National**	**189989**	**24367**	**74593**	**89412**	**846777**	**40446**	**198131**	**41204**
北 京	Beijing	38051	33717	12855	235335	76022	85937	24737	68171
天 津	Tianjin	12405	18584	275	347882	26920	45472	3327	43732
河 北	Hebei	1184	27198	2035	35397	74608	26616	4045	27273
山 西	Shanxi	1205	20174	3197	31473	15890	23391	3208	20745
内蒙古	Inner Mongolia	714	24921	74	30415	7919	37405	1415	33125
辽 宁	Liaoning	1873	36320	3542	48595	42656	37767	5426	27181
吉 林	Jilin	508	26901	1830	37775	8120	32517	2578	25805
黑龙江	Heilongjiang	1870	24214	4746	29811	39469	26133	7370	24632
上 海	Shanghai	41972	29384	3463	295486	9313	203737	37336	48789
江 苏	Jiangsu	35742	13584	4721	50900	49062	30423	13110	38014
浙 江	Zhejiang	11731	17496	1610	58452	62767	57216	10439	40624
安 徽	Anhui	1418	20713	6555	35446	26870	22168	2621	30286
福 建	Fujian	1899	32736	916	24829	24306	31945	4657	43389
江 西	Jiangxi	288	21716	3064	31934	9871	23704	1884	26848
山 东	Shandong	2586	29614	1078	46083	69222	29622	8452	39900
河 南	Henan	1786	25422	4323	33807	24938	27910	6073	36522
湖 北	Hubei	1738	28763	3210	39463	23646	34011	5439	35733
湖 南	Hunan	1569	27749	1365	39254	42630	21893	5575	28183
广 东	Guangdong	10185	27821	6532	78901	50340	53981	13104	50331
广 西	Guangxi	740	25084	1420	46983	13642	31327	2621	26349
海 南	Hainan	1050	30034	58	28138	3801	11988	1040	41085
重 庆	Chongqing	1000	40635	452	57539	42831	30281	4452	33472
四 川	Sichuan	2883	25356	2267	40393	36885	47169	9084	29535
贵 州	Guizhou	766	25065	968	50007	5570	39679	3262	36392
云 南	Yunnan	1981	25610	876	31875	5431	21472	6454	31176
西 藏	Tibet	26	30481	75	44800	18	133643	248	25993
陕 西	Shaanxi	9321	10279	721	35421	31344	20425	2522	27513
甘 肃	Gansu	2965	14215	1335	38657	642	24933	4223	19955
青 海	Qinghai	30	12273	472	50402	9	56444	226	28959
宁 夏	Ningxia	113	19732	186	17812	5209	32657	1015	24516
新 疆	Xinjiang	390	24859	372	25940	16826	33489	2188	26615

6-4 续表 3 continued

地区 Region	租赁和商务服务业 Leasing and Business Services		科学研究和技术服务业 Scientific Research and Technical Services		水利、环境和公共设施管理业 Management of Water Conservancy,Environment and Public Facilities		居民服务、修理和其他服务业 Service to Households, Repair and Other Services	
	年末人数(人) Year-end Figures (person)	平均工资(元) Average Wage (yuan)	年末人数(人) Year-end Figures (person)	平均工资(元) Average Wage (yuan)	年末人数(人) Year-end Figures (person)	平均工资(元) Average Wage (yuan)	年末人数(人) Year-end Figures (person)	平均工资(元) Average Wage (yuan)
全国 National	**145764**	**110766**	**121274**	**73336**	**50295**	**27541**	**22308**	**37428**
北京 Beijing	21721	248943	31461	89500	1178	57381	6099	40267
天津 Tianjin	3702	58804	5406	102140	1113	34798	1580	44433
河北 Hebei	3172	66243	5377	51835	1194	19820	170	20342
山西 Shanxi	1309	23919	1059	45970	185	44075	345	25408
内蒙古 Inner Mongolia	252	24502	1408	37599	743	34115	54	12519
辽宁 Liaoning	875	33223	6062	57176	1160	35107	155	37184
吉林 Jilin	2023	32854	820	32432	159	24369	187	8250
黑龙江 Heilongjiang	339	40995	288	31754	559	22340	31	20853
上海 Shanghai	25843	241611	8912	169100	5978	45700	3340	52581
江苏 Jiangsu	5819	55425	6003	66532	2317	31995	608	41426
浙江 Zhejiang	6286	39269	5664	67670	4362	27788	984	26955
安徽 Anhui	728	28039	2961	37099	1265	33561	361	15904
福建 Fujian	2550	35679	1272	53994	388	28796	323	28105
江西 Jiangxi	1843	27720	1098	43839	353	25340	88	48021
山东 Shandong	2781	39432	3355	47411	14383	10428	604	33027
河南 Henan	3940	26369	2378	45702	2283	57328	428	26038
湖北 Hubei	3526	35860	6782	43384	440	26815	926	26957
湖南 Hunan	2171	35750	3585	33199	749	26519	1766	30322
广东 Guangdong	21324	61116	12142	72791	4695	17757	844	45508
广西 Guangxi	6131	19496	625	36435	788	26707	384	25134
海南 Hainan	264	29850	285	50062	312	60732	123	36225
重庆 Chongqing	16007	31055	1824	48417	742	39660	1081	30965
四川 Sichuan	1327	30589	4527	43602	138	30733	152	32298
贵州 Guizhou	676	36084	1994	35682	218	22329	382	21653
云南 Yunnan	3764	26372	2569	36015	2036	20927	678	29222
西藏 Tibet	102	68363					27	51250
陕西 Shaanxi	1784	30056	1644	46483	2223	25028	221	48115
甘肃 Gansu	854	20003	653	35139	37	30028		13920
青海 Qinghai	71	20587	86	37011	4	44250	176	24211
宁夏 Ningxia	718	26379	161	44963	238	22104	44	18068
新疆 Xinjiang	3862	37642	873	48841	55	34887	147	20958

6-4 续表 4 continued

地 区	Region	教 育 Education		卫生和社会工作 Health and Social Service		文化、体育和娱乐业 Culture, Sports and Entertainment		公共管理、社会保障和社会组织 Public Management, Social Security and Social Organization	
		年末人数（人）Year-end Figures (person)	平均工资（元）Average Wage (yuan)	年末人数（人）Year-end Figures (person)	平均工资（元）Average Wage (yuan)	年末人数（人）Year-end Figures (person)	平均工资（元）Average Wage (yuan)	年末人数（人）Year-end Figures (person)	平均工资（元）Average Wage (yuan)
全 国	**National**	**82690**	**60067**	**24940**	**56531**	**25313**	**64011**	**14188**	**30382**
北 京	Beijing	20474	83572	4738	100642	4661	104489	6461	41797
天 津	Tianjin	1287	47157	233	44578	339	147408		
河 北	Hebei	416	30221	113	31284	302	35237		
山 西	Shanxi	494	20474	82	26510	391	19863		
内蒙古	Inner Mongolia	301	26749	111	22173	139	19504		
辽 宁	Liaoning	6683	48757	2015	39349	540	26326	6	16714
吉 林	Jilin	1072	43042	359	33694	695	28370		
黑龙江	Heilongjiang	118	21767	93	16722	552	20122		
上 海	Shanghai	6651	123746	1357	97228	4447	134907	247	38000
江 苏	Jiangsu	3915	41872	2608	50456	1565	39624	7	5429
浙 江	Zhejiang	6143	59304	2872	63600	1631	30639	2652	23517
安 徽	Anhui	2879	22444	440	33734	1307	18272		
福 建	Fujian	2163	45159	341	44653	1084	23269	30	567
江 西	Jiangxi	183	31656	169	34093	651	23501		
山 东	Shandong	2006	35459	988	35138	789	57343	11	12818
河 南	Henan	3769	40413	1026	27798	130	29822	4133	15840
湖 北	Hubei	1980	28383	500	48844	870	20446	37	14351
湖 南	Hunan	3093	25283	628	47851	761	24896	85	23600
广 东	Guangdong	8205	67166	848	60215	1091	40454	303	44977
广 西	Guangxi	844	22277	405	34923	478	34696	136	17207
海 南	Hainan	440	33475	122	33410	333	20399	42	31905
重 庆	Chongqing	1100	46204	984	29554	206	22825		
四 川	Sichuan	3871	39915	584	49845	401	22420		
贵 州	Guizhou	768	22149	272	23842	257	20282	12	23583
云 南	Yunnan	1876	32573	2209	33448	1393	31539	15	38923
西 藏	Tibet			31	96839		45000		
陕 西	Shaanxi	1518	36792	392	41081	146	24731		
甘 肃	Gansu	91	14710	265	21135	126	22246	2	15000
青 海	Qinghai			5	30000	19	33941		
宁 夏	Ningxia	224	26592	48	52455	2	4560	9	21333
新 疆	Xinjiang	126	33886	102	32561	7	23714		

七、职业培训与技能鉴定

VOCATIONAL TRAINING AND SKILL APPRAISAL

7-1 技工学校综合情况

GENERAL CONDITION OF VOCATIONAL SCHOOLS

单位：亿元，万人

年 份 Year	技工学校个数(个) Number of Vocational Schools (unit)	招生人数 Students Newly Enrolled	在校学生人数 Number of Students in School	毕业生人数 Number of Graduates	在职教职工人数 Total Teachers and Staff	文化技术理论课教师 Teachers of Cultural and Technical Theory	生产实习指导教师 Production Guide Teachers
绝对数 Absolute figure							
1990	4184	50.6	133.2	41.3	30.8	10.4	3.2
1995	4521	74.6	189.0	68.5	33.7	11.5	3.9
2000	3792	50.4	140.1	64.6	24.0	10.5	3.5
2001	3470	55.1	134.7	47.7	22.0	10.0	3.4
2002	3075	73.3	153.0	45.4	20.3	9.5	3.2
2003	2970	91.6	193.1	45.3	20.2	9.6	3.4
2004	2884	109.7	234.4	53.5	20.4	9.6	3.8
2005	2855	118.4	275.3	69.0	20.4	9.7	3.8
2006	2880	134.8	320.8	86.4	21.5	10.4	4.2
2007	2995	158.5	367.1	99.7	24.0	11.2	5.0
2008	3075	161.4	397.5	109	24.7	12.2	5.4
2009	3064	156.4	414.3	115.2	25.8	12.5	6.0
2010	2998	158.6	421.0	121.3	26.5	12.7	6.3
2011	2914	163.5	429.4	118.9	26.5	12.9	6.3
2012	2892	156.8	422.8	120.2	26.7	13.0	6.6
2013	2882	133.5	386.6	116.9	26.9	13.4	6.5
2014	2818	124.4	339.0	106.8	26.5	13.2	6.2
比上年增长(%) Increase over Preceding year(%)							
1995	2.1	4.5	1.0	23.0	-1.0	0.9	1.6
2000	-7.5	-2.3	-10.2	-2.5	-11.0	-6.9	-6.7
2001	-8.5	9.4	-3.8	-26.1	-8.3	-4.9	-3.7
2002	-11.4	33.0	13.6	-4.9	-7.4	-5.0	-6.8
2003	-3.4	24.9	26.2	-0.2	-0.7	1.5	7.3
2004	-2.9	19.8	21.4	18.1	1.0		11.8
2005	-1.0	7.9	17.4	29.0		1.0	
2006	0.9	13.9	16.5	25.2	5.4	7.2	10.5
2007	4.0	17.6	14.4	15.4	11.6	7.7	19.0
2008	2.7	1.8	8.3	9.3	2.9	8.9	8.0
2009	-0.4	-3.1	4.2	5.7	4.6	2.8	11.6
2010	-2.2	1.4	1.6	5.4	2.6	1.2	4.3
2011	-2.8	3.1	2.0	-2.0	0.0	1.8	-0.4
2012	-0.8	-4.1	-1.5	1.1	0.8	0.3	6.1
2013	-0.3	-14.8	-8.6	-2.8	0.9	3.4	-2.1
2014	-2.2	-6.8	-12.3	-8.6	-1.6	-1.3	-4.3

7-1 续表 continued

单位：亿元，万人

年 份 Year	兼职教师人数 Part-time Teachers	经费来源合计 Resourses of Funds	#事业经费 Operating Funds	#公司经费 Company Funds	经费支出合计 Expenditure	培训社会人员人次 Person-time of Trainees from the Society	培训社会人员结业人数 Graduates of Trainees Recruited from the Society
绝对数 Absolute figure							
1990	1.7	15.6	6.1	2.3	17.5		
1995	1.9	53.7	13.2	4.4	43.3	89.9	71.3
2000	2.7	56.9	21.9	3.2	59.4	158.5	156.7
2001	2.6	68.1	23.6	3.2	64.6	151.7	163.9
2002	2.6	67.4	28.2	2.8	67.1	208.6	196.9
2003	3.0	81.4	30.5	2.8	80.5	226.9	223.7
2004	2.9	112.5	37.4	5.2	102.8	265.6	257.5
2005	3.2	123.4	37.8	3.8	124.0	273.3	270.1
2006	3.6	143.1	43.9	3.0	148.7	337.7	330.2
2007	3.8	198.2				380.7	369.8
2008	4.1	204.4				400.0	389.8
2009	4.3	237.3				484.1	382.9
2010	4.4	260.4				468.4	371.3
2011	4.3	271.5				527.5	416.1
2012	4.3	306.1				551.3	441.6
2013	4.1	289.7				525.3	397.1
2014	4.2	303.5				508.5	372.3
比上年增长(%) Increase over Preceding year(%)							
1995	8.2	18.6	11.1	14.3	18.0	6.8	3.9
2000	-6.3	-4.6	0.8	-30.1	-0.9	6.3	8.4
2001	-4.1	19.7	7.7	0.6	8.7	-4.3	4.6
2002	-2.4	-1.1	19.4	-13.6	3.8	37.6	20.2
2003	17.4	20.8	8.2	0.1	20.0	37.6	20.2
2004	-3.3	38.2	22.6	85.7	27.7	17.1	15.1
2005	10.3	9.7	1.0	-26.9	20.6	2.9	4.9
2006	12.5	16.0	16.1	-21.1	19.9	23.6	22.3
2007	5.6	38.5				12.7	12.0
2008	7.9	3.1				5.1	5.4
2009	5.2	16.1				21.0	-1.8
2010	1.0	9.7				-3.2	-3.0
2011	-1.7	4.3				12.6	12.1
2012	0.6	12.7				4.5	6.1
2013	-5.7	-5.3				-4.7	-10.1
2014	2.8	4.8				-3.2	-6.2

7-2 各地区技工学校综合情况(2014年)

GENERAL CONDITION OF VOCATIONAL SCHOOLS BY REGION (2014)

地区	Region	技工学校个数(个) Number of Vocational Schools (unit)	#劳动预备制度定点培训机构数 Number of Labor Pre-partory System Training Agency	在职教职工人数(人) Total Teachers and Staff (person)	#女性 Female	文化技术理论课教师 Teachers of Cultural and Technical Theory	#高级讲师 Senior Lecturers	#讲师 Lecturers	#助理讲师 Assistant Lecturers
全国	**National**	**2818**	**1227**	**265203**	**114236**	**132398**	**35690**	**48782**	**36175**
北京	Beijing	29	18	3432	1671	1447	450	537	288
天津	Tianjin	29	26	2927	1245	1252	425	424	342
河北	Hebei	173	51	13131	6445	7045	2188	2613	1717
山西	Shanxi	99	38	8870	4196	3902	1110	1154	1094
内蒙古	Inner Mongolia	47	38	5757	2613	3281	1028	1099	643
辽宁	Liaoning	144	43	9901	4237	5031	1606	1963	1042
吉林	Jilin	135	32	6259	2932	3374	1072	1195	846
黑龙江	Heilongjiang	133	65	10789	5422	5951	2203	1996	1349
上海	Shanghai								
江苏	Jiangsu	127	48	17058	7444	8817	2331	3276	2441
浙江	Zhejiang	71	32	10059	4335	5471	1398	2015	1465
安徽	Anhui	81	43	6369	2636	3102	835	1201	874
福建	Fujian	66	39	4325	1895	2190	690	606	519
江西	Jiangxi	102	40	10586	4292	5403	1708	1828	1432
山东	Shandong	203	93	29404	11700	16547	4804	6505	4737
河南	Henan	184	69	15056	6142	6926	1551	2493	2176
湖北	Hubei	131	57	8069	3089	4011	1144	1733	891
湖南	Hunan	129	62	11229	3632	5044	1659	1963	1259
广东	Guangdong	243	57	28743	12471	12882	1934	5031	4033
广西	Guangxi	47	28	5937	2409	2848	578	1043	977
海南	Hainan	10	10	1680	700	756	142	199	284
重庆	Chongqing	54	26	5172	2790	2080	521	1061	358
四川	Sichuan	85	30	8324	3651	4120	936	1480	1147
贵州	Guizhou	47	37	5620	2532	2979	698	1030	994
云南	Yunnan	39	22	4752	1896	2837	720	711	1019
陕西	Shaanxi	184	42	12330	5013	5054	1254	1749	1515
甘肃	Gansu	81	41	4626	1717	2166	496	961	709
青海	Qinghai	18	18	2345	1135	1181	349	423	317
宁夏	Ningxia	19	14	2344	1217	1098	370	326	317
新疆	Xinjiang	108	108	10109	4779	5603	1490	2167	1390

7-2 续表 1 continued

地区	Region	生产实习指导教师 Production Guide Teachers	高级实习指导教师 Senior	一级实习指导教师 Class One	二级实习指导教师 Class Two	三级实习指导教师 Class Three	技师和高级技师 Technician and Senior Technician	一体化教师 Allround Teachers	兼职教师人数 Part-time Teachers
全国	**National**	**62233**	**7586**	**12939**	**11443**	**5537**	**19298**	**68359**	**41729**
北京	Beijing	674	134	158	95	23	221	1142	1436
天津	Tianjin	629	141	208	173	28	65	837	277
河北	Hebei	2459	324	519	379	132	816	2697	1874
山西	Shanxi	1901	218	383	287	159	679	1645	1277
内蒙古	Inner Mongolia	1205	209	210	175	165	246	1446	603
辽宁	Liaoning	1421	146	312	263	151	397	1724	1211
吉林	Jilin	1158	156	192	199	106	339	1417	829
黑龙江	Heilongjiang	2014	355	389	269	205	686	2913	2053
上海	Shanghai								
江苏	Jiangsu	4477	415	926	766	265	1713	5464	2631
浙江	Zhejiang	1958	251	442	306	111	698	3359	1083
安徽	Anhui	1565	232	289	349	170	430	1546	1028
福建	Fujian	1003	158	199	277	75	154	1148	816
江西	Jiangxi	2566	268	515	510	247	727	2320	2057
山东	Shandong	6453	924	1332	1037	441	2531	8166	4272
河南	Henan	4269	527	930	811	444	1142	4225	2535
湖北	Hubei	2037	377	531	304	167	579	1600	1127
湖南	Hunan	3485	409	985	687	324	848	2913	2225
广东	Guangdong	7958	382	1492	1401	456	3189	8458	2811
广西	Guangxi	1814	159	378	407	122	567	1712	728
海南	Hainan	327	34	54	99	7	118	346	144
重庆	Chongqing	2204	458	414	458	433	441	967	1301
四川	Sichuan	1994	154	365	485	277	584	2148	1238
贵州	Guizhou	1149	130	244	236	168	249	1463	1241
云南	Yunnan	1249	172	184	252	75	366	1676	1307
陕西	Shaanxi	2859	341	489	580	416	687	1970	1965
甘肃	Gansu	944	123	249	191	220	161	679	895
青海	Qinghai	514	101	129	116	27	103	569	395
宁夏	Ningxia	245	42	35	69		46	534	484
新疆	Xinjiang	1702	246	386	262	123	516	3275	1886

7-2 续表 2 continued

地 区	Region	经费来源(亿元) Resouses of Funds (100 million yuan)	招生学校数(所) Number of School (unit)	招生人数(人) Students Newly Enrolled (person)	#高级班学生 Senior Class	#农业户口学生 New Students from Rural	在校学生人数(人) Number of Students in School (person)	#女生 Female	#高级班学生 Senior Class
全 国	**National**	**303.5**	**1950**	**1244065**	**361432**	**927241**	**3389696**	**1001017**	**980134**
北 京	Beijing	12.5	20	14792	4668	8945	41081	11341	11896
天 津	Tianjin	3.7	26	8775	2780	5661	19872	4920	7617
河 北	Hebei	13.0	127	45245	7527	39267	111626	30991	22819
山 西	Shanxi	8.2	66	38947	10290	27717	110987	31574	33858
内蒙古	Inner Mongolia	3.2	28	7775	1930	5029	18636	5321	4834
辽 宁	Liaoning	8.5	62	22461	5015	13835	64798	12546	19222
吉 林	Jilin	2.8	71	21545	3170	7327	40417	6373	5558
黑龙江	Heilongjiang	10.5	90	30150	6866	21782	95985	38755	14190
上 海	Shanghai								
江 苏	Jiangsu	27.6	106	98121	33734	63593	253238	73273	77632
浙 江	Zhejiang	18.8	66	39893	15579	26297	121196	32446	44078
安 徽	Anhui	5.4	48	16362	3666	11353	44703	13506	11502
福 建	Fujian	5.4	45	26913	5003	17705	76678	19457	12419
江 西	Jiangxi	9.7	78	47760	5619	37679	141968	47020	16048
山 东	Shandong	36.4	174	128007	54263	111926	329473	89589	139245
河 南	Henan	15.8	106	100653	21944	75787	274384	64628	54978
湖 北	Hubei	6.8	85	38030	8983	22187	93397	34108	19048
湖 南	Hunan	7.6	78	37444	13258	35253	105550	31991	49881
广 东	Guangdong	49.6	156	202518	74897	157549	622614	192914	231744
广 西	Guangxi	9.1	39	51960	7195	47762	113959	37615	12325
海 南	Hainan	0.6	9	7698	1845	5835	20554	5128	6289
重 庆	Chongqing	4.1	54	56664	12421	21102	154610	73827	21745
四 川	Sichuan	7.0	60	38651	9567	29769	116168	30457	23387
贵 州	Guizhou	2.6	34	34648	8270	26165	61458	15905	14709
云 南	Yunnan	7.3	37	39491	14341	34720	98549	23100	34944
陕 西	Shaanxi	8.5	146	41753	20021	35990	125422	36704	61621
甘 肃	Gansu	4.4	37	15374	2625	11775	52520	17286	15334
青 海	Qinghai	2.4	12	5852	235	4710	20331	7242	1191
宁 夏	Ningxia	2.0	6	439	393	265	1284	296	1041
新 疆	Xinjiang	9.8	84	26144	5327	20256	58238	12704	10979

7-2 续表 3 continued

地区	Region	#农业户口学生 New Students from Rural	毕业生人数(人) Number of Graduates (person)	#获得中级职业资格 Won Medium Certificates	#获得高级职业资格 Won Senior Certificates	培训社会人员(人次) Person-time of Trainees from the Society (person-time)	培训社会人员结业人数 Graduates of Trainees Recruited from the Society	按培训对象分组 Grouped by Trainee	
								失业人员 Unemployment Workers	劳动预备制人员 Pupils of Labour Preparatory System
全国	**National**	**2484985**	**1067944**	**638674**	**238421**	**5084877**	**3722944**	**364906**	**250119**
北京	Beijing	27048	14763	7133	6046	115088	110296	7214	2571
天津	Tianjin	12556	7213	2699	2727	97902	86330	435	
河北	Hebei	95226	46449	34310	7418	146347	97840	9819	5002
山西	Shanxi	83352	37566	29397	5734	107604	106758	4996	4425
内蒙古	Inner Mongolia	10598	5723	2707	1228	88102	79052	10980	2631
辽宁	Liaoning	38058	23536	10484	5005	293656	75199	15424	5587
吉林	Jilin	17581	17201	7297	510	56250	36260	15479	4796
黑龙江	Heilongjiang	74081	71838	49047	4923	185159	182959	50450	7550
上海	Shanghai								
江苏	Jiangsu	171113	80220	38115	28234	559449	287654	29764	28355
浙江	Zhejiang	81048	33376	22481	7225	279065	209425	15478	7681
安徽	Anhui	31378	16922	9867	2566	111838	86010	8052	4389
福建	Fujian	39986	27602	17832	2986	119711	88721	6102	2343
江西	Jiangxi	104821	38795	22286	6013	126284	107477	3356	9716
山东	Shandong	278000	108046	45931	37431	420658	289191	36393	15557
河南	Henan	191370	84525	57146	18049	469140	408891	43608	16339
湖北	Hubei	58018	34912	16621	5278	160980	137325	10576	10446
湖南	Hunan	99103	28593	15071	8800	242740	178759	21049	30929
广东	Guangdong	465414	142165	91857	44804	318980	212933	17524	28344
广西	Guangxi	101955	30106	25142	3075	132060	90116	8101	12588
海南	Hainan	16043	5483		2267	18355	12332	2423	1068
重庆	Chongqing	81528	33522	25731	5572	188477	127194	6061	5788
四川	Sichuan	73270	30337	19027	3897	132163	94254	9752	8426
贵州	Guizhou	45924	7810	4558	764	84810	42806	2886	9079
云南	Yunnan	83710	28070	13191	6635	78074	61206	3391	3339
陕西	Shaanxi	106376	63702	34883	13004	118748	92550	1970	4752
甘肃	Gansu	44852	29525	18544	6256	97364	94096	11694	4638
青海	Qinghai	14720	5084	4172	463	33672	33453	543	923
宁夏	Ningxia	815	552	155	393	26706	24289	560	150
新疆	Xinjiang	37041	14308	12990	1118	275495	269568	10826	12707

7-2 续表 4 continued

地 区	Region	按培训对象分组 Grouped by Trainee		按获取证书分组 Grouped by Certification Level				就业人数	
		在职职工 Workers	农村劳动者 Rural Workers	初级职业资格 Primary Certificates	中级职业资格 Medium Certificates	高级职业资格 Senior Certificates	技师和高级技师资格 Technicians and Senior Technicians Certificates	Employment	#高级班学生 Students in Senior Class
全 国	**National**	**2710665**	**936692**	**1214730**	**689308**	**315965**	**109290**	**1040729**	**284918**
北 京	Beijing	84138	13852	35764	8230	14606	6942	14644	6481
天 津	Tianjin	58048	36130	35679	22561	18744	6706	6998	2979
河 北	Hebei	86585	34099	16477	11665	13230	6713	45006	8058
山 西	Shanxi	80803	6652	21450	22154	7178	3846	37016	6144
内蒙古	Inner Mongolia	53377	12916	21061	6361	3710	1255	5486	895
辽 宁	Liaoning	234500	17920	22344	10646	3680	1839	20522	5522
吉 林	Jilin	22108	11232	23777	6548	2682	1041	16512	2849
黑龙江	Heilongjiang	28827	56416	83443	22700	5782	3036	71256	5487
上 海	Shanghai								
江 苏	Jiangsu	236327	48534	50741	87203	39677	7933	79042	31872
浙 江	Zhejiang	183775	32318	66689	24110	22176	7270	32741	7561
安 徽	Anhui	53180	26068	20316	16671	11327	1821	16577	4078
福 建	Fujian	84674	14872	13312	13920	4379	1897	27081	3184
江 西	Jiangxi	90309	19392	16420	29681	10809	11689	37748	7530
山 东	Shandong	226400	97681	131691	50950	32245	12831	106134	46473
河 南	Henan	236452	85471	86449	78409	21889	8360	82059	18030
湖 北	Hubei	72345	29221	55420	14567	7335	3239	34598	8601
湖 南	Hunan	116465	51317	94723	63561	17219	3256	28129	8767
广 东	Guangdong	169114	57552	60111	40271	21540	5963	139113	44408
广 西	Guangxi	33997	43533	41897	11446	9772	1795	29299	3793
海 南	Hainan	8915	2458	9140	1213	1559		5254	1015
重 庆	Chongqing	134268	18453	94572	28421	3725	476	33212	5410
四 川	Sichuan	67570	33996	20826	25475	6825	3283	29712	4670
贵 州	Guizhou	63533	5050	19136	7063	3513	920	7699	1838
云 南	Yunnan	24139	25548	30224	11856	8054	2039	27116	8500
陕 西	Shaanxi	72959	31349	33942	14152	6964	1622	59916	27545
甘 肃	Gansu		26343	28362	21618	1864	339	28344	10960
青 海	Qinghai	25700	5488	6419	8096	1299	180	4958	463
宁 夏	Ningxia	19964	4680	5210	4725	3273	675	549	549
新 疆	Xinjiang	142193	88151	69135	25035	10909	2324	14008	1256

7-3 各地区就业训练中心综合情况(2014年)

EMPLOYMENT TRAINNING CENTERS BY REGION (2014)

地区	Region	机构个数 (个) Number of Employment Trainning Centers (unit)	在职教职工总人数 (人) Total Teachers and Staff (person)	#教师 Teachers	兼职教师人数 (人) Part-time Teachers (person)	经费来源总计 (亿元) Resouses of Funds (100 million yuan)	财政补助费 Financial Allowance	职业培训补贴 Occupational Training Allowance	培训人数 (人) Trainees (person)
全国	**National**	**2635**	**37994**	**23986**	**23071**	**17.9**	**2.8**	**13.4**	**5609363**
北京	Beijing	13	250	110	209	0.4	0.1	0.3	48342
天津	Tianjin	15	200	92	232	0.3		0.2	100213
河北	Hebei	301	5045	2749	1612	0.2	0.1	0.1	277532
山西	Shanxi	76	1443	833	585	0.4	0.1	0.3	210080
内蒙古	Inner Mongolia								
辽宁	Liaoning	95	1233	852	963	0.5	0.1	0.5	165557
吉林	Jilin	63	601	311	349	0.1		0.1	90868
黑龙江	Heilongjiang	98	1037	680	509	0.4	0.1	0.3	116447
上海	Shanghai								
江苏	Jiangsu	101	2220	1253	2280	2.2	0.4	1.7	885554
浙江	Zhejiang	54	378	168	654	0.6	0.2	0.2	137031
安徽	Anhui	117	1541	1126	801	0.7	0.2	0.6	259415
福建	Fujian	71	483	291	559	0.1	0.1	0.1	98081
江西	Jiangxi	150	1344	639	865	0.6	0.1	0.6	295105
山东	Shandong	259	5359	4061	2462	1.5	0.1	1.2	454876
河南	Henan	160	2146	1210	941	1.9	0.2	0.5	400441
湖北	Hubei	117	2035	1354	1020	1.2	0.1	1.1	417297
湖南	Hunan	243	2918	2240	1826	1.6	0.1	1.5	295229
广东	Guangdong	132	2561	1361	3014	1.5	0.4	1.0	485487
广西	Guangxi	26	444	251	229	0.2		0.2	33146
海南	Hainan	12	320	52	85	0.1		0.1	19886
重庆	Chongqing	38	183	102	218	0.3		0.2	44061
四川	Sichuan	130	1089	592	803	0.6	0.1	0.4	132036
贵州	Guizhou	33	157	79	400	0.2		0.2	30976
云南	Yunnan	1	3	1	10				175
陕西	Shaanxi	148	2675	1939	1071	1.0	0.2	0.8	248054
甘肃	Gansu	79	1127	760	491	0.3		0.2	148797
青海	Qinghai	27	363	298	254	0.1		0.1	27504
宁夏	Ningxia	22	145	95	115				16316
新疆	Xinjiang	54	694	487	514	1.0		1.0	170857

7-3 续表 1 continued

单位：人 (person)

地 区	Region	#女性 Female	结业人数 Number of Graduates	按培训对象分组 Grouped by Personnel 劳动预备制学员 Pupils of Labour Preparatory System	失业人员 Unemployment Workers	农村劳动者 Rural Workers	在职职工 Workers	其他人员 Others
全 国	**National**	**2580549**	**5023349**	**203670**	**1403614**	**2354587**	**902851**	**637237**
北 京	Beijing	21976	48069	40	16482	30176	1018	626
天 津	Tianjin	44671	98536		1038	49177	38584	11414
河 北	Hebei	119340	251631	19347	108541	123890	7538	18216
山 西	Shanxi	88857	170166	13524	28165	64041	76163	26881
内蒙古	Inner Mongolia							
辽 宁	Liaoning	86149	153926	166	83950	70433	4716	5344
吉 林	Jilin	35848	88800	1213	32396	34508	10132	10759
黑龙江	Heilongjiang	59062	112642	2152	59052	41933	4631	8679
上 海	Shanghai							
江 苏	Jiangsu	383786	744775	39618	232840	213908	260284	117736
浙 江	Zhejiang	61872	121861	913	18843	26640	72791	16886
安 徽	Anhui	127125	249789	29873	51238	151326	21734	5244
福 建	Fujian	55808	94890	1007	14529	50105	8439	23237
江 西	Jiangxi	119002	291622	4816	82779	112507	19317	51413
山 东	Shandong	229282	422749	20641	116157	187671	57171	51722
河 南	Henan	192821	359269	2499	107901	205315	45278	32640
湖 北	Hubei	202136	363173	12110	124453	171548	44816	50942
湖 南	Hunan	138620	278581	5186	74224	192785	23034	
广 东	Guangdong	210243	362030	13213	37833	133531	154729	134199
广 西	Guangxi	16197	30148	201	10015	13992	1163	6668
海 南	Hainan	6735	19706	330	2331	15767	998	460
重 庆	Chongqing	24353	44035		14953	22941	5827	340
四 川	Sichuan	64227	123171	1386	38158	57483	11797	23212
贵 州	Guizhou	14091	29254		1922	20635	2890	4241
云 南	Yunnan		175				175	
陕 西	Shaanxi	119660	237784	27763	44163	148434	11519	16175
甘 肃	Gansu	75884	130234	6932	63590	61885	10137	6253
青 海	Qinghai	9170	26264		4396	21399	889	820
宁 夏	Ningxia	6522	16298		6492	8600	578	646
新 疆	Xinjiang	67112	153771	740	27173	123957	6503	12484

7-3 续表 2 continued

单位：人 (person)

地 区	Region	按培训期限分组 Grouped by Duration			按获取证书分组 Grouped by Certification Level				就业人数
		六个月以下 Less than Half a Year	六个月至一年 Half to One Year	一年以上 More than One Year	初级职业资格 Primary Certificates	中级职业资格 Medium Certificates	高级职业资格 Senior Certificates	技师和高级技师资格 Technicians and Senior Technicians Certificates	Employment
全 国	**National**	**5184448**	**159275**	**29174**	**2260217**	**466463**	**116163**	**16458**	**3710579**
北 京	Beijing	48302		40	19014	5563	196		21013
天 津	Tianjin	99964	249		9522	1318	31	3	92218
河 北	Hebei	275872	1660		111482	20220			179174
山 西	Shanxi	191500	15028	3364	24248	13807	3952		98385
内蒙古	Inner Mongolia								
辽 宁	Liaoning	161433	4124		79868	2612	1164	61	123819
吉 林	Jilin	83768	7100		45962	7677	1950	4	65025
黑龙江	Heilongjiang	114296	2139	12	30288	6015	720	1186	86379
上 海	Shanghai								
江 苏	Jiangsu	842923	23982	4456	166619	78618	32223	1794	461589
浙 江	Zhejiang	132159	1216	140	42206	13486	24765	1723	54377
安 徽	Anhui	247390	9010	3015	238784	4697	3014	3294	239619
福 建	Fujian	97180	240	97	45003	11266	3571	1926	75679
江 西	Jiangxi	252968	12445		162801	13145	1170	80	246728
山 东	Shandong	407132	15525	2972	245780	40017	11101	162	347512
河 南	Henan	318677	6881	1999	187732	17344	5293	886	228304
湖 北	Hubei	364625	4401	131	170354	27178	6636	2102	296025
湖 南	Hunan	254063	39276	1890	140322	128293	9870	96	253518
广 东	Guangdong	449396	7754	9088	110691	43915	7500	2042	247087
广 西	Guangxi	33146			14728	287	606	35	19903
海 南	Hainan	19656	230		4920	1024	575		10191
重 庆	Chongqing	44061			12863	297			22917
四 川	Sichuan	130560	1476		59115	8384	1395	764	80636
贵 州	Guizhou	30156			10761	483			12570
云 南	Yunnan	175				36	139		175
陕 西	Shaanxi	243009	4225	820	92391	5064	239	300	191751
甘 肃	Gansu	128930	1894		62103	4515			97541
青 海	Qinghai	27504			13846				19709
宁 夏	Ningxia	15896	420		7649	8649			14181
新 疆	Xinjiang	169707		1150	151165	2553	53		124554

7-4 各地区民办职业培训机构综合情况(2014年)
VOCATIONAL TRAINING AGENCIES BY REGION (2014)

地区	Region	机构个数（个） Number of Employment Trainning Centers (unit)	在职教职工 总人数（人） Total Teachers and Staff (person)	#教师 Teachers	兼职教师人数（人） Part-time Teachers (person)	经费来源（亿元） Resouses of Funds (100 million yuan)	财政补助费 Financial Allowance	职业培训补贴 Occupational Training Allowance	培训人数（人） Trainees (person)
全国	**National**	**19136**	**302843**	**181500**	**106900**	**123.0**	**3.6**	**68.8**	**12140636**
北京	Beijing	390	6347	3497	2690	2.1	0.1	0.5	325156
天津	Tianjin	305	4118	2581	2640				254549
河北	Hebei	856	11331	7841	4086	1.4	0.1	0.5	503185
山西	Shanxi	386	5512	3529	1894	0.7	0.1	0.4	228809
内蒙古	Inner Mongolia	312	3493	2024	1930	43.7		41.3	96591
辽宁	Liaoning	871	10310	7078	3925	0.9	0.1	0.2	317619
吉林	Jilin	651	4732	3527	1605	0.5		0.2	123040
黑龙江	Heilongjiang	705	5763	3939	1996	0.5		0.1	134677
上海	Shanghai	412	41067	14319	3306	7.5	0.4	1.7	533957
江苏	Jiangsu	1223	19741	12763	7401	10.2	0.4	6.3	870284
浙江	Zhejiang	816	7019	4154	3948	1.9	0.3	0.9	403254
安徽	Anhui	954	11384	8367	2955	1.7		0.9	312685
福建	Fujian	330	3883	2321	2330	4.5		0.1	190947
江西	Jiangxi	306	3195	2043	1376	3.0	0.1	0.1	123478
山东	Shandong	1375	16347	10971	5736	2.7	0.1	1.3	703364
河南	Henan	1031	14352	9436	6018	5.9	0.8	1.6	708294
湖北	Hubei	613	9087	5813	2909	2.5	0.2	0.3	297510
湖南	Hunan	732	8897	5047	4041	2.4		1.3	446241
广东	Guangdong	1355	20390	10703	7507	5.8	0.2	1.2	1057145
广西	Guangxi	336	8254	5500	2946	1.3		0.7	224899
海南	Hainan	128	399	334	1208	0.5		0.5	79285
重庆	Chongqing	627	8995	4728	4458	6.9	0.2	0.9	1418746
四川	Sichuan	1408	18179	11947	6529	5.3	0.3	1.9	749648
贵州	Guizhou	242	4608	3083	1173	1.1		0.7	129294
云南	Yunnan	776	27662	17391	10423	4.2		1.5	649243
西藏	Tibet	74	861	644	250	0.6		0.4	34173
陕西	Shaanxi	569	8673	6210	2732	1.8		0.5	292223
甘肃	Gansu	495	4239	2476	2035	0.2		0.1	281878
青海	Qinghai	146	1938	1147	672	0.5		0.5	62332
宁夏	Ningxia	245	5371	3628	2173	0.9	0.1	0.5	205725
新疆	Xinjiang	467	6696	4459	4008	1.8	0.1	1.7	382405

7-4 续表 1 continued

单位：人 (person)

地 区	Region	#女 性 Female	结业人数 Number of Graduates	按培训对象分组 Grouped by trainee 劳动预备制学员 Pupils of Labour Preparatory System	失业人员 Unemployment Workers	农村劳动者 Rural Workers	在职职工 Workers	其他人员 Others
全 国	**National**	**5034076**	**10299046**	**544588**	**1343256**	**3996997**	**3607509**	**2136311**
北 京	Beijing	134138	309334	2876	28305	51635	186669	52247
天 津	Tianjin	101778	220038	16355	11005	40801	126554	44838
河 北	Hebei	238835	467740	16431	49469	171292	229147	36846
山 西	Shanxi	101942	188264	22970	40977	96509	32985	19152
内蒙古	Inner Mongolia	49980	81377	5818	24889	28565	17514	17127
辽 宁	Liaoning	117465	277782	3347	99601	80248	43865	90558
吉 林	Jilin	55429	81092	4301	22306	44792	12637	33420
黑龙江	Heilongjiang	72050	132015	14343	51715	36688	15764	16167
上 海	Shanghai	284133	411135		19937	9397	420098	84525
江 苏	Jiangsu	337086	729547	67600	109801	174546	354401	134217
浙 江	Zhejiang	188415	357449	9035	32774	128651	178972	47541
安 徽	Anhui	130802	268158	13050	36178	127730	57436	46267
福 建	Fujian	70937	130603	9061	11527	44675	69543	17922
江 西	Jiangxi	46627	116827	6790	29174	35600	19768	29621
山 东	Shandong	366157	564030	33743	107470	235919	139616	73631
河 南	Henan	222523	676605	34237	131486	258224	119209	165138
湖 北	Hubei	140236	260906	30481	31428	85221	59660	70424
湖 南	Hunan	132217	401092	45508	58986	187191	99349	55207
广 东	Guangdong	458612	874794	16187	48700	238241	576554	164089
广 西	Guangxi	118044	205467	1447	23285	89289	39882	61575
海 南	Hainan	47561	74969	7331	24324	23021	10394	442
重 庆	Chongqing	528604	1282046	52938	82769	486521	373374	423144
四 川	Sichuan	260582	518506	24159	58243	209732	148499	118035
贵 州	Guizhou	58417	111939	565	14668	62615	16969	34477
云 南	Yunnan	285178	506837	1737	44755	295440	132561	177154
西 藏	Tibet	9829	31306	3005	6661	19090	2001	1532
陕 西	Shaanxi	167735	266591	30936	31516	162770	35360	31641
甘 肃	Gansu	97119	189785	55984	37706	159624	9104	19460
青 海	Qinghai	18377	57357		11432	49184	900	816
宁 夏	Ningxia	65465	180411	5269	21082	132817	25874	20683
新 疆	Xinjiang	127803	325044	9084	41087	230969	52850	48415

7-4 续表 2 continued

单位：人 (person)

地 区 Region	按培训期限分组 Grouped by Duration			按获取证书分组 Grouped by Certification Level				就业人数 Employment
	六个月以下 Less than Half a Year	六个月至一年 Half to One Year	一年以上 More than One Year	初级职业资格 Primary Certificates	中级职业资格 Medium Certificates	高级职业资格 Senior Certificates	技师和高级技师资格 Technicians and Senior Technicians Certificates	
全 国 National	**10564866**	**618757**	**384507**	**3590486**	**1509665**	**527796**	**99953**	**7393261**
北 京 Beijing	300500	18164	4735	101292	51041	19367	4190	164838
天 津 Tianjin	207883	19901	11365	62027	41445	15097	7274	72617
河 北 Hebei	473188	25288	4709	135435	108451	18141	3773	424359
山 西 Shanxi	195545	19861	2772	31575	20351	3886	397	130087
内蒙古 Inner Mongolia	83778	4437	1684	27117	9894	8005	2444	66816
辽 宁 Liaoning	273212	19420	21455	69833	40777	7432	2118	143522
吉 林 Jilin	112757	8222	254	47252	11826	251	8	65325
黑龙江 Heilongjiang	120620	11683	2374	85414	16414	1825	83	105105
上 海 Shanghai	494668	15794	23495	126505	109411	46365	13208	467540
江 苏 Jiangsu	753489	44269	28521	226243	165745	51027	6086	467483
浙 江 Zhejiang	363680	7370	6797	145334	57701	41282	7419	163319
安 徽 Anhui	241868	25825	10833	149602	45824	14244	384	217497
福 建 Fujian	148115	4872	2574	38738	15351	7943	2527	96615
江 西 Jiangxi	107693	4584	3055	13809	28344	8036	947	76444
山 东 Shandong	624759	45819	10825	291412	69043	23502	3342	473868
河 南 Henan	568229	35865	104200	228897	48401	43752	17721	545778
湖 北 Hubei	236878	38879	12281	111763	30222	21113	8250	140466
湖 南 Hunan	311757	82572	45912	199496	70691	6475	779	306937
广 东 Guangdong	986398	36643	12498	169408	83911	28268	3672	362886
广 西 Guangxi	205362	6506	4836	100260	15995	2928	438	126819
海 南 Hainan	78784	501		24577	18723	6205	583	40128
重 庆 Chongqing	1328561	61675	28510	168921	108627	25163	3980	1086275
四 川 Sichuan	500694	23309	20344	162394	118119	29205	2012	343636
贵 州 Guizhou	113644	4558	2299	45754	5649	898	106	61081
云 南 Yunnan	638864	663	585	219315	150509	87028	3008	386545
西 藏 Tibet	25722	5127	1643	22558	78			29160
陕 西 Shaanxi	217636	20581	5174	120573	29514	3898		158412
甘 肃 Gansu	227398	6708	3160	106005	14887			207706
青 海 Qinghai	62057	275		19107				46681
宁 夏 Ningxia	197105	8352	268	29750	13193	4959	1309	155281
新 疆 Xinjiang	364022	11034	7349	310120	9528	1501	3895	260035

7-5 历年全国职业技能鉴定综合情况

单位：人

年 份	Year	职业技能鉴定机构数（个） Numbe of Testing Agencies (unit)	鉴定所数 Testing Agencies	鉴定站数 Testing Stations	工考委和中央企业试点单位数 The Units of Workers Assessing Committees & the Central Enterprises Pilot	考评人员人数 Number of the Assessors	本年鉴定考核人数 Number of the Candidates	初 级 Primary
1996		5682	2369	794	2519	37859	2685695	932642
1997		5752	3012	1030	1710	50779	3141832	1044325
1998		6878	3690	1263	1925	70466	3194218	1185862
1999		7820	4202	2240	1378	97209	3678723	1548193
#行业合计	Subtotal of Industrial Administrations	904		904		24141	300733	87304
地方合计	Subtotal of Local Governments	6916	4202	1336	1378	73068	3377990	1460889
2000		8179	4440	2824	915	128033	4421880	1818534
#行业合计	Subtotal of Industrial Administrations	1445		1443	2	48383	762909	241359
地方合计	Subtotal of Local Governments	6734	4440	1381	913	79650	3658971	1577175
2001		8336	4702	2837	797	143068	5348001	2057575
#行业合计	Subtotal of Industrial Administrations	1501		1464	37	48455	892499	285684
地方合计	Subtotal of Local Governments	6835	4702	1373	760	94613	4455502	1771891
2002		8517	4448	3617	452	175247	6619012	2373190
#行业合计	Subtotal of Industrial Administrations	1776		1770	6	69230	1318097	347894
地方合计	Subtotal of Local Governments	6741	4448	1847	446	106017	5300915	2025296
2003		7252	4780	2293	179	155971	6875444	2461777
#行业合计	Subtotal of Industrial Administrations	1131		1128	3	56821	1105420	249368
地方合计	Subtotal of Local Governments	6121	4780	1165	176	99150	5770024	2212409
2004		9438	4305	5059	74	197821	8796272	3144495
#行业合计	Subtotal of Industrial Administrations	3559	4	3554	1	81539	1700147	482348
地方合计	Subtotal of Local Governments	5879	4301	1505	73	116282	7096125	2662147

STATISTICS OF OCCUPATIONAL SKILL TESTING

(person)

中 级 Medium	高 级 Senior	技 师 Technicians	高级技师 Senior Technicians	本年获取证书人数 Number of the Candidates Got the Certificates	初 级 Primary	中 级 Medium	高 级 Senior	技 师 Technicians	高级技师 Senior Technicians
1318141	360490	69132	5290	2146895	727215	1094809	271346	51262	2263
1625749	427603	39478	4677	2786360	949828	1439046	364024	30506	2956
1670410	278862	51799	7285	2858782	1071270	1491968	244529	44995	6020
1711318	369049	45329	4780	3141392	1341236	1466663	293584	36699	3210
147011	63460	2645	259	217186	60914	110560	44104	1534	74
1564307	305589	42684	4521	2924206	1280322	1356103	249480	35165	3136
2050863	505685	43794	3004	3726619	1553035	1743885	393201	34175	2323
343589	167271	10125	565	521288	157155	239573	118036	6132	392
1707274	338414	33669	2439	3205331	1395880	1504312	275165	28043	1931
2571508	645644	67688	5586	4570081	1756881	2236967	523010	49689	3534
367182	223536	14192	1905	645636	195946	280851	161054	7082	703
2204326	422108	53496	3681	3924445	1560935	1956116	361956	42607	2831
3204580	965404	69379	6459	5562607	2036748	2712382	761195	48852	3430
577791	369192	20071	3149	1019654	269218	453267	286133	9718	1318
2626789	596212	49308	3310	4542953	1767530	2259115	475062	39134	2112
3338421	969477	96653	9116	5839222	2124504	2870097	768890	69501	6230
486792	345449	20515	3296	892494	208524	401194	267989	12867	1920
2851629	624028	76138	5820	4946728	1915980	2468903	500901	56634	4310
4161612	1229130	212037	48998	7360975	2691946	3516786	975155	140816	36272
731856	440143	35862	9938	1346661	390280	583697	345424	20988	6272
3429756	788987	176175	39060	6014314	2301666	2933089	629731	119828	30000

7-5 续表 1

单位：人

年 份	Year	职业技能鉴定机构数（个）Numbe of Testing Agencies (unit)	鉴定所数 Testing Agencies	鉴定站数 Testing Stations	工考委和中央企业试点单位数 The Units of Workers Assessing Committees & the Central Enterprises Pilot	考评人员人数 Number of the Assessors	本年鉴定考核人数 Number of the Candidates	初级 Primary
中央企业试点	The Central Enterprises Pilot	3			3	739	16509	829
2005		7654	4144	3347	163	164442	9577395	3222564
#行业合计	Subtotal of Industrial Administrations	1848	5	1824	19	59974	1595369	362360
地方合计	Subtotal of Local Governments	5719	4139	1436	144	101484	7922895	2842964
中央企业试点	The Central	87		87		2984	59131	17240
	Enterprises Pilot						11821552	4140894
2006		7998	3860	4002	136	161596		
#行业合计	Subtotal of Industrial Administrations	2020	12	2008		65571	2473429	916021
地方合计	Subtotal of Local Governments	5823	3848	1839	136	91729	9279660	3212161
中央企业试点	The Central Enterprises Pilot	155		155		4296	68463	12712
2007		7794	4251	3378	165	158186	12231413	4389064
#行业合计	Subtotal of Industrial Administrations	1938	6	1932		56673	1622348	465248
地方合计	Subtotal of Local Governments	5845	4245	1446	154	98395	10515051	3873553
中央企业试点	The Central Enterprises Pilot	11			11	3118	94014	50263
2008		9933	4096	4662	1175	203883	13374707	5104213
#行业合计	Subtotal of Industrial Administrations	1477	1	1476		72503	1736592	468497
地方合计	Subtotal of Local Governments	8441	4095	3186	1160	124902	11560949	4598473
中央企业试点	The Central Enterprises Pilot	15			15	6478	77166	37243
2009		9538	4825	4486	227	232060	14920761	6029998
#行业合计	Subtotal of Industrial Administrations	2241	9	2188	44	80116	2049033	663297

continued

(person)

中　级 Medium	高　级 Senior	技　师 Technicians	高级技师 Senior Technicians	本年获取证书人数 Number of the Candidates Got the Certificates	初　级 Primary	中　级 Medium	高　级 Senior	技　师 Technicians	高级技师 Senior Technicians
3246	7958	3822	654	14615	777	3025	7373	3002	438
4552986	1456750	290637	54458	7857292	2732405	3756905	1133278	195577	39127
686936	489903	48197	7973	1233171	278809	551073	372000	27357	3932
3852384	948018	234071	45458	6575037	2438276	3194681	745632	162062	34386
13666	18829	8369	1027	49084	15320	11151	15646	6158	809
5269104	1909269	432423	65401						
				9252416	3124130	4390924	1440591	260830	35384
826698	629978	86015	14717	1576857	377737	660904	488129	43178	6909
4422694	1257031	338287	49487	7619774	2734026	3712773	933739	211694	27542
19712	22260	8121	1197	55785	12367	17247	18723	5958	933
5422375	1907654	442715	69605	9956079	3687419	4518674	1429235	274176	46575
619235	461074	65822	10969	1284859	384585	499805	361828	32760	5881
4788802	1424504	370444	57748	8593861	3259275	4007337	1050805	236480	39964
14338	22076	6449	888	77359	43559	11532	16602	4936	730
5758542	2029246	403738	78968	11372105	4492273	4891989	1606473	318047	63323
633514	535833	86649	12099	1448203	393277	514497	440977	86369	13083
5108105	1477855	311085	65431	9863382	4069230	4363967	1152734	227947	49504
16923	15558	6004	1438	60520	29766	13525	12762	3731	736
6110523	2126028	544210	110002	12320051	5251357	5134383	1516357	336623	81331
806706	460363	98550	20117	1636149	562781	673659	335144	55143	9422

7-5 续表 2

单位：人

年 份	Year	职业技能鉴定机构数(个) Numbe of Testing Agencies (unit)	鉴定所数 Testing Agencies	鉴定站数 Testing Stations	工考委和中央企业试点单位数 The Units of Workers Assessing Committees & the Central Enterprises Pilot	考评人员人数 Number of the Assessors	本年鉴定考核人数 Number of the Candidates	初级 Primary
地方合计	Subtotal of Local Governments	7281	4816	2298	167	143719	12674516	5279691
中央企业试点	The Central Enterprises Pilot	16			16	8225	197212	87010
2010		9803	4612	5058	133	210497	16575457	6768836
#行业合计	Subtotal of Industrial Administrations	2137	12	2125		70109	2831683	949906
地方合计	Subtotal of Local Governments	7647	4600	2933	114	130977	13495340	5704143
中央企业试点	The Central Enterprises Pilot	19			19	9411	248434	114787
2011		10677	5533	4977	167	194795	17459327	7254275
#行业合计	Subtotal of Industrial Administrations	2574	12	2562		75206	3129020	1059714
地方合计	Subtotal of Local Governments	8084	5521	2415	148	110545	14101095	6087176
中央企业试点	The Central Enterprises Pilot	19			19	9044	229212	107385
2012		10963	5321	5441	201	213403	18305470	7538797
#行业合计	Subtotal of Industrial Administrations	3246	13	3197	36	91000	3355097	1241887
地方合计	Subtotal of Local Governments	7698	5308	2244	146	111150	14651252	6162855
中央企业试点	The Central Enterprises Pilot	19			19	11253	299121	134055
2013		9865	5067	4664	134	252662	18385729	7752500
#行业合计	Subtotal of Industrial Administrations	2418	16	2402		108333	3375909	1341750
地方合计	Subtotal of Local Governments	7428	5051	2262	115	132737	14735101	6274214
中央企业试点	The Central Enterprises Pilot	19			19	11592	274719	136536
2014		9521	4387	4701	433	215761	18539992	6934618
#行业合计	Subtotal of Industrial Administrations	2670	18	2651	1	105232	3244808	1055738
地方合计	Subtotal of Local Governments	6835	4369	2050	416	102132	15039407	5786871
中央企业试点	The Central Enterprises Pilot	16			16	8397	255777	92009

continued

(person)

中　级 Medium	高　级 Senior	技　师 Technicians	高级技师 Senior Technicians	本年获取证书人数 Number of the Candidates Got the Certificates	初　级 Primary	中　级 Medium	高　级 Senior	技　师 Technicians	高级技师 Senior Technicians
5234031	1634315	438111	88368	10556864	4636816	4414218	1158564	276470	70796
69786	31350	7549	1517	127038	51760	46506	22649	5010	1113
6531792	2722092	453762	98975	13929377	5899097	5544598	2097432	316663	71587
951227	766652	129482	34416	2285392	801645	770516	626959	72822	13450
5495732	1918827	314609	62029	11489343	5028937	4718723	1446776	238171	56736
84833	36613	9671	2530	154642	68515	55359	23697	5670	1401
6579593	3098462	428247	98750	14820504	6533022	5464700	2464290	286769	71723
1094106	816296	132899	26005	2578410	1067480	724459	686101	84163	16207
5408072	2246836	288493	70518	12091861	5396177	4689411	1753472	198785	54016
77415	35330	6855	2227	150233	69365	50830	24717	3821	1500
6611139	3476563	503134	175837	15487834	6655352	5604790	2760639	336187	130866
1056340	880430	147893	28547	2702465	1020025	857542	708589	97529	18780
5443861	2551931	347493	145112	12584198	5546362	4672359	2021009	233932	110536
110938	44202	7748	2178	201171	88965	74889	31041	4726	1550
6355360	3514734	577770	185365	15366664	6766044	5372332	2728517	376144	123627
1086891	763465	151090	32713	2750425	1119433	893839	614511	99406	23236
5184217	2705976	418804	151890	12439250	5560531	4422960	2083789	272164	99806
84252	45293	7876	762	176989	86080	55533	30217	4574	585
6745021	3930805	654415	275133	15542766	6094580	5707155	3117737	429024	194270
1092479	839367	185803	71421	2556541	842679	867772	684070	120486	41534
5568441	3027880	455979	200236	12827206	5196077	4788009	2390955	301746	150419
84101	63558	12633	3476	159019	55824	51374	42712	6792	2317

7-6 各地区职业技能鉴定综合情况(2014年)

单位：人

地　区	Region	职业技能鉴定机构数(个) Numbe of Testing Agencies (unit)	鉴定所数 Testing Agencies	鉴定站数 Testing Stations	工考委和中央企业试点单位数 The Units of Workers Assessing Committees & the Central Enterprises Pilot	考评人员人　数 Number of the Assessors	本年鉴定考核人数 Number of the Candidates	初　级 Primary
全　国	**National**	**9521**	**4387**	**4701**	**433**	**215761**	**18539992**	**6934618**
行业合计	Subtotal of Industrial Administrations	2670	18	2651	1	105232	3244808	1055738
地方合计	Subtotal of Local Governments	6835	4369	2050	416	102132	15039407	5786871
中央企业试点	The Central Enterprises Pilot	16			16	8397	255777	92009
北　京	Beijing	134	68	14	52	2435	179670	49499
天　津	Tianjin	126	91	24	11	2523	233477	94513
河　北	Hebei	98	98			492	450731	200217
山　西	Shanxi	164	134	30		7243	377166	101613
内 蒙 古	Inner Mongolia	239	3	235	1	4099	238166	84973
辽　宁	Liaoning	93	84	9		825	228698	105903
吉　林	Jilin	12	12			509	142106	59778
黑 龙 江	Heilongjiang	49	36	13		763	326761	151220
上　海	Shanghai	503	303	200		5369	474068	176400
江　苏	Jiangsu	605	313	4	288	8029	1497383	427691
浙　江	Zhejiang	187	74	113		2075	977625	377617
安　徽	Anhui	414	1	413		6208	656417	281133
福　建	Fujian	228	221	7		5797	508631	167075
江　西	Jiangxi	354	278	76		601	309519	78963
山　东	Shandong	218	7	211		994	1237998	537246
河　南	Henan	451	277	149	25	5436	622857	223935
湖　北	Hubei	765	765			302	601478	219514
湖　南	Hunan	208	207	1		503	572460	241830
广　东	Guangdong	36	36			4387	1492210	392338
广　西	Guangxi	86	44	3	39	1628	436990	212812
海　南	Hainan	93	87	6		92	66907	28987
重　庆	Chongqing	81	81			9010	442859	182113
四　川	Sichuan	551	284	267		8363	871990	272827
贵　州	Guizhou	219	219			4115	188825	81656
云　南	Yunnan	223	210	13		6930	541080	233401
西　藏	Tibet					210	6940	4687
陕　西	Shaanxi	229	115	114		6859	507037	221192
甘　肃	Gansu	15	15			600	355598	237919
青　海	Qinghai	58	28	30		1719	57792	45987
宁　夏	Ningxia	59	58	1		2111	60180	34969
新　疆	Xinjiang	284	187	97		406	284945	233806
新疆兵团	Xinjiang Production and Construction Crops	53	33	20		1499	90843	25057

STATISTICS OF OCCUPATIONAL SKILL TESTING BY REGION (2014)

(person)

中 级 Medium	高 级 Senior	技 师 Technicians	高级技师 Senior Technicians	本年获取证书人数 Number of the Candidates Got the Certificates	初 级 Primary	中 级 Medium	高 级 Senior	技 师 Technicians	高级技师 Senior Technicians
6745021	**3930805**	**654415**	**275133**	**15542766**	**6094580**	**5707155**	**3117737**	**429024**	**194270**
1092479	839367	185803	71421	2556541	842679	867772	684070	120486	41534
5568441	3027880	455979	200236	12827206	5196077	4788009	2390955	301746	150419
84101	63558	12633	3476	159019	55824	51374	42712	6792	2317
65226	52679	4756	7510	156527	43340	55056	48071	3641	6419
71299	35698	19441	12526	221908	90767	69180	33864	17466	10631
149529	82350	9560	9075	409986	189518	135627	71017	7124	6700
175122	90253	8479	1699	323360	88743	153378	74947	5154	1138
68521	52340	19317	13015	207572	79354	61956	43604	13418	9240
92114	22526	5037	3118	196267	91355	80281	19283	3183	2165
40139	29230	7827	5132	112850	43038	33732	24875	6856	4349
51671	97454	24161	2255	306278	145121	49316	88751	21218	1872
163575	87250	41010	5833	295489	126505	109411	46365	10522	2686
640013	395946	29885	3848	1264471	376336	546200	317877	21683	2375
312374	237114	41935	8585	822504	326696	267247	193993	29840	4728
247778	111824	13718	1964	558678	249483	216137	85246	6966	846
202437	116603	17760	4756	406722	151348	166919	80030	6434	1991
153000	68570	7653	1333	296976	78847	150569	61339	5310	911
342962	303916	42832	11042	1131689	511452	312110	259460	38394	10273
182487	188758	23373	4304	529477	204999	167926	138826	14812	2914
157531	141820	25353	57260	582200	214039	154626	137885	23955	51695
206920	91269	19659	12782	471411	219075	168430	64553	11040	8313
739558	298291	42729	19294	1096505	316312	559815	189029	21193	10156
149905	62673	9389	2211	368048	193456	127099	40524	5576	1393
25888	10504	1244	284	51194	23361	20751	6285	659	138
205409	41430	8457	5450	382563	165987	176955	29877	5354	4390
471798	114640	9918	2807	806378	256636	441418	100685	5748	1891
83394	22167	1235	373	175496	77970	75731	20346	1116	333
175561	123863	6837	1418	463391	219315	151616	87449	3967	1044
1043	1208	2		5787	3909	869	1007	2	
186871	92032	5933	1009	413863	182345	149667	76975	4166	710
109761	6461	1194	263	328227	219872	101349	6058	775	173
6873	4932			44920	36455	5045	3420		
17410	6185	1419	197	49211	29750	13193	4959	1139	170
37128	10003	3209	799	263295	217033	33857	8803	2909	693
35144	27891	2657	94	83963	23660	32543	25552	2126	82

八、劳动关系

LABOUR RELATION

8-1 历年劳动人事争议仲裁情况

单位：件

项　　目	Item	1996	1997	1998	1999	2000	2001
上期未结案件数	Number of Cases Left from Last Year-end	2634	2864	3475	3840	6374	8739
案件受理情况	Cases Accepted						
当期案件受理数	Cases	48121	71524	93649	120191	135206	154621
#集体劳动争议案件数	Number of Collective Labour Disputes	3150	4109	6767	9043	8247	9847
劳动者申诉案件数	Number of Cases Left from Last Year-end	41697	68773	84829	114152	120043	146781
劳动者当事人数(人)	Number of Laborers Involved(person)	189120	221115	358531	473957	422617	467150
#集体劳动争议劳动者当事人数	Number of Laborers Involved in Collective Labour Disputes	92203	132647	251268	319445	259445	286680
争议原因	Disputes Reasons						
劳动报酬	Labour Remuneration						45172
社会保险	Social Insurances						31158
变更劳动合同	Change the Labour Contract		2992	2840	3469	3829	4254
解除、终止劳动合同	Relieve or End the Labour Contract		10337	13069	18108	21149	29038
其　他	Others		8917	9515	8626	12549	
案件处理情况	Cases Settled						
结案数	Number of Cases Settled	46543	70792	92288	121289	130688	150279
处理方式	by Manners of Settlement						
仲裁调解	by Mediation	24223	32793	31483	39550	41877	42933
仲裁裁决	by Arbitrition Lawsuit	12789	15060	25389	34712	54142	77250
其他方式	Others	9531	22939	35155	47027	34669	35096
处理结果	by Result of Settlement						
用人单位胜诉	Lawsuit Won by Units	9452	11488	11937	15674	13699	31544
劳动者胜诉	Lawsuit Won by Laborers	23696	40063	48650	63030	70544	71739
双方部分胜诉及其他	Lawsuit Partly Won by Both Parties and Others	13395	19241	27365	37459	37247	46996
案外调解案件数	Cases Mediated						63939

注：2011年起，解除、终止劳动合同的类型进行合并统计。

a) Since 2011, items of Relieve or End the Labour Contract have been merged during statistics.

LABOUR DISPUTES ACCEPTED AND SETTLED

(piece)

2002	2003	2004	2005	2006	2007	2008	2009	2010	2011	2012	2013	2014
12472	16276	17117	17829	22165	25424	33084	83709	77926	42308	36151	34478	31796
184116	226391	260471	313773	317162	350182	693465	684379	600865	589244	641202	665760	715163
11024	10823	19241	16217	13977	12784	21880	13779	9314	6592	7252	6783	8041
172253	215512	249335	293710	301233	325590	650077	627530	558853	568768	620849	641932	690418
608396	801042	764981	744195	679312	653472	1214328	1016922	815121	779490	882487	888430	997807
374956	514573	477992	409819	348714	271777	502713	299601	211755	174785	231894	218521	267165
59144	76774	85132	103183	103887	108953	225061	247330	209968	200550	225981	223351	258716
56558	76181	88119	97519	100342	97731				149944	159649	165665	160961
3765	5494	4465	7567	3456	4695							
30940	40017	57021	68873	67868	80261	139702	43876	31915	118684	129108	147977	155870
178744	223503	258678	306027	310780	340030	622719	689714	634041	592823	643292	669062	711044
50925	67765	83400	104308	104435	119436	221284	251463	250131	278873	302552	311806	321598
77340	95774	110708	131745	141465	149013	274543	290971	266506	244942	268530	283341	313175
50479	59954	64550	69974	64880	71581	126892	147280	117404	69008	72210	73915	76271
27017	34272	35679	39401	39251	49211	80462	95470	85028	74189	79187	82519	82541
84432	109556	123268	145352	146028	156955	276793	255119	229448	195680	213453	217551	250284
67295	79475	94041	121274	125501	133864	265464	339125	319565	322954	350652	368992	378219
77342	58451	70840	93561	130321	151902	237283	185598	163997	194338	212937	215595	227447

8-2 各地区劳动争议处理情况(2014年)

单位：件

地区	Region	上期未结案件数 Number of Cases Left from Last Year-end	案件受理情况 Cases Accepted 当期案件受理数 Cases	#集体劳动争议案件 Number of Collective Labour Disputes	#劳动者申诉案件 Number of Cases Left from Last Year-end	劳动者当事人数(人) Number of Laborers Involved (person)	#集体劳动争议劳动者当事人数 Number of Laborers Involvedin Collective Labour Disputes	劳动报酬 Labour Remuneration
全国	**National**	**31796**	**715163**	**8041**	**690418**	**997807**	**267165**	**258716**
北京	Beijing	2500	63395	507	62354	63395	10615	35473
天津	Tianjin	1383	16302	133	16200	20746	3487	7908
河北	Hebei	2106	16410	251	15139	22303	3993	4250
山西	Shanxi	556	5875	34	5734	10218	1205	1606
内蒙古	Inner Mongolia	317	10689	141	10373	14902	3780	5466
辽宁	Liaoning	323	30665	369	29704	33803	6726	14951
吉林	Jilin	69	5606	93	5282	8460	2097	1839
黑龙江	Heilongjiang	364	9411	43	9351	11002	1389	2315
上海	Shanghai	3591	73494	42	71917	75529	1103	29013
江苏	Jiangsu	1580	63252	773	59149	93057	27726	21790
浙江	Zhejiang	3198	47421	890	46351	84890	34839	17764
安徽	Anhui	668	17330	143	17026	23277	3722	5212
福建	Fujian	728	16545	585	16351	40104	22699	6876
江西	Jiangxi	319	10547	61	10053	13999	3007	2748
山东	Shandong	1550	41806	275	41419	57141	11638	17580
河南	Henan	1324	21437	162	20654	26276	2552	5771
湖北	Hubei	1206	23937	62	22206	25878	1271	5636
湖南	Hunan	695	16261	246	13467	23735	4012	4191
广东	Guangdong	6131	94866	2491	91755	195188	102097	34418
广西	Guangxi	562	11719	7	11608	12098	179	4310
海南	Hainan	160	3711	36	3630	4869	645	978
重庆	Chongqing	578	30434	77	30318	31647	1867	6348
四川	Sichuan	693	33579	255	32788	41715	6161	9490
贵州	Guizhou	306	15221	55	14021	17034	1347	2751
云南	Yunnan	91	6949	68	6779	10007	2656	1125
西藏	Tibet	28	265	9	260	490	150	106
陕西	Shaanxi	143	8771	19	8333	9798	291	2040
甘肃	Gansu	85	2856	48	2723	4221	1168	1026
青海	Qinghai	43	1321	5	1305	1739	86	706
宁夏	Ningxia	254	3957	71	3721	6600	2384	1045
新疆	Xinjiang	225	10223	80	9243	12511	2027	3666
新疆兵团	Xinjiang Production and Construction Crops	20	908	10	904	1175	246	318

LABOUR DISPUTES ACCEPTED AND SETTLED BY REGION (2014)

(piece)

争议原因 Causes of the Disputes			案件处理情况 Cases Settled							案外调解案件数 Cases Mediated
社会保险 Social Insurance	#工伤保险 Work Injury Insurance	解除、终止劳动合同 Relieve or End the Labour Contract	结案数 Number of Cases Settled	处理方式 by Manners of Settlement: 仲裁调解 by Mediation	仲裁裁决 by Arbitrition Lawsuit	其他方式 Others	处理结果 by Result of Settlement: 用人单位胜诉 Lawsuit Won by Units	劳动者胜诉 Lawsuit Won by Laborers	双方部分胜诉及其他 Lawsuit Partly Won by Both Parties and Others	
160961	**98086**	**155870**	**711044**	**321598**	**313175**	**76271**	**82541**	**250284**	**378219**	**227447**
3040	832	148	62533	29774	27787	4972	10462	4810	47261	10901
1358	1129	3366	16087	8223	7864		2926	6352	6809	5086
5507	3152	3075	17668	8037	8063	1568	1729	8774	7165	5569
2347	1294	773	5834	2423	2995	416	527	3508	1799	1383
2116	1228	2119	10574	3237	6000	1337	646	7036	2892	1068
6197	3209	4447	30307	9838	17053	3416	3480	15191	11636	3382
1704	1020	592	5462	2737	2168	557	536	3824	1102	3888
2478	2432	871	9283	2787	4952	1544	667	4562	4054	1013
9070	3789	23687	71838	19976	34933	16929	17896	13495	40447	5948
15293	12491	16635	63411	38386	15302	9723	5464	21740	36207	24294
15217	10911	7817	46670	30235	11528	4907	4431	16833	25406	7008
7093	2980	2762	17371	8145	8389	837	952	8502	7917	13027
4158	3408	2945	16182	7394	6985	1803	1035	7330	7817	5973
3969	2149	2092	10106	4382	4842	882	1284	4864	3958	2950
6472	5510	10570	42025	22502	17145	2378	3097	14865	24063	12247
6815	2720	4018	21209	10174	9957	1078	2050	10706	8453	5939
9450	2284	5482	23812	10654	10782	2376	2196	8125	13491	8022
5063	2772	3694	16024	8398	6328	1298	1176	9451	5397	14063
10558	8949	35466	95347	37869	50074	7404	11017	21700	62630	54317
2276	682	2771	11788	3663	7135	990	1508	5399	4881	3307
262	56	865	3620	833	2249	538	458	955	2207	349
10218	7984	6216	30320	14323	11409	4588	3579	9998	16743	11430
10258	5465	7142	33519	15103	15364	3052	1849	16024	15646	15090
6811	5552	2364	14929	8396	6048	485	1026	7878	6025	4371
3450	2178	752	6985	3001	3507	477	314	4373	2298	2092
73	47	33	271	118	135	18	8	165	98	517
3165	1079	2380	8723	3043	4765	915	524	4120	4079	857
666	509	455	2807	918	1711	178	282	1627	898	1107
372	267	91	1316	323	803	190	46	932	338	12
1440	609	462	3906	1786	1580	540	547	2082	1277	368
3779	1220	1649	10204	4634	4791	779	760	4765	4679	1191
286	179	131	913	286	531	96	69	298	546	678

8-3 劳动保障监察案件结案情况(2014)
CASES SETTLED BY LABOUR AND SOCIAL SECURITY INSPECTION ORGANIZATION(2014)

单位：件 (piece)

项　　目	Item	2014
结案数	**Cases Settled**	**406210**
案件分类	**Cases by Caused Reasons**	
内部劳动保障规章制度	Inner Institutions on Labour and Social Security	4433
订立和解除劳动合同	Signing or Relieve Labour Contract	54344
女职工特殊劳动保护	Special Protection for Female Workers and employees	378
未成年工特殊劳动保护	Special Protection for minor Workers and employees	332
工作时间和休息休假	Working Hours and Vocation	23942
支付工资和最低工资标准	Wage Payment and Minimum Wage Standard	263462
参加社会保险和缴纳社会保险费	Social Insurances	58733
职业介绍	Job Referral	4296
职业技能培训和职业技能考核	Vocational Training and Vocational Qualification	581
其　他	Others	28477
案件处理情况	**Settlement of Cases**	
责令限期改正	Orders to Make Corrections	235467
行政处理决定	Decisions of Administrative Settlement	9414
行政处罚决定	Decisions of Administrative Penalty	17086
警　告	Disciplinary Warning	6309
罚　款	Fine	12622
其他行政处罚	Others	394

8-4 劳动保障监察工作情况(2014)
LABOUR AND SOCIAL SECURITY INSPECTION (2014)

项　　目	Item	2014
主动监察	Inspection on Initiative	
检查单位数(万户)	Employing Units Inspected (10 000 households)	198.0
涉及劳动者人数(万人)	Labourers Involved (10 000 persons)	9781.0
投诉结案数(万件)	Complaint Cases Settled (10 000 pieces)	33.5
举报结案数(万件)	Cases Settled through Inspection upon Reporting (10 000 pieces)	4.0
审查用人单位报送的书面材料涉及用人单位数(万户)	Employing Units inspected through Examining Documents reported (10 000 households)	233.5
补签劳动合同(万人)	Number of Labour Contracts Signed for Inspection (10 000 persons)	409.5
追发劳动者工资等待遇	Repay Wages and other Benefits	
涉及劳动者人数(万人)	Labourers Involved (10 000 persons)	461.7
金额(亿元)	Amount of Money (100 million yuan)	345.5
督促缴纳社会保险费	Levy of Social Insurance Fees for Inspection	
单位数(万户)	Employing Units Involved (10 000 households)	6.4
金额(亿元)	Amount of Money (100 million yuan)	27.9
督促社会保险登记单位数(万户)	Registeration of Social Insurance for Inspection Employing Units Involved (10 000 households)	6.0
取缔非法职业中介机构(户)	Number of Illegal Occupational Intermediary Agencies(household)	3777
清退风险抵押金金额(万元)	Amount of Money in Pledge Repaid to Employees (10 000 Yuan)	1999.9
审查用人单位规章数(万件)	Number of Regulations of Employing Units Inspected (10 000 pieces)	84.9
纠正用人单位违法规章数(万件)	Number of Regulations of Employing Units Corrected (10 000 pieces)	24.4
向社会公布重大违法行为数(件)	Discolsed Serious Violations of Laws or Rules (piece)	819

九、社会保障

SOCIAL SECURITY

9-1 历年全国社会保险基金收入
REVENUE OF SOCIAL INSURANCE FUNDS

年 份 Year	合 计 Total	基本养老保险 Basic Pension Insurance	失业保险 Unemployment Insurance	城镇基本医疗保险 Urban Basic Medical Insurance	工伤保险 Work Injury Insurance	生育保险 Maternity Insurance
绝对数(亿元) Revenue (100 million yuan)						
1989	153.6	146.7	6.8			
1990	186.8	178.8	7.2			
1991	225.0	215.7	9.3			
1992	377.4	365.8	11.7			
1993	526.1	503.5	17.9	1.4	2.4	0.8
1994	742.0	707.4	25.4	3.2	4.6	1.5
1995	1006.0	950.1	35.3	9.7	8.1	2.9
1996	1252.4	1171.8	45.2	19.0	10.9	5.5
1997	1458.2	1337.9	46.9	52.3	13.6	7.4
1998	1623.1	1459.0	68.4	60.6	21.2	9.8
1999	2211.8	1965.1	125.2	89.9	20.9	10.7
2000	2644.9	2278.5	160.4	170.0	24.8	11.2
2001	3101.9	2489.0	187.3	383.6	28.3	13.7
2002	4048.7	3171.5	215.6	607.8	32.0	21.8
2003	4882.9	3680.0	249.5	890.0	37.6	25.8
2004	5780.3	4258.4	290.8	1140.5	58.3	32.1
2005	6975.2	5093.3	340.3	1405.3	92.5	43.8
2006	8643.2	6309.8	402.4	1747.1	121.8	62.1
2007	10812.3	7834.2	471.7	2257.2	165.6	83.6
2008	13696.1	9740.2	585.1	3040.4	216.7	113.7
2009	16115.6	11490.8	580.4	3671.9	240.1	132.4
2010	19276.1	13872.9	649.8	4308.9	284.9	159.6
2011	25153.3	18004.8	923.1	5539.2	466.4	219.8
2012	30738.8	21830.2	1138.9	6938.7	526.7	304.2
2013	35252.9	24732.6	1288.9	8248.3	614.8	368.4
2014	39827.7	27619.9	1379.8	9687.2	694.8	446.1
比上年增长(%) Increase rate						
1990	21.6	21.9	5.9			
1991	20.5	20.6	29.2			
1992	67.7	69.6	25.8			
1993	39.4	37.7	53.0			
1994	41.0	40.5	41.9	119.9	90.4	73.8
1995	35.6	34.3	38.9	206.3	77.5	99.4
1996	24.5	23.3	28.2	96.6	34.7	87.8
1997	16.4	14.2	3.7	175.1	24.6	34.9
1998	11.3	9.0	45.7	15.9	55.9	31.1
1999	36.3	34.7	83.1	48.3	-1.3	10.1
2000	19.6	15.9	28.1	89.2	18.7	3.8
2001	17.3	9.2	16.8	125.7	14.2	23.1
2002	30.5	27.4	15.1	58.4	13.2	58.9
2003	20.6	16.0	15.7	46.4	17.4	18.3
2004	18.4	15.7	16.6	28.1	55.1	24.4
2005	20.7	19.6	17.0	23.2	58.7	36.4
2006	23.9	23.9	18.2	24.3	31.7	41.8
2007	25.1	24.2	17.2	29.2	36.0	34.6
2008	26.7	24.3	24.0	34.7	30.9	36.0
2009	17.7	18.0	-0.8	20.8	10.8	16.4
2010	19.6	20.7	12.0	17.3	18.7	20.5
2011	30.5	29.8	42.1	28.6	63.7	37.8
2012	22.2	21.2	23.4	25.3	12.9	38.4
2013	14.7	13.3	13.2	18.9	16.7	21.1
2014	13.0	11.7	7.1	17.4	13.0	21.1

注：2010年及以后基本养老保险基金中包括城镇职工基本养老保险和城乡居民基本养老保险。

a) Data of the basic pension insurance for 2010 and following years include the basic pension insurances for urban workers and for urban and rural residents.

9-2 历年全国社会保险基金支出
EXPENSES OF SOCIAL INSURANCE FUNDS

年 份 Year	合 计 Total	基本养老保险 Basic Pension Insurance	失业保险 Unemployment Insurance	城镇基本医疗保险 Basic Medical Insurance	工伤保险 Work Injury Insurance	生育保险 Maternity Insurance
绝对数(亿元) Expenses (100 million yuan)						
1989	120.9	118.8	2.0			
1990	151.9	149.3	2.5			
1991	176.1	173.1	3.0			
1992	327.1	321.9	5.1			
1993	482.2	470.6	9.3	1.3	0.4	0.5
1994	680.0	661.1	14.2	2.9	0.9	0.8
1995	877.1	847.6	18.9	7.3	1.8	1.6
1996	1082.4	1031.9	27.3	16.2	3.7	3.3
1997	1339.2	1251.3	36.3	40.5	6.1	4.9
1998	1636.9	1511.6	51.9	53.3	9.0	6.8
1999	2108.1	1924.9	91.6	69.1	15.4	7.1
2000	2385.6	2115.5	123.4	124.5	13.8	8.3
2001	2748.0	2321.3	156.6	244.1	16.5	9.6
2002	3471.5	2842.9	186.6	409.4	19.9	12.8
2003	4016.4	3122.1	199.8	653.9	27.1	13.5
2004	4627.4	3502.1	211.3	862.2	33.3	18.8
2005	5400.8	4040.3	206.9	1078.7	47.5	27.4
2006	6477.4	4896.7	198.0	1276.7	68.5	37.5
2007	7887.9	5964.9	217.7	1561.8	87.9	55.6
2008	9925.1	7389.6	253.5	2083.6	126.9	71.5
2009	12302.6	8894.4	366.8	2797.4	155.7	88.3
2010	15018.9	10755.3	423.3	3538.1	192.4	109.9
2011	18652.9	13363.2	432.8	4431.4	286.4	139.2
2012	23331.3	16711.5	450.6	5543.6	406.3	219.3
2013	27916.3	19818.7	531.6	6801.0	482.1	282.8
2014	33002.7	23325.8	614.7	8133.6	560.5	368.1
比上年增长(%) Increase rate						
1990	25.6	25.7	27.0			
1991	15.9	15.9	18.1			
1992	85.7	86.0	70.0			
1993	47.4	46.2	82.4			
1994	41.0	40.5	52.7	118.3	127.4	60.5
1995	29.0	28.2	32.9	150.2	92.4	95.3
1996	23.4	21.7	44.7	122.9	104.1	108.2
1997	23.7	21.3	33.1	149.5	64.5	49.4
1998	22.2	20.8	42.9	31.6	48.6	39.5
1999	28.8	27.3	76.6	29.6	70.5	4.1
2000	13.2	9.9	34.7	80.3	-10.5	17.1
2001	15.2	9.7	26.8	96.0	19.5	14.9
2002	26.3	22.5	19.2	67.7	20.6	33.3
2003	15.7	9.8	7.1	59.7	36.2	5.6
2004	15.2	12.2	5.8	31.9	22.9	39.3
2005	16.7	15.4	-2.1	25.1	42.6	45.7
2006	19.9	21.2	-4.3	18.4	44.2	36.9
2007	21.8	21.8	9.9	22.3	28.3	48.3
2008	25.8	23.9	16.4	33.4	44.4	28.6
2009	24.0	20.4	44.7	34.3	22.7	23.5
2010	22.1	20.9	15.4	26.5	23.6	24.4
2011	24.2	24.2	2.2	25.2	48.8	26.7
2012	25.1	25.1	4.1	25.1	41.9	57.6
2013	19.7	18.6	18.0	22.7	18.7	28.9
2014	18.2	17.7	15.6	19.6	16.3	30.2

9-3 历年全国社会保险基金累计结余
BALANCE OF SOCIAL INSURANCE FUNDS

年 份 Year	合 计 Total	基本养老保险 Basic Pension Insurance	失业保险 Unemployment Insurance	城镇基本医疗保险 Basic Medical Insurance	工伤保险 Work Injury Insurance	生育保险 Maternity Insurance
绝对数(亿元) Balance at the Year-end (100 million yuan)						
1989	81.6	68.0	13.6			
1990	117.3	97.9	19.5			
1991	169.7	144.1	25.7			
1992	252.8	220.6	32.1			
1993	303.7	258.6	40.8	0.4	3.1	0.8
1994	365.7	304.8	52.0	0.7	6.8	1.4
1995	516.8	429.8	68.4	3.1	12.7	2.7
1996	696.1	578.6	86.4	6.4	19.7	5.0
1997	831.6	682.8	97.0	16.6	27.7	7.5
1998	791.1	587.8	133.4	20.0	39.5	10.3
1999	1009.8	733.5	159.9	57.6	44.9	13.9
2000	1327.5	947.1	195.9	109.8	57.9	16.8
2001	1622.8	1054.1	226.2	253.0	68.9	20.6
2002	2423.4	1608.0	253.8	450.7	81.1	29.7
2003	3313.8	2206.5	303.5	670.6	91.2	42.0
2004	4493.4	2975.0	385.8	957.9	118.6	55.9
2005	6073.7	4041.0	519.0	1278.1	163.5	72.1
2006	8255.9	5488.9	724.8	1752.4	192.9	96.9
2007	11236.6	7391.4	979.1	2476.9	262.6	126.6
2008	15225.6	9931.0	1310.1	3431.7	384.6	168.2
2009	19006.5	12526.1	1523.6	4275.9	468.8	212.1
2010	23407.5	15787.8	1749.8	5047.1	561.4	261.4
2011	30233.1	20727.8	2240.2	6180.0	742.6	342.5
2012	38106.6	26243.5	2929.0	7644.5	861.9	427.6
2013	45588.1	31274.8	3685.9	9116.5	996.2	514.7
2014	52462.3	35644.5	4451.5	10644.8	1128.8	592.7
比上年增长(%) Increase rate						
1990	43.8	44.0	43.1			
1991	44.6	47.2	32.0			
1992	49.0	53.1	24.9			
1993	20.1	17.2	27.1			
1994	20.4	17.9	27.5	63.8	118.1	87.6
1995	41.3	41.0	31.6	335.4	87.3	91.7
1996	34.7	34.6	26.2	107.9	55.8	81.6
1997	19.5	18.0	12.3	157.8	40.1	51.2
1998	-4.9	-13.9	37.6	20.5	42.9	37.1
1999	27.6	24.8	19.8	187.8	13.6	34.9
2000	31.5	29.1	22.6	90.8	28.8	20.6
2001	22.2	11.3	15.5	130.4	19.1	22.7
2002	49.3	52.6	12.2	78.1	17.7	44.5
2003	36.7	37.2	19.6	48.8	12.5	41.3
2004	35.6	34.8	27.1	42.8	30.0	33.1
2005	35.2	35.8	34.5	33.4	37.9	29.0
2006	35.9	35.8	39.7	37.1	18.0	34.4
2007	36.1	34.7	35.1	41.3	36.1	30.7
2008	35.5	34.4	33.8	38.5	46.5	32.9
2009	24.8	26.1	16.3	24.6	21.9	26.1
2010	23.2	26.0	14.8	18.0	19.8	23.2
2011	29.2	31.3	28.0	22.4	32.3	31.0
2012	26.0	26.6	30.7	23.7	16.1	24.8
2013	19.6	19.2	25.8	19.3	15.6	20.4
2014	15.1	14.0	20.8	16.8	13.3	15.1

注：工伤保险累计结余中含储备金。

a) The grand total of work injury insurance at year-end include reserve fund.

9-4 历年全国基本养老保险参保人数情况
PERSONS COVERED BY THE BASIC PENSION INSURANCE AT THE YEAR-END

年份 Year	合计 Total	城镇职工基本养老保险参保人数 Persons Covered by the Urban Employees Basic Pension Insurance	职工人数 Workers	退休人员人数 Retirees	城乡居民基本养老保险参保人数 Persons Covered by the Basic Pension Insurance for Urban and Rural Residents
绝对数(万人) Absolute figure (10 000 persons)					
1989	5710.3	5710.3	4816.9	893.4	
1990	6166.0	6166.0	5200.7	965.3	
1991	6740.3	6740.3	5653.7	1086.6	
1992	9456.2	9456.2	7774.7	1681.5	
1993	9847.6	9847.6	8008.2	1839.4	
1994	10573.5	10573.5	8494.1	2079.4	
1995	10979.0	10979.0	8737.8	2241.2	
1996	11116.7	11116.7	8758.4	2358.3	
1997	11203.9	11203.9	8670.9	2533.0	
1998	11203.1	11203.1	8475.8	2727.3	
1999	12485.4	12485.4	9501.8	2983.6	
2000	13617.4	13617.4	10447.5	3169.9	
2001	14182.5	14182.5	10801.9	3380.6	
2002	14736.6	14736.6	11128.8	3607.8	
2003	15506.7	15506.7	11646.5	3860.2	
2004	16352.9	16352.9	12250.3	4102.6	
2005	17487.9	17487.9	13120.4	4367.5	
2006	18766.3	18766.3	14130.9	4635.4	
2007	20136.9	20136.9	15183.2	4953.7	
2008	21891.1	21891.1	16587.5	5303.6	
2009	23549.9	23549.9	17743.0	5806.9	
2010	35984.1	25707.3	19402.3	6305.0	10276.8
2011	61573.3	28391.3	21565.0	6826.2	33182.0
2012	78796.3	30426.8	22981.1	7445.7	48369.5
2013	81968.4	32218.4	24177.3	8041.0	49750.1
2014	84231.9	34124.4	25531.0	8593.4	50107.5
比上年增长(%) Increase over Preceding Year %					
1990	8.0	8.0	8.0	8.0	
1991	9.3	9.3	8.7	12.6	
1992	40.3	40.3	37.5	54.8	
1993	4.1	4.1	3.0	9.4	
1994	7.4	7.4	6.1	13.0	
1995	3.8	3.8	2.9	7.8	
1996	1.3	1.3	0.2	5.2	
1997	0.8	0.8	-1.0	7.4	
1998	0.0	0.0	-2.3	7.7	
1999	11.4	11.4	12.1	9.4	
2000	9.1	9.1	10.0	6.2	
2001	4.2	4.2	3.4	6.6	
2002	3.9	3.9	3.0	6.7	
2003	5.2	5.2	4.7	7.0	
2004	5.5	5.5	5.2	6.3	
2005	6.9	6.9	7.1	6.5	
2006	7.3	7.3	7.7	6.1	
2007	7.3	7.3	7.4	6.9	
2008	8.7	8.7	9.2	7.1	
2009	7.6	7.6	7.0	9.5	
2010	52.8	9.2	9.4	8.6	
2011	71.1	10.4	11.1	8.3	222.9
2012	28.0	7.2	6.6	9.1	45.8
2013	4.0	5.9	5.2	8.0	2.9
2014	2.8	5.9	5.6	6.9	0.7

9-5 历年全国基本养老保险基金情况
URBAN BASIC PENSION INSURANCE

年 份 Year	基本养老保险 Basic Pension Insurance			城镇职工基本养老保险 Urban Employees Basic Pension Insurance			城乡居民基本养老保险 Basic Pension Insurance for Urban and Rural Residents		
	基金收入 Revenue	基金支出 Expenses	累计结余 Balance at the Year-end	基金收入 Revenue	基金支出 Expenses	累计结余 Balance at the Year-end	基金收入 Revenue	基金支出 Expenses	累计结余 Balance at the Year-end
1989	146.7	118.8	68.0	146.7	118.8	68.0			
1990	178.8	149.3	97.9	178.8	149.3	97.9			
1991	215.7	173.1	144.1	215.7	173.1	144.1			
1992	365.8	321.9	220.6	365.8	321.9	220.6			
1993	503.5	470.6	258.6	503.5	470.6	258.6			
1994	707.4	661.1	304.8	707.4	661.1	304.8			
1995	950.1	847.6	429.8	950.1	847.6	429.8			
1996	1171.8	1031.9	578.6	1171.8	1031.9	578.6			
1997	1337.9	1251.3	682.8	1337.9	1251.3	682.8			
1998	1459.0	1511.6	587.8	1459.0	1511.6	587.8			
1999	1965.1	1924.9	733.5	1965.1	1924.9	733.5			
2000	2278.5	2115.5	947.1	2278.5	2115.5	947.1			
2001	2489.0	2321.3	1054.1	2489.0	2321.3	1054.1			
2002	3171.5	2842.9	1608.0	3171.5	2842.9	1608.0			
2003	3680.0	3122.1	2206.5	3680.0	3122.1	2206.5			
2004	4258.4	3502.1	2975.0	4258.4	3502.1	2975.0			
2005	5093.3	4040.3	4041.0	5093.3	4040.3	4041.0			
2006	6309.8	4896.7	5488.9	6309.8	4896.7	5488.9			
2007	7834.2	5964.9	7391.4	7834.2	5964.9	7391.4			
2008	9740.2	7389.6	9931.0	9740.2	7389.6	9931.0			
2009	11490.8	8894.4	12526.1	11490.8	8894.4	12526.1			
2010	13872.9	10755.3	15787.8	13419.5	10554.9	15365.3	453.4	200.4	422.5
2011	18004.8	13363.2	20727.8	16894.7	12764.9	19496.6	1110.1	598.3	1231.2
2012	21830.2	16711.5	26243.5	20001.0	15561.8	23941.3	1829.2	1149.7	2302.2
2013	24732.6	19818.7	31274.8	22680.4	18470.4	28269.2	2052.3	1348.3	3005.7
2014	27619.9	23325.8	35644.5	25309.7	21754.7	31800.0	2310.2	1571.2	3844.6

9-6 历年全国机关、事业单位城镇职工基本养老保险情况
URBAN BASIC PENSION INSURANCE (INSTITUTION AGENCIES AND ORGANIZATIONS)

年 份 Year	年末参保人数(万人) Persons Covered at the Year-end (10 000 persons)			基金收支情况(亿元) Revenue and Expenses(100 million yuan)		
	合 计 Total	职工 Workers	离退休人员 Retirees	基金收入 Revenue	基金支出 Expenses	累计结余 Balance at the Year-end
1999	762.5	642.6	119.9	93.2	61.8	89.3
2000	1131.0	977.6	153.4	189.8	145.4	186.1
2001	1278.2	1068.9	209.3	253.0	204.4	233.2
2002	1458.0	1199.4	258.6	387.8	340.1	364.5
2003	1625.3	1322.0	303.3	470.6	405.9	441.7
2004	1674.0	1346.4	327.6	529.9	470.9	475.7
2005	1772.1	1409.8	362.3	601.6	545.0	534.3
2006	1909.7	1512.9	396.8	677.2	609.4	619.8
2007	1902.3	1492.6	409.7	823.6	811.3	633.2
2008	1939.7	1504.1	435.6	940.1	882.0	690.0
2009	1983.0	1524.0	459.0	1070.3	1007.8	751.8
2010	2072.9	1579.6	493.3	1201.1	1145.0	818.1
2011	2108.0	1595.0	513.0	1409.9	1339.3	888.5
2012	2154.9	1620.2	534.7	1638.0	1553.3	973.3
2013	2168.9	1612.6	556.2	1831.7	1729.0	1076.9
2014	2178.5	1598.7	579.8	2004.2	1907.4	1173.7

9-7 历年全国企业及其他城镇职工基本养老保险情况
URBAN BASIC PENSION INSURANCE(ENTERPRISES AND OTHERS)

年 份 Year	年末参保人数(万人) Persons Covered at the Year-end (10 000 persons)			基金收支情况(亿元) Revenue and Expenses(100 million yuan)		
	合 计 Total	职工 Workers	离退休人员 Retirees	基金收入 Revenue	基金支出 Expenses	累计结余 Balance at the Year-end
1989	5710.3	4816.9	893.4	146.7	118.8	68.0
1990	6166.0	5200.7	965.3	178.8	149.3	97.9
1991	6740.3	5653.7	1086.6	215.7	173.1	144.1
1992	9456.2	7774.7	1681.5	365.8	321.9	220.6
1993	9847.6	8008.2	1839.4	503.5	470.6	258.6
1994	10573.5	8494.1	2079.4	707.4	661.1	304.8
1995	10979.0	8737.8	2241.2	950.1	847.6	429.8
1996	11116.7	8758.4	2358.3	1171.8	1031.9	578.6
1997	11203.9	8670.9	2533.0	1337.9	1251.3	682.8
1998	11203.1	8475.8	2727.3	1459.0	1511.6	587.8
1999	11722.9	8859.2	2863.7	1871.9	1863.1	644.2
2000	12486.4	9469.9	3016.5	2088.3	1970.0	761.0
2001	12904.3	9733.0	3171.3	2235.1	2116.5	818.6
2002	13278.6	9929.4	3349.2	2783.6	2502.8	1243.5
2003	13881.4	10324.5	3556.9	3209.4	2716.2	1764.8
2004	14678.9	10903.9	3775.0	3728.5	3031.2	2499.3
2005	15715.8	11710.6	4005.2	4491.7	3495.3	3506.7
2006	16856.6	12618.0	4238.6	5632.5	4287.3	4869.1
2007	18234.6	13690.6	4544.0	7010.6	5153.6	6758.2
2008	19951.4	15083.4	4868.0	8800.1	6507.6	9241.0
2009	21567.0	16219.0	5348.0	10420.6	7886.6	11774.3
2010	23634.4	17822.7	5811.6	12218.4	9409.9	14547.2
2011	26284.0	19970.0	6314.0	15484.8	11425.7	18608.1
2012	28271.9	21360.9	6910.9	18363.0	14008.5	22968.0
2013	30049.5	22564.7	7484.8	20848.7	16741.5	27192.3
2014	31945.9	23932.3	8013.6	23305.4	19847.2	30626.3

9-8 历年各地区基本养老保险参保人数
CONTRIBUTORS OF BASIC PENSION INSURANCE BY REGION

单位：万人　　　　(10 000 persons)

地　区	Region	2001		2002		2003		2004		2005	
		城镇职工基本养老保险 Staff	#离退休人员 Retirees	城镇职工基本养老保险 Staff	#离退休人员 Retirees	城镇职工基本养老保险 Staff	#离退休人员 Retirees	城镇职工基本养老保险 Staff	#离退休人员 Retirees	城镇职工基本养老保险 Staff	#离退休人员 Retirees
全　国	**National**	**14182.5**	**3380.6**	**14736.6**	**3607.8**	**15506.7**	**3860.2**	**16352.9**	**4102.6**	**17487.9**	**4367.5**
北　京	Beijing	425.9	124.3	436.2	133.2	448.5	141.5	459.7	148.6	520.0	155.2
天　津	Tianjin	281.4	85.2	296.0	91.4	283.3	97.6	298.1	102.9	308.3	107.7
河　北	Hebei	641.4	145.3	643.5	154.0	665.5	163.6	683.4	172.0	707.9	184.2
山　西	Shanxi	365.6	81.8	361.8	85.4	364.4	88.1	376.7	93.3	383.4	98.2
内蒙古	Inner Mongolia	290.6	65.3	292.9	70.8	300.9	72.6	318.8	82.0	338.9	86.1
辽　宁	Liaoning	1022.7	288.9	1039.2	302.2	1070.4	315.5	1101.0	333.8	1193.6	360.8
吉　林	Jilin	389.1	99.6	397.7	104.9	427.0	115.5	439.0	123.1	455.9	131.0
黑龙江	Heilongjiang	692.5	178.5	689.8	187.4	714.3	196.0	738.1	207.3	768.9	223.2
上　海	Shanghai	683.5	239.9	699.8	246.9	715.6	254.6	770.9	265.3	830.0	290.7
江　苏	Jiangsu	888.1	212.7	1063.5	252.9	1135.2	271.4	1214.1	288.8	1345.6	307.9
浙　江	Zhejiang	610.4	125.1	701.1	132.6	801.2	144.2	888.0	152.4	962.3	160.9
安　徽	Anhui	432.7	98.5	432.3	102.8	456.6	113.6	463.9	118.8	471.7	124.8
福　建	Fujian	242.0	58.4	285.1	61.6	364.2	79.4	377.5	83.7	409.6	88.9
江　西	Jiangxi	328.8	78.2	339.8	82.6	355.9	93.4	371.8	99.9	387.4	105.5
山　东	Shandong	1022.6	191.3	1043.0	205.3	1135.9	219.3	1218.7	232.2	1302.4	248.6
河　南	Henan	736.6	141.9	757.8	161.5	751.1	171.0	781.1	181.1	814.0	194.2
湖　北	Hubei	612.1	137.7	628.8	147.2	732.4	177.9	780.5	195.4	804.0	206.4
湖　南	Hunan	603.4	148.0	616.5	157.7	636.2	167.5	691.7	185.4	718.6	195.2
广　东	Guangdong	1370.3	187.0	1405.4	193.5	1482.2	203.8	1588.8	220.4	1796.1	231.2
广　西	Guangxi	248.9	58.7	257.2	63.5	264.8	66.3	279.3	70.2	288.6	73.3
海　南	Hainan	108.2	30.5	111.2	31.9	116.7	33.6	120.0	35.2	120.9	36.5
重　庆	Chongqing	270.3	82.3	280.3	87.8	280.0	92.4	283.9	96.8	290.2	100.5
四　川	Sichuan	578.9	169.4	589.2	178.1	605.5	187.5	668.0	202.7	793.4	230.7
贵　州	Guizhou	159.0	42.4	168.9	44.9	168.0	48.0	174.9	50.0	183.7	51.7
云　南	Yunnan	243.1	69.6	252.1	74.1	257.3	77.8	255.3	79.4	258.7	81.9
西　藏	Tibet	7.1	2.6	7.0	2.6	7.3	2.8	7.6	3.0	7.7	3.1
陕　西	Shaanxi	345.4	83.4	352.0	90.8	362.4	97.4	369.3	102.5	376.1	107.8
甘　肃	Gansu	188.4	45.3	188.0	48.1	192.0	51.2	194.5	53.5	197.3	55.1
青　海	Qinghai	51.9	14.9	54.2	15.0	56.4	15.9	58.5	16.5	60.0	16.9
宁　夏	Ningxia	57.9	13.2	59.0	13.7	60.7	14.3	62.5	15.2	67.5	16.1
新　疆	Xinjiang	258.4	77.6	262.1	79.6	269.3	83.0	294.8	87.3	302.1	89.0
中国人民银行	The People's Bank of China	19.8	3.1	19.8	3.3	19.8	3.4	17.1	3.5	17.1	3.7
中国农业发展银行	Agricutural Development Bank of China	5.4	0.2	5.5	0.3	5.6	0.4	5.8	0.4	5.7	0.5

9-8 续表 1 continued

单位：万人 (10 000 persons)

地区	Region	2006 城镇职工基本养老保险 Staff	2006 #离退休人员 Retirees	2007 城镇职工基本养老保险 Staff	2007 #离退休人员 Retirees	2008 城镇职工基本养老保险 Staff	2008 #离退休人员 Retirees	2009 城镇职工基本养老保险 Staff	2009 #离退休人员 Retirees
全国	**National**	**18766.3**	**4635.4**	**20136.9**	**4953.7**	**21891.1**	**5303.6**	**23549.9**	**5806.9**
北京	Beijing	603.6	160.9	671.0	171.2	757.2	180.1	826.7	188.2
天津	Tianjin	328.2	112.7	344.8	119.2	376.5	129.3	401.5	136.5
河北	Hebei	747.5	196.0	795.6	210.2	862.5	222.7	919.5	238.0
山西	Shanxi	486.9	112.7	506.7	120.2	539.4	128.0	563.8	136.6
内蒙古	Inner Mongolia	356.6	91.1	370.9	96.6	389.5	102.9	410.8	112.8
辽宁	Liaoning	1248.8	383.0	1299.7	408.1	1406.2	429.9	1457.4	449.4
吉林	Jilin	480.2	138.9	501.7	147.8	525.3	155.4	554.3	171.1
黑龙江	Heilongjiang	801.0	236.5	826.8	253.0	857.8	276.0	920.3	333.7
上海	Shanghai	891.7	314.4	932.4	340.5	967.7	357.8	1001.1	376.0
江苏	Jiangsu	1469.8	328.1	1602.3	353.3	1751.6	378.6	1883.1	415.4
浙江	Zhejiang	1052.6	170.9	1167.1	182.3	1386.9	194.8	1527.4	209.6
安徽	Anhui	495.2	133.8	530.3	144.8	578.4	158.1	628.2	169.5
福建	Fujian	456.1	93.6	512.8	98.1	557.2	102.6	585.9	108.1
江西	Jiangxi	415.0	111.6	475.0	118.5	550.3	128.5	581.9	135.9
山东	Shandong	1368.0	261.7	1457.1	282.2	1565.9	305.0	1661.0	326.0
河南	Henan	863.8	208.2	912.9	224.7	972.0	239.1	1019.1	254.5
湖北	Hubei	850.8	220.5	886.8	235.3	932.3	252.0	982.0	273.6
湖南	Hunan	751.6	209.9	784.0	227.3	829.1	235.3	879.1	246.1
广东	Guangdong	1972.3	243.5	2226.8	257.2	2444.3	273.0	2716.4	294.2
广西	Guangxi	302.7	77.1	325.5	82.2	368.1	95.0	411.3	118.0
海南	Hainan	132.0	38.0	141.7	39.7	156.2	42.0	168.1	43.2
重庆	Chongqing	317.3	107.9	344.8	112.7	406.1	130.7	492.8	176.5
四川	Sichuan	842.7	244.9	917.4	269.4	1017.9	306.7	1176.2	393.5
贵州	Guizhou	193.2	54.1	205.9	56.5	215.9	59.3	235.6	63.5
云南	Yunnan	267.4	83.8	279.4	87.6	293.7	89.3	306.5	90.2
西藏	Tibet	7.6	3.1	8.1	3.0	8.5	3.1	9.2	3.1
陕西	Shaanxi	391.5	111.4	408.1	117.4	433.4	124.4	458.8	131.0
甘肃	Gansu	201.2	57.7	208.4	60.6	221.0	64.0	230.9	67.5
青海	Qinghai	62.5	17.4	65.2	18.0	68.3	18.6	71.3	19.3
宁夏	Ningxia	72.3	16.7	77.0	17.7	82.6	18.8	89.4	20.0
新疆	Xinjiang	313.3	90.9	327.7	93.7	346.3	97.6	356.9	100.6
中国人民银行	The People's Bank of China	17.2	3.9	17.3	4.1	17.5	4.2	17.5	4.4
中国农业发展银行	Agricutural Development Bank of China	5.6	0.5	5.6	0.6	5.6	0.7	5.6	0.7

9-8 续表 2 continued

单位：万人 (10 000 persons)

地区	Region	2010 合计 Total	2010 #城镇职工基本养老保险 Staff	2010 #离退休人员 Retirees	2010 #城乡居民基本养老保险 Urban and Rural Staff	2011 合计 Total	2011 #城镇职工基本养老保险 Staff	2011 #离退休人员 Retirees	2011 #城乡居民基本养老保险 Urban and Rural Staff
全国	**National**	**35984.1**	**25707.3**	**6305.0**	**10276.8**	**61573.3**	**28391.3**	**6826.2**	**33182.0**
北京	Beijing	1149.8	981.3	195.5	168.5	1262.8	1089.4	201.2	173.4
天津	Tianjin	510.8	431.5	143.6	79.4	543.7	458.7	148.8	85.0
河北	Hebei	1828.7	988.4	259.5	840.3	3417.5	1059.8	285.3	2357.7
山西	Shanxi	840.8	591.0	147.3	249.8	1611.7	623.8	158.9	987.9
内蒙古	Inner Mongolia	599.4	430.7	119.2	168.8	756.0	452.4	136.6	303.6
辽宁	Liaoning	1643.7	1496.9	472.7	146.8	2329.1	1556.6	486.5	772.5
吉林	Jilin	686.2	599.5	206.6	86.7	1027.6	617.5	221.1	410.1
黑龙江	Heilongjiang	1083.5	952.2	363.0	131.2	1261.2	981.0	380.0	280.2
上海	Shanghai	1078.4	1049.5	392.2	28.9	1463.7	1382.7	406.5	81.0
江苏	Jiangsu	2366.5	2033.0	449.1	333.5	4284.6	2223.9	483.1	2060.6
浙江	Zhejiang	1993.0	1702.2	223.6	290.8	2732.3	1919.2	253.4	813.1
安徽	Anhui	1018.9	669.5	177.5	349.3	2907.2	729.3	191.5	2178.0
福建	Fujian	909.4	635.5	113.5	273.9	1484.6	695.1	118.2	789.5
江西	Jiangxi	879.9	607.6	145.5	272.3	2025.9	653.0	168.7	1372.8
山东	Shandong	2692.2	1773.0	345.1	919.2	5514.7	1907.1	373.1	3607.6
河南	Henan	2291.1	1079.3	270.3	1211.8	4474.3	1168.4	287.9	3305.9
湖北	Hubei	1419.8	1039.8	301.6	380.0	2851.1	1113.4	341.7	1737.7
湖南	Hunan	1520.7	938.9	265.4	581.8	3174.7	988.2	277.9	2186.5
广东	Guangdong	3372.8	3215.2	339.6	157.6	4608.1	3800.7	372.6	807.4
广西	Guangxi	669.7	449.3	138.1	220.4	1279.9	483.8	151.5	796.1
海南	Hainan	243.2	180.8	45.4	62.4	409.0	199.9	47.8	209.1
重庆	Chongqing	1391.7	584.4	192.5	807.4	1772.7	647.6	220.1	1125.1
四川	Sichuan	1970.5	1300.9	439.0	669.6	3055.0	1494.2	495.4	1560.7
贵州	Guizhou	481.2	257.3	67.0	223.9	1131.8	282.1	71.3	849.7
云南	Yunnan	786.9	317.4	92.3	469.4	1619.3	342.8	104.2	1276.5
西藏	Tibet	90.4	9.9	3.2	80.5	131.3	11.2	3.2	120.1
陕西	Shaanxi	990.0	550.4	150.3	439.7	1866.1	588.6	155.5	1277.5
甘肃	Gansu	428.0	242.5	71.3	185.5	1044.6	263.0	85.1	781.6
青海	Qinghai	139.5	74.4	20.0	65.1	261.9	81.5	25.2	180.4
宁夏	Ningxia	132.5	107.8	30.5	24.7	296.5	121.4	36.4	175.1
新疆	Xinjiang	751.7	393.8	119.2	357.9	951.1	431.5	131.9	519.6
中国人民银行	The People's Bank of China	17.7	17.7	4.6		17.8	17.8	4.8	
中国农业发展银行	Agricutural Development Bank of China	5.7	5.7	0.8		5.8	5.8	1.0	

9-8 续表 3 continued

单位：万人 (10 003 persons)

地区	Region	2012 合计 Total	2012 #城镇职工基本养老保险 Staff	2012 #离退休人员 Retirees	2012 #城乡居民基本养老保险 Urban and Rural Staff	2013 合计 Total	2013 #城镇职工基本养老保险 Staff	2013 #离退休人员 Retirees	2013 #城乡居民基本养老保险 Urban and Rural Staff
全国	**National**	**78796.3**	**30426.8**	**7445.7**	**48369.5**	**81968.4**	**32218.4**	**8041.0**	**49750.1**
北京	Beijing	1383.2	1206.4	210.7	176.8	1491.4	1311.3	220.0	180.1
天津	Tianjin	579.6	490.3	156.9	89.3	616.2	520.7	168.4	95.5
河北	Hebei	4460.2	1125.6	312.3	3334.6	4548.8	1194.7	335.1	3354.2
山西	Shanxi	2130.8	648.7	168.9	1482.1	2206.2	672.4	180.5	1533.7
内蒙古	Inner Mongolia	1228.1	471.9	153.0	756.1	1276.8	496.5	172.7	780.3
辽宁	Liaoning	2655.4	1609.2	510.4	1046.1	2776.3	1729.5	557.8	1046.9
吉林	Jilin	1193.5	632.2	234.6	561.3	1298.3	655.2	248.4	643.1
黑龙江	Heilongjiang	1770.9	1013.0	401.6	758.0	1877.9	1062.1	422.2	815.8
上海	Shanghai	1497.7	1416.9	423.8	80.8	1509.9	1429.9	437.5	80.0
江苏	Jiangsu	4774.7	2427.5	547.0	2347.2	4966.1	2582.1	594.3	2384.0
浙江	Zhejiang	3515.6	2183.3	347.8	1332.3	3731.2	2375.4	398.9	1355.8
安徽	Anhui	4134.3	783.8	205.4	3350.6	4120.0	811.3	219.1	3308.7
福建	Fujian	2202.5	756.5	125.5	1446.1	2280.0	812.8	133.2	1467.2
江西	Jiangxi	2444.9	707.4	189.1	1737.5	2526.6	754.2	207.0	1772.5
山东	Shandong	6464.4	2063.2	416.3	4401.2	6772.4	2259.6	459.2	4512.8
河南	Henan	5990.3	1270.6	306.0	4719.7	6147.0	1350.0	325.6	4797.0
湖北	Hubei	3437.6	1171.4	367.3	2266.2	3455.6	1219.4	395.9	2236.3
湖南	Hunan	4168.3	1048.0	300.4	3120.3	4407.8	1091.7	329.5	3316.0
广东	Guangdong	6289.3	4034.1	390.2	2255.2	6529.9	4183.0	421.3	2346.8
广西	Guangxi	2085.0	512.7	163.6	1572.3	2202.4	538.4	172.6	1664.0
海南	Hainan	483.7	214.2	52.5	269.5	503.6	231.5	57.1	272.1
重庆	Chongqing	1847.8	716.9	247.0	1130.9	1896.0	773.1	275.4	1122.9
四川	Sichuan	4443.8	1615.4	541.7	2828.4	4721.8	1720.3	596.2	3001.6
贵州	Guizhou	1570.1	309.4	77.7	1260.7	1824.5	337.3	82.6	1487.2
云南	Yunnan	2467.6	364.5	110.7	2103.2	2537.0	384.3	115.7	2152.7
西藏	Tibet	147.4	13.3	3.5	134.0	154.5	14.0	3.5	140.4
陕西	Shaanxi	2349.0	643.5	177.1	1705.5	2389.9	685.0	191.9	1704.9
甘肃	Gansu	1454.0	277.4	93.7	1176.6	1526.9	288.4	99.9	1238.5
青海	Qinghai	292.1	86.0	26.2	206.1	306.4	90.3	27.6	216.1
宁夏	Ningxia	311.5	131.2	39.9	180.3	323.3	143.8	41.9	179.5
新疆	Xinjiang	999.4	458.8	139.0	540.6	1019.9	476.3	143.8	543.6
中国人民银行	The People's Bank of China	17.9	17.9	5.0		18.0	18.0	5.2	
中国农业发展银行	Agricutural Development Bank of China	5.9	5.9	1.0		6.0	6.0	1.1	

9-8 续表 4 continued

单位：万人 (10 003 persons)

地区	Region	2014 合计 Total	#城镇职工基本养老保险 Staff	#离退休人员 Retirees	#城乡居民基本养老保险 Urban and Rural Staff
全国	**National**	**84231.9**	**34124.4**	**8593.4**	**50107.5**
北京	Beijing	1578.9	1392.6	228.9	186.3
天津	Tianjin	651.5	545.4	175.3	106.1
河北	Hebei	4666.3	1262.0	353.6	3404.4
山西	Shanxi	2229.4	692.0	190.9	1537.4
内蒙古	Inner Mongolia	1286.9	524.9	192.7	761.9
辽宁	Liaoning	2801.2	1769.2	601.9	1032.0
吉林	Jilin	1331.5	676.7	261.1	654.8
黑龙江	Heilongjiang	1911.9	1090.1	443.4	821.8
上海	Shanghai	1535.7	1457.4	452.4	78.3
江苏	Jiangsu	5039.8	2691.9	637.6	2347.9
浙江	Zhejiang	3890.1	2548.0	468.8	1342.1
安徽	Anhui	4166.4	829.2	232.3	3337.2
福建	Fujian	2321.3	848.3	140.2	1473.0
江西	Jiangxi	2582.0	783.9	221.1	1798.1
山东	Shandong	6910.1	2370.2	511.5	4539.9
河南	Henan	6275.4	1431.6	342.3	4843.8
湖北	Hubei	3496.8	1266.2	419.2	2230.5
湖南	Hunan	4417.2	1118.9	349.0	3298.3
广东	Guangdong	7217.1	4809.5	445.9	2407.7
广西	Guangxi	2271.5	557.6	180.3	1713.9
海南	Hainan	517.1	242.3	59.9	274.8
重庆	Chongqing	1938.0	825.5	293.3	1112.5
四川	Sichuan	4853.6	1839.7	648.1	3013.9
贵州	Guizhou	1948.1	361.5	87.1	1586.6
云南	Yunnan	2558.4	397.9	118.7	2160.5
西藏	Tibet	156.1	15.2	3.7	140.9
陕西	Shaanxi	2427.3	716.5	200.3	1710.8
甘肃	Gansu	1539.0	298.8	105.0	1240.1
青海	Qinghai	319.2	94.6	28.8	224.6
宁夏	Ningxia	333.6	151.4	44.2	182.1
新疆	Xinjiang	1036.0	490.8	149.1	545.2
中国人民银行	The People's Bank of China	18.0	18.0	5.5	
中国农业发展银行	Agricutural Development Bank of China	6.5	6.5	1.3	

9-9 各地区城镇职工基本养老保险情况(2014年)
URBAN BASIC PENSION INSURANCE BY REGION(2014)

单位：万人，亿元 (10 000 persons，100 million yuan)

地区	Region	参保职工年末人数 Active Contributors at the Year-end	#企业(含其他) Enterprises (others)	参保离退休人员年末人数 Retirees at the Year-end	基金收支情况 Revenue and Expenses 基金收入 Revenue	基金支出 Expenses	累计结余 Balance at the Year-end
全国	**National**	**25531.0**	**23932.3**	**8593.4**	**25309.7**	**21754.7**	**31800.0**
北京	Beijing	1163.7	1163.7	228.9	1331.3	841.7	2160.8
天津	Tianjin	370.2	364.2	175.3	534.4	491.7	361.7
河北	Hebei	908.3	769.2	353.6	958.8	953.1	818.8
山西	Shanxi	501.1	418.1	190.9	663.9	555.9	1232.8
内蒙古	Inner Mongolia	332.2	324.0	192.7	501.7	486.1	471.6
辽宁	Liaoning	1167.3	1107.3	601.9	1534.2	1477.9	1283.8
吉林	Jilin	415.6	415.6	261.1	519.2	516.9	423.9
黑龙江	Heilongjiang	646.7	590.9	443.4	922.2	1028.3	323.3
上海	Shanghai	1005.0	943.3	452.4	1688.5	1505.5	1260.0
江苏	Jiangsu	2054.3	1968.4	637.6	1922.6	1584.2	2854.5
浙江	Zhejiang	2079.2	2002.4	468.8	1618.6	1220.0	2695.5
安徽	Anhui	596.9	586.0	232.3	656.5	519.9	882.0
福建	Fujian	708.1	652.8	140.2	453.3	378.9	490.3
江西	Jiangxi	562.8	546.3	221.1	490.1	444.6	430.5
山东	Shandong	1858.7	1618.7	511.5	1672.7	1557.7	1973.0
河南	Henan	1089.3	982.3	342.3	922.8	830.7	931.3
湖北	Hubei	847.0	802.5	419.2	977.8	950.6	821.6
湖南	Hunan	769.8	613.0	349.0	811.5	730.4	878.6
广东	Guangdong	4363.6	4204.7	445.9	2059.4	1289.1	5444.2
广西	Guangxi	377.3	377.3	180.3	413.8	412.4	448.0
海南	Hainan	182.4	151.2	59.9	140.8	138.3	103.7
重庆	Chongqing	532.2	522.7	293.3	678.4	573.8	662.0
四川	Sichuan	1191.6	1089.3	648.1	1576.8	1313.2	2013.3
贵州	Guizhou	274.3	268.3	87.1	259.8	207.8	407.2
云南	Yunnan	279.2	271.4	118.7	358.2	288.2	573.0
西藏	Tibet	11.6	8.8	3.7	23.3	14.9	40.4
陕西	Shaanxi	516.1	471.5	200.3	576.2	542.9	445.6
甘肃	Gansu	193.9	193.5	105.0	298.2	258.6	361.2
青海	Qinghai	65.7	65.7	28.8	93.1	90.8	84.3
宁夏	Ningxia	107.2	107.2	44.2	117.2	118.3	165.3
新疆	Xinjiang	341.6	331.7	149.1	526.1	426.1	744.7
中国人民银行	The People's Bank of China	12.5		5.5			
中国农业发展银行	Agricutural Development Bank of China	5.3		1.3	8.3	5.9	13.1

9-10 各地区城乡居民基本养老保险情况（2014年）

STATISTICS ON BASIC PENSION INSURANCE FOR URBAN AND RURAL RESIDENTS BY REGION (2014)

地 区	Region	参保人数（万人） Contributors at Year-end (10 000 persons)	#达到领取待遇年龄参保人数 Number of Participants Who Have Reached the Prescribed Age of Benifit Entilement	基金收支情况(亿元) Revenue and Expenses(100 million yuan) 基金收入 Revenue	基金支出 Expenses	累计结余 Balance at Year-end
全 国	**National Total**	**50107.5**	**14741.7**	**2310.2**	**1571.2**	**3844.6**
北 京	Beijing	186.3	35.8	36.7	21.3	116.8
天 津	Tianjin	106.1	74.1	41.6	20.3	127.7
河 北	Hebei	3404.4	897.9	100.4	64.4	169.3
山 西	Shanxi	1537.4	355.6	54.5	31.9	99.4
内蒙古	Inner Mongolia	761.9	202.1	33.8	29.2	62.7
辽 宁	Liaoning	1032.0	375.2	45.8	37.4	50.5
吉 林	Jilin	654.8	233.4	21.6	16.1	35.5
黑龙江	Heilongjiang	821.8	263.8	25.7	19.3	50.4
上 海	Shanghai	78.3	47.7	42.8	40.6	74.2
江 苏	Jiangsu	2347.9	988.0	215.4	175.7	379.9
浙 江	Zhejiang	1342.1	580.1	136.6	126.6	139.4
安 徽	Anhui	3337.2	874.2	109.3	65.3	176.7
福 建	Fujian	1473.0	396.3	58.1	39.4	82.6
江 西	Jiangxi	1798.1	436.6	49.0	29.4	89.7
山 东	Shandong	4539.9	1353.4	266.4	157.4	469.5
河 南	Henan	4843.8	1300.3	153.1	99.6	243.3
湖 北	Hubei	2230.5	640.1	80.0	52.2	135.6
湖 南	Hunan	3298.3	913.3	98.1	65.2	143.6
广 东	Guangdong	2407.7	835.1	180.6	105.9	297.7
广 西	Guangxi	1713.9	529.6	60.3	49.3	66.1
海 南	Hainan	274.8	68.9	14.4	9.2	20.4
重 庆	Chongqing	1112.5	385.8	63.8	41.4	89.2
四 川	Sichuan	3013.9	1130.9	150.5	110.9	255.1
贵 州	Guizhou	1586.6	446.8	47.8	32.0	59.8
云 南	Yunnan	2160.5	463.6	66.4	36.1	124.7
西 藏	Tibet	140.9	23.5	5.9	3.5	9.1
陕 西	Shaanxi	1710.8	417.5	73.0	47.2	122.1
甘 肃	Gansu	1240.1	288.3	41.7	24.1	78.2
青 海	Qinghai	224.6	43.3	10.4	5.9	16.5
宁 夏	Ningxia	182.1	36.9	8.5	4.8	16.1
新 疆	Xinjiang	545.2	103.9	18.3	9.5	42.6

注：2009年启动新型农村社会养老保险试点，2011年启动城镇居民社会养老保险试点，2012年底实现两项制度的全覆盖，2014年两项制度合并实施，建立统一的城乡居民基本养老保险制度。

a) Since August 2012, basic pension insurance for unban and rural residents consist of new rural old-age insurance and urban residents basic pension insurance.

9-11 历年养老金社会化发放人数
NUMBER OF PENSIONERS PAID BY THE SOCIALIZED AGENCIES

单位：万人

地　　区	社会化发放人数 (万人) Pensioners Paid by the Socialized Agencies (10 000 persons)	纳入社区管理的企业退休人数 (万人) Community Administer Retirees (10 000 persons)	纳入社区管理的企业退休人数 占企业退休人员总数的比例(%) Ratio of Community Administer Retirees (%)
2005	4001.0	2655.2	68.3
2006	4232.0	2832.8	68.8
2007	4535.8	3136.0	71.2
2008	4829.1	3461.0	73.2
2009	5303.3	3879.0	75.2
2010	5805.8	4344.0	76.2
2011	5367.0	4725.0	77.3
2012	6865.5	5328.0	78.3
2013	7201.0	5620.0	79.1
2014	8093.2	6038.0	80.2

注：社会化发放人数是指企业、企业化管理的事业单位及其他参保人员中的离退休人员。

9-12 各地区养老金社会化发放人数(2014年)
NUMBER OF PENSIONERS PAID BY THE SOCIALIZED AGENCIES BY REGION (2014)

地　　区	Region	社会化发放人数 (万人) Pensioners Paid by the Socialized Agencies (10 000 persons)	地　　区	Region	社会化发放人数 (万人) Pensioners Paid by the Socialized Agencies (10 000 persons)
全　　国	**National**	**8093.2**	河　　南	Henan	316.3
			湖　　北	Huboi	401.2
北　　京	Beijing	**228.9**	湖　　南	Hunan	296.0
天　　津	Tianjin	171.2	广　　东	Guangdong	430.4
河　　北	Hebei	313.7	广　　西	Guangxi	180.2
山　　西	Shanxi	174.2	海　　南	Hainan	52.8
内 蒙 古	Inner Mongolia	188.9			
			重　　庆	Chongqing	290.0
辽　　宁	Liaoning	572.1	四　　川	Sichuan	614.9
吉　　林	Jilin	260.5	贵　　州	Guizhou	86.4
黑 龙 江	Heilongjiang	423.5	云　　南	Yunnan	114.1
			西　　藏	Tibet	3.6
上　　海	Shanghai	407.7			
江　　苏	Jiangsu	607.0	陕　　西	Shaanxi	185.3
浙　　江	Zhejiang	444.1	甘　　肃	Gansu	104.9
安　　徽	Anhui	228.8	青　　海	Qinghai	28.8
福　　建	Fujian	119.9	宁　　夏	Ningxia	43.8
江　　西	Jiangxi	216.9	新　　疆	Xinjiang	88.9
山　　东	Shandong	435.7	新疆兵团	Xinjiang Production and Construction Crops	58.5

9-13 历年全国城镇基本医疗保险基本情况

PERSONS COVERED BY THE BASIC MEDICAL INSURANCE AT THE YEAR-END

年 份 Year	合计 Total	职工基本医疗保险参保人数 Persons Covered by the Basic Medical Insurance of Employment	职工人数 Workers	退休人员人数 Retirees	城镇居民基本医疗保险参保人数 Persons Covered by the Basic Medical Insurance of Non-employment
绝对数(万人) Absolute figure (10 000 persons)					
1993	290.1	290.1	267.6	22.5	
1994	400.3	400.3	374.6	25.7	
1995	745.9	745.9	702.6	43.3	
1996	855.7	855.7	791.2	64.5	
1997	1762.0	1762.0	1588.9	173.1	
1998	1878.7	1878.7	1509.7	369.0	
1999	2065.3	2065.3	1509.4	555.9	
2000	3786.9	3786.9	2862.8	924.2	
2001	7285.9	7285.9	5470.7	1815.2	
2002	9401.2	9401.2	6925.8	2475.4	
2003	10901.7	10901.7	7974.9	2926.8	
2004	12403.6	12403.6	9044.4	3359.2	
2005	13782.9	13782.9	10021.7	3761.2	
2006	15731.8	15731.8	11580.3	4151.5	
2007	22311.4	18020.3	13420.3	4600.0	4291.1
2008	31821.6	19995.6	14987.7	5007.9	11826.0
2009	40147.0	21937.4	16410.5	5526.9	18209.6
2010	43262.9	23734.7	17791.2	5943.5	19528.3
2011	47343.2	25227.1	18948.5	6278.6	22116.1
2012	53641.3	26485.6	19861.3	6624.2	27155.7
2013	57072.6	27443.1	20501.3	6941.8	29629.4
2014	59746.9	28296.0	21041.3	7254.8	31450.9
比上年增长(%) Increase over Preceding Year %					
1994	38.0	38.0	40.0	14.3	
1995	86.3	86.3	87.6	68.0	
1996	14.7	14.7	12.6	49.0	
1997	105.9	105.9	100.8	168.5	
1998	6.6	6.6	-5.0	113.2	
1999	9.9	9.9	0.0	50.7	
2000	83.4	83.4	89.7	66.2	
2001	92.4	92.4	91.1	96.4	
2002	29.0	29.0	26.6	36.4	
2003	16.0	16.0	15.1	18.2	
2004	13.8	13.8	13.4	14.8	
2005	11.1	11.1	10.8	12.0	
2006	14.1	14.1	15.6	10.4	
2007	41.8	14.5	15.9	10.8	
2008	42.6	11.0	11.7	8.9	175.6
2009	26.2	9.7	9.5	10.4	54.0
2010	7.8	8.2	8.4	7.5	7.2
2011	9.4	6.3	6.5	5.6	13.3
2012	13.3	5.0	4.8	5.5	22.8
2013	6.4	3.6	3.2	4.8	9.1
2014	4.7	3.1	2.6	4.5	6.1

9-14 历年各地区城镇基本医疗保险参保人数
BASIC MEDICAL INSURANCE BY REGION

单位：万人 (10 000 persons)

地 区	Region	2001 职工基本医疗保险 Staff	2001 #退休人员 Retirees	2002 职工基本医疗保险 Staff	2002 #退休人员 Retirees	2003 职工基本医疗保险 Staff	2003 #退休人员 Retirees	2004 职工基本医疗保险 Staff	2004 #退休人员 Retirees
全 国	**National**	**7285.9**	**1815.2**	**9401.2**	**2475.4**	**10901.7**	**2926.8**	**12403.6**	**3359.2**
北 京	Beijing	240.7	89.4	321.1	113.2	436.1	134.7	483.9	141.7
天 津	Tianjin	139.6	46.8	250.2	103.8	254.7	108.5	263.0	104.8
河 北	Hebei	282.5	61.5	330.4	73.0	383.2	84.7	472.5	108.9
山 西	Shanxi	157.3	34.4	216.7	49.5	245.5	51.3	295.5	63.9
内蒙古	Inner Mongolia	196.9	45.5	221.7	54.2	252.3	66.1	274.2	78.1
辽 宁	Liaoning	313.6	90.4	619.0	188.7	697.7	217.2	783.7	247.3
吉 林	Jilin	124.2	27.8	176.9	39.8	230.8	55.3	270.0	67.5
黑龙江	Heilongjiang	308.3	89.2	392.8	108.2	435.2	122.1	544.1	151.7
上 海	Shanghai	680.5	238.9	694.8	245.9	709.6	250.6	714.1	260.9
江 苏	Jiangsu	456.0	113.5	690.9	183.2	815.0	227.6	976.7	261.6
浙 江	Zhejiang	352.7	100.0	423.4	117.0	510.3	139.5	569.2	150.3
安 徽	Anhui	232.8	53.6	273.4	65.6	318.2	79.8	362.2	97.7
福 建	Fujian	171.0	38.3	230.0	54.7	247.8	61.8	285.9	69.5
江 西	Jiangxi	71.6	12.2	106.6	22.7	188.2	45.7	250.4	65.8
山 东	Shandong	490.2	86.0	625.6	119.5	691.1	138.0	771.9	153.5
河 南	Henan	460.3	94.8	537.4	115.2	567.9	126.9	590.0	136.8
湖 北	Hubei	255.4	54.5	338.1	80.6	416.6	110.1	466.8	132.5
湖 南	Hunan	351.6	83.7	398.1	108.3	423.5	116.1	477.0	133.9
广 东	Guangdong	544.8	84.4	717.7	118.8	877.0	146.4	1034.2	168.9
广 西	Guangxi	150.1	33.4	201.8	54.1	235.0	66.1	272.2	77.8
海 南	Hainan	40.9	8.5	52.6	11.5	63.1	15.4	78.6	22.3
重 庆	Chongqing	36.8	9.7	58.7	18.0	121.8	41.7	206.3	76.2
四 川	Sichuan	437.6	128.3	480.6	150.1	531.2	173.8	587.6	196.5
贵 州	Guizhou	31.1	6.9	94.6	26.6	134.1	38.2	152.6	44.0
云 南	Yunnan	185.7	45.6	238.4	65.0	281.5	81.4	302.3	89.6
西 藏	Tibet					6.0	1.8	7.1	2.8
陕 西	Shaanxi	231.4	49.4	261.8	65.1	301.0	77.4	325.6	86.8
甘 肃	Gansu	109.9	23.6	124.1	26.0	146.0	32.8	165.8	40.6
青 海	Qinghai	38.3	12.6	51.1	16.3	56.4	17.8	60.2	19.5
宁 夏	Ningxia	17.2	4.0	36.8	10.1	48.1	12.7	55.6	14.6
新 疆	Xinjiang	177.0	48.1	235.7	70.6	276.7	85.3	304.4	93.2

9-14 续表 1 continued

单位：万人 (10 000 persons)

地 区	Region	2005 职工基本医疗保险 Staff	2005 #退休人员 Retirees	2006 职工基本医疗保险 Staff	2006 #退休人员 Retirees	2007 合 计 Total	2007 #职工基本医疗保险 Staff	2007 #退休人员 Retirees	2007 #城镇居民基本医疗保险 Urban Staff
全 国	**National**	**13782.9**	**3761.2**	**15731.9**	**4151.5**	**22311.4**	**18020.3**	**4600.0**	**4291.1**
北 京	Beijing	574.8	155.1	679.5	163.9	929.4	783.0	172.9	146.4
天 津	Tianjin	299.1	118.3	344.2	126.0	403.8	382.5	133.2	21.3
河 北	Hebei	562.1	139.6	615.9	158.6	746.3	686.3	183.9	60.0
山 西	Shanxi	324.9	73.0	353.8	82.2	460.6	405.7	98.3	54.9
内蒙古	Inner Mongolia	292.0	86.0	316.2	93.1	451.6	352.7	103.8	98.9
辽 宁	Liaoning	864.2	280.0	959.3	307.4	1200.2	1087.8	346.5	112.4
吉 林	Jilin	283.0	73.9	376.3	101.2	767.2	427.8	118.2	339.4
黑龙江	Heilongjiang	602.9	170.4	708.2	192.9	826.7	752.2	202.3	74.5
上 海	Shanghai	728.6	275.9	1023.3	291.0	1096.8	1096.8	306.4	
江 苏	Jiangsu	1124.1	303.0	1274.3	338.5	2136.6	1435.8	365.4	700.8
浙 江	Zhejiang	639.6	163.1	730.6	172.9	946.2	855.0	185.5	91.2
安 徽	Anhui	387.1	112.7	441.2	124.7	953.3	486.2	137.1	467.1
福 建	Fujian	333.0	77.2	370.1	85.2	477.4	406.1	91.0	71.3
江 西	Jiangxi	276.7	75.0	313.3	86.5	784.7	403.4	121.6	381.3
山 东	Shandong	861.5	176.7	996.1	199.9	1292.3	1115.9	227.8	176.4
河 南	Henan	641.5	154.1	704.1	173.3	897.7	781.0	197.4	116.8
湖 北	Hubei	502.0	147.2	565.3	166.6	870.5	644.5	196.3	226.0
湖 南	Hunan	503.4	146.6	560.5	162.4	724.5	620.6	181.9	103.9
广 东	Guangdong	1235.3	180.3	1421.1	197.9	2281.6	2022.2	218.0	259.4
广 西	Guangxi	285.9	82.3	302.0	88.7	361.4	339.3	99.2	22.1
海 南	Hainan	87.2	24.5	91.0	25.6	155.3	107.5	29.9	47.9
重 庆	Chongqing	237.7	91.9	257.5	97.4	327.5	284.7	104.7	42.8
四 川	Sichuan	647.0	220.2	734.5	247.8	1020.0	815.0	270.6	205.0
贵 州	Guizhou	180.5	51.5	199.2	57.8	293.8	228.2	66.1	65.6
云 南	Yunnan	320.7	95.5	331.5	98.8	400.3	345.8	101.8	54.5
西 藏	Tibet	15.2	4.8	16.5	5.0	19.2	19.2	5.8	
陕 西	Shaanxi	348.8	101.3	377.1	111.4	459.3	410.1	123.2	49.3
甘 肃	Gansu	176.6	46.2	195.8	51.7	449.5	221.5	61.6	228.0
青 海	Qinghai	62.0	20.4	64.5	22.0	95.8	70.1	23.0	25.7
宁 夏	Ningxia	64.5	17.2	73.1	19.9	114.0	78.3	21.4	35.7
新 疆	Xinjiang	321.1	97.5	335.8	101.2	367.9	355.1	105.1	12.7

9-14 续表 2 continued

单位：万人 (10 000 persons)

地 区	Region	2008 合 计 Total	2008 #职工基本医疗保险 Staff	2008 #退休人员 Retirees	2008 #城镇居民基本医疗保险 Urban Staff	2009 合 计 Total	2009 #职工基本医疗保险 Staff	2009 #退休人员 Retirees	2009 #城镇居民基本医疗保险 Urban Staff
全 国	**National**	**31821.7**	**19995.6**	**5007.9**	**11826.1**	**40147.0**	**21937.4**	**5526.9**	**18209.6**
北 京	Beijing	1017.1	871.0	182.4	146.1	1083.9	938.4	191.8	145.5
天 津	Tianjin	484.5	399.1	141.8	85.4	605.3	444.1	150.6	161.2
河 北	Hebei	1083.1	738.5	199.5	344.5	1421.1	802.1	219.7	619.0
山 西	Shanxi	593.9	441.8	108.8	152.1	879.0	534.6	128.5	344.5
内蒙古	Inner Mongolia	612.5	373.7	108.6	238.8	805.3	410.4	117.8	394.9
辽 宁	Liaoning	1507.5	1209.3	386.5	298.1	1895.6	1347.0	444.5	548.6
吉 林	Jilin	937.4	450.9	131.8	486.5	1242.8	486.4	147.4	756.4
黑龙江	Heilongjiang	1056.3	788.3	216.0	268.1	1544.3	851.3	256.5	693.0
上 海	Shanghai	1355.2	1171.7	320.9	183.5	1583.8	1329.6	372.5	254.2
江 苏	Jiangsu	2837.6	1604.3	390.3	1233.3	3031.0	1701.1	418.6	1329.9
浙 江	Zhejiang	1322.6	1053.9	198.3	268.7	1784.4	1173.7	211.8	610.7
安 徽	Anhui	1323.8	528.8	148.1	795.0	1435.8	570.2	160.4	865.6
福 建	Fujian	796.5	435.7	101.4	360.7	1137.2	503.7	114.7	633.5
江 西	Jiangxi	1207.1	503.2	149.4	704.0	1300.4	515.1	151.6	785.3
山 东	Shandong	1847.0	1266.2	256.2	580.8	2540.2	1428.6	287.8	1111.6
河 南	Henan	1549.4	840.9	220.8	708.6	1970.1	920.1	243.7	1050.0
湖 北	Hubei	1435.7	714.9	210.9	720.8	1811.7	820.4	236.2	991.3
湖 南	Hunan	1321.6	682.0	206.5	639.6	1831.9	746.4	225.6	1085.5
广 东	Guangdong	3551.8	2370.7	240.3	1181.1	4568.5	2556.4	259.4	2012.1
广 西	Guangxi	568.2	361.4	103.8	206.8	850.0	388.8	110.6	461.2
海 南	Hainan	249.7	121.8	34.0	127.9	283.8	152.7	41.5	131.0
重 庆	Chongqing	550.6	326.2	115.1	224.4	769.5	362.5	120.8	407.0
四 川	Sichuan	1413.8	893.5	296.7	520.4	1912.7	958.5	317.3	954.2
贵 州	Guizhou	404.3	257.4	73.0	146.9	567.0	279.5	85.1	287.5
云 南	Yunnan	618.2	356.8	103.6	261.4	762.5	397.4	118.3	365.0
西 藏	Tibet	32.4	20.1	5.3	12.3	36.0	22.6	6.4	13.5
陕 西	Shaanxi	717.3	432.7	132.8	284.6	890.0	463.3	145.2	426.8
甘 肃	Gansu	522.2	248.9	68.8	273.2	557.4	272.2	77.7	285.2
青 海	Qinghai	93.6	72.1	24.5	21.5	104.8	75.7	24.6	29.1
宁 夏	Ningxia	158.7	83.2	22.7	75.4	186.0	87.0	23.8	99.0
新 疆	Xinjiang	652.1	376.6	109.0	275.5	755.0	397.5	114.7	357.4

9-14 续表 3 continued

单位：万人 (10 000 persons)

地 区	Region	2010 合 计 Total	2010 #职工基本医疗保险 Staff	2010 #退休人员 Retirees	2010 #城镇居民基本医疗保险 Urban Staff	2011 合 计 Total	2011 #职工基本医疗保险 Staff	2011 #退休人员 Retirees	2011 #城镇居民基本医疗保险 Urban Staff
全 国	**National**	**43262.9**	**23734.7**	**5943.5**	**19528.3**	**47343.2**	**25227.1**	**6278.6**	**22116.1**
北 京	Beijing	1207.3	1063.7	215.1	143.7	1347.8	1188.0	232.8	159.8
天 津	Tianjin	960.9	470.0	157.5	490.9	972.8	474.5	162.5	498.3
河 北	Hebei	1518.1	848.0	238.0	670.0	1562.2	875.5	248.2	686.6
山 西	Shanxi	923.5	562.0	140.0	361.5	1005.1	595.8	150.8	409.3
内蒙古	Inner Mongolia	886.4	433.5	124.7	452.8	907.3	438.0	124.3	469.3
辽 宁	Liaoning	2056.2	1408.7	464.1	647.5	2120.1	1499.4	494.1	620.7
吉 林	Jilin	1333.8	550.1	179.9	783.7	1350.6	557.2	188.2	793.4
黑龙江	Heilongjiang	1560.8	873.7	278.4	687.1	1578.0	881.0	293.6	697.0
上 海	Shanghai	1665.2	1405.9	388.8	259.2	1591.8	1342.1	404.1	249.7
江 苏	Jiangsu	3249.4	1848.3	443.2	1401.2	3500.5	2012.4	470.9	1488.1
浙 江	Zhejiang	1963.8	1344.4	226.8	619.4	2244.1	1514.4	243.3	729.7
安 徽	Anhui	1529.3	598.5	169.3	930.9	1612.9	659.3	181.9	953.6
福 建	Fujian	1200.6	546.6	120.7	654.0	1217.2	579.3	126.2	637.8
江 西	Jiangxi	1326.4	532.1	166.5	794.3	1329.7	535.9	170.9	793.8
山 东	Shandong	2770.6	1541.3	316.7	1229.3	2947.8	1637.1	337.5	1310.7
河 南	Henan	2043.7	957.4	258.7	1086.4	2122.3	1016.4	272.2	1105.8
湖 北	Hubei	1860.0	847.8	239.8	1012.3	1932.5	902.8	254.6	1029.7
湖 南	Hunan	1894.5	777.4	236.9	1117.2	1941.2	789.5	242.9	1151.7
广 东	Guangdong	5043.2	3000.0	314.5	2043.2	6767.1	3234.3	340.5	3532.8
广 西	Guangxi	935.2	413.5	123.0	521.7	981.3	437.2	128.8	544.1
海 南	Hainan	323.3	166.9	43.2	156.4	352.4	186.2	45.3	166.1
重 庆	Chongqing	830.8	406.2	125.6	424.6	1324.8	458.5	133.1	866.3
四 川	Sichuan	2063.1	1051.9	348.3	1011.2	2248.4	1169.1	366.0	1079.3
贵 州	Guizhou	602.5	293.5	88.2	309.0	629.0	314.1	93.3	314.9
云 南	Yunnan	820.5	414.8	121.4	405.7	865.8	443.4	126.6	422.4
西 藏	Tibet	38.6	23.5	6.6	15.1	43.7	24.9	6.6	18.7
陕 西	Shaanxi	947.2	474.2	151.2	473.1	1090.4	540.3	172.8	550.2
甘 肃	Gansu	588.8	290.2	85.9	298.6	590.8	291.1	88.2	299.8
青 海	Qinghai	140.3	78.7	25.2	61.6	151.6	82.4	25.9	69.2
宁 夏	Ningxia	188.3	94.1	26.4	94.2	188.8	100.2	27.1	88.5
新 疆	Xinjiang	790.5	417.7	119.0	372.7	825.2	446.6	125.2	378.5

9-14 续表 4 continued

单位：万人 (10 000 persons)

地区	Region	2012 合计 Total	2012 #职工基本医疗保险 Staff	2012 #退休人员 Retirees	2012 #城镇居民基本医疗保险 Urban Staff	2013 合计 Total	2013 #职工基本医疗保险 Staff	2013 #退休人员 Retirees	2013 #城镇居民基本医疗保险 Urban Staff
全国	**National**	**53641.3**	**26485.6**	**6624.2**	**27155.7**	**57072.6**	**27443.1**	**6941.8**	**29629.4**
北京	Beijing	1431.6	1279.7	239.1	151.9	1514.9	1354.8	249.8	160.1
天津	Tianjin	981.3	479.1	168.9	502.2	1001.5	493.1	177.3	508.4
河北	Hebei	1644.4	906.8	261.5	737.6	1674.5	926.3	275.6	748.2
山西	Shanxi	1055.9	621.1	157.2	434.9	1086.3	646.5	166.9	439.7
内蒙古	Inner Mongolia	967.7	455.1	132.4	512.6	986.2	464.5	134.5	521.7
辽宁	Liaoning	2251.9	1587.0	524.8	664.9	2333.3	1624.8	546.9	708.5
吉林	Jilin	1370.0	569.5	194.0	800.5	1378.6	574.9	197.5	803.7
黑龙江	Heilongjiang	1580.3	867.8	309.6	712.5	1580.4	868.1	311.6	712.3
上海	Shanghai	1638.6	1376.0	421.5	262.6	1650.5	1394.1	438.4	256.4
江苏	Jiangsu	3608.8	2155.5	508.9	1453.4	3427.6	2274.7	543.6	1152.9
浙江	Zhejiang	2806.8	1671.0	277.1	1135.8	4121.1	1791.1	299.5	2330.0
安徽	Anhui	1660.0	685.2	191.5	974.8	1660.8	716.0	203.3	944.9
福建	Fujian	1262.9	666.3	130.2	596.6	1283.8	703.0	136.4	580.8
江西	Jiangxi	1438.6	546.8	180.4	891.8	1476.6	569.9	189.8	906.7
山东	Shandong	3101.2	1734.1	365.6	1367.1	3647.9	1809.7	391.7	1838.2
河南	Henan	2222.2	1082.2	293.2	1140.0	2297.2	1140.2	313.4	1157.0
湖北	Hubei	1960.3	921.2	264.7	1039.1	1960.6	922.8	280.7	1037.8
湖南	Hunan	2341.9	797.6	248.8	1544.3	2316.2	799.3	257.5	1516.9
广东	Guangdong	8421.8	3373.4	362.8	5048.4	9179.8	3473.0	383.8	5706.8
广西	Guangxi	1011.5	456.3	133.6	555.3	1031.0	466.6	137.8	564.4
海南	Hainan	378.5	205.2	47.5	173.2	406.5	220.0	50.6	186.6
重庆	Chongqing	3219.1	496.5	147.9	2722.6	3234.8	539.5	158.9	2695.3
四川	Sichuan	2383.8	1240.9	381.8	1142.9	2486.0	1282.0	394.5	1204.0
贵州	Guizhou	648.3	329.3	96.3	319.0	672.1	344.7	98.1	327.4
云南	Yunnan	882.4	452.2	129.5	430.2	1118.8	458.0	133.3	660.8
西藏	Tibet	50.1	27.6	7.1	22.6	54.8	30.6	7.2	24.3
陕西	Shaanxi	1118.8	547.5	175.8	571.3	1244.3	571.7	181.7	672.5
甘肃	Gansu	616.5	293.0	87.7	323.6	622.8	297.1	90.2	325.7
青海	Qinghai	172.3	86.1	26.7	86.2	181.3	89.7	27.6	91.6
宁夏	Ningxia	561.8	106.6	28.5	455.2	565.5	108.6	29.5	456.9
新疆	Xinjiang	851.9	469.1	129.6	382.9	877.1	488.0	134.3	389.1

9-14 续表 5 continued

单位：万人 (10 000 persons)

地 区	Region	2014 合 计 Total	#职工基本医疗保险 Staff	#退休人员 Retirees	#城镇居民基本医疗保险 Urban Staff
全 国	**National**	**59746.9**	**28296.0**	**7254.8**	**31450.9**
北 京	Beijing	1604.3	1431.3	260.1	173.0
天 津	Tianjin	1023.6	509.6	183.6	514.0
河 北	Hebei	1697.5	944.5	286.3	753.1
山 西	Shanxi	1101.2	657.3	175.5	443.9
内蒙古	Inner Mongolia	998.1	470.7	138.6	527.4
辽 宁	Liaoning	2387.2	1649.2	576.7	738.0
吉 林	Jilin	1380.0	575.6	197.5	804.4
黑龙江	Heilongjiang	1586.4	873.9	324.3	712.5
上 海	Shanghai	1678.5	1420.8	453.2	257.7
江 苏	Jiangsu	3797.5	2361.8	577.0	1435.7
浙 江	Zhejiang	4847.6	1900.0	324.1	2947.5
安 徽	Anhui	1756.4	739.9	211.9	1016.5
福 建	Fujian	1293.0	737.3	143.0	555.7
江 西	Jiangxi	1494.2	579.2	197.7	915.0
山 东	Shandong	3988.0	1860.2	411.4	2127.8
河 南	Henan	2340.0	1182.4	327.2	1157.6
湖 北	Hubei	1968.0	933.3	286.9	1034.7
湖 南	Hunan	2300.7	807.9	261.8	1492.8
广 东	Guangdong	9804.2	3647.1	420.9	6157.1
广 西	Guangxi	1067.3	482.6	143.8	584.7
海 南	Hainan	386.8	191.7	53.7	195.2
重 庆	Chongqing	3256.8	575.8	167.0	2681.1
四 川	Sichuan	2576.5	1329.4	407.5	1247.1
贵 州	Guizhou	687.1	354.8	99.9	332.4
云 南	Yunnan	1135.9	462.6	138.6	673.3
西 藏	Tibet	58.9	33.0	7.8	25.9
陕 西	Shaanxi	1246.2	574.2	184.4	671.9
甘 肃	Gansu	630.6	302.6	96.2	328.1
青 海	Qinghai	190.4	93.3	29.1	97.1
宁 夏	Ningxia	578.6	116.1	31.0	462.5
新 疆	Xinjiang	885.1	498.0	138.2	387.1

9-15 各地区城镇基本医疗保险基本情况(2014年)
BASIC MEDICAL INSURANCE BY REGION(2014)

地区	Region	年末参保人数(万人) Persons Covered at the Year-end (10 000 persons)	基金收支情况(亿元) Revenue and Expenses(100 million yuan)		
			基金收入 Revenue	基金支出 Expenses	累计结余 Balance at the Year-end
全 国	**National**	**59746.9**	**9687.2**	**8133.6**	**10644.8**
北 京	Beijing	1604.3	703.1	662.5	242.1
天 津	Tianjin	1023.6	237.5	208.5	98.9
河 北	Hebei	1697.5	298.3	232.6	414.6
山 西	Shanxi	1101.2	182.9	160.0	239.7
内蒙古	Inner Mongolia	990.1	166.9	144.2	169.3
辽 宁	Liaoning	2387.2	377.7	348.7	375.3
吉 林	Jilin	1380.0	141.5	114.9	202.5
黑龙江	Heilongjiang	1586.4	241.3	217.1	298.0
上 海	Shanghai	1678.5	673.4	476.3	882.8
江 苏	Jiangsu	3797.5	771.6	651.9	914.1
浙 江	Zhejiang	4847.6	809.1	650.7	921.5
安 徽	Anhui	1756.4	210.8	178.3	246.1
福 建	Fujian	1293.0	235.1	173.8	365.6
江 西	Jiangxi	1494.2	144.4	115.8	183.1
山 东	Shandong	3988.0	770.5	677.2	626.8
河 南	Henan	2340.0	277.4	235.9	352.0
湖 北	Hubei	1968.0	260.1	247.4	253.2
湖 南	Hunan	2300.7	258.3	219.9	261.0
广 东	Guangdong	9804.2	1034.7	815.4	1558.7
广 西	Guangxi	1067.3	147.9	124.8	210.2
海 南	Hainan	386.8	51.6	42.0	64.2
重 庆	Chongqing	3256.8	277.7	248.7	228.6
四 川	Sichuan	2576.5	495.7	410.1	571.3
贵 州	Guizhou	687.1	96.2	93.7	85.1
云 南	Yunnan	1135.9	189.0	167.9	195.1
西 藏	Tibet	58.9	18.9	14.8	30.0
陕 西	Shaanxi	1246.2	181.4	151.2	230.8
甘 肃	Gansu	630.6	95.2	85.4	84.0
青 海	Qinghai	190.4	47.3	41.1	54.7
宁 夏	Ningxia	578.6	62.0	54.0	60.1
新 疆	Xinjiang	885.1	209.8	168.8	225.3

9-16 各地区职工基本医疗保险基本情况(2014年)
BASIC MEDICAL INSURANCE OF EMPLOYMENT BY REGION(2014)

地区	Region	年末参保人数(万人) Persons Covered at the Year-end (10 000 persons)			基金收支情况(亿元) Revenue and Expenses (100 million yuan)				
		合计 Total	职工 Workers	退休人员 Retirees	基金收入 Revenue	基金支出 Expenses	累计结余 Balance at the Year-end	统筹基金 Mutual Assistance Fund	个人账户 Personal Accounts
全国	**National**	**28296.0**	**21041.3**	**7254.8**	**8037.9**	**6696.6**	**9449.8**	**5537.2**	**3912.6**
北京	Beijing	1431.3	1171.2	260.1	682.7	648.4	227.1	226.2	0.9
天津	Tianjin	509.6	326.0	183.6	204.6	185.1	80.3	2.4	77.9
河北	Hebei	944.5	658.2	286.3	270.9	212.8	373.6	229.8	143.8
山西	Shanxi	657.3	481.8	175.5	167.4	146.4	219.1	90.2	128.9
内蒙古	Inner Mongolia	470.7	332.1	138.6	146.5	127.8	148.9	87.3	61.6
辽宁	Liaoning	1649.2	1072.5	576.7	351.3	329.9	344.2	207.6	136.6
吉林	Jilin	575.6	378.1	197.5	118.3	95.8	164.4	117.4	46.9
黑龙江	Heilongjiang	873.9	549.6	324.3	210.4	192.8	256.9	153.1	103.7
上海	Shanghai	1420.8	967.6	453.2	648.7	452.0	876.1	271.2	604.9
江苏	Jiangsu	2361.8	1784.9	577.0	697.5	585.5	863.4	487.4	376.0
浙江	Zhejiang	1900.0	1576.0	324.1	604.1	444.6	876.0	620.1	256.0
安徽	Anhui	739.9	528.0	211.9	173.6	147.6	201.2	123.0	78.2
福建	Fujian	737.3	594.3	143.0	215.4	157.5	352.2	160.8	191.4
江西	Jiangxi	579.2	381.5	197.7	111.9	93.8	129.2	78.1	51.1
山东	Shandong	1860.2	1448.8	411.4	501.6	430.4	527.4	411.6	115.8
河南	Henan	1182.4	855.2	327.2	235.5	204.1	297.3	149.9	147.3
湖北	Hubei	933.3	646.4	286.9	219.5	216.7	192.6	78.8	113.8
湖南	Hunan	807.9	546.1	261.8	199.4	168.4	211.8	83.5	128.3
广东	Guangdong	3647.1	3226.1	420.9	774.4	580.6	1336.9	981.3	355.6
广西	Guangxi	482.6	338.8	143.8	128.9	112.6	175.1	82.2	92.9
海南	Hainan	191.7	138.0	53.7	43.5	35.2	54.2	48.0	6.2
重庆	Chongqing	575.8	408.8	167.0	171.6	155.8	168.7	69.2	99.5
四川	Sichuan	1329.4	921.9	407.5	383.0	309.0	504.6	340.1	164.5
贵州	Guizhou	354.8	254.9	99.9	88.3	86.7	73.1	23.1	50.0
云南	Yunnan	462.6	324.0	138.6	160.8	139.6	181.9	84.7	97.2
西藏	Tibet	33.0	25.2	7.8	17.0	12.9	30.0	21.4	8.6
陕西	Shaanxi	574.2	389.8	184.4	154.0	126.5	203.2	107.0	96.3
甘肃	Gansu	302.6	206.4	96.2	83.1	75.8	71.6	44.8	26.8
青海	Qinghai	93.3	64.2	29.1	42.3	36.0	53.8	19.2	34.6
宁夏	Ningxia	116.1	85.1	31.0	39.1	31.7	45.7	29.1	16.5
新疆	Xinjiang	498.0	359.9	138.2	192.6	154.7	209.2	108.5	100.6

9-17 各地区城镇居民基本医疗保险基本情况(2014年)
BASIC MEDICAL INSURANCE OF NONEMPLOYMENT BY REGION(2014)

地 区	Region	年末参保居民人数(万人) Non-employment Covered at the Year-end (10 000 persons)	基金收支情况(亿元) Revenue and Expenses(100 million yuan)		
			基金收入 Revenue	基金支出 Expenses	累计结余 Balance at the Year-end
全 国	**National**	**31450.9**	**1649.3**	**1437.0**	**1195.0**
北 京	Beijing	173.0	20.3	14.1	15.1
天 津	Tianjin	514.0	32.9	23.4	18.6
河 北	Hebei	753.1	27.5	19.8	41.0
山 西	Shanxi	443.9	15.6	13.6	20.6
内蒙古	Inner Mongolia	527.1	20.1	16.4	20.6
辽 宁	Liaoning	738.0	26.4	18.8	31.1
吉 林	Jilin	804.4	23.2	19.1	38.2
黑龙江	Heilongjiang	712.5	30.9	24.3	41.1
上 海	Shanghai	257.7	24.7	24.3	6.7
江 苏	Jiangsu	1435.7	74.1	66.4	50.7
浙 江	Zhejiang	2947.5	205.0	206.0	45.4
安 徽	Anhui	1016.5	37.2	30.8	44.9
福 建	Fujian	555.7	19.7	16.3	13.4
江 西	Jiangxi	915.0	32.5	22.1	53.9
山 东	Shandong	2127.8	268.8	246.8	99.4
河 南	Henan	1157.6	41.9	31.8	54.7
湖 北	Hubei	1034.7	40.6	30.6	60.6
湖 南	Hunan	1492.8	58.9	51.5	49.2
广 东	Guangdong	6157.1	280.3	234.8	221.8
广 西	Guangxi	584.7	18.9	12.2	35.1
海 南	Hainan	195.2	8.1	6.8	10.0
重 庆	Chongqing	2681.1	106.1	92.9	59.9
四 川	Sichuan	1247.1	112.7	101.1	66.7
贵 州	Guizhou	332.4	7.9	7.1	11.9
云 南	Yunnan	673.3	28.3	28.3	13.2
西 藏	Tibet	25.9	1.9	1.9	
陕 西	Shaanxi	671.9	27.4	24.8	27.5
甘 肃	Gansu	328.1	12.1	9.6	12.4
青 海	Qinghai	97.1	4.9	5.1	0.8
宁 夏	Ningxia	462.5	23.0	22.3	14.5
新 疆	Xinjiang	387.1	17.3	14.1	16.1

9-18 历年全国失业保险基本情况
UNEMPLOYMENT INSURANCE

年 份 Year	年末参保人数 (万人) Contributors at the Year-end (10 000 persons)	年末领取失业保险金人数 (万人) Beneficiaries of Unemplo-ment Insurance Funds(10 000 persons)	全年发放失业保险金 (万元) Unemployed Relief (10 000 yuan)
绝对数 Absolute figure			
1992	7443		8959
1993	7924		27847
1994	7968		50755
1995	8238		79199
1996	8333		133394
1997	7961		179319
1998	7928		203907
1999	9852	109	318722
2000	10408	190	561984
2001	10355	312	832563
2002	10182	440	1167736
2003	10373	415	1334448
2004	10584	419	1374983
2005	10648	362	1366801
2006	11187	327	1253873
2007	11645	286	1294405
2008	12400	261	1395349
2009	12715	235	1457592
2010	13376	209	1404485
2011	14317	197	1598544
2012	15225	204	1812934
2013	16417	197	2032389
2014	17043	207	2332794
比上年增长(%) Increase over Preceding Year %			
1993	6.5		210.8
1994	0.6		82.3
1995	3.4		56.0
1996	1.2		68.4
1997	-4.5		34.4
1998	-0.4		13.7
1999	24.3		56.3
2000	5.6	74.3	76.3
2001	-0.6	64.2	48.1
2002	-1.7	41.0	40.3
2003	1.9	-5.7	14.3
2004	2.0	1.0	3.0
2005	0.6	-13.5	-0.6
2006	5.0	-9.9	-8.3
2007	4.1	-12.4	3.2
2008	6.5	-8.7	7.8
2009	2.5	-10.0	4.5
2010	5.2	-11.0	-3.6
2011	7.0	-5.8	13.8
2012	6.3	3.6	13.4
2013	7.8	-3.4	12.1
2014	3.8	5.1	14.8

9-19 历年各地区失业保险参保人数
UNEMPLOYMENT INSURANCE BY REGION

单位：万人 (10 000 persons)

地 区	Region	2001		2002		2003	
		年末参保人数 Contributors at the Year-end	年末领取失业保险金人数 Beneficiaries at the Year-end	年末参保人数 Contributors at the Year-end	年末领取失业保险金人数 Beneficiaries at the Year-end	年末参保人数 Contributors at the Year-end	年末领取失业保险金人数 Beneficiaries at the Year-end
全 国	**National**	**10355**	**312**	**10182**	**440**	**10373**	**415**
北 京	Beijing	287.2	5.5	299.6	4.8	306.6	5.2
天 津	Tianjin	214.3	10.8	196.3	12.4	193.5	9.4
河 北	Hebei	513.2	7.3	488.6	7.2	484.2	8.3
山 西	Shanxi	286.0	5.9	278.9	4.5	284.1	5.7
内蒙古	Inner Mongolia	217.7	5.4	219.7	7.1	221.6	5.7
辽 宁	Liaoning	656.7	20.3	591.2	82.2	622.2	67.0
吉 林	Jilin	283.8	13.2	284.0	15.6	292.9	16.2
黑龙江	Heilongjiang	532.6	12.5	466.0	19.6	479.0	12.6
上 海	Shanghai	430.7	13.1	436.0	14.4	441.1	14.0
江 苏	Jiangsu	766.5	39.5	735.6	49.7	761.6	48.9
浙 江	Zhejiang	391.1	33.0	390.0	27.5	396.8	17.4
安 徽	Anhui	375.2	11.5	378.8	17.5	380.8	23.4
福 建	Fujian	239.6	9.6	249.5	11.1	266.4	10.0
江 西	Jiangxi	235.9	2.1	226.7	3.9	215.5	5.9
山 东	Shandong	700.2	20.5	701.2	30.1	719.1	30.1
河 南	Henan	676.1	10.0	670.4	16.8	680.0	18.7
湖 北	Hubei	420.8	26.1	416.1	25.1	390.1	18.7
湖 南	Hunan	352.0	4.4	326.6	7.9	347.5	10.5
广 东	Guangdong	819.5	21.2	890.2	26.2	954.1	25.9
广 西	Guangxi	217.7	5.0	215.5	7.6	219.1	8.9
海 南	Hainan	56.1	0.7	60.2	1.7	57.7	1.8
重 庆	Chongqing	210.0	7.7	205.3	9.1	199.5	8.1
四 川	Sichuan	412.2	11.9	402.9	14.0	400.0	12.6
贵 州	Guizhou	136.4	1.2	132.2	1.6	128.0	1.3
云 南	Yunnan	190.7	3.6	183.2	4.6	183.0	6.6
西 藏	Tibet	6.3		7.1		7.1	
陕 西	Shaanxi	304.9	3.5	315.7	7.3	323.3	8.2
甘 肃	Gansu	162.7	1.1	161.0	2.7	162.1	3.8
青 海	Qinghai	35.7	1.4	32.2	1.0	33.2	1.3
宁 夏	Ningxia	34.7	0.7	35.7	0.8	36.3	1.0
新 疆	Xinjiang	188.2	3.9	185.2	5.7	186.5	7.4

9-19 续表 1 continued

单位：万人 (10 000 persons)

地区	Region	2004 年末参保人数 Contributors at the Year-end	2004 年末领取失业保险金人数 Beneficiaries at the Year-end	2005 年末参保人数 Contributors at the Year-end	2005 年末领取失业保险金人数 Beneficiaries at the Year-end	2006 年末参保人数 Contributors at the Year-end	2006 年末领取失业保险金人数 Beneficiaries at the Year-end
全　国	**National**	**10584**	**419**	**10648**	**362**	**11187**	**327**
北　京	Beijing	308.2	3.8	357.5	3.5	482.2	3.1
天　津	Tianjin	195.1	5.1	197.5	3.8	216.7	3.6
河　北	Hebei	479.0	11.0	461.2	13.3	470.8	13.4
山　西	Shanxi	286.5	5.4	288.5	4.8	296.0	5.2
内蒙古	Inner Mongolia	222.3	5.8	222.2	4.9	223.5	5.0
辽　宁	Liaoning	616.2	81.7	607.7	46.5	614.1	25.9
吉　林	Jilin	282.2	12.2	199.4	7.5	224.4	10.2
黑龙江	Heilongjiang	475.8	9.7	459.6	10.3	457.5	17.8
上　海	Shanghai	487.8	15.9	466.1	17.8	476.4	18.5
江　苏	Jiangsu	797.1	43.6	838.3	30.2	901.1	22.7
浙　江	Zhejiang	428.4	11.3	444.7	7.2	504.4	6.5
安　徽	Anhui	371.1	26.4	360.3	24.3	362.6	17.9
福　建	Fujian	266.4	9.5	266.6	8.6	293.1	6.8
江　西	Jiangxi	226.6	7.2	230.7	6.0	241.0	4.9
山　东	Shandong	747.5	30.6	771.1	32.2	789.7	30.3
河　南	Henan	681.6	22.3	681.9	29.2	682.8	28.0
湖　北	Hubei	391.3	17.0	391.5	14.8	395.5	12.0
湖　南	Hunan	380.5	9.8	382.7	11.3	386.3	10.2
广　东	Guangdong	1005.8	23.4	1099.1	20.4	1208.2	16.7
广　西	Guangxi	226.4	9.8	219.9	9.4	222.3	8.1
海　南	Hainan	57.9	2.1	56.7	2.0	59.1	2.3
重　庆	Chongqing	193.4	9.2	188.2	6.4	193.0	4.8
四　川	Sichuan	398.6	12.6	380.5	15.6	400.0	16.3
贵　州	Guizhou	129.9	1.2	129.3	1.3	131.1	1.5
云　南	Yunnan	173.2	10.5	180.3	9.1	183.0	6.4
西　藏	Tibet	6.7		6.7		7.5	
陕　西	Shaanxi	325.5	7.2	326.7	8.6	326.5	14.1
甘　肃	Gansu	161.0	4.3	160.0	5.4	160.5	7.5
青　海	Qinghai	33.1	1.2	33.2	1.1	34.0	1.0
宁　夏	Ningxia	36.4	1.2	37.2	1.2	38.3	1.2
新　疆	Xinjiang	192.4	7.7	202.4	5.6	205.4	4.8

9-19 续表 2 continued

单位：万人 (10 000 persons)

地 区	Region	2007		2008		2009	
		年末参保人数 Contributors at the Year-end	年末领取失业保险金人数 Beneficiaries at the Year-end	年末参保人数 Contributors at the Year-end	年末领取失业保险金人数 Beneficiaries at the Year-end	年末参保人数 Contributors at the Year-end	年末领取失业保险金人数 Beneficiaries at the Year-end
全 国	**National**	**11645**	**286**	**12400**	**261**	**12715**	**235**
北 京	Beijing	535.3	3.0	614.3	2.6	675.7	1.8
天 津	Tianjin	221.5	3.3	232.5	3.2	239.2	3.1
河 北	Hebei	473.3	11.6	481.7	9.8	484.4	10.4
山 西	Shanxi	299.0	6.0	312.2	7.3	293.3	6.1
内蒙古	Inner Mongolia	223.7	4.7	225.5	3.1	229.7	2.5
辽 宁	Liaoning	622.1	19.6	622.7	15.7	625.3	13.4
吉 林	Jilin	228.7	13.9	233.7	16.5	241.4	14.3
黑龙江	Heilongjiang	464.1	15.3	467.6	10.3	471.3	9.3
上 海	Shanghai	491.5	14.9	511.8	14.0	523.5	14.6
江 苏	Jiangsu	968.5	21.2	1052.2	21.5	1079.1	19.7
浙 江	Zhejiang	584.7	6.3	731.1	6.3	784.5	5.5
安 徽	Anhui	364.5	14.1	373.1	12.8	377.8	10.5
福 建	Fujian	318.2	5.7	338.7	4.6	348.1	3.6
江 西	Jiangxi	251.5	5.3	266.3	3.4	275.5	3.4
山 东	Shandong	814.9	27.8	864.1	24.9	899.5	23.0
河 南	Henan	682.9	21.6	683.4	18.4	690.2	16.7
湖 北	Hubei	405.7	8.9	422.9	7.4	440.3	7.0
湖 南	Hunan	389.0	8.6	390.1	8.3	392.0	8.3
广 东	Guangdong	1295.5	14.3	1471.9	13.7	1470.7	12.8
广 西	Guangxi	223.8	7.2	234.6	8.0	237.0	7.6
海 南	Hainan	66.2	2.5	84.7	3.3	97.5	2.8
重 庆	Chongqing	196.7	4.1	210.1	4.4	215.9	4.7
四 川	Sichuan	418.2	11.3	436.9	12.2	463.5	10.0
贵 州	Guizhou	134.5	1.4	141.4	1.3	144.6	1.1
云 南	Yunnan	185.8	4.3	191.9	3.7	198.7	3.5
西 藏	Tibet	7.2	0.0	7.8	0.0	8.8	0.0
陕 西	Shaanxi	327.2	13.6	329.3	9.1	331.0	9.3
甘 肃	Gansu	161.8	7.1	162.6	5.6	164.1	3.7
青 海	Qinghai	34.7	2.1	35.4	2.3	36.0	1.0
宁 夏	Ningxia	40.1	1.5	44.4	1.4	44.9	1.1
新 疆	Xinjiang	213.6	4.7	224.8	6.1	231.8	4.9

9-19 续表 3 continued

单位：万人 (10 000 persons)

地 区	Region	2010 年末参保人数 Contributors at the Year-end	2010 年末领取失业保险金人数 Beneficiaries at the Year-end	2011 年末参保人数 Contributors at the Year-end	2011 年末领取失业保险金人数 Beneficiaries at the Year-end	2012 年末参保人数 Contributors at the Year-end	2012 年末领取失业保险金人数 Beneficiaries at the Year-end
全 国	**National**	**13376**	**209**	**14317**	**197**	**15225**	**204**
北 京	Beijing	774.2	1.6	881.0	2.0	1006.7	2.3
天 津	Tianjin	246.1	3.5	258.8	2.8	268.7	2.0
河 北	Hebei	493.4	9.0	498.7	8.4	501.7	7.9
山 西	Shanxi	305.7	4.6	309.4	4.3	391.0	3.8
内蒙古	Inner Mongolia	230.9	2.1	232.5	2.5	232.8	2.5
辽 宁	Liaoning	626.9	11.4	632.3	9.7	660.7	7.4
吉 林	Jilin	245.1	7.8	247.2	5.1	251.5	4.6
黑龙江	Heilongjiang	472.9	8.8	474.5	7.1	476.2	7.7
上 海	Shanghai	556.2	11.6	604.2	11.2	617.4	10.9
江 苏	Jiangsu	1153.8	19.7	1238.2	29.9	1332.2	32.7
浙 江	Zhejiang	875.0	5.8	980.6	7.4	1065.6	7.0
安 徽	Anhui	384.0	7.8	397.7	6.7	402.2	6.1
福 建	Fujian	374.2	3.2	430.9	3.6	459.1	4.6
江 西	Jiangxi	265.3	8.2	263.5	5.4	272.2	3.3
山 东	Shandong	931.2	20.7	964.9	19.8	1009.8	19.1
河 南	Henan	696.7	14.7	701.2	13.3	724.2	11.4
湖 北	Hubei	469.7	6.4	498.2	5.1	508.6	4.8
湖 南	Hunan	399.5	6.9	415.6	7.0	449.9	6.0
广 东	Guangdong	1627.3	10.6	1875.4	10.5	2008.7	9.8
广 西	Guangxi	238.4	6.2	240.8	5.2	243.4	5.5
海 南	Hainan	112.5	1.6	126.0	1.8	139.5	1.8
重 庆	Chongqing	237.4	3.7	268.6	2.9	323.5	2.8
四 川	Sichuan	464.7	9.1	536.8	8.1	585.5	24.5
贵 州	Guizhou	152.5	1.2	160.5	1.1	173.5	1.0
云 南	Yunnan	209.6	3.2	216.8	3.3	224.7	3.8
西 藏	Tibet	9.3	0.0	9.6	0.0	10.6	
陕 西	Shaanxi	331.6	7.5	332.2	4.5	339.1	3.5
甘 肃	Gansu	164.2	2.4	163.8	1.5	163.6	1.2
青 海	Qinghai	36.6	0.4	37.3	0.6	37.9	0.7
宁 夏	Ningxia	47.6	1.0	60.0	1.2	70.5	1.1
新 疆	Xinjiang	242.9	8.3	260.2	5.0	273.7	4.2

9-19 续表 4 continued

单位：万人 (10 000 persons)

地 区	Region	2013 年末参保人数 Contributors at the Year-end	2013 年末领取失业保险金人数 Beneficiaries at the Year-end	2014 年末参保人数 Contributors at the Year-end	2014 年末领取失业保险金人数 Beneficiaries at the Year-end
全 国	**National**	**16417**	**197**	**17043**	**207**
北 京	Beijing	1025.1	2.4	1057.1	3.0
天 津	Tianjin	278.7	2.0	287.6	2.6
河 北	Hebei	505.0	7.1	508.7	7.1
山 西	Shanxi	400.7	3.1	407.7	3.0
内蒙古	Inner Mongolia	233.4	2.3	236.3	2.4
辽 宁	Liaoning	663.2	7.6	664.3	8.5
吉 林	Jilin	258.8	6.0	258.7	2.2
黑龙江	Heilongjiang	477.4	7.1	478.4	4.8
上 海	Shanghai	625.7	9.9	634.1	9.8
江 苏	Jiangsu	1389.3	29.9	1442.7	32.1
浙 江	Zhejiang	1144.3	7.8	1210.3	8.2
安 徽	Anhui	409.0	6.1	422.0	6.5
福 建	Fujian	496.7	4.2	524.1	4.5
江 西	Jiangxi	271.1	1.5	271.8	1.3
山 东	Shandong	1089.6	17.8	1154.3	19.9
河 南	Henan	741.3	10.5	773.3	10.2
湖 北	Hubei	511.3	5.2	519.0	5.6
湖 南	Hunan	461.7	6.1	509.5	6.9
广 东	Guangdong	2702.2	8.8	2840.2	10.9
广 西	Guangxi	253.4	5.6	259.0	6.1
海 南	Hainan	150.8	2.1	157.5	2.0
重 庆	Chongqing	389.7	3.4	439.1	2.8
四 川	Sichuan	613.5	24.1	635.8	29.8
贵 州	Guizhou	185.2	1.3	191.9	1.5
云 南	Yunnan	232.5	4.5	236.9	5.3
西 藏	Tibet	11.0	0.0	12.5	0.0
陕 西	Shaanxi	339.7	3.2	344.3	2.9
甘 肃	Gansu	163.1	1.0	162.4	1.0
青 海	Qinghai	38.5	0.5	39.3	0.4
宁 夏	Ningxia	71.3	1.1	73.5	1.3
新 疆	Xinjiang	283.9	4.8	290.2	4.7

9-20 各地区失业保险基金基本情况(2014年)
UNEMPLOYMENT INSURANCE BY REGION(2014)

地区	Region	参保人数（万人）Employees Insured (10 000 persons)	基金收入（亿元）Revenue (100 million yuan)	基金支出（亿元）Expenses (100 million yuan)	累计结余（亿元）Balance at the Year-end (100 million yuan)
全 国	**National**	**17043**	**1379.8**	**614.7**	**4451.5**
北 京	Beijing	1057.1	62.6	35.9	163.7
天 津	Tianjin	287.6	39.4	32.9	104.8
河 北	Hebei	508.7	51.5	20.6	154.1
山 西	Shanxi	407.7	36.5	12.4	133.2
内蒙古	Inner Mongolia	236.3	27.5	6.4	92.1
辽 宁	Liaoning	664.3	52.9	17.7	227.4
吉 林	Jilin	258.7	26.8	11.4	86.4
黑龙江	Heilongjiang	478.4	33.9	7.0	145.7
上 海	Shanghai	634.1	89.8	83.6	157.0
江 苏	Jiangsu	1442.7	114.9	70.2	383.4
浙 江	Zhejiang	1210.3	109.5	50.2	343.1
安 徽	Anhui	422.0	38.6	17.6	92.4
福 建	Fujian	524.1	34.8	10.0	128.0
江 西	Jiangxi	271.8	13.1	2.3	55.1
山 东	Shandong	1154.3	68.6	49.3	261.0
河 南	Henan	773.3	48.6	16.4	133.9
湖 北	Hubei	519.0	45.0	25.9	139.4
湖 南	Hunan	509.5	31.0	10.9	98.9
广 东	Guangdong	2840.2	135.6	27.7	515.7
广 西	Guangxi	259.0	31.1	8.2	110.4
海 南	Hainan	157.5	6.0	4.2	30.0
重 庆	Chongqing	439.1	28.2	4.8	94.8
四 川	Sichuan	635.8	105.7	41.1	278.6
贵 州	Guizhou	191.9	20.3	9.8	65.3
云 南	Yunnan	236.9	26.6	5.9	108.3
西 藏	Tibet	12.5	2.5	0.1	11.4
陕 西	Shaanxi	344.3	29.9	4.9	130.1
甘 肃	Gansu	162.4	16.6	1.9	61.5
青 海	Qinghai	39.3	5.9	0.5	25.1
宁 夏	Ningxia	73.5	8.4	3.8	27.3
新 疆	Xinjiang	290.2	38.1	21.2	93.3

9-21 历年全国工伤保险基本情况
WORK INJURY INSURANCE

年 份 Year	年末参保人数(万人) Contributors at the Year-end (10 000 persons)	全年享受工伤保险待遇人数(万人) Beneficiaries at the Year-end (10 000 persons)	基金收支情况(亿元) Revenue and Expenses(100 million yuan)		
			基金收入 Revenue	基金支出 Expenses	累计结余 Balance at the Year-end
绝对数 Absolute figure					
1993	1103.5		2.4	0.4	3.1
1994	1822.1		4.6	0.9	6.8
1995	2614.8		8.1	1.8	12.7
1996	3102.6		10.9	3.7	19.7
1997	3507.8		13.6	6.1	27.7
1998	3781.3		21.2	9.0	39.5
1999	3912.3		20.9	15.4	44.9
2000	4350.3		24.8	13.8	57.9
2001	4345.3	18.7	28.3	16.5	68.9
2002	4405.6	26.5	32.0	19.9	81.1
2003	4574.8	32.9	37.6	27.1	91.2
2004	6845.2	51.9	58.3	33.3	118.6
2005	8477.8	65.1	92.5	47.5	163.5
2006	10268.5	77.8	121.8	68.5	192.9
2007	12173.4	96.0	165.6	87.9	262.6
2008	13787.2	117.8	216.7	126.9	384.6
2009	14895.5	129.6	240.1	155.7	468.8
2010	16160.7	147.5	284.9	192.4	561.4
2011	17695.9	163.0	466.4	286.4	742.6
2012	19010.1	190.5	526.7	406.3	861.9
2013	19917.2	195.2	614.8	482.1	996.2
2014	20639.2	198.2	694.8	560.5	1128.8
比上年增长(%) Increase over Preceding Year %					
1994	65.1		90.4	127.4	118.1
1995	43.5		77.5	92.4	87.3
1996	18.7		34.7	104.1	55.8
1997	13.1		24.6	64.5	40.1
1998	7.8		55.9	48.6	42.9
1999	3.5		-1.3	70.5	13.6
2000	11.2		18.7	-10.5	28.8
2001	-0.1	-0.6	14.2	19.5	19.1
2002	1.4	41.7	13.2	20.6	17.7
2003	3.8	24.2	17.4	36.2	12.5
2004	49.6	57.8	55.1	22.9	30.0
2005	23.9	25.4	58.7	42.6	37.9
2006	21.1	19.5	31.7	44.2	18.0
2007	18.6	23.4	36.0	28.3	36.1
2008	13.3	22.7	30.9	44.4	27.6
2009	8.0	10.0	10.8	22.7	21.9
2010	8.5	13.8	18.7	23.6	19.8
2011	9.5	10.6	63.7	48.8	32.3
2012	7.4	16.9	12.9	41.9	16.1
2013	4.8	2.4	16.7	18.7	15.6
2014	3.6	1.5	13.0	16.3	13.3

9-22 历年各地区工伤保险基本情况
WORK INJURY INSURANCE BY REGION

单位：万人

地 区	Region	2001		2002		2003	
		年末参保人数 Contributors at the Year-end	享受工伤保险待遇人数 Beneficiaries of Work Injury Insurance	年末参保人数 Contributors at the Year-end	享受工伤保险待遇人数 Beneficiaries of Work Injury Insurance	年末参保人数 Contributors at the Year-end	享受工伤保险待遇人数 Beneficiaries of Work Injury Insurance
全 国	**National**	**4345**	**19**	**4406**	**27**	**4575**	**33**
北 京	Beijing	204.7	0.1	221.1	**0.7**	242.9	1.2
天 津	Tianjin						
河 北	Hebei	163.1	0.8	146.7	0.4	145.7	0.4
山 西	Shanxi	71.8		46.3	0.1	48.4	
内蒙古	Inner Mongolia	26.7	0.5	23.8	0.2	31.8	0.3
辽 宁	Liaoning	390.6	5.0	390.5	6.0	345.8	7.3
吉 林	Jilin	30.7	1.1	36.6	1.5	37.1	1.2
黑龙江	Heilongjiang	104.4	0.1	119.0	0.9	130.9	1.1
上 海	Shanghai						
江 苏	Jiangsu	473.9	0.7	480.0	1.3	503.0	1.7
浙 江	Zhejiang	219.7	0.6	226.0	1.0	287.7	1.4
安 徽	Anhui	73.4	0.2	69.8	0.3	68.0	0.4
福 建	Fujian	159.0	0.2	170.7	0.3	172.3	0.6
江 西	Jiangxi	137.8	0.2	129.3	0.2	129.7	0.3
山 东	Shandong	285.5	0.6	277.7	1.1	281.8	1.5
河 南	Henan	196.0	0.5	218.8	0.7	210.6	0.5
湖 北	Hubei	182.3	1.3	183.2	1.7	189.2	1.4
湖 南	Hunan					8.6	
广 东	Guangdong	990.1	5.2	1049.9	8.0	1120.0	9.7
广 西	Guangxi	124.1	0.1	117.3	0.2	120.3	0.3
海 南	Hainan	69.5		68.9	0.1	68.2	0.1
重 庆	Chongqing	25.0	0.1	29.7	0.1	26.5	0.2
四 川	Sichuan	179.3	0.5	167.4	0.6	161.4	1.2
贵 州	Guizhou	1.7		1.3		1.3	
云 南	Yunnan	97.3	0.6	89.0	0.9	84.1	1.2
西 藏	Tibet						
陕 西	Shaanxi	24.5	0.1	25.6		35.1	0.1
甘 肃	Gansu	9.5		8.7		8.0	
青 海	Qinghai	7.1		6.6		6.6	
宁 夏	Ningxia	11.4		16.0		15.2	0.1
新 疆	Xinjiang	86.3	0.1	86.0	0.1	94.6	0.5

9-22 续表 continued 1

单位：万人 (10 000 persons)

地区 Region	2004 年末参保人数 Contributors at the Year-end	2004 享受工伤保险待遇人数 Beneficiaries of Work Injury Insurance	2005 年末参保人数 Contributors at the Year-end	2005 享受工伤保险待遇人数 Beneficiaries of Work Injury Insurance	2006 年末参保人数 Contributors at the Year-end	2006 享受工伤保险待遇人数 Beneficiaries of Work Injury Insurance
全　国 National	**6845**	**52**	**8478**	**65**	**10268**	**78**
北　京 Beijing	258.9	2.5	303.9	3.0	465.3	1.5
天　津 Tianjin	147.2	0.1	162.9	0.9	209.7	1.7
河　北 Hebei	273.9	0.9	361.4	1.3	402.4	2.4
山　西 Shanxi	104.0	0.1	151.4	0.5	201.4	3.3
内蒙古 Inner Mongolia	85.0	0.5	110.2	0.7	131.6	0.8
辽　宁 Liaoning	404.2	8.2	474.6	9.1	510.0	8.5
吉　林 Jilin	114.3	3.1	136.7	2.2	174.7	3.0
黑龙江 Heilongjiang	202.7	4.3	257.5	3.8	303.0	3.9
上　海 Shanghai	488.3	0.1	523.7	0.5	817.7	0.7
江　苏 Jiangsu	577.2	2.7	680.2	3.7	812.7	5.6
浙　江 Zhejiang	360.4	2.7	453.1	4.8	603.9	7.4
安　徽 Anhui	102.0	0.5	148.2	1.7	200.2	2.0
福　建 Fujian	205.4	0.8	239.1	1.3	261.0	1.5
江　西 Jiangxi	134.7	0.4	153.6	0.8	207.9	1.5
山　东 Shandong	476.7	4.7	578.7	5.7	647.3	5.8
河　南 Henan	324.7	1.1	404.0	1.5	421.0	1.7
湖　北 Hubei	187.2	1.8	230.3	1.1	275.5	1.5
湖　南 Hunan	203.3	0.3	228.2	0.7	280.1	2.0
广　东 Guangdong	1215.1	11.3	1605.1	12.9	1868.2	13.5
广　西 Guangxi	133.5	0.7	144.4	0.8	161.1	0.8
海　南 Hainan	64.5	0.1	68.9	0.1	71.5	0.2
重　庆 Chongqing	122.6	0.4	154.1	1.2	165.4	1.8
四　川 Sichuan	195.6	1.6	270.5	2.0	304.9	2.3
贵　州 Guizhou	1.2		65.8	0.1	90.5	0.6
云　南 Yunnan	150.9	1.1	166.9	1.2	173.8	1.1
西　藏 Tibet			1.9		2.3	
陕　西 Shaanxi	115.1	0.7	149.2	1.8	210.3	0.7
甘　肃 Gansu	42.0	0.1	70.1	0.4	86.3	0.3
青　海 Qinghai	15.7	0.1	20.5	0.3	23.1	0.4
宁　夏 Ningxia	19.1	0.3	23.5	0.3	24.2	0.3
新　疆 Xinjiang	119.5	0.7	139.1	0.9	161.3	1.2

9-22 续表 continued 2

单位：万人 (10 000 persons)

地 区	Region	2007 年末参保人数 Contributors at the Year-end	2007 享受工伤保险待遇人数 Beneficiaries of Work Injury Insurance	2008 年末参保人数 Contributors at the Year-end	2008 享受工伤保险待遇人数 Beneficiaries of Work Injury Insurance	2009 年末参保人数 Contributors at the Year-end	2009 享受工伤保险待遇人数 Beneficiaries of Work Injury Insurance
全 国	**National**	**12173**	**96**	**13787**	**118**	**14896**	**130**
北 京	Beijing	609.2	1.6	666.5	1.8	747.1	4.1
天 津	Tianjin	257.2	2.3	274.9	2.7	292.2	3.1
河 北	Hebei	481.3	6.0	520.8	5.3	559.3	6.0
山 西	Shanxi	229.1	3.9	261.0	4.6	280.7	4.3
内蒙古	Inner Mongolia	163.6	1.3	185.4	1.4	199.1	1.6
辽 宁	Liaoning	572.3	9.1	659.6	8.5	695.8	9.0
吉 林	Jilin	206.8	2.6	234.9	4.1	272.2	3.0
黑龙江	Heilongjiang	351.7	4.9	390.9	4.5	401.8	5.6
上 海	Shanghai	884.4	0.9	950.4	1.2	934.0	1.3
江 苏	Jiangsu	921.0	6.6	1056.6	8.4	1118.1	9.3
浙 江	Zhejiang	1002.9	11.2	1261.8	16.9	1331.1	18.0
安 徽	Anhui	248.7	2.2	292.9	2.9	320.6	3.9
福 建	Fujian	294.8	1.9	346.1	2.2	379.3	2.3
江 西	Jiangxi	251.3	1.7	313.6	2.0	340.2	1.9
山 东	Shandong	745.0	7.0	865.0	8.8	1064.6	9.2
河 南	Henan	448.3	2.6	500.2	3.1	521.0	3.2
湖 北	Hubei	327.5	2.0	360.9	2.4	410.7	2.7
湖 南	Hunan	342.4	2.6	403.5	3.9	472.1	5.3
广 东	Guangdong	2113.9	13.8	2302.3	15.2	2435.5	15.0
广 西	Guangxi	182.4	0.9	204.9	1.1	221.7	1.2
海 南	Hainan	78.4	0.2	86.1	0.2	90.1	0.3
重 庆	Chongqing	181.1	1.6	208.2	4.2	226.5	4.7
四 川	Sichuan	397.3	3.2	464.6	4.6	515.8	6.1
贵 州	Guizhou	110.5	0.9	129.0	1.1	143.3	1.4
云 南	Yunnan	188.5	1.6	202.5	2.3	215.1	2.4
西 藏	Tibet	3.7		5.9		8.3	
陕 西	Shaanxi	232.0	1.0	247.6	1.4	264.9	1.4
甘 肃	Gansu	98.2	0.4	108.9	0.8	119.7	0.8
青 海	Qinghai	25.3	0.4	29.9	0.5	40.1	0.5
宁 夏	Ningxia	30.5	0.1	37.5	0.2	42.4	0.2
新 疆	Xinjiang	194.1	1.4	214.5	1.6	232.3	1.9

9-22 续表 continued 3

单位：万人 (10 000 persons)

地区 Region	2010 年末参保人数 Contributors at the Year-end	2010 享受工伤保险待遇人数 Beneficiaries of Work Injury Insurance	2011 年末参保人数 Contributors at the Year-end	2011 享受工伤保险待遇人数 Beneficiaries of Work Injury Insurance	2012 年末参保人数 Contributors at the Year-end	2012 享受工伤保险待遇人数 Beneficiaries of Work Injury Insurance
全 国 National	**16161**	**147**	**17696**	**163**	**19010**	**191**
北 京 Beijing	823.8	4.4	862.4	4.7	897.2	4.8
天 津 Tianjin	304.5	4.1	320.4	3.8	330.1	3.4
河 北 Hebei	594.4	7.5	640.4	8.6	694.8	9.1
山 西 Shanxi	292.4	4.9	337.6	5.5	529.6	8.4
内蒙古 Inner Mongolia	207.5	1.8	225.3	3.2	248.9	2.5
辽 宁 Liaoning	730.0	10.0	779.1	11.3	819.1	14.0
吉 林 Jilin	300.5	3.7	331.6	3.3	359.4	4.2
黑龙江 Heilongjiang	415.1	6.2	450.0	8.2	470.6	6.8
上 海 Shanghai	961.0	1.7	939.5	2.5	898.9	6.1
江 苏 Jiangsu	1205.5	9.8	1327.0	10.7	1420.7	12.3
浙 江 Zhejiang	1475.1	20.2	1610.8	22.2	1731.7	23.8
安 徽 Anhui	351.1	4.4	422.0	5.6	457.9	8.8
福 建 Fujian	417.7	2.4	496.9	2.8	540.9	3.4
江 西 Jiangxi	371.7	2.7	387.9	3.0	410.9	5.5
山 东 Shandong	1211.2	10.2	1276.1	10.8	1339.6	11.9
河 南 Henan	551.7	3.0	655.5	3.5	720.6	4.8
湖 北 Hubei	444.0	3.1	481.0	4.5	522.6	4.0
湖 南 Hunan	516.0	7.4	635.5	7.0	693.8	7.8
广 东 Guangdong	2657.8	14.7	2847.8	15.4	2962.8	16.7
广 西 Guangxi	235.7	1.4	272.5	1.5	312.4	1.8
海 南 Hainan	95.8	0.3	104.0	0.3	119.5	0.4
重 庆 Chongqing	266.0	5.6	337.1	6.2	374.9	8.0
四 川 Sichuan	583.8	6.0	650.8	6.5	689.4	8.0
贵 州 Guizhou	162.2	1.9	194.0	2.2	238.2	2.7
云 南 Yunnan	227.4	4.6	243.4	3.6	295.3	4.0
西 藏 Tibet	8.8		11.8		14.2	0.1
陕 西 Shaanxi	278.6	1.6	326.8	1.9	350.4	2.2
甘 肃 Gansu	130.1	1.1	150.2	1.4	158.5	1.8
青 海 Qinghai	43.2	0.5	45.6	0.5	49.2	0.6
宁 夏 Ningxia	48.9	0.3	58.3	0.3	63.9	0.4
新 疆 Xinjiang	249.3	2.0	274.6	2.0	294.1	2.4

9-22 续表 continued 4

单位：万人 (10 000 persons)

地　区　Region	2013 年末参保人数 Contributors at the Year-end	2013 享受工伤保险待遇人数 Beneficiaries of Work Injury Insurance	2014 年末参保人数 Contributors at the Year-end	2014 享受工伤保险待遇人数 Beneficiaries of Work Injury Insurance
全　国　National	**19917**	**195**	**20639**	**198**
北　京　Beijing	920.3	4.8	961.0	5.0
天　津　Tianjin	335.1	3.3	345.2	3.3
河　北　Hebei	737.0	10.5	778.7	10.4
山　西　Shanxi	550.0	9.7	563.1	11.1
内蒙古　Inner Mongolia	277.4	2.2	289.9	2.3
辽　宁　Liaoning	856.7	13.2	903.1	13.2
吉　林　Jilin	392.1	5.3	415.6	4.6
黑龙江　Heilongjiang	493.1	7.2	505.5	6.3
上　海　Shanghai	904.1	6.6	920.5	6.9
江　苏　Jiangsu	1487.3	13.6	1540.1	14.3
浙　江　Zhejiang	1826.1	22.6	1899.4	22.6
安　徽　Anhui	473.2	8.1	508.3	8.3
福　建　Fujian	607.5	3.5	627.3	3.9
江　西　Jiangxi	431.5	4.5	461.2	4.7
山　东　Shandong	1371.9	11.2	1421.5	11.8
河　南　Henan	773.1	4.6	805.7	4.6
湖　北　Hubei	556.9	5.7	576.7	4.9
湖　南　Hunan	731.2	8.3	747.9	8.7
广　东　Guangdong	3057.3	16.7	3092.6	17.1
广　西　Guangxi	325.6	1.9	338.2	1.8
海　南　Hainan	123.4	0.3	126.1	0.3
重　庆　Chongqing	406.8	8.0	426.1	8.1
四　川　Sichuan	690.1	8.3	709.7	8.6
贵　州　Guizhou	260.4	2.3	275.4	2.3
云　南　Yunnan	334.3	4.4	341.7	4.0
西　藏　Tibet	14.8		24.3	0.1
陕　西　Shaanxi	378.1	3.0	404.0	2.9
甘　肃　Gansu	167.7	1.8	175.1	2.2
青　海　Qinghai	52.3	0.6	54.7	0.6
宁　夏　Ningxia	72.7	0.5	82.2	0.5
新　疆　Xinjiang	309.5	2.5	318.2	2.8

9-23 各地区工伤保险基本情况(2014年)

单位：人、亿元

地 区	Region	参保人数(万人) Contributors at the Year-end (10 000 persons)	享受伤残待遇人数 Beneficiaries of Work Injury Insurance	#享受职业病待遇人数 Beneficiaries of Occupational Diseases	一至四级 Level 1 to Level 4 Disability	#职业病 Occupational Diseases	五至六级 Level 5 to Level 6 Disability
全 国	**National**	**20639**	**1981508**	**107916**	**202421**	**52440**	**86233**
北 京	Beijing	961	49520	9346	7288	3927	3794
天 津	Tianjin	345	33167	6859	7899	4196	3253
河 北	Hebei	779	103702	7491	15064	4422	6522
山 西	Shanxi	563	111456	10565	23481	2731	2266
内蒙古	Inner Mongolia	290	23349	838	3656	327	2016
辽 宁	Liaoning	903	131726	11969	23230	8576	13956
吉 林	Jilin	416	46366	1189	5895	518	5340
黑龙江	Heilongjiang	506	63219	5015	11727	2573	9840
上 海	Shanghai	920	68586	1594	3971	890	1214
江 苏	Jiangsu	1540	142759	4553	9978	2327	2330
浙 江	Zhejiang	1899	226200	338	2541	103	1998
安 徽	Anhui	508	82930	4416	5032	1186	2959
福 建	Fujian	627	39047	3182	1914	378	567
江 西	Jiangxi	461	47192	4278	6333	2751	2945
山 东	Shandong	1422	117733	7281	12548	3329	4401
河 南	Henan	806	46062	1246	5807	642	655
湖 北	Hubei	577	49039	473	4147	431	3627
湖 南	Hunan	748	87299	2189	3320	734	1714
广 东	Guangdong	3093	171285	424	3319	167	5747
广 西	Guangxi	338	17829	1581	2476	116	681
海 南	Hainan	126	3115	4	209	3	75
重 庆	Chongqing	426	81271	8262	8644	4366	1053
四 川	Sichuan	710	86261	8379	11982	3520	3831
贵 州	Guizhou	275	22997	1052	2313	555	1122
云 南	Yunnan	342	39697	964	5069	664	485
西 藏	Tibet	24	517		30		23
陕 西	Shaanxi	404	28634	341	3093	231	801
甘 肃	Gansu	175	22007	1715	4476	1238	1394
青 海	Qinghai	55	5993	254	956	205	176
宁 夏	Ningxia	82	4631	502	717	332	264
新 疆	Xinjiang	248	22576	1423	4037	961	977
新疆兵团	Xinjiang Production and Construction Crops	71	5343	193	1269	41	207

注：工伤保险累计结余中含储备金。
a) Balance of work injury insurance includes reserves.

WORK INJURY INSURANCE BY REGION (2014)

(person, 100 million yuan)

	七至十级		其 他		基金收入	基金支出	累计结余
#职业病 Occupational Diseases	Level 7 to Level 10 Disability	#职业病 Occupational Diseases	Others	#职业病 Occupational Diseases	Revenue	Expenses	Balance at the Year-end
13464	**580500**	**19786**	**808273**	**21901**	**694.8**	**560.5**	**1128.8**
2857	17988	2414	12956	144	28.7	22.2	35.8
1859	8962	785	11165	17	10.9	8.9	15.7
1006	24941	1468	37276	595	33.4	33.0	20.2
249	8820	512	51400	7072	31.4	25.6	50.7
185	6164	132	8730	194	14.2	8.5	30.9
1814	46436	1010	29824	496	21.4	28.3	34.4
255	24902	289	6545	124	14.4	10.4	18.8
1120	21391	1242	8078	79	21.7	20.4	31.4
226	49808	463	9365	15	32.2	28.2	52.1
242	52900	723	61227	1225	73.3	61.1	69.6
13	65406	11	148162	211	48.3	40.4	65.0
533	18694	640	43351	2057	20.0	15.0	32.1
31	8847	151	23642	2622	22.1	14.5	47.7
386	6636	774	23302	294	16.4	10.4	25.3
749	29369	1536	43401	1643	45.1	35.0	60.6
19	8649	209	17130	376	23.8	18.0	47.8
2	6588	22	29192	16	15.1	12.2	27.3
118	18958	587	52405	750	32.1	24.0	43.8
23	66899	114	75221	115	64.5	41.8	217.1
82	3102	1082	7379	292	8.4	4.4	24.9
	273		1860	1	2.6	1.2	9.1
80	21521	1774	36933	2007	16.9	18.0	6.3
1009	26187	2861	28036	962	29.1	22.3	48.1
92	10294	374	5276	19	14.1	12.0	16.8
22	5573	168	15192	96	13.4	12.4	21.6
	240		143		0.9	0.3	2.2
28	3924	79	8843	2	13.8	9.9	30.5
152	3534	111	4125	213	7.2	6.1	10.6
27	1032	20	1293	1	3.0	2.2	5.2
51	2062	95	632	23	3.5	3.3	8.7
228	8867	113	4883	121	10.0	8.5	15.1
6	1533	27	1306	119	2.9	2.0	3.4

9-24 各地区工伤认定情况(2014年)

单位：人

地区 Region	当期认定(视同)工伤人数 合计 Total	认定工伤件数 小计 Sub-total	在工作时间和工作场所内因工作原因受到事故伤害 Injured by the Work Accident at the Workplace During the Work Time	工作时间前后在工作场所内从事与工作有关的预备性或者收尾性工作受到事故伤害 Injured by the Accident Related to the Preparation or Ending of Work at the Workplace During the Work Time	在工作时间和工作场所内因履行工作职责受到暴力等意外伤害 Injured by Non-work Accident such as Violence in Fulfilling Work-related Responsibilities at the Workplace During the Work Time	患职业病 Suffering from the Occupational Disease
全国 National	**1146592**	**1138869**	**981514**	**11020**	**11868**	**21751**
北京 Beijing	24023	23706	18107	255	371	1407
天津 Tianjin	19594	19432	16543	219	241	698
河北 Hebei	55395	54962	48737	298	381	577
山西 Shanxi	17418	17134	14665	105	82	1107
内蒙古 Inner Mongolia	8626	8477	6823	62	127	321
辽宁 Liaoning	31932	31529	28272	235	293	444
吉林 Jilin	12202	12019	10682	135	119	206
黑龙江 Heilongjiang	15314	14988	13500	62	119	736
上海 Shanghai	57412	57154	46009	949	510	129
江苏 Jiangsu	111546	111176	93353	957	647	464
浙江 Zhejiang	177414	177071	159432	1222	1408	1224
安徽 Anhui	30759	30592	25496	371	226	466
福建 Fujian	28994	28832	25380	203	211	456
江西 Jiangxi	21135	20993	18477	72	201	117
山东 Shandong	68565	68049	53247	1209	1001	1297
河南 Henan	22964	22505	17121	533	488	908
湖北 Hubei	21377	21209	18080	233	278	523
湖南 Hunan	50305	50082	44494	250	511	1128
广东 Guangdong	179472	178679	162533	926	1597	678
广西 Guangxi	11222	11068	9147	91	303	114
海南 Hainan	2905	2863	2265	36	213	4
重庆 Chongqing	54029	53876	47531	286	391	3523
四川 Sichuan	46264	45951	36928	598	1239	2638
贵州 Guizhou	18609	18481	15633	181	215	1345
云南 Yunnan	18017	17751	14885	185	295	364
西藏 Tibet	339	322	274	2	7	1
陕西 Shaanxi	14336	14037	11725	1124	157	337
甘肃 Gansu	5400	5294	4469	41	57	171
青海 Qinghai	3068	3030	2820	7	16	38
宁夏 Ningxia	5073	5009	4093	56	60	116
新疆 Xinjiang	10402	10175	8744	96	88	163
新疆兵团 Xinjiang Production and Construction Crops	2481	2423	2049	21	16	51

WORK INJURY CERTIFICATION BY REGION (2014)

(person)

Cases Certified(Cases Considered) as Suffering Work Injury							不予认定工伤人数	当期不予受理申请人数
Cases Certified as Suffering Work Injury			视同工伤件数 Cases Considered as Suffering Work Injury					
因工外出期间由于工作原因受到伤害或者发生事故下落不明 Injured by Work-related Accident or Missing Due to Accident When Outside the Workplace Due to Work-related Reasons	在上下班途中受到机动车事故伤害 Injured by Automobile Accident on the Road to Work from Home and Back Home from Work	其他应当认定为工伤的情形 Other Circumstances That Shall be Certified as Suffering Work Injury as Stipulated by Laws and Regulations	小计 Sub-total	在工作时间和工作岗位突发疾病死亡或者在48小时之内经抢救无效死亡 Died Immediately or Within 48 Hours after Unsuccessful Salvage Due to Illness Outburst at the Workplace During the	在抢险救灾等维护国家利益、公共利益活动中受到伤害 Injured in Rescue Activities for Protecting the Common Good of the State and the Public in Case of Emergencies or Natural	因战、因公负伤致残到用人单位后旧伤复发 Recrudescing of Previous Injury as a Result of War or Public Activities on the Employee Who Hold an Honorable Disabled Veteran Certificate	Cases Not be Certified or Considered as Suffering Work Injury	Work Injury Certification Applications Not Accepted
39929	**72071**	**716**	**7723**	**7344**	**214**	**165**	**13659**	**6363**
1686	1860	20	317	310	1	6	115	67
623	1106	2	162	156	2	4	94	67
1567	3374	28	433	426	3	4	417	95
359	816		284	270	13	1	192	72
676	467	1	149	145	3	1	140	61
915	1200	170	403	394	5	4	236	150
320	490	67	183	174	5	4	107	103
268	300	3	326	317	3	6	55	98
2794	6758	5	258	251	2	5	331	191
2830	12922	3	370	355	6	9	1453	414
4180	9586	19	343	310	18	15	838	875
1149	2875	9	167	159	2	6	301	190
967	1615		162	156	1	5	246	209
773	1350	3	142	139	3		276	137
3421	7857	17	516	494	11	11	541	321
1313	2102	40	459	451	3	5	203	53
792	1259	44	168	165	1	2	355	165
1454	2244	1	223	221	1	1	800	106
6661	6283	1	793	751	40	2	3598	1577
608	795	10	154	148	5	1	246	89
97	223	25	42	37	3	2	113	43
957	1169	19	153	146	3	4	824	442
1951	2552	45	313	282	29	2	851	391
661	417	29	128	112	9	7	237	112
1256	691	75	266	243	13	10	432	80
33	5		17	17			13	2
262	357	75	299	249	7	43	74	42
256	300		106	104	2		66	62
104	45		38	36	1	1	62	30
213	471		64	61	2	1	108	26
652	427	5	227	210	16	1	262	76
131	155		58	55	1	2	73	17

9-25 分地区因工死亡人员工伤认定情况(2014年)

单位：人

地 区 Region	当期认定(视同)工伤人数 合 计 Total	认定工伤件数 小 计 Sub-total	在工作时间和工作场所内因工作原因受到事故伤害 Injured by the Work Accident at the Workplace During the Work Time;	工作时间前后在工作场所内从事与工作有关的预备性或者收尾性工作受到事故伤害 Injured by the Accident Related to the Preparation or Ending of Work at the Workplace During the Work Time	在工作时间和工作场所内因履行工作职责受到暴力等意外伤害 Injured by Non-work Accident such as Violence in Fulfilling Work-related Responsibilities at the Workplace During the Work Time	患职业病 Suffering from the Occupational Disease
全 国 National	**23508**	**16120**	**8815**	**145**	**250**	**91**
北 京 Beijing	632	321	169	1	9	2
天 津 Tianjin	351	194	86		1	
河 北 Hebei	1766	1340	743		5	3
山 西 Shanxi	749	478	259	4	1	
内蒙古 Inner Mongolia	422	275	172		7	
辽 宁 Liaoning	983	585	312	17	10	15
吉 林 Jilin	365	190	106	1	4	1
黑龙江 Heilongjiang	554	237	169	2	2	
上 海 Shanghai	747	496	231	3	8	
江 苏 Jiangsu	1760	1403	713	18	7	6
浙 江 Zhejiang	1456	1143	615	12	5	6
安 徽 Anhui	585	423	209	4	2	2
福 建 Fujian	702	546	258	6	6	1
江 西 Jiangxi	531	389	225	3	6	
山 东 Shandong	1936	1442	575	11	49	3
河 南 Henan	1159	708	373	4	13	2
湖 北 Hubei	500	335	183	2	6	7
湖 南 Hunan	1022	799	587		4	1
广 东 Guangdong	2148	1397	638	11	38	8
广 西 Guangxi	335	187	103		8	
海 南 Hainan	101	62	46	1	2	
重 庆 Chongqing	632	485	394	5		
四 川 Sichuan	959	676	379	1	22	2
贵 州 Guizhou	394	278	199	3	1	9
云 南 Yunnan	717	472	327	2	11	1
西 藏 Tibet	29	12	9			
陕 西 Shaanxi	614	365	196	22	10	19
甘 肃 Gansu	301	196	129		1	1
青 海 Qinghai	130	94	66		1	
宁 夏 Ningxia	175	113	60		1	
新 疆 Xinjiang	586	367	219	12	9	1
新疆兵团 Xinjiang Production and Construction Crops	167	112	65		1	1

WORK INJURY CERTIFICATION INVOLVING DEATHS BY REGION

(person)

Cases Certified(Cases Considered) as Suffering Work Injury							不予认定工伤人数	当期不予受理申请人数
Cases Certified as Suffering Work Injury			视同工伤件数 Cases Considered as Suffering Work Injury					
因工外出期间由于工作原因受到伤害或者发生事故下落不明 Injured by Work-related Accident or Missing Due to Accident When Outside the Workplace Due to Work-related Reasons	在上下班途中受到机动车事故伤害 Injured by Automobile Accident on the Road to Work from Home and Back Home from Work	其他应当认定为工伤的情形 Other Circumstances That Shall be Certified as Suffering Work Injury as Stipulated by Laws and Regulations	小计 Sub-total	在工作时间和工作岗位突发疾病死亡或者在48小时之内经抢救无效死亡 Died Immediately or Within 48 Hours after Unsuccessful Salvage Due to Illness Outburst at the Workplace During the	在抢险救灾等维护国家利益、公共利益活动中受到伤害 Injured in Rescue Activities for Protecting the Common Good of the State and the Public in Case of Emergencies or Natural	因战、因公负伤致残到用人单位后旧伤复发 Recrudescing of Previous Injury as a Result of War or Public Activities on the Employee Who Hold an Honorable Disabled Veteran Certificate	Cases Not be Certified or Considered as Suffering Work Injury	Work Injury Certification Applications Not Accepted
1868	**4923**	**28**	**7388**	**7344**	**37**	**7**	**1717**	**176**
51	85	4	311	310	1		49	10
22	85		157	156	1		18	2
120	464	5	426	426			94	3
44	170		271	270	1		38	2
33	62	1	147	145	2		38	1
66	160	5	398	394	4		60	11
19	59		175	174	1		11	
14	50		317	317			5	
83	171		251	251			32	
121	538		357	355		2	83	7
118	387		313	310	3		29	6
52	152	2	162	159		3	25	1
47	228		156	156			44	5
30	125		142	139	3		52	9
207	594	3	494	494			116	26
80	236		451	451			13	7
40	97		165	165			42	3
53	154		223	221	1	1	184	4
236	466		751	751			386	
25	51		148	148			54	10
3	10		39	37	2		16	3
25	61		147	146	1		63	4
87	182	3	283	282	1		58	39
39	27		116	112	3	1	32	2
67	63	1	245	243	2		102	6
3			17	17				
56	62		249	249			21	
26	39		105	104	1		14	9
15	12		36	36			9	5
13	39		62	61	1			
68	54	4	219	210	9			
5	40		55	55			29	1

9-26 各地区劳动能力鉴定情况(2014)
WORK CAPACITY ASSESSMENT BY REGION

单位：人 (person)

地区	Region	申请鉴定人数 Work Capacity Assessment Applicants 小计 Sub-total	初次申请 First Appli-cations	再次申请 Second Appli-cations	#改变结论 Concu-sions Changed	复查申请 Reas-sessment Appli-cations	#改变结论 Concu-sions Changed	评定伤残等级人数 Persons Assessed as Certain Level of Work-related Disable 小计 Sub-total	一至四级 Level 1 to Level 4	五至六级 Level 5 to Level 6	七至十级 Level 7 to Level 10	存在生活自理障碍人数 Persons Assessed as Living-related Disable
全国	**National**	**654528**	**625921**	**16840**	**4725**	**11767**	**2793**	**557554**	**21301**	**24713**	**511540**	**8931**
北京	Beijing	14860	14081	139	23	640	585	12298	785	1283	10230	174
天津	Tianjin	8424	7912	194	60	318	94	7833	308	646	6879	124
河北	Hebei	23521	22806	384	116	331	159	22065	939	1169	19957	405
山西	Shanxi	12161	11841	195	89	125	71	11096	1585	1024	8487	510
内蒙古	Inner Mongolia	6110	5744	252	87	114	66	5352	355	458	4539	163
辽宁	Liaoning	22409	20981	397	59	1031	255	18987	892	1069	17026	468
吉林	Jilin	9464	8563	346	134	555	130	7885	366	389	7130	145
黑龙江	Heilongjiang	15081	13863	675	83	543	89	12470	814	947	10709	329
上海	Shanghai	52704	47080	1117	317	4507		42875	402	706	41767	42
江苏	Jiangsu	74435	72736	1018	91	681	101	63603	854	1622	61127	578
浙江	Zhejiang	79896	77996	1878	638	22	11	74400	660	1822	71918	381
安徽	Anhui	14251	13383	701	187	167	104	13819	435	566	12818	182
福建	Fujian	14783	13998	754	194	31	8	11353	678	660	10015	178
江西	Jiangxi	16215	15665	488	140	62	21	14521	124	732	13665	37
山东	Shandong	33562	32536	658	156	368	101	28965	987	1654	26324	477
河南	Henan	14884	14127	522	151	235	59	11426	712	1339	9375	1214
湖北	Hubei	13299	12381	720	249	198	86	11500	618	679	10203	360
湖南	Hunan	24490	23736	669	194	85	33	21707	856	963	19888	316
广东	Guangdong	79925	78181	1547	292	197	100	56247	880	1668	53699	338
广西	Guangxi	5487	5362	114	31	11	7	3487	176	206	3105	72
海南	Hainan	776	755	19	6	2		487	55	69	363	57
重庆	Chongqing	28376	26799	1112	307	465	147	25311	1662	743	22906	399
四川	Sichuan	33621	32252	1114	488	255	115	25870	2202	1222	22446	451
贵州	Guizhou	16207	15522	502	181	183	47	20668	684	779	19205	231
云南	Yunnan	12484	12172	287	33	25	11	9478	787	474	8217	254
西藏	Tibet	355	343	12	3			299	10	22	267	4
陕西	Shaanxi	9810	8909	462	179	439	320	8849	717	745	7387	693
甘肃	Gansu	3248	3103	100	37	45	20	2829	316	258	2255	106
青海	Qinghai	1730	1678	38	24	14	10	1649	162	135	1352	44
宁夏	Ningxia	4614	4431	120	33	63	18	3841	1012	337	2492	89
新疆	Xinjiang	6875	6532	298	138	45	22	5973	236	300	5437	96
新疆兵团	Xinjiang Production and Construction Crops	471	453	8	2	10	3	411	32	27	352	14

9-27 历年全国生育保险基本情况
MATERNITY INSURANCE

年 份 Year	年末参保人数 (万人) Contributors at the Year-end (10 000 persons)	基金收支情况(亿元) Revenue and Expenses(100 million yuan)		
		基金收入 Revenue	基金支出 Expenses	累计结余 Balance at the Year-end
绝对数 Absolute figure				
1993	557.2	0.8	0.5	0.8
1994	915.9	1.5	0.8	1.4
1995	1500.2	2.9	1.6	2.7
1996	2015.6	5.5	3.3	5.0
1997	2485.9	7.4	4.9	7.5
1998	2776.7	9.8	6.8	10.3
1999	2929.8	10.7	7.1	13.9
2000	3001.6	11.2	8.3	16.8
2001	3455.1	13.7	9.6	20.6
2002	3488.2	21.8	12.8	29.7
2003	3655.4	25.8	13.5	42.0
2004	4383.8	32.1	18.8	55.9
2005	5408.5	43.8	27.4	72.1
2006	6458.9	62.1	37.5	96.9
2007	7775.3	83.6	55.6	126.6
2008	9254.1	113.7	71.5	168.2
2009	10875.7	132.4	88.3	212.1
2010	12335.9	159.6	109.9	261.4
2011	13892.0	219.8	139.2	342.5
2012	15428.7	304.2	219.3	427.6
2013	16392.0	368.4	282.8	514.7
2014	17038.7	446.1	368.1	592.7
比上年增长(%) Increase over Preceding Year %				
1994	64.4	73.8	60.5	87.6
1995	63.8	99.4	95.3	91.7
1996	34.4	87.8	108.2	81.6
1997	23.3	34.9	49.4	51.2
1998	11.7	31.1	39.5	37.1
1999	5.5	10.1	4.1	34.9
2000	2.5	3.8	17.1	20.6
2001	15.1	23.1	14.9	22.7
2002	1.0	58.9	33.3	44.5
2003	4.8	18.3	5.6	41.3
2004	19.9	24.4	39.3	33.1
2005	23.4	36.4	45.7	29.0
2006	19.4	41.8	36.9	34.4
2007	20.4	34.6	48.3	30.7
2008	19.0	36.0	28.6	32.9
2009	17.5	16.4	23.5	26.1
2010	13.4	20.5	24.4	23.2
2011	12.6	37.8	26.7	31.0
2012	11.1	38.4	57.6	24.8
2013	6.2	21.1	28.9	20.4
2014	3.9	21.1	30.2	15.1

9-28 历年各地区生育保险基本情况
MATERNITY INSURANCE BY REGION

单位：万人，万人次 (10 000 persons)

地区	Region	2001		2002		2003	
		年末参保人数 Contributors at the Year-end	享受待遇人次 Beneficiaries of Maternity Insurance	年末参保人数 Contributors at the Year-end	享受待遇人次 Beneficiaries of Maternity Insurance	年末参保人数 Contributors at the Year-end	享受待遇人次 Beneficiaries of Maternity Insurance
全国	**National**	**3455**	**24**	**3488**	**28**	**3655**	**36**
北京	Beijing						
天津	Tianjin						
河北	Hebei	131.5	0.8	95.4	0.7	94.1	0.4
山西	Shanxi	108.0	0.3	84.3	0.3	84.3	0.2
内蒙古	Inner Mongolia	27.9	0.3	23.4	0.1	40.3	0.2
辽宁	Liaoning	227.8	1.2	216.1	1.2	199.1	1.5
吉林	Jilin	24.0	0.1	32.7	0.1	34.0	0.1
黑龙江	Heilongjiang	68.2	0.2	153.2	1.2	167.5	2.7
上海	Shanghai	443.7	0.1	452.9	3.7	461.1	4.1
江苏	Jiangsu	483.5	4.6	486.1	4.1	504.1	7.2
浙江	Zhejiang	187.6	1.7	193.7	1.9	215.0	2.1
安徽	Anhui	23.4	0.1	23.6	0.2	23.9	0.2
福建	Fujian	118.2	0.9	123.7	1.0	139.4	1.4
江西	Jiangxi	120.2	0.8	109.4	0.7	108.7	0.6
山东	Shandong	331.8	3.4	322.8	3.8	336.5	4.1
河南	Henan	196.4	1.1	205.9	1.1	199.2	1.1
湖北	Hubei	182.1	1.1	182.7	0.8	182.1	0.6
湖南	Hunan	3.7		3.4		3.3	
广东	Guangdong	250.1	2.4	258.7	2.5	330.8	3.0
广西	Guangxi	113.5	1.2	106.8	1.1	111.1	1.2
海南	Hainan	10.8	0.1	23.2	0.2	28.4	0.2
重庆	Chongqing	23.6	0.2	19.9	0.1	16.5	0.1
四川	Sichuan	178.1	1.6	166.4	1.2	165.1	1.3
贵州	Guizhou	1.1		0.9		0.9	
云南	Yunnan	96.1	1.2	86.9	1.0	82.8	1.4
西藏	Tibet						
陕西	Shaanxi	4.6	0.1	5.4	0.1	14.6	0.1
甘肃	Gansu	5.0		5.1		6.8	
青海	Qinghai	6.6	0.1	4.3		5.2	0.1
宁夏	Ningxia	8.7	0.1	15.0	0.2	15.1	0.2
新疆	Xinjiang	78.9	1.0	86.4	1.0	85.7	2.0

9-28 续表 1 continued

单位：万人，万人次 (10 000 persons)

地 区	Region	2004		2005		2006	
		年末参保人 数 Contributors at the Year-end	享受待遇人 次 Beneficiaries of Maternity Insurance	年末参保人 数 Contributors at the Year-end	享受待遇人 次 Beneficiaries of Maternity Insurance	年末参保人 数 Contributors at the Year-end	享受待遇人 次 Beneficiaries of Maternity Insurance
全 国	**National**	**4384**	**46**	**5408**	**62**	**6459**	**108**
北 京	Beijing			226.1	1.1	263.3	6.7
天 津	Tianjin			157.4	0.6	180.1	7.7
河 北	Hebei	114.1	0.4	215.9	0.8	264.2	1.7
山 西	Shanxi	93.2	0.2	95.6	0.3	98.1	0.4
内蒙古	Inner Mongolia	66.7	0.4	105.8	1.5	122.1	2.1
辽 宁	Liaoning	215.9	2.1	220.1	2.7	378.7	4.9
吉 林	Jilin	35.1	0.2	35.3	0.8	117.7	0.6
黑龙江	Heilongjiang	187.3	3.5	156.6	2.9	172.7	3.1
上 海	Shanghai	505.6	4.9	539.3	5.8	555.1	16.8
江 苏	Jiangsu	552.7	9.2	630.9	11.2	711.5	12.8
浙 江	Zhejiang	239.8	3.0	284.9	3.7	382.7	6.9
安 徽	Anhui	37.6	0.2	53.5	0.5	78.6	1.0
福 建	Fujian	146.5	1.7	161.8	2.1	173.5	2.0
江 西	Jiangxi	107.6	0.5	117.8	0.8	123.2	1.1
山 东	Shandong	390.8	4.7	461.2	5.5	488.8	10.0
河 南	Henan	201.2	1.5	228.4	1.5	238.4	2.0
湖 北	Hubei	179.9	0.6	175.9	0.6	194.5	0.8
湖 南	Hunan	212.9	0.5	250.2	3.2	308.5	5.2
广 东	Guangdong	376.7	3.6	419.4	4.2	464.8	4.8
广 西	Guangxi	134.8	1.6	141.4	1.9	145.2	1.9
海 南	Hainan	31.7	0.4	34.9	0.5	40.6	0.7
重 庆	Chongqing	12.9				96.8	0.6
四 川	Sichuan	187.4	1.4	212.5	1.4	274.1	1.9
贵 州	Guizhou	2.3		52.1		72.1	0.7
云 南	Yunnan	142.3	2.3	156.1	2.5	159.5	2.6
西 藏	Tibet						
陕 西	Shaanxi	36.2	0.2	43.1	0.8	86.3	0.5
甘 肃	Gansu	31.0	0.1	40.0	0.3	47.0	0.4
青 海	Qinghai	5.8	0.1	6.5	0.1	7.2	0.2
宁 夏	Ningxia	18.4	0.2	21.6	0.2	18.1	0.4
新 疆	Xinjiang	117.4	2.5	164.1	4.7	195.6	7.5

9-28 续表 2 continued

单位：万人，万人次 (10 000 persons)

地 区	Region	2007 年末参保人数 Contributors at the Year-end	2007 享受待遇人次 Beneficiaries of Maternity Insurance	2008 年末参保人数 Contributors at the Year-end	2008 享受待遇人次 Beneficiaries of Maternity Insurance	2009 年末参保人数 Contributors at the Year-end	2009 享受待遇人次 Beneficiaries of Maternity Insurance
全 国	**National**	**7775**	**113**	**9254**	**140**	**10876**	**174**
北 京	Beijing	290.6	9.8	324.1	11.8	346.8	12.8
天 津	Tianjin	194.0	3.9	196.5	4.7	204.6	4.8
河 北	Hebei	338.5	2.5	408.5	5.2	489.9	6.7
山 西	Shanxi	104.4	0.3	148.3	0.7	185.8	0.9
内蒙古	Inner Mongolia	139.1	1.7	154.6	1.6	182.9	2.0
辽 宁	Liaoning	423.0	13.2	460.2	11.7	531.2	13.5
吉 林	Jilin	173.6	1.6	227.9	2.5	289.9	4.6
黑龙江	Heilongjiang	216.8	3.1	241.9	3.2	270.0	3.3
上 海	Shanghai	592.0	7.3	609.9	7.1	625.1	6.5
江 苏	Jiangsu	794.1	14.5	907.2	19.5	962.5	23.3
浙 江	Zhejiang	505.0	6.1	690.0	8.1	750.7	10.4
安 徽	Anhui	175.6	1.9	231.0	3.5	303.6	4.6
福 建	Fujian	250.4	2.7	273.9	3.2	317.8	4.5
江 西	Jiangxi	137.8	0.8	156.6	0.6	163.0	0.7
山 东	Shandong	563.3	8.2	638.0	10.3	703.0	14.4
河 南	Henan	279.1	2.2	313.4	2.8	379.8	4.0
湖 北	Hubei	224.6	1.1	278.0	2.9	357.1	6.5
湖 南	Hunan	369.3	5.6	431.5	6.2	502.4	9.0
广 东	Guangdong	639.1	6.6	1011.2	9.7	1586.3	12.5
广 西	Guangxi	163.5	2.3	176.5	3.0	199.0	3.2
海 南	Hainan	66.7	0.8	79.8	1.1	85.0	1.2
重 庆	Chongqing	116.9	2.2	141.6	2.6	155.5	3.7
四 川	Sichuan	323.3	3.6	373.0	4.4	426.4	5.8
贵 州	Guizhou	89.1	1.2	135.9	1.8	152.5	1.9
云 南	Yunnan	165.1	2.2	168.4	2.6	181.1	2.8
西 藏	Tibet	9.4		12.4	0.1	14.2	0.2
陕 西	Shaanxi	120.9	0.9	147.6	1.6	164.4	2.1
甘 肃	Gansu	53.3	0.7	59.1	0.6	71.2	0.7
青 海	Qinghai	6.2	0.2	6.3	0.1	6.3	0.1
宁 夏	Ningxia	19.2	0.4	25.1	0.4	30.7	0.5
新 疆	Xinjiang	211.6	5.6	225.4	6.4	236.8	6.6

9-28 续表 3 continued

单位：万人，万人次 (10 000 persons)

地 区	Region	2010 年末参保人数 Contributors at the Year-end	2010 享受待遇人次 Beneficiaries of Maternity Insurance	2011 年末参保人数 Contributors at the Year-end	2011 享受待遇人次 Beneficiaries of Maternity Insurance	2012 年末参保人数 Contributors at the Year-end	2012 享受待遇人次 Beneficiaries of Maternity Insurance
全 国	**National**	**12336**	**211**	**13892**	**265**	**15429**	**353**
北 京	Beijing	372.2	12.6	395.3	14.9	844.7	27.9
天 津	Tianjin	212.0	5.6	234.6	6.6	242.7	8.0
河 北	Hebei	561.5	5.2	593.1	5.5	634.8	9.7
山 西	Shanxi	211.6	1.7	253.7	2.1	407.6	3.1
内蒙古	Inner Mongolia	233.9	2.2	263.3	4.8	274.8	4.3
辽 宁	Liaoning	593.0	13.5	664.7	15.1	713.9	19.4
吉 林	Jilin	310.5	5.6	335.9	6.7	350.4	9.4
黑龙江	Heilongjiang	290.1	3.4	350.1	3.6	353.1	4.2
上 海	Shanghai	657.3	7.7	703.1	8.8	711.5	11.7
江 苏	Jiangsu	1086.4	24.4	1199.2	44.2	1276.2	55.5
浙 江	Zhejiang	863.7	12.4	979.8	14.9	1084.8	19.4
安 徽	Anhui	346.9	5.0	400.1	6.3	430.1	9.0
福 建	Fujian	374.4	4.9	451.9	5.7	484.3	8.2
江 西	Jiangxi	170.0	1.0	200.1	0.8	204.2	2.0
山 东	Shandong	774.1	18.0	857.8	19.7	919.0	19.9
河 南	Henan	412.9	5.3	460.7	6.3	520.3	12.0
湖 北	Hubei	381.8	11.0	420.9	13.6	452.9	18.8
湖 南	Hunan	527.1	12.1	538.8	15.3	546.0	14.8
广 东	Guangdong	2038.5	24.3	2339.7	32.6	2484.9	40.1
广 西	Guangxi	218.5	3.6	243.8	3.9	254.7	5.1
海 南	Hainan	92.6	1.5	100.7	2.2	116.0	3.2
重 庆	Chongqing	175.7	4.9	216.6	5.4	253.5	8.2
四 川	Sichuan	484.2	5.9	601.7	6.8	654.4	12.5
贵 州	Guizhou	164.3	2.3	198.1	2.6	221.6	3.1
云 南	Yunnan	210.2	4.0	216.5	3.5	239.2	4.6
西 藏	Tibet	14.8	0.3	16.1	0.3	18.2	0.4
陕 西	Shaanxi	180.1	2.4	211.6	2.8	223.7	3.1
甘 肃	Gansu	82.0	1.0	110.1	1.7	129.5	2.5
青 海	Qinghai	6.4	0.1	6.7	0.2	33.8	0.3
宁 夏	Ningxia	39.8	0.6	59.3	1.0	66.4	1.9
新 疆	Xinjiang	249.4	8.4	268.1	7.0	281.6	10.3

9-28 续表 4 continued

单位：万人，万人次 (10 000 persons) (10 000 persons)

地 区 Region		2013		2014	
		年末参保人数 Contributors at the Year-end	享受待遇人次 Beneficiaries of Maternity Insurance	年末参保人数 Contributors at the Year-end	享受待遇人次 Beneficiaries of Maternity Insurance
全 国	**National**	**16392**	**522**	**17039**	**613**
北 京	Beijing	883.2	41.1	915.6	53.2
天 津	Tianjin	249.1	24.8	260.7	22.2
河 北	Hebei	667.6	15.7	684.0	22.5
山 西	Shanxi	445.6	5.2	454.2	7.4
内蒙古	Inner Mongolia	285.0	6.3	293.7	8.0
辽 宁	Liaoning	752.3	25.9	783.9	28.5
吉 林	Jilin	365.9	11.2	367.0	14.0
黑龙江	Heilongjiang	355.1	6.9	356.1	7.8
上 海	Shanghai	713.9	22.0	717.5	24.0
江 苏	Jiangsu	1355.6	78.7	1374.6	93.6
浙 江	Zhejiang	1173.2	39.9	1248.9	46.1
安 徽	Anhui	458.5	10.6	482.8	13.6
福 建	Fujian	539.6	12.1	556.7	12.8
江 西	Jiangxi	217.8	2.5	241.1	3.3
山 东	Shandong	974.4	47.1	1046.5	56.2
河 南	Henan	569.6	13.6	590.2	15.7
湖 北	Hubei	465.3	18.5	480.6	19.9
湖 南	Hunan	536.0	14.8	537.6	17.0
广 东	Guangdong	2711.6	45.0	2801.3	50.8
广 西	Guangxi	270.2	7.7	280.2	8.6
海 南	Hainan	120.2	4.0	122.0	3.8
重 庆	Chongqing	280.4	10.2	347.5	12.5
四 川	Sichuan	689.1	18.0	730.4	21.7
贵 州	Guizhou	238.7	4.4	248.8	6.4
云 南	Yunnan	270.9	11.2	279.3	13.2
西 藏	Tibet	20.7	0.5	22.8	0.5
陕 西	Shaanxi	240.3	4.3	250.8	5.3
甘 肃	Gansu	135.1	3.2	143.7	3.9
青 海	Qinghai	42.8	1.7	45.8	3.4
宁 夏	Ningxia	68.4	3.7	71.3	4.9
新 疆	Xinjiang	296.1	11.1	303.0	12.7

9-29 各地区生育保险基本情况(2014年)

MATERNITY INSURANCE BY REGION(2014)

单位：万人次、亿元 (10 000 persons, 100 million yuan)

地 区	Region	享受待遇人次 Beneficiaries of Maternity Insurance	基金收入 Revenue	基金支出 Expenses	累计结余 Balance at the Year-end
全 国	**National**	**613**	**446.1**	**368.1**	**592.7**
北 京	Beijing	53.2	42.4	44.5	34.5
天 津	Tianjin	22.2	10.9	9.4	19.3
河 北	Hebei	22.5	13.2	10.1	19.7
山 西	Shanxi	7.4	8.6	5.1	17.2
内蒙古	Inner Mongolia	8.0	7.5	5.7	11.3
辽 宁	Liaoning	28.5	18.6	18.0	13.9
吉 林	Jilin	14.0	5.6	4.6	10.5
黑龙江	Heilongjiang	7.8	6.7	5.6	12.4
上 海	Shanghai	24.0	43.2	37.6	6.7
江 苏	Jiangsu	93.6	40.0	34.2	75.0
浙 江	Zhejiang	46.1	31.5	26.7	31.3
安 徽	Anhui	13.6	9.6	7.6	13.0
福 建	Fujian	12.8	20.7	16.5	22.7
江 西	Jiangxi	3.3	3.7	1.6	7.9
山 东	Shandong	56.2	32.6	31.5	37.9
河 南	Henan	15.7	14.0	9.9	25.9
湖 北	Hubei	19.9	9.7	6.4	20.1
湖 南	Hunan	17.0	10.2	6.4	20.7
广 东	Guangdong	50.8	45.8	31.9	73.8
广 西	Guangxi	8.6	7.2	4.3	14.0
海 南	Hainan	3.8	2.4	1.5	4.6
重 庆	Chongqing	12.5	8.4	6.7	9.7
四 川	Sichuan	21.7	16.3	13.4	24.7
贵 州	Guizhou	6.4	4.1	3.1	7.4
云 南	Yunnan	13.2	8.7	8.5	12.5
西 藏	Tibet	0.5	0.8	0.6	1.2
陕 西	Shaanxi	5.3	6.2	3.3	13.8
甘 肃	Gansu	3.9	4.0	2.5	6.7
青 海	Qinghai	3.4	1.9	1.1	3.0
宁 夏	Ningxia	4.9	2.1	1.9	2.3
新 疆	Xinjiang	12.7	9.4	7.9	19.0

十、工会工作

TRADE UNION WORKS

10-1 各地区基层工会组织数(2014年)

单位: 个

地 区	Region	总 计 Total	国有企业 State-owned	集体企业 Urban Collective-owned	股份合作企业 Coopera-tive	联营企业 Joint-owned	有限责任公司 Limited Liability Corporations
全 国	**National**	**2781023**	**77981**	**69401**	**37946**	**7680**	**185894**
北 京	Beijing	33872	1519	1609	610	58	10662
天 津	Tianjin	19481	947	481	295	12	989
河 北	Hebei	129936	3787	3891	1034	438	3537
山 西	Shanxi	59205	3310	3084	487	93	3229
内蒙古	Inner Mongolia	71573	1978	769	635	115	5976
辽 宁	Liaoning	93869	2449	1794	759	121	5735
吉 林	Jilin	28186	1452	328	289	28	1624
黑龙江	Heilongjiang	67828	5482	2048	638	114	2951
上 海	Shanghai	52196	1926	2014	1076	68	3561
江 苏	Jiangsu	154020	2481	3159	3092	555	10080
浙 江	Zhejiang	153220	2055	1459	6596	438	16743
安 徽	Anhui	120120	3128	5951	1537	327	8495
福 建	Fujian	108888	3009	1707	1208	405	3470
江 西	Jiangxi	79412	3418	1656	1718	324	3356
山 东	Shandong	207487	4610	5981	2421	289	12886
河 南	Henan	211222	5119	6325	2286	599	9156
湖 北	Hubei	130326	2571	5316	1834	680	6547
湖 南	Hunan	125688	3837	4016	2442	566	5707
广 东	Guangdong	254422	5632	6051	1897	361	15269
广 西	Guangxi	89453	3569	2160	525	800	4282
海 南	Hainan	17752	888	610	219	80	6247
重 庆	Chongqing	58212	928	986	918	248	4774
四 川	Sichuan	158712	2644	1636	1359	249	13359
贵 州	Guizhou	64559	2126	809	1427	215	4379
云 南	Yunnan	93690	1404	876	597	84	6055
西 藏	Tibet	4734	235	86	35	11	183
陕 西	Shaanxi	102021	3493	3647	1149	286	11601
甘 肃	Gansu	35873	1270	428	398	65	1433
青 海	Qinghai	15225	452	126	122	17	542
宁 夏	Ningxia	13768	396	102	62		629
新 疆	Xinjiang	26073	1866	296	281	34	2437

NUMBER OF GRASSROOTS TRADE UNION BY REGION (2014)

(unit)

股份有限公司 Share-holding Corporations Ltd.	私营企业 Private	其他内资企业 Other Enterprises of	个体经营户 Individuals	港澳台商投资企业 Funded by Entrepreneurs from HongKong, Macao & Taiwan	外商投资企业 Foreign Funded	事业单位 Institutions	机关 Agencies and Organizations	其他 Others
69170	1475788	10859	109863	33082	46731	310446	183953	162229
1448	6407	61	584	365	883	4779	1578	3309
543	9487	32	305	274	1061	2846	1131	1078
2141	68020	3151	3880	223	656	12974	10380	15824
1706	23998	45	2714	111	320	11377	5368	3363
1212	43264	35	2194	38	162	8197	5956	1042
2134	51272	185	4743	392	1977	11130	5134	6044
968	13758	29	365	44	179	6146	2241	735
1858	34034	85	3069	127	377	8621	5327	3097
1418	26436	498	301	2030	4771	5567	1332	1198
4551	90313	290	2334	3965	7640	12780	5848	6932
5691	85879	347	1716	2273	3443	12872	6851	6857
3151	65522	140	7766	182	377	12038	5889	5617
2192	72518	1229	891	2630	2960	8392	5280	2997
1369	41435	138	2600	285	1015	12060	7169	2869
6975	120523	592	9850	830	6262	17019	9505	9744
3804	123932	304	16809	182	301	23108	10620	8677
2666	74192	564	4519	308	650	16256	7170	7053
2846	64472	743	8601	138	257	15143	10442	6478
3487	154454	1500	9862	17362	10288	17737	8967	1555
2801	51254	189	3174	388	640	10178	6552	2941
649	4155	19	546	93	182	2191	1352	521
1762	30264	32	2825	89	250	6574	3704	4858
4362	55587	352	8003	413	839	23223	18373	28313
3036	23258	123	1048	33	64	9591	6729	11721
2463	60323	48	1407	135	273	8543	8750	2732
56	709	1	525			338	2116	439
2103	44788	89	4726	86	704	13110	6686	9553
635	15446	14	1000	36	76	7501	5679	1892
145	5658	4	1655	8	14	2306	2027	2149
265	7127	3	865	12	42	1774	1215	1276
733	7303	17	986	30	68	6075	4582	1365

10-2 各地区工会会员人数(2014年)

单位：人

地 区	Region	总 计 Total	内资企业 Enterprises of Domestic Funded 国有企业 State-owned	集体企业 Urban Collective-owned	股份合作企 业 Coopera-tive	联营企业 Joint-owned	国有独资公 司 State Funded Corporations	其他有限责任公司 Other Limited Liability Corporations
全 国	**National**	**288117898**	**25945935**	**8274280**	**6155444**	**1129316**	**3372936**	**16469688**
北 京	Beijing	4721497	620028	122491	65400	3978	162386	837158
天 津	Tianjin	3764042	410928	115040	90377	897	141446	108555
河 北	Hebei	14318323	1155014	362737	170282	86084	90470	496949
山 西	Shanxi	7787554	1534881	320618	168957	18418	164510	368875
内蒙古	Inner Mongolia	6007375	813709	92397	102622	56042	35092	423530
辽 宁	Liaoning	10021327	1457216	368497	129426	25050	164545	518313
吉 林	Jilin	3581130	499532	43766	88263	5352	97542	133294
黑龙江	Heilongjiang	7939645	2363486	169143	119535	14665	72102	264747
上 海	Shanghai	8441560	525247	349814	120667	12259	252874	457705
江 苏	Jiangsu	21226792	1294040	537180	691563	84644	177334	1210625
浙 江	Zhejiang	20551546	483049	221213	946229	84487	167315	2110961
安 徽	Anhui	7936712	794173	539316	178088	33170	57459	525637
福 建	Fujian	8480461	474571	95046	130301	47209	62025	251632
江 西	Jiangxi	7562788	797374	143452	372927	62064	81582	276930
山 东	Shandong	23792953	1510983	1088443	637814	39851	240619	1710831
河 南	Henan	17068549	1519148	777607	434272	64707	182146	685509
湖 北	Hubei	12851303	855835	772948	285638	102915	155799	666191
湖 南	Hunan	11371840	1288746	475529	303277	73576	108458	396316
广 东	Guangdong	27562323	1054643	726628	360568	76944	212318	1441051
广 西	Guangxi	6706169	765875	184680	78542	85265	88801	381077
海 南	Hainan	1251140	140178	34156	27078	6135	35903	245898
重 庆	Chongqing	7910942	328478	69725	98153	45368	97525	512419
四 川	Sichuan	19523100	1091273	167980	207760	21175	156141	988525
贵 州	Guizhou	5102087	538016	39779	40062	5686	69629	129340
云 南	Yunnan	5318813	546384	62272	48929	8044	93912	303264
西 藏	Tibet	231801	14560	6064	2533	489	1780	8903
陕 西	Shaanxi	7266755	1108004	273135	106331	43873	113747	604020
甘 肃	Gansu	3563616	561086	62427	71501	15851	35144	119727
青 海	Qinghai	1119384	168316	9127	12824	1987	18181	28593
宁 夏	Ningxia	1301522	123857	5030	12379		11632	48035
新 疆	Xinjiang	3834849	1107305	38040	53146	3131	24519	215078

TRADE UNION MEMBERS IN GRASSROOTS TRADE UNION BY REGION (2014)

(person)

内资企业 Enterprises of Domestic Funded				个体经营户 Individuals	港澳台商投资企业 Funded by Entrepreneurs from HongKong Macao&Taiwan	外商投资企业 Foreign Funded	事业单位 Institutions	机关 Agencies and Organization	其他 Others
国有控股公司 State-holding	其他股份有限公司 Other Share-holding Corporations Ltd.	私营企业 Private	其他企业 Others						
7859598	**7525425**	**102664827**	**1481857**	**9586420**	**8357525**	**9804934**	**32727417**	**16039208**	**30423088**
324509	165007	385921	3316	47581	81434	283595	713619	311585	293489
228245	58723	1378592	2581	96224	73807	345912	334527	132789	245399
279864	274212	5976633	359764	335754	95060	152125	1584134	822563	2076678
329760	198090	2208797	12164	290941	106953	45790	1177569	400306	440925
112691	190763	2763908	4568	100880	9330	35201	676911	402160	187571
355149	207531	3121329	17451	264335	62037	438068	1301077	488142	1103161
270398	113640	1174982	3848	58930	10684	42244	640843	242046	155766
232699	179590	2063687	23100	328459	47076	72322	875059	461359	652616
536964	118421	3292421	147577	44689	490213	1031665	681057	147154	232833
348289	673054	8724293	33576	385928	875897	1616974	1698671	635178	2239546
274973	980088	9237760	72416	284018	550744	794312	1385107	478572	2480302
285037	193015	2643110	23381	244303	38523	94520	1066063	409307	811610
184130	271080	4235499	125042	49274	651472	480733	693383	352305	376759
71435	138494	3549685	10448	131012	80692	187368	912595	576465	170265
607083	970751	9119031	109220	1096013	181577	945394	2334396	995112	2205835
367939	346422	6150219	38378	1069178	376492	87099	2737764	1251168	980501
507484	230343	5002607	107676	417360	93152	153609	1576584	545201	1377961
206376	266350	4564116	93858	553530	38039	51821	1437568	949374	564906
525461	604721	11263475	233931	789049	4172177	2432169	2146612	949526	573050
176612	162444	2490024	7392	147742	64019	116295	1111885	461064	384452
122145	42801	164990	1093	8645	9731	28385	207732	103592	72678
236333	226486	2559516	2084	724665	23854	59509	612693	574426	1739708
331880	395905	3792961	27331	1269162	160706	124464	2466505	1678778	6642554
143524	45317	943411	2339	72892	10805	13657	673120	383305	1991205
235692	135925	1717399	4798	109047	16255	38658	950622	672619	374993
1385	2909	30437	94	18570			23357	95229	25491
244453	167568	1893207	9869	274882	15771	96266	1033430	404627	877572
155458	38492	1018664	1438	90634	5644	11332	686688	393618	295912
13263	10397	255647	222	55786	1430	3569	149091	90853	300098
25533	40340	402649	490	88399	1024	10200	173898	93014	265042
124834	76546	539857	2412	138538	12927	11678	664857	537771	284210

10-3 分地区基层单位建立职工代表大会制度情况(2014年)

EMPLOYEE CONGRESS SYSTEM IN GRASSROOTS TRADE UNION BY REGION (2014)

地区	Region	建立职工(代表)大会制度的企事业单位(个) Number of Establishments with Employee Congress (unit)	本年度召开过职工(代表)大会的企事业单位(个) Number of Establishments with Congress Held (unit)	职工(代表)大会的职工代表(人) Congress Members (person)	#女职工代表 Female	实行厂务公开的企事业单位(个) Number of Establishments with Publishing Management Affairs (unit)
全国	**National**	**4716593**	**3691789**	**23860251**	**6983589**	**4617210**
北京	Beijing	60999	53153	325039	118631	56985
天津	Tianjin	83726	82880	393408	130747	84215
河北	Hebei	170559	122709	954170	236821	161841
山西	Shanxi	139933	132746	765472	169761	139321
内蒙古	Inner Mongolia	79152	36765	637032	95163	74476
辽宁	Liaoning	168366	120072	973542	253691	156957
吉林	Jilin	60005	29188	291672	93502	57262
黑龙江	Heilongjiang	98148	74671	509900	147059	94648
上海	Shanghai	239517	211583	600147	221683	243776
江苏	Jiangsu	316107	284473	2373601	685853	302230
浙江	Zhejiang	336917	237889	2079759	770154	336757
安徽	Anhui	125083	95220	879830	257943	125448
福建	Fujian	207145	161506	716334	228112	202493
江西	Jiangxi	104765	88579	848524	172525	104563
山东	Shandong	444929	370090	2127088	621869	414861
河南	Henan	227716	170675	1589962	561844	222860
湖北	Hubei	190118	143139	914087	319436	185702
湖南	Hunan	146041	93601	868528	179109	143179
广东	Guangdong	538226	375712	1649255	467564	545341
广西	Guangxi	133690	120233	768709	258716	131504
海南	Hainan	24744	16166	81482	27665	24735
重庆	Chongqing	159324	151792	487755	119377	158713
四川	Sichuan	224158	198310	916800	265217	217385
贵州	Guizhou	79380	59427	273477	71473	79285
云南	Yunnan	100950	72994	425903	123712	96510
西藏	Tibet	252	232	3356	788	292
陕西	Shaanxi	131363	86318	616157	153418	130239
甘肃	Gansu	57893	45160	310841	86715	57484
青海	Qinghai	18268	14811	105126	26246	18068
宁夏	Ningxia	18454	16566	89186	31323	16897
新疆	Xinjiang	30313	24813	274165	83797	32905
国家机关	Government Agencies	306	270	9325	3388	232
中直机关	CCCPC Agencies	46	46	619	287	46

注：中直机关指中央直属机关(以下各表同)。

a) CCCPC Agencies are Agencies of Central Committee of the Communist Party of Chine (The same as in the following tables).

10-4 各地区基层以上工会职业培训机构情况(2014年)

VOCATIONAL TRAINING ORGANIZATIONS ABOVE GRASSROOTS TRADE UNION BY REGION (2014)

地区	Region	工会开办的职业培训机构(个) Number of Vocational Training (Organizations)	本年度工会职业培训机构培训人次(人次) Trained Persons (person-time)	#农民工 Migrant Workers	#下岗失业人员人次数 Laid-off and Unemployment Persons	#经培训实现再就业人次数 Reemployees
全国	**National**	**4451**	**1927735**	**707502**	**504657**	**249448**
北京	Beijing	4	9622	1056	546	164
天津	Tianjin	23	64935	14334	3906	1897
河北	Hebei	113	69763	23539	38637	23308
山西	Shanxi	75	43899	21743	13715	2518
内蒙古	Inner Mongolia	58	43024	9954	21718	9479
辽宁	Liaoning	219	65998	18872	36773	18752
吉林	Jilin	36	13184	3575	7590	4291
黑龙江	Heilongjiang	76	28138	5030	20307	10739
上海	Shanghai	7	20211	8500	3802	1633
江苏	Jiangsu	130	114276	37272	29893	18746
浙江	Zhejiang	51	125724	65490	19757	8267
安徽	Anhui	61	96147	17560	14163	5303
福建	Fujian	34	28126	12855	14064	11151
江西	Jiangxi	37	363375	6124	17972	3543
山东	Shandong	145	119169	59348	49527	32417
河南	Henan	327	133251	75036	41784	19744
湖北	Hubei	61	47014	21903	18228	9822
湖南	Hunan	2461	34653	21471	9760	3778
广东	Guangdong	31	95235	27072	26312	6175
广西	Guangxi	83	84985	65902	13857	6955
海南	Hainan	2	5242	4387	270	192
重庆	Chongqing	25	41793	26095	11551	7635
四川	Sichuan	138	126082	84475	36364	16119
贵州	Guizhou	37	30785	17951	7644	4538
云南	Yunnan	27	23471	10860	6870	3030
西藏	Tibet	2	660	591	31	15
陕西	Shaanxi	88	36532	15687	14616	7188
甘肃	Gansu	61	36983	18870	16559	9652
青海	Qinghai	8	710	490	220	62
宁夏	Ningxia	20	6030	3003	1851	1019
新疆	Xinjiang	11	18718	8457	6370	1316

10-5 各地区基层工会开展合理化建议和劳动竞赛活动情况(2014年)
CONDITION OF CARRYING OUT RATIONALIZED PROPOSALS AND LABOR EMULATION IN GRASSROOTS TRADE UNION BY REGION (2014)

地区	Region	本年度职工提出合理化建议件数(件) Rationalized Proposals Put Forward by the Staff and Workers This Year (case)	本年度已实施的合理化建议件数(件) Rationalized Proposals Practiced This Year (case)	本年度开展了劳动竞赛的基层工会(个) Grassroots Trade union Participating in Labor Emulation This Year (unit)	本年度参加劳动竞赛的职工(人次) Person/Time of Staff and Workers Participating in Labor Emulation (person-time)
全国	**National**	**12363265**	**7002744**	**866306**	**101719911**
北京	Beijing	486325	335882	5986	2090832
天津	Tianjin	696852	363855	16445	4174781
河北	Hebei	635470	307411	39968	10397018
山西	Shanxi	776540	186937	17083	3277409
内蒙古	Inner Mongolia	182324	105553	40791	3359104
辽宁	Liaoning	423488	259986	13456	2065597
吉林	Jilin	369805	245514	14963	1457912
黑龙江	Heilongjiang	123326	63142	9829	1344401
上海	Shanghai	1366506	1107545	14270	3044267
江苏	Jiangsu	846701	477901	55246	5776500
浙江	Zhejiang	903750	647312	55954	6811778
安徽	Anhui	367823	161249	74886	4566024
福建	Fujian	236813	108602	29036	2032184
江西	Jiangxi	38336	19201	7578	631261
山东	Shandong	1312969	723348	82524	9378556
河南	Henan	227845	124279	24621	3179825
湖北	Hubei	277156	176173	31701	3554697
湖南	Hunan	230578	121778	94745	5736560
广东	Guangdong	790642	496965	46168	4906811
广西	Guangxi	103765	60977	17955	1790018
海南	Hainan	20010	13776	6086	629880
重庆	Chongqing	498934	330329	23293	3587506
四川	Sichuan	439000	242302	70126	8480956
贵州	Guizhou	97395	50784	19501	1510352
云南	Yunnan	495335	46431	18035	1480539
西藏	Tibet	609	387	66	5430
陕西	Shaanxi	136714	66296	13845	1407288
甘肃	Gansu	168246	105077	8117	967922
青海	Qinghai	11052	6010	3170	410020
宁夏	Ningxia	54607	23535	6058	604361
新疆	Xinjiang	41990	23226	4737	3044142
国家机关	Government Agencies	2318	952	65	15855
中直机关	CCCPC Agencies	41	29	2	125

10-6 各地区基层工会参与调节劳动争议工作情况(2014年)

CONDITION OF GRASSROOTS TRADE UNION PATICIPATING IN MEDIATION LABOR DISPUTE BY REGION (2014)

地区	Region	建立劳动争议调解委员会的基层工会(个) Units with Labor Dispute Mediation Committee (unit)	劳动争议调解委员会委员(人) Member of Labor Dispute Mediation Committee (person)	本年度劳动争议调解委员会受理劳动争议件数(件) Cases Accepted by Labor Dispute Mediation Committee This Year (case)	#集体劳动争议 Collective Labor Dispute	本年度劳动争议调解委员会调解成功劳动争议件数(件) Cases Successfully Madiated by Labor Dispute Mediation Committee This Year (case)	#集体劳动争议 Collective Labor Dispute
全国	**National**	**1026642**	**2886582**	**231709**	**30876**	**120301**	**24555**
北京	Beijing	9310	30636	2197	213	1299	175
天津	Tianjin	15412	72367	31666	2403	21918	2268
河北	Hebei	72859	199351	10969	3216	7116	3001
山西	Shanxi	24091	78879	2974	284	1219	187
内蒙古	Inner Mongolia	39591	107763	4387	1773	1883	1691
辽宁	Liaoning	36518	103346	10624	1456	3221	1264
吉林	Jilin	7393	19254	591	62	270	47
黑龙江	Heilongjiang	15023	37591	1756	131	442	95
上海	Shanghai	29186	94023	3933	52	858	41
江苏	Jiangsu	98139	272482	19494	3098	9779	1248
浙江	Zhejiang	87295	248591	19446	1165	10960	771
安徽	Anhui	19419	60021	3244	165	1509	61
福建	Fujian	28315	75988	3275	285	1655	234
江西	Jiangxi	63107	117917	11347	1582	3336	1135
山东	Shandong	86606	270205	16491	1953	7607	1456
河南	Henan	20487	67131	6664	362	1275	216
湖北	Hubei	29198	93468	6666	354	3614	296
湖南	Hunan	9561	29374	5679	1347	3011	1036
广东	Guangdong	98565	230235	28160	5060	17287	4746
广西	Guangxi	30661	81938	3630	89	317	43
海南	Hainan	2965	15027	687	28	116	15
重庆	Chongqing	12959	46589	4626	444	2695	240
四川	Sichuan	96034	260235	17702	3871	11677	3357
贵州	Guizhou	12627	36608	1514	146	595	134
云南	Yunnan	14334	42345	2434	139	801	89
西藏	Tibet	48	198	30	9	22	9
陕西	Shaanxi	38546	107757	4790	631	2199	285
甘肃	Gansu	10653	30190	2634	267	1549	199
青海	Qinghai	3455	7949	180	9	35	8
宁夏	Ningxia	6773	21536	1562	67	922	46
新疆	Xinjiang	7429	27011	2335	215	1114	162
国家机关	Government Agencies	81	488	18			
中直机关	CCCPC Agencies	2	89	4			

10-7 各地区基层以上工会职业介绍机构情况(2014年)
JOB EXCHANGES ABOVE GRASSROOTS TRADE UNION BY REGION (2014)

地区	Region	工会开办职业介绍机构(个) Number of job Exchanges (unit)	#获得政府有关部门资质认定的机构 Qualificated by Labor and Security Bureau	本年度工会职业介绍机构成功介绍人次数(人次) Placed Jobseekers (person-time)	#农民工 Migrant Workers	#下岗失业人员人次数 Laid-off and Unemployed Persons
全　国	**National**	**5439**	**1131**	**1428903**	**706966**	**378236**
北　京	Beijing	8	6	8335	3678	3747
天　津	Tianjin	19	1	15177	10726	4080
河　北	Hebei	246	191	105293	88328	14033
山　西	Shanxi	111	19	46677	16696	13997
内蒙古	Inner Mongolia	70	17	23858	7690	12060
辽　宁	Liaoning	118	67	64938	20798	33419
吉　林	Jilin	29	13	12927	4362	7192
黑龙江	Heilongjiang	50	27	26018	5522	16669
上　海	Shanghai	6	5	7282	3570	2738
江　苏	Jiangsu	119	44	51790	29860	22279
浙　江	Zhejiang	43	23	19305	12179	5960
安　徽	Anhui	38	24	37760	22559	11761
福　建	Fujian	806	43	39520	25087	3390
江　西	Jiangxi	105	73	14050	6018	4749
山　东	Shandong	97	42	103303	60600	30922
河　南	Henan	86	53	296363	69249	33985
湖　北	Hubei	64	31	56290	31413	20781
湖　南	Hunan	2399	23	69925	25309	15988
广　东	Guangdong	395	135	21090	6498	8445
广　西	Guangxi	357	175	115758	105748	6051
海　南	Hainan	1		1628	202	386
重　庆	Chongqing	19	13	36410	22841	12987
四　川	Sichuan	97	56	119277	69928	45113
贵　州	Guizhou	45	9	52390	27620	20133
云　南	Yunnan	11	6	7636	3862	4325
西　藏	Tibet	1		85	45	26
陕　西	Shaanxi	53	23	51511	14617	13486
甘　肃	Gansu	24	4	11606	6290	4014
青　海	Qinghai	3	1	330	219	107
宁　夏	Ningxia	10	2	6500	3361	2482
新　疆	Xinjiang	9	5	5871	2091	2931

十一、香港资料

MAIN INDICATORS OF HONG KONG

11-1　劳动人口及失业状况
LABOUR FORCE AND UNEMPLOYMENT

项　　目	Item	2008	2009	2010	2011	2012	2013	2014
劳动人口数目（万人）	Labour Force (10 000 persons)	363.7	366.0	363.1	370.3	378.5	385.9	387.6
男	Male	194.4	194.4	193.1	194.3	197.2	199.2	198.8
女	Female	169.3	171.6	170.0	176.0	181.3	186.6	188.8
劳动人口参与率（%）	Labour Force Participation Rate (%)	60.9	60.8	59.6	60.1	60.5	61.2	61.1
就业人口（万人）	Employed Persons (10 000 persons)	350.9	346.8	347.4	357.6	366.1	372.8	374.9
失业人口（万人）	Unemployed Persons (10 000 persons)	12.8	19.3	15.7	12.7	12.4	13.1	12.7
失业率(%)	Unemployment Rate (%)	3.5	5.3	4.3	3.4	3.3	3.4	3.3

注：数字是根据每年1月至12月进行的“综合住户统计调查”结果，以及由政府统计处与跨部门人口分布推算小组共同编制按区议会分区划分年中人口估计数字而编制。
统计数字在编制过程中涉及应用人口数字。2007年至2010年的年度数字已就2011年人口普查的结果而作出了修订。
2011年人口普查的结果提供了一个基准，用作修订自2006年中期人口统计以来编制的人口数字。

a) Figures are compiled based on data collected in the General Household Survey from January to December of the year concerned as well as the mid-year population estimates by District Council district compiled jointly by the Census and Statistics Department and an inter-departmental Working Group on Population Distribution Projections.
Statistics involve the use of the population figures in the compilation process. Annual figures of 2007-2010 have been revised to take into account the results of the 2011 Population Census which provided a benchmark for revising the population figures compiled since the 2006 Population By-census.

11-2 按行业划分的就业人数
EMPLOYED PERSONS BY INDUSTRY

单位：万人 (10 000 persons)

行业 (按香港标准行业分类1.1版分类)	Industry (based on HSIC Version 1.1)	2005	2006	2007
制造业	Manufacturing	22.4	21.7	20.0
建筑业	Construction	26.4	26.9	27.5
批发、零售、进出口贸易、饮食及酒店业	Wholesale, Retail and Import/Export Trades, Restaurants and Hotels	109.4	110.5	114.2
运输、仓库及通讯业	Transport, Storage and Communications	35.7	36.9	37.2
金融、保险、地产及商用服务业	Financing, Insurance, Real Estate and Business Services	50.3	52.6	54.6
社区、社会及个人服务业	Community, Social and Personal Services	87.0	89.2	92.0
其它	Others	2.4	2.3	2.2
总计	**Total**	**333.7**	**340.1**	**347.7**

行业 (按香港标准行业分类2.0版分类)	Industry (based on HSIC Version 2.0)	2008	2009	2010	2011	2012	2013	2014
制造	Manufacturing	16.6	15.0	13.3	13.3	13.4	12.6	13.0
建筑	Construction	26.5	26.2	26.5	27.7	29.1	30.9	30.7
进出口贸易及批发	Import/Export Trade and Wholesale	58.9	56.2	54.7	53.9	56.4	51.5	50.2
零售、住宿①及膳食服务	Retail, Accommodation① and Food Services	55.2	54.5	55.8	57.8	59.1	61.2	63.4
运输、仓库、邮政及速递服务、资讯及通讯	Transportation, Storage, Postal and Courier Services, Information and Communications	43.4	42.3	42.2	43.4	43.4	44.5	44.6
金融、保险、地产、专业及商用服务	Financing, Insurance, Real Estate, Professional and Business Services	63.9	63.7	64.1	67.6	68.7	72.0	73.4
公共行政、社会及个人服务	Public Administration, Social and Personal Services	84.3	86.7	88.5	91.5	93.5	97.8	97.3
其它	Others	2.2	2.1	2.3	2.4	2.4	2.3	2.2
总计	**Total**	**350.9**	**346.8**	**347.4**	**357.6**	**366.1**	**372.8**	**374.9**

注：数字是根据每年1月至12月进行的“综合住户统计调查”结果，以及由政府统计处与跨部门人口分布推算小组共同编制按区议会分区划分年中人口估计数字而编制。
统计数字在编制过程中涉及应用人口数字。2007年至2010年的年度数字已就2011年人口普查的结果而作出了修订。
2011年人口普查的结果提供了一个基准，用作修订自2006年中期人口统计以来编制的人口数字。
由2009年开始，数字是按“香港标准行业分类2.0版”编制，其数列已向前估计至2008年。
①住宿服务包括酒店、宾馆、旅舍及其他提供短期住宿服务的机构单位。

a) Figures are compiled based on data collected in the General Household Survey from January to December of the year concerned as well as the mid-year population estimates by District Council district compiled jointly by the Census and Statistics Department and an inter-departmental Working Group on Population Distribution Projections.
Statistics involve the use of the population figures in the compilation process. Annual figures of 2007-2010 have been revised to take into account the results of the 2011 Population Census which provided a benchmark for revising the population figures compiled since the 2006 Population By-census.
Starting from 2009, figures are compiled based on the Hong Kong Standard Industrial Classification Version 2.0 and the series has been backcasted to 2008.
①Accommodation services cover hotels, guesthouses, boarding houses and other establishments providing short term accommodation.

11-3 按每月就业收入划分的就业人数
EMPLOYED PERSONS BY MONTHLY EMPLOYMENT EARNINGS

单位：万人，另有注明除外 (10 000 persons, unless otherwise specified)

每月就业收入(港元)	Monthly Employment Earnings (HKD)	2010	2011	2012	2013	2014
< 3000	< 3000	11.3	10.1	9.9	11.3	11.4
3000 － 3999	3000 - 3999	27.3	28.2	29.1	28.4	17.6
4000 － 4999	4000 - 4999	8.1	6.8	6.9	8.8	19.4
5000 － 5999	5000 - 5999	11.6	8.5	6.2	6.3	5.7
6000 － 6999	6000 - 6999	20.3	16.5	11.3	9.0	6.9
7000 － 7999	7000 - 7999	23.2	22.2	17.8	14.2	11.6
8000 － 8999	8000 - 8999	27.2	28.9	28.6	22.1	18.1
9000 － 9999	9000 - 9999	21.0	21.3	25.7	24.4	22.3
10000 － 11999	10000 - 11999	35.9	38.2	38.3	40.5	39.2
12000 － 13999	12000 - 13999	29.6	33.0	35.2	36.7	38.9
14000 － 15999	14000 - 15999	25.6	26.0	29.6	31.2	34.0
16000 － 17999	16000 - 17999	8.8	9.8	12.3	15.0	16.0
18000 － 19999	18000 - 19999	9.5	10.1	9.6	11.9	13.6
20000 － 24999	20000 - 24999	27.0	30.1	31.6	33.0	33.9
25000 　29999	25000 - 29999	13.1	14.7	15.4	16.9	18.0
30000 － 34999	30000 - 34999	14.6	17.1	17.0	16.8	17.9
35000 － 39999	35000 - 39999	5.7	6.4	8.0	8.6	9.4
40000 － 44999	40000 - 44999	6.0	6.0	7.5	8.4	8.4
45000 － 49999	45000 - 49999	3.7	3.8	3.7	4.8	5.7
50000 － 59999	50000 - 59999	6.3	6.8	8.9	9.1	9.8
60000 － 79999	60000 - 79999	5.2	5.8	5.6	7.2	7.7
80000 － 99999	80000 - 99999	2.5	2.6	3.0	3.3	3.4
≧ 100000	≧ 100000	4.1	4.8	5.2	5.1	6.0
总　计	Total	347.4	357.6	366.1	372.8	374.9
每月就业收入中位数(港元)	**Median Monthly Earnings (HKD)**	**11000**	**11300**	**12000**	**13000**	**13400**

注：数字是根据每年1月至12月进行的“综合住户统计调查”结果，以及由政府统计处与跨部门人口分布推算小组共同编制按区议会分区划分年中人口估计数字而编制。

a) Figures are compiled based on data collected in the General Household Survey from January to December of the year concerned as well as the mid-year population estimates by District Council district compiled jointly by the Census and Statistics Department and an inter-departmental Working Group on Population Distribution Projections.

11-4 按行业划分督导级(不包括经理级与专业雇员)及以下雇员的工资指数

WAGE INDICES FOR EMPLOYEES UP TO SUPERVISORY LEVEL (MANAGERIAL AND PROFESSIONAL EMPLOYEES ARE NOT INCLUDED) BY INDUSTRY

(1992年9月=100) (September 1992=100)

行业主类	Industry Section	2010	2011	2012	2013	2014
名义工资指数	**Nominal Wage Index**					
制造	Manufacturing	153.7	170.0	172.8	180.9	191.1
进出口贸易、批发及零售	Import/Export, Wholesale and Retail Trades	173.5	188.1	195.1	198.8	204.7
运输	Transportation	153.9	161.8	166.4	173.2	181.7
住宿及餐饮服务活动①	Accommodation and Food Service Activities①	135.8	150.6	163.2	169.4	176.8
金融及保险活动	Financial and Insurance Activities	177.9	190.3	201.8	207.5	215.4
地产租赁及保养管理	Real Estate Leasing and Maintenance Management	167.1	186.6	199.8	219.2	223.6
专业及商业服务	Professional and Business Services	162.0	185.8	192.7	208.3	221.3
个人服务	Personal Services	196.3	222.0	240.7	253.8	271.9
所有选定行业②	All Selected Industries②	163.1	178.3	187.5	195.2	203.3
实际工资指数③	**Real Wage Index③**					
制造	Manufacturing	107.0	112.4	109.6	110.0	108.7
进出口贸易、批发及零售	Import/Export, Wholesale and Retail Trades	120.7	124.3	123.7	120.9	116.5
运输	Transportation	107.1	106.9	105.5	105.3	103.4
住宿及餐饮服务活动①	Accommodation and Food Service Activities①	94.5	99.6	103.5	103.0	100.6
金融及保险活动	Financial and Insurance Activities	123.8	125.8	128.0	126.2	122.5
地产租赁及保养管理	Real Estate Leasing and Maintenance Management	116.3	123.3	126.7	133.2	127.2
专业及商业服务	Professional and Business Services	112.8	122.8	122.2	126.6	125.9
个人服务	Personal Services	136.6	146.7	152.6	154.3	154.6
所有选定行业②	All Selected Industries②	113.5	117.9	118.9	118.7	115.7

注：指有关年度12月份的数字。

①住宿服务包括酒店、宾馆、旅舍及其他提供短期住宿服务的机构单位。

②指“劳工收入统计调查”内工资统计调查所涵盖的所有行业，包括并没有列出其统计数字的电力及燃气供应业、污水处理及废弃物管理业与出版活动业。

③实际工资指数是以名义工资指数扣除以2009/10年为基期的甲类消费价格指数而计算出来。

a) Figures refer to December of the year.

①Accommodation services cover hotels, guesthouses, boarding houses and other establishments providing short term accommodation.

②Figures refer to all industries covered by the wage enquiry of the Labour Earnings Survey, including the electricity and gas supply industry, sewerage and waste management activities industry and publishing activities industry, the statistics of which are not separately shown.

③The Real Wage Indices are derived by deflating the Nominal Wage Indices by the 2009/10-based Consumer Price Index (A).

11-5 消费价格指数（2009年10月-2010年9月=100）
CONSUMER PRICE INDICES (OCT. 2009 - SEP. 2010=100)

项　目	Item	权数 Weight	2010	2011	2012	2013	2014
综合消费价格指数	**Composite Consumer Price Index**						
总指数	**All Items**	**100.00**	**100.7**	**106.0**	**110.3**	**115.1**	**120.2**
食品	Food	27.45	100.9	108.0	114.2	119.3	124.2
外出用膳	Meals Bought away from Home	(17.07)	100.6	105.9	111.6	116.5	121.8
食品(不包括外出用膳)	Food(Excluding Meals Bought away from Home)	(10.38)	101.4	111.4	118.6	123.8	128.1
住屋①	Housing①	31.66	100.6	107.8	113.9	121.5	129.6
私人房屋租金	Private Housing Rent	(27.14)	100.5	107.7	115.1	122.3	129.6
公营房屋租金	Public Housing Rent	(2.05)	101.3	113.4	105.3	122.1	144.5
电力、燃气及水	Electricity, Gas and Water	3.10	103.6	99.2	91.1	97.3	111.9
烟酒	Alcoholic Drinks and Tobacco	0.59	100.1	117.2	120.7	122.5	130.5
衣履	Clothing and Footwear	3.45	100.5	107.3	110.6	112.4	113.4
耐用物品	Durable Goods	5.27	98.7	95.0	93.7	89.7	86.6
杂项物品	Miscellaneous Goods	4.17	100.6	104.4	106.7	109.1	111.6
交通	Transport	8.44	100.8	105.2	108.3	110.8	113.0
杂项服务②	Miscellaneous Services②	15.87	100.7	104.2	107.1	111.1	114.4
教育服务	Educational Services	(4.37)	100.5	103.0	105.8	109.8	114.1
资讯及通讯服务	Information and Communications Services	(2.40)	100.4	97.9	95.2	95.1	97.7
医疗服务	Medical Services	(2.74)	100.7	104.5	107.6	111.1	114.4

注：2009年10月起的消费价格指数是根据2009/10年住户开支统计调查所得的开支权数编制。
①除“私人房屋租金”及“公营房屋租金”外，“住屋”类别还包括“管理费及其他住屋杂费”和“保养住所材料”。
②“杂项服务”类别包括“教育服务”、“资讯及通讯服务”、“医疗服务”及其他杂项服务。

a) The CPIs from October 2009 onwards are compiled based on expenditure weights obtained from the 2009/10 Household Expenditure Survey.
①Apart from "Private Housing Rent" and "Public Housing Rent", the "Housing" section also includes "Management Fees and Other Housing Charges" and "Materials for House Maintenance".
②"Miscellaneous Services" section includes "Educational Services", "Information and Communications Services", "Medical Services" and other miscellaneous services.

十二、澳门资料

MAIN INDICATORS OF MACAO

12-1 经济活动人口及失业状况
LABOUR FORCE AND UNEMPLOYMENT

项目	Item	2008	2009	2010	2011	2012	2013	2014
劳动人口（万人）	Labour Force (10 000 persons)	32.7	32.3	32.4	33.6	35.0	36.8	39.5
男	Male	17.3	16.6	16.5	17.1	18.1	18.9	20.7
女	Female	15.4	15.7	15.9	16.5	16.9	17.9	18.7
就业人口（万人）	Employed Population (10 000 persons)	31.7	31.2	31.5	32.8	34.3	36.1	38.8
失业人口（万人）	Unemployed Population (10 000 persons)	1.0	1.1	0.9	0.9	0.7	0.7	0.7
失业率（%）	Unemployment Rate (%)	3.0	3.5	2.8	2.6	2.0	1.8	1.7

12-2 按行业划分的就业人口
EMPLOYED POPULATION BY INDUSTRY

单位：万人 (10 000 persons)

行业	Industry	2009	2010	2011	2012	2013	2014
总数	Total	**31.19**	**31.48**	**32.76**	**34.32**	**36.10**	**38.81**
制造业	Manufacturing	1.64	1.52	1.28	1.03	0.90	0.74
水电及气体生产供应业	Electricity, Gas & Water Supply	0.09	0.09	0.13	0.15	0.15	0.11
建筑业	Construction	3.18	2.71	2.82	3.23	3.53	5.25
批发及零售业	Wholesale & Retail Trades	4.08	4.14	4.34	4.23	4.47	4.52
酒店及饮食业	Hotels, Restaurants & Similar Activities	4.32	4.28	4.61	5.30	5.43	5.48
运输、仓储及通信业	Transport, Storage & Communications	1.62	1.82	1.60	1.60	1.59	1.92
金融业	Financial Intermediation	0.73	0.73	0.81	0.82	0.93	1.07
不动产及工商服务业	Real Estate & Business Activities	2.53	2.75	2.80	2.43	2.76	3.04
公共行政及社保事务	Public Administration & Social Security	1.97	2.14	2.30	2.51	2.57	2.55
教育	Education	1.18	1.15	1.23	1.31	1.43	1.48
医疗卫生及社会福利	Health & Social Welfare	0.75	0.81	0.85	0.86	0.91	1.01
文娱博彩及其他服务业	Recreational, Cultural, Gaming & Other Services	7.37	7.54	8.20	8.95	9.34	9.40
家务工作	Domestic Work	1.60	1.74	1.68	1.80	2.03	2.19
其他及不详	Others and Unknown	0.12	0.07	0.10	0.09	0.06	0.07

12-3 按行业划分的月工作收入中位数
MEDIAN MONTHLY EMPLOYMENT EARNINGS BY INDUSTRY

单位：澳门元 (MOP)

行业	Occupation	2010	2011	2012	2013	2014
总数	**Total**	**9000**	**10000**	**11300**	**12000**	**13300**
制造业	Manufacturing	5700	6500	7500	8500	9000
水电及气体生产供应业	Electricity, Gas & Water Supply	16000	17500	16000	18000	21000
建筑业	Construction	9500	10100	11700	12000	13000
批发及零售业	Wholesale & Retail Trade	7500	8000	9000	10000	10000
酒店及饮食业	Hotels, Restaurants & Similar Activities	7000	7500	8300	8800	10000
运输、仓储及通信业	Transport, Storage & Communications	8500	10000	11000	12300	13000
金融业	Financial Intermediation	13000	12000	14000	16000	17000
不动产及工商服务业	Real Estate & Business Activities	6500	7000	8000	9000	9500
公共行政及社保事务	Public Administration & Social Security	19500	20700	25000	27200	30000
教育	Education	14000	15000	16000	19000	20000
医疗卫生及社会福利	Health & Social Welfare	10000	12000	15000	18200	16000
文娱博彩及其他服务业	Recreational, Cultural, Gaming & Other Services	12000	13000	14500	15300	17000
家务工作	Domestic Work	2900	3000	3100	3400	3500

12-4 消费物价指数
CONSUMER PRICE INDEX

2013年10月至2014年9月=100 (10/2013-09/2014=100)

项目	Items	权数 Weight	2010	2011	2012	2013	2014
综合消费价格指数	**Composite Consumer Price Index**						
总指数	**Global Index**	**100.00**	**80.50**	**85.17**	**90.37**	**95.35**	**101.11**
食品及非酒精饮料	Food and Non-alcoholic Beverages	**28.97**	**76.19**	**82.39**	**89.41**	**95.34**	**101.16**
烟酒	Alcoholic Beverages and Tobacco	0.92	70.00	70.83	92.29	97.43	100.56
服装、鞋	Clothing and Footwear	6.46	87.75	93.66	96.71	98.67	100.55
住房及燃料	Housing and Fuels	26.70	75.02	77.60	82.85	91.09	101.95
家居设备及用品	Household Goods and Furnishings	3.29	81.46	85.16	91.00	96.00	100.53
医疗	Health	3.06	80.78	85.69	90.67	96.55	101.03
交通	Transport	10.96	86.76	94.34	96.82	98.76	100.75
通讯	Communications	2.53	119.65	106.88	102.42	100.07	99.76
康乐及文化	Recreation and Culture	4.79	85.89	90.31	92.61	96.81	100.98
教育	Education	2.91	95.94	97.40	97.63	96.26	98.51
其他商品及服务	Miscellaneous Goods and Services	9.41	82.66	90.15	95.38	97.34	100.72

十三、台湾资料

MAIN INDICATORS OF TAIWAN

13-1 劳动力和就业状况
LABOUR FORCE AND EMPLOYMENT

项　　目	Item	2008	2009	2010	2011	2012	2013	2014
劳动力人口（万人）	Labour Force (10 000 persons)	1085.3	1091.7	1107.0	1120.0	1134.1	1144.5	1153.5
男	Male	617.3	618.0	624.2	630.4	636.9	640.2	644.1
女	Female	468.0	473.7	482.8	489.6	497.2	504.3	509.4
就业人数（万人）	Employment (10 000 persons)	1040.3	1027.9	1049.3	1070.9	1086.0	1096.7	1107.9
男	Male	590.2	577.6	588.0	600.6	608.3	611.6	616.6
女	Female	450.1	450.2	461.3	470.2	477.7	485.1	491.3
就业者行业构成（%）	Distribution of Employment by Industry (%)	100.0	100.0	100.0	100.0	100.0	100.0	100.0
农、林、渔、牧业	Agriculture, Forestry, Fishery and Animal Husbandry	5.1	5.3	5.2	5.1	5.0	5.0	5.0
工业	Industry	36.8	35.8	35.9	36.3	36.2	36.2	36.2
矿业及土石采取业	Mining and Quarrying	0.06	0.05	0.04	0.04	0.04	0.04	0.04
制造业	Manufacturing	27.7	27.1	27.3	27.5	27.4	27.2	27.1
电力及燃气供应业	Electricity, Gas	0.3	0.3	0.3	0.3	0.3	0.3	0.3
用水供应及污染整治业	Water Supply and Pollution Management	0.7	0.7	0.7	0.7	0.8	0.8	0.7
建筑业	Construction	8.1	7.7	7.6	7.8	7.8	7.9	8.0
服务业	Services	58.0	58.9	58.8	58.6	58.8	58.9	58.8
批发及零售业	Wholesale and Retail Trades	17.0	16.9	16.6	16.5	16.6	16.6	16.5
运输及仓储业	Transport, Storage, Communications	4.0	3.9	3.9	3.8	3.8	3.9	3.9
金融及保险业	Finance, Insurance	4.0	4.0	4.1	4.0	3.9	3.8	3.8
咨讯及通讯传播	Information and Communication	2.0	2.0	2.0	2.0	2.1	2.1	2.2
住宿及餐饮业	Hotels and Restaurants	6.6	6.7	6.9	6.8	6.9	7.1	7.2
教育服务业	Education	5.8	6.0	5.9	5.9	5.8	5.8	5.8
公共行政	Public Administration	3.3	3.7	3.7	3.6	3.5	3.5	3.4
失业人数（万人）	Unemployment (10 000 persons)	45.0	63.9	57.7	49.1	48.1	47.8	45.7
失业率（%）	Unemployment Rate (%)	4.1	5.9	5.2	4.4	4.2	4.2	4.0

13-2 居民消费价格分类指数
CONSUMER PRICE INDICES

2011年=100 (2011=100)

年 份 Year	总指数 General Index	食品 Food	服装 Clothing	居住 Housing	交通&通讯 Transportation &Communications	医药保健 Medicines and Medical Care	教育娱乐 Education and Entertainment	杂项 Miscellaneous
2006	93.5	87.4	92.8	96.6	96.0	91.3	99.4	90.1
2007	95.2	89.9	95.4	97.5	97.7	94.9	100.0	91.7
2008	98.5	97.6	96.3	99.0	99.9	97.0	101.3	93.3
2009	97.7	97.2	95.6	98.7	95.9	97.6	99.5	95.8
2010	98.6	97.8	97.2	99.2	98.6	98.2	99.5	98.6
2011	100.0	100.0	100.0	100.0	100.0	100.0	100.0	100.0
2012	101.9	104.2	102.5	101.1	100.4	100.9	100.7	102.3
2013	102.7	105.5	102.3	102.1	100.9	102.1	101.0	102.7
2014	103.9	109.4	103.6	102.9	99.7	102.7	100.9	104.3

附录一、国外有关资料

MAIN INDICATORS OF OTHER COUNTRIES

附录1-1 全部就业人数
A1-1 EMPLOYMENT

单位：千人 (1000 persons)

国 别	Country	2009	2010	2011	2012	2013	2014
阿根廷	Argentina	10337.9	10531.9	10765.7	10843.6	10942.8	11047.2
澳大利亚	Australia	10805.6	11022.2	11215.0	11347.2	11465.3	11562.8
加拿大	Canada	16727.6	16964.3	17221.0	17438.0	17691.1	17802.2
埃及	Egypt	22975.4	23828.9	23345.8	23595.7	23973.6	
法国	France	25633.6	25690.4	25751.3	25749.0	25749.4	25769.4
德国	Germany	38471.1	38737.8	38787.2	39126.5	39531.4	39879.1
匈牙利	Hungary	3747.7	3732.4	3759.0	3827.2	3892.8	4100.8
印度尼西亚	Indonesia	104870.7	108207.8	109670.4	110808.2	112761.1	116400.0
意大利	Italy	22698.7	22526.9	22598.2	22566.0	22190.5	22278.9
日本	Japan	62820.0	62570.0	62890.0	62700.0	63110.0	63505.8
韩国	Korea, Republic of	23505.6	23828.8	24244.2	24680.7	25066.4	25599.5
马来西亚	Malaysia	10897.3	11776.8	12284.4	12723.2	13210.0	13532.1
墨西哥	Mexico	43678.1	45600.0	46891.6	49003.4	49275.1	49415.4
荷兰	Netherlands	8596.1	8370.2	8368.7	8424.2	8364.8	8318.1
新西兰	New Zealand	2164.4	2180.3	2215.4	2216.1	2262.3	2341.9
挪威	Norway	2499.5	2500.8	2535.5	2585.4	2601.6	2626.6
菲律宾	Philippines	35062.0	36035.0	37192.0	37600.0	37917.0	38093.5
葡萄牙	Portugal	4968.6	4898.4	4740.1	4546.9	4429.4	4499.5
罗马尼亚	Romania	9243.5	8712.8	8528.2	8605.1	8549.1	8613.7
俄罗斯	Russian Federation	69284.9	69803.6	70856.6	71545.4	71391.5	
瑞典	Sweden	4499.3	4523.7	4625.9	4657.1	4704.5	4772.1
泰国	Thailand	37706.3	38037.3	39317.2	39578.3	39112.4	38077.4
英国	United Kingdom	29058.7	29125.0	29282.1	29596.2	29952.5	30641.8
美国	United States	139877.0	139064.0	139869.0	142469.0	143929.0	146305.0

注：1)资料来源:国际劳工组织劳动统计数据库(下同)。
a)Date resources:ILO Labour Statistics Database (same as below).

附录1-2　按三次产业分就业人员构成
A1-2 EMPLOYMENT BY TYPE OF INDUSTRY

单位：%　　(%)

国　别	Country	第一产业 2005	第一产业 2013	第二产业 2005	第二产业 2013	第三产业 2005	第三产业 2013
孟加拉国	Bangladesh	48.1		14.5		37.4	
柬埔寨	Cambodia		51.0		18.6		30.4
印　度	India	55.8	47.2②	19.0	24.7②	25.2	28.1②
印度尼西亚	Indonesia	44	35.1②	18.7	21.7②	37.2	43.2②
伊　朗	Iran	24.7		30.3		44.8	
以色列	Israel	2		21.4		75.7	
日　本	Japan	4.4		27.9		66.4	
哈萨克斯坦	Kazakhstan	32.4	25.5②	18.0	19.4②	49.6	55.1②
韩　国	Korea, Rep.	7.9		26.8		65.2	
马来西亚	Malaysia	14.6	12.6②	29.7	28.4②	55.6	59.0②
蒙　古	Mongolia	39.9	32.6①	16.8	17.3①	43.3	49.6①
巴基斯坦	Pakistan	43	43.7	20.3	21.5	36.6	33.2
菲律宾	Philippines	36	32.2②	15.6	15.4②	48.5	52.5②
新加坡	Singapore	1.1		21.7		77.3	
斯里兰卡	Sri Lanka	30.7	39.4②	25.6	17.7②	38.4	41.5②
泰　国	Thailand	42.6	39.6②	20.2	20.9②	37.1	39.4②
越　南	Viet Nam		47.4		21.1		31.5
埃　及	Egypt	30.9	29.2①	21.5	23.5①	47.5	47.1①
南　非	South Africa	7.5	4.6①	25.6	24.3①	66.6	62.7①
加拿大	Canada	2.7		22.0		75.3	
墨西哥	Mexico	14.9	13.4①	25.5	24.1①	59.0	61.9①
美　国	United States	1.6		20.6		77.8	
阿根廷	Argentina	1.1	0.6②	23.5	23.4②	75.1	75.3②
巴　西	Brazil	20.5	15.3①	21.4	21.9①	57.9	62.7①
委内瑞拉	Venezuela	9.7	7.7②	20.8	21.2②	68.7	70.7②
捷　克	Czech Rep.	4	3.1②	39.5	38.1②	56.5	58.8②
法　国	France	3.6	2.9②	23.7	21.7②	72.3	74.9②
德　国	Germany	2.4	1.5②	29.8	28.2②	67.8	70.2②
意大利	Italy	4.2	3.7②	30.8	27.8②	65.0	68.5②
荷　兰	Netherlands	3.2	2.5①	19.6	15.3①	72.4	71.5①
波　兰	Poland	17.4	12.6②	29.2	30.4②	53.4	57.0②
俄罗斯	Russia	10.2		29.8		60.0	
西班牙	Spain	5.3	4.4②	29.7	20.7②	65.0	74.9②
土耳其	Turkey	29.5	23.6②	24.8	26.0②	45.8	50.4②
乌克兰	Ukraine	19.4	17.2②	24.2	20.7②	56.4	62.1②
英　国	United Kingdom	1.3	1.2②	22.2	18.9②	76.3	78.9②
澳大利亚	Australia	3.6		21.3		75.1	
新西兰	New Zealand	7.1		22.0		70.7	

1)资料来源：世界银行数据库。
2)①2011年数据。②2012年数据。
a)Source: World Bank Database.
b)①Data refer to 2011.②Data refer to 2012.

附录1-3 失业人数
A1-5 UNEMPLOYMENT

单位：千人 (1000 persons)

国　别	Country	2009	2010	2011	2012	2013	2014
阿根廷	Argentina	1033.4	880.3	832.7	843.4	836.3	865.8
澳大利亚	Australia	636.2	606.0	600.3	624.9	687.0	746.9
加拿大	Canada	1522.8	1486.3	1398.5	1371.6	1346.7	1322.3
埃及	Egypt	2378.0	2350.8	3183.3	3424.7	3648.9	
法国	France	2573.1	2626.8	2599.1	2806.6	2815.6	2819.1
德国	Germany	3228.2	2945.5	2398.8	2224.4	2181.8	2089.7
匈牙利	Hungary	417.8	469.4	466.0	473.2	441.0	343.3
印度尼西亚	Indonesia	8962.6	8319.8	7700.1	7245.0	7410.9	7244.9
意大利	Italy	1906.6	2055.7	2061.3	2691.0	3068.7	3236.0
日本	Japan	3360.0	3340.0	3020.0	2850.0	2650.0	2359.2
韩国	Korea, Republic of	888.7	919.6	854.7	819.9	806.9	936.5
马来西亚	Malaysia	418.0	395.8	391.4	396.3	424.6	399.5
墨西哥	Mexico	2521.3	2572.3	2590.5	2473.8	2598.7	2508.6
荷兰	Netherlands	303.7	389.9	388.6	468.5	600.1	609.0
新西兰	New Zealand	141.4	152.2	154.6	164.5	149.4	140.5
挪威	Norway	80.0	91.3	84.2	83.3	92.2	94.8
菲律宾	Philippines	2831.0	2859.0	2813.0	2826.0	2905.0	2788.5
葡萄牙	Portugal	517.4	591.2	688.2	835.7	855.2	726.0
罗马尼亚	Romania	680.7	651.7	659.4	627.2	653.0	628.7
俄罗斯	Russian Federation	6372.8	5636.3	4922.4	4130.7	4137.4	
瑞典	Sweden	410.0	426.2	391.6	403.6	412.0	412.4
泰国	Thailand	572.3	402.2	262.4	230.8	305.6	322.7
英国	United Kingdom	2368.8	2459.4	2559.2	2534.0	2440.5	1995.5
美国	United States	14265.0	14825.0	13747.0	12506.0	11460.0	9617.0

附录1-4 失业率
A1-4 UNEMPLOYMENT RATE

单位：% (%)

国 别	Country	2009	2010	2011	2012	2013	2014
阿根廷	Argentina	9.1	7.7	7.2	7.2	7.1	7.3
澳大利亚	Australia	5.6	5.2	5.1	5.2	5.7	6.1
加拿大	Canada	8.3	8.1	7.5	7.3	7.1	6.9
埃 及	Egypt	9.4	9.0	12.0	12.7	13.2	
法 国	France	9.1	9.3	9.2	9.8	9.9	9.9
德 国	Germany	7.7	7.1	5.8	5.4	5.2	5.0
匈牙利	Hungary	10.0	11.2	11.0	11.0	10.2	7.7
印度尼西亚	Indonesia	7.9	7.1	6.6	6.1	6.2	5.9
意大利	Italy	7.7	8.4	8.4	10.7	12.1	12.7
日 本	Japan	5.1	5.1	4.6	4.3	4.0	3.6
韩 国	Korea, Republic of	3.6	3.7	3.4	3.2	3.2	3.5
马来西亚	Malaysia	3.7	3.3	3.1	3.0	3.1	2.9
墨西哥	Mexico	5.5	5.3	5.2	4.8	5.0	4.8
荷 兰	Netherlands	3.4	4.5	4.4	5.3	6.7	6.8
新西兰	New Zealand	6.1	6.5	6.5	6.9	6.2	5.7
挪 威	Norway	3.1	3.5	3.2	3.1	3.4	3.5
菲律宾	Philippines	7.5	7.3	7.0	7.0	7.1	6.8
葡萄牙	Portugal	9.4	10.8	12.7	15.5	16.2	13.9
罗马尼亚	Romania	6.9	7.0	7.2	6.8	7.1	6.8
俄罗斯	Russian Federation	8.4	7.5	6.5	5.5	5.5	
瑞 典	Sweden	8.4	8.6	7.8	8.0	8.1	8.0
泰 国	Thailand	1.5	1.0	0.7	0.6	0.8	0.8
英 国	United Kingdom	7.5	7.8	8.0	7.9	7.5	6.1
美 国	United States	9.2	9.6	9.0	8.1	7.4	6.2

附录1-5 消费价格指数

A1-5 CONSUMER PRICE INDICES

资料来源：国际货币基金组织数据库。
Source: IFS Database.

(2010年=100) (2010=100)

国家或地区	Country or Area	2005	2009	2011	2012	2013	2014
中　国①	China①			105.4	108.1	111.0	113.2
中国香港	Hong Kong,China	89.5	97.7	105.3	109.5	114.3	119.4
中国澳门	Macao,China	79.7	97.3	105.8	112.3	118.4	125.6
孟加拉国	Bangladesh	69.2	92.5	110.7	117.6	126.4	135.3
文　莱	Brunei Darussalam	95.5	99.6	102.0	102.5	102.9	102.7
柬 埔 寨	Cambodia	67.8	96.2	105.5	108.6	111.8	116.1
印　度	India	65.8	89.3	108.9	119.0	132.0	140.4
印度尼西亚	Indonesia	68.7	95.1	105.4	109.9	116.9	124.4
伊　朗	Iran	48.6	90.8	120.6	153.6	214.0	250.8
以 色 列	Israel	87.8	97.4	103.5	105.2	106.8	107.3
日　本	Japan	100.4	100.7	99.7	99.7	100.0	102.8
韩　国	Korea, Rep.	86.1	97.1	104.0	106.3	107.7	109.0
老　挝	Laos	78.5	94.4	107.6	112.2	119.3	124.2
马来西亚	Malaysia	87.7	98.3	103.2	104.9	107.1	110.5
蒙　古	Mongolia	59.6	90.8	109.5	125.9	137.5	154.5
缅　甸	Myanmar	44.5	92.8	105.0	106.6	112.4	118.6
巴基斯坦	Pakistan	55.3	87.8	111.9	122.8	132.2	141.7
菲 律 宾	Philippines	78.7	96.3	104.6	108.0	111.2	115.8
新 加 坡	Singapore	88.0	97.3	105.3	110.0	112.6	113.8
斯里兰卡	Sri Lanka	58.3	94.1	106.7	114.8	122.7	126.7
泰　国	Thailand	86.6	96.8	103.8	106.9	109.3	111.4
埃　及	Egypt	57.8	89.9	110.1	117.9	129.1	142.1
尼日利亚	Nigeria	61.9	87.9	110.8	124.4	134.9	145.8
南　非	South Africa	71.6	95.9	105.3	111.0	117.3	124.4
加 拿 大	Canada	91.9	98.3	102.9	104.5	105.5	107.5
墨 西 哥	Mexico	80.5	96.0	103.4	107.7	111.8	116.3
美　国	United States	89.6	98.4	103.2	105.3	106.8	108.6
巴　西	Brazil	79.6	95.2	106.6	112.4	119.4	126.9
捷　克	Czech Rep.	87.0	98.6	101.9	105.3	106.8	107.2
法　国	France	92.7	98.5	102.1	104.1	105.0	105.6
德　国	Germany	92.5	98.9	102.1	104.1	105.7	106.7
意 大 利	Italy	91.0	98.5	102.7	105.9	107.2	107.4
荷　兰	Netherlands	92.6	98.7	102.3	104.9	107.5	108.5
波　兰	Poland	86.8	97.4	104.2	108.1	109.4	109.2
俄 罗 斯	Russia	61.4	93.6	108.4	113.9	121.6	131.2
西 班 牙	Spain	89.0	98.2	103.2	105.7	107.2	107.1
土 耳 其	Turkey	65.9	92.1	106.5	115.9	124.6	135.7
乌 克 兰	Ukraine	51.2	91.4	108.0	108.6	108.3	121.5
英　国	United Kingdom	87.3	96.8	104.5	107.4	110.2	111.8
澳大利亚	Australia	86.4	97.2	103.4	105.2	107.8	110.4
新 西 兰	New Zealand	87.0	97.7	104.4	105.4	106.3	107.6

注：①根据《中国统计年鉴》数据计算得出。
Note: ①Calculating with data from China Statiatical Yearbook.

附录二、主要统计指标解释

EXPLANATORY NOTES ON MAIN STATISTICAL INDICATORS

主要统计指标解释

就业人员 指在一定年龄以上，有劳动能力，为取得劳动报酬或经营收入而从事一定社会劳动的人员。具体指年满16周岁，为取得报酬或经营利润，在调查周内从事了1小时（含1小时）以上的劳动或由于学习、休假等原因在调查周内暂时处于未工作状态，但有工作单位或场所的人口。包括：（1）职工；（2）再就业的离退休人员；（3）私营业主；（4）个体户主；（5）私营企业和个体就业人员；（6）乡镇企业就业人员；（7）农村就业人员；（8）其他就业人员（包括现役军人）。

单位就业人员 指在各级国家机关、政党机关、社会团体及企业、事业单位中工作，取得工资或其他形式劳动报酬的全部人员。包括：在岗职工、再就业的离退休人员、民办教师以及在各单位中工作的外方人员和港澳台方人员、兼职人员、借用的外单位人员和第二职业者。不包括离开本单位仍保留劳动关系的职工。

在岗职工 指在本单位工作并由单位支付工资的人员，以及有工作岗位，但由于学习、病伤产假等原因暂未工作仍由单位支付工资的人员。

其他就业人员 各单位其他就业人员是指劳动统计制度规定不作职工统计，但实际参加各单位生产或工作并取得劳动报酬的人员。包括：再就业的离退休人员、民办教师以及在各单位中工作的外方人员和港、澳、台方人员。但不包括在各单位中工作并领取劳动报酬的在校学生。单位其他就业人员与在岗职工之和为该单位全部单位就业人员。

年末人数 指年末最后一天的实有人数。

国有单位 指资产归国家所有的经济组织。包括按《中华人民共和国企业法人登记管理条例》规定登记注册的非公司制的经济组织，以及中央、地方各级国家机关、事业单位和社会团体。

集体单位 指生产资料归集体所有，并按《中华人民共和国企业法人登记管理条例》规定登记注册的经济组织。

其他单位 包括股份合作单位、联营单位、有限责任公司、股份有限公司、港澳台商投资单位以及外商投资单位等其他登记注册类型单位。

使用的农村劳动力 指户粮关系在农村的职工。

第一产业 指农业（包括林、牧、渔业等）。

第二产业 指采矿业、制造业、电力、热力、燃气及水生产和供应业、建筑业。

第三产业 指上述第一、第二产业以外的其他行业。

企业 指从事商品生产、流通、经营和服务性经济活动，以营利为目的并在工商行政管理部门登记的独立核算单位。包括：农业企业，工业企业，建筑企业，交通运输和邮电通讯企业，商业企业，公共饮食企业，物资供销和仓储企业，房地产企业、居民服务企业和市内公共交通企业、文化企业，金融、保险企业（不包括中国人民银行总行），其他企业。

事业 指从事为生产和生活服务以及提高人民科学、文化水平和素质服务的独立核算单位。包括：农、林、牧、渔、水利事业，地质普查和勘探事业，勘察、建筑设计事业，交通运输事业，房地产管理、公用事业和咨询服务事业，卫生、体育和社会福利事业，教育、文化艺术和广播电影电视事业，科学研究和综合技术服务事业，其他事业。

机关 指具有代表国家权力和行使国家行政、检察、审判职能，组织协调社会、政治、经济、科技等活动的独立核算单位。包括：国家机关，政党机关和社会团体。

城镇单位就业人员工资总额 指各单位在一定时期内直接支付给本单位全部就业人员的劳动报酬总

额。包括职工工资总额和其他就业人员工资总额。

工资总额 指各单位在一定时期内直接支付给本单位全部就业人员的劳动报酬总额。工资总额的计算应以直接支付给就业人员的全部劳动报酬为根据。各单位支付给就业人员的劳动报酬以及其他根据有关规定支付的工资，不论是计入成本的还是不计入成本的，不论是以货币形式支付的还是以实物形式支付的，均应列入工资总额的计算范围。工资总额包括计时工资、计件工资、奖金、津贴和补贴、加班加点工资、特殊情况下支付的工资。

其他就业人员工资总额 指各单位在一定时期内直接支付给本单位其他就业人员的全部劳动报酬。

平均工资 指企业、事业、机关等单位的就业人员在一定时期内平均每人所得的货币工资额。

计算公式为：

$$\text{平均工资}=\frac{\text{报告期实际支付的全部就业人员工资总额}}{\text{报告期全部就业人员平均人数}}$$

平均实际工资 指扣除物价变动因素后的就业人员平均工资。计算公式为：

$$\text{平均实际工资}=\frac{\text{报告期就业人员平均工资}}{\text{报告期城市居民消费价格指数}}$$

城镇失业人员 指城镇常住人口中一定年龄以上，有劳动能力，在调查期间无工作，当前有就业可能并以某种方式寻找工作的人员。在城镇劳动力调查中对城镇16岁及以上，具有劳动能力并同时符合以下各项条件的人员列为失业人员：

（1）在调查周内未从事为取得劳动报酬或经营利润的劳动，也没有处于就业定义中的暂时未工作状态；

（2）在某一特定期间内采取了某种方式寻找工作；

（3）当前如有工作机会可以在一个特定期间内应聘就业或从事自营职业。

城镇登记失业人员 是指有非农业户口，在劳动年龄(16周岁至退休年龄)内，有劳动能力，无业而要求就业，并在当地就业服务机构进行求职登记的人员。不包括：(1)正在就读的学生和等待就学的人员；(2)已经达到国家规定的退休年龄或虽未达到国家规定的退休年龄但已经办理了退休(含离休)、退职手续的人员；(3)其他不符合失业定义的人员。

城镇失业率 指城镇失业人数同城镇就业人数、城镇失业人数之和的比。计算公式为：

$$\text{城镇失业率}=\frac{\text{城镇失业人数}}{\text{城镇就业人数}+\text{城镇失业人数}}\times 100\%$$

城镇登记失业率 城镇登记失业人员与城镇单位就业人员（扣除使用的农村劳动力、聘用的离退休人员、港澳台及外方人员）、城镇单位中的不在岗职工、城镇私营业主、个体户主、城镇私营企业和个体就业人员、城镇登记失业人员之和的比。计算公式为：

$$\text{城镇登记失业率}=\frac{\text{城镇登记失业人数}}{\begin{array}{l}\text{(城镇单位就业人员}-\text{使用的农村劳动力}-\text{聘用的离退休}\\\text{人员}-\text{聘用的港澳台及外方人员)}+\text{不在岗职工}+\text{城镇}\\\text{私营业主}+\text{城镇个体户主}+\text{城镇私营企业及个体就业人}\\\text{员}+\text{城镇登记失业人数}\end{array}}\times 100\%$$

城镇职工基本养老保险

1.参保职工人数 指报告期末按照国家法律、法规和有关政策规定参加基本养老保险并在社保经办机构已建立缴费记录档案的职工人数，包括中断缴费但未终止养老保险关系的职工人数，不包括只登记未建立缴费记录档案的人数。

2.离退休人员人数 指报告期末参加基本养老保险的离休、退休和退职人员的人数。

3.基金收入 指根据国家有关规定，由纳入基本养老保险范围的缴费单位和个人按国家规定的缴费基数和缴费比例缴纳的养老保险基金，以及通过其他方式取得的形成基金来源的收入。包括单位和职工个人缴纳的基本养老保险费、基本养老保险基金利息收入、上级补助收入、下级上解收入、转移收入、财政补贴和其他收入。

4 基金支出 指按照国家政策规定的开支范围和开支标准从养老保险基金中支付给参加基本养老保险的个人的养老金、丧葬抚恤补助，以及由于保险关系转移、上下级之间调剂资金等原因而发生的支出。包括离休金、退休金、退职金、各种补贴、医疗费、死亡丧葬补助费、抚恤救济费、社会保险经办机构管理费、补助下级支出、上解上级支出、转移支出、其他支出等。

5. 基金累计结余 指截止报告期末基本养老保险基金收支相抵后的累计余额。

城乡居民基本养老保险

1. 参保人数 指报告期末，参加城乡居民养老保险（在经办机构参保登记并已建立缴费记录以及制度实施当年已经年满 60 周岁并在经办机构参保登记）的总人数（不包括已经办理注销登记手续的人数）。

2. 达到领取待遇年龄参保人数 指报告期末，实际参保人员中已经通过城乡居民养老保险待遇核定的已经年满 60 周岁的人数。

3. 基金收入 指根据国家有关规定，由参加城乡居民基本养老保险的个人按规定缴费的城乡居民基本养老保险基金，以及通过集体补助、财政补助等其他方式取得的形成基金来源的收入。包括个人缴费收入、集体补助收入、政府补贴收入、利息收入、转移收入、上级补助收入、下级上解收入和其他收入。

4. 基金支出 指按照国家政策规定的开支范围和开支标准从城乡居民基本养老保险基金中支付给参加城乡居民基本养老保险的个人养老金待遇支出，以及由于参保人员跨统筹地区流动而发生的支出等。包括养老金待遇支出、转移支出、补助下级支出、上解上级支出、其他支出。

5. 基金累计结余 指截止报告期末城乡居民基本养老保险基金收支相抵后的累计余额。

基本医疗保险

1. 参保人数 指报告期末按国家有关规定参加相应基本医疗保险的人数。

2. 基金收入 指由用人单位和个人按照国家规定的缴费基数、缴费比例或缴费标准缴纳的基本医疗保险基金，财政补助资金以及通过其他方式取得的形成基金来源的款项，包括：单位缴纳收入、个人缴纳收入、财政补助收入（含医疗救助补助个人收入）、财政补贴收入、利息收入和其他收入。

3. 基金支出 指按照国家政策规定的开支范围和开支标准，从基本医疗保险基金中支付给参保人员的医疗保险待遇支出，以及其他支出。包括住院医疗费用支出、门急诊医疗费用支出、个人账户基金支出、其他支出。

4. 基金累计结余 指截止报告期末基本医疗保险基金累计结余金额。

失业保险

1. 参保人数 指报告期末按照国家法律、法规和有关政策规定参加了失业保险的城镇企业、事业单位的职工及地方政府规定参加失业保险的其他人员的人数。

2. 基金收入 指报告期内筹集的失业保险基金的总额，包括失业保险费收入、利息收入、财政补贴收入、其他收入、转移收入、上级补助收入、下级上解收入。

3. 基金支出 指报告期内为保障失业人员基本生活、促进其再就业等支出的基金总额，包括失业保险金支出、医疗补助金支出、丧葬补助金和抚恤金支出、职业培训和职业介绍补贴支出、农民合同制工人一次性生活补助支出、其他支出、转移支出、上级补助支出、下级上解支出。

4. 基金累计结余 指截止报告期末失业保险基金收支相抵后的累计余额。

工伤保险

1. 参保人数 指报告期末依据国家有关规定参加工伤保险的职工人数和有雇工的个体工商户的雇工

数。

2. 享受保险待遇人数 指年初至报告期末因工伤或职业病而享受工伤保险待遇的人数。为享受工伤医疗待遇中未评定等级的人数、享受伤残待遇人数以及享受因工死亡待遇人数之和。

3. 基金收入 指根据国家有关规定，由参加工伤保险的单位按国家规定的缴费基数和缴费比例缴纳的工伤保险基金，以及通过其他形式取得的形成基金来源的款项。包括：单位缴纳的社会统筹基金收入、财政补贴收入、利息收入、其他收入。

4. 基金支出 指按照国家政策规定的开支范围和开支标准从工伤保险基金中支付给参加工伤保险的人员及供养直系亲属工伤保险待遇支出及其他支出。包括工伤医疗费、伤残补助金、工亡补助金、护理费、丧葬补助费、工伤预防费用、职业康复费用和其他支出。

5. 基金累计结余 指截止报告期末工伤保险基金累计结余金额。

生育保险

1. 参保人数 指报告期末依据有关规定参加生育保险的人数。

2. 基金收入 指根据国家有关规定，由参加生育保险的单位按照国家规定的缴费基数和缴费比例缴纳的生育保险基金，以及通过其他方式取得的形成基金来源的款项，包括：单位缴纳的基金收入、利息收入和其他收入。

3. 基金支出 指按照国家政策规定的开支范围和开支标准，从生育保险基金中支付给参加生育保险的职工，因妊娠、分娩和计划生育手术而享受的待遇及其他支出。包括：生育津贴、医疗费用支出及其他支出。

4. 基金累计结余 指截止报告期末生育保险基金累计结余金额。

Explanatory Notes on Main Statistical Indicators

Employment refers to total number of persons engaged in social economic activities that generate income, including:

(1) Total formal employees

(2) Reemployed retirees

(3) Employers in urban private enterprises

(4) Urban individual laborers

(5) Employment in urban private enterprises and individual households

(6) Employment in township and village enterprises

(7) Rural laborers

(8) Other social laborers（Servicemen included）

Staff and Workers refers to those who work in (and receive income there from) units with state ownership, urban collective ownership, joint ownership, share holding stock ownership, limited liability corporations, foreign and Hong Kong, Macao, and Taiwan Chinese fund or other ownership and their affiliated units.

On-post Staff and Workers refer to those who are practically working in a certain urban unit, including those who are temporarily absent because of study, disease, vocation or other reasons.

Year-end Number refers to those who are employed on the last day of the year.

State-owned Units refers to various enterprises, institutions, and government administrative organizations at various levels, social organizations, etc., with state ownership of production means.

Collective-owned Units refers to various enterprises and institution with collective ownership of production means, including various rural economic organizations engaging in agriculture, forestry, animal husbandry and fishery, enterprises and institutions run by townships and villages; collective enterprises and institutions run by cities, counties, towns, and neighborhood committees.

Other Ownership Units involve joint ownership, share holding stock ownership, limited liability corporations, foreign and Hong Kong, Macao, and Taiwan Chinese fund or other ownership.

Employment in Urban Private Enterprises and Individual units refers to those who have their population records in urban area and take part in productions or operations in urban private enterprises or individual units, and get earnings from the units, including helpers, apprentices and employees.

Primary Industry refers to farming, forestry, animal husbandry and fishery.

Secondary Industry refers to mining manufacturing, electricity, production and supply of electriciy, heat, gas and water and construction.

Tertiary Industry refers to the sectors except primary industry and secondary industry.

Enterprises refer to those units engaged in economic activities such as production, circulation, operation or service, etc.

Institutions refer to those units engaged in service activities for production and daily life, such as transportation, real estate, public affairs, health care, sports, education, social welfare, communication, science research, etc.

Organizations refer to those units engaged in organizing and coordinating activities on society, politics, economics and science, such as government and Party agencies, communities, social and personal services, etc.

Total wages refer to total remuneration payment to all employment in various units in urban area (excluded urban private sectors and individuals) during a certain period of time, including staff and workers and other employment (i.e., reemployed retirees or those who are from Hong Kong, Macao, Taiwan or other countries).

Total Wage Bill of employees refers to total remuneration payment to all employees in various units in urban area (excluded urban private sectors and individuals) during a certain period of time. The calculation of total wage bill is based on the total remuneration payment. Therefore, wages and salaries and other payments to employees should be included at all and regardless of its resource, category, both in kind or cash.

Average Wage of employees refers to the average wage level in money terms per employee during a certain period of time, it is calculated as follows:

$$\text{Average Wage of Employees} = \frac{\text{Total Wage Bill of employees Average Wage of in Reference Period}}{\text{Average Number employees in Reference Period}}$$

Average Real Wage of employees refers to the average wage of employees after deducting consumer price index, which is calculated as follows:

$$\text{Average Real Wage of Employees} = \frac{\text{Average Wage of Employees in Reference Period}}{\text{Urban Consumer Price Index in Reference Period}}$$

Urban Unemployment refers to those urban inhabitants who (1) aged 16 or above, (2)be able to but not work, (3)meanwhile looking for a job, and (4)available for work within two weeks.

Urban Registered Unemployment refers to those who (1) with nonagricultural residence cards, (2) within a certain working age scope (16 to retired age), (3)be able to but not work, (4)want to work and have registered in the local labor exchanges for looking for jobs.

Urban Unemployment Rate refers to the ratio of unemployment in urban area to total employment and unemployment in urban area, which is calculated as follows:

$$\text{Urban Unemployment Rate} = \frac{\text{Urban Unemployment}}{\text{Urban Employment} + \text{Urban Unemployment}} \times 100\%$$

Urban Registered Unemployment Rate refers to the ratio of urban registered unemployment to the sum of employment in urban units (excluded those who have agricultural residence cards, reemployed retirees, and those who are from Hong Kong, Macao, Taiwan or other countries) and not-on-post staff and workers and employment in urban private sectors and individuals and urban registered unemployment. It is calculated as follows:

$$\text{Urban Registered Unemployment Rate} = \frac{\text{urban registered unemployment}}{\begin{array}{l}\text{(employment in urban units - those who have agricultural} \\ \text{residence cards - reemployed retirees - those who are from} \\ \text{Hong Kong, Macal, Taiwan or other countries + not - on - post} \\ \text{staff and workers + employment in urban private sectors and} \\ \text{individuals + urban registered unemployment.}\end{array}} \times 100\%$$

Basic Pension Insurance for Urban Staff and Workers

1. Number of staff and workers covered refers to staff and workers participating in the basic pension insurance for urban staff and workers programme according to national laws, regulations and related policies at the end of the reference period, who have already had payment records in social security management agencies, including those who have interrupt payment without terminating the insurance programme. Those who have registered in the programme but with no payment records are not included.

2. Number of retirees refers to the number of retirees participating in the basic pension insurance for urban staff and workers programmes by the end of the reference period.

3. Revenue of the basic pension insurance programme refers to payments made by employers and individuals participating in the pension insurance programme in accordance with the basis and proportion stipulated in State regulations, and income from other sources that become the source of pension insurance fund, including the premium paid by employers and staff and workers, interest income, subsidies from higher level agencies, income as transfer from subordinate agencies, transferred income, government financial subsidies and other income.

4. Expenditure of basic pension insurance programme refer to payment made on pensions and funeral subsidies to those covered in pension insurance programmes according to related national policies on scope and standard of expenditure. Also included are expenditure which arises due to shift of the insurance relationship or adjustment of funds among agencies. More specifically, included are pensions for resigned people, pensions for retired people, pension for people quitting jobs, various subsidies, medical fees, funeral subsidies, compensation payments, management fees for social security agencies, expenses on subsidies to lower subordinates, expenses as transfer to agencies at higher level, transferred expenditure and other expenditure.

5. Balance of basic pension insurance programme refers to the balance of basic pension insurance funds at the end of the reference period after deducting expenses from revenue.

Basic Pension Insurance for Urban and Rural Residents

1. Number of participants refers to people participating in the basic pension insurance for urban and rural residents programme who registered with the participation and established payment records, and who were 60 years old or above when the system was established and registered with the participation.. Those who cancelled their registration are not included.

2. Revenue of the insurance programme refers to the revenue from the payments made, in accordance with related regulations of the government, by individuals participating in the basic pension insurance for urban and rural residents programme and from the subsidies contributed by collective subsidies, public finance and other sources. It includes the payment by individual participants, collective subsidies, government subsidies, interest income, transferred income, subsidies from higher levels, contributions from lower levels, and income from other sources.

3. Expenditure of the insurance programme refers to payment made to those covered in the basic pension insurance for urban and rural residents according to related national policies on scope and standard of expenditure. Also included are expenditures which arise due to movement of participants among different locations. It includes the payment to the individual participants, transferred expenditures, expenses on subsidies to lower subordinates, expenses as transfer to agencies at higher level, and other expenditures.

4. Balance of insurance programme refers to the balance of basic pension insurance funds for urban and rural residents at the end of the reference period after deducting expenses from revenue.

Basic Medical Care Insurance

1. Number of people participating in the insurance programme refers to people participating in the basic medical care insurance programme according to related regulations at the end of the reference period.

2. Revenue of the insurance programme refers to payments made by employers and individuals participating in the medical care insurance programme in accordance with the basis and proportion stipulated in

State regulations, government subsidies and income from other sources that become the source of medical insurance fund, including payment by employers and individuals, financial assistance (including medical assistance subsidiaries to individuals), financial subsidies, interest income and other incomes.

3. Expenditure of the insurance programme refers to medical care payment made to people covered in basic medical care insurance programme within the scope and standards of expenditure according to related national policies, and other expenses, including medical expenses of hospital inpatients, medical expenses for outpatients and emergency patients, payment to individual accounts and other expenditure.

4. Balance of the basic medical care insurance programme refers to the balance of medical care insurance funds at the end of the reference period after deducting expenses from revenue.

Unemployment Insurance

1. Number of people covered refers to staff and workers in urban enterprises or institutions who have participated in the unemployment insurance programme according to relevant policies and regulations, and other people who have participated according to local government regulations at the end of the reference period.

2. Revenue of the unemployment insurance programme refers to the total unemployment insurance funds raised in the reference period, including unemployment insurance premium, interest income, financial subsidies, other incomes, transferred income, subsidies from higher level agencies and income as transfer from subordinate agencies.

3. Expenditure of the unemployment insurance programme refers to total expenses during the reference period to guarantee the basic livelihood of unemployed people, and to encourage their re-employment. Included are unemployment relief, medical fees, funeral subsidies, compensation payments, training expenses, job placement expenses, one-time subsistence allowance for contracted migrant workers, other expenditures, transferred expenditure, expenses as transfer to higher level agencies and subsidies to lower level agencies.

4. Balance of the unemployment insurance programme refers to the balance of revenue of the programme after deducting expenses at the end of the reference period.

Work Injury Insurance

1. Number of people covered refers to staff and workers who have participated in the work injury insurance programme and employees who work for the self employed and have participated in the work injury insurance programmeaccording to relevant national regulations at the end of the reference period.

2. Number of beneficiaries refers to number of people benefited from work injury insurance, as a result of work injury or occupational disease. It is the sum of beneficiaries of medical treatment of unrated work injuries, disability benefits for work injuries and compensation for deaths at work places.

3. Revenue of the work injury insurance programme refers to payments made by employers participating in the work injury insurance programme in accordance with the basis and proportion stipulated in State regulations, and income from other sources that become source of work injury insurance fund, including income of social comprehensive funds paid by employers, government financial subsidies, interest income and other incomes.

4. Expenditure of the work injury insurance programme refers to payments made from work injury insurance funds to those who participated in the work injury insurance programme and their direct dependents within the scope and standards of expenditure according to related national policies, and other expenditure, including medical fees for work injury, injury and disability subsidies, death subsidies, nursing fees, funeral subsidies, injury prevention fees, occupational rehabilitation fees and other expenditure.

5. Balance of the work injury insurance programme refers to the balance of the work injury funds at the end of the reference period.

Maternity Insurance

1. Number of people covered refers to people who have participated in the maternity insurance programme according to relevant regulation at the end of the reference period.

2. Revenue of maternity insurance programme refers to payments made by employers participating in the maternity insurance programme in accordance with the basis and proportion stipulated in State regulations, and income from other sources that become source of maternity insurance fund, including income of funds paid by employers, interest income and other income.

3. Expenditure of the maternity insurance programme refers to payments made from maternity insurance funds to staff and workers who participate in the maternity insurance programme within the scope and standards of expenditure in accordance with related national policies, expenses paid for pregnancy, child delivery or surgeries related to family planning, and other expenditure, including allowance for child bearing, medical fees and other expenditure.

4. Balance of the maternity programme refers to the balance of the maternity insurance funds at the end of the reference period.